大连虎威发动机技术有限公司（FEV中国）是德国FEV发动机技术有限公司全资子公司，在中国的如下城市分别设有分支机构：

- 大连发动机工程及测试设备技术中心
- 上海整车匹配、整车NVH及底盘优化技术中心
- 北京项目销售及管理中心

U0381832

试验室主要设备简介：

测试台架	C1	C2	C3	C4	C5	C6
测功机	稳态电涡流	瞬态电力测功机	稳态电涡流	瞬态电力测功机	稳态电涡流	瞬态电力测功机
功率(kW)	190	270	400	270	190	370
应用	乘用车/轻型车	乘用车/轻型车-中型车	重型车	乘用车/轻型车-中型车	乘用车/轻型车	重型车

试验室配有汽油机、柴油机排放分析设备，可进行

- 欧IV、欧V排放燃烧开发
- 润滑、冷却系统功能试验
- 活塞漏气量、油气分离效率等功能试验
- 冷热冲击试验、冷热活塞拉缸试验
- 一般耐久试验、或用户指定规范的耐久试验
- 整车、发动机对标分析（Benchmark 包括样机设计特点分析、热力学性能分析等）

FEV中国工程服务包括：

- 发动机改进、整机设计
- 动力总成与整车的匹配、标定
- 整车车内噪音、通过噪音优化
- 整车、发动机对标分析

FEV中国测试设备服务包括：

- 发动机试验中心规划、工艺设计
- 试验设备非标设计、制造
- 成套发动机测试设备
- 成套动力总成测试设备
- 混合动力、动力电池测试设备

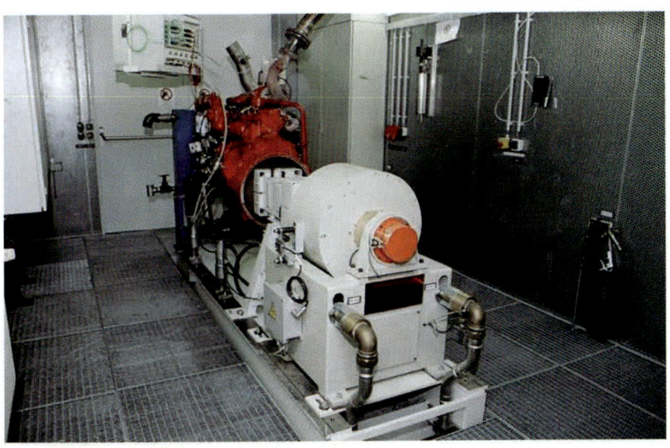

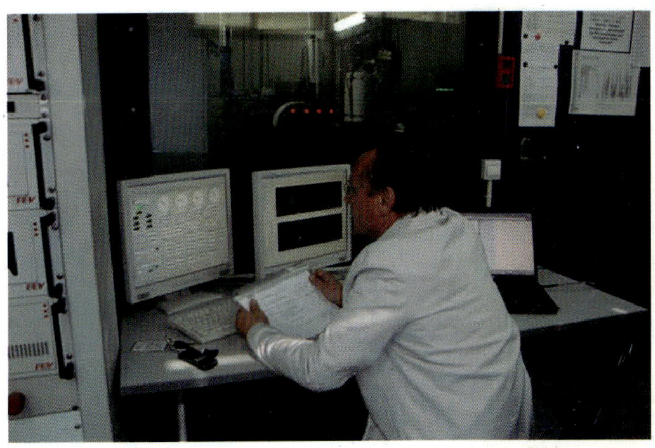

FEV

技术中心
—介 绍

中国第一汽车集团公司技术中心（以下简称技术中心）是中国汽车行业集产品开发和工艺材料开发、基础科学研究于一身，成立最早、规模最大、能力最强的汽车产品研发基地。技术中心在整车、车身、底盘、发动机、零部件、新工艺、新材料等方面的设计、研究、试制、试验检测、计算分析等工作上有着丰富的经验，具备重、中、轻、微型商用车及其主要总成的产品开发和乘用车整车开发能力。是国家经贸委、税务总局、海关总署认定的国家级企业技术中心。

技术中心占地面积35.5万平方米，建筑面积13.08万平方米；现有员工2550人，其中专业技术管理人员1957人。员工中，博士50人，硕士525人，大学本科1263人，大学专科272人。高级工程师688人；工程师636人。设有2个博士后工作站，建有1个院士工作站。多年来共开发出300余种车型，完成1000余项科研成果，获部级以上奖励200余项。同时已与国内外研发机构、大专院校建立了广泛的合作关系。

技术中心历史悠久，是中国汽车行业成立最早的科学研究和产品开发机构。先后由长春汽车研究所、一汽设计处和长春材料研究所等单位合并组建。其主体长春汽车研究所的前身，是1950年7月3日在北京南池子76号建立的一个千余平方米的汽车工业筹备组汽车试验室，也是新中国汽车工程师的摇篮。一汽设计处和长春汽车材料研究所的前身分别是1953年成立的第一汽车制造厂的设计科和工艺科。从1950年7月3日至现在，共经历了四个发展阶段：建所北京：1950年－1957年；迁址长春，1957年－1979年；走进一汽，1979年－2001年；重组中心，2001年至今。

跨入新世纪，面临新挑战，中心人将团结一心、开拓进取、抓住机遇、奋力拚博，坚持以人为本与机制领先并重，资源投入与资源开发并举，国际合作与国内联合并进，实现自身发展的跨越。

电动汽车开发能力之一

电动汽车构型分析能力：

对电动汽车特别是混合动力汽车复杂动力系统构型，通过建立电动汽车仿真平台实现计算机建模分析，得出构型方案、参数匹配、控制策略以及整车性能结果。

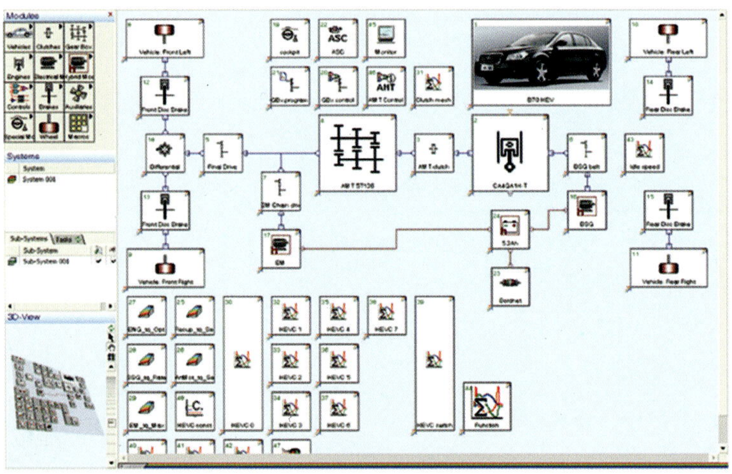

图1 混合动力系统仿真模型界面

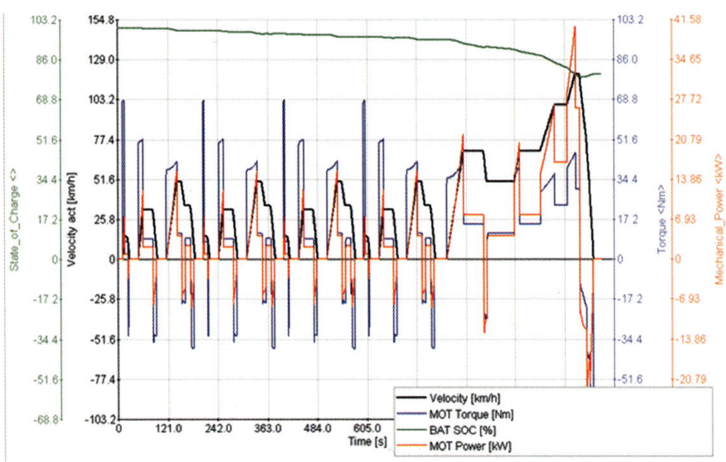

图2 电动汽车系统仿真输出结果

电动汽车开发能力之二

电动汽车控制系统开发能力：

电动汽车电控系统开发采用"V模式"开发方法，如图3所示。"V模式"开发方法包括：功能需求分析、系统分析与离线仿真、快速控制原型、代码自动生成、硬件在回路仿真、系统标定/测试。

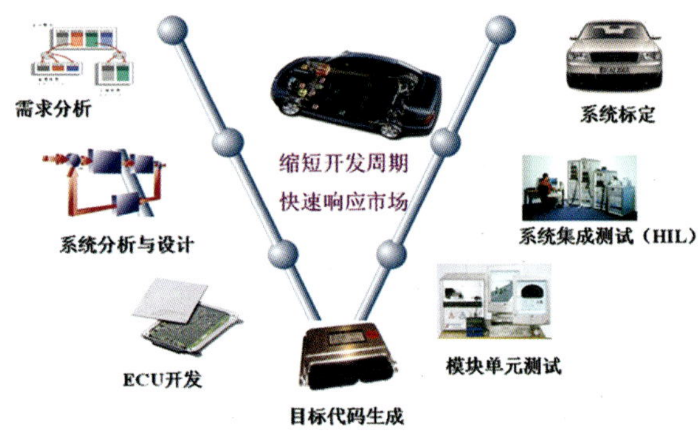

图3 "V模式"电控单元现代开发方法示意图

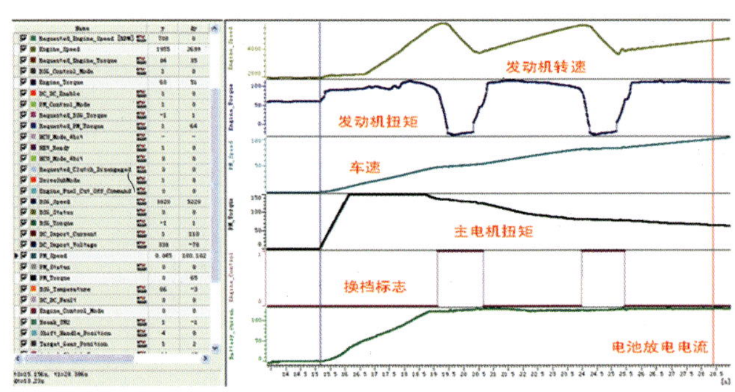

图4 控制系统分析验证

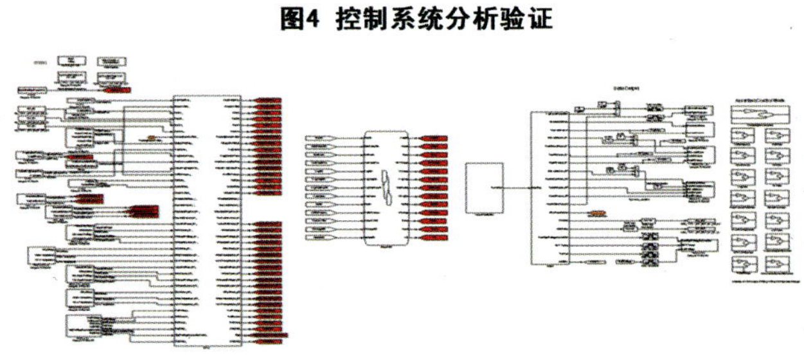

图5 基于matlab/simulink软件平台进行控制系统建模

电动汽车开发能力之三

电机试验能力：

一汽技术中心率先建立了拥有自主知识产权，位列国内领先、国际先进水平的电机实验室。

能够完成国家标准与规范所涵盖的所有车用电机试验测试项目，如常规检查试验、电机系统电动负荷特性和效率特性试验、电机系统馈电负荷特性和效率特性试验、电压波动试验、过载能力试验、最高工作转速试验、超速试验、额定功率测试试验、堵转试验、绝缘试验、温升试验、转速/转矩阶跃响应特性试验、转速/转矩控制精度特性试验、转速/转矩控制稳定性试验、低温试验、调速冲击试验、电机系统耐久性及可靠性试验等。

图6 电机实验室

电动汽车开发能力之四

电池试验能力：

一汽技术中心率先在国内建立了电池实验室，该实验室不仅能完成电池的性能试验，如电池循环寿命试验、电池容量试验、电池直流内阻试验、电池充/放电特性试验、电池荷电保持能力试验、电池充放电效率试验、电池过充、过放能力试验、电池温度特性试验、电池电压试验，还能完成电池性能模拟试验，如电池充电特性模拟、电池放电特性模拟、电池荷电状态（SOC）状态特性模拟、电池循环特性模拟、电池过载特性模拟等。

图7 EV/HEV车用电池模拟器

电动汽车开发能力之五

整车试验能力：

1. 整车对标试验；
2. 电动汽车整车的动力、经济性试验；
3. 电动汽车整车排放性能试验；
4. 整车认证试验。

图8 整车动力性、经济性及认证试验

图9 整车车载排放性能试验

东风汽车公司

东风汽车公司是中国特大型国有骨干企业，构建有完整的研发体系，拥有雄厚的技术、研发基础和丰富的人才资源，产品和技术覆盖乘用车、商用车、新能源汽车及其核心总成等方面的综合研发能力居国内领先水平。

为实现打造一个“永续发展的百年东风，面向世界的国际化东风、在开放中自主发展的东风”的事业愿景，东风汽车公司将自主创新能力的建设和新能源汽车事业作为支撑公司发展的战略重点。东风公司总经理、党委书记徐平明确要求，大力发展新能源汽车是汽车行业的发展趋势，也是东风公司实施可持续发展战略的必由之路，东风要把发展新能源汽车当做东风发展战略的首要任务之一，抢占技术制高点和市场份额。

东风公司是国内最早从事新能源汽车研发的企业之一，依靠在新能源汽车领域的国内领先优势，在混合动力、纯电动和燃料电池汽车以及整车控制系统、动力电池系统和电机驱动系统方面进行了深入研究和产业化推进，全面系统地突破了新能源汽车的核心技术实现了一系列重大科技创新。

早在“九五”期间，东风汽车公司就研发了纯电动轿车、纯电动中巴和燃料电池中巴；2001年，又率先成立了东风电动车辆股份有限公司，专门从事电动汽车及其关键技术的研究开发；“十五”期间，东风汽车公司承担了国家863重大专项中“混合动力城市公交客车”和“混合动力轿车”的开发；“十一五”期间，东风汽车公司继续承担国家863重大专项，并致力于电动汽车的产业化。

2003年，东风汽车公司又率先发起成立电动汽车示范运行公司，致力于电动汽车的商业化示范运行。东风大力发展新能源汽车，目前已成功研制出10多款混合动力、天然气、纯电动汽车产品，并投入商业运营。2008年有500多台新能源车服务北京奥运会，2010年又有55辆东风纯电动物流配送车服务上海世博会，目前公司共有400多辆混合动力、纯电动客车在武汉等地投入国家“十城千辆”示范运营。2009年6月，我国首个国家级电动汽车专利产业化试点基地——东风电动汽车产业园试点基地隆重揭牌，为东风新能源汽车创新成果的知识产权化、商品化和产业化搭建优良平台。2010年1月，东风混合动力城市客车节能减排关键技术成果荣获2009年度“国家科技进步二等奖”。2010年5月25日，首批100辆东风风神S30 BSG混合动力轿车交付武汉市政府，标志着东风公司在新能源汽车事业上实现了乘商并举，在新能源汽车产业化道路上迈出坚实的步伐，走在了行业前列。

伴随新能源汽车的研发，东风汽车公司积累了一系列核心技术，包括整车集成开发与整车控制技术、电池管理系统技术、电机及控制系统技术、电子电器专用总成技术、整车测试评价技术等，并对其中的重要技术申请了近50项专利。

在“十二五”规划中，东风汽车公司将自主创新与新能源汽车放在更加重要的战略位置，更加明确地将纯电动乘用车作为中长期的战略重点，将混合动力汽车作为阶段性产业化重点，并与传统汽车的节能技术开发相结合，立足整车集成与整车控制，整合电动汽车与核心资源，建立共性技术优势，探索纯电动汽车的商业应用模式，不断完善新能源汽车产品，致力于产业化与市场开发，在汽车产业升级中实现跨越式发展。

重庆长安汽车股份有限公司新能源汽车发展取得的成绩

长安杰勋混合动力上市

在国家科技部、重庆市政府等上级单位的支持下，重庆长安汽车股份有限公司从2002年年初开始致力于混合动力轿车的自主开发，累计投入近4亿元人民币，经历了基础原理样车研发、工程化设计研究、产业化开发三个发展阶段，目前已建立了一支新能源汽车系统研发专业团队，为促进新能源汽车发展发挥了重要作用。

2007年，中国首款自主品牌混合动力轿车——长安杰勋HEV在重庆成功下线，实现油电混合动力汽车的产业化；2008年，25辆长安混合动力轿车成功服务北京奥运会。在国家财政部、科技部及重庆市政府的支持下，实施推进节能与新能源汽车示范运行工程。2009年2月，10辆长安混合动力轿车作为国务院机关事务局唯一示范运行车。2009年6月，长安杰勋混合动力面向个人用户销售。2009年12月，长安纯电动轿车试生产下线。

掌握新能源汽车核心技术 通过多年的自主研发，长安汽车掌握了整车系统集成和标定匹配、一体化专用发动机设计、CAN通信协议优化、安全控制策略设计、诊断系统开发等混合动力轿车关键核心技术，获得混合动力技术专利80余项，其中发明专利20项，达到国内一流、国际领先的新能源汽车研发水平。在电动车领域，掌握了“整车集成及控制”“电机及控制”“锂离子动力电池集成及管理”三大核心技术，形成了一整套关键零部件研发及制造能力，达到世界先进水平。

成立专业化的新能源公司 为更好地推动新能源汽车事业的发展，长安汽车于2008年6月成立了重庆长安新能源汽车有限公司，专门从事弱度、中度、重度混合动力和纯电动、plug-in及燃料电池等新能源汽车的研发工作。

整合资源共建新能源汽车产业联盟 2009年6月2日，以长安汽车为龙头，以长安新能源汽车公司为平台，采用官产学研用合作模式，吸纳、优化新能源汽车产业链上的研发、设计、制造、零部件供应、工艺设备制造、基础设施建设和终端用户等资源，构建了长安新能源汽车产业联盟，拓展发展空间，提高核心竞争能力。

全面开展新能源汽车示范运行工作 自2008年年底重庆市正式启动“十城千辆”工程以来，在重庆市政府的大力支持和长安汽车的积极争取下，重庆市在全国率先出台了《示范运行地方财政补贴实施细则》。长安汽车依据国家与重庆市出台的各项示范运行政策，主动开拓市场，在全国14个省、市的公务、出租、企业和私人等多个领域示范推广新能源汽车100余辆，成为2009年推广新能源汽车示范运行最多的企业。

长安新能源汽车的发展规划 发展思路：将混动技术贯穿于电动汽车发展的始终，混动汽车技术相对成熟时，发展插电式混合动力，待电池技术和成本实现突破后，启动纯电动汽车商用市场。未来3年，长安汽车将集中开发6个产业平台、2个研究平台，覆盖高、中、低档汽车系列产品，力争2012年产销新能源汽车15万辆、2019年60万辆以上，成为新能源汽车行业的领先者。长安汽车将以重庆节能与新能源汽车产业联盟为基础，按照“一次规划，分步实施”的原则，分三期建设新能源产业基地，规划占地800亩，将建设新能源汽车研发中心、国家级混合动力工程实验室、新能源汽车整车生产线，以及包含电机、电池、控制系统、专用发动机等在内的电动汽车关键零部件制造厂等，形成新能源产业集群。

长安志翔中混出租车交车仪式3

企业简介

Enterprise Introduction

比亚迪汽车是香港上市公司比亚迪股份有限公司的直属子公司。2003年,比亚迪收购秦川组建比亚迪汽车。短短几年时间，比亚迪汽车已发展成为集汽车开发、研制、设计、生产、销售于一体的现代化高新技术企业。在全国已建成规模庞大的深圳、韶关、长沙、西安、上海、北京六大汽车产业基地。模具设计、车型研发、整车制造等技术飞速发展，产业格局日渐完善，并已迅速成长为中国最具创新的民族新锐品牌。

2009年，比亚迪创造了汽车产业神话，全年40万辆的销售目标超额完成，继续保持100%以上的增长速度。目前，比亚迪汽车已经成功研发出F0、F3、F3R、F6、S8、M6、F3DM、G3、e6等车型。在未来几年，比亚迪将打造出F、S、M、G、DM、e等全系列产品线，以卓越的品质、 稳定的质量、合理的价格占据市场主导地位。在发展传统燃油车的同时，将大力推进双模电动车和纯电动汽车的商业化步伐，积极引领新能源汽车的发展。

公司地址:深圳市龙岗区坪山横坪公路3001号　邮编:518118
电话:(0755)89888888 传真:(0755)84202222　网址:http://www.bydauto.com

BYD Build Your Dreams

UTC Power
A United Technologies Company

交通运输

联合技术动力公司隶属于联合技术公司，在开发和生产用于运输和其他领域的燃料电池方面居世界领先地位。

联合技术动力公司历时50多年。1998 年，联合技术动力公司生产出第一台用于公交汽车的燃料电池动力系统，此系统应用于乔治敦大学 (Georgetown University) 的公交汽车上。至今，联合技术公司的燃料电池已为美国、西班牙、意大利和比利时的公交汽车提供动力。

AC Transit Bus in Oakland, CA

本公司的最新一代零排放的质子交换摸 (PEM) 燃料电池系统 – PureMotion® 120 型电池目前正运行于美国加州和康州的公交汽车中，累计运行已超过68万公里。

燃料电池公交汽车不产生煤烟或可导致烟雾的污染物。此外，这种公交汽车噪声极低，运行起来平稳，几乎无震动，它的油效也比柴油发动机的公交汽车高近两倍。

正在美国加州奥克兰 (Oakland) 实地运行的联合技术动力公司的燃料电池系统已实现了超过 5000 小时无电池板更换运行，创燃料电池公交汽车行业的耐久性纪录。

2009年，16辆由联合技术动力公司燃料电池系统提供动力的公交汽车将在美国的加州和康州交付使用。从环境效益角度来讲，用这 16 辆燃料电池公交汽车取代柴油公交汽车相当于种植了 3000 亩的森林。

De Lijn Bus in Antwerp, Belgium

CTTransit Bus in Hartford, CT

联合技术动力公司同时还开发 PEM 燃料电池技术，并制造用于新一代汽车的燃料电池。本公司已经和世界很多主要的汽车制造商展开合作，其中包括宝马、现代和日产等。

联合技术动力公司将持续不断地推进燃料电池技术。我们相信，燃料电池可以帮助中国成为城市清洁交通的世界领先者。

Call us at: (866) 900-7693 • On the web: www.utcpower.com • E-mail: info@UTCPower.com

UTC Power
A United Technologies Company
明天
联合技术动力公司和主要汽车制造商将共同努力，让燃料电池作为动力的家用小汽车成为现实。
昨天，
联合技术动力公司的燃料电池最初应用于航天业 它为所有美国载人航天飞行任务包括人类首次登月)提供电源及饮用水。
H2 ZERO EMISSION
HYDROGEN FUEL CELL
今天
燃料电池公交汽车。
联合技术动力公司的燃料电池公交汽车已在美国、西班牙、意大利和比利时实现商业运作，并已累计实现城市交通运行里程超过 68 万公里。
我们的最新一代 PureMotion® 120 型燃料电池动力系统已在实际公交汽车服务中实现了超过 5000 小时的无电池板替换的运行纪录。
Proven, Durable, and Efficient — Technology That Works
Call us at: (866) 900-7693 • On the web: www.utcpower.com • E-mail: info@UTCPower.com

FGHEV 福建省福工混合动力技术开发有限公司 Fujian Fugong HEV Technologies Development Co.,Ltd.

领先 发展 高效 奉献

福建省福工混合动力技术开发有限公司成立于2009年3月，是一家专业从事新能源客车驱动总成研发、生产的高科技企业，座落于科技氛围浓厚、风景优美的福州软件园产业基地。

公司拥有雄厚的专业技术力量和专业实验条件，拥有多项国家专利，并与福建省“汽车电子与电驱动技术”重点实验室建立了战略合作关系，产品涉及客车混合动力驱动总成、客车纯电动驱动总成。FG-HEV3B120等系统，已成为厦门金旅等客车企业的公交车配套，其性能、品质均受到客户好评。

我司与高等院校、电机、机械等相关企业合作，建立了“福建省客车混合动力总成产学研联盟”。我们集各行业、各方的合力，建设年产5000套以上客车混合动力总成的能力，为我国新能源客车事业的发展竭尽全力！

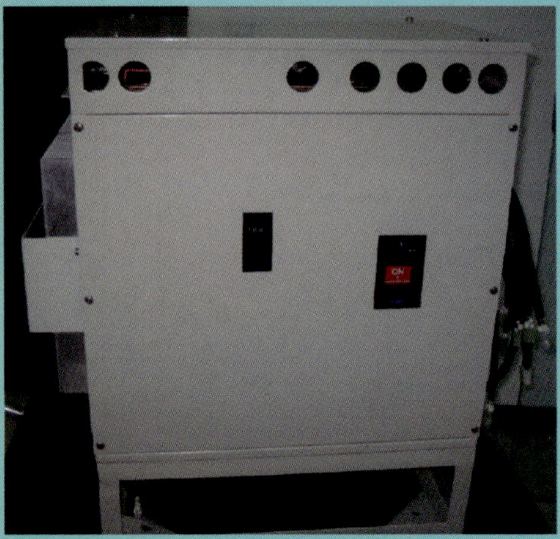

混合动力控制器

系统介绍：

1. 电机驱动与发电自动切换。控制器可根据油门开度、车速以及电容或锂电池电压等参数进行计算，控制电机处于驱动或发电模式。

2. 制动能量回收。在踩刹车制动过程中，电机处于发电模式，对超级电容或锂电池进行充电，实现高效的制动能量回收。

3. 滑行能量回收。在松油门的过程中，控制电机处于轻载发电模式，实现滑行能量回收的优化。

4. 联合驱动。当驾驶员全力踩油门时，控制器同时控制发动机与驱动电机的输出扭矩，实现联合驱动，保证充足的动力性。

5. 油门控制。控制器可根据单独驱动或联合驱动工况的要求，对电子油门实现灵活的功能切换。

6. 基本电量控制。发动机处于怠速状态，发动机带动永磁发电机对电容或锂电池进行充电，保证电容或锂电池有基本电量，超过基本电量后自动切断永磁发电机。基本电量保证有足够的驱动能量，又留出能量回收的空间。

电机驱动器

用途： 适用于电机的矢量控制。

功能：

1. 电机驱动。控制电机转速、转矩。
2. 电机制动。控制电机制动

适用范围：1. 混合动力 2. 纯电动

永磁电机

组成部分：

永磁电机

电磁离合器

皮带轮

用途：

用于机械能转化为电能

功能：

发电、辅助发电

适用范围：

混合动力

驱动电机

用途：适用于电能转化为机械能

功能：1. 驱动。起步，轻载发电；

2. 减速回电。减速回收能量。

适用范围：1. 混合动力 2. 纯电动。

福建省福工混合动力技术开发有限公司

联系地址：福州市鼓楼区软件大道89号福州软件园产业基地二期9号楼一层　　传　　真：0591-87862700

电　　话：0591-87860110　87865300　83519075　　邮　　箱：fughev@126.com　　网　　址：www.fghev.com

春兰新能源
能源之道 绿色家园

超凡能量 绿色动力

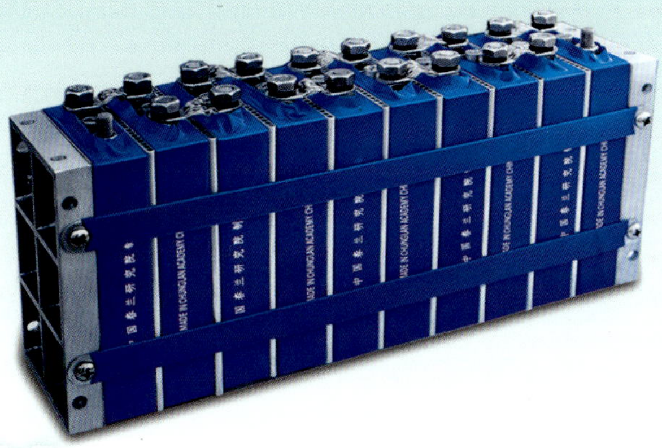

混合动力客车用镍氢动力电源系统

现代城市轨道交通车辆用镍氢动力电源系统

混合动力轿车用镍氢动力电源系统

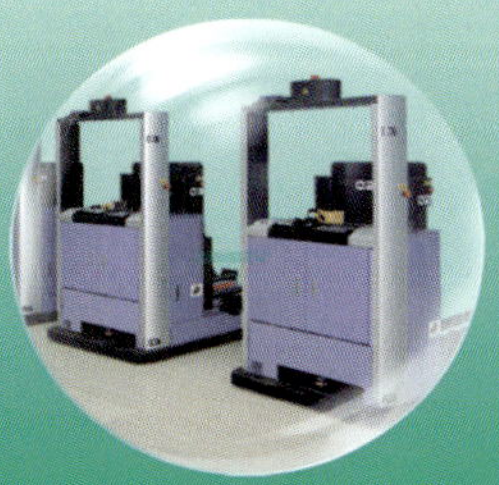
现代物流自动导引车（AGV）用镍氢动力电源系统

电力系统储能电站用镍氢电源系统

春兰新能源产业

新能源产业作为春兰（集团）公司三个重大的产业发展方向之一，将充分依托已有的技术优势、产业优势、市场优势及雄厚的资金实力，着力建设高水平、开放式的新能源创新与产业化基地，打造国家级、省级新能源工程技术研究中心和863重大科技成果产业化基地，不断启动符合国家高技术产业发展政策的工业、民用、军用重点技术研究开发项目，全力推进产业化进程，力争5～10年左右成为世界著名的新能源技术和产品供应商，全面提升国际竞争能力。

主要研制、生产电动汽车用动力镍氢蓄电池及其能量管理系统、高速机车车用动力镍氢蓄电池及其实时在线能源管理系统、新一代汽车用42V电源及其能量管理系统、军用新型动力电源系统、电力自动化直流电源、新型不间断电源、10KW级质子交换膜燃料电池电源等高新技术产品。

Chunlan
春兰创造新生活

春兰高能动力镍氢电池，清洁环保的动力源泉，为节能减排提供优质解决方案。
致力于建设洁净、和谐的生活环境。春兰绿世界！

欢迎登陆春兰网 www.chunlan.com
E-mail:cla@chunlan.com

江苏春兰清洁能源研究院有限公司 地址:江苏省泰州市春兰路
邮编:225300 电话:0523-86655620 86655621 传真:0523-86668135

2010
节能与新能源汽车年鉴

中国汽车技术研究中心
北京国能赢创能源信息技术有限公司　　编
《节能与新能源汽车年鉴》编制办公室

中国经济出版社
CHINA ECONOMIC PUBLISHING HOUSE
北 京

图书在版编目（CIP）数据

节能与新能源汽车年鉴. 2010/中国汽车技术研究中心，北京国能赢创能源信息技术有限公司，《节能与新能源汽车年鉴》编制办公室编

北京：中国经济出版社，2010. 12

ISBN 978 - 7 - 5136 - 0022 - 4

Ⅰ. ①节… Ⅱ. ①中… ②北… ③节… Ⅲ. ①汽车—燃料—新技术应用—中国—2010—年鉴 Ⅳ. ①U473 - 54

中国版本图书馆 CIP 数据核字（2010）第 133008 号

责任编辑　张玲玲

责任审读　贺　静

责任印制　张江虹

封面设计　华子图文设计公司

出版发行　中国经济出版社

印 刷 者　北京金华印刷有限公司

经 销 者　各地新华书店

开　　本　889mm × 1194mm　1/16

印　　张　20. 5

字　　数　535 千字

版　　次　2010 年 12 月第 1 版

印　　次　2010 年 12 月第 1 次

书　　号　ISBN 978 - 7 - 5136 - 0022 - 4/Z · 939

定　　价　380. 00 元

中国经济出版社 **网址** www. economyph. com **社址** 北京市西城区百万庄北街 3 号 **邮编** 100037

《2010 节能与新能源汽车年鉴》编委会

编 辑 说 明

《节能与新能源汽车年鉴（2010）》（以下简称《年鉴》）以年刊的形式出版发行。《年鉴》每年及时对上年度我国节能与新能源汽车发展情况进行梳理和总结，是反映节能与新能源汽车产业的全面性、实事性、专业性大型工具书，为节能与新能源汽车行业的科研、生产、销售及新产品开发等提供较好的指导与服务，推动我国节能与新能源汽车产业技术创新和产业化发展，全面记述了我国节能与新能源汽车的科研成果和发展成就。

2009 年正值我国改革开放 30 年、新中国成立 60 周年，我国在 2009 年超过美国成为第一大汽车生产国和消费国，全年累计生产汽车 1379.10 万辆。 2009 年也是我国节能与新能源汽车研发及产业化发展史上具有重要意义的一年，我国在节能与新能源汽车整车、关键零部件的研发和产业化方面取得了一系列重大突破。 在此基础上，国家《汽车产业调整和振兴规划》提出以新能源汽车为突破口，实现汽车工业跨越式发展，财政部、科技部、工业和信息化部、发展和改革委联合启动并稳步推进国家节能与新能源汽车示范推广试点工作，节能与新能源汽车市场顺利启动。 本版《年鉴》真实地纪录了我国节能与新能源汽车产业的成长足迹与发展历程。

《年鉴》内容包括节能与新能源汽车基础知识，国内外指导新能源汽车发展的扶持政策及法律法规，新能源汽车标准与规范，相关企业的研发生产及国际合作情况，新能源汽车行业重点科技论文，我国新能源汽车基本情况的数据统计资料等。

《年鉴》在国家 863 计划节能与新能源汽车重大项目总体组的指导下，中国汽车技术研究中心（“十一五”863 计划节能与新能源汽车重大项目办公室挂靠单位）组织编写，北京国能赢创能源信息技术有限公司负责编制、出版发行等相关事宜，并得到了国内主要节能与新能源汽车整车、零部件生产企业及相关科研院所的大力支持，是一本节能与新能源汽车领域的大规模总结性年鉴。 至此，再次感谢有关单位对《年鉴》编写工作的大力支持。

由于时间仓促和水平所限，书中不足之处在所难免，恳请读者批评指正。

中国汽车技术研究中心

北京国能赢创能源信息技术有限公司

《节能与新能源汽车年鉴》编制办公室

2010 年 9 月

序　言

新能源汽车是2009年国务院确立的战略性新兴产业之一，发展节能与新能源汽车，是我国应对气候变化和能源危机、实现交通领域可持续发展的战略选择，也是我国汽车工业技术转型的历史机遇，面对新一轮低碳经济的竞争和国际节能与新能源汽车的研发热潮，我国政府高度重视节能与新能源汽车的自主研发与产业化，2010年国务院政府工作报告表明：积极推进新能源汽车取得实质性进展。

2009年是我国节能与新能源汽车由研发向产业化迈进的标志性的一年，具有里程碑式的重要意义。这一年，国家发布《汽车产业调整和振兴规划》提出了明确的新能源汽车近期产业化目标；国家四部门联合启动的"十城千辆"节能与新能源汽车示范推广工程试点工作，开启了首批13个城市的试点工作，财政—科技联动支持科技成果产业化的机制初步形成。

为了记录我国新能源汽车的发展历程，2009年12月，中国汽车技术研究中心("十一五"863计划节能与新能源汽车重大项目办公室挂靠单位)联合北京国能赢创能源信息技术有限公司共同设立了《节能与新能源汽车年鉴》编制办公室，开始组织编写《节能与新能源汽车年鉴(2010)》(以下简称《年鉴》)，以期对2009年年底以前我国节能与新能源汽车研发与产业化情况进行全景扫描。《年鉴》的编写工作得到了一汽、东风、长安、奇瑞、清华大学、同济大学、北京理工大学等"十一五"节能与新能源汽车重大项目主要承担单位，以及北京、上海、重庆、深圳等试点城市节能新能源汽车示范推广领导小组的大力支持，同时得到了节能与新能源汽车重大项目总体专家组的关怀与指导。

我国节能与新能源汽车的研发从"十五"开始起步，在国家科技计划近10年的支持与引导下，国内200余家单位组成了产学研研发团队，进行了持续的攻关，攻克了一批关键核心技术，形成了一系列典型产品，建立了一支具有顽强战斗力的研发团队，使我国在以电动汽车为主的节能与新能源汽车领域的技术研发能力从无到有、从弱到强，研发成果成功服务于2008年北京奥运会，具备了由研发向产业化转化的条件。

我国在节能与新能源汽车的自主创新和产业推动上取得了可喜的进展，但面对世界主要汽车生产国强大的创新能力和日益加大的研发投入，我国节能与新能源汽车的产业化道路上仍然面临着研发基础薄弱、创新能力不足的问题，关键零部件基础材料和装备的技术水平急需提高、电动汽车新型产业链和基础设施有待于建立、培育和完善，另外，我国汽车工业核心技术积累不够，也制约新能源汽车技术水平的全面快速提高。要想抢占新一轮汽车工业发展的制高点，我国发展节能与新能源汽车应该立足自主创新，尤其是在制约新能源汽车发展的高端瓶颈技术上继续加大研发投入，努力保持与国际先进水平同步发展。

此次组织编写《年鉴》，总结了"十五""十一五"两个五年计划的研发成果，汇集了近几年节能与新能源汽车国内外发展政策、法律法规文件、标准与规范、产销数据统计与分析等内容，希望能对大家掌握国内外新能源汽车发展现状、促进我国新能源汽车的产业化发展起到积极的作用。

培育和发展新能源汽车这一战略性新兴产业，对于我国汽车工业实现跨越式发展和保持国民经济又好又快发展具有重要的意义，需要国家、企业和社会共同关注与努力，我们也希望新能源汽车早日走入我们的生活。

2010年10月

目 录 |CONTENTS|

第三篇 新能源汽车标准

第四篇 主要企业情况介绍

第一篇
我国节能与新能源汽车研发与示范

一、我国节能与新能源汽车总体进展情况

经过863连续两个五年计划的支持，我国数百家汽车企业、电机/电池等零部件企业、大学和科研机构，组成了“三纵三横”矩阵式产业化技术研发布局，通过有组织、大规模、高强度的持续研发，基本建立了具有自主知识产权的电动汽车动力系统技术研发平台、初步构成了关键零部件的配套研发体系，实现了小批量的整车生产能力和商业化示范运行。我国自主研发出镍氢和锂离子两种类型的6~100安时多个系列车用动力蓄电池，其中，锂电池的功率密度从不到500瓦/千克提升到2 500瓦/千克以上，电池模块的常规寿命达到1 000次以上，国内车用动力电池年生产能力达10亿瓦时以上；已有160余款各类电动汽车进入中国汽车产品公告；已制定电动汽车相关标准42项。

在2008北京奥运期间成功组织实施了奥运历史上规模最大的电动汽车交通服务，技术水平取得进步，产品可靠性、寿命得到明显提升；2009年启动“十城千辆”大规模化示范行动，13个示范城市已有5 000多辆新能源汽车投入示范运行，由此开始加速建立电动汽车产业链。

1. 电动汽车关键零部件

(1)动力电池

经过“十五”期间对以镍氢电池、锂离子电池为代表的先进动力电池的关键技术攻关和“十一五”期间以产业化为目标的电池系统及关键原材料的产业化技术研发，我国动力电池的技术水平得到了很大的提升，自主研发出用于混合电动汽车的高功率型电池和用于纯电动汽车的高能量型电池，形成了镍氢和锂离子6~100安时多个系列车用动力电池，功率密度和能量密度等关键指标具有明显进步。镍氢电池已经批量用于混合动力轿车和客车开展大规模示范运行，锂离子电池在奥运会、世博会电动汽车大规模应用中得到了验证。我国动力蓄电池技术水平的迅猛发展得到国际社会的高度关注和认可。

在锂离子动力电池方面，我国掌握了尖晶石型锰酸锂及橄榄石型磷酸铁锂正极材料、石墨类负极材料等关键原材料的核心技术并具备了产业化制造技术能力；掌握了动力电池的配方设计、结构设计和制造工艺技术，动力电池制造实现了从半自动中试向全自动大规模制造技术过渡；在系统集成技术和能力方面取得较大进展和突破。混合动力车用功率型锂离子动力电池单体功率密度从2002年的491瓦/千克提高到2009年的1 600瓦/千克，电池模块的常规循环寿命达1 000次左右；纯电动车用高能量型磷酸铁锂电池单体能量密度可达1 105瓦时/千克以上，电池系统的循环寿命达到了1 000次以上。锂离子动力电池技术水平已经具备支撑电动汽车开展大规模商业化示范运行的技术和产业条件。

在镍氢电池方面，完全掌握了材料、电池开发、制造技术等核心技术，并具备了大规模产业化制造技术；在系统集成技术和能力方面取得较大进展和突破，有效地支撑了混合动力汽车的大规模示范。混合动力车用高功率型镍氢动力电池功率密度达到1 173瓦/千克。电池能量密度和功率密度等性能能够满足混合动力汽车的要求，并在自主开发的混合动力汽车上得到验证，单车最大运行里程已超过15万公里。

在动力电池产业化方面，我国动力电池企业对产业化的投入大大加强，初步具备了动力电池基本生产装备设计制造能力，有竞争潜力的较大型电池企业正在快速成长。据统计，2009年年底国内车用镍氢和锂离子动力电池的年生产能力超过1.4亿瓦时和9亿瓦时，2010年年底有望提升到3.6亿瓦时和40亿瓦时以上。按每辆电动汽车装30千瓦时（A级车续驶里程200公里）电池计，2010年可满足约15万辆以上电动汽车的装车需求。

(2)燃料电池

我国已成为世界上少数几个掌握车用百千瓦级燃料电池发动机研发、制造和测试技术的国家之一。在燃料电池可靠性、寿命等方面取得较大进展，经受住了北京奥运等一系列国际示范应用的考验。低压燃料电池单堆动态循环工况累计运行超过1 500小时，预测寿命可超过2 000小时；燃料电池发动机系统最高效率超过61%，模块最大功率密度超过700瓦/千克、最大体积比功率达1 000瓦/升。

后插页

企业形象专版目录

第七篇 统计数据

第八篇 附 录

燃料电池关键基础技术取得突破，开发出了高活性、抗聚集的电催化剂以及高比表面积、抗氧化的单体，打破了国际大公司垄断局面；开发出了与国际商品化水平相当的增强型复合自增湿质子交换膜，研制出了性能已达国际目前水平的高导电性/高稳定性炭纸，解决了双极板的抗腐蚀和导电性，丝网印刷膜电极技术基本成熟，CCM 膜电极已经实现小面积产品的出口。

燃料电池耐久性等关键性能取得进展，初步开展了试验室动态寿命试验研究，通过模拟车用燃料电池动态载荷运行条件的快速评价方法对燃料电池衰减机理进行剖析。开展了水结冰对质子交换膜燃料电池材料与部件影响的研究，实现了燃料电池系统低温（-10℃）储存与启动。

(3) 电机

电机性能取得明显进步，重量比功率超过1 300瓦/千克，最高效率超过93%；采用现代车用电机系统设计理念，初步解决多目标高性能车用电机的极限设计和包括控制策略在内的系统集成仿真等技术难题；通过采用系统集成设计技术，实现了电机与发动机、变速器在机械、电磁和热管理的一体化设计与应用；车用电机制造工艺研究取得创新，拼块式铁心、高密度绕线技术和整体充磁工艺等已用于产品；关键材料与零部件研究开发取得初步成果，开展了电机磁性材料的稳定性的基础研究，研发了转速位置传感器、高性能低成本绝缘材料和专用电工钢；同时在新型电机技术方面也进行了积极研究探索。

我国自主开发的永磁同步电机、交流异步电机和开关磁阻电机已经实现了与国内整车企业的小批量配套，产品实现了系列化，功率范围覆盖200 千瓦以下民用范围，满足了整车需求。国内电机企业通过多渠道筹集资金，进行电机生产能力建设，2010 年前已具备27.2 万辆电动汽车的配套能力。

2. 电动汽车整车

(1) 纯电动汽车

我国纯电动客车在国际上率先采用大容量、高比能量的锂离子电池，动力性、经济性、续驶里程、噪声等指标上已经达到国际水平，初步形成了关键技术的自主研发能力和产业配套生产能力，12 米纯电动客车百公里电耗降到83.8 千瓦时。

比亚迪、奇瑞、天津清源等企业开发成功了各具特色的纯电动轿车，部分车型开始小批量上市，产品性能获得国际认可，A 级纯电动轿车百公里电耗降到16.5 千瓦时，纯电动轿车最高车速 120 公里/小时以上，一次充电里程超过 180 公里。2008 年 6 月，出口美国的纯电动轿车通过了美国高速公路安全保险协会（IIHS）NCAP 正面 40%偏置碰撞测试，到达 4 星标准，已批量出口美国。

通过产学研结合，北京理工大学、北京京华客车厂、浙江万向集团、湖南南车时代电动汽车股份有限公司等单位已经建成多家纯电动客车的研发和产业化基地。由上汽集团与上海奥威等合作研制的超级电容公交车，从2006 年8 月起，在公交线上进行商业化运营。纯电动客车已达到百辆级规模产业水平。

(2) 混合动力汽车

自主研发了怠速启停、加速助力、制动能量回收等混合动力汽车关键技术，建立新型动力系统、辅助系统、整车控制器、仪表系统等关键总成生产制造体系和质量控制体系，研制出 BSG、ISG 混合动力汽车，实现小批量商业销售。在技术指标方面，节油率达到 10% ~40%（混合度方案差异），排放达到国Ⅳ标准，车辆安全性满足标准法规要求。

进入“十一五”以来，各整车企业均加强了对其“十五”期间研发产品的可靠性、耐久性考核，完成了产品型式认证试验，获得了国家产品公告。一汽、东风、中通、五洲龙等厂家的1000 多台混合动力客车已正式销售到深圳、武汉、天津、大连、株洲等地的公交系统使用；长安、奇瑞等混合动力轿车在2008 年实现上市销售。

(3) 燃料电池汽车

燃料电池汽车技术进步显著，开始商业化示范考核。我国燃料电池汽车研发采用与国际同领域权威单位不同的技术路线，采用独具特色的能量混合型和功率混合型两种燃料电池混合动力系统，具有电-电混合、平台结构、模块集成的技术特征，轿车和客车两种车型氢燃料消耗量处于国际领先水平。

在燃料电池轿车方面，燃料电池轿车动力平台将整车控制器、电机控制器、燃料电池 DC/DC、电池管理系统等集成到统控制单元内，进一步提高了燃料电池轿车技术水平和产品化程度。2008 北京奥运会上，20 辆帕萨特领驭燃料电池轿车为其提供交通服务，经受了长时间运行、酷热多雨天气和频繁启停城市工况等的考验；16 辆帕萨特领驭燃料电池轿车在美国加州开展了半年的示范运行。配合上海世博会百辆级燃料电池汽车规模化应用，“上海牌”燃料电池车、“东方之子”燃料电池轿车、“志翔”燃料电池轿车、“奔腾”燃料电池轿车也研发成功。

在燃料电池客车方面，2008 年国内开发的全低地板燃料电池城市客车在北京奥运会期间成功示范运行，并在北京公交线路上进行了为期 1 年的商业化示范运行，氢燃料消耗量降低到 8.5 千克/百公里以下，在车辆性能和配置基本相当的情况下，生产成本不足国外的 50%。2009 年，国产燃料电池城市客车成为 UNDP《燃料电池城市客车商业化示范》第二期工程中标车辆。2010 年，将有 11 辆燃料电池城市客车分别参与上海 2010 年世博和新加坡世界青年奥运会新能源汽车示范运行。

3. 电动汽车公用平台与示范推广

(1) 电动汽车技术标准

标准法规与产品管理体系初步建立，为产业化奠定了基础。目前已制定电动汽车相关标准 42 项，其中国家标准 35 项。同时，形成了整车、动力电池、驱动电机等相关检测评价和产品认证能力。开展了新能源汽车产品准入条件、准入程序等研究。《新能源汽车生产准入管理规则》的实施，使电动汽车纳入国家汽车新产品公告管理。

(2) 电动汽车基础设施

面向电动汽车的示范应用需求，我国电动汽车充电基础设施建设发展加速，到 2009 年年底，已建设各种类型充电站 98 座、充电桩 325 个、电动公交车大型换电站 2 座、超级电容公交车线路充电塔 62 座、制氢加氢站 3 座、移动加氢站 3 座。

北京市在奥运纯电动客车大型换电站建设的基础上，加大了充电基础设施建设力度，以满足 2010 年新增1 050辆纯电动汽车示范应用的需求。上海市结合 2010 上海世博1 000辆节能与新能源汽车示范运行，已建成世博园区示范快换充电站 1 座，充电桩 147 个、超级电容公交车线路充电塔 62 座、加氢站 2 座。深圳市选择了 19 座公交场站加装充电设施，目前已建成 5 座，并交付使用。武汉市也已建成 30 余座电动汽车充电站，初步形成了电动汽车充电网络。

随着 2009 年“十城千辆”工程的实施，电动汽车充电基础设施的潜在发展空间受到重视，国家电网公司、南方电网公司、普天海油公司、中石化等能源企业，围绕国家新能源汽车发展战略，强势介入充电基础设施建设，各示范城市和社会各界也积极响应。

(3) 电动汽车示范推广

2003—2008 年，国家电网在北京、天津、武汉、深圳等 7 个城市先后开展了电动汽车小规模示范运行考核，累计投入运营车辆超过 500 辆，示范运营里程超过1 500万公里。

2008 年北京奥运期间，一汽、东风、长安、奇瑞、清华大学、上燃动力等 19 家单位共同研发生产的近 600 辆纯电动、混合动力、燃料电池汽车服务北京奥运会，累计运行 370 多万公里，运送乘客 440 多万人次，实现奥运史上最大规模的电动汽车示范运行。

二、“十城千辆”试点示范工程

2009 年，财政部、科技部联合以财政政策鼓励 13 个“十城千辆”工程示范城市，在公交、出租、公务、环卫和邮政等公共服务领域率先推广使用节能与新能源汽车。截至 2009 年年底，全国示范推广各类节能与新能源汽车已接近5 000辆，基本完成了预期投放计划。

1. 北京市

2009 年，北京市在纯电动公交车、纯电动环卫车和混合动力大客车示范应用推广方面取得了较大进展，在公交、环卫领域开展了多条线路、多种工况下的示范运行工作。

(1) 组织模式

为推进新能源汽车实现快速发展，北京市建立了以赵凤桐常委、黄卫与苟仲文副市长为召集人，13 个相关委办局为成员单位的北京市新能源汽车联席会议制度，联席会议办公室设在北京市科委。同时，成立了新能源汽车示范推广技术支撑专家组，主要负责组织新能源汽车领域技术开发、科技成果转移、示范运行技术支撑等方面工作。

(2) 政策措施

北京市2009年用于纯电动汽车、混合动力汽车的市级财政经费达5.5亿元，并全部拨付到位。在采购流程上采取政府首购、首台套等政策措施，加快推进新能源汽车投入到实际示范应用中。

(3)示范运行

混合动力公交客车方面，北京市公交集团2009年年初已向北汽福田等单位采购800多辆混合动力公交客车，已有550辆投入公交线路示范运行中。同时，在北京市科委重大科技项目支持下，北汽福田联合清华大学等单位，正积极开展混合动力总成系统的国产化工作。

纯电动环卫车方面，在2008年开发的样车基础上完成了洒水车、垃圾压缩车、垃圾清扫车等多种车型的开发，并实现了小批量生产。2009年9月25日，30辆电动环卫车投入运行。

纯电动公交车方面，奥运50辆纯电动公交车已进行了一年多的示范运行，已累计运行150万公里；2009年年初纯电动客车的生产权由北京京华客车厂转移至北汽福田，目前，北汽福田已完成样车的试制、评审工作，近期将完成50辆纯电动客车的生产。

(4)产业拉动

2009年3月，北京市成立了北京新能源汽车产业联盟，该联盟整合了国内新能源领域60多家单位，包括整车企业、零部件企业、科研院所以及终端用户等。以北汽福田为整车单位，实现了电池、电机、电控等多方面资源的整合，已完成纯电动公交客车、纯电动环卫车、纯电动乘用车的产业化准备工作。

为更好地推动新能源汽车产业发展，形成产业集聚效应，北京市科委和大兴区政府在采育镇建设了新能源汽车科技产业园，目前已有北京汽车新能源汽车有限公司与北京普莱德新能源电池科技有限公司两家企业入驻，占地228亩，下一步将吸引国内外纯电动轿车关键零部件企业落户园区，园区占地将增加至1 000亩，形成纯电动轿车配套体系。北汽新能源汽车公司预计2011年将实现各类新能源汽车产销2～4万辆，并于2015年实现150亿元销售收入，实现销售收入占北汽集团总销售收入的5%～10%。

(5)基础设施

为满足电动汽车示范应用推广需求，北京市科委、规划委已开展北京市充电站建设总体布局的研究工作。朝阳区小营电动公交车充电站、纯电动环卫车航天桥充电站已进入可研报批阶段，四惠公交枢纽充电站、苹果园地区电动公交车充电站、白云观环卫车充电站也进入初期论证阶段。同时北京市已开展在市政用地预留方面进行充电站建设的中长期规划。

(6)标准制定

在现有国标体系基础之上，北京市已完成《充电站设计和施工标准》《充电物理连接器和通信接口标准》的初稿编制和第一轮专家论证工作。

2. 上海市

(1)组织模式

已成立由上海市分管副市长为组长，市科委、市财政局、市发改委、市经信委、市建交委、市交通局等委办负责人组成的上海市节能与新能源汽车示范推广协调推进领导小组，负责总体工作指导；由市建交委、市发改委、市经信委、市财政局、市科委等上述委办相关部门组成办公室，负责制订示范方案、协调组织等。

(2)政策措施

上海市政府发布《关于促进上海新能源汽车产业发展的若干政策规定》，明确了新能源汽车产业发展的总体目标、主攻方向和市场目标。

上海在新能源汽车的技术研发和产业化方面的支持措施主要有七项：安排资金支持产学研联合攻关；鼓励和支持新能源汽车企业申报“863计划”、“973计划”等支持计划；安排专项资金支持新能源汽车的整车集成开发、关键零部件的技术突破和产业化；对新能源汽车的改扩建、引进技术和装备、企业境外收购等项目给予贷款贴息或无偿资助；给予高新技术成果转化专项资金支持；给予有关税收优惠政策支持；对国企的新能源汽车研发投入视同实现利润。

在新能源汽车的应用推广支持方面的措施有四项：一是加大新能源汽车政府采购力度；二是鼓励和支持国有企业等企事业单位和个人购买和使用新能源汽车；三是加强新能源汽车充电站、加氢站等配套设施规划和建设；四是对电池租赁企业给予贴息支持。

在产业基地和检测服务方面，上海的支持措施有三项：在嘉定等区县加快建设新能源汽车及关键零部件产业基地；加强新能源汽车检测试验等方面的能力建设；鼓励和支持新能源汽车企业将具有自主知识产权的技术创新成果转化为地方和国家标准。

金融和人才支持措施有：引导和支持设立新能源汽车产业创业投资机构和创业投资基金；鼓励和引导金融机构支持新能源汽车的产业发展和推广应用；引入新能源汽车产业领域的国内外优秀领军人才和技术团队，支持高校和科研机构建设新能源汽车的研究基地和创新平台。

(3)示范运行

按照《实施方案》，2009年上海市节能与新能源汽车示范运行的工作主要是世博千辆级电动汽车示范运行车辆的生产准备工作。由上汽集团、上燃动力、神力科技、上海新源等单位联合实施，根据《实施方案》，完成所有车辆装配、调试、磨合试验工作，包括：燃料电池公共汽车（包括清华大学动力系统平台的3辆及同济大学动力系统平台，2009年年底完成装配，并部分进行测试联调）、燃料电池轿车（10辆通用、10辆通用动力系统、30辆荣威、5辆长安、5辆一汽、30辆整改）、燃料电池观光车、混合动力客车、混合动力轿车、纯电动客车、超级电容客车以及纯电动场馆车。

(4)基础设施

加氢设施。用于世博示范运行燃料电池汽车氢能供给的加氢站于2009年年底完成了土建工程，按时完成并能安装设备，从而确保2010年4月固定站设备调试完毕投人运行，移动加氢站12月底前完成了系统集成安装，并建设世博园区内西营路基地、济阳路基地、嘉定基地等燃料电池汽车停车维修场地。

充电设施。包括纯电动大巴充电站1座、超级电容大巴充电线路3条、电动汽车充电桩390个。

3. 重庆市

(1)组织模式

成立了“重庆市混合动力汽车示范运行工程领导小组”，由分管副市长担任组长，10个相关部门为成员，明确了各成员单位和参加单位的职责，领导小组办公室设在重庆市科委，设有专职工作人员，并成立“重庆市节能与新能源汽车专家咨询委员会”，为试点工作的顺利实施提供组织保障。

(2)政策措施

出台了《重庆市新能源汽车示范运行财政补贴实施办法》，对四类补贴对象、补贴数量和补贴标准进行了明确规定，除了规定新能源公务车、新能源出租车及新能源公交车可享受地方财政补贴外，在国内首次对个人购买新能源车辆规定具体的补贴金额。即参照国家对新能源汽车的补贴标准，对纳入重庆市示范运行范畴的ISG中度混合动力汽车给予每辆车3.6万元补贴和一次性路桥费补贴6 900元，数量限定为100辆。

(3)示范运行

在奥运会和国务院机关事务管理局运行的长安“杰勋”混合动力车基础上，重庆恒通客车有限公司开发出CKZ6126HENV3电/气混合动力客车，于今年10月正式下线；长安志翔电/气混合动力轿车也将于12月份完成下线，规模化生产基本就位。项目组指定安福4S店作为混合动力汽车专修服务中心，成立技术保障小组，对维护人员进行了培训，能够24小时提供新能源汽车维修的“金牌服务”。从示范运行新能源汽车用户交流会的反馈意见看，用户对示范运行车辆的操控性、稳定性和节油率等整体上是满意的。

4. 长春市

(1)组织模式

成立了以长春市市长为组长的长春市节能与新能源汽车示范推广试点工作领导小组，市建委、市科技局、市财政局、市环保局、市交通局、市质量技术监督局、市工商局、市经委、市市容环卫局、长春公交集团、吉林大学汽车工程学院、一汽集团为成员单位，领导小组办公室设在市建委。

(2)示范运行

根据长春市现有的运营形式和燃料供应情况，确定了长春混合动力客车选型为天然气/电混合动力客车，2009年生产气/电混合动力客车100辆。

(3)产业带动

11月13日长春市政府在长春宾馆再次召开“关于我市新能源汽车产业发展情况”的专题会议，崔杰市长作了重要讲话和指示，再次强调长春市要通过混合动力客车的生产和营运，来拉动长春市的汽车产业，同时进一步研发纯电动汽车、电动机和动力电池及相关配套设备的生产，示范运行车辆应以自主品牌节能与新能源汽车为主，采用自主开发、具有自主知识产权的动力系统，招商引资，并为其提供优惠政策。

5. 大连市

2009 年大连市“十城千辆”工程以夏季达沃斯论坛为平台全面展开。

(1)组织模式

大连市成立了由市长亲自挂帅的大连市节能与新能源汽车示范项目领导小组，市经信委、市科技局、市公安局、市财政局、市交通局等 21 个相关部门和单位为成员单位。领导小组办公室设在市经委。

(2)政策措施

对已购置纯电动公交车按照国家与地方 1∶1 配套、车辆购置税费补贴 50%；对混合动力公交车，采取差价补贴方式购置，即部分高于传统车价格的资金由政府承担；为纯电动车配套的充电站等基础设施采取政府补贴方式建设。

在产业推进上设立了节能与新能源汽车产业技术创新专项，对整车及关键零部件企业进行扶持。

(3)示范运行

目前，大连市共投放 322 台节能与新能源汽车在公交、出租和公务等公共领域示范运行，其中 272 台为我国自主研发、具有自主知识产权动力系统的节能与新能源汽车。

①混合动力公交车 (CA6126SH8)

已投入 162 台混合动力公交车示范运行，全部采用一汽集团大连客车厂自主研发的并联式油电混合动力客车，其中 12 台曾作为奥运会服务用车。

②纯电动豪华旅游大巴 (HFF6127K46EV)

已投入 10 台由安徽安凯汽车股份有限公司生产的纯电动豪华旅游大巴示范运行，该车首次在国内推出。

③混合动力出租车 (SQR7160A217/B)

已投入 100 台由奇瑞汽车股份有限公司生产的 BSG 弱混合动力轿车示范运行。

④混合动力公务车

已投入 50 台由上海通用汽车集团生产的君越混合动力轿车示范运行。

(4)基础设施

目前已建设 3 处便捷式充电站，共设置 21 个深充型和浅充型充电柱。利用现有车辆保障系统和维修基地优势，建成了大连新能源汽车应用中心。

已投入示范运行车辆都安装了标准的数据采集接口，正在开发设计节能与新能源汽车示范运行管理信息化平台，以对示范车辆的技术状态进行实时监控。

筹建了节能与新能源汽车样车展示中心，邀请部分节能与新能源汽车生产厂家提供了样车，免费参观、试驾，以创造示范应用环境和社会氛围，加大示范推广力度。

(5)运行情况

12 辆混合动力公交车已累计行驶 31.6 万公里，且运行平稳，技术状态较好，故障率比较低，百公里油耗已由当初的 44.1 升下降到 33 升左右，最低达到 30.4 升。

100 台混合动力出租车运营情况基本正常，单车百公里油耗为 9 升左右。

6. 杭州市

(1)组织模式

杭州市成立了杭州市节能与新能源汽车发展协调小组，专门负责组织、推动、协调全市节能与新能源汽车发展规划、政策制定和产业发展。协调小组由分管副市长任组长，市经委、发改委、建委、旅委、科技局、交通局、财政局、国土资源局、规划局、质监局、环保局、城管办、公安局、电力局、市公交总公司等部门组成，日常工作由设在市经委的办公室负责。

(2)政策保障

杭州市财政在汽车产业发展专项资金中安排一部分用于新能源汽车的研发和示范推广运营，同时在技术改造、高新技术成果转化等专项资金中也加大对新能源汽车产业的资助，充分调动新能源企业的研发和生产积极性。

(3)示范运行

截至 2009 年 12 月，公交已投入运营的新能源客车 102 辆，另有 205 辆混合动力客车已完成了招投标工作；11 辆纯电动汽车在电力部门投入使用。

(4)基础设施

现建有充电站3座，充电柱5座。

7. 济南市

2009 年，济南市节能与新能源汽车示范推广试点工作围绕节能与新能源汽车为第十一届全运会提供交通服务展开。

(1)组织保障

2009 年3月2日，济南市成立了由济南市市长任组长，市发改委、科技局、财政局、规划局、国土局、环保局、建委、公用事业局、公安局、相关企业主要负责人参与的济南市节能与新能源汽车示范试点工作领导小组，负责组织电动汽车大规模示范推广的规划制定等各项工作。领导小组下设办公室，市发改委主任任办公室主任，市科技局、财政局、公用事业局等单位主要负责同志任副主任。组织成立了济南市电动汽车运营有限公司，具体负责运营模式的研究与推广、新能源汽车节能数据采集和监控等工作。

(2)政策措施

2009 年11月24日，济南市政府下发了《关于加快电动汽车推广应用工作的通知》，在地方政府的配套资金及政策上支持试点工作，2009 年市科技局已投入科技经费1 000万元。

同时，山东省政府办公厅印发鲁政办发 [2009] 64 号《关于推进新能源汽车产业发展的若干意见》，明确了政策措施。成立由省政府领导任组长，省财政厅、发改委、科技厅、经信委等十一部门参与的山东省新能源汽车产业发展领导小组，负责研究政策、协调资源、推进发展等各项工作，2009 年省财政厅已安排6000 万元专项扶持资金，对新能源汽车在研发、产业化、生产准入等方面给予支持。

(3)示范运行

研究制订了《第十一届全运会节能与新能源汽车示范运行赞助活动实施方案》，由济南市电动汽车运营有限公司负责实施，宇通、安凯、东风车辆公司等为示范赞助活动提供100 辆的新能源客车。长安汽车、奇瑞汽车等公司提供200 辆新能源轿车，直接服务于全运会济南主赛场。

(4)基础设施

由济南市电动汽车运营有限公司负责建设与车辆规模相适应的充电站网络，初步建设3个样板绿色充电站，基本可以保障现有新能源汽车电池和整车的充电要求。但是，随着新能源汽车，特别是电动汽车的大量推广，城市小型充电站数量和建设速度必须与之相适应，并建设省级监控中心，对省市新能源汽车不同重要参数进行实时监控，完成瞬时数据采集和上传。济南市电动汽车运营有限公司开发的电动汽车远程检测排障系统通过对正在行驶的车辆主控系统进行通信，实现对电池的故障诊断和维修。

(5)产业带动

产业带动方面，由济南市电动汽车运营有限公司、山东省大同宏业投资集团、山东大学、山东省耐特新能源科技有限公司共同合作，拟在济南投资6亿元，建设年产磷酸铁锂正极材料5 000吨、磷酸铁锂离子动力电池2万套的研发生产基地，年销售收入达到15 亿元以上。

(6)运行情况

从济南市公交总公司提供的数据来看，新能源汽车运行情况良好，故障率较低，节油效果明显。从市场调研情况来看，济南市周边包括地县级市以及各个大型景区，完全具备使用新能源汽车的条件。

8. 武汉市

(1)组织模式

成立了武汉市节能与新能源汽车示范推广工作领导小组，由市政府主要领导任组长，分管领导任副组长，市发改委、经信委、交委，市科技、财政、规划、国税、地税、环保、旅游、公安交管，东湖新技术开发区、武汉经济技术开发区、东湖生态旅游风景区管委会，东风汽车公司、东风扬子江汽车（武汉）有限公司、武汉市公交集团有限公司、武汉供电公司、东风电动车辆股份有限公司、武汉电动汽车示范营运有限公司等相关部门和企业负责人为成员。领导小组负责审议批准项目战略规划及行动计划，指导督促项目实施，统筹协调各方资源等工作。领导小组下设办公室，负责项目的具体推进落实工作。

(2)政策措施

2009 年，出台了《市人民政府关于振兴新动力汽车产业发展的指导意见》（武政 [2009] 54 号），从土地供应、财政税收、自主创新产品推广应用、技术创新金融支持、企业人才建设和产学研技术联盟等六个方面予以政策支持，提出设立财政专项资金，用于新动力汽车采购差价、运营、基础设施建设贷款贴息及公告申报成功的奖励；继续限制高污染、高噪声汽车的生产和销售，加大老旧汽车的报废更新力度；划定东湖生态风景区为燃油汽车营运限制区等相关限制性、鼓励性和扶持性政策，为"节能与新能源汽车示范推广"试点工作提供政策保障和良好的发展环境。并按照统筹资源、突出重点、多方筹措的原则，为节能与新能源汽车示范推广工作提供资金保障，到2012年武汉市计划共需落实到位资金4.6亿元。主要用于车辆采购差价、运营的专项补贴，贷款贴息和3个中心、4个停保场及6个充电区域的建设补助。

(3)示范运行

2009年首批70辆混合动力公交车已经交付使用，后续280台生产交付工作已全面展开并陆续交付使用，2009年基本完成新增350辆混合动力公交车的目标。示范工程带动了节能与新能源汽车的产业化：2009年东风电动公司进行产能扩建，已形成年单班生产1 000辆混合动力公交车的改装生产能力。

(4)基础设施

3个中心（即电动汽车检测中心、电动汽车培训中心和电动汽车城市道路工况试验中心）、4个混合动力公交车停保场和6个纯电动车充电区域的选点和规划工作全面完成，目前已由选点区域无偿划拨充电区域用地16亩，充电设备的选型方案已确定，样板充电区域建设方案已获得湖北省电力公司和武汉供电公司的认可。

9. 深圳市

(1)组织模式

为加大对示范推广工作的统筹协调力度，深圳市政府成立了由常务副市长为组长的新能源汽车示范推广领导小组及其办公室。

(2)示范运行

截至2009年年底，已开辟了6条示范公交线，400辆混合动力公交大巴和20辆双模电动公务车相继投入了示范运营（行）。此外，比亚迪公司与深圳巴士集团合资组建的纯电动出租车服务公司即将挂牌成立，100辆纯电动出租车于2010年年初陆续投入示范运营。

(3)基础设施

目前已有5座公交场站建成并交付使用，另有14座公交充电站和2座社会快充站完成了选址规划，将陆续开工建设。

组织了南方电网等相关企事业单位起草制定深圳地方性充电设施技术规范，该技术规范包括通用要求、充电站整体设计规范、非车载直流充电机技术规范、车载直流充电机技术规范、充电桩技术规范、充电站监控管理系统、通信协议、非车载充电机电气接口及充电桩集群等九项内容，以满足深圳各类新能源汽车充电设施建设的要求。

10. 合肥市

(1)组织模式

合肥市成立了以市长为组长、分管财政、工业、科技的副市长及合肥工业大学副校长为副组长的节能与新能源汽车示范推广领导小组，成员有市科技局、市发改委、市经委、市国资委、市建委、市交通局、市公安局、市财政局、市环保局、市规划局、市容局、市旅游局、市质监局、市机关事务管理局、市国税局、市地税局、市电力公司，市公交集团公司、江淮汽车、安凯股份、国轩高科等21个单位的主要负责人。领导小组办公室设在市科技局。

(2)示范运行

成立了示范推广公司，开展新能源汽车的推广，并负责数据采集和技术保障；2009年首选18路公交线路示范运营，实行独立运营、单独核算；通过招投标确定购置30辆12米HFF6120G03EV纯电动客车，该车在加载2.5吨情况下一次充电续航里程达283公里，12月28号30辆纯电动客车上路运营。市政府一次性投入1 700万元，包括购车补贴1 200万元，充电站建设费用500万元。电池租赁费20万元/辆，合计每年600万元，由市财政逐年支付。

(3)基础设施

充电站设在公交公司第五停保场，共配有20台充电机，为参加示范运行的电动汽车进行电能供给。

(4)产业拉动

安凯股份今年投资新能源汽车达2 500万元，形成产能达1 700辆/年，截至2009年年底，该公司已生产新能源客车110辆。国轩高科锂电池项目已投资金3亿元，产能5万安时/天，现新增的20万安时/天生产线已完成设备订购、厂房建设，2010年3月份投产使用，预计2011年年底将形成60万安时/天，2亿安时/年，正极材料2 000吨/年的产能，形成年销售收入30亿元以上。成立合肥工业大学新能源汽车工程研究院，联合安徽江淮汽车股份有限公司、安徽巨一自动化公司、国轩高科、同智机电公司、合肥工业大学等单位将投入资金48 092万元，研究混合动力乘用车的整车匹配和开发系统以及多能源动力总成控制系统、驱动电机及其控制系统、动力蓄电池及其管理系统三项核心技术，最终形成混合动力乘用车及其关键零部件的研制及其产业化。

11."长株潭"地区

(1)组织模式

2008年8月，湖南省人民政府成立了由省长任组长的省电动汽车产业发展领导小组，成员单位包括省发改委、经委、科技厅、财政厅、建设厅、旅游局、环保局、省交警总队、省电力公司及长沙、株洲、湘潭三市政府等，办公室设在省科技厅。随后，长沙、株洲和湘潭也相继成立了由市主要负责人为组长，相关部门参加的节能与新能源汽车示范运行组织协调机构，并设立日常办公机构。形成了省领导小组组织领导、省领导小组办公室协调督察、各市领导小组落实推进的三级组织领导机制，有力推进了湖南省节能与新能源汽车示范推广工作。

(2)政策措施

2009年5月，湖南省人民政府就出台了《关于推进电动汽车产业发展的若干意见》。省里设立了电动汽车发展专项资金，从2008年至2012年，连续5年，每年2 500万元。长沙市节能与新能源汽车推广工作与公交优化方案相结合，设立了1亿元的公共汽车更新维护资金，并设立了1 000万元/年的节能与新能源汽车专项资金，用于示范推广补贴、充电站等维修配套设施建设补贴和社会购车的奖补等。株洲市提出了《株洲市城区公交车辆电动化三年行动计划》，在2009—2012年共投入6 000万元，实现在2012年城区公交车辆全部电动化、建成全球首座"全电动公交城"。湘潭也设立了2009年度1 000万元的节能与新能源汽车专项资金。

(3)示范运行

2009年，长沙、株洲、湘潭三市共有湖南巴士、龙骧巴士、株洲公交、湘潭公交等4家公交公司参与示范运营，共投放混合动力公交车233辆（其中，长沙10辆，株洲180辆，湘潭43辆）。2010年，4家公交公司已与南车时代电动签订了采购515台混合动力公交车的商务合同（其中，长沙252台，株洲160台，湘潭103台），加上去年已在株洲示范运营的20台混合动力公交车，今冬明春将有535台混合动力公交车在长株潭投入运营。

(4)运行情况

目前，"长株潭"累计投放车辆运营里程达到347.6万公里（单台运营里程最长的达到8万公里），车辆出勤率和满趟率平均达到98%和96%。初步统计表明，车辆百公里实际节油率平均在20%以上，总节油量达到253 000升，节油效果明显；汽车尾气排放减少，累计减少二氧化碳排放3 900吨、一氧化碳排放23吨、氧化氢排放10吨。

通过示范运营，整车生产企业南车时代电动公司针对出现的问题进行了相应的攻关、整改，整车性能得到了大大提升。其自主研发的混合动力系统由2008年的第四代迅速升级到第八代，新型并联式混合动力系统和新型串联式混合动力系统的可靠性大大提高，节能减排效果显著提升并趋于稳定。该公司生产的TEG6101PHEV 10m以上混合动力城市客车，已获得国家节能与新能源汽车示范推广应用工程推荐车型目录（第三批）。经天津国家轿车质量监督检验中心检测试验验证，在国内典型城市工况下节油率为32.6%，最大电功率比为39.3%。

(5)基础设施

根据《"长株潭"两型社会试验区节能与新能源汽车示范推广试点实施方案》，节能与新能源汽车示范推广基础设施建设正在稳步推进中。长沙市制定了相配套的场站布点规划，从2010年开始每年配套建设3个以上节能与新能源汽车维修保养场（站）。公用事业、交通、规划等部门正在完善配套设施规划建设的规划方案，以尽快启动相关站场建设项目；节能与新能源汽车的技术服务体系建设正在酝酿中，将陆续组织全市公交运营公司开展相关技术人员和司机培训。株洲市已兴建了电动汽车充电站等主要的配套设施。

12. 昆明市

(1)组织模式

昆明市节能与新能源汽车示范推广试点工作领导小组由张祖林市长担任组长，对全市新能源汽车示范推广工作进行组织协调，云南省财政厅、科技厅和领导小组办公室所在的昆明市科技局等部门对《实施方案》部署进行了统筹规划、统一行动。

(2)政策措施

按照“统筹资源、突出重点、多方筹措”的思路，以财政政策鼓励昆明市新能源汽车示范推广，由市财政每年安排专项资金，用于节能与新能源汽车的推广、示范、运营和维护保养等专项补贴。市委常委会、政府常务会专题研究通过了《昆明市节能与新能源汽车示范推广财政补助资金管理办法》。

根据财政部和科技部《节能与新能源汽车示范推广财政补助资金管理暂行办法》的补助标准条件，结合我国新能源汽车现有产品实际，为提升节能减排效果，昆明市混合动力汽车的选型原则要求节油率大于20%和最大电功率比原则上大于20%。

(3)示范运行

昆明市节能与新能源汽车示范推广试点领导小组对通过科技部论证的《实施方案》进行了统筹规划和认真落实，《实施方案》中2009年度示范运行车辆的计划数为100辆公交客车，其中油电混合动力公交客车98辆，纯电动公交客车2辆，已于2009年10月10日向财政部和科技部提出国家财政补助资金预拨款申请，并相应落实了昆明市本级财政的补助资金预算。

(4)基础设施

由于《实施方案》中2009年度的示范运行车辆主体为油电混合动力公交客车，因此暂未进行规模化基础设施建设，拟由公交企业在自有场地内对少量纯电动车辆进行相应的充电设施建设。

(5)运行情况

共有12家混合动力公交客车（中度混合）生产企业在昆明开展了运行适应性营运试验工作，试验车辆技术形式有两种驱动模式、七种连接方法、四种动力电池和两种控制方式，较全面地代表了目前我国混合动力公交客车技术状态。与同路线、同时段、同等功率的纯柴油公交客车的百公里油耗比较，混合动力公交客车的节油率为10%～18%。

13. 南昌市

(1)示范组织

为了加强对示范试点城市工作的管理，南昌市成立了南昌市节能与新能源汽车产业示范应用推广领导小组。领导小组组长由胡宪市长担任，副组长由卢晓健、罗慧芬两位副市长及南昌经济开发区管委会主任崇江林担任。成员由市政府相关部门的主要负责人担任，随后成立了节能与新能源汽车专家组。在领导小组的统一领导下，南昌市分别设立了节能与新能源汽车产业发展推进组、示范应用推进组和南昌市节能与新能源汽车评估监测中心等管理机构。各不同工作组负责分项归口管理相关工作。

(2)政策保障

围绕实施方案，南昌市已经出台的政策有《南昌市节能与新能源汽车产业发展规划》和《关于扶持节能与新能源汽车产业发展的若干政策措施》等两项政策。

(3)示范运行

2009年南昌市示范推广工作的目标任务是90辆节能与新能源汽车的示范应用，其中公交车20台，出租车40台，公务车30台。在公交运营方面，从2009年7月开始，由公交公司选定的2台纯电动公交车、4台混合动力公交车，首批投入209路公交线进行试运行。首批投入试运行的新能源公交车中，纯电动公交车来自上海，有两台是安源生产的混合动力公交车。这批新能源公交车投入试运行将近半年以来，大部分试运营车辆运行效果良好，目前试运营的车辆累计已达到13辆，在充分考察了各种车辆的技术和经济条件下，市公交公司已公开招标20辆公交车。在公务用车方面，市政府已经完成11辆节能与新能源汽车的采购，年底已投入使用。组建的新能源汽车出租公司，负责40辆新能源出租车的试点运营。

三、燃气汽车示范推广

1. 四川省

到2009年年底，四川省天然气汽车加气站建成投产的CNG加气站238座，基本形成了全省CNG汽车加气网络；天然气汽车拥有量达20.6万辆。全省天然气汽车产业累计创产值215.655亿元，实现利税26.177亿元，节约和替代成品油约594.1万吨，从业人员达13万人，汽车尾气污染物减少排放85.61万吨，天然气汽车产业体系已经形成。

2007—2008年，由四川省清汽办牵头，四川省工程咨询研究院、四川省清洁汽车产业协会、西华大学和华油天然气股份有限公司共同承担了《四川省代用燃料汽车区域化示范运行考核与应用技术研究》课题。在全省有关部门支持下，课题期间全省新增加气站20座，新增CNG汽车中整车厂生产的天然气汽车约占全省天然气汽车总保有量的51%；由整车厂生产的天然气汽车在新增公交车和出租车中的比例达到95%以上；使用天然气的公交车和出租车数量占公交车和出租汽车总量的94%以上；替代燃油约198万吨，占四川省2009年车用汽、柴油销售总量的8%以上；节约燃料费约79亿元；建成示范加气站1座，在建1座。在执行课题“四川省天然气汽车运行试验与技术考核”期间到2009年6月底，示范区域内主干线、城际道内加气站为29座，占区域内加气站总量的19.8%；示范区域天然气汽车的保有量为12.53万辆，占示范区内汽车保有量的7.36%，大于3%；示范区内非公共交通天然气汽车7.44万辆，占天然气汽车总保有量的60%，大于25%；在城际间运行的天然气汽车约2.37万辆，占天然气汽车总保有量的18.9%，大于12%；示范区2009年1-6月替代燃油约70.4万吨，大于9.5%。编制完成《四川省LNG加气站设计规范》和《LNG汽车实施方案》；并完成《四川省LNG加气站设计规范》的《征求意见稿》和《送审稿》，12月已报省技监局审批。在强化清洁汽车产业安全运营管理方面，推行了天然气汽车专用装置检验；强化天然气汽车专用装置的检验，制定了《在用汽车压缩天然气专用装置检验规范》，并在绵阳、南充和自贡进行试点，促进了天然气汽车专用装置生产质量和使用安全；深化了对CNG加气站气质管理。省技监局坚持每年两次对全省CNG加气站气质进行检查；强化了车用气瓶的监督检查和储气井的安全管理。全省实施了车用气瓶安装许可和定期安全检验，在除成都市外的16个市的加气站推行了CNG气瓶电子标签动态监管系统和IC卡加气，对235 943只CNG气瓶全生命周期进行动态监管；开展了加气站远程安全管理系统试点，对试点站实现了自动化控制、数字化管理和视频化监控，使加气站安全管理提高到一个新水平。为规范产业发展开展了《四川省代用燃料汽车产业管理办法》的立法调研，形成送审稿报省法制办审批。

2. 重庆市

截至2009年，重庆已经组建了主城至万州、主城至涪陵、主城至永川、主城至合川4个示范车队，建立了完善的示范区域内和城际间的燃气供应保障体系，制定示范区域内及示范区域之间的燃气汽车发展规划，使燃气汽车保有量占示范区域内汽车保有量的比例达到6%，示范区域间加气站数量占区域内加气站总量的比例达20%。根据《重庆市推广应用天然气汽车“九五”及2010年规划》，重庆计划在2010年CNG汽车保有量达到9万辆，其中汽油/CNG两用燃料汽车6万辆，单一燃料CNG汽车3万辆；建成CNG加气站120座，其中主城区100座，区县20座，形成重庆市与周边省、市相互相连通的CNG汽车加气站网络。

2009年，《重庆市压缩天然气汽车安全管理办法》是全国首部天然气汽车行业管理方面的法规，对加强重庆市天然气汽车行业管理，促进和带动全国天然气汽车行业的安全、规范管理具有重要意义。重庆市积极引导和鼓励全市已到报废年限的出租汽车更新为单燃料或双燃料天然气汽车；引导和鼓励中短途柴油公交车改装为单燃料柴油天然气汽车；引导和鼓励环卫车辆、市政车辆改装为天然气汽车。进一步采取措施加快加气站建设，形成主城区内和主城区与区市县及周边省市合理的加气站网络布局。

3. 哈尔滨市

2009 年，哈尔滨市燃气汽车的发展势头良好，大庆天然气进入哈尔滨市后，天然气汽车发展速度很快，2009 年更新了 700 多辆公交车，全部使用 CNG。原使用 LPG 的公交车将随着到期报废逐步更新为 CNG 车辆。市区燃气汽车转向天然气，所属市县将目标投向液化石油气，如果能保证车用液化石油气的质量，又有稳定和合理的价格，则液化石油气汽车仍有市场。

2009 年，哈尔滨市制定完成了《哈尔滨市汽车使用清洁燃料管理办法》，该办法就我市汽车使用清洁燃料涉及的站的审批、建设、验收、管理；车的更新、改装、使用、管理；特种设备的使用登记、检测评定、报废处理；及车用清洁燃料的价格管理、质量监控等作了全面规定。

2009 年还制定了《哈尔滨市天然气汽车发展规划（2010—2020 年）》，规划目标是：到 2015 年发展 CNG 汽车 15 000 辆。建设天然气汽车加气母站 3 座（30 万立方米/天），子站 37 座，标准站 2 座，燃气汽车加气站达到 50 座，年用天然气量 2.48 亿立方米。建立年供气量 13 万吨 LPG 燃料调配站 1 个，新型汽车燃料替代燃油达到 25 万吨，占全部交通燃油消耗量的 20%。

4. 乌鲁木齐市

为保障市燃气汽车推广应用工作顺利开展，结合实际，乌鲁木齐先后起草制定了《乌鲁木齐市燃气管理条例》《乌鲁木齐市清洁能源规划》《双燃料汽车专用装置制造和双燃料汽车改装单位资格认定管理规则》《新疆维吾尔自治区车用燃气气瓶安全管理规则》《新疆维吾尔自治区车用气瓶安装许可实施细则》等政策法规。

从资质认证、管理、人员培训等方面采取有效措施，建立安全保证体系使燃气汽车及加气站的发展、建设、管理法制化、规范化。一是实行资格认证。对燃气汽车装置生产企业和燃气汽车改装企业进行资质认证；对加气站设计、施工、监理等实行资质管理。二是制定安全责任制。要求各加气站、各燃气汽车改装厂建立安全生产运行操作制度，层层签订安全责任状。三是对加气站从业人员进行技术培训，持证上岗。四是严格对燃气汽车改装的管理。对申请改装双燃料的车辆先办理燃料变更申请审批手续后改装，对已改装的燃气汽车，车管部门从各改装厂抽调工程技术人员共同参与年检，凡存在隐患或不按改装标准改装的燃气汽车由各改装厂自行整改，否则不予审验。五是加大安全事故的查处力度。发生燃气汽车安全事故由燃气汽车领导小组办公室、消防、安全生产监督、质量技术监督部门及相关企业组成事故调查组进行调查。

根据《乌鲁木齐市代用燃料汽车发展规划 2008—2015 年》，2010 年，压缩天然气汽车要达到 2.33 万辆，液化天然气汽车要达到 0.27 万辆，液化石油气汽车要达到 0.14 万辆；2015 年，压缩天然气汽车要达到 3.36 万辆，液化天然气汽车要达到 0.88 万辆，液化石油气汽车达到 0.06 万辆。

5. 西安市

西安市为推进燃气汽车的发展，相继出台了《西安市人民政府关于加快发展天然气汽车产业的通知》《西安市人民政府批转市交通局关于加快出租汽车整合提高车型档次的实施意见和通知》《西安市发展和改革委员会关于进一步加强和规范压缩天然气加气站建设的通知》，鼓励出租车“油改气”，并给予延长经营期限。这一政策出台仅半年时间，西安市天然气汽车数量就由 3 977 辆猛增至 8 423 辆。在 CNG 加气站建设方面，西安市政府出台了建设用地实行划拨供应、免收契税和允许投资者与国有或集体建设用地的所有者采取联营联建的形式建设加气站的政策。尤其是通过联建形式，解决了土地供给的制约瓶颈。

西安市“十二五”期间发展天然气汽车的思路是：加快私家车、公务车、市政用车、客运班线车应用天然气的力度，加快天然气汽车的应用规模；根据陕西省人民政府关于汽化全省的指示精神，西安市将联合省内其他地市，积极开展城际间和区域间客、货 CNG、LNG 汽车的运输，在此基础上，联系周边省区，在更大范围共同开展燃气汽车的运输业务。

第二篇

节能与新能源汽车行动计划及支持政策

一、国家节能与新能源汽车宏观政策

1. 国务院《国家中长期科学和技术发展规划纲要(2006—2020年)》(节选)

优先主题——低能耗与新能源汽车：

重点研究开发混合动力汽车、替代燃料汽车和燃料电池汽车整车设计、集成和制造技术，动力系统集成与控制技术，汽车计算平台技术，高效低排放内燃机、燃料电池发动机、动力蓄电池、驱动电机等关键部件技术，新能源汽车实验测试及基础设施技术等。

前沿技术——氢能及燃料电池技术：

重点研究高效低成本的化石能源和可再生能源制氢技术，经济高效氢储存和输配技术，燃料电池基础关键部件制备和电堆集成技术，燃料电池发电及车用动力系统集成技术，形成氢能和燃料电池技术规范与标准。

国务院

二〇〇六年二月九日

2. 国务院《中国应对气候变化的政策与行动》白皮书(节选)

——减缓气候变化的政策与行动

节约能源和提高能源利用效率来应对气候变化。

实施有利于节能的经济政策：调整部分矿产品资源税，适时调整成品油、天然气价格，实行节能发电调度的政策，下调小火电上网电价，加大差别电价实施的力度，出台支持企业节能技术改造、高效照明产品推广、建筑供热计量及节能改造等资金管理办法。出台鼓励节能环保小排量汽车、限制塑料购物袋等政策。建立政府强制采购节能产品制度。

国务院新闻办公室

二〇〇八年十月

3. 国务院《中国应对气候变化国家方案》(节选)

各省、自治区、直辖市人民政府，国务院各部委、各直属机构：

国务院同意发展改革委会同有关部门制定的《中国应对气候变化国家方案》(以下简称《国家方案》)，现印发给你们，请结合本地区、本部门实际，认真贯彻执行。

国务院

二〇〇七年六月三日

——研究鼓励发展节能环保型小排量汽车和加快淘汰高油耗车辆的财政税收政策。择机实施燃油税改革方案，制定鼓励节能环保型小排量汽车发展的产业政策，制定鼓励节能环保型小排量汽车消费的政策措施，取消针对节能环保型小排量汽车的各种限制，引导公众树立节约型汽车消费理念，大力发展公共交通，提高轨道交通在城市交通中的比例，研究鼓励混合动力汽车、纯电动汽车的生产和消费政策。

4. 国务院《中华人民共和国循环经济促进法》(节选)

中华人民共和国主席令　第四号

《中华人民共和国循环经济促进法》已由中华人民共和国第十一届全国人民代表大会常务委员会第四次会议于2008年8月29日通过，现予公布，自2009年1月1日起施行。

中华人民共和国主席　胡锦涛

二〇〇八年八月二十九日

第二十一条　国家鼓励和支持企业使用高效节油产品。

电力、石油加工、化工、钢铁、有色金属和建材等企业，必须在国家规定的范围和期限内，以洁净煤、石油焦、天然气等清洁能源替代燃料油，停止使用不符合国家规定的燃油发电机组和燃油锅炉。

内燃机和机动车制造企业应当按照国家规定的内燃机和机动车燃油经济性标准，采用节油技术，减少石油产品消耗量。

第三十八条　对废电器电子产品、报废机动车船、废轮胎、废铅酸电池等特定产品进行拆解或者再利用，应当符合有关法律、行政法规的规定。

第四十七条　国家实行有利于循环经济发展的政府采购政策。使用财政性资金进行采购的，应当优先采购节能、节水、节材和有利于保护环境的产品及再生产品。

5. 国务院《关于印发节能减排综合性工作方案的通知》(节选)

(二十八) 强化交通运输节能减排管理。优先发展城市公共交通，加快城市快速公交和轨道交通建设。控制高耗油、高污染机动车发展，严格执行乘用车、轻型商用车燃料消耗量限值标准，建立汽车产品燃料消耗量申报和公示制度；严格实施国家第三阶段机动车污染物排放标准和船舶污染物排放标准，有条件的地方要适当提高排放标准，继续实行财政补贴政策，加快老旧汽车报废更新。公布实施新能源汽车生产准入管理规则，推进替代能源汽车产业化。运用先进科技手段提高运输组织管理水平，促进各种运输方式的协调和有效衔接。

国务院

二〇〇七年五月二十三日

6. 国务院《关于进一步加强节油节电工作的通知》(节选)

国务院　国发[2008]23号

《通知》提出以下汽车节油措施：

一是严格执行车辆淘汰制度。加大支持力度，加快淘汰老旧汽车。直辖市、计划单列市和有条件的省会城市老旧公交客车报废期要在额定标准基础上提前2~3年。加快高油耗客、货车退出道路营运市场进度，力争到2013年年底前实现全部营运车辆达到燃料消耗量限值标准。

二是鼓励使用低油耗节能环保型汽车和清洁能源汽车。降低小排量乘用车消费税税率，提高大排量乘用车消费税税率，进一步扩大不同排量汽车消费税税率差距。把节能环保型汽车和清洁能源汽车列入政府采购清单，新购公务车应优先购买节能环保型汽车和清洁能源汽车。

三是完善汽车燃油经济性标准。适时提高并严格执行乘用车和轻型商用车燃料消耗量限值标准，抓紧出台重型商用车燃料消耗量限值标准，尽快制订营运客、货车燃料消耗量限值标准。建立并实施强制性汽车燃料消耗量申报、公告、标识制度。汽车生产商和进口商要按照统一的检测方法，测定并申报汽车燃料消耗量，新生产和进口汽车销售时必须在显著位置粘贴燃料消耗量标识。有关部门要定期公告汽车燃料消耗量指标。

四是加强运输节能管理。优化道路运输组织管理，提高运输集约化水平，加强车辆用油定额考核。对客车实载率低于70%的线路，不投放新的运力。抓紧研究完善挂车牌照管理、交通规费征收和保险制度，鼓励发展甩挂运输。积极推广使用公路自动收费系统(ETC)。

五是大力发展公共交通。加快建设快速公交和轨道交通，科学设置公交优先车道(路)和优先通行信号系统，加强公共交通、区域内交通及对外交通的有效衔接，提高公共交通运营效率。城市人民政府要加大对公共交通的投入和补贴力度，降低公共交通出行费用，吸引、鼓励更多群众选乘公共交通工具出行。加强出租车调度，完善预约制度，降低空载率。

国务院

二〇〇八年八月一日

7. 国务院《汽车产业调整和振兴规划细则》(节选)

汽车产业是国民经济重要的支柱产业，产业链长、关联度高、就业面广、消费拉动大，在国民经济和社会发展中发挥着重要作用。

为应对国际金融危机的影响，落实党中央、国务院保增长、扩内需、调结构的总体要求，稳定汽车消费，加快结构调整，增强自主创新能力，推动产业升级，促进我国汽车产业持续、健康、稳定发展，特制定本规划，作为汽车产业综合性应对措施的行动方案。规划期为2009—2011年。

一、汽车产业现状及面临的形势

进入21世纪以来，我国汽车产业高速发展，形成了多品种、全系列的各类整车和零部件生产及配套体系，产业集中度不断提高，产品技术水平明显提升，已经成为世界汽车生产大国。但是，产业结构不合理、技术水平不高、自主开发能力薄弱、消费政策不完善等问题依然突出，能源、环保、城市交通等制约日益显现。2008年下半年以来，随着国际金融危机的蔓延、加深和国际汽车市场的严重萎缩，国内汽车市场受到严重冲击，导致全行业产销负增长、重点企业经济效益下滑、自主品牌轿车发展乏力，我国汽车产业发展形势严峻。

应该看到，结构调整是产业进一步发展的必然要求。汽车产业在经历了多年的高速增长后，必然要进行一次大的调整，以解决内部结构和外部环境积累的诸多矛盾，国际金融危机只是引发了结构调整期的提前到来。目前，我国汽车市场正处在增长期，城乡市场需求潜力巨大，汽车产业发展的基本面没有改变。为积极应对国际金融危机，保持经济平稳较快发展，必须加快汽车产业调整和振兴。

二、指导思想、基本原则和目标

（一）指导思想

全面贯彻落实党的十七大精神，以邓小平理论和"三个代表"重要思想为指导，深入贯彻落实科学发展观，通过实施积极的消费政策，开拓城乡市场，稳定和扩大汽车消费需求；以结构调整为主线，推进汽车企业兼并重组，加强关键技术研发，加快技术改造，提升企业素质；以新能源汽车为突破口，加强自主创新，培育自主品牌，形成新的竞争优势，促进汽车产业持续、健康、稳定发展。

（二）基本原则

坚持扩大内需，注重财税政策激励与消费环境改善相结合。既要立足当前，采取财政激励措施，扩大国内汽车市场需求，确保经济增长，又要着眼长远，完善消费政策，培育消费市场。

坚持结构调整，注重发挥市场作用与加强政府引导相结合。利用市场机制和宏观调控手段，推动企业兼并重组，整合要素资源，提高产业集中度，实现汽车产业组织结构优化升级。

坚持自主创新，注重改造传统产品与推广新能源汽车相结合。加强技术改造，提高研发水平，加快产品升级换代和结构调整，着力培育自主品牌，积极发展节能环保的新能源汽车。

坚持产业升级，注重工业发展与服务增值相结合。汽车生产企业既要增强制造实力，又要拓展汽车金融业务和产品售后服务，强化生产与服务的纽带联系，促进相互支撑，实现汽车制造业和汽车服务业协调发展。

（三）规划目标

1. 汽车产销实现稳定增长。2009 年汽车产销量力争超过 1 000 万辆，三年平均增长率达到 10%。

2. 汽车消费环境明显改善。建立完整的汽车消费政策法规框架体系、科学合理的汽车税费制度、现代化的汽车服务体系和智能交通管理系统，建立电动汽车基础设施配套体系，为汽车市场稳定发展提供保障。

3. 市场需求结构得到优化。1.5 升以下排量乘用车市场份额达到 40%以上，其中 1.0 升以下小排量车市场份额达到 15%以上。重型货车占载货车的比例达到 25%以上。

4. 兼并重组取得重大进展。通过兼并重组，形成 2～3 家产销规模超过 200 万辆的大型汽车企业集团，4～5 家产销规模超过 100 万辆的汽车企业集团，产销规模占市场份额 90%以上的汽车企业集团数量由目前的 14 家减少到 10 家以内。

5. 自主品牌汽车市场比例扩大。自主品牌乘用车国内市场份额超过 40%，其中轿车超过 30%。自主品牌汽车出口占产销量的比例接近 10%。

6. 电动汽车产销形成规模。改造现有生产能力，形成 50 万辆纯电动、充电式混合动力和普通型混合动力等新能源汽车产能，新能源汽车销量占乘用车销售总量的 5%左右。主要乘用车生产企业应具有通过认证的新能源汽车产品。

7. 整车研发水平大幅提高。自主研发整车产品尤其是小排量轿车的节能、环保和安全指标力争达到国际先进水平。主要轿车产品满足发达国家法规要求，重型货车、大型客车的安全性和舒适性接近国际水平，新能源汽车整体技术达到国际先进水平。

8. 关键零部件技术实现自主化。发动机、变速器、转向系统、制动系统、传动系统、悬挂系统、汽车总线控制系统中的关键零部件技术实现自主化，新能源汽车专用零部件技术达到国际先进水平。

三、产业调整和振兴的主要任务

（一）培育汽车消费市场

采取有力措施，遏制汽车产销下滑势头，确保 2009 年稳定增长。在汽车购买、使用、报废更新等环节，调整和出台鼓励汽车消费、恢复市场信心的政策措施。清理取消各种不利于小排量汽车发展的规定，通过税收等经济手段引导增加小排量汽车消费。

（二）推进汽车产业重组

鼓励一汽、东风、上汽、长安等大型汽车企业在全国范围内实施兼并重组。支持北汽、广汽、奇瑞、重汽等汽车企业实施区域性兼并重组。支持汽车零部件骨干企业通过兼并重组扩大规模，提高国内外汽车配套市场份额。

（三）支持企业自主创新

以企业为主体，加强产品开发能力建设。一是建立整车设计开发流程，掌握车身、底盘开发技术及整车、发动机、变速器的匹配技术和排气净化技术；突破碰撞安全性、NVH（震动、噪声、平顺性）等关键技术；控制新能源汽车的设计和制造成本。二是提高传统乘用车的节能、环保和安全技术水平。重点支持排量1.5升以下、满足国Ⅳ排放标准的车用直喷汽油机和排量3升以下、升功率达到45千瓦以上柴油机的研制。突破重型商用车底盘集成关键技术，提高整车驾驶舒适性和操控稳定性。重点支持大功率柴油机及其高压燃油喷射电控系统、后处理系统和商用车自动换挡机械变速器（AMT）等关键技术研发。三是建立汽车产业战略联盟，形成产、学、研长效合作机制。

（四）实施技术改造专项

制订《汽车产业技术进步和技术改造项目及产品目录》，支持汽车产业技术进步和结构调整，加大技术改造力度。重点支持新能源汽车动力模块产业化、内燃机技术升级、先进变速器产业化、关键零部件产业化以及独立公共检测机构和“产、学、研”相结合的汽车关键零部件技术中心建设。

发展提升整车性能的关键零部件。重点支持研发车身稳定、悬架控制、驱动防滑控制、电子液压制动、车身总线、数字化仪表等电子控制系统，以及六挡以上的手动和自动变速器、双离合器式自动变速器和无级自动变速器、商用车自动控制机械变速器等产品。

（五）实施新能源汽车战略

推动纯电动汽车、充电式混合动力汽车及其关键零部件的产业化。掌握新能源汽车的专用发动机和动力模块（电机、电池及管理系统等）的优化设计技术、规模生产工艺和成本控制技术。建立动力模块生产体系，形成10亿安时车用高性能单体动力电池生产能力。发展普通型混合动力汽车和新燃料汽车专用部件。

（六）实施自主品牌战略

在技术开发、政府采购、融资渠道等方面制定相应政策，引导汽车生产企业将发展自主品牌作为企业战略重点，支持汽车生产企业通过自主开发、联合开发、国内外并购等多种方式发展自主品牌。

（七）实施汽车产品出口战略

加快国家汽车及零部件出口基地建设。建设汽车出口信息、产品认证、共性技术研发、试验检测、培训等公共服务平台。

（八）发展现代汽车服务业

加快发展汽车研发、生产性物流、汽车零售和售后服务、汽车租赁、二手车交易、汽车保险、消费信贷、停车服务、报废回收等服务业，完善相关的法规、规章和管理制度。支持骨干汽车生产企业加快建立汽车金融公司，开展汽车消费信贷等业务。

四、政策措施

（一）减征乘用车购置税

自2009年1月20日至12月31日，对1.6升及以下小排量乘用车减按5%征收车辆购置税。

（二）开展“汽车下乡”

在新增中央投资中安排50亿元资金，自2009年3月1日至12月31日，对农民购买1.3升及以下排量的微型客车，以及将三轮汽车或低速货车报废换购轻型载货车的，给予一次性财政补贴。

（三）加快老旧汽车报废更新

调整老旧汽车报废更新财政补贴政策，加大补贴支持力度，提高补贴标准，加快淘汰老旧汽车。2009年老旧汽车报废更新补贴资金总额由2008年的6亿元增加到10亿元。

（四）清理取消限购汽车的不合理规定

各地区、各部门要认真清理取消现行限制汽车购置的不合理规定，包括牌照注册数量、车型限制、各种区域市场保护措施、各类行政事业性收费、外地汽车进城收费，以及其他直接或间接影响汽车购置的措施，并于2009年3月底前将清理情况报国家发展改革委。对确需继续保留的限购规定，自2009年4月1日至12月31日应暂停执行，不能暂停执行的，应于2009年3月10日之前报国务院批准。

（五）促进和规范汽车消费信贷

修改和完善汽车消费信贷制度，抓紧制订汽车消费信贷管理条例，使资信调查、信贷办理、车辆抵押、贷款担保、违约处置等汽车消费信贷全过程实现规范化、法制化。

支持符合条件的国内骨干汽车生产企业建立汽车金融公司。促进汽车消费信贷模式的多元化，推动信贷资产证券化规范发展，支持汽车金融公司发行金融债券等。

（六）规范和促进二手车市场发展

建立二手车鉴定评估国家标准和临时产权登记制度，调整二手车交易的增值税征收方式。大力发展专业的二手车经销企业，倡导汽车品牌经销商开展以旧换新、以旧换旧等汽车置换业务。取消二手车交易市场的不合理收费，降低交易成本。

加强二手车市场监管，严格经营主体市场准入，规范二手车交易行为，维护市场秩序。积极推广二手车交易合同示范文本，保护消费者合法权益。充分发挥行业组织作用，加强行业自律，促进企业诚信经营。

（七）加快城市道路交通体系建设

发展现代化城市综合交通运输体系，提高综合管理效率和现代化水平。实施交通畅通工程，鼓励加快城市轨道交通设施建设。各城市人民政府要采取积极措施推动停车场建设，规范停车收费。交通换乘枢纽应建设大型停车场所，方便换乘公共交通工具，减轻交通拥堵压力。

（八）完善汽车企业重组政策

制定支持汽车企业重组的政策措施，妥善解决富余人员安置、企业资产划转、债务核定与处置、财税利益分配等问题。支持汽车生产企业通过兼并重组整合产品资源，开发新产品；鼓励汽车生产企业联合开发和制造《汽车产业技术进步和技术改造项目及产品目录》内的汽车新产品和关键总成。新建汽车生产企业和异地设立分厂，必须在兼并现有汽车生产企业的基础上进行。

（九）加大技术进步和技术改造投资力度

今后三年在新增中央投资中安排100亿元作为技术进步、技术改造专项资金，重点支持汽车生产企业进行产品升级，提高节能、环保、安全等关键技术水平；开发填补国内空白的关键总成产品；建设汽车及零部件共性技术研制和检测平台；发展新能源汽车及专用零部件。

（十）推广使用节能和新能源汽车

启动国家节能和新能源汽车示范工程，由中央财政安排资金给予补贴，支持大中城市示范推广混合动力汽车、纯电动汽车、燃料电池汽车等节能和新能源汽车。县级以上城市人民政府要制定规划，优先在城市公交、出租、公务、环卫、邮政、机场等领域推广使用新能源汽车；建立电动汽车快速充电网络，加快停车场等公共场所公用充电设施建设。

（十一）落实和完善《汽车产业发展政策》

抓紧制订道路机动车辆管理条例，完善机动车辆管理法规体系。启动对产业有重要提升和保护作用的标准的研究制订工作，抓紧制定、修订新能源汽车产品标准、试验方法。落实汽车整车（含摩托车、三轮汽车、低速货车）生产企业退出机制。制定新能源汽车关键总成的准入标准。研究制定三轮汽车和低速货车生产企业向相关产业转型的鼓励办法。

五、规划实施

国务院各有关部门要按照《规划》的工作分工，加强沟通协商，密切配合，尽快制定和完善各项配套政策措施，确保实现汽车产业调整和振兴三年目标。要建立部门联合发布信息制度，适时向社会发布产业调整和振兴的有关信息。有关部门要适时开展《规划》的后评价工作，及时提出评价意见。

各地区要按照《规划》确定的目标、任务和政策措施，结合当地实际抓紧制订具体落实方案，确保取得实效。各省（区、市）要将具体工作方案和实施过程中出现的新情况、新问题及时报送国家发展改革委。

附录：

汽车技术进步和技术改造项目及产品目录

编号	项目或产品名称	规格和等级
一	电动汽车及部件	
1	利用现有能力生产纯电动汽车改造项目或动力模块建设项目	最高车速≥100km/h 续驶里程≥200km 动力电池等主要部件使用寿命≥10 万 km 车载充电≤5h（0～100% SOC） 快速充电≤0.5h（0～80% SOC） 提供各种车辆标准法规的检测报告或者上公告目录
2	利用现有能力生产插电式混合动力汽车改造项目或动力模块建设项目	纯电动模式行驶续驶里程： ≥100km（乘用车，60km/h 匀速） ≥50 km（城市公交客车，40km/h 匀速） 主要部件使用寿命： ≥10 万公里（乘用车） ≥8 万公里（城市公交客车） 提供各种车辆标准法规的检测报告或者上公告目录
3	先进动力电池系统	工作温度：-20℃～55℃ 储存和运输温度：-40℃～80℃ 能量密度≥90Wh/kg（以电池包总体计） 最大放电倍率 10C 最大充电倍率 5C 循环寿命≥2 000 次
4	电池管理系统	工作温度：-40℃～125℃ SOC 估算精度偏差＜8% 具备电池状态检测、绝缘检测、电池功率计算、电池热管理、电池故障检测、电池安全保护、OBD、CAN 网络信息交互等功能，并满足国家相关标准要求
5	电机及驱动系统	电机比功率（以定转子重量计）：乘用车≥2kW/kg，客车≥1.5kW/kg 系统的高效区（效率＞80%）≥50% 速度控制精度：基速以下 ±50r/min，基速以上 1% 扭矩控制精度：±5% 系统工作环境温度 -40℃～125℃ 扭矩响应时间：额定扭矩阶跃响应时间≤10ms 电磁兼容性满足国家标准
6	电驱动变速系统	可实现自动换挡，换挡动力中断时间：客车＜1.2s，乘用车＜0.9s 变速器传动效率≥94% 具备 CAN 总线通信功能、自动换挡功能、故障诊断功能、故障安全功能、下线调整（EOL）功能、换挡及故障显示功能 系统可靠性＞10 万 km
7	电动车用大功率电子器件	电压等级≥600V 电流≥300A 工作环境温度：-45℃～150℃ 耐震动 10g 寿命＞10 年
8	车用 DC/DC	输入工作电压范围：100V～400V 输出电压可设定 输出功率≥1.0kW 效率≥85% 工作环境温度：-40℃～125℃ 具有过电流、短路、欠压、过热、过载、漏电等保护功能，并满足国家相关标准要求

续表

编号	项目或产品名称	规格和等级
9	车载充电机	额定输入电压：单相220V ±15% 功率因数≥0.85 充电效率≥85% 输出电压：280～400VDC 输出功率≥3.3kW 工作环境温度：-20℃～65℃ 提供12V DC电源（≥150W） 具有CAN总线接口，充电模式可智能化自动控制 具有过电流、短路、欠压、过热、过载、漏电等保护功能，并满足国家相关标准要求
10	混合动力汽车专用动力耦合及传动装置	电机、差速器、减速器、变速器和离合器集成设计，支持纯电动和混合动力驱动模式，机械传动效率>92%，具有全自动控制无级变速功能
11	乘用车用空调电动压缩机	额定输入功率≥2kW 压缩机转速控制范围0～9000 r/min，转速可以实现无级可调 工作电压范围：200～400V 制冷能效比≥2.0 噪声≤70dB（A）（10点平均值，1000 r/min，吸气压力300kPa，排气压力1.5MPa） 有过热保护、过压过流保护以及故障诊断功能 电磁兼容性满足国家标准 工作环境温度：-40℃～125℃
二	发动机	
1	自主知识产权电子控制系统的汽油发动机升级	升功率≥50kW/L 排放满足国Ⅳ要求
2	自然吸气1.5L以下汽油发动机	升功率≥55kW/L 排放满足国Ⅳ要求
3	非直喷增压汽油发动机	升功率>70kW/L 升扭矩>140Nm/L 全负荷状态下燃油消耗率指标≤260g/kWh
4	缸内直喷汽油发动机	排放满足欧Ⅴ要求 升功率：非增压>60kW/L；增压75kW/L 升扭矩：非增压>100Nm/L；增压>160Nm/L 比油耗：非增压355g/kWh（2 000r/min），2bar；增压365 g/kWh（2 000r/min），2bar
5	汽油机增压器	最高涡前温度1000℃ 涡轮效率≥78%或增压器总效率≥0.55 装机全速全负荷500h耐久性考核无故障
6	汽油机用催化剂	低贵金属含量催化剂：对适用于排量≤1.6L的汽油机，前、后级催化剂贵金属含量≤3.6g/L、1.5g/L；对适用于排量>1.6L的汽油机，前、后级催化剂贵金属含量≤5g/L、1.8g/L 起燃温度：≤250℃（新鲜）；310℃（老化后） 装车排放和耐久试验满足欧Ⅴ要求。
7	自主知识产权共轨系统的柴油机升级	排放达到国Ⅳ标准 3L以下柴油机：升功率≥40kW/L，最低燃油耗<210g/kWh 3L以上柴油机：升功率≥30kW/L，外特性最低燃油耗<195 g/kWh（3～8L）；外特性最低燃油耗<190 g/kWh（8L以上）
8	3L以下柴油发动机	升功率≥45kW/L 最低燃油耗<210g/kWh 排放达到国Ⅴ标准

续表

编号	项目或产品名称	规格和等级
9	3L 以上柴油发动机	升功率≥35kW/L 外特性最低燃油耗 <195 g/kWh (3~8L) 外特性最低燃油耗 <190 g/kWh (8L 以上) 排放达到国Ⅴ标准
10	柴油机电控系统	12V 和 24V 供电 软件可实现柴油机和车辆在各工况下稳态和瞬态控制功能 满足国Ⅳ以上排放标准及车载诊断 (OBD) 要求 满足相应机型的可靠性要求 满足 EMC 试验要求
11	柴油机共轨电控系统	控制器采用 32 位微处理器 兼容 12V 和 24V 供电 软件除实现柴油机和车辆在各工况下稳态和瞬态控制功能外，具有程序下载、下线调整等功能 具备 5 次以上喷射能力 支持四~六缸机使用 满足国Ⅳ以上排放标准及车载诊断 (OBD) 要求 满足相应机型的可靠性要求 满足 EMC 试验要求
12	高压共轨系统	共轨压力≥1 600bar 容积效率 >80%；可实现每循环 5 次以上喷射；喷油器喷油开启延时≤500 μs； 喷油一致性误差 <±2% (怠速点 <±8%)，轨压波动范围 <2 MPa 满足相应机型的可靠性要求 满足 EMC 试验要求
13	柴油机用高速电磁阀	工作温度 -40℃~120℃ 工作电压 100V 响应时间 <0.3ms 电阻 0.6Ω ±0.01 (20℃时)；电感 0.6mH 满足相应机型的可靠性要求 满足 EMC 试验要求
14	柴油机排气净化控制系统	满足国Ⅳ以上排放标准要求，自主知识产权的控制策略及软硬件实现，包括：针对 SCR 的尿素喷射量控制功能 (控制误差 <1%)、针对 DPF 的再生控制功能、EGR 控制 与后处理相关的 OBD 诊断功能
15	柴油机排气后处理装置	具备以下特征之一，满足 HJ 451 要求，整机 (车) 排放满足国Ⅳ以上排放标准要求的柴油机排气后处理装置： (1)柴油车用氧化型催化器 (DOC)：贵金属含量 <2g/L；对 THC、CO 的最高转化效率≥90%，颗粒物过滤效率≥25%，起燃温度≤200℃；老化后劣化率≤10% (2)颗粒捕集器 (DPF)：颗粒物过滤效率 >90%；再生效率≥90%；载体最大压差 <20kPa；老化后劣化率≤10%；对 CDPF，贵金属含量 <2g/L (3)选择性还原催化器 (SCR)：起燃温度 <220℃；ESC 循环 NOx 还原效率 >90%；ETC 循环 NOx 还原效率 >80%；NH_3 平均溢出浓度 <5ppm，瞬态溢出浓度 <10ppm
16	柴油机废气再循环 (EGR)	电动式；排温 800℃；具有位置闭环反馈功能；EGR 率控制误差 <5%；具有阀门积炭自行清除功能
三	变速器	
1	乘用车六挡以上手动变速器	前进挡传动效率≥95%，倒挡传动效率≥93% 质量扭矩≥5.5Nm/kg
2	乘用车双离合器式自动变速器	挡位数≥6；传动效率≥95% (60km/h) 横置重量在 65kg 以内，纵置在 90kg 以内 噪声 (1m) ≤65dB (A)
3	乘用车无级自动变速器	传动效率≥95% (80km/h)；手动模式下挡位数≥7 质量≤65kg

续表

编号	项目或产品名称	规格和等级
4	商用车自动控制机械变速器	选换挡和离合器执行机构为气动执行机构、并实现平台化 能适应公路车辆、工程车辆及特种车辆使用 整车燃油经济性比装同挡数手动变速器提高至少5% 不带副箱最长换挡时间0.9s，带副箱最长换挡时间≤1.5s 具备手自动一体的模式 噪声（1m）在85dB（A）以下
5	自动变速器执行器（电磁阀）	工作温度-40℃～150℃，抗自动变速器油腐蚀，电流范围0～1.5A，泄漏、响应时间、迟滞等指标和国际同类产品相当
6	液力缓速器	最大缓速力矩＞3 800Nm（2 800r/min），能承受传动轴花键端轴向力＞30 000N，允许经过的驱动力矩＞30 000Nm，比缓速力矩＞50Nm/kg，独立总成轴向安装长度＜260mm 适用于N3类和M3类汽车，并同时考虑和变速器集成方案的通用化、系列化
7	电涡流缓速器	电压24V，额定扭矩650～3 300Nm
8	变速器电控单元（TCU）	控制器采用16或32位微处理器，防护等级IP66/IPX9K 软件具备自动换挡功能、手动升/降挡功能、平稳起步功能、发动机通信功能、故障诊断功能、故障安全功能、下线调整（EOL）功能、换挡及故障显示功能
四	汽车电子控制系统	
1	轮胎气压监测系统（TPMS）	各车轮压力独立显示 报警时间≤6s 系统寿命≥10年或30万km
2	车载故障诊断仪（OBD）	应具有故障信息的检测和记录，动作测试，数据流的读取，故障冻结帧输数据读取，在线标定，参数配置，车辆相关信息的读取和软件升级等功能 车载故障诊断仪支持：K诊断通信协议；CAN诊断通信协议，兼容标准ID和扩展ID 自动搜索诊断通信协议功能
3	发动机锁止防盗系统	钥匙、防盗锁止器和发动机控制器组成三位一体系统，应具有完善的加密算法，可实现多层次的密码验证，具备防泄密自我保护功能。与发动机控制器的通信通过CAN、LIN或K线方式实现，具备完善的自诊断和刷新功能
4	车身总线控制系统	采用低速CAN/LIN总线实现车身电子系统智能化、人性化控制 实现车身系统门锁、玻璃升降器、后视镜、后备箱等的网络化控制；具备车窗防夹功能 具备加密遥控防盗功能，具有反扫描、自学习等功能 具备故障诊断功能，诊断协议要求符合EOBD或OBDII相关标准 具备网络管理功能，实现网络监控识别、节点自监控、软件在线更新和标定等功能 具备电源管理功能；具备网关功能，实现高低速网络的信息交互 系统休眠电流＜10mA；系统工作范围-40℃～85℃
5	随动前照灯系统	系统可以根据车速、车辆转角、载荷及车辆行驶环境状况等实时调整前照灯光轴的照射角度及范围，提前照明增加驾驶员反应时间，提升照明效果 系统具有失效保护功能，在系统失效的情况下能保证基本的照明要求 前照灯光轴角度在水平和垂直两个方向上可调：水平方向：向外侧旋转角度≥15°，向内侧旋转角度≥8°；垂直方向：向上旋转角度≥3°，向下旋转角度≥4° 系统休眠电流≤10mA 工作温度-40℃～90℃
6	汽车LED前照灯	光色色温≤6000K 近光50R≥12Lx，75R≥12Lx，B50L≤0.4Lx 远光灯最亮点240 Lx≤Emax≥48 Lx LED模块目标光通量≥1 000Lm LED光源模块功率：远光≤45W，近光≤40W 工作温度：-40℃～90℃

续表

编号	项目或产品名称	规格和等级
7	数字化仪表系统	对车辆基本信息进行数字化显示 具有 CAN 总线接口，实现与总线网络通信 具有网关功能，实现高速总线网络与低速总线网络信息交互及网络协议解析 具有综合信息显示屏：对平均车速、平均油耗、瞬时油耗、累计里程、续航里程、车辆保养信息等进行提示 可选择扩展功能包括：具有与娱乐、空调系统的接口，可显示相应信息 具有与 TPMS、OBD、ABS、安全带、安全气囊等安全系统的接口，可对其状态进行显示、报警 具有卫星定位导航、摄像头后视、蓝牙通信等功能 工作温度：-40℃ ~85℃ 其中综合信息显示屏工作温度：-30℃ ~75℃
8	车辆电子稳定控制系统	质量≤2.6kg 闭环均匀换道时的横摆角速度增加不超过 7 度/秒，后轴侧偏角变化率增加不超过 7 度/秒 分离路面方向盘修正应在 ±50°之间 开环匀速圆周行驶，汽车平移 <0.5 m 匀速、加速、制动情况都能拥有转向性
9	驱动力分配系统	前后轮驱动力分配应在 7 : 3 ~3 : 7 之间连续可调 后轴的左右轮驱动力分配在 1 : 0 ~0 : 1 之间连续可调 结构形式：车载 ECU 主动控制；单偏置最大布置角度：30°；总重（含油）：35kg；最大扭矩容量：5 110Nm；控制方式（电子/液压）：高精度动态电子控制执行器
10	制动力分配系统	在不平路面，汽车减速度 <0.2g 时不应干预 车辆方向盘不修正，不能偏离轨迹 工作期间，ABS 液压泵不能干预 应具有均匀的车体减速度，波动范围≤0.1g
11	防抱死制动系统	在均匀路面上制动，应具有中性转向特性 在干沥青路面上，制动初速度 50km/h，最大抱死时间 <200ms 在不平路面，汽车减速度 <0.2g 时不能干预 在干沥青路面上紧急制动，方向盘修正范围≤ ±20° 在分离路面上，车辆能保证连续稳定制动，最大允许方向盘修正 <90°/s
12	电子驻车制动系统	如果保持车辆停止所需的制动力不足，驻车制动系统可以主动进行增压 在行车制动 15 分钟后，自动由驻车制动系统接管 驻车制动时间上没有限制
13	自动避撞系统	具备停/起特征的 ACC 功能，系统检测准确率 >85% 单目标探测精度：距离 0.5m、速度 0.15m/s、角度 1° 多目标辨别精度：距离 2.5m、速度 0.5m/s、角度 5°
五	其他关键零部件	
1	低地板大型客车专用车桥	适用于低地板客车要求的驱动车桥
2	空气悬架	能实现悬架刚度的控制和车身高度的调节 车身调节范围≥90mm 满载固有频率≤1.6Hz 单位质量储能量≥3.3 ×105Nm/kg 疲劳试验寿命≥400 万次 前轴空气悬架：额定载荷为 5t / 7t 后轴空气悬架：2 气囊/4 气囊空气悬架系统，控制形式分为机械式和电控式，额定载荷 >7t
3	吸能式转向系统	满足 GB11551 或 ECE R12 或 FMVSS203 要求 人体模块以 24.1 ~25.3km/h 的相对速度撞击转向操纵装置时，转向操纵装置作用在人体模块上的力不得超过 11123 N 撞击头型以 24.1km / h 的相对速度冲击转向操纵装置时，作用在该撞击头型上的减速度超过 80g 的累积作用时间不≤3ms，且最大减速度≤120g
4	大中型客车变频空调系统	满足大中型客车空调系统要求

续表

编号	项目或产品名称	规格和等级
5	高强度钢车轮	屈服强度≥500MPa，抗拉强度600~700MPa，延伸率≥22%。
6	电动助力转向系统	(1) 电机 噪声≤68dB (A) 非工作状态空载转矩≤3Nm，波动量≤0.05 Nm 助力电机正反转扭矩Ti特性曲线对称度≥98% 电磁兼容达到A级 (2)控制器 工作电压9.6~16V (12V电压)，过载16V时自动保护 输出控制信号波动量对称度≥95% 具备启动自检、报警、电流反馈、故障代码存储等功能 (3)系统性能 助力电流特性曲线有明显收敛性，对称度≥85% 助力曲线迟滞 <1.3Nm 耐冲击试验：电流响应时间≤10ms，转向盘转角≤3°
六	其他	
1	汽车整车企业（集团）之间兼并重组的结构调整项目	公告内整车企业之间并购、重组所需的结构调整项目 [重点是《规划》重点任务（二）中的项目]
2	第三方汽车及零部件公共检测机构能力建设	排放检测能力建设：具备满足轻型汽车欧V和重型车用发动机的国V或欧V排放标准检测能力 具备基于整车转毂法进行重型商用车（含混合动力）排放和能耗测试的试验检测能力 电磁检测能力建设：具备基于整车转毂法的10米法半电波暗室进行重型商用车车辆辐射及抗扰测 试的试验检测能力 安全检测能力建设：具备行人碰撞保护试验检测能力；具备基于液压伺服模拟碰撞系统的汽车安全部件动态冲击性能检测能力 变速器检测能力建设：具备自动变速器的试验检测能力
3	产品开发能力建设项目	《规划》重点任务（三）中的项目
4	零部件技术中心建设项目	“产、学、研”相结合的汽车关键零部件技术中心建设

注:1. 国家将优先支持上述领域产品的合作生产。
2. 本目录将根据需要补充和完善。

国务院办公厅

二〇〇九年二月十一日

8. 国家发展改革委《节能中长期专项规划的通知》(节选)

国家发展和改革委员会

发改环资[2004]2505号

各省、自治区、直辖市及计划单列市、副省级省会城市人民政府，国务院各部门、各直属机构、解放军总后勤部、有关行业协会，有关单位：

为贯彻落实党的十六大和十六届三中、四中全会精神，树立和落实科学发展观，推动全社会大力节能降耗，提高能源利用效率，加快建设节能型社会，缓解能源约束矛盾和环境压力，保障全面建设小康社会目标的实现，我委组织编写了《节能中长期专项规划》。经报请国务院同意，先印发给你们，请结合实际情况贯彻落实，并将落实情况及时反馈我委。

国家发展和改革委员会

二〇〇四年十一月十日

为推动全社会节能，缓解能源约束的矛盾和环境压力，经国务院同意，国家发改委近日发布了《节能中长期专项规划》，这是改革开放以来，我国制定的第一个节能中长期规划。规划分析了我国能源消费特点、能源利用状况、节能工作存在的主要问题、节能工作面临的形势和任务，提出了节能的指导思想、原则和目标，节能的重点领域、重点工程及保障措施。

规划提出“十一五”节能的重点领域是工业、交通运输、建筑、商用和民用。其中，工业节能的重点是电力、钢铁、有色金属、石油石化、化学、建材、煤炭和机械等高耗能行业，交通节能的重点是新增机动车，建筑节能的重点是严格执行节能设计标准，商用和民用节能的重点是提高用能设备能效标准。同时提出“十一五”期间组织实施10项节能重点工程，包括燃煤工业锅炉（窑炉）改造工程、区域热电联产工程、余热余压利用工程、节约和替代石油工程、电机系统节能工程、能量系统优化工程、建筑节能工程、绿色照明工程、政府机构节能工程以及节能监测和技术服务体系建设工程等。此外，规划还提出10项保障措施来确保各项工作顺利开展。

针对交通节能，规划强调要“发展混合动力汽车、燃气汽车、醇类燃料汽车、燃料电池汽车、太阳能汽车等清洁汽车”。

9. 国家发展改革委《汽车产业发展政策》（节选）

中华人民共和国国家发展和改革委员会令第8号

《汽车产业发展政策》业经国家发展和改革委员会主任办公会议讨论通过，并报国务院批准，现予以发布，并于发布之日起施行。1994年颁布的《汽车工业产业政策》根据国务院国函［2004］30号文件批复从即日起停止执行。

国家发展和改革委员会

二〇〇四年五月二十一日

第三章 技术政策

第七条 坚持引进技术和自主开发相结合的原则。跟踪研究国际前沿技术，积极开展国际合作，发展具有自主知识产权的先进适用技术。引进技术的产品要具有国际竞争力，并适应国际汽车技术规范的强制性要求发展的需要；自主开发的产品力争与国际技术水平接轨，参与国际竞争。国家在税收政策上对符合技术政策的研发活动给予支持。

第八条 国家引导和鼓励发展节能环保型小排量汽车。汽车产业要结合国家能源结构调整战略和排放标准的要求，积极开展电动汽车、车用动力电池等新型动力的研究和产业化，重点发展混合动力汽车技术和轿车柴油发动机技术。国家在科技研究、技术改造、新技术产业化、政策环境等方面采取措施，促进混合动力汽车的生产和使用。

第九条 国家支持研究开发醇燃料、天然气、混合燃料、氢燃料等新型车用燃料，鼓励汽车生产企业开发生产新型燃料汽车。

第十条 汽车产业及相关产业要注重发展和应用新技术，提高汽车的燃油经济性。2010年前，乘用车新车平均油耗比2003年降低15%以上。要依据有关节能方面技术规范的强制性要求，建立汽车产品油耗公示制度。

第十一条 积极开展轻型材料、可回收材料、环保材料等车用新材料的研究。国家适时制定最低再生材料利用率要求。

第十二条 国家支持汽车电子产品的研发和生产，积极发展汽车电子产业，加速在汽车产品、销售物流和生产企业中运用电子信息技术，推动汽车产业发展。

乘用车：装载4缸发动机50 000辆；装载6缸发动机30 000辆。

10. 国家发展改革委等关于贯彻实施《中华人民共和国节约能源法》的通知（节选）

发改环资［2008］2306号

主要内容：

一、充分认识贯彻实施《节约能源法》的重要性和紧迫性（略）

二、抓紧完善《节约能源法》配套法规和标准（略）

三、加强重点工程、重点企业和重点领域节能管理（略）

四、实施有利于节能的经济政策（略）

五、切实作好《节约能源法》贯彻落实情况的监督检查（略）

六、进一步加大《节约能源法》宣传和培训的力度（略）

七、加强组织领导

其中，在第三部分加强重点工程、重点企业和重点领域节能管理部分，指出：

在交通运输领域，要推动实施交通节能规划，建设节能型综合运输体系，引导道路、水路、航空运输企业提高运输组织化程度和集约化水平，严格执行老旧交通运输工具的报废、更新制度，积极推广清洁燃料、石油替代燃料、节能与新能源汽车，制定实施交通运输营运车船的燃料消耗量限值标准，加强对运营车船燃料消耗检测的监督管理等。

11. 国家发展改革委《关于汽车工业结构调整意见的通知》

采取措施，务求结构调整和产能调控取得实效（略）

鼓励发展节能、环保型汽车和自主品牌产品：

国家有关部门将制定具体配套政策和相关标准，鼓励节能、环保型汽车发展，推动技术进步，加快汽车产品结构升级。

对不能达到国家安全、环保和节能强制性标准的产品，取消其相应的产品目录；对不能达到《乘用车燃料消耗量限值》国家强制性标准要求的乘用车额外增加税收，并要尽快出台轻型商用车和大型商用车的燃料消耗量限值标准。

各级政府部门应率先采购节能环保和采用新能源的汽车，特别是自主品牌的产品，为普通消费者做出表率。

中华人民共和国国家发展和改革委员会

二〇〇六年十二月二十日

二、国家节能与新能源汽车重大科技行动计划与管理

1. 科学技术部等十四部门关于印发《关于实施"空气净化工程——清洁汽车行动"的若干意见》的通知

国务院各有关部门，各省、自治区、直辖市、清洁汽车行动试点示范城市人民政府：

现将《关于实施"空气净化工程——清洁汽车行动"的若干意见》印发给你们，请在今后的工作中认真贯彻落实，确保清洁汽车行动总体目标的实现。有关工作的进展情况、经验及存在问题请及时报全国清洁汽车行动协调领导小组办公室（设在科学技术部高新技术发展及产业化司）和有关部门。

科学技术部

一九九九年十二月七日

近年来，我国许多城市的大气污染日趋恶化，环境污染形势十分严峻。造成城市空气污染的重要原因之一是汽车排放污染。控制大气污染、保持良好的生态环境事关我国未来经济与社会的持续发展，必须采取多种措施，综合治理，迅速有效地改善城市大气环境质量。为此，根据国务院领导的重要指示，决定在目前控制燃油汽车排放工作的基础上进一步加大力度，由科学技术部和国家环保总局牵头，会同各有关部委共同组织实施"空气净化工程——清洁汽车行动"。

清洁汽车是指低排放的燃气汽车（LPGV、CNGV），混合动力汽车、电动汽车以及通过采用多种技术手段大大降低排放污染的燃油汽车及其他代用燃料汽车。大力发展清洁汽车不仅是当前控制城市大气污染的重要突破口，而且也代表了未来汽车工业的发展方向。实施"空气净化工程——清洁汽车行动"是非常重要、及时的措施，对保护大气环境、改善城市空气质量、促进汽车工业持续健康发展将产生深远的影响。

为保障清洁汽车行动顺利、有序地进行，为"空气净化工程"作出应有的贡献，现提出以下实施意见。

一、清洁汽车行动的总体目标与指导原则

（一）总体目标

"清洁汽车行动"将以降低汽车排放污染、净化空气为目标，以高新技术的开发、应用、推广为依托，推动科技与产业的结合，通过试点示范，采取各种综合治理措施，尽快遏制汽车污染日益加剧的势头，配合"空气净化工程"其他工作的实施，力争在3~5年内使我国主要城市的空气质量有明显改善。同时，通过电动汽车、混合动力汽车以及燃料电池汽车技术的攻关与推广应用，从根本上治理汽车排放污染，依靠科技进步，建立新型清洁汽车产业，形成国民经济新的增长点，促进国民经济和社会的可持续发展。

（二）指导原则

1. 在国家统一领导下，加大政府宏观管理力度

发展清洁汽车是一项具有重大经济和社会效益的事业，是涉及多部门、多行业、跨地区的系统工程，必须加大政府宏观管理的力度。为此，各有关部委已联合成立全国清洁汽车行动协调领导小组及办公室，统一负责清洁汽车行动的组织领导和部门间的协调，进一步完善清洁汽车工作计划并组织实施，

研究决定清洁汽车发展所涉及的重大问题，并向国务院提出有关政策等方面的建议。政府各有关部门根据各自职责对本部门管理范围内事项加强管理。同时，建立清洁汽车行动专家组，以加强对有关技术、经济与管理等方面的咨询，为决策服务。

2. 依靠科技，坚持攻关键、抓应用、上产业、创效益的方针

发展清洁汽车要充分依靠科技进步，用高新技术推动产业发展。要抓紧对急需解决的各项技术的筛选，并在此基础上加大投入，组织关键技术攻关；以应用为目标，促进科技成果转化，通过政策导向、市场牵引、试点示范、逐步普及来推动产业化发展；要特别注意技术的整体优化和产业化，形成规模，在应用中发现和研究新问题，不断创新，提高技术水平，并以经济效益作为工程实施的评价标准。

3. 坚持持续、稳定的政策，强化政策的宏观调控作用

保护大气环境，是我国经济长期、持续、稳定发展的重要条件，因此，发展清洁汽车不是短期行为，而是一项必须长期坚持的基本战略。要充分发挥政策的宏观导向作用，制定长期稳定的发展清洁汽车鼓励政策和限制高污染汽车的生产和使用的严格排放技术法规，推动“清洁汽车行动”的实施。

4. 依靠全社会的力量，大力协同，综合治理

要依靠全社会的力量，充分调动和发挥地方政府、企业和科研机构的积极性。加强中央与地方协同配合，发挥地方政府在宏观规划、政策制定、资金投入、工作协调等方面的优势，进一步强化各部门的协同与合作，努力为“空气净化工程——清洁汽车行动”的顺利实施创造必要的环境和条件。

二、清洁汽车行动的主要技术措施

（一）近期措施

1. 加快燃油汽车的清洁化进程

燃油汽车在相当长时期内依然是在用车和新增车辆的主体。要严格按照《机动车排放污染防治技术政策》提出的控制目标和技术要求，加快燃油汽车的清洁化进程。近期重点工作，一是开发新型汽车，在进一步筛选、优化关键技术基础上，在新型汽车上推广应用电控燃油喷射技术和三元催化技术，实现规模生产，从轿车、微型客车和轻型客车入手，逐步扩展到载货汽车。二是以提高燃油质量的关键技术和管理为中心，积极发展优质无铅汽油和低硫柴油。三是强化对在用车的排放管理，使其加强维护和修理，保持良好技术状态。

2. 大力推广燃气汽车

推广燃气汽车是当前降低汽车排放的重要途径。城市公共客运交通车辆（包括公共汽车、小公共汽车和出租汽车等）占城市汽车保有量约10%，总运行里程为40%～50%，对集中在城市区域中往复行驶的公共客运交通车辆进行改造，使现有燃油汽车改装成油气两用燃料车和双燃料车，对降低城市汽车排污、改善城市区域环境质量具有重要作用。因此，要大力推广燃气汽车，加快关键技术研究和产品标准化进程，加强对在用车改造的指导，加快车用加气站等配套基础设施的建设，在确保运行安全的基础上，积极探索油气合一站的技术方案，制定相应标准、法规，以减少城市占地，降低建站和运营成本。提高加气站、燃气汽车改装件的质量，提高改装技术水平，建立改装车质量保证体系。同时以汽车及零部件骨干生产企业为龙头，加强产学研结合，开发电控单燃料燃气汽车，加快实现直接生产燃气汽车，推进燃气汽车的产业化、国产化。要特别重视燃气质量的提高，制定满足环保要求的燃气质量标准，加强产品的质量监督。

（二）中、长期措施

加强国家重大科技产业工程——电动汽车项目的组织与实施力度，以滚动的方式继续支持电动汽车关键技术的研究、开发和推广应用。加强镍氢电池、锂离子电池、燃料电池等先进动力电池技术和混合动力汽车技术的研究开发，突出创新，加快产业化步伐，争取在新兴的电动汽车领域赶上国际先进水平，实现跨越式发展，形成有中国特色的新型环保汽车产业。

三、清洁汽车行动的基本工作思路和有关要求

（一）基本工作思路

清洁汽车行动的基本工作思路是：突出重点、注重实效、政策引导、稳步推进。

1. 突出重点

在发展的不同阶段，依据客观条件，正确选择和采用有效、合理的技术措施，有步骤地提出针对性的

解决方案，同时组织好研究开发工作，为下一阶段的长远措施作好技术储备。第一阶段的重点是在有效控制燃油汽车排放的同时着力解决在用汽车的两用燃料及双燃料改装与示范推广问题；第二阶段的重点是发展电喷单燃清洁汽车；第三阶段的重点是在前两阶段研究开发的基础上积极推动采用先进动力电池的电动汽车、混合动力汽车及燃料电池汽车的示范应用及产业化。

2. 注重实效

要保证技术的先进性，确实达到减少排放污染的环保效果，积极稳妥，务求实际效果，不搞形式主义。尽快建立低排放燃油汽车、燃气汽车、电动汽车以及相关燃料和其他配套设备的标准化和质量监督体系，通过整车生产、改装、检测以及加气站设施、改装部件、高压气瓶等一系列严格的标准及质量监督和安全监察体系，确保安全、有效。

3. 政策引导

要充分利用现行的优惠政策，迅速展开清洁汽车行动。根据清洁汽车行动的推进情况，进一步完善有利于促进清洁汽车深入发展的政策法规体系。对清洁汽车生产、运营、关键技术研究、设备开发与制造、加气站等配套设施等可根据情况在规划、税收、贷款、补贴等方面制定必要的优惠政策给予扶持。同时，努力培育清洁汽车市场，实行鼓励销售和使用清洁汽车的政策。

要加大宣传力度，积极宣传发展清洁汽车的重要意义，增强全社会环保意识，为清洁汽车的发展创造舆论环境。加强汽车排放造成的大气污染分担率的监测和研究，定期通报重点城市空气质量状况，加强舆论监督。同时，要大力加强城市交通的科学化管理，改善城市交通基础设施，加大对农用运输车的排放控制力度。

4. 稳步推进

组织好燃气汽车、混合动力汽车与电动汽车的试点工作，稳步推进，避免一哄而上。要分阶段、有计划、有步骤地选取若干有代表性的地区和城市作为试点地区和试点城市，建立燃气汽车、混合动力汽车与电动汽车的运行机制，探索配套的法规政策体系，培育市场，取得经验后，在全国范围内推广。

试点示范城市应组建由市领导负责的实施“清洁汽车行动”领导机构，负责地方“清洁汽车行动”的组织实施。试点示范城市要确立明确的降低排放、净化空气的目标，制订切实可行的实施方案。试点示范城市在制定优惠政策方面允许先行一步。全国清洁汽车行动协调领导小组及办公室负责审查批准试点示范城市的实施方案，对实施过程进行检查，及时发现问题，总结经验。同时加强市场研究，在深入调查和全面分析的基础上，提出零部件厂及设备厂的布点及建设规模建议，为有关主管部门的决策提供依据，避免分散投资、重复建设。

（二）清洁汽车行动的有关要求

1. 建立完善标准体系，抓好标准制定工作

标准化是大力发展清洁汽车，确保质量的必要条件。应抓紧制定、完善统一的标准体系，为产品制造、改装检测、质量认证、燃料生产与储运、运营安全等各个方面提供技术依据，为其他各项工作的开展创造条件。在标准制定过程中，要积极采用国际标准和国外先进标准，使我国标准尽可能与国际标准接轨。

2. 确定正确的技术路线，因地制宜地选择合理的技术方案

发展清洁汽车，要立足国内，坚持以国产为主、引进技术和国产化相结合的技术路线，加大科技投入，组织关键技术攻关。要在充分掌握国际清洁汽车发展状况的基础上，利用后发优势，比较、吸收各国先进有效的经验，强化自主创新，迅速打开局面。认真分析国外燃气汽车、电动汽车及混合动力汽车在技术、产品、市场方面的发展历程和现实水平，确定我国技术引进的路线，既保证技术上的先进性，又有利于产品的产业化。对需要从国外引进的关键技术和设备，需对各国的技术、设备及其在中国的适应性进行对比研究，认真选择，消化吸收，要特别注意技术的匹配和整体优化。

试点示范城市应因地制宜，根据各自情况选择适宜的技术方案。燃气汽车推广可从城市固定线路集中区域行驶的公共汽车和出租汽车着手，重点发展出厂新车直接安装供气装置。各主要汽车制造企业应积极向示范城市提供技术先进的低排放汽车。在车辆改造上，可从易于改造的汽油机入手，进而进行柴油机的改造，主要改造的车型为大、中型客车和轿

车，优先改造出租汽车与公共汽车。随着电动汽车、混合动力汽车技术的发展应用，试点城市要根据条件确定电动汽车应用规划，争取以建立电动汽车示范区和示范车队的方式，逐步推广应用。

3. 严格生产、运营管理

燃油汽车要依照国家制定的排放控制目标和排放标准的要求严格管理。新定型产品正式生产前要进行强制检验，确保稳定达到国家排放标准。要加强对电控燃油喷射系统、三元催化装置的生产监督管理。用法规手段对在用汽车加强排放性能监管，完善检查维护管理制度，建立健全质量保证体系，使维修后车辆排放达到国家标准。同时强制淘汰严重超标的汽车。

生产燃气汽车、混合动力汽车和电动汽车的企业及其产品，应按《汽车工业产业政策》的要求，纳入《全国汽车、民用改装车和摩托车生产企业及产品目录》的管理范围，统一规划，并应具备相应生产条件。相应生产条件的要求和对企业的审查由相关行业主管部门实施。

为防止散、乱局面，确保燃气汽车质量达到预期的降低排放效果和安全，燃气汽车的生产与改装企业应是汽车制造企业及其认定的改装厂。在用车的两用燃料和双燃料改造必须经相关行业主管部门审查认证。燃气汽车关键零部件生产应实行产品认证。

加气站及配套设施是燃气汽车运营的基础条件，试点示范城市要予以充分重视，要编制加气站及配套设施建设规划，保证车辆改装与加气站建设同步进行。对车用燃气加气站与输气管线要加强统一管理和安全监察，保证运营安全与燃气质量。

清洁汽车零部件生产是国产化的基础，应在国家标准指导下，在平等竞争基础上选择条件好、能力强的企业形成规模化定点生产，降低成本，提高质量。

4. 加强检测与监督

要加强对生产或改装的清洁汽车、关键零部件和加气、充电等配套产品出厂前的检测与监督，加强对销售中的清洁汽车以及关键零部件的市场监督和抽查，防止不合格的产品流入市场。同时，要加大力度打击制、售假冒伪劣清洁汽车以及零部件的违法行为。

确定具有“清洁汽车”试验研究与检测评价能力的技术检测机构，协助政府支持试点示范城市和相关企业的工作。

5. 利用多渠道为清洁汽车提供发展资金

为加大政府对实施“空气净化工程”的实施力度，各级政府应设立清洁汽车发展资金予以支持。引入新的机制，广泛吸纳国内外资金，共同参与相关基础设施的建设和技术开发。对地方和企业投资的积极性应予鼓励，在国家与地方的总体规划与政策指导下实施。

2.“十五”863 计划电动汽车重大专项

“十五”国家 863 计划电动汽车重大专项是科技部已确定的 12 个重大科技专项之一，于 2001 年 10 月正式启动，国家直接投入的研发资金达 8.8 亿元，资金投入量位居 12 个重大科技专项第二。

电动汽车重大专项首批共启动 5 个整车课题。根据计划，这个专项要在 3 ~ 5 年内实现纯电动汽车和混合动力汽车的产业化，5 年内建立燃料电池汽车产品动力平台，为 5 ~ 10 年内实现燃料电池汽车的产业化奠定基础。

“十五”电动汽车重大科技专项的实施，为以“绿色、科技、人文”为宗旨的2008 年北京奥运会提供了绿色车辆，保证环保性能指标达到世界发达国家的先进水平。

电动汽车专项内容分 5 部分：燃料电池汽车技术、混合动力电动汽车技术、纯电动汽车技术、电动汽车共性技术研究以及推动电动汽车发展的运行机制、相关政策、技术标准与法规的研究。

（1）总体目标

为维护我国能源安全，改善大气环境，提高加入 WTO 后我国汽车工业的竞争力，国家科技部在“十五”国家 863 计划中，特别设立电动汽车重大专项。专项将从国家汽车产业发展战略的高度出发，选择新一代电动汽车技术作为我国汽车科技创新的主攻方向，组织企业、高等院校和科研机构，以官、产、学、研四位一体的方式，联合进行攻关。

计划在“十五”期间，促进我国符合市场经济发展要求的研发体系、机制和人才队伍的形成，以电动汽车的产业化技术平台为工作重点，力争在电动汽车关键单元技术、系统集成技术及整车技术上取得重大突破，集中有限资源抢占新一代电动汽车制高点，促进我国汽车工业实现跨越式发展。

(2)具体任务

①建立燃料电池汽车产品技术平台；

②实现混合动力电动汽车的批量生产，开发的产品通过国家汽车产品型式认证；

③推动纯电动汽车在特定区域的商业化运作；

④完善国家电动汽车示范区和相关电动汽车检测基地的建设；

⑤研究、制定促进电动汽车产业化的政策、法规和相关标准，完善相关基础设施的建设；

⑥支持北京绿色奥运车辆的研发和应用示范。为我国在5～10年内实现电动汽车的产业化奠定技术基础。

在电动汽车共性关键技术上，建立我国电动汽车整车的网络、总成及通信协议规程，开发电动汽车基本车辆控制器模块，发展带有电子管理系统的高性能动力蓄电池组和具有数字控制系统的电机驱动系统，形成我国电动汽车零部件工业基础。

(3)组织管理模式

在组织管理上，“电动汽车重大专项”建立了总体专家组负责制和项目监理制。采用国际先进的复杂系统并行工程，严格按照汽车产品开发规律确定项目阶段目标，对各阶段目标和资金运用采取分段审查放行、滚动投资的项目管理模式，符合国际惯例和我国实际，以便于操作。

重大专项对各类车型、相关技术实行主攻方向动态定位的方法，在五年计划开始的前期进行探索、比较，然后进一步集中力量，突出重点，以实现产业技术的突破。

(4)整体研发布局

“电动汽车重大专项”提出“三纵三横”研究开发布局，强调建立符合整车开发规律严密的整车开发程序。所谓“三纵”，就是燃料电池汽车、混合动力电动汽车、纯电动汽车；“三横”就是多能源动力总成控制、驱动电机、动力蓄电池。提出以整车开发为主导，关键零部件和相关材料紧密结合，基础设施协调发展，政策法规、技术标准与评估技术同步展开的基本方针，作为国内汽车科技项目的一个探索，以保证电动汽车重大专项产品化和产业化目标的实现。

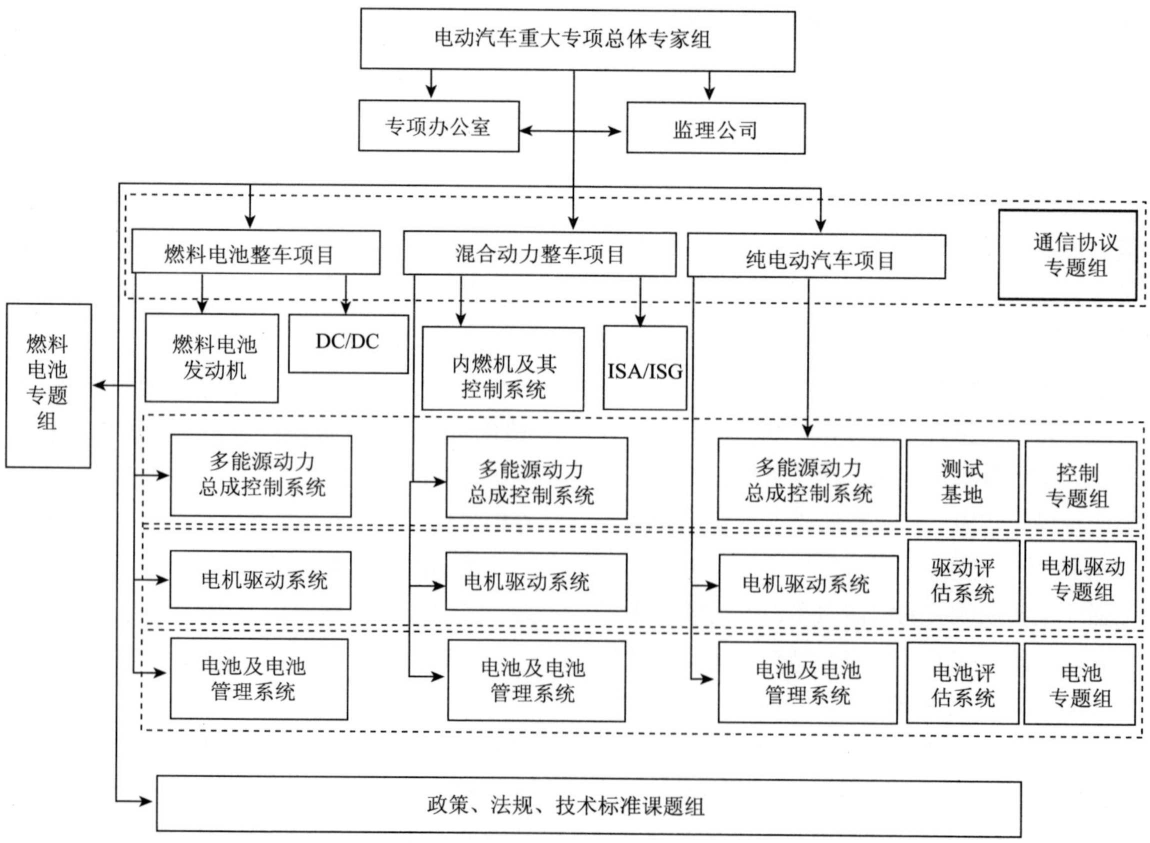

电动汽车重大专项提出的“三横三纵”研究开发布局及其组织管理模型

"电动汽车重大专项"在市场和技术分析的基础上，对混合动力电动汽车、纯电动汽车、燃料电池汽车、电动车共性技术采取了不同的研发导向、时段安排、投资策略和推广及产业化措施，致力于体现有所为有所不为的原则，恰当定位、突出重点、取得实效。专项特别提出了支持技术创新和专利保护。

3."十一五"863计划节能与新能源汽车重大项目

(1)总体目标

"节能与新能源汽车"重大项目的总体目标是：在"十五"863计划电动汽车重大专项和攻关计划清洁汽车关键技术研究与示范应用重大项目成果的基础上，重点突破关键技术，掌握知识产权，壮大研发、产业化基地与人才团队，争取相关政策、技术标准和地方与行业的配套支持，构建技术创新公共支撑平台，建立以企业为主体的产学研结合的技术创新体系，加强自主创新和国际合作，提升我国节能与新能源汽车整车和关键零部件的核心竞争能力。

(2)具体任务

深入研究开发燃料电池汽车技术，到2010年，攻克一批燃料电池客车和轿车关键技术，形成2~3个动力系统技术平台，开发相关燃料电池汽车车型；攻克混合动力汽车产业化技术，推动混合动力汽车产业化，到2010年，形成2~3个客车混合动力系统技术平台，4~5个轿车混合动力系统技术平台，开发相关的产品车型，综合技术经济指标达到国际先进水平；针对科技奥运的需求，开发纯电动汽车动力系统技术和产品；综合提升代用燃料汽车的技术水平，到2010年，形成8~10个新开发的代用燃料汽车产品，带动代用燃料汽车区域化应用。

提高动力电池、驱动电机和代用燃料发动机等节能与新能源汽车关键零部件的安全性、可靠性、产品一致性和使用寿命，降低成本，满足整车产业化技术开发需求。到2010年，燃料电池发动机系统批量下成本不高于3 000元/千瓦，寿命不低于5 000小时；高功率型动力蓄电池的功率密度达到1 000~1 300瓦/千克，成本不高于3元/瓦·时；15~150千瓦车用驱动电机系统控制成本为300~600元/千瓦。

(3)研发布局

建立以燃料电池汽车、混合动力汽车和纯电动汽车动力系统技术平台为"三纵"，以燃料电池和动力蓄电池技术，电驱动系统技术，以及共性基础技术为"三横"的电动汽车"三纵三横"的研发布局，建立电动汽车系统技术和关键零部件产业化技术体系，支撑电动汽车产品规模化开发。

代用燃料汽车以整车和关键技术的研发、示范应用和市场推广为重点，同时进行新型燃料的应用研究；构建技术标准、政策法规、知识产权服务和信息数据库等公共服务平台。形成"十一五"节能与新能源汽车重大项目的总体研发系统。

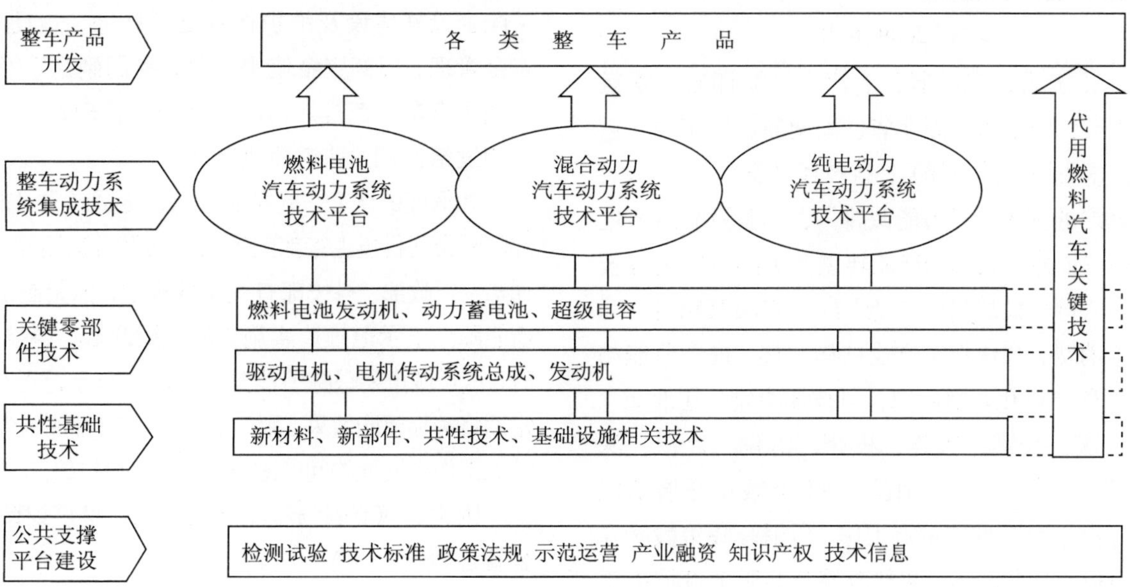

节能与新能源汽车研发布局示意图

(4)组织管理体系

全国清洁汽车行动协调领导小组是国家有关部门联合推动节能与新能源汽车发展的组织领导机构，将继续按照国家汽车能源环保发展战略与政策，对“节能与新能源汽车重大项目”的研发和产业化发展进行协调指导，积极促进鼓励、推广政策的研究制定。

科技部高新司（863计划现代交通技术领域办公室）依据863计划管理办法及有关管理实施细则的要求，负责本重大项目的组织实施和监督。按照国家科技发展政策，领导决策项目实施过程中的重大事项，推动部门协调合作，把握调整发展方向，督促保障重大项目课题实施。

地方清洁汽车领导机构根据各地所承担的课题与地方政府的发展战略进行协调和领导。

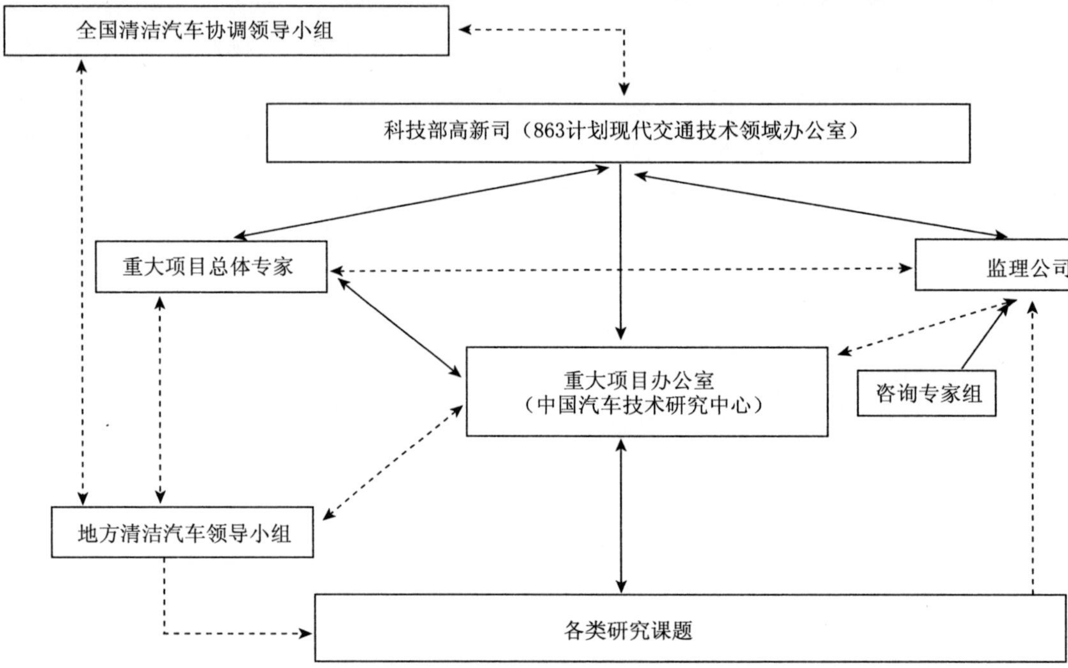

全国清洁汽车行动组织管理体系

4. 财政部、科技部《关于开展节能与新能源汽车示范推广试点工作的通知》

财建[2009]6号

北京市、辽宁省、吉林省、上海市、浙江省、安徽省、江西省、山东省、湖北省、湖南省、广东省、重庆市、云南省财政厅（局）、科技厅（委）：

根据国务院关于“节能减排”、“加强节油节电工作”和“着力突破制约产业转型升级的重要关键技术，精心培育一批战略性产业”的战略决策精神，为扩大汽车消费，加快汽车产业结构调整，推动节能与新能源汽车产业化，财政部、科技部决定，在北京、上海、重庆、长春、大连、杭州、济南、武汉、深圳、合肥、长沙、昆明、南昌等13个城市开展节能与新能源汽车示范推广试点工作，以财政政策鼓励在公交、出租、公务、环卫和邮政等公共服务领域率先推广使用节能与新能源汽车，对推广使用单位购买节能与新能源汽车给予补助。其中，中央财政重点对购置节能与新能源汽车给予补助，地方财政重点对相关配套设施建设及维护保养给予补助。为加强财政资金管理，提高资金使用效益，我们制定了《节能与新能源汽车示范推广财政补助资金管理暂行办法》，现印发给你们，请遵照执行。

为保证试点工作的顺利进行，各试点省（市）财政部门要会同科技主管部门等切实加强组织领导，依据本通知及财政部、科技部有关文件规定，抓紧制定节能与新能源汽车示范推广实施方案报财政部、科技部。同时，试点城市要跟踪节能与新能源汽车示范运行情况，定期将实际节能效果、财政补助资金安排使用情况以及试点工作中发现的问题函告财政部、科技部。

附件：《节能与新能源汽车示范推广财政补助资金管理暂行办法》

财政部　科技部

二〇〇九年一月二十三日

附件：　　节能与新能源汽车示范推广财政补助资金管理暂行办法

第一章　总则

第一条　根据《国务院关于加强节能工作的决定》（国发［2006］28号）、《国务院关于印发节能减排综合性工作方案的通知》（国发［2007］15号）和《国务院关于进一步加强节油节电工作的通知》（国发［2008］23号）精神，中央财政从节能减排专项资金中安排部分资金，支持国家节能与新能源汽车示范推广。为加强节能与新能源汽车示范推广财政补助资金（以下简称“示范推广补助资金”）管理，提高资金使用效益，特制定本办法。

第二条　本办法所称节能与新能源汽车主要指混合动力汽车、纯电动汽车和燃料电池汽车。

第三条　示范推广补助资金按照科学合理、公正透明的原则安排使用，并接受社会各方面监督。

第二章　支持对象和方式

第四条　根据节能与新能源汽车特点以及交通状况，在示范推广初期，主要选择部分大中城市的公交、出租、公务、环卫和邮政等公共服务领域进行试点。

第五条　中央财政对试点城市相关公共服务领域示范推广单位购买和使用节能与新能源汽车给予一次性定额补助。

地方财政要安排一定资金，对节能与新能源汽车购置、配套设施建设及维护保养等相关支出给予适当补助。

第六条　示范推广补助资金专项用于购买节能与新能源汽车的相关支出。

第三章　支持条件

第七条　示范推广的节能与新能源汽车必须符合下述条件：

（一）必须纳入《节能与新能源汽车示范推广应用工程推荐车型目录》。

（二）混合动力乘用车和轻型商务车与同类传统车型相比节油率必须达到5%以上，混合动力客车节油率必须达到10%以上。

（三）混合动力汽车最大电功率比和节油率必须经具备资质的第三方检测机构依据GB/T 19753—2005《轻型混合动力电动汽车能量消耗量试验方法》、GB/T 19754—2005《重型混合动力电动汽车能量消耗量试验方法》等检测后确定。

（四）生产企业对动力蓄电池等关键零部件必须提供不低于3年或15万公里（以先到者为准）的质保期限。

（五）汽车生产企业和动力蓄电池等关键零部件生产企业必须具备一定的产能规模。

第八条　示范推广单位必须采取招标方式择优采购节能与新能源汽车，并确定示范推广的节能与新能源汽车车型、数量、价格以及售后服务等。

第四章　补助标准

第九条　补助标准主要依据节能与新能源汽车与同类传统汽车的基础差价，并适当考虑规模效应、技术进步等因素确定。公共服务用乘用车和轻型商用车示范推广具体补助标准见附表一，城市公交客车示范推广具体补助标准见附表二，特种车辆补助标准参照上述补助标准确定。

第五章　资金的申报和下达

第十条　示范推广单位根据购买使用的汽车车型、数量和规定的补助标准等提出资金申请报告（见附表三），并提供下述材料：

（一）与生产企业签订的中标协议、购销合同等有关凭证；

（二）车辆购进发票等有关凭证；

（三）第三方检测机构出具的检测报告；

（四）地方配套资金安排和使用情况；

（五）其他需要提供的材料。

第十一条　示范推广单位的资金申请报告按属地原则，经当地财政、科技部门审核后，报省级财政和科技部门。

第十二条　省级财政和科技部门对企业资金申请报告复核后，分别于每年3月30日、8月30日前联合上报财政部、科技部（见附表四）。

第十三条　财政部会同科技部组织对申报材料进行审查，核定具体补助金额，并按规定下达预算，拨付补助资金。

第六章　资金监督管理

第十四条　示范推广单位对申报材料的真实性负责。对弄虚作假、骗取财政补助资金的单位，将扣回补助资金，并取消示范推广单位的资格。

第十五条 示范推广补助资金必须专款专用，任何单位不得以任何理由、形式截留、挪用。对违反规定的，将依照《财政违法行为处罚处分条例》（国务院令第427号）等有关规定，依法追究有关单位和人员的责任。

第七章 附则

第十六条 本办法由财政部、科技部负责解释。

第十七条 本办法自印发之日起施行。

附表一： **公共服务用乘用车和轻型商用车示范推广补助标准** 单位：万元/辆

节能与新能源汽车类型	节油率	最大电功率比			
		BSG车型	10%~20%	20%~30%	30%~100%
混合动力汽车	5%~10%	0.4	—	—	—
	10%~20%		2.8	3.2	—
	20%~30%	—	3.2	3.6	4.2
	30%~40%	—	—	4.2	4.5
	40%以上	—	—	—	5.0
纯电动汽车	100%	—	—	—	6.0
燃料电池汽车	100%	—	—	—	25.0

注：最大电功率比30%以上混合动力汽车补助标准均含plug-in。

附表二： **10米以上城市公交客车示范推广补助标准** 单位：万元/辆

节能与新能源汽车类型	节油率	使用铅酸电池的混合动力系统	使用镍氢电池、锂离子电池/超级电容器的混合动力系统	
			最大电功率比20%~50%	最大电功率比50%以上
混合动力汽车	10%~20%	5	20	—
	20%~30%	7	25	30
	30%~40%	8	30	36
	40%以上	—	35	42
纯电动汽车	100%	—	—	50
燃料电池汽车	100%	—	—	60

注：最大电功率比50%以上混合动力汽车补助标准均含plug-in。

附表三： **_______年节能与新能源汽车示范推广财政补助资金申请表**

节能与新能源汽车购买使用单位：_______

车　型	购买数量（辆）	实际运营数量（辆）	购车时间（年/月/日）	购进价格（万元）	补助标准（万元/辆）	申请补助资金（万元）	截至申请日运行时间（小时）	截至申请日运行里程（万公里）

示范推广单位	当地财政部门	当地科技部门
签章：	签章并加注意见：	签章并加注意见：
年　月　日	年　月　日	年　月　日
联系电话：	联系电话：	联系电话：

填表说明：1. 本表由购买使用节能与新能源汽车的单位填写。2. 申请财政补助资金=实际运营数量×补助标准。

附表四：　　　　________年节能与新能源汽车示范推广财政补助资金申请汇总表

编制单位：________省(市)财政厅(局)　　　　　　　　　　　　　　　　(盖章)

单　位	车　型	购买数量（辆）	实际运营数量（辆）	购车时间（年/月/日）	购进价格（万元）	财政补助标准（万元/辆）	申请财政补助资金（万元）

联系人及电话：　　　　　　　　　　　　　　　　　　年　　月　　日

注：省级财政部门上报财政部时应同时报送电子版(Excel)。

5. 科技部、工信部《节能与新能源汽车节油率与最大电功率比检验大纲》

1. 检验目的和适用范围

为落实《关于开展节能与新能源汽车示范推广试点工作的通知》（财建［2009］6号）（以下简称《通知》），科学、合理规范地评价节能与新能源车辆（以下简称“HEV车辆”）的节油率和最大电功率比，为政府有关管理部门发放车辆补贴提供依据，特制订本检验大纲。

属于《通知》中附表一（公共服务用乘用车和轻型商用车示范推广补助标准）和附表二（10米以上城市公交客车示范推广补助标准）规定给予补贴范围的混合动力汽车可以申请按照本大纲要求进行检验。燃用气体燃料的混合动力汽车有关办法另行制订。

2. 检验项目及方法

采用对比检验，分别对HEV车辆及其对应基准车辆的燃料消耗量进行检测，计算HEV车辆的节油率。HEV车辆除了燃料消耗量检验外，还应附加电机功率检验。检验方法如下：

2.1　燃料消耗量检验

2.1.1　基准车辆的燃料消耗量检验

基准车辆指用于与待评价HEV车辆进行比较的属于同一企业的基准车辆。

(1)轻型汽车，按GB/T 19233—2008《轻型汽车燃料消耗量试验方法》进行。

(2)重型汽车，参照GB/T 19754—2005《重型混合动力电动汽车能量消耗量试验方法》进行。

2.1.2　HEV车辆的燃料消耗量检验

(1)轻型HEV车辆，按GB/T 19753—2005《轻型混合动力电动汽车能量消耗量试验方法》进行。

(2)重型HEV车辆，按GB/T 19754—2005《重型混合动力电动汽车能量消耗量试验方法》进行。对于可外接充电型（以下简称Plug－in型），除采用此方法按照混合动力模式测试外，增加相关测试内容，见附件1。

2.2　电机额定功率检验

HEV车辆应参照GB/T 18488.2—2006《电动汽车用电机及其控制器第2部分试验方法》，按照附件2规定方法进行电机额定功率检验。

3. 检验车辆选择及确认

企业在HEV车辆登录《车辆生产企业和产品公告》（以下简称《公告》）后，即可申请进行检验；对新申报《公告》的，燃料消耗量对比检验可以和定型试验一并完成。

检验车辆应由指定中介机构按照下述原则确认。

3.1　HEV车辆

3.1.1　HEV车辆的主要技术参数和总成配置应与《公告》备案内容一致。

3.1.2　当HEV车辆的发动机和电动机存在多个

配置时，应按照发动机功率最大、电动机额定功率最小的形式提供至少1辆样车进行检验。其他主要技术参数和总成配置存在多个配置时，应按照最不利原则提供样车。对燃料消耗量检验的影响因素包括：外廓尺寸、轴距、轮距、变速器、轮胎、总质量等。

3.2 基准车辆

3.2.1 基准车辆的选择应同时满足以下条件，不适用条款除外。

(1)基准车辆必须是在《公告》之内已发生销售的车型。对于10米以上城市公交客车，已经销售使用的产品数量不低于30辆。

(2)基准车辆的主要技术参数和总成配置应与《公告》备案内容一致。

(3)基准车辆与待评价HEV车辆属于同一企业的同一车身的车型。外廓尺寸（长、宽、高）相同，但不包括由于加装/选装导流罩、保险杠、进气格栅、照明和指示灯具及换装前围、侧围覆盖件所引起的形状和尺寸变化。

(4)基准车辆应与待评价HEV车辆的功能和用途相同。

(5)基准车辆应与待评价HEV车辆的燃料种类相同。

(6)基准车辆应与待评价HEV车辆达到的排放标准相当。

(7)基准车辆应与待评价HEV车辆的轴数与轮胎数量相同。

(8)M1类基准车辆应与待评价HEV车辆的乘员数相同。

(9)N1类基准车辆应与待评价HEV车辆的总质量差异不超过5%。

(10)M2、M3类基准车辆的乘员数不应少于待评价HEV车辆；M2、M3类基准车辆的整备质量不应超过待评价HEV车辆。

(11)基准车辆发动机额定功率不超过待评价HEV车辆混合动力系统总功率的15%。

①对于串联式HEV车辆，混合动力系统总功率是指K倍的电机额定功率；

②对于并联、混联式HEV车辆，混合动力系统总功率是指K倍的电机额定功率与发动机额定功率之和。

其中对K值规定如下：ISG轿车为1.5；其他型混合动力轿车为2.0；混合动力客车为1.7。

(12)当基准车辆存在多种发动机配置时，应提供最小功率发动机样车。其他主要技术参数和总成配置存在多个配置时，应按照最不利原则提供至少1辆样车。

(13)基准车辆应与待评价HEV车辆的动力性能相当，原地起步车速从0到50km/h的加速时间相差不大于15%。

3.2.2 当企业不能按照3.2.1条件提供满足需要的基准车辆样车时，基准车辆的燃料消耗率按照以下原则确定。

(1)乘用车，取GB 19578—2004《乘用车燃油消耗量限值》规定的相应限值的80%。

(2)轻型商用车，取GB 20997—2007《轻型商用车燃料消耗量限值》规定的相应限值的80%。

3.3 Plug-in型HEV车辆

须同时满足下列两个条件，方可认定为是可外接充电型（Plug-in型）混合动力电动汽车：

3.3.1 装备有可以在正常使用情况下从非车载装置中获取能量的装置。

仅当制造厂在其提供的使用说明书中或者以其他明确的方式推荐或要求定期进行车外充电时，混合动力电动汽车方可认为是“可外接充电”的。仅用来不定期的储能装置电量调节而非用作常规的车外能量补充，即使有车外充电能力，也不认为是“可外接充电”的车型。

3.3.2 续驶里程

公共服务用乘用车和轻型商用车的纯电动模式续驶里程不低于50km。10米以上城市公交客车的纯电动模式续驶里程不低于30km。

4. 检验条件和要求

4.1 燃料消耗量检验

乘用车和轻型商用车采用《公告》中对应的油耗数据，不再另行检验。

10米以上城市公交客车的检验应符合以下条件要求。

4.1.1 检测机构的选择应符合《道路机动车辆产品检测工作监督管理规定》（工产业[2009]第26号）的要求，且不得与申报企业存在资产、管理方面的利益关系。

4.1.2 基准车辆与待评价 HEV 车辆的检验应在国家主管部门认可的同一试验场内完成，不得在排放实验室内完成。

4.1.3 基准车辆与待评价 HEV 车辆均应完成规定磨合行驶里程，且已行驶里程（里程表读数）不超过 10 000km。

4.1.4 检验程序、使用仪器、设备的精度应满足 GB/T 19754—2005《重型混合动力电动汽车能量消耗量试验方法》的要求。

4.1.5 用于检验的基准车辆样车与待评价 HEV 车辆样车使用的燃料标号相同。

4.1.6 如采用道路测试，道路条件、气象条件等应满足 GB/T 12534—1990《汽车道路试验方法通则》的要求。基准车辆与待评价 HEV 车辆使用相同的轮胎，轮胎气压符合企业技术条件的要求。

4.1.7 燃料消耗量检验前应进行动力性能试验，动力性能试验结果符合企业技术条件要求后方能进行燃料消耗量检验。动力性能试验包括：

(1)滑行试验，按照 GB/T 12536—1990《汽车滑行试验方法》进行；

(2)起步连续换挡加速性能试验，按照 GB/T 12543—1990《汽车加速性能试验方法》进行；

(3)最高车速试验，按照 GB/T 12544—1990《汽车最高车速试验方法》进行。

4.1.8 燃料消耗量检验时均采用标准中指定的"中国典型城市公交循环"。若检验样车出现连续 15s 以上无法跟踪到标准规定车速范围，则认为该次检验无效。

4.1.9 同一样车的检验应进行 3 次，检验结果取其算术平均值。

4.1.10 检验样车一经确认，企业不得进行调整（正常保养项目除外）。

4.2 电机额定功率检验

对待评价的电机，采用《公告》中对应的额定功率数据，不再另行进行检验。

5. 评价方法及数据处理

5.1 节油率

分别确定 HEV 车辆、基准车型在整个检验工况下的燃料消耗量 C_{hev}、C_{ref}，以 L/100km 表示。对于 Plug－in 型重型 HEV 车辆，按附件 1 执行。

计算 HEV 车辆相对于基准车型的节油率：

$$E = (C_{ref} - C_{hev}) / C_{ref} \times 100\%$$

式中：

E—节油率；

C_{ref}—基准车型的燃料消耗量；

C_{hev}—HEV 车辆的燃料消耗量。

5.2 最大电功率比

(1)并联混合动力车辆

混合动力汽车的最大功率比计算公式如下：

$$R = k \times P_m / (k \times P_m + P_e)$$

式中：

R：最大电功率比

P_m：电机额定功率

P_e：发动机额定功率

其中对 k 值规定如下：ISG 轿车为 1.5；其他型式混合动力轿车为 2.0；混合动力客车为 1.7。

注：对于双电机混联混合动力，以主电机额定功率计算。

(2)串联混合动力车辆

混合动力汽车的最大功率比统一计为 100%。

6. 检验报告

6.1 检验结束后，由检测机构按照同一检验报告格式编写（项目编号为 00，检验类别为产品鉴定），主要内容包括：

(1)检验任务来源；

(2)检验依据的标准；

(3)检验对象；

(4)检验结果；

(5)检验地点、场地；

(6)检验条件；

(7)结论。

6.2 完成检验的检测机构应将检验报告（一式两份）和检验原始记录（一份，复印件）同时递交指定中介机构。节油率检验报告和电功率比检验报告由完成机构分别提供。

未完成检验的，检测机构填写报告中适用项目，并在检验结论中陈述终止检验的理由。

7. 企业应提供文件

申请企业应按要求提交以下文件。

(1)待评价 HEV 车辆和基准车型的样品参数表(附件3)，加盖企业公章；

(2)待评价 HEV 车辆和基准车型的产品技术条件（或者企业标准），加盖企业公章；

(3)待评价 HEV 车辆的使用说明书。

(4)10 米以上城市公交客车基准车辆已经销售使用的有效证明文件（销售合同、销售发票等）。

附件 1:外接充电型重型混合动力车辆(Plug - in 型)补充检验内容

本补充内容规定了可外接充电式重型混合动力车辆续驶里程的测试及其对于节油率的折算方式。

1.1　检验设备和检验条件

道路条件、气象条件等应满足 GB/T12534—1990《汽车道路试验方法通则》的要求，轮胎气压符合企业技术条件的要求。

1.2　续驶里程

参考 GB/T 18386—2005《电动汽车能量消耗率和续驶里程检验方法》中关于续驶里程检验条款4.4.5.3.2。

确认车辆达到生产厂家声称的 SOC 状态，采用纯电动驾驶模式，在道路上进行 40 ±2km/h 的等速检验。检验过程中允许停车两次，每次停车不允许超过2 分钟，到 GB/T 18386—2005 中4.4.3 规定的停车要求时停止检验，直到发动机启动。记录下此间检验车辆的停车次数和停车时间。检验结束后，记录行驶距离作为续驶里程，记为 Sx。

1.3　统一设定我国城市公交车的日平均行驶里程为 160km。

1.4　折算方式

$$Ex = Sx/160 \times 100\%$$

其中，Ex 为折算值。

在本检验大纲 5.1 结果基础上，加上这个折算值，作为可外接充电式重型混合动力车辆最终测试结果。

附件 2:新能源汽车电机额定功率测试方法

1. 原则

通过电机在特定试验条件下运行，并从事电机绕组温升的测试，完成对新能源汽车电机额定功率的确认。

2. 试验方法

试验过程中，应带有与实际使用条件相同的冷却设施，影响电机系统温升的所有部件都应在位。控制器输入母线电压为额定值。温升试验方法参照 GB/1029 中 6 的规定。根据 GB/755 中规定的各种绝缘等级，核查试验温升是否在温升限值范围内。

针对不同类型的新能源车辆电机使用特点，所使用的试验方法如下。

2.1　串联、混联及 plug - in 系统主电机系统

根据附图 1 所示的 S1 工作制从冷态开始电动持续运行，运行速度为额定转速，运行转矩为额定转矩，持续运行到稳定温升后测试绕组的温升，并与温升限值比较。

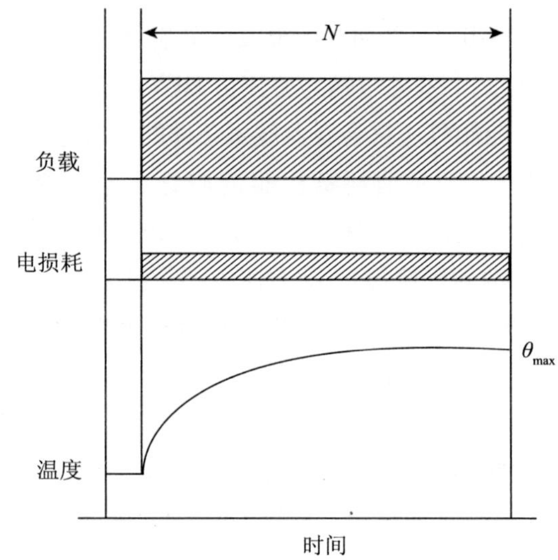

附图 1　S1 工作制说明:S1 工作制为连续工作制,在恒定负载下运行。

对于纯电动汽车、燃料电池汽车、超级电容电动汽车以及采用纯电动形式轮毂电机驱动的电动汽车等类型的车用电机系统，也采用如上的试验方法。

2.2　并联式混合动力汽车（含 ISG 电机）用电机系统

根据附图 2 所示的 S5 工作制从冷态开始持续运行 3 个周期，每个周期时间为 10 分钟。其中：D 段为电动启动时间，不超过 0.5 分钟；N 段为电动额定转矩运行，持续时间大约为 5.5 分钟；F 段为发电状态，控制发电转矩为额定转矩，持续时间 3 分钟；R 段为电机系统带电停机工作（不断能），持续时间不超过 1 分钟。试验过程中，运行速度点设置为额定转速。在完成 3 次循环后，测试绕组的温升，并与

温升限值比较。

在启动、或者停机过程中，电机系统和测功机系统的转速变化可以不控制。

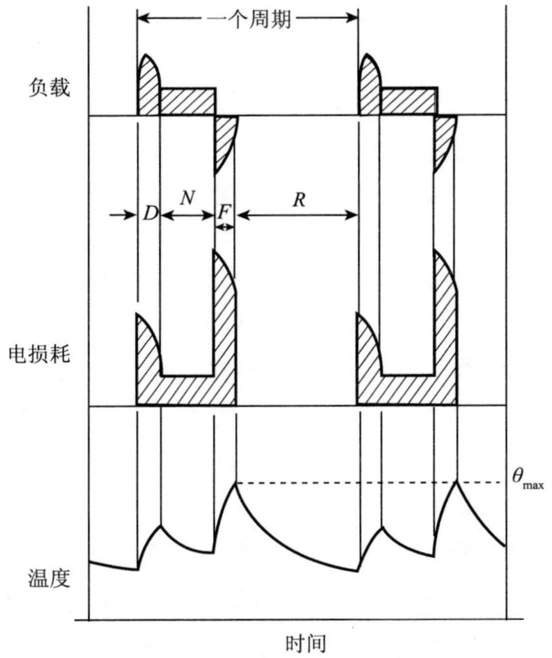

附图 2 S5 工作制说明：电制动的断续周期工作制，每一周期包括一段启动时间，一段恒定负载运行时间，一段电制动时间和一段停机时间（不断能）。

对于采用混合动力形式轮毂电机驱动的电动汽车，采用 2.2 的试验方法。

2.3 BSG 电机系统

仍旧根据图 2 所示的 S5 工作制从事试验，但是负载状态有所变化。从冷态开始持续运行 3 个周期，每个周期时间为 10 分钟。其中：*D* 段为电动启动时间，不超过 0.5 分钟；*N* 段为电动额定转矩运行，持续时间大约为 2 分钟；*F* 段为发电状态，控制发电转矩为额定转矩，持续时间为大约 6.5 分钟；*R* 段时间为电机系统带电停机工作（不断能），持续时间不超过 1 分钟。试验过程中，运行速度点设置为额定转速。在完成 3 次循环后，测试绕组的温升，并与温升限值比较。

在启动或者停机过程中，电机系统和测功机系统的转速变化可以不控制。

附件 3： 待评价 HEV 车辆和基准车型的样品参数表

样车		待评价 HEV	基准车型
整车	型号		
	车辆类别		
	排放标准		
	底盘生产企业		
	底盘型号		
	用途		
	最高车速（km/h）		
	外廓尺寸（长 ×宽 ×高，mm）		
	整备质量（kg）		
	整备前轴质量（kg）		
	整备后轴质量（kg）		
	最大总质量（kg）		
	前轴质量（kg）		
	后轴质量（kg）		
	驱动型式		
	轮胎规格及气压		
	轮胎数		
发动机	生产企业		
	发动机布置		
	型号		
	型式		
	排量（ml）		
	燃料种类		
	最低燃料消耗率［g/（kW · h）］		
	额定功率/转速［kW/（r/min）］		
	最大扭矩/转速［N · m/（r/min）］		
车身	生产企业		
	型号		
	型式		
	座位数（含驾驶员坐椅）		
	额定载客（含驾驶员）（人）		
离合器	生产企业		
	型号		
	型式		
变速器	生产企业		
	型式		
	型号		
	操纵方式		
	前进挡个数		
	各挡速比		
转向器	生产企业		
	型式		
	型号		
	转向型式		

续表

<table>
<tr><th colspan="4">样　车</th><th>待评价 HEV</th><th>基准车型</th></tr>
<tr><td rowspan="4">前桥</td><td colspan="3">生产企业</td><td></td><td></td></tr>
<tr><td colspan="3">型式</td><td></td><td></td></tr>
<tr><td colspan="3">型号</td><td></td><td></td></tr>
<tr><td colspan="3">主减速比</td><td></td><td></td></tr>
<tr><td rowspan="4">后桥</td><td colspan="3">生产企业</td><td></td><td></td></tr>
<tr><td colspan="3">型式</td><td></td><td></td></tr>
<tr><td colspan="3">型号</td><td></td><td></td></tr>
<tr><td colspan="3">主减速比</td><td></td><td></td></tr>
<tr><td rowspan="7">制动系统</td><td rowspan="5">行车制动系统</td><td colspan="2">型式</td><td></td><td></td></tr>
<tr><td colspan="2">驱动方式</td><td></td><td></td></tr>
<tr><td colspan="2">助力型式</td><td></td><td></td></tr>
<tr><td colspan="2">制动器型式</td><td></td><td></td></tr>
<tr><td colspan="2">制动力调节方式</td><td></td><td></td></tr>
<tr><td colspan="3">驻车制动型式</td><td></td><td></td></tr>
<tr><td colspan="3">应急制动型式</td><td></td><td></td></tr>
<tr><td rowspan="4">悬架</td><td rowspan="2">前</td><td colspan="2">型式</td><td></td><td></td></tr>
<tr><td colspan="2">钢板弹簧片数/气囊个数</td><td></td><td></td></tr>
<tr><td rowspan="2">后</td><td colspan="2">型式</td><td></td><td></td></tr>
<tr><td colspan="2">钢板弹簧片数/气囊个数</td><td></td><td></td></tr>
<tr><td rowspan="3">空调</td><td colspan="3">生产企业</td><td></td><td></td></tr>
<tr><td colspan="3">型号</td><td></td><td></td></tr>
<tr><td colspan="3">型式</td><td></td><td></td></tr>
<tr><td rowspan="6">电动机控制器</td><td colspan="3">生产企业</td><td></td><td>—</td></tr>
<tr><td colspan="3">型号</td><td></td><td>—</td></tr>
<tr><td colspan="3">控制方式</td><td></td><td>—</td></tr>
<tr><td colspan="3">输入电压(V)</td><td></td><td>—</td></tr>
<tr><td colspan="3">额定功率/容量(kW/A·h)</td><td></td><td>—</td></tr>
<tr><td colspan="3">冷却方式</td><td></td><td>—</td></tr>
<tr><td rowspan="8">动力蓄电池</td><td rowspan="7">主电源</td><td rowspan="5">单体蓄电池</td><td>生产企业</td><td></td><td>—</td></tr>
<tr><td>型号</td><td></td><td>—</td></tr>
<tr><td>型式</td><td></td><td>—</td></tr>
<tr><td>电压/容量(V/A·h)</td><td></td><td>—</td></tr>
<tr><td>质量比能量(Wh/kg)</td><td></td><td>—</td></tr>
<tr><td colspan="2">单体蓄电池个数及连接方式</td><td></td><td>—</td></tr>
<tr><td colspan="2">总电压(V)</td><td></td><td>—</td></tr>
<tr><td colspan="3">辅助电源电压(V)/型式</td><td></td><td>—</td></tr>
<tr><td rowspan="7">电动机</td><td colspan="3">生产企业</td><td></td><td>—</td></tr>
<tr><td colspan="3">型号</td><td></td><td>—</td></tr>
<tr><td colspan="3">型式</td><td></td><td>—</td></tr>
<tr><td colspan="3">电压（V）</td><td></td><td>—</td></tr>
<tr><td colspan="3">额定功率(kW)</td><td></td><td></td></tr>
<tr><td colspan="3">峰值功率(kW)</td><td></td><td>—</td></tr>
<tr><td colspan="3">最大扭矩(N·m)</td><td></td><td>—</td></tr>
<tr><td colspan="4">是否可以外接充电</td><td></td><td>—</td></tr>
<tr><td colspan="4">纯电动续驶里程（km）</td><td></td><td>—</td></tr>
</table>

6. 工业和信息化部《新能源汽车生产企业及产品准入管理规则》

工产业［2009］第44号

根据《汽车产业发展政策》等有关规定，工业和信息化部制定了《新能源汽车生产企业及产品准入管理规则》，现予以发布，请有关单位遵照执行。

本规则自2009年7月1日起施行。本规则施行后，与本规则不一致的，以本规则为准。

二〇〇九年六月十七日

新能源汽车生产企业及产品准入管理规则

第一章　总则

第一条　为促进汽车产品技术进步，保护环境，节约能源，实现可持续发展，鼓励企业研究开发和生产新能源汽车，根据《汽车产业发展政策》等有关规定，制定本规则。

第二条　在中华人民共和国境内从事境内使用的新能源汽车生产的企业（以下简称新能源汽车企业）及其生产的新能源汽车产品，适用本规则。

第三条　本规则所称汽车，是指国家标准GB/T3730.1—2001《汽车和挂车类型的术语和定义》中第2.1款所定义的汽车整车（完整车辆）及底盘（非完整车辆）。

本规则所称新能源汽车，是指采用非常规的车用燃料作为动力来源（或使用常规的车用燃料、采用新型车载动力装置），综合车辆的动力控制和驱动方面的先进技术，形成的技术原理先进、具有新技术、新结构的汽车。

新能源汽车包括混合动力汽车、纯电动汽车（BEV，包括太阳能汽车）、燃料电池电动汽车（FCEV）、氢发动机汽车、其他新能源（如高效储能器、二甲醚）汽车等各类别产品。

第四条　工业和信息化部负责实施新能源汽车企业及新能源汽车产品准入管理。

第二章　新能源汽车分类及管理方式

第五条　根据新能源汽车整车、系统及关键总成技术成熟程度、国家和行业标准完善程度以及产业化程度的不同，将其分为起步期、发展期、成熟期三个不同的技术阶段。

起步期产品是指技术原理的实现路径尚处于前期研究阶段，缺乏国家和行业有关标准，尚未具备产业化条件的产品。

发展期产品是指技术原理的实现路径基本明确，国家和行业标准尚未完善，初步具备产业化条件的产品。

成熟期产品是指技术原理的实现路径清晰，产品技术和生产技术成熟，国家和行业标准基本完备，可以进入产业化阶段的产品。

第六条 工业和信息化部聘任有关专家，组成新能源汽车专家委员会，负责确定和调整新能源汽车产品类别的技术阶段，提出适用于新能源汽车的专项技术条件和检验规范建议。

第七条 对处于不同技术阶段的产品采取不同的管理方式。

起步期产品只能进行小批量生产，且只在批准的区域、范围、期限和条件下进行示范运行，并对全部产品的运行状态进行实时监控。

发展期产品允许进行批量生产，只能在批准的区域、范围、期限和条件下销售、使用，并至少对20%的销售产品的运行状态进行实时监控。

成熟期产品与常规汽车产品的《车辆生产企业及产品公告》（以下简称《公告》）管理方式相同，在销售、使用上与常规汽车产品相同。

具体技术阶段划分见《新能源汽车技术阶段划分表（2010年12月31日前适用）》（附件1）。

第三章 准入条件及管理

第八条 新能源汽车企业准入条件：

（一）符合国家有关法律、法规、规章和国家汽车产业发展政策及国家宏观调控政策的规定。

（二）应当是《公告》内汽车整车生产企业或改装类商用车生产企业；新建汽车企业或现有汽车企业跨产品类别生产其他类别新能源汽车整车产品的，应当按照国家有关投资管理规定先行办理项目的核准或备案手续。

（三）具备生产新能源汽车产品所必需的生产能力和条件。

（四）具备新能源汽车产品的设计开发能力。

（五）具备保证新能源汽车产品生产一致性的能力。

（六）具备新能源汽车产品营销和售后服务能力。

（七）建立与所生产新能源汽车产品相适应的零部件采购体系。

（八）所生产的车辆产品符合有关国家标准和行业标准、技术规范、车辆产品定型试验规程、适用于新能源汽车的专项技术条件和检验规范的要求。

《新能源汽车生产企业准入条件及审查要求》（以下简称《准入条件》）见附件2。

新能源汽车除了应当符合有关常规汽车产品的检验标准外，还应当符合新能源汽车产品的专项检验标准，具体见《新能源汽车产品专项检验标准目录（收录到2009年4月1日）》（附件3）。

第九条 符合《准入条件》、获得生产资格的汽车整车生产企业可以生产同类新能源汽车产品（指与《公告》中已有的常规汽车相同类别的产品，下同）。

符合《准入条件》、获得生产资格的改装类商用车生产企业可以改装生产同类新能源汽车产品，其中具备底盘生产条件的，可以自制底盘，但自制底盘仅限于本企业自用。

第十条 新能源汽车产品准入条件：

（一）产品符合安全、环保、节能、防盗等有关标准、规定。

（二）产品经工业和信息化部指定的检测机构（以下简称检测机构）检测合格。

（三）产品未侵犯他人知识产权。

第十一条 申请新能源汽车企业准入的，应当提交以下材料：

（一）《新能源汽车生产企业准入申请书》（见附件4）。

（二）新能源汽车产品设计、生产、营销及售后服务能力、零部件供应体系，以及生产一致性保证能力等的说明。

（三）企业按照《准入条件》要求进行自我评估的报告。

（四）新建汽车企业或现有汽车企业跨产品类别生产其他类别新能源汽车整车产品，按照国家有关投资管理规定先行办理的项目核准或备案手续。

（五）申请新能源汽车产品准入所要求的各项材料。

第十二条 申请新能源汽车产品准入的，应当提交以下材料：

(一) 生产企业基本情况的说明，包括企业名称、股东、法定代表人、注册商标、注册地址和生产地址等。

(二) 新能源汽车产品情况简介，包括对采用的新技术、新结构的原理的说明并附有关佐证材料。

(三) 《车辆生产企业及产品公告》参数。

(四) 《车辆主要技术参数及主要配置备案表》。

(五) 《车辆产品强制性检测项目方案表》。

(六) 检测机构出具的新能源汽车产品检测报告。

(七) 新能源汽车产品（包括整车及动力、驱动、控制系统）的企业标准或技术规范，以及检验规范（至少包括试验方法、判定准则、检验项目与样车对应表、路况及里程分配等）。

(八) 其他需要说明的情况。

第十三条 申请的新能源汽车产品属于起步期或发展期技术阶段的，还应当提交以下材料：

(一) 售后服务承诺［至少包括产品质量保证承诺，售后服务网络建设、对售后服务人员和产品使用人员的培训、售后服务项目及内容、备件提供及质量保证期限、售后服务过程中发现问题的反馈，整车和零部件（如电池）回收，以及索赔处理、在产品质量、安全、环保等方面出现严重问题时的应对措施等内容］。

(二) 对拟销售区域的说明，产品使用地省级工业和信息化主管部门关于示范运行区域、范围的批准文件。

(三) 与拟使用单位签订的协议，使用单位车辆运行管理规定、使用数量说明（仅适用于起步期产品）。

第十四条 申请的新能源汽车产品是在已获得准入的新能源汽车整车或底盘基础上进行改装，但改装未影响到车载能源系统、驱动系统和控制系统的，可以只提交改装说明材料以及本规则第十三条所要求的申请材料。

第十五条 已获得新能源汽车企业准入的企业，当新申请的新能源汽车产品的产品类别与已获得准入的新能源汽车产品类别不同时，应当提交本规则第十一条要求的申请材料。

当已获得准入的新能源汽车产品的技术方案或者技术来源有变化时，企业应当重新申请产品准入，提交本规则第十二条要求的材料，并说明新申请产品与已获得准入产品的主要区别。

第十六条 生产起步期和发展期产品的新能源汽车企业应当按照售后服务承诺的内容，向使用者提供售后服务；应当为每一辆汽车建立相应的档案，并跟踪汽车运行情况，直至汽车停止使用或报废。

生产起步期产品的企业应当与使用者共同完成每年度示范运行报告，提交工业和信息化部。

第十七条 新能源汽车企业如发现产品存在影响安全、环保、节能等严重问题，应当立即停止生产和销售、限期整改，并及时向工业和信息化部、产品使用地省级工业和信息化主管部门报告。

第四章 附则

第十八条 本规则由工业和信息化部负责解释。

第十九条 本规则自2009年7月1日起施行。本规则施行后，与本规则不一致的，以本规则为准。

附件：

附件1：新能源汽车技术阶段划分表（2010年12月31日前适用）

附件2：新能源汽车生产企业准入条件及审查要求

附件3：新能源汽车产品专项检验标准目录（收录到2009年4月1日）

附件4：新能源汽车生产企业准入申请书（略）

附件1：

新能源汽车技术阶段划分表(2010年12月31日前适用)

序　号	产品类别	储能装置种类	技术阶段
1	混合动力乘用车	锂离子动力蓄电池	发展期
2		金属氢化物镍动力蓄电池	成熟期
3		铅酸蓄电池	成熟期
4		锌空气蓄电池	起步期
5		超级电容器	发展期
6		液压/气压储能装置	发展期
7	混合动力商用车	锂离子动力蓄电池	发展期
8		金属氢化物镍动力蓄电池	发展期
9		铅酸蓄电池	发展期
10		锌空气蓄电池	起步期
11		超级电容器	发展期
12		液压/气压储能装置	发展期
13	纯电动乘用车	锂离子动力蓄电池	发展期
14		金属氢化物镍动力蓄电池	起步期
15		铅酸蓄电池	成熟期
16		锌空气蓄电池	起步期
17		超级电容器	起步期
18	纯电动商用车	锂离子动力蓄电池	起步期
19		金属氢化物镍动力蓄电池	起步期
20		铅酸蓄电池	成熟期
21		锌空气蓄电池	起步期
22		超级电容器	起步期
23	燃料电池乘用车/商用车	燃料电池	起步期
24	氢发动机汽车		起步期
25	二甲醚汽车		起步期

注：

1. 技术阶段的划分主要以储能装置种类为依据。

2. 采用电－电混合方案的汽车，其技术阶段的确定以储能装置中技术阶段较低的一种为准，如：采用锂离子动力蓄电池与超级电容器电－电混合方案的纯电动商用车，其技术阶段确定为起步期；采用燃料电池与超级电容器电－电混合方案的乘用车/商用车，其技术阶段确定为起步期。

3. 目前表中所列的锂离子动力蓄电池包括锰酸锂型锂离子动力蓄电池和磷酸铁锂型锂离子动力蓄电池两种类型。如果有企业申报采用其他锂离子动力蓄电池的产品，需临时提请专家委员会确定技术阶段。

附件2：

新能源汽车生产企业准入条件及审查要求

一	生产能力和条件
1	应有必要的生产场地、存储场地或设施及适宜、整洁的生产环境。
2*	生产设备的加工精度和能力应当与产品特性要求相适合。 应具有新能源汽车生产所必需的专用设备、工装和工具，制定和实施安全防护措施；必要时，还需有充电设备。
二	设计开发能力
3	企业应当建立产品研究开发机构，统一负责新能源汽车产品设计开发工作。 应当配备与设计开发工作相适应的专业技术人员，能够及时跟踪国内外新能源汽车技术的最新发展情况；能够对国家和行业技术标准、法规进行跟踪、评价和转化；能够完成系统开发、整车匹配等工作。

续表

4	建立适于本企业的产品设计开发工作流程和指导具体设计工作的设计规范及作业指导书，内容至少应当覆盖自主知识产权产品及整车设计全过程、技术文件管理、标准化等内容，且在实际工作中得以应用。 设计开发工作流程可在常规汽车的设计开发流程中予以体现，要突出新能源汽车设计开发相关的环节和要求。 设计规范应能够指导自制和改装方面新能源汽车的设计和验证、采购总成部件功能与性能要求的开发和确认等工作；至少覆盖整车控制、电机控制、变速器与动力耦合装置控制、车载能源管理、车载充电管理、通信和数据交换等系统和子系统功能与性能要求的设计开发等工作。
5*	至少掌握新能源汽车车载能源系统、驱动系统及控制系统三者之一的核心技术。 应理解、享有所掌握的核心技术的技术原理、结构、功能和性能要求、控制方法、通信和数据交换、失效模式和安全风险以及测试评价方法、主要故障模式的诊断和解决措施等。 此外还应理解、制订控制系统、车载能源系统、驱动系统等各系统的边界划分与接口定义等。 对于所掌握的核心技术应具有相应的知识产权（至少包括设计更改权和使用权）。
6*	应当具备与所生产的新能源汽车整车、系统及关键总成相适应的试制能力，包括与企业自身研发工作相适应的试验验证能力。
7	产品和制造过程设计开发的输入应当充分适宜；产品和制造过程设计开发的输出应当以能针对设计输入进行验证的方式提出，应当对其进行评审、验证和确认，并保存相应记录。
8	在实施产品和制造过程的设计更改（包括由供方引起的更改）前，应当重新进行评审（包括评审设计更改对产品组成部分和已交付产品的影响）、验证和批准，适当时应当征得顾客同意，并满足生产一致性要求和产品追溯性要求。
三	生产一致性保证能力
9	与产品质量有关的人员应当具备相应的能力，严格按程序文件、作业指导书或相关工艺文件操作。 应当建立和落实人员能力评价和考核制度，并保持适当的记录。
10	应当为重要的进货检验、过程检验、最终检验编制检验规程或检验作业指导书，并按规定的项目、方法、频次和限值进行检验和验证，对安全、环保、节能等法规符合性、顾客特殊要求、新能源汽车专项检测项目要求应当特别关注。 对关键工序和特殊过程，应当编制作业指导书，明确工艺要求和控制方法，规范操作，并实施过程监视和测量。
11	应具备动力电池系统及驱动电机系统的电气性能与安全、温度测量、危险气体浓度测量等项目的检验设备以及整车安全检测线。 应具有控制系统及其子系统的检验能力，至少包括控制器（控制单元）硬件及软件的功能和性能的测试能力。 应具有新能源汽车整车相关的主要功能、性能的检验能力，至少包括动力性、经济性（能量消耗）等方面的测试能力。
12	应当建立从关键零部件总成供方至整车出厂的完整的产品追溯性体系。 当产品质量、安全、环保、节能等方面发生重大共性问题时，应能迅速查明原因，确定召回范围，并采取必要措施；当顾客需要维修备件时，应当能迅速确定所需备件的技术状态。
13*	产品（整车及零部件总成）应当满足国家标准、行业标准和经过确认的技术规范的要求；进人正式生产阶段的产品还应当满足生产一致性要求。 当企业的生产一致性保证能力（包括人员能力、生产/检验设备、采购的原材料和零部件总成及其供方、生产工艺、工作环境、管理体系等）发生重大变化时，必须有充分的证据表明产品仍能满足原要求。
四	营销和售后服务能力
14	应当建立完整的销售和售后服务管理体系，包括人员培训（企业内部人员、特约销售和维修人员、顾客或使用单位的人员）、销售和售后服务网络建设、维修服务提供、备件提供、索赔处理、信息反馈、整车产品召回、整车和零部件（如电池）回收、客户管理等内容，并有能力实施。 其中，销售和售后服务网络建设的要求仅适用于成熟期产品。
15	维修服务、备件供应当满足所有客户要求，能保证在产品的使用寿命期限内、在企业承诺的限定服务时间内向顾客提供可靠的备件、维修和咨询服务。 售后服务体系除能独立完成或与供方协作完成与常规汽车相同的售后服务项目外，还应具备控制系统及子系统的故障诊断能力、维修服务能力；应具备车载能源、驱动系统、车载充电机等其他系统和总成的基本故障诊断能力和更换能力。 对起步期和发展期产品，售后服务承诺内容应当充分适宜，明确传达给有关方面，并严格履行。
16	应当建立质量信息及时反馈机制。 对起步期和发展期产品，企业应当为每一辆车建立档案，对车辆使用情况进行跟踪，以适当的方式、按规定的比例对车辆运行状态实时监控，并对车辆质量信息进行管理。

续表

五	零部件采购管理能力
17	建立与新能源汽车产品相适应的零部件采购及管理体系，能够确定评价标准，对供应方进行评价和选择，并从评价合格的供应方采购。 其评价内容包括产品安全性、供方质量管理体系、技术能力、制造和检验能力等，并保存相应记录。

注：

1. 表中准入条件要求分为否决项和一般项两类，标注“＊”的条款为否决项。

2. 判定原则：

(1)现场技术审查全部否决项均符合要求，一般项不符合的比例不超过20%，审查结论为通过；

(2)当现场技术审查结果未达到本注中第(1)条要求时，申请企业可在2个月内针对不符合项进行整改，经验证后达到本注中第(1)条要求的，审查结论为通过；验证未达到第(1)条要求的，结论为不通过，申请企业6个月后方可重新提出申请。整改验证只能进行一次。

附件3：　　新能源汽车产品专项检验标准目录(收录到2009年4月1日)

序　号	标准编号	标准名称
1	GB/T 4094.2—2005	电动汽车操纵件、指示器及信号装置的标志
2	GB/T 18384.1—2001	电动汽车 安全要求 第1部分：车载储能装置
3	GB/T 18384.2—2001	电动汽车 安全要求 第2部分：功能安全和故障防护
4	GB/T 18384.3—2001	电动汽车 安全要求 第3部分：人员触电防护
5	GB/T 18385—2005	电动汽车 动力性能 试验方法
6	GB/T 18386—2005	电动汽车 能量消耗率和续驶里程 试验方法
7	GB/T 18387—2008	电动车辆的电磁场辐射强度的限值和测量方法 宽带9kHz～30MHz
8	GB/T 18388—2005	电动汽车 定型试验规程
9	GB/T 18488.1—2006	电动汽车用电机及其控制器 第1部分：技术条件
10	GB/T 18488.2—2006	电动汽车用电机及其控制器 第2部分：试验方法
11	GB/T 19750—2005	混合动力电动汽车 定型试验规程
12	GB/T 19751—2005	混合动力电动汽车安全要求
13	GB/T 19752—2005	混合动力电动汽车 动力性能 试验方法
14	GB/T 19753—2005	轻型混合动力电动汽车能量消耗量 试验方法
15	GB/T 19754—2005	重型混合动力电动汽车 能量消耗量试验方法
16	GB/T 19755—2005	轻型混合动力电动汽车 污染物排放测量方法
17	GB/T 19836—2005	电动汽车用仪表
18	GB/Z 18333.2—2001	电动道路车辆用锌空气蓄电池
19	QC/T 741—2006	车用超级电容器
20	QC/T 742—2006	电动汽车用铅酸蓄电池
21	QC/T 743—2006	电动汽车用锂离子蓄电池
22	QC/T 744—2006	电动汽车用金属氢化物镍蓄电池

中华人民共和国国家发展和改革委员会

二〇〇七年十月十七日

7. 国家发展和改革委员会《新能源汽车生产准入管理规则》

根据《汽车产业发展政策》的有关规定，国家发展和改革委员会制定了《新能源汽车生产准入管理规则》，现予以发布，并从2007年11月1日起实施，请各有关单位遵照执行。

第一章　总则

第一条　为促进汽车产品技术进步，保护环境，推进节约能源和可持续发展，鼓励企业研究开发和生产新能源汽车，贯彻《汽车产业发展政策》，制定本规则。

第二条 国家发展和改革委员会（以下简称国家发展改革委）负责新能源汽车生产准入管理工作。

第三条 本规则所称生产准入管理是指企业法人申请，经国家发展改革委审核，准予生产新能源汽车产品的行为。

第四条 在中华人民共和国境内从事制造新能源汽车的企业应当遵守本规则。

第五条 本规则适用于新能源汽车企业及产品的生产准入管理。

第六条 本规则所称新能源汽车系指采用非常规的车用燃料作为动力来源（或使用常规的车用燃料、采用新型车载动力装置），综合车辆的动力控制和驱动方面的先进技术，形成的技术原理先进、具有新技术、新结构的汽车。

新能源汽车包括混合动力汽车、纯电动汽车（BEV，包括太阳能汽车）、燃料电池电动汽车（FCEV）、氢发动机汽车、其他新能源（如高效储能器、二甲醚）汽车等。

第二章 新能源汽车分类及管理方式

第七条 根据新能源汽车整车、系统及关键总成技术成熟程度、国家和行业标准完善程度以及产业化程度的不同，将其分为起步期、发展期、成熟期三个不同的技术阶段。

起步期产品是指技术原理的实现路径尚处于前期研究阶段，缺乏国家和行业有关标准，尚未具备产业化条件的产品。

发展期产品是指技术原理的实现路径基本明确，国家和行业标准尚未完善，初步具备产业化条件的产品。

成熟期产品是指技术原理的实现路径清晰，产品技术和生产技术成熟，国家和行业标准基本完备，可以进入产业化阶段的产品。

第八条 国家发展改革委商国家科技行政管理部门，聘任有关专家，组成新能源汽车专家委员会，负责确定和调整新能源汽车产品类别的技术阶段，提出适用于新能源汽车的专项技术条件和检验规范建议。

第九条 对处于不同技术阶段的产品采取不同的管理方式。

起步期产品只能进行小批量生产，在批准的区域、范围和条件下进行示范运行，并以适当的方式对全部车辆的运行状态进行实时监控。

发展期产品允许进行批量生产，只能在批准的区域、期限、条件下销售、使用，并以适当的方式对销售车辆以不低于20%的比例进行运行状态实时监控。

成熟期产品与常规汽车产品的公告管理方式相同，在销售、使用上与常规道路机动车辆相同。

第三章 新能源汽车生产资格

第十条 从事新能源汽车生产的企业，应当获得国家发展改革委的许可方能取得生产资格。新能源汽车生产企业及产品纳入国家发展改革委《车辆生产企业及产品公告》（以下简称《公告》）管理。

第十一条 新能源汽车生产准入条件：

（一）遵守国家法律、法规及有关规章和国家产业政策及宏观调控政策的规定；

（二）应当为《公告》内汽车整车生产企业或改装类商用车生产企业；新建汽车企业或现有汽车生产企业跨产品类别生产其他类别新能源汽车整车产品应按《汽车产业发展政策》的规定完成项目的核准或备案工作；

（三）具有与所生产车辆产品相适应的生产能力；

（四）具备产品的设计开发能力；

（五）具备产品销售和售后服务能力；

（六）所生产的车辆产品符合有关国家标准、规定、车辆产品定型试验规程、适用于新能源汽车的专项技术条件和检验规范的要求；

（七）具备产品生产一致性保证能力。

《新能源汽车生产准入条件及考核要求》（以下简称《生产准入条件》）见附件1。

第十二条 生产准入考核的结论分为通过和不通过两种。经考核，符合生产准入条件规定的企业或产品为通过；反之，为不通过。

企业通过新能源汽车生产准入考核，获得生产资格后，汽车整车生产企业可生产同类新能源汽车产品（指与《公告》中已有的常规车辆相同类别的产品，下同）；改装类商用车企业可自制底盘生产同类新能源汽车产品，但自制底盘仅限于本企业自用。

第十三条 国家发展改革委委托中介机构进行

新能源汽车生产准入的现场技术审查工作和产品技术审查工作。

第十四条　新能源汽车的产品检测工作，由经过国家试验室认可的、国家发展改革委指定的检测机构承担。

第四章　生产企业及产品管理

第十五条　企业在申报新能源汽车产品时，应当向国家发展改革委提供如下资料：

（一）主要技术参数和主要配置备案表、试验方案；

（二）新能源汽车相关的新技术、新结构原理说明；

（三）产品（包括整车及动力、驱动、控制系统）企业标准或技术规范；

（四）产品（包括整车及动力、驱动、控制系统）检验规范（至少包括试验方法、判定准则、检验项目与样车对应表、路况及里程分配等）；

（五）其他需要说明的情况。

第十六条　企业申报的新能源汽车产品属于起步期或发展期产品的，申请资料还应当包括：

（一）售后服务承诺［内容至少包括产品质量保证承诺、销售和售后服务区域范围、售后服务网络建设、对售后服务人员和产品使用人员的培训、售后服务项目及内容、备件的提供、质量保证期限、整车和零部件（如电池）回收、索赔处理、售后服务过程中发现问题的反馈、产品质量、安全、环保等方面出现严重问题时的召回措施等］；

（二）拟销售区域的说明、产品使用地省级政府主管部门有关示范运行区域的批准文件；

（三）与拟使用单位签订的协议、使用单位车辆运行管理规定、使用数量说明（仅适用于起步期产品）。

第十七条　企业在首次申报新能源汽车新产品时，还应当提交下列有关资料：

（一）《新能源汽车生产准入条件及考核要求》（见附件2）；

（二）企业按照《生产准入条件》要求进行自我评估的报告。

第十八条　对于首次申报新能源汽车产品的企业，国家发展改革委委托中介机构对企业提交的资料进行审查，必要时由中介机构组织专家对企业进行现场技术审查，并将审查结果上报国家发展改革委。

现场技术审查内容和判定原则按照《生产准入条件》进行。

第十九条　国家发展改革委对中介机构提交的生产准入审查报告进行审核，符合要求的在国家发展改革委网站上对其进行公示。

第二十条　国家发展改革委根据中介机构上报的生产准入审查报告及公示结果，及时完成新能源汽车企业的审核工作，对符合生产准入条件的企业以《公告》形式公布；不符合生产准入条件的企业，原则上在6个月后方可重新提出生产准入申请。

第二十一条　企业上报的新能源汽车产品的技术资料，由中介机构进行审查，并确认试验方案。检测机构根据企业的委托，按照中介机构确认的试验方案对新能源汽车产品进行检验，并将检验报告提交中介机构。

中介机构组织产品的技术审查，出具审查意见，对符合要求的产品，上报国家发展改革委。

第二十二条　国家发展改革委对中介机构上报的产品审查意见进行审核，对符合要求的产品以《公告》的形式公布。

第二十三条　生产起步期和发展期产品的企业应当按照售后服务承诺的内容，向使用者提供售后服务。企业应当为每一辆车建立相应的档案，并跟踪车辆运行情况，直至车辆停止使用或报废。

起步期产品的生产企业应当与使用者共同向国家发展改革委提交年度示范运行报告。

第二十四条　生产企业如发现产品存在影响安全、环保、节能等严重问题，应当立即停止生产和销售相关车辆产品，对已销售车辆进行召回，并及时向国家发展改革委、产品使用地省级政府主管部门报告。

第五章　附则

第二十五条　对新能源汽车生产企业及产品的监督管理按照《公告》管理的有关规定执行。

第二十六条　本规则由国家发展改革委负责解释。

第二十七条　本规则自2007年11月1日起施行。

附件1：

新能源汽车生产准入条件及考核要求

一	生产能力和条件
1	企业应当有必要的生产场地、存储场地或设施及适宜、整洁的生产环境。
2*	生产设备的加工精度和能力应当与产品特性要求相适合。
二	设计开发能力
3	企业应当建立产品研究开发机构，统一负责新能源汽车产品设计开发过程中的工作。 应当配备与设计开发工作相适应的专业技术人员，能够及时跟踪国内外新能源汽车技术的最新发展情况；能够对国家和行业技术标准、法规进行跟踪、评价和转化；能够完成系统开发、整车匹配等工作。
4	建立适于本企业的产品设计开发工作流程和指导具体设计工作的设计规范及作业指导书，内容至少应当覆盖自主知识产权产品及整车设计全过程、技术文件管理、标准化等内容，且在实际工作中得以应用。
5*	至少掌握新能源汽车车载能源系统、驱动系统及控制系统三者之一的核心技术。
6*	应当具备与所生产的新能源汽车整车、系统及关键总成相适应的试制能力。
7	产品和制造过程设计开发的输入应当充分适宜；产品和制造过程设计开发的输出应当以能针对设计输入进行验证的方式提出，应当对其进行评审、验证和确认，并保存相应记录。
8	在实施产品和制造过程的设计更改（包括由供方引起的更改）前，应当重新进行评审（包括评审设计更改对产品组成部分和已交付产品的影响）、验证和批准，适当时应当征得顾客同意，并满足生产一致性要求和产品追溯性要求。
三	生产一致性保证能力
9	与产品质量有关的人员应当具备相应的能力，严格按程序文件、作业指导书或相关工艺文件操作。 应当建立和落实人员能力评价和考核制度，并保持适当的记录。
10	应当为重要的进货检验、过程检验、最终检验编制检验规程或检验作业指导书，并按规定的项目、方法、频次和限值进行检验和验证，对安全、环保、节能等法规符合性、顾客特殊要求、新能源汽车专项检测项目要求应当特别关注。 对关键工序和特殊过程，应当编制作业指导书，明确工艺要求和控制方法，规范操作，并实施过程监视和测量。
11	应当建立从关键零部件总成供方至整车出厂的完整的产品追溯性体系。 当产品质量、安全、环保、节能等方面发生重大共性问题时，应能迅速查明原因，确定召回范围；当顾客需要维修备件时，应当能迅速确定所需备件的技术状态。
12*	产品（整车及零部件总成）应当满足国家强制性标准和经过确认的技术规范的要求；进入正式生产阶段的产品还应当满足生产一致性要求。 当企业的生产一致性保证能力（包括人员能力、生产/检验设备、采购的原材料和零部件总成及其供方、生产工艺、工作环境、管理体系等）发生重大变化时，必须有充分的证据表明产品仍能满足原要求。
四	产品销售及售后服务
13	应当建立完整的文件化的销售和售后服务管理体系，包括人员培训（企业内部人员、特约销售和维修人员、顾客或使用单位的人员）、销售和售后服务网络建设、维修服务提供、备件提供、索赔处理、信息反馈、整车产品召回、整车和零部件（如电池）回收、客户管理等内容，并有能力实施。 其中，销售和售后服务网络建设的要求仅适用于成熟期产品。
14	维修服务、备件供应当满足所有客户要求，能保证在产品的使用寿命期限内、在企业承诺的限定服务时间内向顾客提供可靠的备件、维修和咨询服务。 对起步期和发展期产品，售后服务承诺内容应当充分适宜，明确传达给有关方面，并严格履行。
15	应当建立质量信息及时反馈机制。 对起步期和发展期产品，企业应当为每一辆车建立档案，并对车辆使用情况进行跟踪、对车辆质量信息进行管理。

注:1. 表中生产条件要求分为否决项和一般项两类,标注“*”的条款为否决项。

2. 判定原则:(1)现场考核全部否决项均符合要求,一般项不符合的比例不超过20%,考核结论为通过;(2)当现场考核结果未达到本注中第(1)条要求时,申请企业可在2个月内针对不符合项进行整改,经验证后达到本注中第(1)条要求的,考核结论为通过;验证未达到第(1)条要求的,结论为不通过,申请企业6个月后方可重新提出申请。整改验证只能进行一次。

附件2:新能源汽车生产准入申请书(略)

三、各省市节能与新能源汽车行动计划与法规措施

1. 北京市建设人文交通科技交通绿色交通行动计划（2009—2015 年）（节选）

为深入贯彻落实科学发展观，建设“人文北京、科技北京、绿色北京”，在《北京交通发展纲要（2004—2020 年）》提出的中长期交通发展战略基础上，结合北京奥运会后发展的新形势和新要求，进一步明确 2009—2015 年交通发展目标和重点，制订本行动计划。

（一）发展理念

建设“绿色交通”，突出“节能减排”。引导交通参与者转变出行方式和消费观念，不断提高绿色出行比重。鼓励生产和使用低能耗低排放汽车。建设与人口资源环境承载能力相适应的资源节约型环境友好型综合交通运输系统。

（二）主要目标

到 2015 年，基本建成适应首都经济社会发展需要，满足不断增长和变化的交通需求，以“人文交通、科技交通、绿色交通”为特征的新北京交通体系，为建设繁荣、文明、和谐、宜居的首善之区提供有力的交通保障。

交通节能减排效果显著。通过经济技术手段降低机动车能源消耗。提高机动车尾气排放标准，机动车主要污染物排放总量低于 2008 年水平。

（三）行动计划

着力推进交通技术创新与产业化发展。建设一批交通重点科研基地，突破一批重大关键技术和共性难题，加快科研成果在交通领域的产业化，打造一批自主创新的关联品牌产业。

交通节能减排工程。大力促进节能环保材料和再生资源利用，推广矿山废弃物、废旧轮胎胶粉沥青和建筑垃圾的再生利用，推广温拌沥青、蓄能自发光涂料和透水步道砖等新材料的应用。扩大轨道交通新型节能通风、空调和再生制动能量利用等技术应用。扩大高速公路不停车收费系统（ETC）使用规模。推广应用纯电动和混合动力等新能源汽车，规模达到 5 000 辆，完善相应配套设施。

北京市人民政府

二〇〇九年七月三日

2. 上海推进新能源高新技术产业化行动方案（2009—2012 年）（节选）

一、上海推进新能源高新技术产业化的发展重点和产业布局

聚焦核电、风电、IGCC、新能源汽车和太阳能产业等发展重点，推动新能源产业成为支撑上海新一轮发展的重要引擎；聚焦嘉定等新能源汽车及关键零部件产业化以及浦东、闵行等新能源高新技术产业化核心产业基地，着力把上海建设成为国家新能源研发创新、装备制造、总部集聚和示范应用的重要基地。

（1）新能源汽车

发展思路：

以油电混合动力汽车和高性能纯电动汽车为主攻方向，以电池、电机、电控等关键零部件为突破口，同步支持燃料电池汽车降低成本、提高性能，加快抢占技术制高点和市场增长点，加快形成国内领先、具有国际竞争能力的自主产业体系和产业集群。

发展重点：

——整车重点发展油电混合动力汽车和高性能纯电动汽车，主攻采用一体式启动发电机（ISG）/皮带式启动发电机（BSG）中混技术路线、充电式（Plug－in）强混技术路线的油电混合动力汽车，以及运用磷酸铁锂等动力电池驱动的纯电动汽车等。到 2012 年，混合动力汽车弱混、中混、强混全系列实现产业化，充电式（Plug－in）混合动力轿车、纯电动轿车批量上市；纯电动商用车形成公交客车、中型客车、环卫车、工程车等产品细分序列；新能源汽车产业初具规模，整车产值达到 200 亿元左右。充分发挥上海汽车、上海华普等整车企业作用，同时加快吸引国内外先进企业到上海发展。

——关键零部件：电池重点发展磷酸铁锂等动力电池，形成电池关键材料、电芯、单体及模块、组堆及管理系统（BMS）等集成能力。电机重点发展大功率车用永磁电机及其控制系统，形成驱动电机关键材

料、电机设计及控制系统、驱动电机成套化系列化等的产业化能力，以及电驱变速箱（EDU）、双离合器自动变速箱（DCT）相应的配套能力。电控重点发展动力系统控制、电子控制模块（ECU）、电力电子、电动转向、电动空调等，加快形成自主研发的全方位配套能力。到2012年，形成电池、电机、电控的自主化产业配套体系，具备十万套级配套能力，新能源汽车零部件产值达到100亿元。充分发挥上汽集团、上海雷博、上海电驱动公司、上燃动力等企业的作用，同时加快吸引国内外先进企业到上海发展。

产业布局：

以嘉定为主建设新能源汽车及关键零部件产业基地，形成研发、制造、检测、试验、示范运行和服务等综合性功能；以浦东新区（金桥、临港）、金山等为主，加快建设新能源乘用车产业基地；加快建设闵行、松江、浦东新区等新能源商用车产业基地。

二、上海推进新能源高新技术产业化的主要举措

（一）加强技术支撑体系建设，推动产业创新发展

加强基础研究和产学研融合，组织开展联合攻关，充分发挥专家队伍作用，加快消化吸收和突破第三代AP1000核电、动力电池正极材料、碳/玻璃纤维复合材料叶片、IGCC低热值燃气轮机燃烧室等关键技术和关键材料；加快推进新能源汽车工程中心、上海机动车检测中心、风电工程技术开发中心、燃气轮机工程技术中心等公共服务平台建设，增强共性技术攻关和研发服务能力；支持组建本市太阳能等产业联盟；组织制定纯电动汽车、太阳能建筑一体化（BIPV）等相关技术标准。

（二）加强产业链建设，带动产业持续发展

发布本市新能源高新技术产业化指南，每年启动、开工、推进和竣工一批产业化重点项目，分批推进和跟踪实施混合动力汽车、纯电动汽车和关键零部件、IGCC示范工程、太阳能成套设备和关键零部件等产业链上下游重点项目；明确项目实施主体，各区县、产业基地和实施主体等制定具体的项目实施计划和行动方案，加快项目投产达产，形成新的经济增长点；组织一批“专精特新”中小企业，加强与新能源高新技术产业化重点项目的对接与配套。

（三）加大政府采购力度，发挥应用示范效应

加大政府对新能源产品的采购力度，逐年提高采购比例，争取2012年政府和公共机构新能源汽车新购比例占30%以上，新能源公交客车新购比例占30%以上；鼓励和支持出租、电力、环卫、邮政等公共服务行业应用新能源汽车，争取2012年形成3 000辆左右新能源汽车的应用规模；通过降低购车成本等方式，鼓励中混以上的混合动力汽车和纯电动汽车的市场消费；制定本市电动汽车基础设施布局规划，支持相关企业建设充电站，到2012年形成支持2 000辆左右电动汽车的基础设施体系；率先在政府部门、学校等公共建筑开展太阳能应用示范，每年实施一批大规模的应用示范项目；鼓励全社会积极投资太阳能发电项目，推动崇明生态岛建设及“平改坡”等方面的太阳能发电应用，特别是对到本市投资设厂的企业在其建筑物上建设太阳能发电项目给予补贴；在世博会推广1 000辆以上新能源汽车、4.7兆瓦太阳能发电，形成示范带动效应。

上海市经济和信息化委员会

二〇〇九年五月二十七日

3. 关于促进上海新能源汽车产业发展的若干政策规定

第一章　总则

第一条　为贯彻落实国务院发布的《汽车产业调整和振兴规划》，市委、市政府《关于进一步推进科技创新加快高新技术产业化的若干意见》和市政府《关于加快推进上海高新技术产业化的实施意见》，加快提升上海新能源汽车产业的自主创新能力和产业竞争力，优化上海新能源汽车产业的创新发展环境，发挥新能源汽车产业对上海经济发展的重要支撑作用，制定本规定。

第二条　本规定适用于在本市进行工商注册、税务登记，并从事新能源汽车及关键零部件开发、生产、应用和服务的企业和机构（以下简称“新能源汽车企业”）及个人。

第三条　本市新能源汽车产业发展的总体目标是，以混合动力汽车、纯电动汽车为主攻方向，以“电池、电机、电控”（以下简称“三电”）关键零部件为突破口，同步支持燃料电池汽车等新能源汽车降低成本、提高性能，加快抢占技术制高点和市场增长点，形成国内领先、具有国际竞争能力的自主产业

体系和产业集群。

第二章　技术研发和产业化支持

第四条　在政府科技投入中安排一定资金，支持新能源汽车企业的产学研联合攻关，加快突破“三电”领域关键技术瓶颈，包括动力电池正极和负极材料、电池隔膜、成组技术、电池管理系统等；永磁电机耐高温材料、电力电子模块、电机及其控制系统等；高可靠控制器、传感器、执行器、能量优化管理系统等。

第五条　鼓励和支持新能源汽车企业申报863计划、973计划、科技支撑计划、国家重点新产品、国家级重要科研设施和基地、国家高技术产业发展项目，以及市级重点实验室、企业技术中心、技术改造、人才计划、小巨人计划、新产品等专项支持计划，并按照国家和本市有关规定给予资金支持。

第六条　本市安排专项资金，支持新能源汽车的整车集成开发、关键零部件的技术突破和产业化。列入本市自主创新和高新技术产业发展重大项目的产业化项目，专项资金支持比例一般不超过项目新增总投资的10%；重大产业科技攻关项目，包括“三电”等关键零部件和公共平台建设等项目，专项资金支持比例一般不超过项目新增总投资的30%；具体通过资本金注入（含创业投资引导基金跟进投资）、贷款贴息、投资补助等方式给予支持。

第七条　支持新能源汽车的改扩建项目、引进技术和装备项目、企业收购兼并境外拥有核心技术的企业和研发机构且获得相对控股权的项目，按照本市有关规定给予贷款贴息或无偿资助。

第八条　对新能源汽车企业经认定的拥有自主知识产权的高新技术成果转化项目，按照本市有关规定，由高新技术成果转化专项资金给予支持。

第九条　支持符合条件的新能源汽车企业申报认定国家高新技术企业、技术先进型服务企业，并按照国家规定享受有关税收优惠政策。新能源汽车企业开发新技术、新产品、新工艺发生的研究开发费用可以在计算应纳税所得额时加计扣除；对新能源汽车企业从事技术转让、技术开发业务和与之相关的技术咨询、技术服务业务取得的收入，免征营业税。

第十条　市国资管理部门对本市国资出资监管企业的新能源汽车研发投入，经审核后在出资监管企业产权代表业绩考核时视同实现利润。

第三章　应用推广支持

第十一条　加大新能源汽车的政府采购力度，对经认定纳入《上海市自主创新产品目录》的新能源汽车，同时纳入《上海市政府采购自主创新产品目录》，实施政府优先采购，并逐年扩大采购规模。

第十二条　鼓励和支持国有企业等企事业单位和个人购买和使用新能源汽车，并积极支持公交、出租、公务、环卫和邮政等公共服务领域的单位申请国家节能与新能源汽车示范推广财政补助资金。

第十三条　加强新能源汽车充电站、加氢站等配套设施的规划和建设。有关配套设施建设纳入本市相应专业系统规划。对配套设施的设备投资给予不超过20%且不超过300万元的资金支持。鼓励和支持电力公司等企业参与充电站等配套设施的建设。

第十四条　对从事新能源汽车动力电池租赁业务的企业通过融资方式购置新能源汽车动力电池所发生的贷款利息，给予贴息支持，贴息期限最高不超过3年。

第四章　产业基地和检测服务支持

第十五条　在嘉定等区县加快建设新能源汽车及关键零部件产业基地。鼓励区县政府制定扶持政策，设立区级新能源汽车产业发展专项资金，完善研发、检测、服务等公共服务平台。对符合条件的入驻企业和项目在项目审批、资金、土地、人才和产业配套等方面予以支持。规划国土资源管理部门在经“两规”认定后的产业区块内，支持新能源汽车产业重点项目优先落实用地计划指标和耕地占补平衡指标。

第十六条　加强新能源汽车检测试验、共性技术开发服务等方面的能力建设。对符合条件的检测机构用于新能源汽车检测方面的设备投资，给予不超过检测设备投资总额30%的支持。对新能源汽车企业符合条件的自主研发和创新方面的检测、认证等费用，给予不超过总费用50%的资金支持。鼓励相关区县给予配套支持。

第十七条　鼓励和支持新能源汽车企业将具有自主知识产权的技术创新成果转化为地方和国家标准。市科委、市质量技监局等部门对新能源汽车相关标准化项目优先予以立项和支持，并由市标准化推进专项资金给予资助。

第五章 金融和人才支持

第十八条 本市创业投资引导基金通过参股等方式引导和支持设立新能源汽车产业创业投资机构和创业投资基金。积极支持符合条件的新能源汽车企业在境内外上市，支持符合条件的新能源汽车企业发行企业债券、短期融资券和中期票据等。鼓励新能源汽车企业加大体制机制创新力度，通过战略收购、兼并重组等方式进一步转换经营机制，提升产业能级。

第十九条 鼓励和引导金融机构支持新能源汽车的产业发展和推广应用。金融机构要创新产品，改进服务，对符合条件的新能源汽车研发和产业化项目、产业基地基础设施和公共服务平台项目提供信贷、担保等支持。鼓励金融机构加大对新能源汽车消费信贷、保险等方面的支持力度。通过本市创业投资引导基金，积极探索为符合条件的新能源汽车项目提供融资担保。

第二十条 积极创造条件引入新能源汽车产业领域的国内外优秀领军人才和技术团队，重点实施高层次海外人才“千人计划”。对引进人才可根据相关规定优先解决本市户籍、上海市居住证。建立产学研合作机制，通过校企合作等方式，加强新能源汽车产业人才培养力度。支持高校和科研机构建设新能源汽车的研究基地和创新平台，支持有条件的高等院校设立新能源汽车相关学科和专业。

第六章 附则

第二十一条 本规定由市发展改革委、市经济信息化委会同有关部门解释。市有关部门可根据本规定和工作需要，制定实施细则。有关区县政府可结合实际，制定相关政策和具体工作方案并抓好落实。

上海市发展和改革委员会
上海市经济和信息化委员会
二〇〇九年十一月十一日

4. 重庆市购买新能源汽车财政补贴实施办法及流程(试行)

享受补贴的各类新能源汽车以销量达到规定数量或时间到2011年12月31日两者为限，任一条先到即截止。

重庆市行政事业单位为执行国家公务购买的新能源公务车长安杰勋（两厢）、长安志翔（三厢）油电混合动力车数量限定为300辆，一次性路桥费补贴6 900元/辆。

户口在重庆市的自然人购买新能源汽车与公务车推广的车型一样数量限定为100辆，每辆购车补贴3.6万元、路桥费补贴6 900元。

重庆各出租车公司购买的新能源出租车长安志翔（三厢）气电弱混轿车数量限定为700辆，一次性路桥费补贴6 900元/辆。

重庆市公交公司购买10米以上新能源公交车恒通气电弱混大巴数量限定为50辆，一次性购车补贴3万/辆。

重庆市财政局
重庆市科委
二〇〇九年十一月三日

5. 吉林省人民政府关于落实国家汽车产业调整和振兴规划的实施意见(节选)

各市（州）人民政府，长白山管委会，各县（市、区）人民政府，省政府各厅委办、各直属机构：

为贯彻落实国务院《汽车产业调整和振兴规划》（以下简称《规划》）精神，抓住国内汽车产业调整和振兴机遇，加快吉林省汽车产业的发展，现制定《落实国家汽车产业调整和振兴规划的实施意见》（以下简称《意见》）。

一、指导思想、基本原则和目标

（一）指导思想

全面贯彻落实国务院《规划》精神，抓住机遇，快速发展，以做大做强一汽为核心，以结构调整为主线，以扩大总量为目的，以新能源汽车为突破口，加快技术改造，加强自主创新，积极培育自主品牌，实现我省汽车产业持续、健康、快速发展。

（二）基本原则

坚持自主创新。加强企业技术改造，抓大项目建设，提高企业自主创新能力，大力培育自主品牌。加强新能源汽车的研发与推广，实现汽车产业可持续发展，增强企业的核心竞争力。

（三）规划目标

1. 新能源汽车形成批量生产能力。一汽集团等企业新能源汽车批量生产，形成混合动力轿车3.5万辆、混合动力客车5000辆、纯电动客车5 000辆生产能力。在长春、吉林、辽源三市推广2 000辆纯电动汽车，初步建立电动汽车快速充电、动力电池更换、车辆维护等电动汽车基础设施。积极推动动力电池、驱动电机、集成控制系统等关键核心部件的研发与产业化，初步形成电动汽车配套体系，省内配套率达到30%以上，成为国内重要的新能源汽车生产研发基地。

2. 整车研发水平大幅提升。整车自主研发能力明显提高，小排量轿车在节能、环保和安全性能方面达到国际先进水平；中重型载货车在可靠性、安全性及舒适性能方面接近国际水平；新能源汽车整体技术水平达到国际先进水平；汽车整车研发装备达到国际水平。

3. 零部件自主研发和配套能力显著增强。汽车零部件形成较为完善的、具有一定实力的三级自主研发体系。提高零部件企业研发装备水平，增强自主研发能力。实现汽车发动机、自动变速器、悬挂系统、转向系统、制动系统、总线控制、安全系统及电子控制等关键零部件的自主研发；新能源汽车动力电池、轮毂电机、控制单元技术达到或接近国际先进水平。实现配套零部件与整车同步发展，实现主要零部件的模块化供货。

二、主要任务

（一）加速新能源汽车产业化进程

一是着手制定吉林省新能源汽车发展规划，促进新能源汽车协调发展。一汽要从国家战略和企业责任的高度，按照《规划》的要求，制定新能源汽车发展规划，积极参与我国新能源汽车的发展。二是要努力推进长春、吉林、辽源三市新能源汽车示范工程，力争三市一体纳入国家新能源汽车“十城千辆”试点推广应用示范城市，积极争取国家财政补助资金支持。2009年，长春、辽源两市要实现公交示范线的运营。三是要积极促成一汽、吉林大学、东北师范大学、长春华奥等单位组建我省新能源汽车产业联盟，推动混合动力、纯电动汽车的产业化。四是要抓好一汽混合动力客车、轿车及纯电动客车项目和长春、辽源两市车用高性能动力电池及驱动电机的研发，尽快形成产业化。

三、政策措施

（一）抓紧制定新能源汽车产业发展规划

汽车行业管理部门要结合我省实际和国家发展新能源汽车的政策，尽快制定新能源汽车整体发展规划。为支持我省新能源汽车的发展，省财政每年要安排新能源汽车专项资金，用于新能源汽车的推广应用、配套设施建设、关键核心部件的研发及产业化，促进我省新能源汽车加快发展。

全省各地区要按照《意见》确定的目标、任务，抓好落实，务求取得实效。

吉林省人民政府

二○○九年六月四日

6. 广东省汽车产业调整和振兴规划（节选）

汽车产业是产业关联度高、规模效益明显、资金和技术密集的重要产业。“十一五”以来，我省汽车产业迅速发展，已经形成较完整的产业体系，成为我省的支柱产业。受国际金融危机冲击，我省汽车产业受到一定的影响，增速明显放缓。为应对国际金融危机的影响，落实党中央、国务院关于保增长、扩内需、调结构的总体要求，做优做强汽车产业，根据《国务院关于印发汽车产业调整和振兴规划的通知》（国发[2009]5号）、《珠江三角洲地区改革发展规划纲要（2008—2020年）》和省委、省政府的工作部署，特编制《广东省汽车产业调整和振兴规划》。本规划是一个既立足于当前我省保持汽车产业稳定发展，又抓住机遇做优做强的行动方案，重点考虑2009—2011年的工作安排。

一、产业现状（略）

二、主要任务

（一）积极培育具有国际竞争力的大型汽车企业集团

支持广汽集团加快整合其所属客车、摩托车和零部件企业资源，适时兼并国内外有发展潜力的企业，争取到2011年成为具有国际竞争力的大型企业集团。继续推动东风日产进一步扩大生产规模，支持东风集团整合内部资源，在我省规划建设新的轿车项目。支持深圳比亚迪以电动汽车为突破口，尽快做大做强。

（二）大力培育新能源汽车产业

抓住国家出台支持新能源汽车发展的机遇，积极采取财政金融、行业扶持等有力措施，鼓励发展新能源汽车，争取到2011年新能源汽车在全省新车销售中所占比重达到5%。重点支持电动汽车发展，制订和实施广东省电动汽车发展行动计划。实施电动汽车产业化专项计划，支持具有自主知识产权和核心技术的电动汽车实现产业化。支持深圳比亚迪加快发展车用高性能电池等电动汽车关键技术，扩大电动汽车生产规模；支持广汽集团、深圳市五洲龙汽车有限公司（以下简称深圳五洲龙）等骨干企业加快电动汽车产业化步伐，重点发展电动客车。支持广汽集团、广汽本田、广汽丰田、东风日产等合资轿车企业加快推出混合动力轿车产品。

三、政策措施

（一）加快推动电动汽车产业化进程

尽快制订并实施广东省电动汽车发展行动计划。设立广东省电动汽车产业发展资金，通过财政拨款、国家节能补贴、碳交易收益和社会捐赠等多种渠道筹集资金，专项用于支持我省电动汽车关键技术研发、产业化、公共平台与配套设施建设、示范应用及购车补助等。各级财政优先支持电动汽车重大项目申报扩大内需中央新增投资支持，鼓励全省机关事业单位采购电动汽车。加强电动汽车产业创新能力建设，在我省现有国家电动汽车试验示范区的基础上，积极争取建设国家电动汽车检测试验中心。在做好国家节能与新能源汽车示范推广试点的同时，实施广东省电动汽车示范工程，在大中城市公交系统积极开展电动客车和电动出租车示范运营，优先支持省重点扶持企业的电动汽车产品的示范应用。

（二）提升企业自主创新能力

贯彻落实国家关于企业研发费用税前加计扣除的政策，加快制定出台实施细则。省技术改造、技术进步专项资金要重点用于支持汽车企业加大科研开发投入，加快研发基础能力建设。支持电动汽车自主创新，将电动汽车关键共性技术列入我省产业技术自主创新重点领域。支持广汽研究院通过与国外设计机构联合开发等方式尽快实现汽车整车、关键零部件等开发，积极推动广汽本田研究院在消化吸收本田技术基础上形成自有技术，尽快推出合资公司自有品牌汽车产品。加强商用车和专用车安全、环保、节能尤其是轻量化方面的研究，进一步提高产品技术含量和附加值。

（三）加强配套基础设施建设

按照规范管理、方便使用的原则，科学制定城市停车场地建设规划，合理确定城市交通换乘枢纽、公共建筑、商业街区、居住区的停车设施配建标准，优化停车场地建设，改善停车环境。加快电动汽车等新能源汽车的配套设施建设，尽快在停车场等公共场所建立公用380V和220V充电设备和快速充电网络，研究建立针对电动汽车充电的谷电优惠机制。

附件：广东省汽车产业调整和振兴规划重点项目表（略）

广东省政府

二〇〇九年九月五日

7. 广州市新能源和可再生能源发展规划(2008—2020)(节选)

一、重点发展领域

（一）新能源装备制造业

1. 新能源汽车产业

汽车产业是广州市的支柱产业之一，以广州为中心的珠三角是中国最大的汽车消费市场，占全国市场的1/4。随着产业配套日趋完善，花都、开发区、南沙三大汽车产业基地已在广州形成。广州是全国乃至全球主要的汽车产业基地。面对全球性的石油危机，广州市汽车制造企业将瞄准开发生产混合动力车、纯电动车、燃料电池车、替代燃料车等效率高、排放清洁的新能源车，大力倡导绿色交通，把发展新能源车作为广州市汽车产业今后重要的发展方向，争取到2020年，我市汽车行业生产各类节能和新能源车达到年产80万台，新能源汽车行业产值达到2 400亿元。

二、重点工程和示范项目

充分利用技术成熟、经济性好的新能源，通过推进一批新能源示范项目的建设，在2020年前打造一批利用新能源与可再生能源的重点工程；制定一批适合南方地区的节能、新能源利用的建筑规划、设计、施工技术规范和标准。

（一）重点工程

1. 新能源汽车产业链工程

抓住全球汽车产业结构调整的机遇，充分依托现有汽车企业和科研机构，以自主创新为核心，车用能源和动力研发为重点，示范应用和产业化为方向，应用环境建设为突破口，坚持政府推动和市场运作相结合、政策优惠和宣传引导相结合，加快推进以电动汽车为代表的新能源汽车产业发展。

到2020年，将广州建设成为技术水平领先、产业规模较大、产业链条完整和品牌效应明显的世界级新能源汽车研发中心和制造基地。力争新能源汽车产业规模达到产值2 400亿元。

（二）应用示范项目

围绕新能源发展十项重点工程，在“十一五”期间，建设一批新能源开发应用示范项目，在技术创新和集成、经济成本、投资融资、公众接受度以及项目组织等方面积累经验。组织开展如下示范项目：

电动汽车示范运行项目。由市交委、广汽集团联合开展混合动力公交车的示范运行。在亚运会前期开辟若干条新能源公交专线。

广州市人民政府

二〇〇九年七月二十九日

8. 深圳新能源产业振兴发展规划（2009—2015年）（节选）

随着传统化石能源的高强度消费和价格的持续上涨，新能源资源的开发利用受到世界各国高度关注。特别是国际金融危机爆发以来，新能源产业越来越成为新一轮经济发展的竞争焦点和战略制高点。抓住机遇、主动谋划、快速实施，进一步做大做强新能源产业是我市培育新的经济增长点，发展低碳经济，推进国家创新型城市建设，实现可持续发展的必然选择。

为加快推进我市新能源产业发展，依据《珠江三角洲地区改革发展规划纲要（2008—2020年）》、《深圳国家创新型城市总体规划（2008—2015）》、《深圳市综合配套改革总体方案》和《深圳市现代产业体系总体规划（2009—2015年）》等，编制《深圳新能源产业振兴发展规划（2009—2015年）》。

《深圳新能源产业振兴发展规划（2009—2015年）》是引导和促进深圳新能源产业发展的行动纲领。通过本振兴规划的实施，努力将深圳率先建设成为国家新能源产业重要基地和低碳经济先锋城市。

一、基础与形势

（一）发展目标

新能源汽车年生产能力20万辆，新能源汽车应用累计10万辆。

（二）发展重点

新能源汽车。重点发展混合动力汽车、纯电动汽车、天然气汽车、动力电池、关键零部件等。

二、主要任务

（一）推广新能源产品应用

积极实施国家金太阳示范工程，突破新能源产品推广应用瓶颈，加大推广力度。建设国家可再生能源建筑应用示范城市，强力推进太阳能光伏、光热、太阳能玻璃幕墙在建筑领域的广泛应用。建设国家节能与新能源汽车示范推广城市，大力推进新能源汽车在公交大巴、政府公务车、出租车等领域的应用，加快新能源汽车基础设施建设，引导全社会使用新能源汽车。在城市道路、公共建筑、公园、车站等具备条件的区域，积极推进太阳能-LED、风光互补等各类新能源照明产品的应用。稳步推进浅层地能应用。积极促进全社会转变用能方式，鼓励使用新能源及其产品，推广低碳生活。

三、重点工程

（一）新能源产业培育工程

壮大新能源汽车产业。加大新能源汽车整车及关键零部件生产的投入力度。重点支持混合动力汽车、纯电动汽车和天然气汽车的生产，以及动力电池、电机、电源管理系统、整车控制系统、芯片等关键零部件的制造，抓住新能源汽车发展机遇，进一步增强产业竞争力，迅速扩大产业规模，努力将深圳建设成为国家新能源汽车研发制造基地和应用示范城市。到2015年，新能源整车制造能力达到20万辆，新能源汽车产业总产值超过800亿元。

（二）新能源应用拓展工程

新能源汽车示范推广工程。加快新能源汽车使用配套设施建设，从区域、社区、线路、车队、单位五个层次，开展新能源公交大巴、出租车、公务车、私家车示范推广。到2012年，推广使用新能源汽车（包括混合动力汽车、纯电动汽车和天然气汽车）2.4万辆以上，建设公交大巴充电站50个，公务车充电桩2 500个，社会公共充电站200个，充电桩10 000个；到2015年，推广使用新能源汽车累计达到10万辆，配套基础设施完备。

深圳市人民政府

二〇〇九年十二月三十日

9. 河南省汽车产业调整振兴规划（节选）

为贯彻落实《国务院关于印发汽车产业调整和振兴规划的通知》（国发［2009］5号）精神，加快构建现代产业体系，培育壮大战略支撑产业，促进河南省汽车产业结构升级和快速健康发展，特制定本规划。本规划作为2009—2012年产业调整振兴的实施方案，并为2020年前产业发展提供指导。

一、基本思路和发展目标

（一）发展目标

新能源汽车。2012年，新能源汽车生产能力达到2万辆，锂离子动力电池的生产能力达到5亿安时，形成5万套动力模块的生产能力，在中原城市群启动新能源汽车示范工程。2015年，新能源汽车生产能力达到5万辆，锂离子动力电池的生产能力达到20亿安时，形成10万套动力模块的生产能力，突破新能源汽车的关键零部件技术，构建完整的产业链。2020年，新能源汽车产销量达到整车产销量的20%，动力电池技术和规模达到国际先进水平。

二、产业发展定位及重点任务

（一）实施节能和新能源汽车战略

抓住国家实施新能源汽车战略的机遇，坚持自主研发与战略合作相结合，实施边路突破战略，着力做强电池、电机等关键零部件，提升新能源汽车整车水平，形成较为完整的新能源汽车产业链。到2012年，动力电池产业率先实现突破，混合动力、纯电动整车实现规模化生产。到2015年，在电动汽车动力系统、控制系统、管理系统、专用底盘等方面形成核心技术，所有整车企业具备新能源汽车制造能力。到2020年，建设成为我国重要的新能源汽车生产基地。

——做强动力模块系统。发挥现有技术和产业比较优势，大力发展动力电池、驱动电机、控制系统及车载充电器等动力模块系统。支持天空能源、环宇集团、新乡中科等一批优势企业加快发展，建立上下游企业产业联盟，集中配置要素资源，规模化发展正负极材料、隔膜材料、专用铜箔等，抢占锂离子动力电池制造技术制高点，降低生产成本，加快构建汽车动力电池产业链。鼓励动力电池行业与驱动电机、控制系统、管理系统等行业领域的合作研发和战略合作。

——通过示范运营推动新能源汽车产业发展。积极争取国家节能和新能源汽车示范工程政策支持，制定地方配套措施，加快中心城市快速充电网络建设，推动电动汽车产业发展。力争郑州、洛阳、新乡等市尽快列入国家电动汽车示范试点城市并先后启动电动汽车示范工程。2015年，全省所有中心城市和有条件的县城推广使用电动汽车。

——重点发展一大一小两大类新能源整车。依托宇通集团、少林客车等重点企业，发展混合动力、纯电动客车，尽快覆盖省内市场并向全国扩展。抓住日本日产在全球布局电动车，并计划于2011年在中国推出纯电动汽车的机遇，力争将郑州日产建设成为日本日产在国内的轻型电动商用车生产基地。支持河南奔马等企业发展适合中小城镇、农村市场的小型新能源汽车，为其产品在省内运行创造条件。到2015年，力争有3～5家企业具备国家认可的新能源汽车生产资质，为新能源汽车的进一步发展拓展空间。

——提高传统燃油汽车产品节能水平。将发展传统汽车节能产品和新能源汽车产品放到同等重要位置，齐头并进。鼓励企业发展节能型汽车产品，推广汽车节能技术，提高产品技术水平，增强市场竞争力。

三、政策措施

（一）推动新能源汽车产业发展

落实国家促进新能源汽车消费的政策措施，加快实施新能源汽车战略。县级以上政府要按照国家要求，制定新能源汽车推广使用规划，逐步在城市公交、出租、公务、环卫、邮政、机场等领域推广使用新能源汽车，同等条件下优先使用省内新能源汽车。尽快争取国家将郑州、洛阳、新乡等市列入新能源汽车试点城市，逐步扩大试点范围。加快制订实施方案，研究出台以接近传统车的价格由政府补贴车辆差价和运营补贴等支持我省新能源汽车示范推广的政策措施，启动充电维护站和停车场等公共场所充电设施建设，建立电动汽车快速充电网络，示范带动全省新能源汽车的推广应用。运用省科技专项资金，积极争取中央专项资金，集中支持重点企业纯电动汽车、充电式混合动力车和关键零部件的产业化。研究制定鼓励和引导政府部门和事业单位优先采购新能源汽车的政策措施，逐步提高新购公务车辆中新能源汽车比重。

附件1:有关工作部门分工安排(略)

附件2:河南省汽车产业技术进步目录

一、传统燃油汽车节能技术

1. 小排量乘用车整车设计开发技术。2. 柴油乘用车整车设计开发技术。3. 高效内燃机技术［废气涡轮增压（中冷）技术、电控高压喷射技术、汽油机先进充气技术、汽油机缸内直喷技术等］。4. 以传统内燃机驱动模式为主的混合动力汽车技术（BSG、ISG技术，混合动力公交客车中的串联和并联混合技术等）。5. 高效变速器技术［6挡以上乘用车手动变速器设计制造技术、双离合器变速器（DCT）设计制造技术、手自一体变速器（AMT）设计制造技术、无级变速器（CVT）设计制造技术等］。6. 通用节能技术（瞬时油耗仪/换挡提醒装置、低能耗车轮、低耗能助力转向系统、智能冷却风扇、轻量化新材料技术等）。

二、新能源汽车技术

1. 纯电动汽车整车设计制造技术。2. 以电力驱动模式为主的外接充电式混合动力汽车（plug-in）整车设计制造技术。3. 新能源汽车关键部件设计制造技术（先进动力电池系统、电池管理系统、电机及驱动系统、电驱动变速系统、电动车用大功率电子器件、车用DC/DC、车载充电机、混合动力汽车专用动力耦合及传动装置等）。

三、关键零部件总成设计制造技术

1. 小排量车用高速柴油机设计制造技术。2. 大马力车用高速柴油机设计制造技术。3. 发动机排气后处理技术及相关装置设计制造技术。4. 普通自动变速器（AT）生产制造技术。5. 主动（被动）悬架系统。6. 商用车与越野车空气悬架技术。7. 电涡流缓速器技术。8. 载重车盘式制动器技术。9. 安全气囊制造技术。10. 吸能式转向系统。11. 大中型客车空调变频技术。12. 电动助力转向技术。13. 低地板大客车专用车桥制造技术。

四、汽车电子控制系统设计制造技术

1. 汽车仪表数字化技术。2. 汽车发动机防盗技术。3. 车身总线控制技术。4. 随动灯光技术。5. 车辆电子稳定控制技术。6. 车辆驱动力分配技术。7. 车辆制动力分配技术。8. 汽车防抱死制动技术。9. 电子驻车制动技术。10. 汽车自动避撞技术。11. 底盘电子控制技术。12. 轮胎气压监测技术。13. 车载故障诊断技术。

五、其他整车设计制造技术

1. 作业类专用汽车设计制造技术。2. 城市用大型低底盘客车设计制造技术。

河南省人民政府
二〇〇九年九月五日

10. 河南省政府关于加快电动汽车产业发展的意见

各省辖市人民政府，省人民政府各部门：

为加快我省电动汽车产业发展，抢抓战略机遇，着力提高汽车产业综合竞争力，现就加快我省电动汽车产业发展提出如下意见：

一、把电动汽车产业作为战略先导产业优先发展

1. 充分认识加快电动汽车产业发展的战略意义。面对日益严峻的能源和环境问题，世界主要汽车生产国家都把发展电动汽车作为提高产业竞争能力、保持经济社会可持续发展的重大战略举措。电动汽车的研发与应用已成为汽车工业发展的主要趋势，成为汽车产业新的增长点。促进电动汽车自主创新和快速发展，对推动我省汽车工业跨越式发展、构建现代产业体系、实现中原崛起具有重要战略意义。

2. 我省具有发展电动汽车的基础。《河南省人民政府关于印发河南汽车产业调整和振兴规划的通知》（豫政［2009］74号），将发展电动汽车作为一项重大举措，大力推动电动汽车的研发和产业化。我省电池产业起步早，整体水平较高；电机、电控等关键零部件和整车研发有一定基础。但发展电动汽车产业面临电池瓶颈、标准不统一、配套设施不完善等问题。面对电动汽车产业发展的重大机遇和日趋激烈的竞争态势，我们必须充分利用现有基础，乘势而上，强化措施，把电动汽车产业作为战略先导产业优先发展。

二、指导思想和发展策略

（一）指导思想

以科学发展观为统领，突出电动汽车在产业升级和能源安全、环境保护中的战略地位，加快电动汽车产业化和市场化，坚持重点推进与多路突击相结合、自主创新与技术引进相结合、整车研发与示范运营相结合、政府推动与市场拉动相结合，把电动汽车产业作为战略先导产业优先发展，把我省建设成为国内重要的电动汽车基地。

（二）发展策略

——以动力电池为核心，发挥我省电池集群优势，加快自主创新，突破电池瓶颈，培育知名品牌，打造电池、电池材料及废旧电池回收利用的循环产业链，带动电动汽车整车研发和生产。

——以纯电动汽车为方向，整合整车研发资源，以零促整与以整带零相结合，加快整车上下游企业联合研发，突破关键技术，推动整车、电池及关键零部件全面发展。

——以产业能力建设为重点，支持现有骨干企业和关键领域研发和创新，积极引进战略投资及重大项目，争取国内外汽车和电池等零部件知名企业布局河南，提升产业核心竞争力。

——以示范运营为手段，立足中原城市群，率先在城市公交客车、经济型电动轿车、行业专用车等方面取得突破，使市场开发和技术成熟过程相吻合，以成熟产品带动市场开发，以成熟市场促进产品研发，加快市场化进程。

三、重点任务

1. 集中规划布局。围绕郑州建设百万辆汽车制造中心，打造新乡、洛阳两大电池产业基地，加快郑州、洛阳、开封、南阳、新乡、鹤壁等汽车零部件配套能力建设，统一规划，集中布局。发挥国家（新乡）化学与物理电源产业园区和洛阳动力电池的集群优势，突出分工合作，完善产业链条，把我省打造成国内一流、在国际上有重要影响的动力电池生产基地。提升郑州电动汽车整车研发和生产能力，建设在全国有重要影响的电动汽车生产基地。

2. 提升产业能力。加快环宇集团、金龙集团、中航锂电、科隆集团等骨干动力电池企业发展，到2012年，力争1~2家企业销售收入突破20亿元，位居全国前列。积极促进南阳防爆、郑飞装备、天海电器等关键零部件骨干企业发展，加快形成完善的配套体系。大力支持郑州日产、郑州海马、宇通客车等骨干企业整车产业化，争取更多企业和车型进入工业和信息化部颁布的《全国机动车辆生产企业及产品公告》，到2012年，力争2~3个车型市场份额居全国前列。同时，积极引进大企业和大项目，争取日本日产、台湾必翔、中信国安等合作项目尽快落户我省，高起点引进新技术和新工艺，形成多路突进、多方联合的发展态势。

3. 突破关键领域。着力提高动力电池的一致性、比能量和安全可靠性，提升电池生产企业自动化和标准化水平，重点突破锂离子电池、隔膜、正负极材料、超级电容、电池管理系统等关键技术，到2012年，隔膜、磷酸铁锂、球形氢氧化镍等电池材料生产达到国际先进水平。加快发展电动汽车关键零部件，到2012年，在专用电机和控制器生产等方面达到国内先进水平。以全新的整车理念研发生产以动力电池为基础的新型电动汽车，加快电动汽车产业化和市场化。

4. 建立研发联盟。依托骨干企业和高等院校、科研机构，围绕重大专项和重点课题，以技术合作、合资、参股、专业化配套等形式，建立电动汽车产业战略联盟，推动产、学、研、用有机结合，突破关键技术，降低生产成本。实施电动汽车技术创新工程，支持骨干企业技术创新能力建设。优先支持产、学、研合作建立技术创新平台、综合性研发实体和重点实验室，加快整车与电池生产企业、电池与材料生产企业联合研发，加强关键技术和关键材料攻关。建立高层次人才引进、培养和选拔机制，支持高等院校相关学科建设和专业设置，加快优势学科培育和人才队伍建设。

5. 完善标准体系。尽快制定电动汽车整车、关键零部件、充电站等地方标准和有关产品质量要求，建立检测、评价平台，保证电动汽车质量合格、产品安全。配合工业和信息化部等国家有关部门组织开展电动汽车及电池技术标准体系研究，积极参与动力电池国家标准制定。加快新乡国家电池产品质量监督检验中心建设，提高我省动力电池检测水平。

6. 搞好示范运营。积极参与国家“十城千辆”工程，争取把郑州、新乡、洛阳等省辖市列为第二批国家示范试点城市。启动中原城市群电动汽车示范试验区建设，以郑州、开封、新乡、焦作、许昌1小时城市圈为核心，率先把城际公共交通作为示范线路运营，以城市公交车为重点带动电动客车发展，以城市出租和环卫、邮政等车辆为重点带动通用电动汽车发展，以旅游景区、港区、工业园区用车为重点带动专用电动汽车发展。争取用5年的时间，在示范试验区主要旅游城市、国家卫生城市实现公交车、出租车电动化，主要景区用车完全使用电动汽车。制定电动汽车应用规划、配套政策及管理规范，建设标准化充电站等公共基础设施，建立废旧电池回收处置和循环利用系统，完善电动汽车配套服务体系，研究探索商业化运营模式，逐步向全省推广。

四、政策措施

1. 加强组织领导。成立河南省电动汽车产业发展领导小组，研究制订电动汽车产业发展规划及行动计划，协调解决重大问题，制定完善相关配套政策。领导小组下设办公室，负责日常工作，做好统筹协调和各项政策的组织实施工作。省直有关部门要分工协作，结合各自职能，确保相关工作任务落实。郑州、洛阳、新乡等有关省辖市政府要把电动汽车产业发展列入重要日程，制定切实措施，扎实有序推进。

2. 研究配套政策。积极争取国家有关部门对我省电动汽车的研发、产业化、生产准入、示范运营等给予支持。有关部门要研究提出电动汽车研发、销售、购买和示范运营等方面的相关配套政策，推进基础设施建设和生产性服务业发展，加快电动汽车产业化和市场化。一是电动汽车享受高新技术、环保、新能源、节能和综合利用等方面的扶持政策。二是对电动汽车的研发和示范运营，落实国家有关税收优惠政策。三是把电动汽车及关键零部件纳入政府采购范围，鼓励有关单位优先采购省内生产的电动汽车。四是鼓励企事业单位购置电动汽车参与示范运营，对营运单位采购电动汽车给予补助。电动汽车示范运营的具体办法另行研究制定。五是将电动汽车充电站建设用地纳入城市规划，按规划用途给予用地保障；积极利用电价优惠政策，促进电动汽车充电站正常运行。

3. 增加资金投入。设立电动汽车产业发展专项资金，省财政每年安排一定数额的资金，用于支持电动汽车研发和市场推广等。规划建设一批重大项目，积极争取国家专项资金。把电动汽车关键零部件研发、检测和产业化重点攻关项目列入省重大科技专项予以支持。省科技经费、工业结构调整和高新技术产业化等财政专项经费，要向电动汽车研发和产业化倾斜。凡获得省政府资金支持的电动汽车项目，所在地政府按与省资金1∶2的比例进行配套。

4. 拓宽融资渠道。落实创业投资税收优惠政策，支持创投资金进入电动汽车领域。支持骨干企业通过上市融资、发行债券、合资等方式，多渠道筹集资金；积极引进外资投入电动汽车产业发展，鼓励民间资金参与电动汽车产业发展。充分发挥省、市担保体系的作用，提供融资担保支持，促进电动汽车产业又好又快发展。

以上意见，请认真贯彻落实。

河南省人民政府

二〇〇九年十一月二日

11. 河南省电动汽车产业发展近期行动计划

根据豫政[2009]88号文件精神，经省电动汽车产业发展领导小组研究，实施近期10项行动计划：

1. 扩大郑州公交混合动力示范线路。在郑州市区再开辟2条混合电动汽车公交示范线路，投入30台车辆运营，其中宇通客车20台、少林客车10台，建立运行信息采集系统，争取明年上半年开通运行。郑州市政府及公安、公交、汽车生产企业等单位共同研究制定具体办法，省直有关部门及郑州市政府研究制定相关优惠补助政策。

2. 支持新乡商业示范运营。在新乡市推出城市公交、出租车和民用电动汽车示范运营，由郑州海马提供小轿车100台，宇通客车和少林客车投入15台，争取明年上半年开通运行。积极探索电池和充电站等基础设施商业运营模式，建立运行信息采集系统，为大范围推广积累经验。新乡市政府及省电力公司、公安、公交、汽车生产企业等单位共同研究制定具体办法，省直有关部门及新乡市政府研究制定相关优惠补助政策。

3. 推出中原城市群城际公交示范线路。以郑州为中心，以郑开、郑新城际公交电动化为重点，推出中原城市群城际公交电动汽车示范线路。今明两年先开通2条试运行，计划投入电动客车20台，宇通客车和少林客车各提供10台，建立运行信息采集系统。今年年底前完成方案，明年国庆节前陆续投入运营。

4. 推动公共区域示范运营。在省内3家5A级景区开展电动汽车示范运营；选择郑州、洛阳高新技术开发区和郑州经济技术开发区在区内开展封闭运营。所需车辆全部由省内电动汽车生产厂家提供，建立运行信息采集系统。今年年底前完成计划方案，明年上半年开始运营。

5. 建立电动汽车产业化实体平台。分别以郑州日产、宇通客车、海马郑州公司为依托，推动有实力关键零部件生产企业加盟，吸引创业投资、风险投资资金，分别建立商用纯电动、混合动力、微型纯电动汽车产业化实体平台。政府给予一定的资金支持。计划今年年底前完成方案，明年陆续开始运行。

6. 建立技术联盟。以具有自主知识产权专利的企业为骨干，强强联合，推动企业、科研单位及院校开展技术合作，集中力量突破关键技术，提高质量和技术水平。今年11月完成征询有关整车企业、电池生产企业、零部件生产企业、科研院所等单位意见，征集关键技术攻关课题，研究合作攻关事宜。今年年底前完成联盟方案，明年上半年签署协议，成立联盟。

7. 加快示范运营保障建设。积极与国土、城建、公安等部门沟通，规划电动汽车运营线路（区域）充电站建设项目，寻求运营保障的有效途径。今年年底前完成充电站等基础设施保障布点、建设方案、补贴办法等前期工作，明年上半年初步具备示范运营保障能力。

8. 积极推动郑州、新乡进入国家第二批“十城千辆”试点城市。郑州、新乡市政府积极配合省直有关部门，按国家有关部门要求上报材料、开展申报。

9. 编制全省电动汽车产业发展规划。以省政府《关于加快电动汽车产业发展的意见》为依据，组织力量调研论证，今年年底前完成征求意见稿，争取明年一季度编制完成《河南省电动汽车产业发展规划》。

10. 推动微型电动汽车产业发展。在开封、商丘、鹤壁、南阳、许昌、三门峡等电动车辆发展基础较好的区域，选择具有一定生产技术条件和能力的企业，研制、规范生产微型、超微型电动汽车。今年年底前完成基本情况调研，确定发展形式、规模和方向。

根据上述10项行动计划，明确以下8个项目以实施重点突破：郑州公交混合动力示范运营项目，新乡商业示范运营项目，郑开、郑新城际公交示范运营项目，5A级旅游景区示范运营项目，郑州、洛阳高新技术开发区和郑州经济技术开发区示范运营项目，电动汽车产业化实体平台项目，电池、电机、电控等关键技术攻关项目，微型、超微型电动汽车产业发展项目。

河南省电动汽车产业发展领导小组副组长

河南省工业和信息化厅厅长　杨盛道

二〇〇九年十一月十日

12. 湖南省汽车产业振兴实施规划(2009—2011年)(节选)

根据国家《汽车产业调整和振兴规划》，制定本实施规划。

一、发展重点

（一）加大技术改造力度

支持长丰汽车、湖南吉利汽车、众泰江南长沙基地、北汽控股株洲基地和奇瑞汽车株洲基地发展自主品牌轿车系列产品；支持北汽福田长沙汽车厂、陕西重汽集团长沙基地发展载货汽车系列产品；支持株洲南车时代电动汽车公司等企业研发、生产新能源汽车；支持汽油发动机和柴油发动机、变速器、车桥、轮胎等关键零部件产品技术改造。进一步加强重点技术改造项目的组织领导和协调服务，优先申报列入省重点工程计划，享受有关优惠政策，积极推进项目实施进度。

（二）推进新能源汽车发展

发挥我省电动汽车动力电池、控制系统等技术优势，支持电动汽车及关键零部件的研发和产业化，推动电动汽车在长株潭城市群和重点景区示范应用。

附件：

责任分工及进度安排表

序　号	工作任务		牵头单位	参加单位	实施时间
1	加强组织领导		省经委	省发改委、省国资委、省科技厅、省财政厅、省国土资源厅、省建设厅、省交通厅、省公安厅、省知识产权局、省质监局、省工商局、省国税局、省地税局、省地方金融证券办、湖南银监局、人民银行长沙中心支行、长沙海关等	2009—2011 年
2	认真贯彻落实国家和省有关政策	落实国家对小排量乘用车减税政策	省国税局	省国税局	2009 年
		组织开展实施“汽车下乡”等专项活动	省财政厅	省商务厅、省经委、省农业厅、省发改委	2009 年
		清理取消限购汽车的不合理规定	省发改委	省发改委	2009 年
		加快推动老旧汽车报废更新工作	省财政厅、省商务厅	省经委、省公安厅、省工商局、省发改委等	2009—2011 年
		贯彻落实国家汽车消费信贷管理条例	人民银行长沙中心支行	省发改委、省经委、省公安厅、省商务厅、省工商局、湖南银监局、湖南保监局等	2009—2011 年
		组织实施企业技术进步、技术改造专项	省科技厅、省财政厅	省经委、省科技厅、省环保局、省发改委等	2009—2011 年
		落实促进新能源汽车消费政策措施，推进我省新能源汽车示范工程	省科技厅、省财政厅	省经委、省发改委、省环保局、省交通厅、省国税局、省地税局、省建设厅等	2009—2011 年
3	促进省产汽车消费		省财政厅、省经委	省经委、省发改委、省机关事务管理局等	2009—2011 年
4	加大资金支持力度		省经委	省财政厅、省科技厅、省环保局、省发改委、人民银行长沙中心支行等	2009—2011 年
5	引导汽车产业规范有序发展		省经委	省发改委、省科技厅、省公安厅、省财政厅、省环保局、省商务厅、长沙海关、省国税局、省地税局、省工商局、省质监局等	2009—2011 年

湖南省人民政府办公厅

二〇〇九年六月十六日

13. 湖南省人民政府关于推进电动汽车产业发展的若干意见

各市州人民政府、省政府各厅委、各直属机构：

为进一步推进电动汽车的产业化，加速电动汽车产业集群发展，提出如下意见：

一、确定湖南南车时代电动汽车股份有限公司、湘潭电机集团有限公司为我省电动汽车产业骨干企业。

二、抓紧制定电动汽车专项发展规划。省发改委会同省科技厅、省经委、省建设厅、省环保厅、省旅游局、省机械行管办等部门，抓紧研究制定全省电动汽车产业化和推广使用专项规划，发挥我省在电动汽车系统和关键零部件技术与制造基础方面的优势，推进电动汽车及关键零部件产业快速发展。

三、进一步完善电动汽车研发和产业自主创新体系。以湖南南车时代电动汽车股份有限公司、湘潭电机集团有限公司等整车企业为依托，联合相关高校、科研机构和企业，在湖南省电动汽车工程技术研究中心，并建设成为国家级电动汽车工程技术研究中心和国家重点实验室、国家级企业技术中心等产业发展技术平台。鼓励省内高校、科研机构和企业通过整合资源，共同研究开发产业发展的关键技术、共性技术和前瞻性技术，积极开展动力电池、电动空调、驱动电机等关键零部件的研发及产业化应用研究。

四、加大对电动汽车产业的资金支持。建立省电动汽车产业发展专项资金，从2008年至2012年，省和株洲、湘潭市每年共安排4 500万元资金，专项用于电动汽车产业的发展。资金筹措渠道为：省新型工业化引导资金1 300万元、省发改委预算内资金300万元、省科技厅科技资金400万元、省电力公司300万元、省环保局200万元，株洲市和湘潭市政府各1 000万元。

专项资金重点用于电动汽车整车及关键零部件的研发、电动汽车购置补贴、电动汽车运营补助，具体使用和管理办法由省发改委会同省财政厅、省科技厅、省环保局、省电力公司等部门研究制定，报省政府批准后执行。

五、加大电动汽车推广使用力度

1. 将电动汽车纳入政府采购范围，在同等条件下，省内各单位要优先采购省电动汽车。从2008年起，张家界、南岳等省内重点旅游景区的客运车辆和城市公交车辆要逐步推广采用电动汽车，各市、县政府对公交车辆的配置、更新要给予资金和政策扶植。

2. 在2008—2012年期间，对于省内用户使用我省电动汽车骨干企业生产、在公园、景区内运营的电动车辆和在城市道路运营的电动公交车辆，免征养路费和城市桥梁车辆通行费年票。对在省内上户用于其他运营的省产电动汽车，按省政府湘政发[2007]13号文件相关规定执行。

3. 对仅在公众道路以外的场地（如公园、景区内等）运营的电动汽车，经特种设备检验机构监测合格，持《安全检验合格》标志，到质监部门依法注册登记，到公安交通管理部门办理注册登记。

4. 对电动汽车充电站建设用地和运营用电给予优惠支持。电动汽车充电站用地按工业用地价格供应，符合国家计划拨用地目录的，按有关规定程序办理。电动汽车充电站运营用电的省电力公司会同省物价局研究制定，按非普工业电价执行。

六、积极推进电动汽车配套产业和生产性服务业发展。依托省现有资源，增强产业配套能力，延伸产业链。加大对电动汽车零部件、动力电池等产业化的支持力度。当前重点抓好驱动电机及其控制器、电气、电子控制、动力电池等零部件的产业化。

七、省发改委、省经委、省科技厅等部门要积极争取国家有关部门对我省电动汽车产业在研发、产业化、项目审批、资金安排等方面的支持。

八、加强电动汽车产业发展的组织领导。省汽车工业发展领导小组增设电动汽车发展办公室，办公室设在省发改委，负责督办落实联席会议议定的事项和其他日常工作。增加省环保局、省旅游局、省电力公司为领导小组成员单位。

省内电动汽车产业和生产企业除执行本意见外，同时执行《湖南省人民政府关于支持汽车产业发展的若干政策意见》（湘政发[2007]13号的有关规定）。

湖南省人民政府

二〇〇八年五月十五日

14. 湖北省汽车产业调整和振兴实施方案(节选)

为积极应对世界金融危机给湖北省汽车产业带来的不利影响，贯彻落实国家汽车产业调整和振兴规划，结合湖北省实际，制定本方案。

一、总体思路和目标

（一）总体思路

按照科学发展观的要求，贯彻国家《汽车产业调整和振兴规划》，落实积极消费政策，稳定和扩大汽车市场需求，确保汽车产业平稳增长；整合要素资源，做大做强整车核心企业，突破性发展汽车零部件；加强技术改造，提高研发能力，加快产品升级换代和结构调整；完善创新和服务体系，促进汽车服务业和生产的融合，提高增值能力；以加快新能源汽车发展和培育自主品牌为突破口，形成新的竞争优势，为建设汽车工业强省奠定坚实基础。

（二）总体目标

自主创新能力进一步提升。东风公司自主品牌乘用车市场进一步拓展。纯电动、充电式混合动力和普通型混合动力等新能源汽车研发水平居国内领先地位，产业化规模进一步提高，新能源汽车销量占乘用车销售总量的5%左右。国家和省级技术中心达到28个。

二、主要任务

加快新能源汽车开发生产，培育新的增长点。

抓住国家大力发展新能源汽车的机遇，支持东风汽车公司和武汉理工大、华中科大等研究机构加快混合动力汽车、纯电动汽车、燃料电池以及清洁燃料汽车研发，抢占新能源汽车发展制高点。抓住武汉作为全国首批“十城千辆”大规模电动汽车示范应用城市的机遇，依托东风汽车公司提高电动汽车生产规模和技术水平，扩大在国内电动车市场份额。重点支持电动汽车用整车控制器系统、电池、电机等关键零部件产业化；支持混合动力汽车尤其是混合动力公交车的研发和产业化；完善加气站、充电站等相关基础设施。

三、政策措施

加大对新能源汽车的扶持。加大对新能源汽车研发及产业化支持力度，省和武汉市对东风新能源汽车研发及产业化经费支持不低于2008年额度。东风电动车辆股份有限公司年缴纳的增值税和企业所得税的地方分成部分，以及地方收取的其他税费，由同级财政给予专项支持。属省级财政收入的，由省级财政列专项支持；属市级财政收入的，由市级财政列专项支持。

湖北省人民政府

二〇〇九年七月十五日

15. 湖北省人民政府关于推进电动汽车研发及产业化的意见

各市、州、县人民政府，省政府各部门：

为推进我省电动汽车研究开发及产业化，抢占新一代汽车产业发展制高点，提高汽车产业的竞争力，特提出如下意见：

一、进一步增强对发展电动汽车重要意义的认识。面对能源、环境问题的严峻挑战，研制高效、节能、环保的电动汽车将成为新一代汽车产业发展的主导方向。抓好电动汽车研发及产业化，是重要的战略储备，是关系我省汽车产业和国民经济长远发展的一件大事，各有关部门要高度重视，强化措施，扎扎实实地推进。

二、抓紧制定湖北省电动汽车发展中长期规划。要立足当前，着眼未来，坚持“有所为，有所不为”的原则，按照国家既定战略和分工，重点抓好混合动力汽车研发及产业化。同时，发挥我省在燃料电池技术方面的优势，加大支持力度，争取在燃料电池技术研发上有所突破，为开发燃料电池电动汽车培植后劲。省科技厅会同省发展改革委等部门负责规划编制工作。

三、进一步完善电动汽车研发体系。以东风电动车辆股份有限公司为依托，联合有关高校、科研机构和企业，加快组建燃料电池电动汽车研发的实体。以武汉理工大学为依托，组建湖北省燃料电池重点实验室，加强对燃料电池关键技术和关键材料的研发，加强优势学科培育和人才队伍建设。以武汉市电动汽车示范运营有限公司为依托，继续抓好混合动力汽车和纯电动观光汽车的示范运营。

四、加大对电动汽车研发及产业化的资金支持。设立电动汽车发展专项资金，从2005年至2010年，省财政和武汉市财政每年各安排资金1 000万元，专项支持燃料电池电动汽车的研发和产业化。

五、东风电动车辆股份有限公司2005—2010年缴纳的增值税和企业所得税的地方分成部分，以及地方收取的其他税费，由同级财政给予专项支持。属省级财政收入的，由省级财政列专项支持；属市级财政收入的，由市级财政列专项支持。具体实施办法由省和武汉市财政部门制定。

六、从2006年至2010年，对于我省境内生产的燃料电池汽车、混合动力汽车和纯电动汽车（经旧车改装的燃料电池汽车除外），全额免征公路养路费和车辆通行费。

七、对电动汽车办理行驶证件给予支持。对在公众道路以外的场地（如公园内等）行驶的电动汽车不实行登记管理，车主不必申请机动车登记，不需领取机动车号牌和行驶证；需要上公众通行道路行驶的电动汽车，只要符合相关国家标准和规定，并提交车辆购置完税证明和机动车第三者责任强制保险凭证，公安交通管理部门依照电动汽车的外廓尺寸或乘坐人数，分别核发大型或小型汽车牌号和行驶证。驾驶人员驾驶电动汽车时，持与之同类准驾车型的汽车驾驶证即可。

湖北省人民政府

二〇〇五年五月二十七日

16. 湖北省电动汽车发展专项资金管理办法

第一章 总则

第一条 为加快我省电动汽车的研发和产业化，加强对省电动汽车发展专项资金的管理，提高资金使用效益，特制定本办法。

第二条 湖北省电动汽车发展专项资金（以下简称“专项资金”）是省政府为专项支持燃料电池电动汽车的研发和产业化发展而设立的专项资金。其资金来源于省级财政年度预算安排。

第三条 专项资金实行项目管理，履行项目申报、论证和验收等程序，并引入竞争机制择优确定项目承担单位。

第四条 专项资金的安排和使用必须做到公开、公平、公正，坚持“突出重点、效益优先”的原则。充分发挥专项资金的导向作用，引导企业自有资金和社会资金的投入，促进燃料电池电动汽车的研发和产业化发展。

第二章 管理部门与职责

第五条 专项资金由省财政厅、省科技厅共同负责管理，各司其职，协调配合。

（一）省财政厅负责专项资金的预算和财务管理。审核项目的预期经济效益情况和相关资料；审批项目预算并按项目计划下达专项资金；监督检查资金的管理和使用情况，并配合省科技厅进行项目验收。

（二）省科技厅负责专项资金项目的组织实施和日常管理。根据省电动汽车研发及产业化规划，编制年度专项资金项目计划；组织项目的申报、评审、招标；会同省财政下达项目计划；负责项目实施过程中的管理及验收。

第三章 申报范围和条件

第六条 专项资金重点支持纳入省电动汽车研发及产业化发展规划的项目。

第七条 申请使用专项资金的单位应具备以下基本条件：

（一）在湖北境内注册，具有独立的法人资格；

（二）企业管理规范，有健全的财务管理制度和会计核算制度；

（三）注册资本在1 000万元以上，资产负债率在60%以下，具有较高的资信等级；

（四）具有优秀的管理和研发团队，能保证项目顺利实施；

（五）承担的国家级、省级科技计划项目实施、结题、验收情况良好，无不良的科技信用记录。

第四章 资金支持方式

第八条 专项资金采取一般性转移支付方式支持电动汽车的研发和产业化项目。

应用研究开发类项目按不高于项目研发经费总额的50%予以补助。

产业化项目按项目实际贷款额给予同期银行贷款利率的全额贴息。贴息期限为一年。

按省政府决定，可结合年度项目计划，安排部分投资。

第五章 项目申报与审批

第九条 符合本办法第七条规定的项目申请单位，编制项目可行性研究报告，并提交项目有关情况的证明材料。

第十条 项目申报材料由项目申请单位于每年的4月底以前报送省科技厅。

第十一条 省科技厅组织专家对项目的可行性进行评审，并根据专家咨询意见，提出年度项目计划，并与项目承担单位签订项目计划任务书。

第十二条 省科技厅会同省财政厅下达项目计划；由省财政厅采取一般转移支付方式下达专项资金计划。

第六章 项目管理与验收

第十三条 项目承担单位应当制订详细的项目实施方案，实施目标管理。

第十四条 省科技厅委托有条件的科技中介机构对项目进行监理。

第十五条 省科技厅负责项目的组织实施，定期检查项目实施情况及预算执行情况，会同省财政厅对项目进行验收。

第十六条 项目实施过程中，项目承担单位如需对项目计划任务进行重大调整、改变的，应报省科技厅会同省财政厅批准。

第七章　资金管理与监督

第十七条　项目承担单位须对专项资金实行专账管理，在财务处理上，对收到的专项资金计入“专项应付款”，其中：形成资产部分属于国有资产，转入资本公积（国家拨款转入），消耗部分予以核销。

第十八条　项目承担单位要严格执行国家有关财经法规、财务规章制度，按照项目计划，科学、合理、有效地安排和使用专项资金，确保做到专款专用，不得挪作他用。

第十九条　实行资金跟踪问效制度。省财政厅会同省科技厅对资金的使用情况进行定期检查，跟踪管理，绩效考评，考评结果将作为是否继续安排项目承担单位专项资金的重要参考依据。

第二十条　实行责任追究制度。任何单位或个人不得以任何形式、任何理由截留或挪用专项资金。对违反规定的，一经查出，要追究有关人员责任，并将截留或挪用的资金全部收回。触犯法律的，移送司法机关处理。

第八章　附则

第二十一条　本办法由省财政厅、省科技厅负责解释。

第二十二条　本办法自发布之日起实施。

湖北省财政厅

湖北省科技厅

二〇〇六年五月九日

17. 襄樊市新能源与低碳产业发展规划（2009—2015年）（节选）

一、襄樊市新能源与低碳产业发展机遇与优势

（一）汽车工业底子雄厚，电动汽车发展具备基础

襄樊市汽车工业发达，2008年，全市汽车产业产值达到540多亿元，占襄樊市工业总产值的50%以上，并且在生产门类上形成了四大相互配套的产业体系。襄樊市齐全的汽车产业链为新能源汽车工业的发展提供了优越的平台，新能源汽车也将成为新能源产业中最具前景和集中力量进行产业，特别是电动汽车的发展在襄樊已具有一定基础。襄樊市保康青山能源研究所采用锂离子电池和交流永磁同步电机，在很大程度上解决了纯电动汽车在电池的续驶里程、制造成本以及容量上所受到的限制，促进了纯电动车的进一步发展，其凭借所拥有的核心技术和研发能力在纯电动汽车制造领域占有一席之地。电动汽车科研、生产、市场营销为一体的产学研模式初步形成，然后在世界汽车发展趋势推动和国家提出“节能和新能源汽车”战略并且对新能源汽车产业予以大量政策上和财政上的支持的契机下，襄樊市应该积极转变汽车产业发展的传统思路，使新能源汽车作为支撑我市汽车工业未来接续发展的新引擎。

（二）主要目标

总目标：

到2012年，新能源及低碳产业总的产值达到250亿元（未包含核电），占GDP的12%左右，从而使得新能源产业真正成为我市新的经济增长点。新能源产业产值到2015年超过500亿元。形成一批有影响的新能源企业品牌和产品，在新能源领域拥有若干关键技术。在全省率先创建低碳产业园，树立特色园区品牌。

目标分解：

在新能源汽车领域，到2012年电动汽车产值可达80亿元，发动机及零部件达到40亿元（永磁电机项目及零部件），总产值达到120亿元左右。在2015年，电动车与发动机零部件分别达到120亿元和80亿元，实现总产值200亿元。

二、2009—2015年襄樊发展新能源与低碳产业的具体构想

（一）打造具有核心竞争力的新能源汽车工业

新能源汽车是指采用非常规的车用燃料作为动力来源（或使用常规的车用燃料、采用新型车载动力装置），综合车辆的动力控制和驱动方面的先进技术，形成的技术原理先进、具有新技术、新结构的汽车。新能源汽车包括有：混合动力汽车（HEV）、纯电动汽车（BEV）、燃料电池汽车（FCEV）、氢发动机汽车以及燃气汽车、醇醚汽车等。

在能源和环保的压力下，新能源汽车无疑将成为未来汽车的发展方向。2009年出台的《汽车产业调整和振兴规划》则明确提出：在2009—2011年间，要形成50万辆纯电动、充电式混合动力和普通型混合动力等新能源汽车产能，新能源汽车销量要占乘用车销售总量的5%左右。今后汽车产业的竞争应该集中在新能源汽车这一市场上。结合中国的能源资源

状况和国际汽车技术的发展趋势，预计到2025年后，中国普通汽油车占乘用车的保有量将仅占50%左右，而先进柴油车、燃气汽车、生物燃料汽车等新能源汽车将在未来若干年得到迅猛发展。

1. 立足科技研发，积极发展电动汽车

电动汽车是全部或部分由电能作为动力的汽车，包括纯电动汽车、混合动力汽车和燃料电池汽车三种。专家预测：到2015年，中国混合动力和纯电动乘用车（不包括非道路用车和商用车）产销量将超过100 000台，占整个中国乘用车市场的1%左右。其中，纯电动汽车的产销量将维持在20 000台左右的水平，这对于襄樊市电动汽车的规模化、产业化发展是又一促进作用。

2. 发挥产业优势，推动新能源汽车发动机、零部件产业的发展

要以优势产业为依托，加强基础设施建设和政策引导，积极建设以技术研发为核心，关键零部件制造为重点的新能源汽车电机及零部件生产基地和研发中心。加大力度促进科技研发型企业与高新技术工业园的结合，利用襄樊高新区完备的汽车产业链体系，建设完善的电动及新型燃料汽车发动机、控制系统、电池技术等相关的科研开发基础设施和应用技术体系，以形成新能源轿车、客车发动机、控制系统及关键零部件的批量生产能力。同时要自主研发与对外合作，采取技术引进和共同承担研发等形式，加强与国内技术先进企业和各大高校的技术交流与合作。

新能源汽车产业处于起步前期，政策应该支持促进新能源汽车及相关零部件产业进入自我成长阶段。要加速产业发展，必须要靠企业去引领推动市场，而目前靠任何一家企业自身的能力来实现都是有困难的。相关补贴政策支持将刺激新能源汽车产品需求，从而引导新能源汽车及其相关零部件配套产业快速发展，进入自我成长阶段。以襄樊市高新技术工业园为基础，引进先进配套部件设施生产企业和相关服务企业，形成一套完整的清洁能源汽车产业链。支持特种电机公司、宇清公司、崇赟公司等企业在节能汽车零部件与组件方面的研发和产业化。重点扶持混合动力汽车永磁电机控制系统项目的开发，在合作研究的基础上，促进项目能够快速实现规模化生产，实现经济效益。予以足够的重视和支持青山能源研究所进行的电动车用和其他专用电池的研究和开发，积极促使其技术上的不断突破。通过在核心技术的不断攻关和进步带动周边产业的整体性结构优化和升级，形成国内先进的新能源产业与新能源汽车工业相互补充、相互促进的产业集群。到2012年，新能源汽车及零部件产业的产值规模达到100亿元。

襄樊市政府

二○○九年十二月十七日

18. 山东省汽车工业调整振兴规划(2009—2011年)(节选)

汽车工业是国民经济重要的支柱产业，产业链长、关联度高、就业面广、消费拉动大。“十五”以来，我省汽车工业快速发展，在促进全省工业经济增长、带动相关行业发展、增加就业和拉动内需等方面发挥着越来越重要的作用。为积极应对国际金融危机的影响，落实国家保增长、扩内需、调结构的要求，加快我省汽车工业结构调整，推动我省汽车工业由大变强，特制定本规划。

一、指导思想、原则和目标

（一）指导思想

深入落实科学发展观，按照国家“扩内需、保增长、调结构”的总体要求，贯彻落实国家汽车产业调整振兴规划，加快结构调整和产业重组，以新能源汽车为突破口，推进汽车企业自主创新，加快技术改造，培育自主品牌，完善汽车消费市场，确保我省汽车工业调整和振兴规划3年目标如期实现。

（二）主要目标

1. 总量。到2011年，全省汽车整车年生产能力达到135万辆。专用车20万辆、新能源汽车在新车中所占比重达到5%；全行业销售收入3 500亿元，年均增长15%，汽车及零部件出口交货值60亿美元，工业增加值占全省规模以上工业增加值的比重力争达到5%。

2. 区域布局。调整汽车产业区域布局，使济南、青岛、烟台、潍坊等四个整车主产区的生产能力分别达到20万～30万辆，淄博、威海、聊城、日照力争各达到10万辆。以上八大区域整车生产集中度

达到90%以上。

3. 骨干企业。推进企业兼并重组，培育8～10家具有较强竞争力的大型企业集团，其中营业收入过1 000亿元的2家，过200亿元的4家，过50亿元的4家。以大企业集团为核心，形成一批聚集先进零部件配套企业的汽车工业园区。

4. 产品品种。产品结构得到优化，全省乘用车比重超过40%，力争达到50%。以节能、环保和车辆安全技术为主攻方向，推动新能源汽车产业化发展，重点发展节能与新能源汽车。加快产品升级，提高整车技术水平，开发适合农村市场需求的汽车产品。

5. 技术进步。形成与国际接轨并具有较强自主研发能力的汽车工业技术创新体系，全行业建成15个以上行业和国家级企业技术开发中心和80个以上省级企业技术中心，主要技术装备保持国内先进水平，关键装备达到国际先进水平，使整车的节能、环保、安全性能和新能源汽车整体性能均达到国内领先水平，汽车零部件系统化、模块化、集成化比重和产品质量标准水平显著提高。

二、发展重点

（一）优化产品结构

1. 客车。支持中通客车、舒驰客车、齐鲁客车等企业客车研发和生产。加快发展大中型豪华客车、BRT城市快速公交车和新能源客车，实现产业化。积极开发客车智能底盘系统，加强底盘匹配技术研究，提高车辆的安全性、驾驶舒适性和操控稳定性。到2011年，年生产能力达到3万辆。

2. 节能与新能源汽车。加快实施新能源汽车战略，支持中通客车利用国家对节能和新能源汽车示范推广专项政策，尽快将自主研发的混合动力、纯电动客车实现产业化。支持时风集团、齐鲁客车、烟台中上客车等企业，按照汽车产业政策要求发展新能源汽车。鼓励企业积极研发节能与新能源汽车，降低研发和制造成本，推动电动汽车、充电式混合动力汽车及其关键零部件的产业化，争取汽车产业发展的主动权，提高自主品牌竞争力。

（二）突破关键技术

支持新能源汽车及关键零部件发展。在保证整车匹配技术完善成熟的前提下，优先支持电机、电池、电控系统的研发和产业化。

山东省人民政府办公厅

二〇〇九年四月二十二日

19. 山东省人民政府关于促进新能源产业加快发展的若干政策（节选）

为贯彻落实《山东省人民政府关于加快我省新能源和节能环保产业发展的意见》（鲁政发［2009］77号）精神，加快把新能源产业培育成为战略新兴产业，特制定如下政策。

一、发展重点

加快新能源汽车发展。以现有新能源汽车生产骨干企业为基础，重点支持4家企业，积极鼓励和支持有条件的企业进行新能源汽车关键技术的研发和创新，加速汽车传统技术的更新改造，加大新能源汽车的应用与示范，培育一批整车和配套产业的自主化品牌，逐步形成技术优势、品牌优势和市场优势。到2012年，全省新能源汽车生产能力达到8万辆，在当年新车中所占比重达到6%以上。

二、资金扶持政策

（一）设立扶持新能源发展的专项资金。在保持现有财政扶持资金渠道不变，进一步整合和提高扶持效果的基础上，从2010年到2012年，每年省级财政安排2亿元、省基建基金安排2亿元，3年共筹集12亿元设立省级新能源专项资金，集中使用，通过贷款贴息、补助和奖励等形式，加大对重点新能源生产、推广应用和技术研发等环节的资金扶持，努力促进新能源产业加快发展。省级新能源专项资金实行专户管理，专项资金使用管理办法由省有关部门另行制定。

（二）每年安排3亿元用于支持风电设备、光伏、核电设备、新能源汽车、智能电网、半导体照明等新能源产业重大建设项目的贷款贴息；每年安排5 000万元用于新能源产品的推广应用；每年安排5 000万元用于支持省级以上新能源技术研发中心和新能源创新示范项目建设以及新能源前沿技术研发。

其中，对列入省级新能源示范工程的项目给予资金补助标准为：太阳能光伏建筑一体化示范项目按照每瓦10元，太阳能光伏与LED结合照明示范项目按照每瓦5元，地源热泵推广应用示范项目按照每平方米20元，风电海水淡化创新示范和生物质能综合利用创新示范项目按照总投资的20%给予资金补助。对沼气等农村新能源工程给予资金扶持。

对新能源创新能力建设的资金支持实行以奖代补，对于研发能力强、成果储备多的省级以上新能源技术创新平台按照100万~200万元给予奖励；对填补国内技术空白、迅速实现产业化的新能源创新技术给予100万~200万元资金奖励；对列入国家和省级新能源产业关键技术领域的重大科技项目给予50万~100万元的奖励；对列入国家新能源领域重大科技攻关项目给予一定资金奖励。

（三）新能源专项资金的使用和安排，按照"公开、公平、公正"的原则，通过招标方式确定支持的项目和资金数额。对示范性广、带动力强、效益好的新能源项目进行择优扶持。专项资金管理和使用接受社会监督。具体的招标、投标办法由省有关部门另行制定。

山东省人民政府

二〇〇九年十二月十五日

20. 山东省人民政府关于推进新能源汽车产业发展的若干意见

各市人民政府，各县（市、区）人民政府，省政府各部门、各直属机构，各大企业，各高等院校：

为进一步推进新能源汽车的研发与产业化进程，提升我省汽车产业的综合竞争力，实现我省汽车工业的可持续发展，经省政府同意，特提出如下意见：

一、充分认识发展新能源汽车的重要意义

面对当前能源、环境问题的严峻挑战，世界主要汽车生产国家都把发展新能源汽车作为提高产业竞争能力、保持经济社会可持续发展的重大战略举措。新能源汽车的研发与应用已成为世界汽车工业发展的整体趋势，成为汽车产业新的增长点。促进新能源汽车自主创新和快速发展，对提高我国能源安全和加强环境保护、适应市场需求和实现汽车工业可持续发展、保持经济稳定增长和提高人民生活水平都具有重要的战略意义。

今年以来，国家陆续出台了《关于开展节能与新能源汽车示范推广试点工作的通知》和《汽车产业调整和振兴规划》等政策法规性文件，明确提出支持和鼓励新能源汽车发展，尤其是推动新能源汽车在公共服务领域的应用。实施新能源汽车发展战略，是关系我省汽车产业和国民经济长远发展的一件大事，对我省加快推动新能源汽车的产业化进程有着极其重要的作用。各地、各部门要按照国家和省发展新能源汽车的要求，抓住机遇，强化措施，加快我省新能源汽车产业的创新发展进程。

二、指导思想、基本原则和发展目标

（一）指导思想

坚持以科学发展观为指导，紧紧围绕我省建设资源节约型社会和装备制造业强省的整体目标，以环保节能与新能源汽车应用示范为契机，重点抓好新能源汽车整车及关键零部件的研发与创新，加速汽车传统技术的更新改造，加大新能源汽车的应用与示范，培育一批整车制造和配套产业的自主化品牌，努力实现我省新能源汽车产业的持续、健康、稳定发展。

（二）基本原则

1. 强化政策衔接。认真贯彻国家《新能源汽车生产企业及产品准入管理规则》和《节能与新能源汽车示范推广管理暂行办法》及《山东省汽车产业振兴规划》。

2. 突出重点，强化自主创新。以我省现有新能源汽车生产骨干企业为基础，大力支持新能源汽车的研发和创新，积极探索和实施具有山东特色的新能源汽车配套政策和激励措施，巩固和发展现有产品，逐步形成技术优势、品牌优势和市场优势。

3. 坚持发展整车与突破关键零部件技术相结合。发挥市场在资源配置中的基础作用，加强新能源汽车产品生产企业与零部件产品企业以及科研单位的合作，以整车带动零部件，加快实现新能源汽车产业全面发展。

4. 坚持新能源汽车应用示范与发展配套产业相结合。落实新能源汽车的政府采购和补贴政策，加快我省应用示范城市建设。同时，积极发展与新能源汽车配套的相关产业和生产性服务业，增强产业配套能力，延伸产业链条。

（三）发展目标

到2011年，我省新能源汽车生产能力达到5万辆，新能源汽车在当年新车中所占比重达到5%；到2015年，新能源汽车生产能力达到30万辆。培育5家具有较强竞争力的新能源汽车生产骨干企业，使我

省成为国家新能源汽车生产和示范基地。

三、重点任务

（一）以城市公交车为重点，开发新能源电动客车。充分利用国家对节能和新能源汽车示范推广的专项政策，立足我省新能源汽车发展实际，支持中通客车尽快开发具有自主知识产权的混合动力、纯电动大中型客车。培育山东沂星、烟台舒驰、齐鲁汽车、烟台中上、唐骏欧铃等新能源客车生产骨干企业，积极争取国家认可新能源汽车生产资格。

（二）以家庭用车和出租车为重点，开发小型新能源汽车。研制新一代电动轿车，培育时风集团、唐骏欧铃汽车制造有限公司等新能源轿车生产骨干企业，积极争取国家认可新能源汽车生产资格，争取用5～10年的时间，在全省主要旅游城市、国家卫生城市实现出租汽车"新能源化"。

（三）以旅游景区、港区、工业园区用车为重点，开发新能源旅游专用车。根据风景区、港区和工业园区特点，研制新能源观光客车。培育济南宝雅等场地新能源汽车骨干企业，使新能源汽车率先在景区应用示范，减少汽车对景区环境的污染，并积累应用经验。争取用5年的时间，使有条件的景区用车完全使用新能源汽车。

（四）加大对整车和配套部件关键技术的研发力度，构建新能源汽车研发平台。支持省内高校、科研机构和企业通过产学研结合进一步整合优势资源，研究开发产业发展的关键技术、共性技术和前瞻性技术。依托我省骨干企业组建新能源汽车研发中心或工程技术研究中心，形成新能源汽车产业发展技术创新平台。积极开展动力电池、驱动电机、变频驱动、电动空调、汽车电子等关键零部件的研发及产业化应用研究，鼓励新能源汽车出口。

（五）加快建立新能源汽车检测、评价平台。支持质监部门尽快建立新能源汽车整车、关键部件的检测、评价平台，完善新能源汽车产品标准体系，制定有关产品质量要求，保证新能源汽车质量合格、产品安全。

（六）扩大新能源汽车的推广应用与示范。在现有基础上，选择青岛、烟台、潍坊、淄博、聊城、临沂、德州等部分有条件的城市扩大推广应用与示范，以发展城市混合动力、纯电动和代用燃料公交、出租车为重点，建设新能源汽车标准化充电站、加气站等公共基础设施，完善新能源汽车产业配套服务系统，加快我省新能源汽车的推广、应用和普及进程。

四、政策措施

（一）加强组织领导

由省政府领导任组长，省发展改革委、省经济和信息化委、省科技厅、省公安厅、省财政厅、省住房城乡建设厅、省交通运输厅、省环保厅、省国土资源厅、省质监局、省旅游局等部门参加，组建省新能源汽车产业发展领导小组，领导小组负责研究相关配套政策，协调集成各方面的资源，合力推进新能源汽车发展。

（二）研究制定配套政策

新能源汽车享受省有关部门制定的新能源、节能环保产业扶持政策。省发展改革委、省经济和信息化委、省交通运输厅、省科技厅、省财政厅等部门要积极争取国家有关部门对我省新能源汽车在研发、产业化、生产准入等方面的支持，对我省尚未取得国家新能源汽车准入条件的企业，有关部门要积极创造条件，争取国家认可新能源汽车生产资格，列入《全国机动车辆生产企业及产品公告》。省发展改革委、省经济和信息化委、省科技厅、省公安厅、省住房城乡建设厅、省交通运输厅、省环保厅、省国土资源厅、省旅游局等部门要研究提出相关配套政策，依托省内现有资源，加快新能源汽车配套基础设施建设，推进新能源汽车配套产业和生产性服务业发展，增强产业配套能力，延伸产业链。

（三）增加资金投入，加强扶持力度

省科技厅、省经济和信息化委将新能源汽车列为我省战略高新技术产业，对新能源汽车整车及关键零部件的研发予以重点支持；省交通运输厅、省经济和信息化委、省节能办、省财政厅对新能源汽车购置、新能源汽车运营费用和相关配套基础设施建设予以支持。由省财政厅、省科技厅、省发展改革委、省交通运输厅、省经济和信息化委等部门研究制定《山东省新能源汽车资金补贴及优惠办法》，对新能源汽车研发、示范运营的车辆购置和配套设施建设给予补助，对新能源汽车消费者在购置、使用、维护等环节中给予政策优惠。济南、青岛、淄博、烟台、临沂、德州、聊城等有关市地也要根据各自的实际情况，安排专项资金，扶持新能源汽车的研发和应用示范。

（四）加快新能源汽车的推广应用

一是将节能与新能源汽车列入山东省节能产品补助清单和山东省自主创新产品目录，鼓励城市内的公务车及公用事业用车优先采用混合动力等节能与新能源汽车。各级各类机关、事业单位和团体组织使用财政性资金进行汽车采购时，在技术、服务等指标满足采购需要的前提下，要优先采购节能与新能源汽车产品。从2009年起，重点旅游城市和重点景区的客运车辆和城市公交车辆要逐步推广采用新能源汽车，各市、县政府对公交车辆的配置、更新要给予资金和政策扶持。

二是按照财政部等十部门印发的《汽车以旧换新实施办法》（财建[2009]333号），鼓励车主以旧换新为节能与新能源汽车。

三是对仅在公众道路以外的场地（如公园、开发区、高新技术园区、工业园区、港区、旅游景区内等）运营的新能源汽车，经特种设备管理部门指定的检测机构检测合格，持“生产许可证”“产品出厂合格证”，到质监部门依法注册登记，并核发区内机动车辆牌照。

四是对新能源汽车充电站用地给予优先保障。新能源汽车充电站运营用电价格由省电力公司会同省物价局研究制定，按非普工业电价执行。

五是支持新能源汽车公司示范运行。在有条件的市设立新能源汽车示范运行公司，由政府给予一定的财政补贴，鼓励地方政府投资机构和公交集团、出租车公司入股新能源汽车示范运行公司。

山东省人民政府办公厅

二〇〇九年八月二十七日

21. 山东省新能源汽车示范推广财政扶持办法（试行）

第一条 为进一步推进新能源汽车的产业化，保护环境，节约能源，根据财政部《关于开展节能与新能源汽车示范推广试点工作的通知》（财建[2009]6号）和《山东省人民政府办公厅关于推进新能源汽车产业发展的若干意见》（鲁政办发[2009]64号）精神，自2010年起，省财政每年安排专项资金，支持新能源汽车研发生产和示范推广。为加强专项资金管理，提高资金使用效益，特制定本办法。

第二条 本办法所称新能源汽车主要指混合动力汽车、纯电动汽车和燃料电池汽车。

第三条 扶持资金分配坚持“科学合理、公开透明”的原则，接受社会各方面的监督。

第四条 财政扶持范围。

（一）承担新能源汽车整车及关键零部件研发的省内生产企业。

（二）在新能源汽车推广应用示范城市济南、淄博、潍坊、烟台、临沂、德州、聊城等进行试点，在公共交通、出租、公务、环卫和邮政等公共领域推广应用新能源汽车。

（三）在省内5A级旅游景区推广应用新能源观光车。

第五条 财政支持方式。

（一）以财政奖励的方式，扶持新能源汽车高新技术产业化重大项目。主要支持混合动力汽车、纯电动汽车以及动力电池、驱动电机及控制系统等关键零部件的产业化。

（二）对购买使用新能源汽车给予一次性财政补贴。

补贴标准主要依据其与同类传统动力汽车的基础差价，适当参照财政部、科技部《节能与新能源汽车示范推广财政补助资金管理暂行办法》（财建[2009]6号）执行。

第六条 每年度由省财政厅会同省交通运输厅、省经济和信息化委、省科技厅等有关部门制定并发布《山东省新能源汽车示范推广资金申报指南》，依据国家相关政策，结合省内示范推广实际情况，明确扶持重点。

第七条 各示范城市要安排一定的资金对购买新能源汽车给予补贴，并对配套设施的建设和维护给予补助。

第八条 申请奖励的新能源汽车和关键部件生产企业应遵循国家产业政策，固定资产投资项目应通过国家和省投资主管部门核准或备案，并具备一定的生产规模。

第九条 新能源汽车必须符合下列条件：

（一）纳入国家《节能与新能源汽车示范推广应用工程推荐车型目录》。

（二）混合动力乘用车和轻型商务车与同类传统车型相比节油率必须达到5%以上，混合动力客车的节油率必须达到10%以上。

（三）混合动力汽车节油率和最大电功率比必须提供具备国家资质的第三方检测机构依据GB/T 19753—2005《轻型混合动力电动汽车能量消耗量试验方法》、GB/T 19754—2005《重型混合动力电动汽车能量消耗量试验方法》等检测报告。生产企业对动力蓄电池等关键零部件必须提供不低于3年或15万公里（以先到者为准）的质保期限。

第十条 购买新能源汽车必须采取招标方式择优采购，并确定示范推广的新能源汽车的车型、数量、价格以及售后服务等。

第十一条 新能源汽车整车研发生产企业，凭国家有关部门出具的推荐车型目录、产品公告证明和车辆检测报告等进行申请；对承担国家级项目的生产和示范推广新能源汽车生产企业，可凭国家部委下达的项目计划与合同申请。

第十二条 申请新能源汽车补贴的示范城市要向省财政厅、省交通运输厅、省科技厅报送新能源汽车示范推广规划方案，明确示范车型、数量及投放时间，以及地方财政配套落实及使用计划申请。

第十三条 购买使用新能源汽车的企业和单位，可根据购买的车辆型号、数量及规定的补贴标准，向同级财政、交通和科技部门提出购置补贴申请，并提供如下资料：

（一）与生产企业签订的中标协议、购置合同等有关凭证。

（二）车辆购置发票。

第十四条 各市对企业资金申请报告复核后，于每年5月30日前联合报省财政厅、省交通运输厅和省科技厅。

第十五条 省财政厅、省交通运输厅和省科技厅委托省汽车行业协会组织专家进行评审。对通过评审的申报材料，省财政厅会同省交通运输厅、省科技厅进行审查，核定具体的奖励及补贴金额，并按规定拨付资金。

第十六条 建立项目监督与评价体系，客观真实地评价研发、生产和示范推广成果。

第十七条 申请资金扶持的企业和单位要对申报材料的真实性负责，对弄虚作假、骗取财政扶持资金的，将扣回扶持资金，并取消以后年度申请资格。

第十八条 获得扶持的企业和单位，要切实加强管理，专款专用，提高资金使用效益。省财政厅将组织力量对资金使用情况进行重点检查，跟踪问效。对截留、挪用补贴资金的，严格按照《财政违法行为处罚处分条例》（国务院令第427号）规定，依法追究有关单位和人员的责任。

第十九条 本办法由省财政厅会同省交通运输厅、省科技厅负责解释。

第二十条 本办法自2010年1月1日起施行。

山东省人民政府办公厅

二〇〇九年十二月十七日

22. 济南市汽车工业调整振兴规划（2009—2011年）（节选）

节能与新能源汽车。抓住我市列入国家确定的新能源汽车示范城市之一的有利时机，鼓励具备条件的轿车、客车企业引进节能与新能源汽车整车生产项目，突破关键技术，争取节能与新能源汽车产业发展的主动权；打造具有自主品牌的新能源汽车（主要包括纯电动汽车、油电混合动力汽车和燃料电池汽车等），使之成为带动我市产业升级、提升综合实力的新增长点。

加快培育建设国家新能源汽车产业基地。重点支持宝雅新能源汽车在出口加工区建立生产中心，形成年产5万辆外销电动汽车的规模；在高新区建成集研发、生产、配套于一体的新能源汽车园区，形成年产10万辆、配套能力15万辆的规模。积极推动宝雅公司已开发拥有的小型化新能源、环保、低速电动汽车尽快打开国内市场。

附件：

市有关部门工作分工及进度安排表

序号	工作任务	牵头单位	参加单位	实施时间
1	落实国家《汽车产业发展政策》	市发改委	市财政局、经委、科技局等	2009—2011年
2	落实国家、省“汽车下乡”专项政策	市财政局	市农业局、发改委、经委、贸易服务局等	2009—2011年
3	执行国家、省、市老旧汽车报废更新政策	市贸易服务局	市财政局、国税局、公安局、工商局、监察局等	2009—2011年
4	贯彻省新能源汽车管理办法及国家、省促进新能源汽车消费配套措施	市财政局、发改委	市经委、科技局、环保局等	2009—2011年
5	落实国家汽车产品出口政策	市经委	市外经贸局、财政局等	2009—2011年
6	加大技术改造力度，推进重点项目建设	市经委	市发改委、规划局、国土资源局、环保局等	2009—2010年
7	促进汽车产业园区建设，引导产业集聚发展	市经委	市发改委、财政局、国土资源局、国税局、地税局、环保局、安监局、国资委等	2009—2011年

济南市人民政府

二〇〇九年七月一日

23. 济南市新能源产业发展规划(2009—2011年)(节选)

完善支持新能源产业发展的政策体系。发挥各级财政资金引导作用，加大对新能源产业支持力度。继续实施阳光学校（宾馆）工程，扩大补贴范围，支持学校和宾馆安装太阳能集热系统。落实家电下乡补贴政策，鼓励开发农村适用型太阳能热水器；结合开展“百万农户建新房”工程，推广太阳能热水器下乡。加快实施城市光伏屋顶计划，扩大光伏产品在城市景观照明等方面的应用。抓住我市列入国家新能源汽车“十三城千辆”示范城市的契机，鼓励新能源汽车项目研发生产。落实支持新能源发展的财税政策，实施新能源产品政府采购制度。积极支持企业扩大出口，提高创汇能力；拓宽企业融资渠道，鼓励各类金融、担保机构和风险投资公司加大对新能源产业投入，建立多元化投融资长效机制。

济南市人民政府

二〇〇九年六月三十日

24. 淄博市电动车管理暂行办法

第一条 为加强节能减排，保护资源环境，推广新能源产品，促进电动车持续健康发展，制定本办法。

第二条 本办法所称电动车是指以铅酸电池、锂电池等为动力的四轮纯电动轿车或电动货车。电动车最大时速不超过70km/h。

第三条 本市行政区域内电动车的生产、销售和使用适用本办法。

第四条 电动轿车的主要技术参数为：外廓尺寸≤4 600 mm ×1 710 mm ×1 500 mm；出厂时一次充足电续驶里程≥70km；百公里耗电量≤20kW · h；侧倾稳定角≥35°；最大爬坡能力≥20%；最小离地间隙≥120mm。

第五条 电动货车的主要技术参数为：外廓尺寸≤5 000mm ×1 800mm ×2 100mm；出厂时一次充足电续驶里程≥70km；吨百公里耗电量≤50kW · h；侧倾稳定角≥35°；最大爬坡能力≥20%；最小离地间隙≥1 30mm。

第六条 电动车限于在1级以下（含1级）公路行驶，走机动车道。

第七条 电动车参照机动车管理，实行登记制度。电动车经公安机关交通管理部门登记方可上路行驶。未经登记的电动车，需要临时上路行驶的，应当取得临时通行牌证。电动车在出厂时，经检验符合机动车安全技术标准，获得检验合格证的，登记时免予安全技术检验。

第八条 电动车号牌、行驶证、登记证书样式由公安机关交通管理部门参照国标式样制作，电动车号牌底色为绿色，加“电”字样，以区别其他车辆，便于管理。电动车登记挂牌时只收取国家规定的工本费。

第九条 参照《中华人民共和国机动车驾驶证管理办法》，电动车的驾驶人员应当取得C3及以上驾驶证。

第十条 电动车由国家认可的保险机构按国家有关规定承保。

第十一条 电动车发生交通事故，参照机动车的管理规定依法处理。

第十二条 电动车的报废期限为8年或行驶20万公里，报废程序参照国家车辆管理有关规定执行。

第十三条 为支持电动车产业的发展，鼓励企业技术创新，对购买本市生产的电动车产品，免缴车辆过桥过路费。

第十四条 电动车生产企业须是在《车辆生产企业及产品公告》目录内的整车生产企业，产品通过市级以上检测机构检测，产品标准经市级及以上质检部门备案。

第十五条 电动车生产企业应当不断完善生产、检测设备，保证产品质量，提高自主创新能力，不断优化产品结构，以适应市场和客户的需求。

第十六条 电动车经营单位应当为每辆电动车的销售情况建立档案，实行质量信息反馈机制和售后服务制度，公布服务内容，并严格履行。

第十七条 在国家、省尚未出台相关政策和标准前，电动车管理暂按本办法执行，待国家、省相关政策和标准公布后，执行国家、省的规定。

第十八条 本办法自印发之日起实行。

淄博市人民政府办公厅

二○○九年三月十八日

25. 山东聊城市电动汽车管理暂行办法

市发改委、市经贸委、市公安局：

第一条 为促进电动车持续健康发展，加强节能减排，保护资源环境，推广新能源产品，制定本办法。

第二条 电动车是新兴产品，在国家尚未出台政策前，本市暂执行该办法，待国家标准公布后，以国家发布的管理规则为准。

第三条 本办法所称电动车是指以铅酸电池或锂电池为动力，最高时速50km/h以下，四个车轮的纯电动车辆。

第四条 在国家标准和技术规定没有明确前，电动车在交通管理方面参照机动车管理。

第五条 电动车的主要技术参数为：外廓尺寸：≤3 600mm ×1 600mm ×1 600mm，最小转向圆直径≤10m，出厂时一次充足电续驶里程≥70km，百公里耗电量＜15kW · h，侧倾稳定角＞35°；最大爬坡能力≥20%，最小离地间隙＞120mm。

第六条 电动车限于在一级以下（含一级）公路行驶，走机动车道。

第七条 电动车牌照由相关部门参照国家标示样制作，可加入“电”或“电动”字样，以区别其他车辆，便于管理。

第八条 参照国家《机动车驾驶证管理办法》，电动车的驾驶人员应当取得C2及以上驾驶证，准予驾乘4人（包括驾驶员）。

第九条 电动车由国家认可的保险机构按国家有关规定承保。

第十条 电动车发生交通事故，参照机动车的管理规定依法处理。

第十一条 电动车的报废期限为8年或行驶20万公里，报废程序参照国家车辆管理有关规定执行。

第十二条 在国家没有明确规定前，为支持电动车产业的发展，鼓励企业技术创新，对电动车暂不收取相关费用。

第十三条 电动车生产企业须是由国家发改委《车辆生产企业及产品公告》内的整车生产企业，产品通过市级以上检测机构检测，产品标准经市级以上质监部门备案。

第十四条 电动车生产企业要不断完善生产，检测设备，保证产品质量，提高自主创新能力，不断优化产品结构，以适应市场和客户的需求。

第十五条 电动车经营单位要为每辆车的销售情况建立档案，实行质量信息反馈机制和售后服务制度，公布服务内容，并严格履行。

第十六条 本办法适用于在聊城市辖区内从事电动车制造、销售、使用的单位和个人。

第十七条 本办法自下发之日起执行。

聊城市人民政府办公室

二○○八年七月三十日

26. 四川省汽车产业调整和振兴行动计划(2009—2011年)(节选)

一、重点任务

(一) 提高企业自主创新能力

围绕提高整车性能和新能源汽车的技术进步方向，启动一批关键技术创新项目。加大对汽车产业的国家和省级企业技术中心的扶持力度，加强企业技术中心能力建设，提高自主创新能力。到2011年，力争全行业技术研发经费投入占销售收入的比重从2007年的0.53%提高到1%，整车和发动机等重点零部件企业达到2%，国家和省级技术中心企业达到3%；支持建立零部件通用标准、物流配送、产品技术信息交换等协同制造平台，建立完善企业信息化体系，提高企业以制造业为主的综合信息化管理水平。

(二) 实施技术改造专项

以整车和关键零部件、新能源汽车开发应用为重点，加快推进一汽大众成都公司一期新建、四川丰田搬迁扩建、成都王牌10万辆整车扩能改造、南骏汽车10万辆整车配套改造、绵阳华瑞汽车6万辆技改、凯力威科60万子午轮胎和成都易控柴油电喷技改等一批在建项目。积极落实资阳玉柴发动机公司5万台柴油发动机、新晨动力10万台小排量汽油发动机、成都高原SUV、成客公交车底盘等一批新上项目。力争2011年新竣工投产项目新增销售收入300亿元。

(三) 实施汽车自主品牌战略

支持自主品牌汽车企业扩大销售，完善城乡服务网络，提高自主品牌汽车在我省的市场份额。加大对本省自主品牌汽车出口的扶持。支持自主品牌汽车建立技术研发中心，开发适合西部道路交通特点和满足农村市场的汽车产品。支持通过引进技术、联合开发、合资合作、兼并重组等多种方式发展自主品牌。各级各部门要加大对自主品牌、本地优势品牌汽车和零部件生产企业提高产销量、扩大出口的政策扶持，保障企业融资需求和项目建设用地。鼓励有关单位在同等条件下优先采购省内自主品牌汽车产品，在车辆管理方面给予支持。

(四) 鼓励新能源汽车开发应用

实施新能源汽车发展战略，引导企业开发应用电动汽车和节能、环保、安全新技术。加快研发和布局新型天然气汽车，2009年年底前以引进先进技术集成创新为突破，完成电动、油电混合动力城市公交客车、乘用车的研制。2011年前，在研究提出我省新能源汽车使用鼓励政策的基础上，建成电动汽车、天然气汽车产品自主开发平台，形成一批具有自主知识产权的节能、环保、安全新技术、新产品、新工艺和新材料。

二、行动计划实施

本行动计划实施从2009年至2011年，期限为3年，2009年为启动年。以后年度根据产业发展实际对重点任务、重点项目进行动态调整。

附件1：

有关部门工作分工表

序　号	工作任务	牵头单位	参加单位
1	组织实施“汽车下乡”	省财政厅	省经委、农业厅、商务厅、发改委
2	落实促进新能源汽车的支持政策	省财政厅	省发改委、科技厅、经委、环保局、交通厅、国税局、地税局、有关市县人民政府
3	促进二手车市场发展、规范二手车市场秩序	省商务厅、省工商局	省财政厅、公安厅、经委、发改委、国税局、地税局
4	推进四川汽车产品出口	省商务厅	省发改委、经委、财政厅、成都海关、质监局
5	制定新能源汽车基础设施建设规划	省发改委	省科技厅、建设厅、有关市县人民政府
6	组织制定实施汽车生产企业兼并重组的政策措施	省经委	省财政厅、人民银行、国资委、国税局、地税局、银监局、发改委
7	支持企业技术改造、技术创新、汽车产业园区建设	省经委	省财政厅、发改委、科技厅、环保局

续表

序 号	工作任务	牵头单位	参加单位
8	组织实施汽车相关标准	省经委、质监局	省发改委、环保局
9	落实国家《汽车产业发展政策》	省经委	省发改委、科技厅、财政厅、环保局、商务厅、成都海关、国税局、地税局、工商局、质监局、法制办、标准委

附件2：

汽车产业技术进步与技术改造专项表

名 称	实施内容	目 标
整车产品	生产排放达到国Ⅲ标准，并具有国Ⅳ标准储备，燃油经济指标达到或超过国家燃油消耗量限值第三阶段水平的整车产品。 生产具有自主知识产权、自主品牌的节能环保小排量乘用车产品。	2009年排放达到国Ⅲ标准，并具有国Ⅳ标准储备，燃油经济指标达到或超过国家燃油消耗量限值第三阶段水平的轿车整车产品下线，省内产载货车基本达标。
燃油汽车动力系统	采用高压共轨、缸内直喷、可变进气系统、电子油门控制、稀薄燃烧、增压和中冷等技术，开发生产高效内燃机，使汽柴油发动机升功率大幅提升。	2010年省内产汽油发动机达到：1.0升及以下不低于55 kW/L，1.0升以上不低于50 kW/L。 柴油发动机达到：3.0升以下不低于40kW/L，3.0升以上不低于30 kW/L。
关键零部件	无级变速器、自动变速器（6挡以上）、乘用车用手动变速器（6挡以上）、双离合器变速器、电控机械变速器的生产。 电动转向装置、主动（被动）悬架系统、商用车与越野车用空气悬架、电涡流缓速器、载重车盘式制动器、ABS/TCS/ESC系统、电动驻车制动系统、启动/发电机/飞轮一体机、驱动电机、42伏电源系统的生产。 底盘电子控制系统、安全气囊、智能前灯和中央照明系统、电子仪表、防盗系统、总线控制系统（CAN/LIN）、电控空调压缩机模块的开发和生产。 行驶记录仪、车载自动诊断系统（OBD）等车载电子信息平台的制造。	2010年引进、研发载货车自动变速器。 启动电动转向装置、载重车盘式制动器、小排量微型载货车底盘电子控制系统等关键零部件研制，以及行驶记录仪、车载自动诊断系统（OBD）等车载电子信息平台的研制。
节能和新能源汽车及关键零部件	代用燃料汽车及关键零部件的开发生产（包括CNG、LNG、氢燃料、生物燃料、合成燃料、二甲醚燃料及灵活燃料汽车）。 纯电动和混合动力轿车、客车关键技术的开发生产（包括动力电池系统、电机及电池管理系统、怠速停机系统）。 燃料电池汽车及关键零部件开发和制造（包括燃料电池及催化器、电极、复合膜和双极板等电池关键材料，质子交换膜）。	2009年启动CNG、LNG天然气汽车整车及关键零部件开发。 2010年整车产品下线。 2009年混合动力电动客车下线。 2009年启动研发，2010年混合动力电动轿车下线。
车辆轻量化及新材料	轻量化车身材料的生产。 蜂窝载体、粉末冶金零部件、颗粒物捕集器（DPF）载体等新材料的开发应用。	2009年重点启动载货车轻量化车身材料的研制。
生产、验证体系	汽车模具、夹具、检具等通用设备设计制造。 精密锻造、多工位压力成型及铸造技术开发生产。 车辆试验及维修检测系统开发及生产。 汽车生产过程的节能减排技术改造。	2009年重点启动汽车模具、精密锻造技术开发和生产。 2011年重点基本完善整车和销售企业车辆试验及维修检测系统。

四川省政府

二〇〇九年十月二十七日

27. 成都市新能源产业发展规划(2009—2012)(节选)

按照市委、市政府关于“加快新兴产业发展，培育新的经济增长点”的战略部署，为加快我市太阳能、核能、风能、新能源汽车和半导体照明等新能源产业发展，特制定本规划。

一、新能源产业发展现状

（一）新能源汽车。随着汽车核心部件动力电池技术的发展，全球新能源汽车近几年呈现高速发展的态势。据预测，2015 年全球新能源汽车市场需求将达 500 万辆，带动相关产业产值 3 万亿元以上。国家《汽车产业调整振兴规划细则》提出，到 2011 年，我国将形成 50 万辆纯电动、充电式混合动力和普通型混合动力等电动汽车产能，电动汽车销量占乘用车销售总量的 5%左右。2009 年，科技部、财政部组织实施了“十城千辆”新能源汽车示范工程。近年来，我国车用动力电池核心技术不断取得突破，纯电动汽车发展势头尤为迅猛。

二、成都新能源产业优势及劣势分析

（一）新能源汽车

优势：我市电动汽车消费市场潜力巨大，且具备较好的产业发展基础，后发优势较为明显。一汽丰田、川汽集团、一汽大众成都分公司等整车企业具备较强的总装实力。中科院成都有机所已掌握锂离子电池生产核心技术，电池隔膜制造技术处于国内领先水平。宝生实业镍氢动力电池技术在我国处于领先地位。四川丰富的稀土和锂矿资源，为我市发展车用镍氢、锂离子动力电池提供了原材料保障。

劣势：我市整车尚处于起步阶段，还缺乏相应的整车和电机、电控系统关键部件龙头企业。

三、总体思路和发展目标

（一）总体思路。以技术研发为支撑，以重点企业为载体，重大项目为抓手，突出发展太阳能、核能、风能关键技术、系统集成及核心部件制造和新能源汽车、半导体照明应用产品，做大做优新能源产业，加快建设成都（国家）新能源高技术产业基地，加快推进新能源产业实现跨越式发展。

（二）发展目标。到 2012 年，新能源产业投资完成 200 亿元以上，实现销售收入 550 亿元，培育年销售收入 100 亿元新能源企业 1 户，在省内适宜地区建成国内首座 10 兆瓦太阳能光热示范电站，建成西部第一、国内领先的新能源高技术产业基地。

成都市新能源产业年度目标分解表

年度 项目	2009 年 主营业务收入 (亿元)	2010 年 主营业务收入 (亿元)	2011 年 主营业务收入 (亿元)	2012 年 主营业务收入 (亿元)
太阳能	24	100	200	300
核　能	17	22	30	40
风　能	22	35	60	80
新能源汽车	0	1	20	50
半导体照明	10	20	40	80
合　计	73	178	350	550

四、规划布局和发展重点

（一）规划布局

建立以双流县为新能源产业发展核心区，新津县多晶硅材料产业发展区、龙泉驿区新能源汽车产业发展区、郫县-成都高新区半导体照明产业发展区为配套发展区的整体布局。

（二）发展重点

1. 新能源汽车

(1)技术研发。重点研发锂离子电池、无钕稀土系镍氢电池等新能源汽车动力电池核心技术、电机及电控系统核心技术、新能源汽车整车制造技术。

(2)系统集成。重点发展纯电动汽车充换电系统。

(3)关键部件制造。重点发展纯电动汽车和混合动力车的整车制造、感应电机、数字化永磁同步电机、开关磁阻电机及复合全控型电压驱动式功率半导体集成模块、集成智能传感器等电机及电控系统。

五、推进措施

（一）发挥市场优势，加快新能源汽车推广应用

1. 积极探索建立具有赢利前景的电动汽车商业

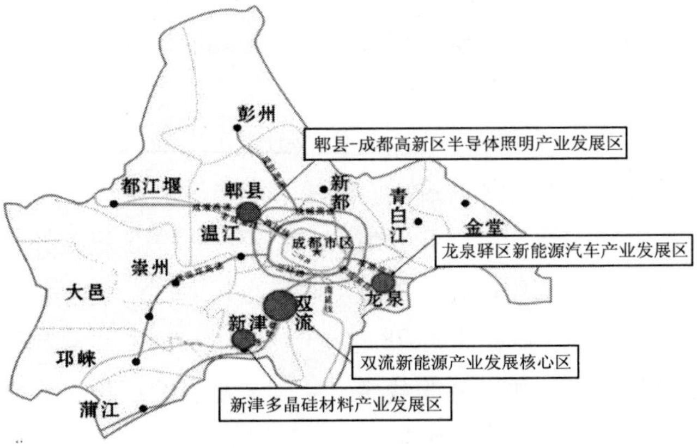

成都市新能源产业发展规划布局示意图

运营模式，紧密联合国家电网、日产公司等产业龙头企业和美国 BETTER PLACE 公司等充换电服务提供商，先期在我市建立 5～10 个充电中心、15～20 个换电站、75～200 个换电门店及充足的充电柱等充换电网络。

2. 积极争取财政部、科技部将我市增补成为“全国节能与新能源汽车示范推广试点城市”，同时利用建设统筹城乡综合配套改革试验区的机遇，积极向工业和信息化部、交通运输部争取支持，力争形成我国电动汽车发展的政策“高地”。

3. 制定我市新能源汽车购置、行驶、停放、使用等方面的优惠政策，鼓励购买我市生产的新能源汽车。

成都市人民政府

二〇〇九年十一月二十六日

28. 南昌市节能与新能源汽车产业发展规划（2009—2015 年）（送审稿）（节选）

一、发展思路和目标

（一）发展思路

坚持开放与加快自主发展相结合，通过与国内外大集团的战略合作，以及国内各省市节能与新能源汽车产业联盟的合作，实现资源上的优势互补和共享、技术上的借鉴与融合。充分用好用足省内节能与新能源汽车相关优势资源，以示范应用工程为引导，市场拉动、科技支撑、政策扶持为手段，以混合动力、纯电动汽车及其关键零部件为突破口，加速节能与新能源汽车的产业化进程，尽快形成较为完善的节能与新能源汽车产业链，节能与新能源汽车整体技术水平达到于国内先进水平。以节能与新能源汽车的发展，优化汽车产业、产品结构，提升我市汽车产业的自主创新能力和核心竞争力，积极参与国内外市场的竞争，使我市节能与新能源汽车产业走上持续、快速、健康发展的轨道。

（二）发展目标

1. 产能目标

整车：至 2012 年，达到节能与新能源汽车年产 1 万辆的能力，实现销售收入 35 亿元。到 2015 年形成节能与新能源汽车年产 3 万辆的能力，产销量占到全国市场的 6%。其中出口纯电动微型轿车 5 000辆。

关键零部件：到 2015 年形成年产动力模块 3 万台（套）能力，锂离子单体动力电池产能达 5 000 万安·时，节能与新能源汽车动力传动系统产能达 4 万台（套）。

2. 经济目标

到 2015 年全市节能与新能源汽车及关键零部件销售收入达 100 亿元（其中出口创汇 5 亿元）。工业增加值达 25 亿元，利税总额 15 亿元。

3. 技术目标

规划期内，坚持技术跟踪与技术创新相结合、自主创新与技术引进相结合，大力发展具有自主知识产权的节能与新能源汽车关键技术和产品，形成一定的节能与新能源汽车关键技术储备，形成较为完善的节能与新能源汽车产业链，节能与新能源汽车整体技术达到国内先进水平。

4. 重点企业发展目标

（1）江铃汽车集团改装车有限公司将形成年产 1 000台全顺纯电动商务车的能力、年产 1 000 台纯电动匹卡工程车的能力。

（2）江铃新动力汽车制造有限公司形成年产2 000台纯电动轻卡（环卫用车及电力工程车）的能力。

（3）江铃控股形成年产 5000 辆风华纯电动轿车、年产 5 000 辆风尚混合动力车的能力。

（4）凯马百路佳形成年产 1500 辆纯电动与混合动力的城市（公交）客车的能力。

（5）江西消防车辆制造厂形成年产 200 辆纯电动与混合动力的城市（公交）客车的能力。

（6）江铃汽车集团将形成年产 4 万台节能与新能

源汽车动力传动系统的能力。

(7)南昌福瑞德科技有限公司在2015年前形成年产1万台套电动汽车关键零部件包括电机、电机控制系统、自动变速箱和整车智能控制系统的能力，5 000台各类型电动汽车整车制造能力。

(8)江西昌大科技公司将形成年产3万台套电动汽车模块的能力。

(9)江西美亚能源股份有限公司形成年产4 000万安·时磷酸铁锂动力电池能力。

(10)和强实业有限公司形成年产5 000万安时(Ah)锂离子单体动力电池能力。

二、基本任务及重点建设项目

(一)基本任务

当前和今后一段时期是发展节能与新能源汽车的重要机遇期，我市必须抓住机遇，坚定不移地实施国家确立的节能与新能源汽车战略，坚持节能减排的总体导向，努力优化汽车产业、产品结构。面临的基本任务主要有：

1. 组建节能与新能源汽车产业战略联盟，以科技为支撑，以市场为导向，增强自主创新能力，提升产学研结合的组织化和制度化，共创市场、共享资源、共同发展。

2. 江铃集团在已开发全顺纯电动服务汽车的基础上，加大资金投入，利用现有存量，整合社会资源，继续开发江铃系列轻卡、皮卡、轿车等纯电动、混合动力汽车，尽快形成节能与新能源汽车产能规模化。

3. 凯马百路佳要加大纯电动和混合动力城市公交客车开发力度，努力形成小批量生产能力，为城市运动会服务。

4. 江西消防车辆制造厂要加快纯电动和混合动力公交客车开发进度，尽快形成小批量生产能力。

5. 江西昌大创新科技发展有限公司要尽快开发各类纯电动、混合动力汽车的动力模块，实现动力模块产品系列化。

6. 江西美亚能源股份有限公司、和强实业有限公司要尽快开发汽车用锂离子单体动力电池。

7. 南昌福瑞德科技有限公司开发电动汽车专用变速箱，电机控制系统等节能与新能源汽车的关键零部件。

8. 充分发挥我省丰富的资源优势，积极扶持锂离子动力电池和汽车用高性能永磁驱动电机等节能与新能源汽车关键零部件技术和产品的研发。

(二)重点建设项目

为实现南昌市节能与新能源汽车发展总体目标，必须引导企业加大投入，加快节能与新能源汽车及其关键零部件的研究和开发。在2009—2015年期间，全市节能与新能源汽车重点建设项目14个，总投资7亿元，年销售收入近78亿元(详见附表)。重点建设项目是加快发展的载体，是科学发展的抓手，要始终坚持科学发展，狠抓项目不动摇。这些重点建设项目是动态的，与时俱进的，在加快发展过程中，还将不断地谋划、启动、引进一批新的重大项目。用项目扩张总量、用项目优化结构、用项目增强后劲、用项目提升优势、用项目推动我市节能与新能源汽车产业实现跨越式发展。

三、保障措施

(一)组织保障

成立由市政府主要领导担任组长，市政府相关部门为成员的节能与新能源汽车产业发展协调领导小组。领导小组定期召开协调会，形成制度化。通过协调会及时掌握节能与新能源汽车产业发展及重点项目进度情况，协调并解决工作中遇到的问题。

(二)政策保障

积极实施节能与新能源汽车战略，在短时期内出台鼓励节能与新能源汽车产业发展的一揽子政策，力争将节能与新能源汽车项目列入省级项目库中，获得省政府的资金支持。

成立精干的机构，明确责任，认真落实国家制定的促进节能与新能源汽车消费的支持政策，积极争取省财政安排的补贴资金，具体负责市财政支持、配套资金的及时到位。

(三)技术支撑

组建节能与新能源汽车产业战略联盟。产业联盟本着共创市场、共享资源、共同发展的宗旨，从产业的层面，增强自主创新能力，提升产学研结合的组织化和制度化，有效地解决目前产业集中度不够、原始创新匮乏、共性技术供给不足和核心竞争力不强的突出问题，加快创新成果大规模商业化应用，打造具有较强竞争力的产业集群，提升南昌市汽车行业在新能源领域的竞争力，推动节能与新能源汽车产业的超常规发展。通过产业战略联盟的运作，既加强企业之间的合作，又充分促进企业之间的竞争，使产业链上下游更加紧密，降低成本，提高效益。

（四）对外开放

以节能与新能源汽车产业战略联盟为平台，加大对外开放和对外合作的力度，以科学发展为指导，立足现有基础，坚持有所为有所不为的原则，坚持技术跟踪与技术创新相结合、自主创新与技术引进相结合，充分利用好国内外优势资源，加强交流，引进项目、引进人才，实现节能与新能源汽车产业又好又快科学发展。

（五）市场培育

努力推广使用节能与新能源汽车。充分利用我市列入国家节能与新能源汽车示范推广工作试点城市的契机，稳步推进试点示范工作，率先在城市公交、出租车等领域推广使用节能与新能源汽车，同时要逐步向城市环卫、公务、观光旅游等领域推广。稳步推进节能与新能源汽车充电站点、维修网络的建设，纳入城市总体规划，创造节能与新能源汽车消费良好的政策环境和市场环境，培植节能与新能源汽车的市场需求。

（六）加大投入

加大政府的引导、扶持力度，市政府每年安排一定资金，支持节能与新能源汽车产业的发展，对节能与新能源汽车及其关键零部件的开发与研制进行有针对性的、持续的扶持。同时，出台相应的鼓励政策，鼓励国内外投资者积极参与我市节能与新能源汽车及其关键零部件研发、生产的投资。

附件：

南昌市节能与新能源汽车重点规划项目表

序　号	项目单位	项目名称	投资额（万元）	效益（万元）		产能或规模
				年销售收入	年创利税	
1	江铃控股有限公司江铃汽车集团公司	节能与新能源汽车动力传动系统建设项目	21 600	42 700	6 500	年产 4 万套
2	江西昌大科技创新发展有限公司	动力电池管理系统建设项目	1 600	20 000	4 500	年产 3 万套
3	江西昌大创新科技发展有限公司	整车智能控制系统建设项目	1 600	20 000	4 500	年产 3 万套
4	江西昌大创新科技发展有限公司	电动汽车电机控制器建设项目	1 800	60 000	4 950	年产 3 万套
5	江西美亚能源股份有限公司	磷酸铁锂动力电池产业化项目	15 000	32 000	6 800	年产锂离子动力电池 4 000 万安时
6	江铃控股有限公司江铃汽车集团公司	新能源轿车项目	5 000	125 000	12 500	年产陆风纯电动车、混合动力轿车 10 000辆
7	江铃新动力汽车制造有限公司	新能源轻卡建设项目	4 000	150 000	14 500	年产 2 000 辆
8	江铃新动力汽车制造有限公司	新能源中巴建设项目	4 000	125 000	13 000	
9	江铃汽车集团改装车有限公司	新能源全顺商务车建设项目	4 000	90 000	8 500	年产 1 000 辆
10	江铃汽车集团改装车有限公司	新能源匹卡工程车建设项目	3 000	68 000	6 500	年产 1 000 辆
11	南昌福瑞德科技有限公司	1 万套（10 ~ 80 千瓦）动力电机和电机控制器项目	3 413	20 000	5 400	年产 1 万套
12	南昌福瑞德科技有限公司	1 万套电动汽车专用自动变速箱项目	1 797	7 000	1 890	年产 1 万套
13	南昌福瑞德科技有限公司	1 万套整车智能控制系统项目	1 475	3 500	945	年产 1 万套

续表

序　号	项目单位	项目名称	投资额（万元）	效益（万元）		产能或规模
				年销售收入	年创利税	
14	江西消防车辆制造厂	新能源公交客车	3 000	15 000	1 000	年产 200 辆
15	江西凯马百路佳客车有限公司	新能源客车	5 000	25 000	1 000	年产 1 500 辆
		合　计	76 285	803 200	92 485	

南昌市科技局

二○○九年十二月一日

29. 南昌市人民政府关于扶持节能与新能源汽车产业发展的若干政策措施（送审稿）（节选）

为贯彻落实国家《汽车产业调整和振兴规划》、《关于开展节能与新能源汽车示范推广试点工作的通知》（财建[2009]6 号）和江西省委、省政府关于发展节能与新能源汽车产业的有关精神，大力推进我市节能与新能源汽车示范推广试点工程，扶持节能与新能源汽车产业的发展，结合我市实际，特制定本政策措施。

1. 按照国家和江西省发展新能源汽车产业的有关精神，结合我市实际情况，科学规划，引导传统汽车企业开发新能源汽车，优化产业结构，推进新能源汽车产业健康有序快速发展。

2. 设立节能与新能源汽车产业发展与示范推广专项资金，从 2009 年起，市财政每年安排不低于 2000 万元，支持节能与新能源汽车研发、产业化和应用示范推广。

3. 对纳入国家汽车产品目录的节能与新能源汽车的基本车型、扩展车型、推荐车型，每项一次性分别给予 80 万元、20 万元、50 万元的补助。

4. 鼓励国内外企业、高校、科研院所等单位在我市建立节能与新能源汽车研发机构，经有关部门认定为国家、省、市工程技术研究中心和重点实验室，一次性分别给予 100 万元、50 万元、20 万元的资金资助。

5. 对节能与新能源汽车企业为开发新技术、新产品、新工艺发生的研究开发费，可以在计算应纳税所得额时加计扣除。即未形成无形资产计入当年损益的，在按照规定据实扣除的基础上，按照研究开发费用的 50%加计扣除；形成无形资产的，按照无形资产成本的 150%摊销。

6. 对于企业当年固定资产项目投资额 3 000 万元以上的，对项目实际发生的银行贷款按人民银行公布的同期贷款基准利率给予为期 1 年的贴息，最高不超过 300 万元，贴息资金由市财政和受益财政各承担 50%。

7. 将新能源汽车纳入政府采购目录，本市各级政府采购的公交和公务用车在同等条件下优先选择市自产车型，对市政府及各部门购置的公务用车不计入各单位的定编指标。

8. 对本市各单位按照《南昌市节能与新能源汽车应用示范推广实施方案》购置的应用示范车辆，除享受国家和省政府有关规定的补助外，市财政按国家补贴标准的 20%给予配套补助。

9. 积极推荐节能与新能源汽车项目列入省级重点、重大项目，优先解决企业项目用地。

10. 建设节能与新能源汽车信息化管理平台。采集示范车辆运行的各种动态数据，统计运行基础数据，分析技术经济指标，为应用示范推广工程提供数据支撑。

11. 对购置的节能与新能源出租车，在试用期内免除有偿使用费和营运税。

12. 对本市单位和个人购买的节能与新能源汽车，免交市内路桥规费。

13. 对获得的节能与新能源汽车相关专利等知识产权，从市知识产权专项资金中给予申办费用全额补助；对具有重大社会效益或经济效益的知识产权项目给予奖励。

14. 鼓励和支持节能与新能源汽车企业和研发机构引进高层次人才。对市人事部门确定的“重点高层次人才”，按市有关政策发放补贴，并对其子女教育、家属就业和医疗保障等给予优先安排。

15. 鼓励驻昌高等院校开设节能与新能源汽车专业技能课程，支持重点企业设立博士后工作站，培养造就后备人才；支持企业加强内部员工的培训，按照市政府《关于进一步加强技能人才培养工作的意见》，优先给予补助。

16. 对长期在本市从事节能与新能源汽车业务的企业人员，实行出国任务批次一次审批，全年有效的办法；对符合条件的境外高层次人才和投资者提供出入境及居留便利；对其中需要多次临时出入境的境外人士，可办理2～5年多次出入境有效、每次停留不超过1年的F字（访问类）签证；对其中需要在我市工作并长期居留的境外人士，可办理2～5年有效的居留许可。

17. 本政策措施自发布之日起施行。

南昌市科技局

二〇〇九年十一月一日

30. 安徽省汽车产业调整和振兴规划(节选)

安徽省汽车产业经过40多年的发展，已初步形成较为完整的产业体系和自主品牌优势，在安徽省经济增长和增加就业等方面起着十分重要的作用，已成为安徽省的支柱产业。为全面落实国家《汽车产业调整和振兴规划》，在已经省政府同意发布的八大支柱产业规划基础上，特编制《安徽省汽车产业调整和振兴规划》。规划期为2009—2011年，远期目标到2020年。

一、指导思想及发展思路

（一）指导思想

认真贯彻落实科学发展观，实施工业强省战略，大力推进汽车企业联合重组，加强关键技术研发和创新能力建设，重点发展节能环保、新能源汽车和汽车相关基础原材料产业，完善汽车零部件配套体系。加大招商引资、合资合作力度，积极开拓海外及国内城乡市场，促进汽车产业平稳较快增长，通过3年乃至更长时间的调整，使安徽省汽车产业更有活力、更有后劲、结构更合理。

（二）发展思路

1. 大力发展节能环保汽车和新能源汽车，以经济型小排量汽车、纯电动汽车、混合动力汽车和燃料电池汽车等产品为重点方向，优化产品结构。

2. 用高新技术和先进适用技术加快汽车产业技术升级，提升自主研发和技术创新能力，积极发展中高档乘用车，提高自主品牌和企业综合竞争能力。

3. 进一步完善汽车零部件配套体系。重点围绕汽车用发动机、汽车变速箱、车桥、汽车电子产品等关键零部件，强化投入，重点突破，实现产业集群的快速增长，加速提升我省汽车零部件整体水平。

4. 坚持自主创新和引进消化吸收相结合。抓住国内外两个市场，坚持引进外资、合资合作与东向发展并举，既要引进来，又要走出去，大力发展外向型经济，进一步扩大汽车出口。

二、振兴目标

（一）技术进步得到显著加强

到2011年，汽车产业产品研发投入占销售收入的比重达2.5%以上，重点企业达4%以上。小排量乘用车节能、环保和安全性指标力争达到国际先进水平；大中型客车达到国际先进水平；重型、中重型、轻型载货车达到国际水平；新能源汽车综合性能指标达到国际先进水平。到2020年，研发投入占销售收入的比重达5%左右，中高档乘用车综合性能指标达到国内一流水平。

（二）产品结构得到明显改善

以节能环保和新能源汽车为重点，实现产品技术升级，自主研发乘用车产品30个以上，产品水平逐步迈向中高档；研发制造商用车产品20个以上。其中：混合动力、纯电动和代用燃料汽车产品占10%以上；节能环保汽车产品占80%以上，并实现产业化。大力发展自主品牌，汽车整车争创1～2个中国名牌产品，汽车零部件争创2～5个中国名牌产品、40～50个省级名牌产品。新产品销售收入占销售收入的60%以上。

三、发展重点

1. 新能源汽车产业化。以纯电动汽车和混合动力汽车实现重大突破为主要发展方向，加大对新能源汽车产业化的扶持力度。重点研发汽车动力电池、控制系统等关键部件，提高产品可靠性和安全性，并扶持关键部件降低成本、尽快产业化。

加快弱混合动力与中度混合动力汽车产业化步伐，推进强混合动力汽车、替代燃料汽车和纯电动汽车的研究和开发。支持芜湖奇瑞国家节能环保汽车工程技术研究中心建设，进一步提升发动机性能，推动汽车节能环保技术的发展。

支持安凯客车采用锂电池和超级电容作为动力总成开发纯电动客车，积极推广天然气客车。

2. 自主研发和技术创新能力得到明显提高。在充分发挥我省汽车行业已有的1个国家级汽车节能环保工程实验室、2个国家级汽车企业技术中心、18个省级企业技术中心及国家汽车零部件产品质量监督检验中心（芜湖）作用的基础上，加大对重点骨干企业的资金、政策优惠支持力度，鼓励“产学研”相结合，提升自主研发和创新能力建设。

3. 节能环保汽车技术水平得到显著提升。重点发展节能环保型小排量经济型轿车和微型车，通过汽车轻量化技术研究及应用，重点发展高技术水平的环保型小排量汽车用汽油发动机和柴油发动机，研发发动机可变配气相位技术、缸内直喷技术、增压中冷技术、废气再循环技术、稀薄燃烧技术、高压共轨喷射、电控燃油喷射等技术应用，提升小排量经济型汽车的技术水平。

四、对策措施

在全面落实国家《汽车产业调整和振兴规划》相关政策基础上，结合我省实际，重点采取以下对策措施。

（一）大力推动汽车企业联合重组。加大改革力度，支持奇瑞、江汽、华菱、昌河、扬子、全柴等按市场原则在省内进行联合重组，力争形成一个产能百万辆以上的汽车企业集团，进入国家重点支持序列。同时，积极支持组建“安徽省新能源汽车集团”，加快新能源汽车开展跨地区、跨部门的联合。

（二）进一步增强自主研发能力。通过产学研合作，加大对关键零部件、基础原材料等的研发生产，推动零部件企业提高省内配套率的同时，积极拓展国内外市场。对能扩大省内配套又能出口的零部件产品，优先发展。对能拉动县域经济发展的劳动密集、技术含量较高的县级汽车零部件企业，扶持发展。

（三）加大对新能源汽车发展和销售的扶持力度。大力推广新能源汽车在我省城市中的使用。今后城市新增公交车和出租车一律购买省产混合动力汽车和纯电动汽车。对符合机动车运行安全技术条件的新能源汽车实行登记管理，减免新能源汽车的各种税费。对电动汽车充电站建设用地和配套资金给予支持。

安徽省人民政府

二〇〇九年五月六日

31. 杭州市汽车产业发展若干意见（节选）

各区、县（市）人民政府，市政府各部门、各直属单位：

为推进产业升级转型，将汽车产业培育成为我市经济发展的重要支柱产业，结合国家《汽车产业调整振兴规划》精神，现就加快我市汽车产业发展提出如下意见。

一、指导思想和基本原则

（一）指导思想。以科学发展观为统领，以实施《汽车产业调整振兴规划》为契机，以发展整车产业为突破口，不断提升汽车零部件产品结构优化和技术创新能力，提高汽车零部件的技术含量和附加值，逐步完善汽车设计、研发、制造、贸易、物流、金融以及教育与体育等为一体的汽车产业链，形成民营、国有、外资优势互补、资源共享的发展模式，实现我市汽车产业的跨越式发展。

（二）基本原则。坚持政府主导与企业主体、重点突破与错位发展、合理布局与集聚发展、创新带动与改造提升、强化制造与增值服务相结合的原则。

二、发展目标和重点领域

（一）发展目标

到2012年，我市汽车工业销售产值达到1 200亿元以上，全市推广节能与新能源汽车3 000辆；到2015年，汽车工业销售产值达到2 000亿元以上，汽车产业集聚效应明显，形成具有一定国际竞争力的产业集群。企业自主创新能力显著增强，力争成为国家汽车及零部件出口基地。汽车关键零部件制造业经济总量继续保持全省领先、全国先进；乘用车整车、中高档大中型客车、载货汽车和专用车制造业技术水平显著提升并形成规模；新能源汽车制造业初具规模，初步形成国内新能源汽车产业化重要基地。汽车商贸、金融、教育、服务等产业链功能逐步完善。

（二）重点领域

1. 培育发展节能与新能源（电动）汽车。以我市被列为国家节能与新能源汽车推广示范试点城市为契机，加大对节能与新能源汽车及其关键零部件研发、制造企业的扶持力度，尽快形成产业化。支持万向电动汽车有限公司、赛恩斯能源科技有限公司、浙江品森科技发展有限公司等企业研发电池、电控、电机等汽车关键部件和总成技术，推进万向、纳智捷等电动汽车产业化。

三、推进节能与新能源汽车示范推广试点

（一）健全组织，落实责任。节能与新能源汽车示范推广试点工作由市节能与新能源汽车发展协调小组（以下简称协调小组）牵头负责。各级各有关部门（单位）要密切配合，积极推动节能与新能源汽车示范推广工作。

（二）落实配套资金。在示范推广期间，市、区县（市）财政每年安排一定的专项资金，用于配套设施建设及维护保养补助。根据财政部有关节能与新能源汽车示范推广的财政补助政策，对节能与新能源汽车的购置费进行适当补助。

（三）工作重点。我市推广示范工作将电动汽车推广和产业化作为重点。市各有关部门和萧山区政府要进一步加大对电动汽车及其关键部件的研发和产业化的支持力度，特别要加大财政资助、税收优惠、用地安排等方面的支持力度，使其尽快完成研发向产业化的过渡。

（四）重点应用领域。在公交、电力、环卫、邮政、机关公务以及城市出租汽车、景区游览车等公共服务领域率先推广应用节能与新能源汽车。积极探索社会示范推广工作。

（五）有序示范推广。各示范推广单位要根据全市节能与新能源汽车总体实施方案，制订本部门示范推广计划，并报协调小组审查同意后实施。进入我市的节能与新能源车辆必须纳入国家《节能与新能源汽车示范推广应用工程推荐车型目录》，并由市节能与新能源汽车发展协调小组办公室（以下简称协调小组办公室）会同市有关部门和单位择优选择车型，报协调小组批准后，示范推广单位采取招标方式进行采购。

四、保障措施

（一）加大汽车产业财政支持力度

1. 建立专项资助资金。市财政在发展新型重化工业专项资金中，每年安排 3 000 万元汽车产业发展专项资金，主要用于扶持大江东汽车产业园项目和国家节能与新能源汽车示范推广应用项目，重点支持汽车整车和零部件生产企业的产业升级、自主创新、兼并重组。资金使用管理办法由市财政局会同市经委另行制定。

杭州市人民政府

二〇〇九年六月九日

32. 杭州市汽车产业发展专项资金管理办法(试行)

为加快推进我市汽车产业发展，逐步完善汽车产业的产业链，结合我市汽车产业发展实际，市政府决定，设立汽车产业发展专项资金。为规范专项资金的使用和管理，特制定本办法。

一、资金来源及用途

市财政在发展新型重化工业专项资金中，每年安排 3 000 万元汽车产业发展专项资金，主要用于扶持大江东汽车产业园项目和国家节能与新能源汽车示范推广应用项目，重点支持汽车整车和零部件生产企业的产业升级、自主创新、兼并重组。

二、申请条件

（一）鼓励在公交、出租、公务、环卫和邮政等公共服务领域率先推广使用节能与新能源汽车，对推广使用单位购买节能与新能源汽车的，积极争取中央财政的补贴。建立电动汽车快速充电网络，加快停车场等公共场所公用充电设施建设，市及有关区（县、市）财政对相关配套设施建设及维护保养给予一定额度的补助。

（二）列入国家节能与新能源汽车生产和研发目录的汽车整车及零部件项目，其重大产业调整升级项目和对企业承担国家、省级重大研发项目的资助资金，在原有基础上增加 30%。

杭州市人民政府办公厅

二〇〇九年五月八日

33. 江苏省人民政府汽车产业调整和振兴规划纲要(2009—2011 年)(节选)

汽车产业是国民经济的重要支柱产业，产业链长、关联度高、就业面广、消费拉动大，在国民经济和社会发展中发挥着重要作用。为应对国际金融危机影响，落实党中央、国务院保增长、扩内需、调结构的总体要求，稳定汽车消费，加快结构调整，强化自主创新，推动产业升级，促进我省汽车产业持续健康稳定发展，根据国务院《汽车产业调整和振兴规划》（国发[2009]5号）.，结合江苏省实际，制定本规划纲要。规划期为2009—2011年。

一、发展思路和主要目标

（一）发展思路

以邓小平理论和“三个代表”重要思想为指导，深入贯彻落实科学发展观，围绕保增长、扩内需、调结构的总体要求，坚持自主创新、技术领先，以结构调整为主线，推进汽车企业兼并重组，加强关键技术研发，加快技术改造，提升企业素质；积极推进产学研联合，构建完善的企业自主创新体系，突破汽车整车、节能与新能源汽车、关键零部件技术瓶颈，提升技术水平，努力使江苏省汽车工业结构更加合理，汽车制造与服务贸易同步发展，对全省经济的支撑带动作用显著增强。

（二）主要目标

研发能力逐步增强。汽车行业龙头骨干企业普遍建立“一站两中心”，基本形成以企业为主体的技术创新体系和产学研联合创新合作机制。初步具备各类汽车整车、节能与新能源汽车以及汽车发动机、变速箱等主要总成和关键零部件的自主研发能力。

二、重点任务

依托省内院校和科研院所，搭建节能与新能源汽车共性技术研发平台；支持龙头骨干企业与国内外科研机构合作，搭建节能与新能源汽车产品研发平台。加快共性技术和关键核心技术攻关，以龙头骨干企业为项目主体，实施新能源汽车及零部件开发，尽快形成高水平产业链，推进新能源汽车系列化、标准化和产业化。

尽快启动一批新能源汽车项目。南汽集团加快研发具有自主知识产权的名爵混合动力汽车，到2011年，完成适应性开发和产业化技术改造，形成年产各类混合动力汽车4.5万辆的能力；南京依维柯加快开发采用动力锂电池驱动的纯电动轻型客车，争取2009年推向市场；南汽专用车以4～11座电动车入选2010年世博会场馆用车为契机，加快技术改造步伐，形成2 000辆产能；苏州金龙与高校合作实施国家“十一五”氢燃料电池客车项目，开发混合动力客车、天然气客车；常隆组织实施城市公交电动客车小批量生产，形成800辆产能；中大与国内科研所合作，开发纯电动客车、氢动力客车，形成5 000辆产能；亚星与有关院校合作开发混合动力客车产品；春兰进一步加大镍氢环保动力电源系统的研发和技术改造投入，形成年产4 000套混合动力车用电源系统的配套能力；南京嘉远利用现有研发基础实施技术改造，形成年产2万套锂电池驱动系统能力，为城市公交和小型乘用电动汽车配套。支持南通等地打造电动汽车产业化基地，带动配套中小企业发展。

三、政策措施

（一）支持节能与新能源汽车产业化

在省科技发展专项资金中安排一定比例，重点支持新能源汽车共性技术研发平台和产品研发平台建设，加快关键核心技术和整车产品研发。鼓励和支持民营科技企业参与节能和新能源汽车及零部件研发，推进节能与新能源汽车的产业化。省级节能及发展循环经济专项引导资金对发展节能与新能源汽车给予重点支持。支持南京、无锡、苏州、南通等城市向国家有关部门申报，争取增列为国家节能与新能源汽车示范工程试点城市。在优先使用节能与新能源汽车的城市建立电动汽车快速充电网络，加快停车场等公共场所公用充电设施建设。

（二）加大技术改造力度

积极拓宽投融资渠道，引导社会资金加大对汽车产业投入力度，促进技术进步和产品结构调整。围绕企业产品升级、节能与新能源汽车研发、节能环保和安全技术攻关、关键零部件研发、汽车及零部件产业基地与出口基地建设、共性技术平台和检测平台建设等，实施一批重点项目。

附件（略）：1. 关键技术；2. 重点项目；3. 工作分工。

江苏省人民政府

二〇〇九年五月十六日

34. 广西壮族自治区人民政府关于支持汽车工业发展的政策意见

各市、县人民政府，自治区农垦局，自治区人民政府各组成部门、各直属机构：

为深入贯彻落实《中共广西壮族自治区委员会广西壮族自治区人民政府关于做大做强做优我区工业的决定》，进一步促进产业结构优化升级，增强自主创新能力，大力发展自主品牌，加快培育产业集群，实现我区汽车工业持续健康快速发展，结合实际，特提出以下意见。

一、明确总体思路和重点，加快发展步伐

（一）整车发展。以市场为导向，以产品为龙头，大力推进汽车安全、环保和节能技术的运用，加快自主创新，培育自主品牌，积极拓展海外市场，在扩大微型车国内领先优势的同时，以中型轿车为突破口，重点发展面向家庭的轿车及乘用车，加快新能源汽车的开发和产业化；以重型载货车、低底板公交车、高档大型客车为重点，加快载货车、客车发展，优化产品结构，提升竞争优势，实现持续高速发展。

（二）汽车零部件产业发展。加快轿车用汽油机、轿车柴油机、混合动力总成的开发和产业化，以低排放、低油耗、低噪声为目标，提升产品性能和质量水平，巩固和扩展车用发动机优势。加快发展变速箱总成、驱动桥总成、离合器总成、内外饰件模块、混合动力电拖装置、吸音减震系统、汽车电子、汽车轮胎、汽车安全件等零部件产品。充分利用我区现有资源优势，加快发展汽车轮毂、散热器、缸体、车身覆盖件铝板等铝合金零部件和汽车轻量化及环保型新材料，增加高附加值、高技术含量、出口型产品比例，优化产品结构，推进重点零部件生产企业的迅速发展，建成可为中高档乘用车配套的零部件体系。

二、培育汽车消费市场，发展汽车贸易和服务业

推广使用节能和新能源汽车。支持各市示范推广混合动力汽车、纯电动汽车、燃料电池汽车等节能和新能源汽车。优先在城市公交、出租、公务、环卫、邮政、机场等领域推广使用新能源汽车。

广西壮族自治区人民政府

二〇〇九年十二月二十五日

35. 福建省汽车产业调整和振兴实施方案（2009—2011年）（节选）

根据国家汽车产业调整和振兴规划，结合贯彻落实国务院《关于支持福建省加快建设海峡西岸经济区的若干意见》，现制订《福建省汽车产业调整和振兴实施方案》，实施期为2009—2011年。

一、指导思想、基本原则和目标

到2011年，全省汽车产业实现工业总产值700亿元，年均增长20%；全省汽车年生产能力达40万辆，其中轿车、轻型客车25万辆，大中型客车4万辆，载货车（含低速载货车）7万辆，专用车4万辆，生产能力发挥60%以上。福州、厦门汽车产业占全省总量70%以上；自主品牌新能源客车销售量占客车总销售量5%以上。

二、主要任务

（一）加快结构调整，促进产业发展

厦门金龙大中型客车继续提升品牌、质量和市场占有率，保持在国内同行业的领先位置，加快研发混合动力客车等新能源汽车，突破节能和新能源产业瓶颈，降低制造成本，实现规模化生产，形成具有自主知识产权的整车生产企业。

（二）加强自主创新，推进产业技术升级

落实科技扶持政策，加大技术研发投入，支持汽车整车及零部件生产企业和高校科研机构的合作，加强产、学、研、用联盟，合力推进产业技术提升。

促进东南（福建）汽车、福建戴姆勒汽车技术中心建设，提高自主车型开发能力；加快V3（排量1.5升）菱悦CVT车型的开发进度，启动V4（1.5升）、V5（1.6升）自主开发项目，实现高功率、低油耗、低排放目标；积极开发小排量乘用车产品；在现有多个车型平台基础上，加大与国内外相关产品设计（开发）公司合作力度，加快系列化产品和改型改款开发速度。

厦门金龙汽车继续提升客车新技术研发能力，重点研究开发全承载车身技术、客车整车电子智能化控制技术、节能减排领域技术（如车型轻量化技术、刹车节能技术、发动机恒温控制技术）等，并研发和发展混合动力客车等新能源汽车。

附件：

汽车产业技术进步和技术改造投资方向(电动汽车及部件部分)

编　号	项目或产品名称	规格和等级
一	电动汽车及部件	
1	利用现有能力生产纯电动汽车改造项目或动力模块建设项目	最高车速≥100km/h 续驶里程≥200km 动力电池等主要部件使用寿命≥10 万公里 车载充电≤5h (0～100% SOC) 快速充电≤0.5h (0～80% SOC) 提供各种车辆标准法规的检测报告或者上公告目录
2	利用现有能力生产插电式混合动力汽车改造项目或动力模块建设项目	纯电动模式行驶续驶里程： ≥100km (乘用车，60km/h 匀速) ≥50 km (城市公交客车，40km/h 匀速) 主要部件使用寿命： ≥10 万公里 (乘用车) ≥8 万公里 (城市公交客车) 提供各种车辆标准法规的检测报告或者上公告目录
3	先进动力电池系统	工作温度：-20℃～55℃ 储存和运输温度：-40℃～80℃ 能量密度≥90Wh/kg (以电池包总体计) 最大放电倍率 10C 最大充电倍率 5C 循环寿命≥2000 次
4	电池管理系统	工作温度：-40℃～125℃ SOC 估算精度偏差 <8% 具备电池状态检测、绝缘检测、电池功率计算、电池热管理、电池故障检测、电池安全保护、OBD、CAN 网络信息交互等功能，并满足国家相关标准要求
5	电机及驱动系统	电机比功率 (以定转子重量计)：乘用车≥2kW/kg；客车≥1.5kW/kg 系统的高效区 (效率 >80%) ≥50% 速度控制精度：基速以下 ±50r/min；基速以上 1% 扭矩控制精度：±5% 系统工作环境温度-40℃～125℃ 扭矩响应时间：额定扭矩阶跃响应时间≤10ms 电磁兼容性满足国家标准
6	电驱动变速系统	可实现自动换挡，换挡动力中断时间：客车 <1.2s；乘用车 <0.9s 变速器传动效率≥94% 具备 CAN 总线通信功能、自动换挡功能、故障诊断功能、故障安全功能、下线调整 (EOL) 功能、换挡及故障显示功能 系统可靠性 >10 万 km
7	电动车用大功率电子器件	电压等级≥600V 电流≥300A 工作环境温度：-45℃～150℃ 耐震动 10g 寿命 >10 年
8	车用 DC/DC	输入工作电压范围：100～400V 输出电压可设定 输出功率≥1.0kW 效率≥85% 工作环境温度：-40℃～125℃ 具有过电流、短路、欠压、过热、过载、漏电等保护功能，并满足国家相关标准要求

续表

编　号	项目或产品名称	规格和等级
9	车载充电机	额定输入电压：单相220V ±15% 功率因数≥0.85 充电效率≥85% 输出电压：280～400VDC 输出功率≥3.3kW 工作环境温度：－20℃～65℃ 提供12V DC电源（≥150W） 具有CAN总线接口，充电模式可智能化自动控制 具有过电流、短路、欠压、过热、过载、漏电等保护功能，并满足国家相关标准要求
10	混合动力汽车专用动力耦合及传动装置	电机、差速器、减速器、变速器和离合器集成设计，支持纯电动和混合动力驱动模式，机械传动效率 >92%，具有全自动控制无级变速功能
11	乘用车用空调电动压缩机	额定输入功率≥2kW 压缩机转速控制范围0～9 000r/min，转速可以实现无级可调 工作电压范围：200V～400V 制冷能效比≥2.0 噪声≤70dB（A）（10点平均值，1 000 r/min，吸气压力300kPa，排气压力1.5MPa） 有过热保护、过压过流保护以及故障诊断功能 电磁兼容性满足国家标准 工作环境温度：－40℃～125℃

注：1. 优先支持上述领域产品的合作生产。
2. 本目录将根据需要补充和完善。

福建省政府

二〇〇九年十月三十日

四、国际新能源汽车发展鼓励政策及行动计划

（一）美国

1. 美国新能源汽车鼓励政策

2001年8月2日，美国众议院代表批准了《2001年美国未来能源保证法案》。

其中，对混合动力汽车的优惠政策规定如下：

（1）车全重低于8 500磅，利用再充电能源储存系统提供最大可用功率的混合动力汽车，免250～2 000美元所得税。

（2）符合机动车行驶英里数执行标准规定的轻型混合动力汽车（2 000城市燃油系统以外增加125%～250%）免1 000～3 500美元附加税。

（3）使用期内至少节约1 500加仑汽油的客车或轻型卡车，免250美元附加税。

（4）在使用期内至少节约2 500加仑汽油的客车或轻型卡车，免500美元附加税。

（5）利用再充电能源储存系统提供最大可用功率的中型和重型混合动力汽车免一定的附加税。

（6）使用再充电能源储存系统提供最大可用功率的使用清洁发动机的中型和重型混合动力汽车免一定的附加税。

不过，美国国会又于2005年通过法案，允许对购买混合动力车的消费者提供最高3 400美元的税收减免，但每家汽车生产商只能有6万辆混合动力车享受这一税收优惠。这项政策明显是为了抑制日本丰田、本田等外资品牌，鼓励美国国内自主品牌。

美国对新能源汽车进行补贴，比如同一车型的混合动力车比装配传统发动机的车贵3 000多美元，但政府对每辆车实行250～3 400美元的税收优惠政策，高出的价格被政府的优惠政策冲抵，这意味着有些混合动力车的售价比普通轿车还便宜。

2008年10月，白宫通过了H. R. 6323法案，该法案将为美国能源部提供可观的补贴，用于混合动力重卡的研发、生产以及销售。

这项法案于2008年6月提出，在美国，部分重型商用车，在完成短途运输后装卸货物时，怠速运转，耗费了大量的燃料，同时一部分燃料未充分燃烧，使其燃油经济性大幅下降。因此，混合动力重卡的应用，将大大缩减燃料的消耗，并提高其燃油经济性。

这项法案主要针对短途运输、发动机长时间怠速运转以及输出功率过大的重卡等。该法案将于2010年正式启动，届时美国政府每年将拨款1 600万美元。

2. 美国新的综合性能源计划

“美国新的综合性能源计划”由美国总统奥巴马宣布。该项计划呼吁联邦政府在未来10年投入1 500亿美元，以激励社会努力，建立一个清洁能源的未来。

其主要内容包括：

(1)通过打击能源投机和动用石油储备平抑油价，为美国家庭提供短期的救助。

(2)减少从中东和委内瑞拉进口石油，其举措包括：

①提高燃油经济性标准；

②至2015年普及100万辆插电式混合动力汽车；

③建立一个针对购买先进汽车的新的7 000美元的所得税税额抵免；

④建立国家低碳燃料标准；

⑤对于石油和天然气租约的“使用或失去”措施；

⑥促进石油和天然气的国内生产。

(3)为在2050年削减80%的温室气体，执行一个经济可行的配额—交易项目。

(4)使美国成为气候变化领域的领先者。

(5)确保2012年10%的电能来自可再生能源，2025年25%的电能来自可再生能源。

(6)推广最经济、最清洁、最耐久的能效产品。

(7)每年100万户的建筑节能改造。

(8)开发和推广洁净煤技术。

(9)优先安排阿拉斯加天然气管道建设。

3. 美国下一代电动汽车动议

2009年3月19日，奥巴马总统宣布24亿美元资助美国制造商和相关机构生产下一代插电式电动汽车，及其先进电池零部件。该项动议将创造成千上万的美国就业机会，并帮助美国结束对国外石油的过分依赖。购买插电式混合动力汽车的美国人可以申请最高7 500美元的税收优惠。

美国能源部为在美国生产高效电池及其部件的制造商提供15亿美元资助。

美国能源部为在美国生产电动汽车其他零部件的制造商提供5亿美元资助。

美国能源部将提供4亿美元，用于插电式混合动力汽车及其他电气设施方案的示范运行和评估——比如卡车停车场充电站、电气轨道，培训电动汽车装配与维修技师。

鉴于其对削减石油消耗和温室气体的效用，该项目将促进美国经济复苏、国家能源安全、环境可持续发展。该项宣布也将帮助奥巴马实现其提出的2015年插电式混合动力汽车保有量达到100万辆的目标。

能够满足耐久性、效用性、重量等标准的先进电池，是插电式混合动力汽车和其他电动汽车的关键部件。美国能源部计划对以下领域提供帮助：电池制造业的建立与升级、电池部件、锂电池等其他先进电池循环工厂、电动汽车动力电子生产厂家。该计划有利于降低电池包、电池、电驱动系统的成本，促进制造商创造一个繁荣的国内电动汽车产业。这些先进电池工厂也会支持其他消费品、军用品和公共用品。

美国能源部还会支持先进电动汽车市场化促进项目，如示范运行、技术评估与教育项目。

4. 美国混合动力汽车税收抵免办法

美国联邦政府和州政府对新能源汽车都采取了各种形式的激励政策。其中，在新能源汽车的购买和使用环节，联邦政府采取的主要措施是在购买环节对消费者实行税收抵免，而州政府则对新能源汽车的使用提供了诸多便利。下面主要介绍美国混合动力汽车税收抵免政策。

重型混合动力汽车税收抵免

购买总重超过8 500磅的符合条件的重型混合动力汽车，最高可享受18 000美元的税收抵免额度。汽车制造商必须按照“2007－23 通知”规定的程序，向国内税务局（IRS）证明其重型混合动力汽车符合申请税收抵免的条件，并确认该车型所对应的税收抵免额度。针对该类型汽车的税收抵免于2009 年12 月31 日终止。

规定程序：

（1）制造商须向国内税务局提交一份证明。

这份证明主要包括以下内容：

①车辆品牌、车型、年份和任何其他适用的标识。

②车辆制造商声明。

③车辆对应的税收抵免额度（附计算过程）。

④制造商的推荐售价。

⑤对比车型的推荐售价。

⑥车辆总重、最大功率。

⑦对比车型的品牌、车型和年型。

⑧车辆的城市燃料经济性及其证明。

⑨可充电储能系统的最大可用功率：

A. 总重介于8 500～14 000磅的汽车，最大可用功率至少要达到10%；

B. 总重超过14 000磅的汽车，最大可用功率至少要达到15%。

（2）国内税务局将在收到证明书的30 天内，评估这一证明并向车辆制造商发出回复信函，这将决定消费者是否可以依据该证明购买汽车。

（3）消费者须满足如下条件，方可获得税收抵免：

①2005 年12 月31 日之后开始使用，以及2010 年之前购买的混合动力汽车；

②二手混合动力汽车不适用税收抵免；

③混合动力汽车由购买者直接使用或出租，而非转售；

④混合动力汽车主要在美国使用。

（4）术语解释：

①城市燃料经济性。是指以一种非常接近40 C. F. R. Part 600 规定的汽车燃料经济性测算方法的方式，来测量混合动力汽车的燃料经济性。

②对比车型。是指为确定符合条件的混合动力汽车的新增成本，以及城市燃料经济性的改善程度，在重量、大小和使用方面与混合动力汽车具有可比性的任何由汽油内燃机或柴油内燃机单独驱动的车辆。

轻混合动力汽车（HEV）和先进稀薄燃烧汽车税收抵免

2005 年12 月31 日之后使用符合条件的轻混合动力汽车，可享受税收抵免。国内税务局必须首先确认由制造商提交的一份证明，这份证明包括符合条件的混合动力汽车的情况及相应的收税抵免额度。而产品是否符合条件，则是通过衡量燃料经济性和汽车生命周期内节能潜力的一套规则来决定的。购买国内税务局认可的符合条件的先进稀薄燃烧汽车，也可获得税收抵免。国内税务局以季度为周期核查制造商的销售数量，若一家制造商已售出60 000辆符合条件的混合动力汽车/稀薄燃烧乘用车或轻卡，在下一季度，对于该制造商的税收抵免额度将逐渐下降。针对该类型汽车的税收抵免于2010 年12 月31 日终止。

对于新的符合条件的混合动力汽车来说，当制造商售出60 000辆的乘用车或轻卡时，税收抵免开始递减。“2006－9 通知”要求制造商必须向国内税务局递交一份报告，这份报告是关于其在一个季度内售给经销商的该型号的混合动力的数量。

下表包括两种形式的税收抵免：满额的税收抵免和基于汽车出售时间的减额的税收抵免。汽车的出售日期决定了其相应的税收抵免额的多少，比如是满额的税收抵免，还是减额的税收抵免。目前只有丰田和雷克萨斯适用减额的税收抵免（已售出超过6 万辆），而其他公司则是适用满额的税收抵免。

（1）乘用车和轻卡的抵免额度

对于总重不超过8 500磅的乘用车和轻卡，抵免额是以下两种形式的抵免额的加总。

①基于燃料经济性的抵免额度

车辆的燃料经济性与2002 年的城市燃料经济性相比	抵免额度（美元）
125%～150%	400
150%～175%	800
175%～200%	1 200
200%～225%	1 600
225%～250%	2 000
至少250%	2 400

②基于车辆生命周期内燃料节约的抵免额度

车辆在生命周期内能够节约燃料（折合汽油）（加仑/英里）	抵免额度(美元)
1 200 ~ 1 800	250
1 800 ~ 2 400	500
2 400 ~ 3 000	750
至少3 000	1 000

(2)乘用车和轻卡之外的其他车型的税收抵免

抵免额度是混合动力汽车与对比车型的差价的一部分：

车辆的城市燃料经济性(city fuel economy)比对比车型提高	差价的百分比（%）
30% ~ 40%	20
40% ~ 50%	30
至少 50%	40

基于不同的车总重，设置了税收抵免的上限：

车总重（磅）	抵免上限（美元）
不超过14 000	7 500
14 000 ~ 26 000	15 000
26 000以上	30 000

5. 美国燃料电池汽车税收减免办法

针对燃料电池汽车的税收减免额有两种情况：一种是基于车总重的税收减免，适用所有的燃料电池汽车，包括轻型、中型和重型燃料电池汽车；另一种是基于燃料经济性标准的税收减免额，只适用车总重8 500磅以下的乘用车和轻卡燃料电池汽车。

(1)燃料电池汽车税收减免

购买符合条件的轻型燃料电池汽车可获得最高为8 000美元的税收减免，2009 年12 月31 日之后，这一数额将降为4 000美元。 税收减免同样适用于中型和重型燃料电池汽车；税收减免额度以车重为准。车辆制造商必须按照一定的程序，向国内税务局（IRS）证明其车辆满足申请税收抵免的条件。 该项税收抵免于2014 年12 月31 日终止。

基于车总重的税收抵免额

车总重（GVW 磅）	税收抵免额（美元）
不超过 8 500	8 000 (2009 – 12 – 31 之前)
	4 000 (2009 – 12 – 31 之后)
8 500 ~ 14 000	10 000
14 000 ~ 26 000	20 000
超过 26 000	40 000

基于燃料效率的税收抵免额的提高

燃料经济性是2002 车型年城市燃料经济性的百分比	增加额（美元）
150% ~ 175%	1000
175% ~ 200%	1 500
200% ~ 225%	2 000
225% ~ 250%	2 500
250% ~ 275%	3 000
275% ~ 300%	3 500
至少 300%	4 000

(2)2002 车型年城市燃料经济性标准

乘用车燃料经济性标准

惯性重量等级（磅）	燃料经济性标准（英里/加仑）
1 500 或 1 750	45. 2
2 000	39. 6
2 250	35. 2
2 500	31. 7
2 750	28. 8
3 000	26. 4
3 500	22. 6
4 000	19. 8
4 500	17. 6
5 000	15. 9
5 500	14. 4
6 000	13. 2
6 500	12. 2
7 000 ~ 8 500	11. 3

轻型卡车燃料经济性标准

惯性重量等级（磅）	燃料经济性标准（英里/加仑）
1 500 或 1 750	39. 4
2 000	35. 2
2 250	31. 8
2 500	29. 0
2 750	26. 8
3 000	24. 9
3 500	21. 8
4 000	19. 4
4 500	17. 6
5 000	16. 1
5 500	14. 8

续表

惯性重量等级（磅）	燃料经济性标准（英里/加仑）
6 000	13.7
6 500	12.8
7 000 ~ 8 500	12.1

注：对于同一车型，每千克氢行驶英里数与每加仑汽油行驶的英里的比率是0.98。因此，对于车重7 000 ~ 8 500磅的氢燃料汽车来说，其等效的2002车型年的燃料经济性标准为11.1（11.3 × 0.98）。

6. 美国代用燃料汽车税收抵免政策

代用燃料汽车的税收抵免方法与其他类型的新能源汽车有所不同，其税收抵免是代用燃料汽车与对比车型的差价的一个百分比。符合条件的代用燃料汽车对应的比例有50%和80%两个档次，而对于混合燃料汽车来说，相应比例分别为70%和90%。

（1）符合条件的代用燃料汽车税收抵免

无论是购买新的原装代用燃料汽车，还是使用代用燃料的改装车，均可获得税收抵免。符合条件的代用燃料是指天然气、液化石油气、氢和至少掺兑85%甲醇的燃料。车辆必须是2006年1月1日（含此日）之后开始使用的代用燃料汽车。车辆制造商必须按照“2006－54通知”规定的程序，向国内税务局（IRS）证明其车辆符合申请代用燃料税收抵免的条件，并确认车辆可获得的税收抵免额度。通过IRS QAFMV可了解当前符合条件的代用燃料汽车及其抵免额度。表8910（PDF 267 KB）包含附近说明，对于申请者是必需的。该项税收抵免于2010年12月31日终止。

（2）新的符合条件的代用燃料汽车税收抵免额度

等于在年度纳税期间投入使用的任何符合条件的代用燃料汽车的新增成本的一个相应的百分比。

任何新的符合条件的代用燃料汽车适用的抵免差价的百分比是：50%；

如果满足以下两个条件中的任何一个，则抵免的百分比是：50% + 30%。

①已依照《清洁空气法》获得一个排放审核证书，或者超过《清洁空气法》规定的适用该品牌的本车型年的最严标准（而非零排放标准）。

②已获得一个关于该车与可能在加州出售或出租的车辆满足同样条件的认证，并满足或超过加州规定的适合该品牌的最严标准（而非零排放标准）。

基于车总重的税收抵免上限

车总重（GVW 磅）	抵免上限（美元）
不超过8 500	5 000
8 500 ~ 14 000	10 000
14 000 ~ 26 000	25 000
超过26 000	40 000

7. 美国燃料电池汽车 Freedom CAR 协作计划

美国燃料电池汽车 Freedom CAR 协作计划是美国政府于2002年年初提出的一项由美国能源部与美国汽车研究理事会（USCAR）合作开发经济上可承受的氢气燃料电池汽车技术及相关氢气供应基础设施技术的合作研发项目。美国汽车研究理事会是由美国三大汽车公司（戴姆勒—克莱斯勒、福特和通用公司）组成的一个合作开发竞争前沿技术的机构。该协作计划中 CAR 一词为合作汽车研究（Cooperative Automotive Research）的缩写，Freedom（自由）代表着：摆脱对石油的依靠、消除污染气体的排放、美国人民可自由选择各种汽车、自由获得经济上可承受和方便的燃料。

预计到2040年 Freedom CAR 协作计划在交通领域即可使美国的温室气体的排放量每天减少5 000万吨。燃料电池在其他领域的使用，如民用和商用发电，还会进一步地减少温室气体的排放量。Freedom CAR 协作计划的目标就是达到一个清洁和可持续的能源未来。

Freedom CAR 计划的目标为：①不受燃油的限制；②没有排放污染；③选购你喜欢的汽车；④不受限制，随时随地地驾驶；⑤燃料便宜、添加方便。

Freedom CAR 计划的战略步骤为：①发展可负担起的氢燃料电池汽车技术及相应的氢基础设施；②继续支持可降低燃油消耗率和减少环境污染技术的发展；③发展可用于多种车辆的燃料电池技术，而不只限于某一种汽车。

8. 美国插电式电动汽车税收抵免办法

美国《2009年振兴与再投资法案》将插入式电动动力汽车纳入了税收抵免范围。此处所指插电式电动汽车包括纯电动汽车、插电式混合动力汽车、插电式燃料电池汽车等可外接充电的电动汽车，针对该类汽车的具体抵免办法如下表所示：

插电式电动汽车税收抵免办法

抵免额度	抵免额递减	抵免上限	需满足标准
(a)若牵引电池容量为4kwh，则优惠2 500美元 (b)在此基础上，牵引电池容量每增加1kwh，则优惠额增加417美元	若厂商已累计销售200 000台（2008年12月31日起）： (a)50%，随后的第一、二季度 (b)25%，随后的第三、四季度 (c)0%，第四季度以后	7 500美元，且GVW ≤ 14 000磅	(a)若GVW ≤ 6 000磅，则需满足Bin 5 Tier II排放标准 (b)若6 000 < GVW ≤ 8 500磅，则需满足Bin 8 Tier II排放标准

9. 美国提出汽车燃料经济性和温室气体排放国家方案

2009年9月16日，美国环保署和交通部联合提出了适用于轻型汽车的燃料经济性和温室气体排放标准的国家方案。该方案包括两个部分：由交通部国家高速公路安全管理局（NHTSA）提出的平均燃料经济性标准（CAFE）和由环保署提出的国家排放标准。

该方案涉及2012—2016年的新车型，燃料经济性标准平均每年提高5%以上，要求到2016年汽车综合平均二氧化碳排放应低于155.4g/km，同时相应的整体燃料经济性达到35.5mpg。这也使得2007年国会制定的到2020年实现35.0mpg的CAFE法定目标将提前4年实现。

方案中提出了各类轻型汽车的平均二氧化碳排放标准，这些标准基于二氧化碳排放足迹曲线，各种汽车依其碳足迹有着不同的二氧化碳排放相容性目标。汽车碳足迹越高，相应的二氧化碳排放目标也越高。

美国2012—2016年各类汽车阶段排放限值目标一览表

汽车种类	年度				
	2012	2013	2014	2015	2016
乘用车（g CO_2√mi）	261	253	246	235	224
轻型卡车（g CO_2√mi）	352	341	332	317	302
中型客货车（g CO_2√mi）	295	286	276	263	250
中型客货车（mpg）	30.1	31.1	32.2	33.8	35.5

受此方案影响的汽车占全美交通相关GHG排放的60%和石油消耗的40%，预期相关标准的实施可减少二氧化碳排放9.5亿吨，节约石油18亿桶。

环保署和国家高速公路安全管理局希望汽车制造商通过提高发动机效率、传动系统、轮胎以及增加启停技术的应用和改进空调系统来满足标准要求，同时期望标准的实施能够促进先进节油技术如混合动力汽车和清洁柴油发动机的使用。

10. 加州电动汽车路线图(2010—2050)

2050年，加州所有销售新车将是零排放汽车。加州空气资源管理局在10月份的一次会议中评述加州零排放汽车战略时提出上述目标，实现目标的路线图如下图所示。

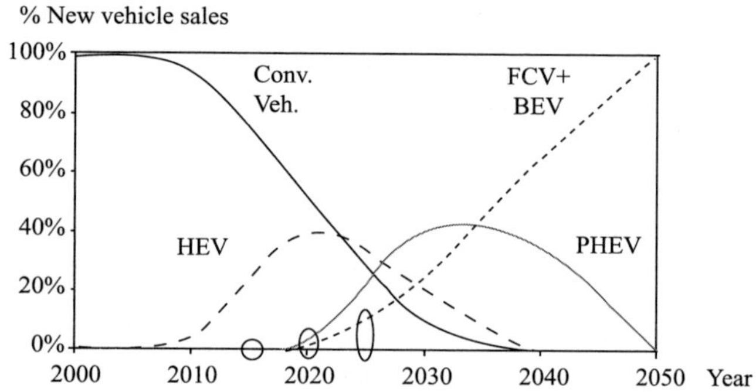

美国加州电动汽车技术路线图(2010－2050)

根据加州空气资源管理局的基准情景，2020年，3%的销量为插电式混合动力汽车，1%为纯电动汽车；传统混合动力汽车将在2040年退出销售市场；纯电动汽车和燃料电池汽车在2050年占据新车销售市场。

该项计划不是对未来电动汽车技术的预测，也不是根据价格、市场接受度等进行的测算，而是根据2050年温室气体排放目标进行倒推的，即为实现2050年减排目标，电动汽车技术应该以何种速度发展。

三步走：

混合动力汽车——大约占据市场的4%，未来10年需要增加到40%，然后逐渐降低，至2040年退出销售市场。

插电式混合动力汽车——明年导入市场并迅速增长，并于21世纪30年代中期达到40%的市场。

零排放汽车——零排放汽车和燃料电池汽车在未来5年之后导入市场，并迅速增长，至2050年占据整个市场。

这种情景设定加州将推动生物燃料等可再生能源发电。忽略市场和技术因素，该基准情景仍不能达到加州的温室气体排放目标。因此，加州空气资源管理局此外做了“加速”情景：至2025年将零排放汽车普及率提至30%。

11. 加州空气资源委员会关于“零排放车”新法规的要点

保持原来的规定不变，即2012—2014年，汽车生产商需生产25 000辆零排放车；2015—2017年生产50 000辆零排放车。

此外，为汽车生产商增加了一个选择，即如果在2012—2014年生产的纯零排放车达到7 500辆，便可以生产更多的插电式混合动力车或相似的车型（58 000辆），如果选择了这样的方式，汽车厂商在2015—2017年间必须生产25 000辆纯零排放汽车。

根据途径选择的不同，各厂商在2012—2014年生产出的零排放车将在25 000～66 000辆的范围。而原来的规定是25 000辆。

原来对长续驶里程燃料电池车的奖励积分为5分，现在增加到7分。对于“长续驶里程”进行重新定义，即增加到300公里。

美国加州2009年《零排放法规》车型设定

	金牌车型	银牌车型（插电式混合动力车等）
新的法规	7 500辆当前技术的燃料电池车，5 375辆长续驶里程的燃料电池车，12 500辆纯电动车（100英里续驶里程）	58 333辆

到2009年年底，重新制定“零排放车法规”，其效力将覆盖2015年后的车型。新制定的法规将在“低排放车项目”中设置“铜牌车型”（超清洁的传统汽车）以促进烟雾排放的进一步减少，并在Palvey项目中设置“银牌车”（常规混合动力车和天然气汽车），以在近期降低温室气体排放，同时，对“金牌车型”设置更加严格的标准，以促进先进车辆技术、降低温室气体排放技术从实验室阶段和示范阶段向商业化阶段转换。

从2010年起，使各汽车厂商的积分情况完全透明，包括积分的交易

以前法规为汽车制造商设定的中期过渡阶段政策不会改变，在执行零排放法规以前，各汽车厂商都可以有6年的过渡准备期。

12. 美国各州的混合动力汽车激励政策

为了鼓励使用节能、环保的混合动力汽车，美国政府采取了一系列的激励政策。虽然混合动力车的价格比同等性能的汽油车高出很多，但是，作为一种清洁环保的新型汽车，混合动力车在美国的销量一直呈上升趋势。这不仅由于高涨的油价使消费者不得不考虑省油，也与美国政府的激励政策有着密不可分的关系。以下是美国各州的混合动力汽车激励政策：

亚利桑那州

低排放量汽车可以使用高载客率专用车道（HOV）。

加利福尼亚州

燃油经济性达到45英里/加仑（15.92公里/升）的混合动力车可以使用HOV车道。根据加州最新立法，2011年起，混合动力汽车将无法再享受HOV激励，而其他新能源汽车仍可继续使用HOV车道。此外，政府机关购买混合动力汽车可以享受优惠。混合动力车可以在洛杉矶市和帕洛阿图市的停车场免费停放。

科罗拉多州

购买混合动力车可以减免部分个人所得税。

混合动力车可以享用HOV车道。

到2009年，购买零排放汽车，价格高出同等汽油车的75%由政府以税收减免的方式补贴。

到2010年7月1日，至少10%的汽车使用代用燃料。

康涅狄格州

2008年10月1日以前，燃油经济性达到40英里/加仑（14.1公里/升）及以上的混合动力汽车可以免除销售税。

混合动力车可以在纽黑文市（New Haven）的停车场免费停放。

佛罗里达州

符合规定的混合动力车可以享用HOV车道。

乔治亚州

符合规定的混合动力车可以享用HOV车道。

伊利诺伊州

允许附近城市的电动汽车在本州的公路上行驶。

马里兰州

2006年9月30日前，燃油经济性达到50英里/加仑（17.69公里/升）的混合动力车可以免除排放检测。

电动汽车和混合动力汽车可以享受税收优惠。

混合动力汽车可在巴尔的摩（Baltimore）市的停车场免费停放。

密歇根州

先进汽车技术可以享受税收优惠。

明尼苏达州

州立的车辆调配场必须购买混合动力汽车等清洁燃料汽车。

新泽西州

政府机关购买代用燃料汽车可以打折扣。

鼓励县、市政当局、学校和政府组织购买混合动力汽车，并可以享受折扣优惠。

低速的电动汽车也可以上路，但要有一定的限制。

新墨西哥州

燃油经济性达到27.5英里/加仑（9.73公里/升）的混合动力汽车可以免除新墨西哥州的特许权税。

要求政府机关和教育机构的混合动力汽车和代用燃料汽车的数量达到75%。

俄克拉何马州

截至2009年1月1日，购买混合动力汽车的消费者可以减免最高1 500美元的所得税。

俄勒冈州

购买混合动力汽车可以得到最高1 500美元的税收优惠。

宾夕法尼亚州

依据“2004混合动力汽车和代用燃料汽车计划”，购买混合动力汽车可以减免500美元。

犹他州

购买本田Civic混合动力汽车可以得到3 000美元的税收补贴。

维吉尼亚州

燃油经济性超过50英里/加仑（17.69公里/升）的混合动力车可以免除排放检测。

截至2007年7月1日，混合动力汽车可以享用HOV车道。

华盛顿

燃油经济性超过50英里/加仑（17.69公里/升）的混合动力汽车可以免除排放检测。

威斯康星州

鼓励政府官员尽可能地使用混合动力汽车和代用燃料汽车。

（二）欧盟

1. 欧盟轿车和轻型商用车排放法规（摘要）

基于环境污染的日益严峻，机动车排放控制问题受到世界各国的普遍重视，欧盟也制定了机动车排放法规。欧盟指令70/220/EEC《关于协调各成员国有关采取措施以防止机动车排放污染物引起空气污染的理事会指令》详细描述了针对新轻型车（轿车和轻型商用车）的排放标准。指令的基本内容已修改过多次，其中一些最重要的修订指令规定了欧洲各阶段水平的排放限值。主要包括：

欧Ⅰ标准——在1993年发布实施的93/59/EC指令《其他轻型车欧洲一号法规》（轿车和轻型车）中作了相应的规定。

欧Ⅱ标准——在1996年发布实施的96/69/EC指令《其他轻型车欧洲二号法规》中作了相应的规定。

欧Ⅲ/欧Ⅳ标准——在1998年发布实施的98/69/EC指令《修订70/220/EEC指令关于协调各成员国有关采取措施以防止机动车污染物引起空气污染的理事会指令》中作了相应的规定。

2. 欧盟重型柴油机和天然气发动机排放法规（摘要）

当今温室气体排放造成了环境污染日益严峻，机动车排放控制问题受到世界各国的普遍重视，欧盟也制定了机动车排放法规。其中，针对新重型柴油机的排放，欧盟制订了欧Ⅰ、欧Ⅱ、欧Ⅲ、欧Ⅳ、欧Ⅴ标准。

欧洲从1992年起开始实施欧Ⅰ（欧Ⅰ型式认证排放限值），1996年起开始实施欧Ⅱ（欧Ⅱ型式认证和生产一致性排放限值），2000年起开始实施欧Ⅲ（欧Ⅲ型式认证和生产一致性排放限值），2005年起开始实施欧Ⅳ（欧Ⅳ型式认证和生产一致性排放限值），从2008年起开始实施欧Ⅴ（欧Ⅴ型式认证和生产一致性排放限值）。排放法规还为低排放的“环境友好型车辆”设定了详细、严格的限制。

3. 欧洲清洁汽车战略 UTOPIA

通过推广清洁汽车和代用燃料，欧洲正在能源安全、碳排放和空气质量等方面逐渐达到其预期的目标。UTOPIA 项目的目的是为政策决策者们提供必要的信息、工具和指导方针，以推广清洁汽车在城市运输中更加广泛地运用。本项目针对的用户：①城市政策和计划的制定者——可以改变当地市场环境的人；②计划的执行者和主要的受益者；③国家和欧洲政策的制定者——可以控制政策走向的人。

4. 欧洲清洁与节能汽车促进法案

2008 年 10 月，欧洲议会在法国斯特拉斯堡通过一项有关鼓励清洁节能汽车发展的立法议案，该议案要求公共部门、公营企业及从事公共客运服务的企业今后采购车辆时，把汽车的能耗、二氧化碳和其他污染物的排放指标列入公共采购的要求。

欧盟清洁与节能汽车促进政策主要内容

适用对象	各成员国职责	具体要求	执行方式	能源与环境影响货币化方法
欧盟成员国公共部门、公营企业和从事公共服务的企业	成员国应当确信本国所有公共部门、公营企业和所有从事公共客运服务的企业采购汽车时满足本项指令	公共采购时必须将能源与环境影响考虑进去： A. 车辆使用寿命内能源消耗 B. 车辆使用寿命内 CO_2 排放 C. 车辆使用寿命内氮氧化物、非甲烷碳氢化合物和颗粒物排放	公共机构等可选择如下任何一种方式执行： A. 在其购车文件中（采购招标文件），在能源与环境方面设定技术规定，或： B. 购车时，将能源与环境影响考虑进来，将能源与环境影响货币化	单位公里能耗、CO_2 排放、污染物排放的成本 **乘以** 车辆使用寿命内的总行驶里程 **等于** 车辆使用寿命内的能源与环境影响的成本

5. "欧洲清洁城市交通（CUTE）"燃料电池公共汽车示范项目

"欧洲清洁城市交通（CUTE）"燃料电池公共汽车示范项目的目的是在欧洲不同的城市示范验证燃料电池公共汽车的可行性，包括加氢站技术。该项目总投入为5 240万欧元，其中欧盟委员会投入为1 860万欧元。在 CUTE 及欧盟其他相关项目支持下，阿姆斯特丹、巴塞罗那、汉堡、伦敦、卢森堡、马德里、波尔图、斯德哥尔摩、斯图加特、冰岛（欧盟 ECTOS 项目）以及澳大利亚伯斯（澳大利亚 STEP 项目）11 个城市开展了燃料电池公共汽车示范运行。CUTE 项目于 2001 年 11 月启动，2006 年 5 月结束第一期示范计划，目前该项目二期计划（Hy fleet）正在实施，开展示范的 36 辆燃料电池公共汽车已累计运行 200 多万公里，积累了大量实际运行经验；同时，在公众中普及氢、燃料电池和清洁交通的知识，提高公众对燃料电池汽车和氢能基础设施的认知和接受程度，并听取公众、乘客意见。

6. 欧盟各国对电动汽车的经济激励政策

根据欧洲汽车制造商协会最新发布的《2010 税收导则》，目前，27 个欧盟成员国中，有 17 个已经对乘用车征收二氧化碳相关的税，15 个为电动汽车提供了减税、免税或补贴激励。

17 个成员国对乘用车征收的税完全或部分依据车辆的二氧化碳排放或者燃料经济性而制定。除了意大利和卢森堡，所有西欧国家出台了对电动汽车的减税、免税或者补贴措施。

奥地利

奥地利对乘用车征收 2%的燃料消费税，在奖惩机制下，对于二氧化碳排放低于 120 克/公里的乘用车，最高奖励 300 欧元，包括混合动力汽车在内的代用燃料汽车还可以最高享受 500 欧元的额外奖励。纯电动汽车免燃料消费税和月度汽车税。2008 年 7 月 1 日至 2012 年 8 月 31 日有效。

比利时

购买电动汽车，可以获得个人所得税减税，减税额度为车辆购置价的 30%，但不超过9 000欧元。

塞浦路斯

购买电动汽车可获得 700 欧元的补助金，每人企业最多可有 7 辆补助。

捷克

购买包括纯电动汽车和混合动力汽车在内的代用燃料汽车，可以享受道路税免税。

丹麦

购买总重不超过2 000千克的电动汽车可获得车辆注册税免税，混合动力汽车不享受此项优惠政策。

西班牙

多数地方政府出台了针对纯电动汽车和混合动力汽车的税收优惠措施：混合动力汽车优惠2 000欧元，纯电动汽车优惠6 000欧元。

希腊

购买纯电动汽车和混合动力汽车免除车辆注册税。

冰岛

购买纯电动汽车和混合动力汽车可获得最高2 500欧元的车辆注册税减税。

荷兰

购买粘贴A标签的混合动力汽车最高可享受6 400欧元的车辆注册税减税，购买粘贴B标签的混合动力汽车最高可享受3 200欧元的车辆注册税减税。

葡萄牙

购买纯电动汽车可享受车辆注册税免税，购买混合动力汽车可享受50%的车辆注册税减税。

罗马尼亚

购买纯电动汽车和混合动力汽车可以享受特别污染税（注册税）免税。

瑞典

购买二氧化碳排放不超过120克/公里的混合动力汽车和百公里电耗不超过37千瓦时的纯电动汽车，免除前5年的年度流通税。

(三)德国

1. 清洁能源合作伙伴项目(2002—2016)

清洁能源合作伙伴项目是获得德国政府一定支持的国际合作项目，成员包括宝马、大众、戴姆勒、通用/欧宝、福特、丰田等国际汽车厂商。该项目自2002年成立，计划通过三期项目的实施来实现氢燃料电池汽车的商业化。第一期2002—2008年，第二期2008—2010年，第三期2011—2016年。目前项目处于第二期。

2. 国家电动汽车发展计划

德国政府于2009年8月发布国家电动汽车发展计划，提出2020年、2030年分别普及100万辆和500万辆纯电动汽车和插电式混合动力汽车，并计划2009—2012年投入5亿欧元用于纯电动汽车、插电式混合动力汽车的研发与产业化。

(四)法国

1. 新车置换金

法国政府在2008年年初推出的“新车置换金”政策。根据这一政策，从2008年1月1日起，车主在更换新车时，购买小排量、更环保的新车可享受200～1 000欧元的补贴，而购买大排量、污染严重的新车则须缴纳高至2 600欧元的购置税。这项政策会一直持续到2012年，并将扩展到更多车型。

在出台措施发展小排量汽车的同时，法国政府还为发展新能源汽车制订了一揽子方案。法国政府将投入4亿欧元，用于研发清洁能源汽车；法国政府还计划采取一系列举措，鼓励汽车行业逐步向节能环保的方向发展。除了为研发投入大笔资金外，法国还准备采取配套措施，保证电动车等环保汽车的顺利运行，如在工作场所、超市和住宅区等大幅增加充电站的数量，从而使充电如同加油一样便捷。为鼓励支持新能源汽车的发展，法国政府要求汽车经销商每卖出5辆常规动力汽车，就必须卖出一辆清洁燃料汽车。

2. 法国清洁汽车购买奖励体系

为在交通领域履行其减排责任，法国实施了旨在鼓励消费者购买清洁汽车的奖惩体系，该体系以二氧化碳排放量为核心指标，对购买低排放汽车的消费者进行最高5 000欧元的奖励（目前只有电动汽车排放二氧化碳低于60克/公里，符合5 000欧元奖励），对高排放汽车，进行最高2 600欧元的惩罚。而车辆的二氧化碳排放量可以通过网站来查询。其具体奖惩方案见下表：

法国基于二氧化碳排放的汽车购买奖惩体系

罚（欧元）	排放（克 CO_2/公里）	奖（欧元）
—	<60	5 000
—	<100	1 000
—	101～120	700
—	121～130	200
0	131～160	0
200	161～165	—
750	166～200	—
1 600	201～250	—
2 600	>250	—

（五）英国

1. 英国政府发布私人购买新能源汽车补贴细则

英国交通部日前发布私人购买纯电动汽车、插电式混合动力汽车和燃料电池汽车补贴细则。该项补贴于2011年1月起至2014年，期间总共安排2.3亿英镑，单车补贴额度大约为车辆推荐售价的25%，但不超过5 000英镑（7 600美元）。

购买BEV和PHEV汽车补贴标准

方面	标准
车辆类型	M1（如轿车）
	必须是纯电动汽车、插电式混合动力汽车或燃料电池汽车
CO_2 排放	纯电动汽车：0克/公里
	插电式混合动力汽车：最高75克/公里
车辆性能	纯电动汽车续驶里程最大70英里（113千米）
	插电式混合动力汽车最低纯电动续驶里程10英里（16公里）
	最高速度不低于60英里/小时（96公里/小时）
	车辆保证：3年或75 000英里（12万公里）
	电池保证：3年，或者应消费者要求提供5年
	电池衰退：3年正常使用后电池的一个衰退比率
安全性	碰撞安全：EC或者国际标准
	消费者电安全：制造商确信已评价车辆使用中的风险，采取合适措施减轻这种风险，并告诉消费者；符合UC－ECE Reg 100

2. 英国政府道路交通二氧化碳减排5年计划

英国交通与商业大臣公布了未来5年削减道路交通二氧化碳的一项计划。该项计划安排资金2.5亿英镑（3.73亿美元），核心部分是消费者激励动议：购买第一辆纯电动汽车和插电式混合动力汽车的消费者可获2 000～5 000英镑的奖励。预计2011年起该类汽车可上市销售。

该项战略也包括为充电站及相关基础设施提供2 000万英镑的资助，以促进“电动汽车城市”网络的形成。

削减道路交通二氧化碳是应对气候变化的重要措施。英国电动汽车保有量不足0.1%，因此英国有巨大的未挖掘的减排潜力。

英国政府已经承诺安排4亿英镑以支持低碳汽车开发：

（1）2 300万英镑：低碳汽车创新平台——阶段1；

（2）1亿英镑：低碳汽车一体化项目；

（3）2 000万英镑：低碳汽车公共部门采购；

（4）2.5亿英镑：消费者购买电动汽车激励措施。

英国政府还宣布采取以下措施与资金支持相配合：

（1）建立汽车产业的研发活动，以促使英国在低碳汽车开发、示范、生产方面领先世界；

（2）加速低碳汽车的市场扩散，这将对实现国家减排目标产生实质性影响；

（3）使英国低碳汽车企业及产业链的效益最大化，以吸引对低碳汽车开发与生产的国内投资。

3. 英国资助包括电动汽车在内的低碳汽车的示范运行与研发

为加速电动汽车等低碳汽车的市场导入，英国政府对总额达2亿英镑的“低碳汽车公共—私人共同投资项目”追加了1亿英镑投资。英国技术战略委员会通过其“低碳汽车创新平台”负责这一为期5年的低碳汽车项目管理。

示范运行项目

2009年，英国在国内几个地方推进100辆低碳汽车示范运行，旨在于考验低碳汽车的性能。

该项目可用资金1 000万英镑（1 570万美元），将对以商业为主导的低碳汽车的成本进行补贴。尾气排放二氧化碳不超过50克/公里的低碳汽车才符合条件，很明显，只有电动汽车是唯一符合条件的低碳汽车。

研发项目

在示范运行的同时，英国政府又投入2 000万英镑致力于电动汽车相关技术的研发。其中1 000万英镑投向以商业为导向的对纯电动汽车和混合动力汽车相关技术的联合研发，旨在于为扩大市场应用带来具有更好成本效用性及高性能的纯电动汽车和混合动力汽车。另外500万～1 000万英镑投向在未来10年能够大规模减碳的所有清洁车辆技术。第三个方向是以大学为主导的电动汽车研发。

商业化的电动汽车生产订单

为鼓励电动汽车等低碳货车的首次量产，英国交通部宣布10家公司进入针对公共部门的采购清单，这是2 000万英镑交通减排项目的一部分。利物浦、纽卡斯尔等城市成为第一批采购低碳汽车的公共部门，而电动汽车等低碳绿色汽车可以在其街道上试验行驶。

（六）日本

1. 日本针对下一代汽车的绿色税制

绿色税制于2001年开始实施，2004年之后，对新能源汽车的优惠幅度有所减弱，该时期涉及绿色税制的税种有机动车税和购置税。2009年，在金融危机背景下，日本政府又重新加大了对新能源汽车的减免税幅度（又称2009年绿色税改），并形成了对新能源汽车强有力的激励，该时期涉及绿色税制的税种有吨位税、购置税、机动车税。消费者可根据《机动车吨位税及机动车购置税减免措施对象车辆目录》选择相应新能源汽车车型。

（1）2001—2008年实施的绿色税制

“汽车税收制度的绿色化”（绿色税制）是1995年由日本运输政策会议报告提出，2001年税制改革后开始实施的。该税制在减轻低公害车辆的汽车税负时，加重了非环保车辆的税负。具体办法是：在税制中立的前提下，对低公害汽车、混合动力汽车、低油耗低排放汽车减征机动车税（微型汽车除外），最大减免率为50%；与此同时，对初次车辆登记后超过11年的柴油车，以及超过13年的汽油车，加征10%的汽车税。

该项绿色税制的优惠对象、减税期限等在不同的财政年度会有所修订。

2001—2008年绿色税制

适用对象		汽车税（按排量征税）				车辆购置税（营运用、微型车为3%、家用车5%）			
		2001年修订	2003年修订	2004年修订	2006年修订	2001年修订	2003年修订	2004年修订	2006年修订
		2001/2002年实施	2003年实施	2004/2005年实施	2006/2007年实施	2001/2002年实施	2003年实施	2004/2005年实施	2006/2007年实施
低公害车（不含混合动力车）		减征50%（2年）	减征50%（1年）	减征50%（1年）	减征50%（1年）	减征2.7%	减征2.7%	不减征	不减征
混合动力车	☆	减征13%（2年）	不减征	不减征	不减征	减征2.2%	减征2.2%	不减征	不减征
	☆☆	减征25%（2年）	不减征	不减征	不减征	减征2.2%	减征2.2%	不减征	不减征
	☆☆☆	减征50%（2年）	减征50%（1年）	不减征	不减征	减征2.2%	减征2.2%	不减征	不减征
低油耗低排放认证车辆	☆	减征13%（2年）	不减征	不减征	不减征	购车价格中扣除30万日元后征税	不减征	不减征	不减征
	☆☆	减征25%（2年）	不减征	不减征	不减征	购车价格中扣除30万日元后征税	不减征	不减征	不减征
	☆☆☆	减征50%（2年）	减征50%（1年）	不减征	不减征	购车价格中扣除30万日元后征税	购车价格中扣除30万日元后征税	不减征	不减征
	新☆☆☆且达到2010年燃油经济性标准	—	—	不减征	不减征	—	—	不减征	不减征
	新☆☆☆且达到2010年燃油经济性标准+5%	—	—	减征25%（2年）	不减征	—	—	私家车减免1万日元，公司用车/轻型车减免0.6万日元	不减征
	新☆☆☆☆且达到2010年燃油经济性标准	—	—	减征25%（2年）	不减征	—	—	私家车减免1万日元，公司用车/轻型车减免0.6万日元	不减征

续表

适用对象	汽车税（按排量征税）				车辆购置税（营运用、微型车为3%、家用车5%）			
	2001年修订	2003年修订	2004年修订	2006年修订	2001年修订	2003年修订	2004年修订	2006年修订
	2001/2002年实施	2003年实施	2004/2005年实施	2006/2007年实施	2001/2002年实施	2003年实施	2004/2005年实施	2006/2007年实施
新☆☆☆☆且达到2010年燃油经济性标准+5%	—	—	减征50%（2年）	不减征	—	—	私家车减免1.5万日元，公司用车/轻型车减免0.9万日元	不减征
新☆☆☆且达到2010年燃油经济性标准+10%	—	—	—	减征25%	—	—	—	私家车减免0.75万日元，公司用车/轻型车减免0.45万日元
新☆☆☆☆且达到2010年燃油经济性标准+20%	—	—	—	减征50%	—	—	—	私家车减免1.5万日元，公司用车/轻型车减免0.9万日元

其具体办法是：在税制中立前提下，对低公害车、低排放车和低油耗车减征汽车税（微型车除外），最大减免率为50%，对初次车辆登记后超过11年的柴油车以及超过13年的汽油车，加征10%的汽车税。对低公害车和低油耗且通过低排放认证的车辆征收购置税时，从购车价格中扣除一定金额。

低公害车指的是天然气汽车、电动车、混合动力车和甲醇车。低油耗车指按领跑者方式先期达到2010年燃油经济性标准的车辆。低排放车是指根据《低尾气排放汽车认定实施要领》经过认证的低尾气排放认定车辆。低排放认定车分三类：☆☆☆为超－低排放车辆，达2000年排放规定限值1/4以下；☆☆优－低排放车辆，达2000年排放规定限值1/2以下；☆良－低排放车辆，达2000年排放规定限值3/4以下。

具体方案如下所示：

小型车的绿色税制

①低油耗车辆是指按照日本领跑者方式达到2010年燃油经济性标准的车辆。

②低排放车辆是指在日本2000年排放标准的基础上，改善25%～50%（☆）、50%～75%（☆☆）、75%以上（☆☆☆）的车辆。

③新☆☆☆车辆是指在日本2005年排放标准基础上，改善50%～75%的车辆；新☆☆☆☆车辆是指在日本2005年排放标准基础上改善75%以上的车辆。

④低油耗低排放认证车辆是指既满足低油耗车辆要求又满足低排放车辆要求的车。

大型车绿色税制

减轻柴油卡车/公交车的汽车购置税。对于符合2005年排放法规，且满足2015年油耗标准的柴油车，设立汽车购置税的减负措施。

2006—2007年执行的减税方案

油耗＼排放	符合2005年排放标准的车辆	在2005年排放标准基础上改善10%以上的车辆
2015年油耗标准达标车	减征1%（税率：3%→2%）	减征2%（税率：3%→1%）

注：以上减税对象为车重在3.5吨以上的柴油车。

(2)2009—2012年实施的绿色税制

自2009年4月起，日本政府推出了针对新能源汽车等环保汽车的“机动车吨位税”及“机动车购置税”减免措施，而“机动车税”减免措施也得到实施，从而大幅度提高了对新能源汽车等环保汽车的减税幅度。

吨位税和购置税：免税

优惠对象：

①电动汽车（含燃料电池汽车）。

②天然气汽车。

A. 车辆总质量3.5吨以下：根据低排放车认证制度（2005年标准值）比低排放车认证降低75%(☆☆☆☆)的汽车。

B. 车辆总质量超过3.5吨：根据低排放车认证制度（2005年标准值）比低排放车认证NOx降低10%［重型车☆(NOx)］的汽车。

③插电式混合动力汽车。

④柴油汽车。

A. 车辆总质量3.5吨以下：符合2009年机动车排放规制要求的汽车（清洁柴油乘用车）。

B. 车辆总质量超过3.5吨：(a)符合2009年度机动车排放规制要求且达到重型车油耗标准的汽车；(b)根据低排放车认证制度(2005年标准值)比低排放车认证NOx或PM降低10%［重型车☆(NOx或PM)］,且达到重型车油耗标准的汽车。

⑤混合动力汽车。

A. 车辆总质量3.5吨以下：根据低排放车认证制度(2005年标准值)比低排放车认证降低75%(☆☆☆☆)且达到油耗标准+25%以上水平的汽车。

B. 车辆总质量超过3.5吨：根据低排放车认证制度(2005年标准值)比低排放车认证NOx或PM降低10%［重型车☆（NOx或PM）］，且达到重型车油耗标准的汽车。

⑥低油耗低排放认证汽车。

A. 根据低排放车认证制度(2005年标准值)比低排放车认证降低75%（☆☆☆☆）且达到油耗标准+25%以上水平的汽车。

B. 根据低排放车认证制度(2005年标准值)比低排放车认证降低75%（☆☆☆☆）且达到油耗标准+20%以上水平的汽车。

C. 根据低排放车认证制度(2005年标准值)比低排放车认证降低75%（☆☆☆☆）且达到油耗标准+15%以上水平的汽车。

* 油耗标准：汽油汽车、LPG汽车：2010年度；柴油汽车：2005年度。

* 重型车油耗标准：2015年度。

机动车税:减税

减税对象：

排放性能及油耗性能满足下列①~③的普通汽车及小型汽车或电动汽车（含燃料电池汽车）、天然气汽车（微型机动车不适用机动车税）。

①根据低排放车认证制度(2005年标准值)比低排放车认证降低75%(☆☆☆☆)且达到油耗标准+25%以上水平的汽车。

②根据低排放车认证制度(2005年标准值)比低排放车认证降低75%(☆☆☆☆)且达到油耗标准+20%以上水平的汽车。

③根据低排放车认证制度(2005年标准值)比低排放车认证降低75%(☆☆☆☆)且达到油耗标准+15%以上水平的汽车。

上述①~③减税内容：

	☆☆☆☆
油耗标准+15%	②、③约减税25%
油耗标准+20%	
油耗标准+25%	①约减税50%

④电动汽车约减税50%，天然气汽车约减税50%。

车辆总质量3.5吨以下：☆☆☆☆车辆总质量超过3.5吨：根据低排放车认证制度(2005年标准值)获得低排放认证（NOx降低10%）的汽车。

实施期限：截至2010年3月31日。

2. 日本针对下一代汽车的补助金制度

日本有向新能源汽车购买者发放补助金的制度。纯电动汽车和混合动力汽车分别在1996年10月和1998年4月成为补助对象。初期的发放对象主要为地方政府、法人、私营业主，2003年4月以后，扩大到普通私人车购买者（用于上下班或者工作用）。补助金政策相对于税收优惠政策，其特点是时间短、见效快，如2009年4月日本发布的新能源汽车补助金制度预算为3700亿日元，预算用完后，则该段时期的补助金政策失效。下面介绍以下2009年4月日本政府在金融危机背景下出台的新能源汽车补助金政策。

原则：依据油耗和排放的达标情况，对于达标程度较好的车辆给予适当的优惠鼓励政策。

(1)促进环保车辆普及的补助政策

自2009年4月起，实施1年，3700亿日元预算用完后立即失效。

①车龄13年以上老旧车更新为2010年油耗限值达标车。

普通汽车：25万日元

微型汽车（排量小于0.66L）：12.5万日元

②对于购买2010年油耗限值+15%达标且排放满足4☆的车辆给予补助发。

普通汽车：10万日元

微型汽车（排量小于0.66L）：5万日元

（2）促进低公害车辆普及的补助政策

2009年预算17.2亿日元。

①以卡车、公交、出租车等为对象，对CNG、LPG等低公害车进行补贴。

②CNG/LPG/HV/EV/清洁柴油车：车辆价格的1/4或者和普通车辆差价的1/2。

③CNG车改造：改造费用的1/3。

3. 日本发展电动汽车的政策及辅助措施

（1）购车补贴

①政府（经济产业省）对于购买电动汽车，给予纯电动汽车EV、混合动力汽车HEV与汽油车差价50%以内的补贴，该项政策的具体宣传、落实由日本电动车辆协会JEVA负责（《日本电动汽车购车补助手册》）。

②从1996年起，对于特定地区批量购买低公害车的地方公共团体，提供与通常车辆差价1/2的补贴。由环境省负责具体实施。

③对于地方公共团体（地方政府）购买作为大气环境巡逻车的低公害车提供补助。位于重点污染监控计划实施地区的，补助标准车价的1/2资金；其他非重点地区，补助标准车价的1/3资金。

④由“污染被害补偿预防协会”具体操作的低公害车购车补贴。对一些地方公共团体购买在法定特殊区域内使用的低公害车，补贴部分经费。

（2）地方新能源应用推广补贴

从1997年开始，为了对地方政府计划集中引进包括清洁能源汽车在内的新能源的努力进行支援，由经济产业省对事业所需经费的1/2予以补助。

（3）建立燃料电池汽车基础应用技术平台（试行）

为了促进燃料电池的实用化，由政府与民间合作，在安全性、技术标准等方面建立基础应用技术平台。

（4）支持（资助）高效率燃料电池系统实用化等研究开发

政府支持燃料电池实用化研究开发、燃料电池汽车研发以及燃料电池测试装置的研发。2003年日本质子膜燃料电池和氢能利用项目的政府资助预算为307亿日元，比2002年预算增加40%。其中225亿日元用于质子膜燃料电池项目。研发经费占总预算的1/3。

（5）建立新一代低公害车的技术评价标准

从1998年开始，日本国土交通省开始研究制定新一代低公害车在开发阶段的技术标准和检测评价手段，包括对城市用超小型汽车的技术评价，从而促进并配合对低公害车的彻底改良。

（6）国税优惠政策

以进行蓝色申请的个人企业主或法人为对象，第一年度进行特别折旧（30%），或以取得评价额的7%（纳税额的20%为限度）扣除特别税额。

（7）地方税优惠政策

自动车取得税的减轻措施：纯电动汽车EV减轻2.7%；混合动力汽车HEV减轻2.2%。例如：在日本，个人用车的自动车取得税税率是5%，那么个人购买纯电动汽车、混合动力汽车的自动车取得税税率将分别减轻到2.3%；业务用车（公用）的自动车取得税税率是3%，那么其购买EV、HEV的税率将分别减轻到0.3%和0.8%。

自动车取得税的减轻措施：减免其应缴税额的50%。

（8）充电站设施的固定资产税优惠，特别土地保有税免除（略）

（9）日本氢能及燃料电池示范项目JHFC（2002—2004年）

日本氢能及燃料电池示范项目，由燃料电池汽车示范和与燃料电池汽车相关的加氢设施示范组成，是日本经济产业省资助的质子膜燃料电池项目的一部分。JHFC项目的目标是收集制氢以及燃料电池汽车在实际运行条件下运行等数据，展示燃料电池汽车和加氢设施的节能效果以及对环境保护的好处，制订燃料电池汽车大规模生产以及广泛使用的计划措施。

（10）电动汽车区域共同利用系统

在电动汽车的地域推广措施方面，日本几年

前就开始实施电动汽车共用系统。目前已在横滨市（city car 系统，13 个出租站，50 台电动车）、大阪市（电动货车共同利用系统，8 个出租站，28 台电动车）、京都市（20 辆丰田 e-com、15 辆日产 Hypermini EV，会员制共同利用系统）等地区进行电动车租赁、共同利用系统区域试验，建立了探索今后城市交通和电动汽车商业化道路的试验机制。在辅助设施方面，试用了 IC 卡等计费统计系统。

(11)内阁会议决定，将来公务用车的 10% 必须使用低公害车(略)

4. 日本氢能和燃料电池汽车示范计划(JHFC)

日本 2000 年启动在东京地区的日本氢能和燃料电池汽车示范计划（JHFC），是日本政府制定的第一个大规模燃料电池汽车商业化示范性项目。目的是开展燃料电池汽车和加氢站的基础技术工作和技术示范。为推动燃料电池技术发展，日本政府同时还做了许多工作，例如，2002—2004 年完成了燃料电池汽车路况、氢站和固定电站的测试，并制定了燃料电池汽车认证方法等，政府作为新技术的首批用户，共租借 5 辆燃料电池车示范行驶，其加氢方式采用移动罐车，加氢地点设在日本经济产业省。近几年日本在大东京地区已经建成 10 个加氢站，包括电解水制氢、天然气和甲醇重整制氢、工业副产气制氢等，并且有几十辆燃料电池汽车参加示范。

(七)泰国

1. 泰国生态节能汽车普及计划

泰国政府以减排温暖化气体、降低燃料消耗、促进汽车产业投资为目的，制定发展生态节能汽车政策。泰国投资委员会(BOI)通过了生态节能汽车项目的税制优惠措施，并要求汽车生产厂家提交生态节能汽车计划。

生态节能汽车项目原是前首相旗下工业部长瓦塔那·蒙素克于 2003 年提倡的。该项目曾被一度废止，2006 年 10 月成立的泰国临时政府出台以包括汽车生产厂家在内的民间主导而非政府主导的推进方针，使该项目得以复活。

该项目一方面是泰国政府实现生产汽车 180 万辆（2010 年）目标、振兴国内汽车产业的产业政策，另一方面在燃耗、环保标准上促进使用环境负荷小的汽车。

生态节能汽车概要

	概要
目的	推动节能 通过汽车、零部件厂商促进对内投资，扩大泰国的汽车出口
物品税率	17%（而一般汽车物品税率为 30%）
物品税率适用开始时期	2009 年 10 月 1 日
发动机排量	汽油车 1300cc 以下／柴油车 1400cc 以下
燃耗	平均每 5 公升可行驶 100 公里以上
环保·安全标准	满足欧洲排放标准 Euro 4 满足联合国欧洲经济委员会（UNECE 94/95）规定的安全规格
其他适用条件	要求厂商在计划申请后 5 年之内的年产必须超过 10 万辆 要求在泰国国内从事发动机、零部件及车辆的制造投资额在 50 亿泰铢以上（土地、流动资本除外） 4 种以上发动机构件必须国产化（缸盖、缸体、曲轴、凸轮轴、连杆） 泰国投资委员会(BOI)申请期限为 2007 年 11 月 30 日
投资优惠	生产开始 8 年之内豁免法人税（豁免额不超过除土地、流动资本之外的总投资额） 豁免有关生态节能汽车制造所用机械设备的进口关税

2. 泰国天然气汽车经济激励政策

2007 年，泰国政府重点制定了旨在推动天然气汽车产业发展的政策。

根据政府的目标，计划在 2011 年内改装 251600 辆天然气汽车，并新建 520 座天然气加气站，预计到那时平均日消耗量将达到 3.25 亿立方尺。为了配合天然气汽车推广目标的实现，各种支持政策在近一两年相继出台：

进口关税

(1) 到 2007 年年底，天然气汽车改装件的进口关税从 1%～3%降到 0%。

(2) 对 CNG 气瓶免关税。

(3) 对 CNG 加气站设备减征 1%的关税（压缩机减征 3%）。

(4) 对单一燃料天然气轿车免征关税。

(5) 对天然气货车和巴士（整车和全散件进口车）免关税。

消费税

(1) 对 OEM 单一燃料天然气巴士减征消费税。

(2) 对改装为天然气车型的巴士（经原产厂认证）减征 22%消费税（但最高减税额不得高于 1280 美元）。

投资

对天然气汽车发动机和改装件的生产投资进行鼓励，如对生产设备免关税。

法规

规定政府部门用车必须是天然气汽车。

能源公司的支持

国家的主要能源供应者——泰国国家石油公司（PTT）负责管理一个 6100 万美元的“发动机改装促进基金”，主要为公交车经营者安装天然气发动机或购买天然气汽车提供贷款。这笔贷款将为期 5 年，利率为 0.5%。

3. 泰国乙醇汽车普及新举措

2007 年 3 月，能源政策管理委员会将乙醇-汽油混合燃料的物品税税率从平均 1 公升 1.5 泰铢（约 5 日元）降低到 1 泰铢（约 3.36 日元）。由此，乙醇-汽油混合燃料的零售价格低于汽油零售价。

另外于 2007 年 3 月底召开的曼谷国际车展期间，能源部与丰田及日产等的汽车经销商合作，开展了向乙醇-汽油混合燃料转换的宣传活动。而且同年 7 月，作为乙醇-汽油混合燃料的消费促进宣传活动的一环，要求 36 家汽车生产厂家和 100 多家经销商向顾客保证乙醇-汽油混合燃料的质量。

2007 年 8 月，政府在内阁会议上决定修改掺兑乙醇 20%混合燃料（E20）车的物品税率。比普通乘用车低 5%。

乙醇车辆的优惠税制（%）

排量区分	普通车	E20 对应车
2000cc 以下	30	25
2001 ~ 2500 cc 以下	35	30
2501 ~ 3000 cc 以下	40	35
3001cc 以上	50	无设定

（八）其他

1. 新加坡绿色汽车税制

(1) 为了鼓励绿色汽车的发展，新加坡环境保护局和国土交通局联合制定了一系列税收优惠政策：

①CNG 出租车特种税优惠政策的截止期将从 2005 年 12 月 1 日延长到 2007 年 12 月 31 日，在 2007 年年底前，审议其是否继续延长。

②对绿色汽车中的商用车和公交车（CNG/混合动力/电动车）实行道路税与对应的汽油车而非柴油车挂钩的办法，从 2006 年 1 月 1 日起实施。

(2) 以上税收优惠政策旨在鼓励车主特别是出租车公司更换柴油车为环保型压缩天然气汽车。压缩天然气汽车排放的微粒物质比柴油车排放的小，排放的其他污染物以及二氧化碳也比柴油车排放的少。颗粒物质在新加坡备受关注，因为它们与呼吸系统和心脏系统的疾病有着密切的联系。在我们的颗粒物（直径 2.5 微米）排放中，来自柴油车的排放物占 50%左右。

(3) 政府将延长税收优惠政策的实施期限，以满足工业界平稳过渡到欧Ⅳ排放标准的要求，欧Ⅳ排放标准将在 2006 年 10 月 1 日执行。

①作为过渡期的支持，凡在 2006 年 10 月 1 日到 2007 年 12 月 31 日间注册的满足欧Ⅳ的新柴油出租车在交纳注册附加费时，将享受相当于 40%公开市场价值（Open Market Value，OMV）的费用减免。此前宣布的欧Ⅳ激励政策将在 2006 年 9 月 30 日终止执行。

②满足欧Ⅳ排放标准的公交车和商用车在 2006 年 10 月 1 日到 2007 年 12 月 31 日间将继续减免相当于 5%OMV 的注册附加费。以前的税收优惠政策将于 2006 年 9 月 30 日终止执行。

(4)下面是税收减免的具体办法：

	汽车在不同时期注册时的税收减免			
	2004年6月1日到2005年12月31日	2006年1月1日到9月30日	2006年10月1日到2007年12月31日	2008年1月1日及以后
CNG出租车	*减免相当于100%OMV的注册附加费 *减免20%道路税，直到2005年12月31日 特种税的免征，直到2007年12月31日	*减免相当于80%OMV的注册附加费 特种税的免征，直到2007年12月31日	*减免相当于40%OMV的注册附加费 特种税的免征，直到2007年12月31日	注册附加费是否减征，有待研究制定 特种税是否免征，有待研究制定
CNG公交车和商用车	*减免相当于5%OMV的注册附加费 *道路税与对应的柴油车挂钩；减免20%道路税，直到2005年12月31日 至2006年1月1日，道路税与对应的汽油车挂钩	*减免相当于5%OMV的注册附加费 道路税与对应的汽油车挂钩	*减免相当于5%OMV的注册附加费 道路税与对应的汽油车挂钩	注册附加费是否减征，有待研究制定 道路税与对应的汽油车挂钩
欧Ⅳ柴油出租车	*减免相当于100%OMV的注册附加费	*减免相当于80%OMV的注册附加费	减免相当于40%OMV的注册附加费	无注册附加费减免
欧Ⅳ柴油公交车和商用车	*减免相当于5%OMV的注册附加费	*减免相当于100%OMV的注册附加费	减免相当于100%OMV的注册附加费	无注册附加费减免

*为已经宣布的税收激励政策。

(5)最终，对达到欧Ⅳ的柴油乘用车的特种税，也将实行减征。目前，柴油乘用车的特种税额是道路税的6倍。从2006年1月1日起，欧Ⅳ柴油乘用车的特种税将减少到道路税的4倍。

减征欧Ⅳ柴油乘用车的特种税，以示其污染物排放比欧Ⅱ车低的优越性。然而，柴油乘用车的颗粒物排放(直径为2.5微米)仍然多于相应的汽油乘用车和CNG乘用车。政府将在更严格的排放标准执行期间，评估和调整柴油乘用车的税收结构。对于未达到欧Ⅳ的柴油乘用车，特种税的征收不变。

*汽油为燃料的商用车和公交车缴纳的道路税比对应的柴油车低20%。

2. 爱尔兰设定2020年普及10%电动汽车目标

爱尔兰政府设定了2020年电动汽车发展目标：电动汽车在所有交通车辆中的比重达到10%，也即未来12年将有25万辆电动汽车上路。

其电动汽车发展计划如下：

(1)在推广资助项目的支持下，对于购买电动汽车的消费者，通过税收激励抵免100%的差价；

(2)在国家层面上启动一个总额达100万欧元的电动汽车研发与示范运行项目；

(3)为个人购买电动汽车提供便利，由爱尔兰可持续能源出版了《电动汽车消费者指南》和《电动汽车使用成本计算器》；

(4)建立一个国家级领导小组，负责检查国家推广电动汽车所需的基础设施选择；

3. 韩国天然气汽车计划的目标

摘要

在大城市以低污染物排放的天然气汽车替代现有公交车，从而改善空气质量。

背景

首尔及周边地区空气污染物的65%来自汽车排放。汽车排放污染物中的35%从柴油车排出，而柴油车仅占所有汽车注册保有量的5.5%。

压缩天然气公交车的特点

排放和噪声。压缩天然气公交车几乎不排放颗粒物，比普通燃油公交车少排放70%的氮氧化物和可挥发性有机物（臭氧的先质）。压缩天然气公交车的噪声比柴油公交车低2~3分贝。

安全性。比液化石油气和汽油车都安全，因为压缩天然气的点火温度更高，在空气中扩散更迅速，且无毒。压缩天然气公交车上安装了燃气探测等安全装置。

效率和经济性

由于压缩天然气燃烧洁净，因此发动机润滑油的污染比柴油机少，故发动机磨损降低。

历史

(1)1992—1998 年环境部会同商务部、工业与能源部、科技部联合开展压缩天然气汽车技术的研发项目。

(2)1998—1999 年压缩天然气汽车的试运行。

(3)1999 年至今：

——改善压缩天然气汽车发展的经济环境；

——发展和修订相关法规；

——实施税收、补贴和贷款等方面的优惠政策。

(4)至 2010 年，压缩天然气公交车保有量达到22 000 辆。

(5)至 2010 年，压缩天然气垃圾运输卡车保有量达到 1 000 辆。

(6)至 2010 年，加气站达到 440 座。

支持政策

(1)补贴和贷款

①国家财政为每辆新购的压缩天然气公交车补贴22 500美元。

②国家财政为每辆新购的压缩天然气垃圾运输卡车补贴 60 000 美元。

③国家财政为每座加气站提供最高达 70 万美元的低息贷款（年利率 4.5%）。

(2)针对压缩天然气公交车运营车的措施

①燃料价格：保持天然气比柴油价格低 0.1 美元。

②对空驶运营车辆的补贴：对离最近的加气站距离超过 4 公里的公交公司空驶加气进行补偿 。

③对加气站运营的支持：每个日加气能力 100 辆的加气站若日加气车辆数不足 31 辆，可获得补偿。

(3)税收减免

①购买压缩天然气公交车增值税和购置税的减免：10 000美元/辆。

②环境改善费的减免：1 660 美元/辆。

③加气站建设中企业税的减免：15 000 美元/个。

④进口压缩天然气汽车零部件（如气瓶）时的基础关税减免。

4. 加拿大燃料电池车发展计划

加拿大一直致力于维持其在全球燃料电池和氢能工业中的主导地位。

最近十年以来，加拿大在将研发重点主要集中在质子交换膜燃料电池上。为了使质子交换膜技术商业化，巴拉德动力系统已经发展成一个国际合作的战略联盟，包括戴姆勒—克莱斯勒、福特、GPU（美国）、Alstom SA（一家建立在法国的英国公司）、Ebara 公司（日本）等。1997 年，巴拉德同戴姆勒 - 克莱斯勒、福特结成联盟，并投入 5 亿 ~6 亿美元的资金用于开发新技术。

现在加拿大拥有一些处于世界领先地位的燃料电池和氢能企业，“加拿大的长远目标是维持其在氢能经济革命中的世界领导地位”，因此加拿大有许多燃料电池合作组织和计划。

(1) 加拿大运输燃料电池协会(CTFCA)

加拿大运输燃料电池协会是政府投入 2300 万加元组建的，用以示范和评估燃料电池汽车备选燃料。协会的主要任务是证明温室气体（GHG）减少，评估使用不同燃料的燃料电池汽车，发展燃料基础设施（包括技术标准、编码、培训、认证和安全方面）。

到 2005 年，将对轻型、中型、重型车采用不同燃料和燃料系统的组合进行示范。第一步工作是制定与燃料电池和氢能技术相关的标准，进行相关培训和测试。协会的基金来自“2000 加拿大行动计划”，这是一个投资 5 亿加元的减少温室气体的计划。协会成立于 2001 年。

这个计划将支持几个共同资助的项目，这些子项目为解决与燃料电池汽车燃料引进相关的技术和经济问题提供多个机会。

这个计划大约有 50 个合作伙伴，来自工业、市政当局、非政府组织、联邦、省政府和大学。

(2) 氢早期应用(h2EA)计划

2003 年 10 月，加拿大政府宣布出资 2.15 亿加元启动 h2EA 计划。计划通过在加拿大工业运行，示范能将加拿大转化到氢能经济的新技术概念设计工程。

加拿大政府意图通过 h2EA 计划与工业界共同合

作，成立氢能研究组。氢能研究组将示范新的概念设计，如“氢能公路”和“氢村”。计划的特定目标包括：

①增加公众、消费者和投资者的意识和接受氢的能力；

②整合氢能和相关技术；

③发展氢基础设施；

④发展氢工业技术和供应链；

⑤为氢工业制定编码和标准；

⑥加强氢和相关技术的性能、可靠性、耐久力和经济寿命。

项目预期最初将资助3～5个子项目。

(3)燃料电池加拿大氢村合作计划

2003年12月，燃料电池加拿大（相当于一个工业协会），它宣布建立氢乡村公司。在多伦多地区的氢乡村将部署和示范不同的氢设施技术。参与者包括政府和私营实体。其投资预算没有宣布。

五、新能源汽车产业联盟动态

1. 北京新能源汽车产业联盟

(1)北京新能源汽车产业联盟发展过程

2008年12月28日，科技部、北京市政府联合向北汽福田汽车股份有限公司颁发“北京新能源汽车设计制造产业基地”牌匾，并同意由北汽控股公司发起成立“北京新能源汽车产业联盟（以下简称‘联盟’）”。

2009年2月17日，财政部等四部委联合在京召开节能与新能源汽车示范推广试点会议，对节能与新能源汽车示范推广试点工作进行了部署。

2009年3月13日，为切实推动“北京新能源汽车产业联盟”建设、运营，促进节能与新能源汽车示范推广和经验交流，展现北京在节能与新能源汽车规模化、产业化发展道路上“以市场检验产品，以基地带动技术，以联盟链动发展”的成果和经验，经联盟单位协商一致，在北京新能源汽车设计制造产业基地（北汽福田）召开了北京新能源汽车产业联盟成立暨一届一次理事大会，正式启动联盟的组织、业务和运营。

2009年8月14日，北京新能源汽车产业协会在北京市民政局注册成为正式协会组织。

2009年8月28日，在福田汽车工程研究院正式成立北京新能源汽车产业协会专家委员会，并下设整车集成、能源、电机、发动机、传动、电动化辅助系统、测试验证七个工作组。

(2)北京新能源汽车产业联盟目标和任务

①指导思想：以市场为导向、标准为纽带、产品为基础、机制为保障；兼顾各方利益、网络优质资源，提高创新效率，扩大市场规模，促进新能源汽车产业又好又快发展。

②战略目标：打造联盟品牌，发展产业标准，应对国际间新能源汽车技术标准竞争；打造联盟品牌，树立产业链国际影响，提升自主品牌汽车企业市场竞争力。

(3)主要任务

①确立技术标准研究合作战略，争夺国际标准制定话语权；

②确立产品技术合作战略，共同承担技术研发风险，推动核心技术突破；

③打造联盟品牌，缩短技术培育期，提高国际市场占有率；

④促进政产学研用结合，争取政策、资金，完善国家创新体系；

⑤加强知识产权保护，提高产业国际竞争力和开拓海外市场。

(4)业务范围

①对外交流、承办委托、联谊活动、行业调研；

②展览展评、行业调研、行业自律、咨询服务；

③技术开发、专业培训、编辑专刊。

新能汽车进展与发展战略概况

北京新能源汽车产业联盟，以合资、合作等形式联合国内先进企业，借用部分国际成熟资源，以《科技北京行动计划》为指导，建设节能与新能源汽车研发及制造基地，形成新能源轻型卡车、中重型卡车、SUV、皮卡、MPV、大VAN、大客车、轿车八大整车平台，以及电池及其管理系统、电机及其控制系统、新能源整车控制器三大关键零部件的产业化格局，构建北京市新能源汽车的完整产业链条。

北京新能源汽车产业联盟支持北京市节能与新能源汽车示范推广和经验交流，推动新能源汽车设计制造产业基地技术研发中心的成熟，加大北京新能源汽车研发经费投入，必将提升具有自主知识产权的民族品牌的行业竞争力，拓展北京新能源汽车设计制造产业基地在全球新能源汽车市场的领域，扩大北京新能源汽车产业联盟的集群效应，形成龙头汽车设计制造企业—新能源汽车产业链—产业群相互衔接的产业格局，以基地带动技术，以联盟链动发展，将北京建设成为全国节能环保低碳汽车创新中心。

2. 重庆市节能与新能源汽车产业联盟

(1)重庆市节能与新能源汽车产业联盟发展过程

2009年6月2日，重庆市节能与新能源汽车产业联盟宣告成立，国家工信部、科技部、重庆市相关领导出席了成立仪式。联盟以长安汽车为龙头，吸纳了新能源汽车产业链上的研发、设计、制造、零部件供应、工艺设备制造、基础设施建设和终端用户等近30家企业加入。

2009年6月9日，重庆市经信委组织重庆市节能与新能源汽车产业联盟成员在重庆北部新区管委会召开了第一次工作会议，重庆市科委、发改委、北部新区管委会等单位领导出席了会议。会议正式启动联盟的组织、业务和运营并对联盟的下一步工作进行了部署。

2009年10月24日，在重庆召开了联盟第二次工作会议，全体联盟成员单位参加了会议。会上总结了第一阶段开展的联盟工作，邀请了世界电动车协会主席、亚太电动车协会主席陈清泉院士、国家"863"重大项目专家组成员王秉刚出席并作了新能源汽车发展趋势报告。就"降低研发成本、分担研发风险、资源优势互补、信息共享、共同学习"进行了充分的交流与沟通，并决定在联盟内部成立技术研究与政策研究两个专家小组以指导联盟成员开展工作。

2009年9月24日重庆市人民政府办公厅下发了关于成立重庆市新能源汽车产业发展领导小组的通知，确定了由黄奇帆市长为组长、童小平副市长、政协副主席、北部新区管委会主任吴家农为副组长、市政府秘书、市经济信息委、市科委、市发展改革委、市财政局、市政委、北部新区管委会、长安汽车股份有限公司、中国汽车工程研究院任成员的重庆市新能源汽车产业发展领导小组，专门协调新能源发展过程中的各项工作。

(2)重庆市节能与新能源汽车产业联盟目标和任务

①指导思想

为加快重庆市新能源汽车产业化的进程，按照以市场为导向、政府为牵引，以整车企业为龙头，通过吸纳、优化新能源汽车产业链上的研发、设计、制造、零部件供应、工艺设备制造、基础设施建设和终端用户等资源，以共创市场、共享资源、共同发展为宗旨，采用官产学研用合作模式，构建以产业需求为引导的新能源汽车产业联盟。

②战略目标

通过产业联盟运行，充分发挥成员单位作用，显著提升重庆市区域新能源汽车产业核心竞争能力和增强区域产业集群品牌效应。以重庆市新能源汽车示范运行为契机，打造中西部地区最大、功能最全、产业链最完整的新能源汽车研发、制造、示范的新能源汽车产业联盟，培育形成重庆市新能源汽车市场，并以此辐射其他地区。

③主要任务

A. 在技术合作、信息共享、科研攻关、政策争取、基础资源共享等多个方面通过合作创新以提升联盟成员在新能源汽车产业核心的竞争能力；

B. 与政府建立固定的渠道加强与政府沟通，推动、参与国家在新能源领域有关产业政策、标准的制定；

C. 搭建新能源汽车公共技术检测平台；

D. 研究新能源汽车基础配套设施的建设，如充电站、加气站；

E. 研究、开发新型新能源汽车制造关键技术、工艺设备，制定技术规范、标准。

④业务范围

A. 对外交流、承办委托、联谊活动、行业调研；

B. 展览展评、行业调研、行业自律、咨询服务；

C. 技术开发、专业培训。

重庆市节能与新能源汽车产业联盟以企业间合

资、项目合作等形式，联合国内先进的新能源整车、零部件研发、制造企业，建设重庆市节能与新能源汽车产业基地，完善重庆市新能源汽车产业链。

相继开展了重庆市新能源汽车产业化基地建设规划、重庆市新能源汽车产业发展规划，提出了政策建议及措施，举办了国际电动汽车论坛、标准研讨会，联合申报了国际合作、工信部、科技部等项目，相互合作开展了新能源汽车资质审查、示范运行，联合搭建了新能源汽车控制器等关键零部件的产业化格局，构建了重庆市新能源汽车的产业链条。

重庆市节能与新能源汽车产业联盟将为政府制定法规、政策提出建议意见，为新能源汽车推广使用创造条件，探索行业自治、产学研合作新模式与新机制，推动新能源汽车技术应用，突破新能源汽车成本障碍、标准障碍、技术障碍，提升核心竞争力，加快重庆市实现新能源汽车产业化进程，为实现五个重庆建设作出贡献。

3. 广东省电动汽车省部产学研创新联盟

广东省电动汽车省部产学研创新联盟（以下简称“广东电动汽车联盟”）于2009年7月17日在广东佛山宣告成立，广东电动汽车联盟由广汽集团牵头，广汽集团、华南理工大学、中山大学等单位共同发起，联合了广东省内的电动汽车生产企业及相关零部件制造企业，以及国内乃至境内相关高校和科研机构等。广东电动汽车联盟是继北京新能源汽车产业联盟、重庆新能源汽车产业联盟之后，又一致力于促进电动汽车产业发展、提升汽车行业技术水平、增强国际竞争力的产学研战略联盟。

广东电动汽车联盟理事单位包括比亚迪汽车有限公司、深圳比克电池有限公司、广州博捷电机有限公司、深圳航盛电子股份有限公司、湖南大学、清华大学、中国汽车技术研究中心、中国北方车辆研究所（201所）等近三十家，并将不断增加。广东电动汽车联盟理事长单位及秘书长单位为广州汽车集团股份有限公司（以下简称“广汽集团”），广汽集团总经理曾庆洪任广东电动汽车联盟理事长，副总经理黄向东任广东电动汽车联盟秘书长。中国工程院陈清泉院士、郭孔辉院士、钟志华院士等十余名知名专家担任广东电动汽车联盟专家委员会委员。

广东电动汽车联盟是各理事单位本着平等、自愿、互利的原则组合而成的行业非营利性社会组织，旨在搭建广东省电动汽车产业技术创新平台，构建以企业为主体、市场为导向、产学研结合的开放型区域创新体系。广东电动汽车联盟致力于整合广东省内乃至国内外产学研各方的优势资源，协同研发及产业化攻关，以整车企业电动汽车产品的批量化生产为目标，推动广东省电动汽车产业链的形成，提升广东电动汽车产业的自主创新能力和产业竞争力。广汽集团等整车企业将投入数千万元在广东电动汽车联盟成员中寻求技术合作，进行电动汽车的同步开发工作。

广东电动汽车联盟的成立得到了广东省科技厅、广东省部产学研办公室、广东省发改委、广州市科技局、广州市发改委等政府部门的大力支持和指导。相关政府部门同时表示将在产业政策、企业间的协调、政府项目申报等方面，对广东电动汽车联盟运作给予大力支持。

4. 吉林省新能源汽车产业联盟

2009年12月18日，吉林省正式成立吉林省新能源汽车产业联盟。

联盟由一汽集团牵头，吉林大学等23家科研、生产单位组成。

联盟的主要职责：一是以新能源汽车产业化为目标，加强新能源汽车关键核心部件的研发；二是加强与政府沟通，以便更好地反映企业要求，提出全省在新能源汽车领域产业政策的建议，共同申报研发项目争取国家政策支持和政府资金扶持；三是积极推动全省新能源汽车的示范，建立综合性应用示范基地，以考核和验证新能源汽车的适用性和各项技术的成熟性、可靠性。

联盟就全省新能源汽车如何发展进行了分工。省政府也将对全省新能源汽车产业发展给予专项资金支持，包括关键零部件研发项目、示范运营实施项目补助和配套设施建设项目等。

5. 南昌市节能与新能源汽车产业技术创新联盟

南昌市节能与新能源汽车产业技术创新联盟是由江铃汽车股份有限公司、江铃汽车集团公司、南昌大学机电工程学院、江西省汽车工程学会、江铃控股有限公司、江西百路佳（BCI）客车有限公司、南昌市工业技术研究院、福瑞德科技有限公司、江西消防车辆制造厂等15家单位联合组建的新型产学研合作组织。联盟以南昌市节能与新能源汽车产业的技术创新需求为导向，以形成产业核心竞争力为目标，围绕产业技术创新，运用市场机制集聚创新资源，实现企业、大学和科研机构的有效结合，共同突破产业发展的技术瓶颈，努力推动南昌市汽车产业的跨越发展。

联盟的任务是组织企业、大学和科研机构等围绕产业技术创新的关键问题，开展技术合作，突破产业发展的核心技术，形成重要的产业技术标准；建立公共技术平台，实现创新资源的有效分工与合理衔接，实行知识产权共享；实施技术转移，加速科技成果的商业化运用，提升产业整体竞争力；联合培养人才，加强人员的交流互动，为产业持续创新提供人才支撑；积极为产业发展争取政府部门的政策、项目等支持，为政府部门制定政策以及组织实施重大项目提供决策参考。

联盟以具有法律约束力的契约为保障，形成的联合开发、优势互补、利益共享、风险共担的技术创新合作组织，为非营利性组织机构。

联盟是开放性的组织。联盟成立后将根据需要继续吸纳具有技术、资金等方面优势的单位加入联盟。相信通过联盟的自主创新及合作，将有效促进节能与新能源汽车技术及产业的发展，不断增强南昌市汽车产业的自主创新能力和市场竞争力。

6. 昆明市节能与新能源汽车产学研联盟

为促进昆明市节能与新能源汽车示范推广试点工作的顺利开展，昆明市已在部分企业和科研院所启动了新能源汽车方面的研发工作。为了进一步推动昆明市新能源汽车示范推广工作向产业化方向发展，鼓励创新，促进产学研结合，由市科技局批准在昆明船舶设备集团有限公司成立高原型新能源汽车整车研发基地（昆船基地）；在东风云南汽车有限公司成立高原型新能源汽车整车研发基地（东风云汽基地）；在云内动力股份有限公司成立节能与新能源汽车混合动力及代用燃料发动机研发基地；在北京理工大学成立新能源电动汽车合作研究基地；在昆明理工大学分别成立节能与新能源汽车动力电池及关键材料研究中心和节能与新能源汽车动力系统研究基地。另外，成立昆明市节能与新能源汽车产学研联盟，该联盟现阶段由北京理工大学、昆明理工大学、昆明云内动力股份有限公司、昆明船舶设备集团有限公司、东风云南汽车有限公司、昆明协兴科技有限公司和赛恩斯能源科技有限公司、昆明电机厂有限公司、青年汽车集团有限公司等9家单位组成。

成立昆明市节能与新能源汽车研发基地和产学研联盟，其目的就是积极争取新能源汽车向产业化发展，一方面发挥产学研联盟的资源会聚优势，促进产业链各个环节的协同配合、均衡发展；另一方面，发挥各个研发基地的技术竞争优势，促进关键技术、核心技术的攻关，在自主创新的同时重视引进、吸收再创新。

昆明是全国试点城市中唯一一个高原型城市，新能源汽车在高海拔地区实际运行的实验数据在全世界都还处于空白，没有系统完整的参考资料，所以，昆明开展的节能与新能源汽车示范推广工作意义非凡。希望能够通过产学研联盟和研发基地的建立，使昆明市的节能与新能源汽车实现产业化发展，成为昆明绿色环保的一张名片。

第三篇
新能源汽车标准

一、我国新能源汽车标准目录

1. 工业和信息化部发布2009年行业标准目录(汽车部分)

<table>
<tr><th>序号</th><th>标准编号</th><th>标准名称</th><th>标准主要内容</th><th>代替标准</th><th>采标情况</th><th>实施日期</th></tr>
<tr><td rowspan="2">1</td><td rowspan="2">QC/T 809—2009</td><td rowspan="2">车用燃气喷嘴</td><td>本标准规定了车用燃气喷嘴的技术要求、试验方法、检验规则、标志、运输和贮存</td><td rowspan="2">—</td><td rowspan="2">—</td><td rowspan="2">2010-04-01</td></tr>
<tr><td>本标准适用于在环境温度为-40℃~120℃条件下,以符合GB 18047要求的汽车用压缩天然气或符合GB 19159要求的汽车用液化石油气为工作介质的汽车用燃气喷嘴</td></tr>
<tr><td rowspan="2">2</td><td rowspan="2">QC/T 810—2009</td><td rowspan="2">汽车启动机用电磁开关技术条件</td><td>本标准规定了汽车用启动机电磁开关的要求、试验方法、检验规则、包装、标志、运输及贮存</td><td rowspan="2">—</td><td rowspan="2">—</td><td rowspan="2">2010-04-01</td></tr>
<tr><td>本标准适用于汽车启动机电磁开关</td></tr>
<tr><td rowspan="2">3</td><td rowspan="2">QC/T 813—2009</td><td rowspan="2">二甲醚汽车专用装置技术要求</td><td>本标准规定了二甲醚汽车专用装置(以下简称“专用装置”)的要求</td><td rowspan="2">—</td><td rowspan="2">—</td><td rowspan="2">2010-04-01</td></tr>
<tr><td>本标准适用于使用汽车用二甲醚、额定工作压力为2.0MPa的专用装置</td></tr>
<tr><td rowspan="2">4</td><td rowspan="2">QC/T 814—2009</td><td rowspan="2">二甲醚汽车专用装置的安装要求</td><td>本标准规定了二甲醚汽车专用装置的安装要求、试验方法、检验规则、标志</td><td rowspan="2">—</td><td rowspan="2">—</td><td rowspan="2">2010-04-01</td></tr>
<tr><td>本标准适用于以汽车用二甲醚为燃料的汽车</td></tr>
<tr><td rowspan="2">5</td><td rowspan="2">QC/T 815—2009</td><td rowspan="2">快插式二甲醚汽车加注口</td><td>本标准规定了快插式二甲醚汽车加注口的要求、试验方法、检验规则、标志、包装、运输及贮存、出厂文件</td><td rowspan="2">—</td><td rowspan="2">—</td><td rowspan="2">2010-04-01</td></tr>
<tr><td>本标准适用于二甲醚汽车的燃料加注口,其额定工作压力为2.0MPa,工作环境温度为-40℃~85℃</td></tr>
<tr><td rowspan="2">6</td><td rowspan="2">QC/T 816—2009</td><td rowspan="2">加氢车技术条件</td><td>本标准规定了用于装运和加注高压氢气的车辆的术语、定义、要求、标志和随车文件</td><td rowspan="2">—</td><td rowspan="2">—</td><td rowspan="2">2010-04-01</td></tr>
<tr><td>本标准适用于用定型汽车底盘改装的装运和加注高压氢气的加氢车</td></tr>
</table>

2. 2009年第一批国家标准制定/修订计划项目(汽车及相关标准部分)

序号	项目编号	项目名称	性质	制定/修订	完成年限	主管部门	技术归口单位	起草单位	代替标准号	采标号
1	20090040-T-339	电动汽车充电站通用要求	推荐	制定	2011	工业和信息化部	全国汽车标准化技术委员会	北京理工大学、中国电子科技集团公司第十八研究所、中国汽车技术研究中心等	—	—
2	20090041-T-339	电动汽车用电机及其控制器技术条件	推荐	修订	2011	工业和信息化部	全国汽车标准化技术委员会	北京理工大学	GB/T 18488.1—2006	—
3	20090042-T-339	电动汽车用电机及其控制器试验方法	推荐	修订	2011	工业和信息化部	全国汽车标准化技术委员会	北京理工大学	GB/T 18488.2—2006	—
4	20090043-T-339	电动汽车用锂离子电池测试规程	推荐	制定	2011	工业和信息化部	全国汽车标准化技术委员会	中国汽车技术研究中心等	—	ISO/TC 22—N 2806
5	20090044-T-339	电动汽车用驱动电机系统可靠性试验方法	推荐	制定	2011	工业和信息化部	全国汽车标准化技术委员会	北京理工大学	—	—
6	20090051-Q-339	重型商用车辆燃料消耗量限值	强制	制定	2011	工业和信息化部	全国汽车标准化技术委员会	中国汽车技术研究中心等	—	—

其他与汽车相关标准项目：

1	20090459 – T – 348	使用乙醇汽油的车辆性能技术要求	推荐	制定	2011	交通运输部	全国汽车维修标准化技术委员会	交通部公路科学研究院	—	—

3. 2009 年第二批国家标准制定/修订计划项目(汽车及相关标准部分)

序号	计划编号	项目名称	标准性质	制定/修订	完成年限	主管部门	技术归口单位	起草单位	代替标准号	采标号
1	20091181 – T – 339	道路车辆间蓄电池充电电缆总成	推荐	制定	2010	工业和信息化部	全国汽车标准化技术委员会	建德市万家电器电缆有限公司、中国汽车技术研究中心等	—	—
2	20091182 – Q – 339	汽车正面碰撞的乘员保护	强制	修订	2010	工业和信息化部	全国汽车标准化技术委员会	中国汽车技术研究中心等	GB 11551—2003	ECE R 94
3	20091183 – T – 339	轻型混合动力电动汽车能量消耗量试验方法	推荐	修订	2010	工业和信息化部	全国汽车标准化技术委员会	中国汽车技术研究中心	GB/T 19753—2005	ECE R 101. 01
4	20091184 – T – 339	压缩天然气汽车燃料系统碰撞安全要求	推荐	制定	2010	工业和信息化部	全国汽车标准化技术委员会	中国汽车技术研究中心	—	FMVSS 303
5	20091185 – T – 339	压缩天然气汽车燃料消耗量试验方法	推荐	制定	2010	工业和信息化部	全国汽车标准化技术委员会	中国汽车技术研究中心	—	—
6	20091186 – T – 339	液化石油气汽车定型试验规程	推荐	制定	2010	工业和信息化部	全国汽车标准化技术委员会	中国汽车技术研究中心	—	—

相关项目：

1	20091524 – T – 348	长途客车内空气质量检测方法	推荐	制定	2010	交通运输部	交通运输部	上海交通大学、中国公路车辆机械有限公司	—	—
2	20091137 – Q – 312	机动车运行安全技术条件	强制	修订	2010	公安部	公安部	公安部交通管理科学研究所	—	—

4. 新能源汽车国家标准《目录》

序号	标准号	标准名称	发布日期	实施日期
1	GB 10414—1989	汽车同步带传动　带轮	1989 – 02 – 10	1990 – 01 – 01
2	GB/T 5054. 1—2008/ISO 4141 – 1:2005	道路车辆　多芯连接电缆　第 1 部分：普通护套电缆的性能要求和试验方法	2008 – 09 – 24	2009 – 07 – 01
3	GB/T 5054. 4—2008/ISO 4141 – 4:2001	道路车辆　多芯连接电缆　第 4 部分：螺旋电缆组件的弯折试验方法和要求	2008 – 09 – 24	2009 – 07 – 01
4	GB/T 5054. 2—2008/ISO 4141 – 2:2006	道路车辆　多芯连接电缆　第 2 部分：高性能护套电缆的性能要求和试验方法	2008 – 09 – 24	2009 – 07 – 01
5	GB/T 18387—2008	电动车辆的电磁场发射强度的限值和测量方法，宽带，9kHz ~ 30MHz	2008 – 01 – 22	2008 – 09 – 01
6	GB/T 10485—2007	道路车辆　外部照明和光信号装置　环境耐久性	2007 – 04 – 30	2007 – 12 – 01
7	GB/T 8243. 12—2007	内燃机全流式机油滤清器试验方法　第 12 部分：采用颗粒计数法测定滤清效率和容灰量	2007 – 06 – 25	2007 – 11 – 01

续表

序号	标准号	标准名称	发布日期	实施日期
8	GB/T 10826.1—2007	燃油喷射装置　词汇　第1部分：喷油泵	2007-06-25	2007-11-01
9	GB/T 21085—2007	机动车出厂合格证	2007-09-10	2008-04-01
10	GB/T 8243.11—2007	内燃机全流式机油滤清器试验方法　第11部分：自净式滤清器	2007-06-25	2007-11-01
11	GB/T 14951—2007	汽车节油技术评定方法	2007-01-24	2007-08-01
12	GB/T 20734—2006	液化天然气汽车专用装置安装要求	2006-12-29	2007-06-01
13	GB/T 12535—2007	汽车启动性能试验方法	2007-04-30	2007-12-01
14	GB/T 12782—2007	汽车采暖性能要求和试验方法	2007-04-30	2007-12-01
15	GB/T 12546—2007	汽车隔热通风试验方法	2007-04-30	2007-12-01
16	GB/T 20834—2007	发电/电动机基本技术条件	2007-01-16	2007-08-01
17	GB/T 18488.1—2006	电动汽车用电机及其控制器　第1部分：技术条件	2006-12-01	2007-07-01
18	GB/T 18488.2—2006	电动汽车用电机及其控制器　第2部分：试验方法	2006-12-01	2007-07-01
19	GB 20890—2007	重型汽车排气污染物排放控制系统耐久性要求及试验方法	2007-04-03	2007-10-01
20	GB/T 20735—2006	汽车用压缩天然气减压调节器	2006-12-29	2007-06-01
21	GB 20561—2006	机动车用液化石油气钢瓶定期检验与评定	2006-09-12	2007-04-01
22	GB/T 20368—2006	液化天然气（LNG）生产、储存和装运	2006-01-23	2006-10-01
23	GB 14167—2006	汽车安全带安装固定点	2006-09-01	2007-02-01
24	GB 8410—2006	汽车内饰材料的燃烧特性	2006-01-18	2006-07-01
25	GB/T 19596—2004	电动汽车术语	2004-11-02	2005-06-01
26	GB/T 19750—2005	混合动力电动汽车　定型试验规程	2005-05-23	2005-10-01
27	GB/T 19755—2005	轻型混合动力电动汽车　污染物排放　测量方法	2005-07-11	2006-01-01
28	GB/T 3487—2005	汽车轮辋规格系列	2005-09-15	2006-05-01
29	GB/T 19752—2005	混合动力电动汽车　动力性能　试验方法	2005-05-23	2005-10-01
30	GB/T 3798.2—2005	汽车大修竣工出厂技术条件　第2部分：载货汽车	2005-03-21	2005-08-01
31	GB/T 5624—2005	汽车维修术语	2005-07-11	2006-01-01
32	GB/T 18388—2005	电动汽车　定型试验规程	2005-05-23	2005-10-01
33	GB/T 19204—2003	液化天然气的一般特性	2003-06-18	2003-12-01
34	GB 19533—2004	汽车用压缩天然气钢瓶定期检验与评定	2004-06-07	2005-01-01
35	GB/T 19515—2004	道路车辆　可再利用性和回收利用性　计算方法	2004-05-17	2004-11-01
36	GB 1589—2004	道路车辆外廓尺寸、轴荷及质量限值	2004-04-01	2004-10-01
37	GB/T 10001.3—2004	标志用公共信息图形符号	2004-05-13	2004-12-01
38	GB 16735—2004	道路车辆　车辆识别代号（VIN）	2004-06-21	2004-10-01
39	GB 19592—2004	车用汽油清净剂	2004-10-21	2005-05-01
40	GB 19151—2003	机动车用三角警告牌	2003-05-23	2003-11-01
41	GB/T 19237—2003	汽车用压缩天然气加气机	2003-07-01	2003-12-01
42	GB/T 19056—2003	汽车行驶记录仪	2003-04-15	2003-09-01
43	GB 9656—2003	汽车安全玻璃	—	—
44	GB/T 19236—2003	压缩天然气加气机加气枪	2003-07-01	2003-12-01
45	GB/Z 18333.2—2001	电动道路车辆用锌空气蓄电池	—	—

续表

序号	标准号	标准名称	发布日期	实施日期
46	GB/T 11798.7—2001	机动车安全检测设备检定技术条件 第7部分：轴（轮）重仪检定技术条件	2001-04-29	2001-12-01
47	GB/T 18384.3—2001	电动汽车 安全要求 第3部分：人员触电防护	2001-07-12	2001-12-01
48	GB 18351—2001	车用乙醇汽油	2001-04-02	2001-04-15
49	GB 8108—1999	车用电子警报器	1999-08-02	2000-07-01
50	GB/T 4780—2000	汽车车身术语	—	—
51	GB/T 15766.2—2000	道路机动车辆灯丝灯泡性能要求	—	—
52	GB 3843—1983	柴油车自由加速度排放标准	1983-09-14	1984-04-01
53	GB 3842—1983	汽油车怠速污染物排放标准	1983-09-14	1984-04-01
54	GB/T 12673—1990	汽车主要尺寸测量方法	1990-12-30	1991-10-01
55	GB 5179—85	汽车转向系术语和定义	—	—
56	GB 5181—1985	汽车排放物术语和定义	1985-05-11	1986-03-01
57	GB/T 12679—1990	汽车耐久性行驶试验方法	1990-12-30	1991-10-01
58	GB 4125—84	汽车安全玻璃抗冲击性试验方法	1984-01-03	1984-12-01
59	GB 7593—87	机动工业车辆 控制符号	1987-03-27	1988-01-01
60	GB/T 4970—1996	汽车平顺性随机输入行驶试验方法	1996-04-10	1996-11-01
61	GB/T 14169—1993	汽车空气滤清器接头A型和B型	1993-03-01	1993-07-01
62	GB/T 5919—1986	汽车照明和信号装置分类和命名	1986-03-05	1986-12-01
63	GB/T 15766.2—1995	道路机动车辆灯泡性能要求	1995-12-08	1997-01-01
64	GB 15766.1—1995	道路机动车辆灯泡尺寸、光电性能要求	1995-12-08	1997-01-01
65	GB 5137.2—87	汽车安全玻璃光学性能试验方法	—	—
66	GB 11552—1989	汽车内部凸出物	1989-08-10	1990-03-01
67	GB/T 11551—89	汽车乘员碰撞保护	1989-08-10	1990-03-01
68	GB/T 4971—85	汽车平顺性名词术语和定义	1985-03-02	1985-12-01
69	GB 3800—83	汽车车架修理技术条件	—	—
70	GB 5624—85	汽车维修术语	—	—
71	GB/T 13405—1992	汽车V带轮	1992-03-28	1992-10-10
72	GB/T 17340—1998	汽车安全玻璃的尺寸、形状及外观	1998-05-08	1998-12-01
73	GB/T 17351—1998	汽车车轮 双轮中心距	1998-05-06	1999-01-01
74	GB/T 13604—62	汽车转向球接头尺寸	—	—
75	GB 8410—1994	汽车内饰材料的燃烧特性	1994-05-30	1995-01-01
76	GB 918.1—89	道路车辆分类与代码 机动车	1989-03-27	1989-10-01
77	GB/T 9417—1988	汽车产品型号编制规则	1988-06-25	1989-01-01
78	GB/T 5359.2—1996	车辆性能	1996-07-23	1997-03-01
79	GB 15235—1994	上海汽车灯具研究所	1994-09-28	1995-05-01
80	GB 1589—1989	汽车外廓尺寸限界	1989-03-22	1989-10-01
81	GB 5845.2—85	城市公共交通标志公共汽车标志	—	—
82	GB/T 12546—90	汽车隔热通风试验方法	1990-12-12	1991-09-01
83	GB 7128—86	汽车气压制动胶管	1986-12-30	1987-10-01
84	GB/T 11557—89	防止汽车转向机构对驾驶员伤害的规定	—	—
85	GB/T 13492—1992	各色汽车用面漆	—	—

注：数据最后更新时间2009年12月16日。来源：国标委。

5. 新能源汽车行业标准《目录》

序号	标准号	标准名称	发布日期	实施日期
1	CJ/T 267—2007	混合动力电动城市客车	2007－12－21	2008－05－01
2	QC/T 634—2007	汽车水暖式暖风装置	2007－11－14	2008－05－01
3	JB/T 10751—2007	蓄电池牵引车	2007－08－01	2008－01－01
4	JT/T 652—2006	道路车辆牵引座	2006－02－20	2006－05－01
5	QC/T 755—2006	液化天然气(LNG)汽车专用装置技术条件	2006－07－26	2007－02－01
6	QC/T 754—2006	液化天然气汽车定型试验规程	2006－07－26	2007－02－01
7	QC/T 746—2006	压缩天然气汽车高压管路	2006－03－07	2006－08－01
8	QC/T 745—2006	液化石油气汽车橡胶管路	2006－03－07	2006－08－01
9	QC/T 742—2006	电动汽车用铅酸蓄电池	2006－03－07	2006－08－01
10	QC/T 744—2006	电动汽车用金属氢化物镍蓄电池	2006－03－07	2006－08－01
11	QC/T 743—2006	电动汽车用锂离子蓄电池	2006－03－07	2006－08－01
12	GA 406—2002	车身反光标志	2002－12－20	2003－03－01
13	QC/T 623—1999	锁销	1999－11－05	2000－07－01
14	QC/T 532—1999	汽车用后视镜技术条件	—	—
15	QC/T 18—1992	汽车产品图样及设计文件　术语	—	—
16	QC/T 216—1996	汽车用地毯的性能要求及试验方法	—	—
17	QC/T 572—1999	汽车清洁度工作导则　测定方法	1999－03－15	1999－03－15
18	QC/T 326—1999	汽车标准件编号规则	—	—
19	QC/T 300—1999	汽车动力转向油泵台架试验方法	—	—
20	QC/T 257—1998	压缩天然气汽车定型试验规程	1998－12－16	1999－07－01
21	QC/T 29084—1992	汽车车轮质量分等	—	—
22	QC/T 29047—1992	汽车用温度表质量分等	1992－04－14	1993－01－01
23	QC/T 29067—1992	汽车风窗玻璃电动刮水器质量分等	—	—
24	QC/T 29097—92	汽车转向器总成技术条件	—	—
25	QC/T 327—1999	汽车用球头接头	—	—
26	QC/T 353—1999	汽车车轮球面弹性垫圈	—	—
27	QC/T 354—1999	汽车车轮法兰球面螺母	—	—
28	QC/T 355—1999	汽车车轮锥面螺母	—	—
29	QC/T 356—1999	汽车车轮面螺母	—	—
30	QC/T 357—1999	汽车车轮杯形螺母	—	—
31	QC/T 47—1992	汽车坐椅术语	—	—
32	QC/T 414—1999	汽车用低压电线的颜色	1999－03－15	1999－03－15
33	CB/T 11563—89	汽车 H 点确定程序	—	—
34	QC/T 238—1997	汽车零部件的储存和保管	—	—
35	QC/T 626—1999	汽车玻璃升降器	—	—
36	QC/T 293—1999	汽车半轴台架试验方法	1999－03－15	1999－03－15
37	QC/T 29049—1992	汽车动力转向油泵质量分等	—	—
38	QC/T 29043—1992	汽车用压力表质量分等	1992－04－14	1993－01－01
39	QC/T 307—1999	真空助力器技术条件	1999－08－09	2000－01－01
40	QC/T 217—1996	汽车用压力报警器	1996－12－18	1997－09－01

续表

序号	标准号	标准名称	发布日期	实施日期
41	QC/T 501—1999	汽车信号闪光器技术条件	1999-03-15	1999-03-15
42	QC/T 500—1999	汽车用压力表型式、参数和尺寸	1999-03-15	1999-03-15
43	CMVR A01—01	车辆识别代号（VIN）管理规则	1999-01-18	—
44	QC/T 323—1999	汽车门锁技术条件	—	—
45	QC/T 321—1999	汽车遮阳板　技术条件	—	—
46	QC/T 322—1999	汽车遮阳板　性能试验方法	—	—
47	QC/T 26—1992	汽车用分电器安装尺寸	1992-07-01	1993-06-01
48	QC/T 29—1992	汽车用电喇叭安装尺寸	1992-07-01	1993-06-01
49	QCn 29007—91	汽车产品质量检验评定要求	—	—
50	QC/T 531—1999	汽车用后视镜性能试验方法	—	—
51	QC/T 629—1999	汽车遮阳板	—	—
52	QC/T 627—1999	汽车电动门锁装置	—	—
53	QC/T 29030—1991	点火线圈　安装连接尺寸	1991-10-07	1991-11-15
54	QC/T 29088—92	汽车发动机化油器出口凸缘尺寸	1992-05-21	1993-06-01
55	QC/T 55—1993	汽车坐椅动态舒适性试验方法	—	—
56	QC/T 6—1992	汽车产品明细表编制规则	—	—
57	QC/T 7—1992	汽车产品设计文件编号规则	—	—
58	QC/T 13—1992	汽车用温度表	1992-05-21	1993-06-01
59	QC/T 8—1992	汽车用压力表	1992-05-21	1993-06-01
60	QC/T 468—1999	汽车散热器技术条件	1999-03-15	1999-03-15
61	QC 244—1997	汽车安全带动态性能要求和试验方法	—	—
62	QC/T 2—1992	汽车产品图样　格式	—	—
63	QCn 29006—91	汽车产品质量检验规程	—	—
64	QCn 29008. 12—1991	汽车产品质量检验附件评定方法	1991-02-08	1991-07-01
65	QC/T 294—1999	汽车半轴技术条件	1999-03-15	1999-03-15
66	QC/T 297—1999	汽车轮辋检验用球带尺	—	—
67	QC/T 4—1992	汽车产品图样及设计文件采用与更改办法	—	—
68	QCn 29008. 4—1991	汽车产品质量检验可靠性统计计算方法及故障模式	—	—
69	QC/T 29027—1991	汽车用玻璃升降器技术条件	—	—
70	QC/T 237—1997	汽车驻车制动器性能台架试验方法	1997-11-12	1998-07-01
71	ZB T 24007—89	汽车制动系结构、性能及试验方法	—	—
72	QC/T 246—1997	汽车风窗玻璃电动洗涤器技术条件	—	—
73	QC/T 900—1997	汽车整车产品质量检验评定方法	—	—
74	QC/T 584—1999	汽车底盘产品质量检验评定方法	1999-08-09	2000-01-01
75	QC/T 29032—1991	汽车用空气滤清器堵塞报警传感器	1991-10-07	1991-11-15
76	QC/T 1—1992	汽车产品图样的基本要求	—	—
77	QC/T 628—1999	汽车用带点火开关的转向锁	1999-11-05	2000-07-01
78	QC/T 58—1993	汽车加速行驶车外噪声测量方法	1993-04-22	1993-06-01
79	QC/T 420—1999	汽车用熔断器	1999-03-15	1999-03-15
80	QCn 29008. 10—1991	汽车产品质量检验总成评定方法	1991-02-08	1991-07-01

注：数据最后更新时间 2009 年 12 月 16 日　来源：国标委

6. 新能源汽车产品专项检验标准目录(收录到 2009 年 4 月 1 日)

序号	标准编号	标准名称
1	GB/T 4094.2—2005	电动汽车操纵件、指示器及信号装置的标志
2	GB/T 18384.1—2001	电动汽车安全要求　第 1 部分:车载储能装置
3	GB/T 18384.2—2001	电动汽车安全要求　第 2 部分:功能安全和故障防护
4	GB/T 18384.3—2001	电动汽车安全要求　第 3 部分:人员触电防护
5	GB/T 18385—2005	电动汽车动力性能试验方法
6	GB/T 18386—2005	电动汽车能量消耗率和续驶里程试验方法
7	GB/T 18387—2008	电动车辆的电磁场辐射强度的限值和测量方法宽带 9kHz ~ 30MHz
8	GB/T 18388—2005	电动汽车定型试验规程
9	GB/T 18488.1—2006	电动汽车用电机及其控制器第 1 部分:技术条件
10	GB/T 18488.2—2006	电动汽车用电机及其控制器第 2 部分:试验方法
11	GB/T 19750—2005	混合动力电动汽车定型试验规程
12	GB/T 19751—2005	混合动力电动汽车安全要求
13	GB/T 19752—2005	混合动力电动汽车动力性能试验方法
14	GB/T 19753—2005	轻型混合动力电动汽车能量消耗量试验方法
15	GB/T 19754—2005	重型混合动力电动汽车能量消耗量试验方法
16	GB/T 19755—2005	轻型混合动力电动汽车污染物排放测量方法
17	GB/T 19836—2005	电动汽车用仪表
18	GB/Z 18333.2—2001	电动道路车辆用锌空气蓄电池
19	QC/T 741—2006	车用超级电容器
20	QC/T 742—2006	电动汽车用铅酸蓄电池
21	QC/T 743—2006	电动汽车用锂离子蓄电池
22	QC/T 744—2006	电动汽车用金属氢化物镍蓄电池

7. 燃气汽车标准

<table>
<tr><td rowspan="10">管理标准</td><td colspan="2">液化石油气安全管理规定(SY 5985—1994)</td></tr>
<tr><td colspan="2">在用车改装为天然气和液化石油气汽车管理办法</td></tr>
<tr><td colspan="2">天然气和液化石油气汽车认证办法</td></tr>
<tr><td colspan="2">天然气和液化石油气年审办法</td></tr>
<tr><td colspan="2">液化石油气和压缩天然气汽车专用装置生产企业条件</td></tr>
<tr><td colspan="2">压缩天然气和液化石油气汽车改装企业条件</td></tr>
<tr><td colspan="2">天然气和液化石油气汽车从业人员技术培训及资格审查</td></tr>
<tr><td colspan="2">汽车用液化石油气加气站管理办法</td></tr>
<tr><td colspan="2">汽车用压缩天然气加气站管理办法</td></tr>
<tr><td colspan="2">液化石油气汽车槽车安全管理规定([81]劳总锅字 1 号)</td></tr>
<tr><td rowspan="6">技术标准</td><td rowspan="6">基础标准
(6 项)</td><td>天然气汽车和液化石油气汽车词汇(GB/T 17895—1999)</td></tr>
<tr><td>天然气汽车和液化石油气汽车标志(GB/T 17676—1999)</td></tr>
<tr><td>汽车用液化石油气加气口　第 2 部分:快插式(GB/T 18364.2—2005)</td></tr>
<tr><td>压缩天然气汽车加气口(GB/T 18363—2001)</td></tr>
<tr><td>汽车用液化石油气加气口(螺旋式)(GB/T 18364.1—2001)</td></tr>
<tr><td>车用压缩天然气瓶阀(GB 17926—1999)</td></tr>
</table>

续表

技术标准	整车标准 (15 项)	液化石油气汽车专用装置的安装要求 (GB/T 19239—2003)
		压缩天然气汽车专用装置的安装要求 (GB/T 19240—2003)
		液化石油气汽车专用装置技术条件 (QC/T 247—2002)
		压缩天然气汽车专用装置技术条件 (QC/T 245—2002)
		液化石油气汽车定型试验规程 (QC/T 256—1998)
		压缩天然气汽车定型试验规程 (QC/T 257—1998)
		燃气汽车改装技术要求 液化石油气汽车 (GB/T 18437. 2—2001)
		燃气汽车改装技术要求 压缩天然气汽车 (GB/T 18437. 1—2001)
		压缩天然气客车技术条件 (QC/T 690—2002)
		液化石油气客车技术条件 (QC/T 689—2002)
		液化石油气乘用车技术条件 (QC/T 697—2002)
		液化石油气汽车槽车技术条件 (HG/T 3143—1982)
		液化石油气汽车槽车容量试行检定规程 (JJG 641—1990)
		液化石油气汽车维护、检测技术规范 (JT/T 511—2004)
		压缩天然气汽车维护、检测技术规范 (JT/T 512—2004)
技术标准	发动机标准 (4 项)	液化石油气发动机技术条件 (QC/T 693—2002)
		车用天然气单燃料发动机技术条件 (QC/T 691—2002)
		汽油/天然气两用燃料发动机技术条件 (QC/T 692—2002)
		柴油/压缩天然气双燃料发动机技术条件 (QC/T 694—2002)
	专用装置部件标准 (5 项)	汽车用液化石油气蒸发调压器 (QC/T 672—2000)
		汽车用压缩天然气减压调节器 (QC/T 671—2000)
		车用压缩天然气瓶阀 (GB 17926—1999)
		汽车用液化石油气电磁阀 (QC/T 673—2000)
		汽车用压缩天然气电磁阀 (QC/T 674—2000)
	车用储气瓶标准 (6 项)	汽车用压缩天然气钢瓶 (GB 17258—1998)
		机动车用液化石油气钢瓶 (GB 17259—1998)
		站用压缩天然气钢瓶 (GB 19158—2003)
		汽车用压缩天然气钢瓶定期检验与评定 (GB 19533—2004)
		汽车用压缩天然气钢瓶 (GB 17258—1998)
		机动车用液化石油气钢瓶集成阀 (GB 18299—2001)
	气体标准 (2 项)	车用液化石油气 (GB 19159—2003)
		车用压缩天然气 (GB 18047—2000)
	加气站标准 (6 项)	汽车用液化石油气加气站设计规范 (SY 0093—1998)
		汽车用压缩天然气加气站设计规范 (SY 0092—1998)
		液化石油气瓶充装站安全技术条件 (GB 17267—1998)
		汽车用压缩天然气钢瓶定期检验与评定 (GB 19533—2004)
		汽车加油(气)站、轻质燃油和液化石油气汽车罐车用阻隔防爆储罐技术要求 (AQ 3001—2005)
		石油工业车用压缩天然气气瓶安全管理规定 (SY 5853—1993)
	加气机标准 (6 项)	汽车用液化石油气加气机 (GB/T 19238—2003)
		汽车用压缩天然气加气机 (GB/T 19237—2003)
		液化石油气加气机加气枪 (GB/T 19235—2003)
		压缩天然气加气机加气枪 (GB/T 19236—2003)
		液化石油气加气机检定规程 (JJG 997—2005)
		压缩天然气加气机检定规程 (JJG 996—2005)

资料来源:全国清洁汽车行动信息网。

二、国际新能源汽车标准目录

1. 美国电动汽车标准目录

SAE　美国汽车工程协会—燃料电池汽车标准委员会

NHTSA　美国国家交通运输安全管理委员会

ETA　美国电动车运输应用协会

美国电动汽车标准目录

标准目录	标准名称
SAE J551/5—1997	电动汽车电磁强度(带宽9kHz~30MHz)的特点和测量方法
SAE J1495—2001	蓄电池火花延缓通风系统试验规则
SAE J1634—1999	电动汽车能量消耗和续驶里程试验方法
SAE J1654—1994	高压电缆
SAE J1666—1999	电动汽车加速、爬坡能力和减速试验方法
SAE J1673—1996	电动汽车高压电缆设计
SAE J1711—1999	混合动力汽车排放和能量消耗试验方法
SAE J1715—1994	电动汽车术语
SAE J1718—1997	电动乘用车和轻型货车蓄电池充电期间氢气排放物的测量方法
SAE J1766—1998	电动和混合动力电动汽车蓄电池碰撞完整性试验推荐规程
SAE J1772—2001	SAE 电动车辆传导充电连接器
SAE J1773—1999	SAE 电动车辆感应充电连接器
SAE J1797—1997	电动车辆蓄电池组组装的推荐规程
SAE J1798—1977	电动车辆蓄电池组件性能评价的推荐规程
SAE J2288—1997	电动车辆蓄电池组循环寿命试验
SAE J2289—2000	电驱动蓄电池系统功能要求
SAE J2293. 1—1997	电动汽车能量转换系统　第1部分:功能安全和系统构造
SAE J2293. 2—1997	电动汽车能量转换系统　第2部分:通信信号和功能要求
SAE J2344—1998	电动车辆安全导则
SAE J2380—1998	电动车辆蓄电池的振动试验
SAE J2464—1999	电动车辆蓄电池滥用试验
SAE J2574—2002	信息报告　燃料电池电动汽车安全术语
SAE J2578—2002	燃料电池汽车一般安全的推荐规程
SAE J2600—2002	压缩氢气车辆燃料连接装置
SAE J2711—2002	大型混合动力汽车、传统汽车能量消耗及排气污染物试验方法推荐规程

2. 欧洲电动汽车标准目录

CEN/TC 301　欧洲标准化技术委员会/电驱动车辆委员会

CENELEC/TC 69X　欧洲电工委员会/电动车辆电气系统委员会

UA/ECE　联合国欧洲经济委员会

EN　欧洲标准

欧洲电动汽车标准目录

标准目录	标准名称
EN 1821. 1—1996	电驱动道路车辆　道路操纵特性试验方法第 1 部分:纯电动车辆
EN 1821. 2—1996	电驱动道路车辆　道路操纵特性试验方法第 2 部分:热电混合动力汽车
EN 1986. 1—1996	电驱动道路车辆　能量特性测量方法第 1 部分:纯电动车辆
EN 1986. 2—1996	电驱动道路车辆　能量特性测量方法第 2 部分:热电混合动力汽车
EN 1987. 1—1997	电驱动道路车辆　安全特殊要求第 1 部分:车载储能装置
EN 1987. 2—1997	电驱动道路车辆　安全特殊要求第 2 部分:功能安全方式和故障防护
EN 1987. 3—1997	电驱动道路车辆　安全特殊要求第 3 部分:用户触电防护
EN 12736—2001	电驱动道路车辆车载充电器充电过程中传播噪声声音功率水平的测量
EN 13444—2001	电驱动道路车辆混合动力汽车排气测量第一部分:热电混合动力汽车
EN 13447. 1—2001	电驱动道路车辆　术语
ECE R100	关于在结构和基本安全方面的电动车辆型式论证的统一规定
ECE R83HEV	排气污染物测量补充规定
ECE R101HEV	能耗测量补充规定

3. 日本电动汽车标准目录

JARI/JEVA　日本汽车研究所/日本电动汽车协会

JEVS　日本电动汽车协会

TG　日本电动汽车协会技术导则

日本电动汽车标准目录

标准目录	标准名称
JEVS C601—2001	电动车辆充电用插头插座
JEVS Z101—1987	电动车辆试验方法通则
JEVS Z102—1987	电动汽车最高速度试验方法
JEVS Z103—1987	电动汽车续驶里程试验方法
JEVS Z104—1987	电动汽车爬坡能力试验方法
JEVS Z105—1988	电动汽车能量消耗量工况试验方法
JEVS Z106—1988	电动汽车能量消耗量等速试验方法
JEVS Z107—1988	电动汽车电动机及控制器联合试验方法
JEVS Z108—1994	电动汽车　续驶里程及能量消耗的测量(充电器充电)
JEVS Z109—1995	电动汽车　加速性能的测试
JEVS Z110—1995	电动汽车　最大巡航速度的测量
JEVS Z111—1995	电动汽车　参考能量消耗的测量(电池输出)
JEVS Z112—1996	电动汽车　爬坡试验方法
JEVS Z901—1984	电动汽车　技术参数标准格式
JEVS Z804—1993	电动汽车　控制器、指示器和信号装置标志

续表

标准目录	标准名称
JEVS Z805—1998	电动汽车　车辆
JEVS Z806—1998	电动汽车术语　电机和控制装置
JEVS Z802—1988	电动汽车术语　电池和充电器
JEVS Z807—1988	电动汽车术语　电池
JEVS Z808—1988	电动汽车术语　充电器
JEVS Z901—1995	电动汽车　技术参数标准格式（主要技术参数表）
JEVS Z701—1994	电动汽车　电动机及控制器联合驱动测量
JEVS E702—1994	电动汽车　车上使用的等效电机的动力测量（扭矩和速度测量）
JEVS D001—1995	电动汽车铅酸蓄电池尺寸和构造要求
JEVS D002—1999	电动汽车用镍金属混合密封蓄电池尺寸和构造
JEVS D701—1994	电动汽车铅酸蓄电池的容量试验方法
JEVS D702—1994	电动汽车铅酸蓄电池的能量密度试验方法
JEVS D703—1994	电动汽车铅酸蓄电池的功率密度试验方法
JEVS D704—1994	电动汽车铅酸蓄电池的工况寿命试验方法
JEVS D705—1999	电动汽车用镍金属混合密封蓄电池容量试验方法
JEVS D706—1999	电动汽车用镍金属混合密封蓄电池能量密度试验方法
JEVS D707—1999	电动汽车用镍金属混合密封蓄电池特殊功率和峰值功率密度试验方法
JEVS D708—1999	电动汽车用镍金属混合密封蓄电池特殊功率寿命试验方法
JEVS D709—1999	电动汽车用镍金属混合密封蓄电池放电容量试验方法
JEVS D710—2002	电动汽车电池充电效率试验方法
JEVS D711—2003	混合动力汽车用密封型 Ni-MH 电池容量试验方法
JEVS D712—2003	混合动力汽车用密封型 Ni-MH 电池能量密度试验方法
JEVS D713—2002	混合动力汽车用密封型 Ni-MH 电池输出及输入密度试验方法
JEVS G101—1993	电动汽车　在经济充电站快速充电系统的充电能力
JEVS G102—1993	电动汽车　在经济充电站快速充电系统使用的铅酸蓄电池
JEVS G103—1993	电动汽车　在经济充电站快速充电系统使用的充电接头
JEVS G104—1993	电动汽车　在经济充电站快速充电系统使用的通信协议
JEVS G105—1993	电动汽车　在经济充电站快速充电系统使用的连接器
JEVS G106—2000	电动车辆感应充电系统一般要求
JEVS G107—2000	电动车辆感应充电系统人工连接器
TG G101—1997	电动汽车用 AC220V 充电系统
TG G102—2001	电动汽车充电设备安装要求
TG D001—1999	电动汽车用 VRL 蓄电池安全导则
TG Z001—1999	电动汽车充电信息安全显示导则
TG Z002—1999	电动汽车高电压部件安全显示导则
TG Z101—1999	电动汽车电能量测量方法

第四篇 主要企业情况介绍

一、中国第一汽车集团公司技术中心

1. 概况

中国第一汽车集团公司技术中心是中国汽车行业集产品开发和工艺材料开发、基础科学研究于一身，成立最早、规模最大、能力最强的汽车产品研发基地。是国家经贸委、税务总局、海关总署认定的国家级企业技术中心。技术中心占地面积35.5万平方米，建筑面积13.08万平方米。现有员工2 550人，其中专业技术管理人员1 957人。员工中，博士50人，硕士525人，大学本科1 263人，大学专科272人。高级工程师688人，工程师636人。设有两个博士后工作站，建有一个院士工作站。

2. 研发进展及检测能力

一汽技术中心在整车、车身、底盘、发动机、零部件、新工艺、新材料等方面的研究、设计、试验、试制、检测、计算分析工作上有着丰富的经验。拥有各种设备882台、仪器仪表865台（套），拥有国内最先进的汽车电子、发动机、NVH、碰撞、整车性能、汽车工艺、材料等试验室，收藏中外图书期刊资料近10万册，固定资产原值16.6亿元，净值6.9亿元。一汽技术中心拥有目前全国最大的汽车新产品试制基地，是国内唯一拥有寒、热带试验场的汽车研发中心，配备五轴联动龙门数控铣床、卧式/立式加工中心、激光快速成型机、柔性车身制造系统等精密设备，能够进行车身、底盘、发动机的试制及整车、整机的试制装配，独立承担并完成湿热气候及寒冷气候条件下的整车性能、可靠性、检测鉴定及其他专项试验。一汽技术中心代表行业承担汽车产品质量检测监督任务，承担国家汽车产品质量统检、汽车新产品鉴定、质量仲裁、汽车专用仪器鉴定等工作。

3. 主要产品

一汽技术中心已完全具备中、重型商用车的自主开发能力，由一汽技术中心自主开发的解放第五代奥威重型系列商用车及其重型柴油机获得2007年国家科学技术进步奖，是目前市场上的主打产品，获得用户的广泛好评，并开创了我国重型车批量出口欧洲的局面，由一汽自主开发的解放第六代商用车，是国内首款自主开发比肩国际的高品质商用车产品，满足高可靠、高安全、高装备、低消耗、低排放、低噪声的要求。一汽技术中心正在以解放第六代整车为重点，拓展重型系列产品；重点关注开发质量与技术升级的转化与应用，提高产品的成熟度，打造解放重型品牌的国际化竞争实力。技术中心已搭建起自主乘用车H、L、S、M平台，由一汽技术中心开发的奔腾轿车，是国内首款CNCAP四星级轿车，同时也是目前国内参与正面国际竞争的少数乘用车之一，不仅获得国内用户的好评，同时也为自主产品开发奠定了信心与基础。一汽技术中心已完全具备A级乘用车的开发能力，B级乘用车车身的自主开发，以及C级以上乘用车的集成开发能力。一汽技术中心注重新能源汽车产品的开发，占领国际汽车产品技术的至高点，其中由一汽自主开发的混合动力构型技术，获得了国外咨询机构的一致好评，采用该技术的奔腾混合动力轿车以及解放混合动力客车，参加了2008年的奥运示范活动，现有近300辆油电混合动力、气电混合动力客车在大连市、长春市、昆明市公交线路上示范运行，彰显一汽的技术实力，同时为民族汽车产业振兴注入新的活力与动力。

4. 销售情况

多年来共开发出400余种车型，完成1 000余项科研成果，获部级以上奖励300余项，为一汽的自主发展作出了巨大的贡献。

2009年，技术中心“一汽解放第六代J6重型系列商用车及其重型柴油机自主开发”获中国汽车工业科学技术进步特等奖；“自主电控单体泵喷油系统与一汽国Ⅲ系列柴油机产品平台开发”获中国汽车工业科学技术进步一等奖；“第一代中高级奔腾轿车自主车身开发技术与精良化制造”获吉林省科学技术进步一等奖；“卡车驾驶室顶盖激光焊接柔性制造技术应用研究”获中国汽车工业科学技术进步三等奖；“红旗HQE检阅车”获中国无锡国际工业设计博览会自主创新设计奖；“红旗HQE检阅车”在2009年中国汽车造型设计大赛汽车创新设计评选中获“金圆点”特别荣誉奖（中国汽车工程学会）；技术中心研发的MV3军车独家中标；李骏博士当选为2012—2014届世界汽车工程学会主席（国际汽车工程学会联合会）；一汽院士工作站挂牌成立；申请的汽车震动噪声与安全控制综合技术国家重点实验室，进入建设阶段。

5. 发展规划

制定了与国际水平接轨的未来五年滚动发展规划，实现了中心研发能力在规划中发展，在发展中规划的良性循环。

一汽技术中心确定了以五大技术领域、十大核心技术为发展目标，明确了以商用车节油技术、自主柴油机电控技术、可靠耐久技术、自动变速器AMT技术、材料工艺技术，乘用车节能环保汽油机技术、DCT自动变速器技术、AMT自动变速器技术、安全技术及双电机混合动力技术为主体的发展思路，同时定位以掌握核心技术与独有技术为主线的技术战略。

一汽技术中心为增强可持续发展能力建设，深入开展基础技术研究、核心技术研究与创新技术研究，形成以技术研究、先期技术开发与产品工程相结合的三位一体的能力构型，并形成了综合研发能力国内领先的技术优势。

6. 国际交流与合作

一汽技术中心与美国、欧洲、日本等技术发达国家长期进行技术交流与合作，建立了良好的沟通渠道。

二、东风汽车公司

1. 概况

东风汽车公司是中国特大型国有骨干企业，构建有完整的研发体系，拥有雄厚的技术、研发基础和丰富的人才资源，产品和技术覆盖乘用车、商用车、新能源汽车及其核心总成等方面，综合研发能力居国内领先水平。

为实现打造一个“永续发展的百年东风，面向世界的国际化东风，在开放中自主发展的东风”的事业愿景，东风汽车公司将自主创新能力的建设和新能源汽车事业作为支撑公司发展的战略重点。东风公司总经理、党委书记徐平明确要求，大力发展新能源汽车是汽车行业的发展趋势，也是东风公司实施可持续发展战略的必由之路，东风要把发展新能源汽车当做东风发展战略的首要任务之一，抢占技术制高点和市场份额。

2. 研发进展

东风公司是国内最早从事新能源汽车研发的企业之一，依靠在新能源汽车领域的国内领先优势，在混合动力、纯电动和燃料电池汽车以及整车控制系统、动力电池系统和电机驱动系统方面进行了深入研究和产业化推进，全面系统地突破了新能源汽车的核心技术，实现了一系列重大科技创新。

3. 主要产品

早在“九五”期间，东风汽车公司就研发了纯电动轿车、纯电动中巴和燃料电池中巴；2001年，又率先成立了东风电动车辆股份有限公司，专门从事电动汽车及其关键技术的研究开发；“十五”期间，东风汽车公司承担了国家863计划电动汽车重大专项中“混合动力城市公交客车”和“混合动力轿车”的开发；“十一五”期间，东风汽车公司继续承担国家863项目，并致力于电动汽车的产业化。

2003年，东风汽车公司又率先发起成立电动汽车示范运行公司，致力于电动汽车的商业化示范运行。东风大力发展新能源汽车，目前已成功研制出十多款混合动力、天然气、纯电动汽车产品，并投入商业运营。2008年有500多台新能源车服务北京奥运会。公司已有400多辆混合动力、纯电动客车在武汉等地投入国家“十城千辆”示范运营。2009年6月，我国首个国家级电动汽车专利产业化试点基地——东风电动汽车产业园试点基地隆重揭牌，为东风新能源汽车创新成果的知识产权化、商品化和产业化搭建优良平台。2010年1月，东风混合动力城市客车节能减排关键技术成果荣获2009年度国家科技进步二等奖。2010年5月25日，首批100辆东风风神S30 BSG混合动力轿车交付武汉市政府，标志着东风公司在新能源汽车事业上实现了乘商并举，在新能源汽车产业化道路上迈出坚实的步伐，走在行业前列。

伴随新能源汽车的研发，东风汽车公司积累了一系列核心技术，包括整车集成开发与整车控制技术、电池管理系统技术、电机及控制系统技术、电子电器专用总成技术、整车测试评价技术等，并对其中的重要技术申请了近50项专利。

在公司的“十二五”规划中，东风汽车公司将自主创新与新能源汽车放在更加重要的战略位置，更加明确地将纯电动乘用车作为中长期的战略重点，将混合动力汽车作为阶段性产业化重点并与传统汽车的节能技术开发相结合，立足整车集成与整车控制，整合电动汽车与核心资源，建立共性技术优势，探索纯电动汽车的商业应用模式，不断完善新能源汽车产品，致力于产业化与市场开发，在汽车产业升级中实现跨越式发展。

三、中国汽车工程研究院有限公司

1. 概况

中国汽车工程研究院有限公司（原重庆汽车研究所）始建于1965年3月，系国家一类科研院所。该院目前拥有初具规模的全资企业5个、控股子公司2个，员工总人数1398人。有专业技术人员931人，其中：研究员级高级工程师59人、高级工程师72人、工程师198人；博士、硕士152人。经人事部批准，该院设有博士后科研工作站。该院总资产为20.3亿元，净资产为7.7亿元，拥有各种设备、仪器1451台（套）。

2. 科研设施及能力

该院设有国家机动车质量监督检验中心（重庆）、国家燃气汽车工程技术研究中心、汽车噪声振动和安全技术国家重点实验室、国家缺陷汽车检测机构、重庆进出口商品检验局重型汽车认可实验室、替代燃料汽车重庆市工程实验室、车辆排放与节能重庆市市级重点实验室、车辆/生物碰撞安全重庆市市级重点实验室。

该院拥有强大的研发和试验检测能力，业务范围主要涉及各类汽车产品的开发、设计与研究，各类汽车整车及总成、零部件的试验研究与质量检测，汽车试验设备的开发与研制，新材料、新工艺的试验与应用研究，汽车行业科研成果鉴定，燃气汽车、专用汽车及其关键零部件的开发研究、生产销售，汽车产品技术法规和质量标准的制订、修订及产业政策的研究。

3. 研发成果

作为行业的一类科研院所，该院完成汽车研究开发项目和科研课题1002项，设计开发汽车车型305种、发动机产品39种及汽车总成、关键部件136种，承担各类整车及总成的试验研究课题250余项，承担汽车材料和工艺试验研究课题60余项，研制汽车、摩托车零部件试验检测装置291台（套），完成国家、行业标准制定，技术经济研究项目263项。自1978年全国科技大会之后，共荣获市级以上研究开发成果奖149项，其中国家级、省部级二等奖以上奖有52项，获得实用新型专利、发明专利共56项。

4. 科技成果转化情况

该院充分利用在商用汽车方面的研发基础和竞争优势，发挥特种汽车、专用车汽车整车及关键零部件、汽车零部件测试设备开发能力，积极推进科技成果产业转化。经过10年的探索和发展，现已初见成效的成果产业化项目有专用汽车整车、专用汽车关键零部件和汽车试验设备、燃气汽车及关键零部件。同时，根据科技成果产业化工作已取得的成绩和较好的市场前景，该院又自筹3800多万元资金，在重庆市渝北区打造新产业化基地，对原产业实体进行大规模改造建设，使制造能力和工艺水平与国内外先进水平接轨。

5. 发展规划

按照科技型高新技术企业的发展要求，该院及时修订了《“十五”发展规划纲要》，制定了《“十一五”发展规划纲要》《“235”人才队伍建设规划》，确立了优先发展汽车节能与环保、汽车安全技术、汽车底盘技术、汽车电子技术、汽车零部件试验设备相关技术、特种汽车及关键技术和汽车行业体系认证与咨询服务等7个技术领域。

6. 国际交流与合作

该院是科技部授予的汽车技术“国际科技合作基地”，有着承担国际科技合作项目的经验和较高水平的人才队伍，曾承担国家三次重大汽车整车项目的技术引进工作。40多年来，中国汽车工程研究院有限公司与美国、日本、德国、俄罗斯、荷兰、瑞典、韩国、澳大利亚等国的汽车生产企业和科研机构建立了良好的国际合作关系，完成了众多的国际合作项目。

通过多年的国际合作，中国汽车工程研究院有限公司形成了一批能够适应国际合作开发的双语工作团队，并为引进的国外专家制定了优惠的薪酬制度和奖励办法，吸引和凝聚了一批国内外的专家和学者。

四、重庆长安汽车股份有限公司

1. 概况

重庆长安新能源汽车公司成立于2008年7月，业务主要涉及混合动力、纯电动、燃料电池等节能与新能源汽车核心技术研发、系统集成设计，相关零部件制造及纯电动场地车生产、销售等业务。目前，公司已建立了一支包括归国专家、高级人才在内的200多人的新能源汽车研发专业团队，培养了一支高学历、高素质、高能力的新能源汽车研发核心人才队伍。

长安新能源汽车拥有各类专利300余项，其中发明专利27项，在整车和系统技术上拥有完整自主知识产权，代表了中国新能源汽车研发技术的最新成就。

北京奥运会期间，22辆长安杰勋混合动力汽车出租车代表中国新能源自主研发技术的最新成果进行了示范运行，服务奥运。2009年两会前夕，10辆长安杰勋混合动力汽车进入中南海，成为国务院机关唯一公务示范用车。2009年年底，长安奔奔Mini纯电动汽车成功试生产下线，开启中国新能源汽车新纪元。目前，公司是国家“十城千辆工程”重庆市混合动力汽车大规模示范运行及“重庆新能源汽车节能与新能源汽车产业联盟”牵头单位。

2. 研发进展

产学研一体化：在整车研发上依托长安汽车工程研究院，目前已具备了汽车及发动机产品前期策划、产品造型、工程化设计、产品试制、工艺及试验检测能力。在新能源系统研发上构建了包括清华大学、重庆大学、北京理工大学、北京航空航天大学、重庆邮电大学、重庆理工大学、上海大郡、湖南神舟、德国FEV公司、荷兰TNO公司等单位为支撑的产学研支撑团队。

开发手段：已建成混合动力试验室、HIL试验室、电池试验室，具有专用设备30多台（套），可实现混合动力系统控制策略研究、开发、验证试验；硬件在环试验；系统功能、性能试验；关键零件性能、可靠性试验等能力。

技术能力：已掌握了整车系统集成和标定匹配、CAN通信协议优化、安全控制策略设计、诊断系统开发等混合动力轿车关键核心技术，基本掌握了混合动力最核心的技术——整车控制技术、镍氢动力电池管理技术，实现了在中度混合动力汽车技术上国内领先的地位；已搭建ISG型中混合动力系统平台，完成了杰勋混合动力汽车的研发，正开展强混合动力技术、纯电动汽车技术、Plug-in汽车技术研发。其中，长安中度混合动力汽车的各方面技术水平已处于国内领先地位。获得混合动力技术专利80余项，其中发明专利20余项。

生产能力：已依托长安汽车实现混合动力汽车与传统汽车混线生产，混合动力汽车产能达到10 000辆/年。

3. 主要产品

上市产品：长安杰勋混合动力轿车。

试生产产品：志翔中度混合动力轿车。

在研产品：燃料电池轿车、重度混合动力轿车、奔奔Mini两人座电动车、奔奔Love四人座电动车、蓄电池观光车、基于自动变速器的ISG混合动力轿车、串联式增程纯电动汽车、志翔弱混合动力汽车。

4. 销售情况

2009年完成新能源汽车销售100余辆，在全国14个城市的公务车、出租车、私家车及企业用车等领域均实现了销售，极大地提升了新能源汽车的影响力。

5. 发展规划

2012年完成基地一期建设及示范运行项目；6个产业平台、2个研究平台研发；建立电动汽车开发流程和规范。到2015年实现平台产业化、关键零部件自制化，新能源汽车销售占有率（长安）达到20%。到2020年全面建成拥有自主关键技术、创新能力强的产业体系，综合实力基本达到国内一流、国际先进汽车水平。产品技术在国内外有影响力，高端人才会聚。成为国内一流、国际领先的纯电动乘用车生产企业。

6. 国际交流与合作

积极参与重庆市与美国丹佛市实施的绿色合作伙伴计划，派人与重庆市政府人员一同前往美国丹佛市，对电池技术及混合动力整车技术进行考察。前往加拿大、欧洲、美国及日本等汽车工业发达国家和地区，深入了解其在新能源汽车领域的研发情况，掌握核心零部件设计制造技术，寻找合作伙伴共同开发新能源汽车和零部件。

与LG化学联手开发锂离子电池系统，双方签订了《车用锂离子电池谅解备忘录》。

五、奇瑞汽车股份有限公司

1. 概况

奇瑞汽车公司成立于1997年1月，现注册资本38.8亿元，公司主营业务为乘用车整车及KD件、核心零部件的研发、生产和销售。现有乘用车制造事业部、发动机事业部、变速箱公司、汽车工程研究总院等生产、研发单位，具备年产整车65万辆、发动机65万台和变速箱40万套的生产能力；是我国最大的自主品牌乘用车研发、生产、销售、出口企业。

2. 研发进展

奇瑞公司建立了以汽车工程研究总院为核心，以上海、北京等国内分院和东京、都灵等海外分院为支撑点，以一批控股设计公司为骨干，与关联零部件企业和供应商开展协同设计，同时兼顾与国内大专院校科研院所展开合作的产品研发体系，目前已经形成了从整车、动力总成、关键零部件设计到试验试制的比较完整的开发体系。已建2个国家级研发基地，包括国家节能环保汽车工程技术研究中心和国内汽车行业唯一的一个国家工程实验室——汽车节能环保国家工程实验室。通过外部引进和内部培养，目前公司已建立了一支由6 100多名工程技术人员组成的汽车研发团队，其中有5 100多人专职从事产品开发，基本覆盖了车身、动力总成、底盘、电器等各个系统，具备较强的产品开发能力和技术引进技术消化吸收能力。

3. 主要产品

奇瑞公司旗下现有奇瑞、开瑞、瑞麒、威麟四个子品牌，已上市的产品有奇瑞品牌的QQ、A1、A3、A5、旗云、瑞虎、东方之子，开瑞品牌的优雅、优翼、优派、优优，瑞麒品牌的M1，威麟品牌的V5等四大品牌24个系列整车及与其配套的发动机、变速箱和关键零部件。

4. 销售情况

2009年，全年销售汽车50万辆，其中出口4.77万辆；现累计销售整车超过220万辆，其中出口40多万辆，连续九年蝉联中国自主品牌销量冠军，连续7年成为中国最大的乘用车出口企业。

5. 发展规划

2010年奇瑞公司将以提高产品质量和服务质量为根本，稳步提升品牌形象，进一步优化产品结构，销售确保达到70万辆。

6. 国际交流与合作

奇瑞国际合作和交流主要采取了以下三种做法：其一，通过“以我为主、联合开发”的方式，与意大利、奥地利、英国等世界一流的汽车工程与设计公司，在整车、发动机、底盘、试验等方面进行合作。其二，在世界汽车技术的前沿地区，如意大利、日本、澳大利亚等地，成立自己的设计公司或研究分院，聘用当地优秀的专业技术人才进行开发。其三，通过引进海外已经掌握核心技术的优秀人才组成合资公司，积极培育关键零部件、关键材料、关键装备的自主创新体系。

六、北京汽车新能源汽车有限公司

1. 概况

北京汽车新能源汽车有限公司（以下简称“新能源汽车公司”）是北京汽车工业控股有限责任公司出资组建的国有全资子公司，地处北京市大兴区采育镇经济开发区。新能源汽车公司的成立标志着北汽集团在新能源汽车产业化方面取得了重要突破，同时也拉开了北京新能源汽车的发展序幕。作为北汽集团新能源汽车技术研发、资源集约、产业整合的项目管理平台，新能源汽车公司筹建了核心零部件研发基地和整车产品制造基地，经营范围覆盖纯电动乘用车、混合动力汽车与核心零部件的研发、生产和销售，还包括配套充电系统、电池更换系统等装置的研发、生产和销售。

2. 研发进展

新能源汽车公司坚持推行企业发展战略，在大力发展纯电动汽车的同时，积极推进混合动力汽车，跟踪发展其他新能源汽车，突破核心关键零部件，外引内联，集成创新。目前，新能源汽车公司已掌握了整车系统集成与匹配、整车控制系统、电驱动系统三大关键核心技术，构建了三大主干业务，开发出了包括纯电动整车产品 C30EV、C60EV、C70EV、C71EV 等系列，重度混合动力产品“陆霸”SUV，中度混合动力产品“勇士”军车，弱混合动力产品 BSG 方案改装轿车，以及关键零部件 EV - AT 动力传动装置、DCM 动力传动装置、动力电池、电机等产品。相继完成多个国家 863 项目、国防科工委项目以及北京市科委项目，成功申报了北京市科委项目，并申请专利多项。

3. 发展规划

新能源汽车公司致力于掌握新能源汽车的核心技术，建立完整的新能源汽车产业链。2011 年，公司建设成为具有新能源汽车整车改装、生产资质及具备新能源整车研发、生产、销售能力的企业；到 2015 年，努力将自身打造成为国内技术领先、产业规模最大、实力最强的新能源汽车研发、生产基地，实现销售收入占北汽集团总销售收入的 5%以上。

4. 国际交流与合作

在纯电动汽车整车领域，新能源汽车公司大力推进与瑞典萨博汽车的合作，开发研制基于萨博整车技术平台的纯电动轿车；在动力电池方面外引内联，集成创新；与国内外多家电驱动系统供应商展开合作，积极开拓技术路线；多方案试行电动汽车运营模式，与国家或北京市政府大力支持的国内充电基础设施建设单位交流、协作。

七、浙江吉利控股集团有限公司

1. 概况

浙江吉利控股集团有限公司是中国汽车行业十强企业。总部设在杭州，在浙江临海、宁波、路桥和上海、兰州、湘潭、济南等地建有汽车整车和动力总成制造基地，拥有年产 40 万辆整车、40 万台发动机、40 万台变速器的生产能力。现有全球鹰、帝豪、上海英伦三大子品牌，拥有吉利熊猫，帝豪 EC7、TX4 等 10 余个系列，30 多款整车产品深受消费者青睐；拥有 1.0~1.8L 全系列发动机及相匹配的手动/自动变速器。吉利汽车累计社会保有量已经超过 150 万辆，吉利商标被认定为中国驰名商标。先后成功收购澳大利亚 DSI 公司和沃尔沃轿车公司，彰显了吉利的实力和发展战略。

2. 研发进展

为应对未来汽车动力源可能出现的任何转变，吉利推行“能源多样化战略”，在持续开发和不断优化传统动力总成的同时，对混合动力技术、纯电动车技术等新能源技术展开研究，包括轻混（起步/停机）、中混、重混和 Plug-in 等多种混合动力技术方案均在积极推进中，特别是纯电动车产品，在完成了国家 863 项目吉利电动汽车新型整车技术开发的同时，基于熊猫平台的吉利第一代纯电动车也即将上市，第二代高性能纯电动车的开发工作进展顺利。

3. 主要产品

目前在售的产品主要有吉利熊猫、帝豪 EC7、TX4、自由舰、金刚、远景、海景、中国龙等 10 余个系列、30 多款整车产品，以及 1.0~1.8L 全系列发动机及相匹配的手动/自动变速器。并且今后将实现平均每个季度推出一款新车的目标。

4. 销售情况

依照吉利多能源战略，目前多款压缩天然气汽车已销售数千辆，插电式混合动力、纯电动、甲醇车等均已完成开发，即将投产上市。

5. 发展规划

制定了到 2015 年的发展规划，形成五大技术平台、15 个整车产品平台、40 余款车型以及六大发动机平台、10余款发动机和全系列手动、自动的变速器，实现产销200万辆的中长期发展规划。同时还规划了纯电动、多种混合动力等多款新能源产品。

6. 国际交流与合作

广泛开展国际合作，例如，与加拿大ZENN公司合作，利用吉利现有车身技术和ZENN公司电池技术联合开发纯电动汽车，与意大利IDG、奥地利AVL、西门子、德尔福、麦格纳等世界著名的设计公司、零部件公司以及工程公司展开广泛合作，在共同设计开发中迅速提高自身能力，提升产品开发设计水平。同时吉利通过与韩国VEN公司合作共同承担科技部国际科技合作计划项目。

八、厦门金龙旅行车有限公司

1. 概况

厦门金龙旅行车有限公司（简称“厦门金旅”）成立于1992年，现占地总面积约35万平方米，拥有总建筑面积16万平方米的现代化厂房，员工2 000余人。其中，工程技术人员占30%，生产线技师及以上人员占25%。公司客车产品系列齐全，其产品线涵盖车长4.8～18米、座位数5～66座的各类型客车，现具有年生产大、中型客车2万辆，轻型客车2.5万辆的能力，是著名的汽车整车（客车）制造、国家汽车整车出口基地企业。

成立18年来，金旅公司始终以“科学管理创金龙精品、感心服务奉优质汽车”作为企业对产品品质的追求宗旨，成功塑造了蜚声海内外的“金旅客车”品牌。其产品率先通过了国家“3C”强制性认证，成为汽车行业首批中国名牌产品，并连续五年进入中国机械500强。2007年年初，为实现各生产线的优化重组，全面提升金旅产品品质，公司投资一亿多元建设二期工程，将高档轿车生产中采用的阴极电泳工艺引入到大型客车生产中，建设国内第一条大型客车整车车身前处理、阴极电泳底漆生产线，同时对原有涂装生产线、焊装生产线、总装装配线、底盘装配线进行技术改造和扩建。2008年5月，二期工程竣工，该条电泳线正式投产，金旅公司以其“敢为天下先”的睿智实现了我国客车行业涂装技术领域历史性的突破。应用了该生产工艺的金旅全系列产品车身防腐、防锈能力提高到轿车水平，涂装质量达到国内领先、国际先进的水平。金旅成为中国大型客车涂装工艺水平最先进的生产企业。目前，金旅公司已形成了年产轻型客车25 000辆，大、中型客车20 000辆，大、中型客车底盘10 000辆的能力。

金旅公司坚持“以人为本、不断创新”，依靠科技研究，针对市场的需求，推陈出新，开发出一系列适应市场运营情况，优质性价比的客车产品。公司拥有的省级技术中心，目前基本具备国家级技术中心建设标准，已全部实现信息化、网络化管理，引进UG三维设计软件、AutoCAD2004计算机辅助设计软件、产品数据管理系统（PDM系统）和OA、3G－FAX等办公系统，在软、硬件配置方面具有国内同行先进水平，同时培育了一支150余人，具有整车、底盘、电器等专业技术人员组成的研发队伍，长期致力于各项客车新兴技术的研发与应用，与国际客车界保持着广泛的交流，与国外著名客车大企业有着密切的技术合作，已连续4年被评为厦门市级高新技术企业，平均每年推出25种以上新产品，除生产常规的客运、旅游、团体、公交车外，应市场需求还开发了低入口公交、高等级客车、BRT公交车、全承载客车、混合动力车等产品，其产品开发能力居国内行业的先进水平，为公司积蓄了具有市场竞争优势的自主知识产权核心技术。

2. 2009年研发、销售与进出口情况介绍

伴随2009年年初国家提出“十城千辆”发展战略，支持在国内13个城市开展节能与新能源汽车示范推广试点工作，厦门金旅XML6125JHEV系列新能源混合动力电动城市客车进一步获得了政府、公交集团及市民的高度关注。

2009年9月23日，国家工信部网站发布了第197批车辆生产企业及产品公告与《节能与新能源汽车示范推广应用工程推荐车型目录》（第3批），金旅牌XML6125JHEV93C通过工信部审核正式列入其中。该系列车型历尽各地市场多年的推广运营，已具有低油耗、低排放、低噪声、操控简便、无级变速等优点，更兼备了高性价比、低营运成本、稳定可靠

等优势，获得了试营运单位的高度肯定，并率先步入产业化道路，成为国内市场批量生产中最成熟的车型之一，取得了良好的销售业绩。

2009年间，杭州公交集团两批次采购金旅牌XML6125JHEV93C型混合动力电动城市客车，数量分别为50台与105台，目前杭州正式投入城市运营的混合动力客车已达200台。

3. 新能源汽车进展与发展战略概况

“关注能源危机，关爱人类未来”一直是厦门金旅长期倡导的核心理念，节能环保技术的研发更是始终贯穿于企业的发展轨道。金旅公司作为中国客车行业的龙头，在国内率先开展混合动力客车技术的跟踪、开发和推广。早在2000年，技术中心就开始接触国内外先进的混合动力技术，不断完善技术积累，将新能源客车研发作为一项重要工作。随着国家在新能源领域的政策支持和市场环境的逐步形成，厦门金旅以“节能减排”为发展导向，在技术探索的过程中，金旅始终坚持混合动力控制技术的自主研发，2002年起先后研发了三代混合动力系统，在新能源汽车关键技术方面，厦门金旅已掌握了电机及其控制器、整车控制策略匹配优化等多项自主核心技术。

从产品试制至今，厦门金旅混合动力系列车型已在全国多个城市成功推广与实际运营，包括杭州200台、昆明20台、天津36台、北京2台等。其中2005年试制成功的第一代具有极高燃油经济性和安全性的油电混合动力样车在上海试运营后，其突出的卓越性能受到了广大客户的青睐。2007年，新一代油电混合动力客车开始在杭州等城市的街头试运营，并于2008年获得杭州公交集团有限公司的批量采购，在杭州正式投入营运。在绿色奥运的倡导下，该车型也受到奥运交通运营单位的肯定，化身“绿色使者”，成功倾情服务2008年北京奥运会。这几年，厦门金旅始终及时跟踪车辆使用情况，全面收集产品市场反馈，专注着混合动力系统的优化与完善。只有产品更具适应性，综合竞争力才能得以保证，才是真正落实“低碳”“节能”，为客户、社会创造更大价值。厦门金旅目前已具备了混合动力客车产业化的生产能力，混合动力客车技术走在众多客车厂家前列，在国内外具有突出影响力。

目前市场推广的金旅XML6125JHEV系列混合动力电动城市客车，在动力上采用油、电混合驱动，客车制造上更融合了先进可靠的全承载结构和整车阴极电泳处理技术，是混合动力技术与传统客车制造技术的组合，充分展示了科技、创新为城市交通所带来的巨大变革。该系列车型具有以下三大突出特点：

特点之一是：搭载了具有自主知识产权的金旅GHS混联式混合动力系统，核心总成通过政府引导的产学研联盟实现省内供应。拥有先进的数字化智能控制单元，能完美地调控发动机动力和电机动力混合比。自主核心技术有利于后续产品开发、降低系统成本、缩短系统供货周期、完善产品售后维护等。

特点之二是：以超级电容为主要储能元件。超级电容效率高，无燃爆风险，且基本与车辆同寿命，从而降低了运营维护成本，提升了混合动力车型的市场价值。

特点之三是：节油率高。金旅混合动力投入市场运营后，客户反馈回来的节油率都在20%以上。

近年来，随着金旅混合动力系统的日臻完善，该车型凭借稳定成熟的系统、优秀的动力性能及节油性能赢得了客户、社会的广泛认可，且在国内外各大客车展、节油大赛中荣获了一系列荣誉：中国混合动力城市客车推荐车型奖、2006年度世界客车联盟最佳环保巴士奖、2008中国（苏州）国际客车展览会“中国绿色客车奖”、第九届上海毕比登挑战赛“燃油类车辆经济性一等奖”及城市公交综合性能一等奖，等等。车辆的综合性能已达到国际先进水平，成为国内市场批量化生产中最成熟的车型之一，是打造低碳城市公交的首选。

在新能源客车产业化发展方面，金旅公司建立了混合动力电动汽车产品研发、产业化技术创新平台，并具备了良好的开发和试验条件。金旅公司作为福建省汽车电子和电驱动技术重点实验室的成员单位，与高校的技术合作，为混合动力系统提供了更好的技术提升支撑平台。通过与清华大学、同济大学、上海交通大学、中国科学院深圳先进技术研究院等进行联合攻关，在混合动力汽车的研究、设计和制造方面具有了丰富的经验。由于混合动力采用的是电能源，混合动力客车产业化的同时，也带动了国内电气、电子等一系列相关企业的发展，如电动机生产企业、电子控制自动化企业等，极大地加强了汽车行业与相关行业的相互合作，实现了混合动力产业的和谐发展。2008 年，金旅公司进一步与福建工程学院、控制器厂、驱动电机厂等 5 家企业单位，签订建立了“福建省混合动力客车驱动总成产学研联盟”协议，以加快混合动力客车的产业化，进一步提高产品性能，降低价格，提升自主创新的能力，加强在混合动力客车产业链上企业的整体竞争力。

“领跑绿色节能，享受低碳生活”，厦门金旅将一如既往地坚持新能源汽车的研发与推广，响应国家节约能源的发展战略，通过电动汽车的研发和生产，逐步解决混合动力电动汽车在设计、试制、批量生产中遇到的各种问题，最大限度地进一步发挥混合动力电动汽车的节油及降低排放的效果，促进电动汽车的推广应用，对我国电动车的生产和应用经验的积累作出积极的贡献。

九、四川汽车工业集团有限公司

1. 概况

四川汽车工业集团诞生于 20 世纪 90 年代初，于 2002 年 9 月被全国民企 500 强——四川富临实业集团有限公司整体兼并重组，被列为四川省、成都市“十一五”规划重点发展的汽车制造企业。2006 年 8 月正式更名为“四川汽车工业集团有限公司”，包括客车制造公司、乘用车制造公司和川汽动力总成厂。

公司属国家汽车产品公告内大二型整车和底盘生产企业。现生产的野马牌 8 大系列 60 余个品种的产品均已通过国家发改委产品公告。

公司总资产逾 10 亿元人民币，现有占地面积 300 余亩，生产建筑面积近 8 万平方米；拥有员工 1 100 人，大专以上学历的占职工总数的 30%，其中专业技术人员 120 人、中高级技术职称 95 人（其中高级工程师和技师 16 人）。

公司具有先进完备的冲压、焊装、涂装、总装四大汽车制造工艺生产线和自动化终端检测线，发动机开发试验和总装、分装、热试生产线。具有年产各型客车 5 000 辆、乘用车 30 000 辆和发动机 50 000 台的能力。

公司实行董事会领导下的总经理负责制，下设人事行政部、财务部、设备动力部三个职能部门和客车制造公司、乘用车制造公司、绵阳川汽动力总成厂、销售服务公司等四个分支机构。

2. 生产技术

（1）生产管理模式

公司引进引领全球制造业潮流的精益生产管理方式（JIT），以改善为核心，全面推进生产、质量、现场、成本、交期等各项管理工作，取得了良好的管理成效。

（2）质量管理

公司已通过中国质量认证中心的 ISO 9001：2000 质量管理体系认证、国家强制性产品认证（3C 认证）和国家环保型式认证，以及交通部对客车的中级、高级车评定。

（3）生产技术

公司引进英国罗孚汽车的整车产品技术、生产线、模具和工装。在坚持自主开发的同时，与东风电动车公司、南京安氏公司等国内外知名公司、院校建立了多种模式的合作关系。

3. 产品系列

（1）客车系列

公司致力于自主开发领先国内同行业水平的客车产品，结构体系完善，从 6 米的轻型客车到 12 米的大型豪华客车，涵盖了公路客车、城市公交车、旅游客车等系列产品。

（2）乘用车系列

公司引进英国罗孚的技术和设备，开发和生产 SUV 多功能车及乘用车。目前主导产品 SQJ 6450 轿厢车不但具有小型货车的载货功能，而且具有轿车的舒适性和安全性，是创业、经商的首选用车。同时，公司开发的 SQJ 6451CUV 城市休闲多功能车，不但具有轿车的舒适性，而且具有 SUV 越野车的通过性和安全性，是居家、休闲旅游理想之车。

（3）新能源汽车

从 2008 年开始，在国家对新能源汽车产业发展给予大力支持的环境下，公司按照国家产业政策制定的节能减排原则，投入资金开始新能源汽车的开发，与国内外专业公司广泛合作，陆续研发、推出了各类新能源汽车：11 米纯电动城市公交客车和 M72 纯电动迷你型时尚小车。目前公司正在研制电动出租车。

十、成都客车股份有限公司

1. 概况

成都客车股份有限公司（蜀都客车）成立于1952年，是四川省和成都市重点支持的大客车、燃气汽车、新能源客车生产企业，是 90 年代初第一家被列入《全国汽车产品目录》的燃气汽车生产和改装企业，被建设部评为“中国城市客车优秀制造企业”。

50 余年来，蜀都客车始终与时俱进，坚持技术研发与产业化齐头并进，在取得技术领先的同时，积极推进城市公交客车产业化，建成具有国内领先水平的冲压、焊装、涂装、总装客车生产线和整车全自动检测线，达到年产各类中高档大、中型客车5 000 辆的生产能力和具有国内领先水平的各类客车实验室。

规模化生产有效地提高产品质量和降低生产成本，为市民提供安全、舒适、价优的交通工具打下了坚实的基础。

2. 研发进展

燃气汽车研发历程及取得的成绩。作为国内最早研发天然气客车的企业、国家和四川省新能源汽车研发基地，公司长期致力于天然气汽车技术的研究与应用工作，具有丰富的实践经验，技术处于国内领先水平。20 世纪 60 年代，批量制造“顶置大气包”天然气客车。1995 年公司成为全国第一家被列入《全国汽车产品目录》的燃气汽车生产和改装企业。近年，企业承担了多项国家级的燃气汽车标准编制、技术公关、示范运行工作，进一步增强了燃气客车技术研发及应用实力。目前，公司已为社会提供天然气客车超过 20 000 辆。

作为省级技术中心，公司建有国内一流的燃气发动机试验室和低温环境试验室、电算实验室、油漆化工实验室和电器实验室等，具备了从客车技术理论研究到实际应用的新品研发能力。技术中心同时也是客车各项专业技术研究和客车设计、制造技术人员的培训成长基地，现有人员 60 人，占总人数的 10%，其中博士、硕士和具有高级职称人员占到研发总人数的 50%以上。

电动汽车的研发历程。近年来，国家大力提倡低碳经济，蜀都客车积极响应党和政府的号召，投入巨大人力、物力、财力于 2005 年开始电动客车的研发和技术公关工作。企业立足高起点、高标准、创一流的研发理念，在整合资源的基础上自主创新，成功推出了技术水平国内领先的 12 米级纯电动和气－电混合动力城市客车。在此过程中，公司积极整合全球企业资源，与国内外多家知名企业和组织开展电动汽车研发的技术合作；同时，深入开展校企合作，与电子科技大学等高校开展电动汽车技术研发及运用工作，计划在 2015 年前建成国际一流的电动汽车实验室和国家级工程技术中心。企业在借助外力的同时，积极自主创新培养企业核心研发团队，以企业省级技术中心下属的“新能源客车室”和“仿真分析室”为主体，开展电动客车相关技术的基础研究，打造电动汽车企业核心技术团队。卓有成效的研发工作使蜀都客车在气－电混合动力城市客车和纯电动城市客车领域处于国内外领先水平。在持续研发的同时也积极开展产业化工作，气－电混合动力城市客车亮相 2009 年第四届西部博览会，纯电动城市客车于 2010 年 3 月份惊艳亮相成都国防科技博览会，它们均已通过国家新能源客车的定型试验，具备产业化能力。

3. 主要产品

多年来，公司把握市场脉搏，现已研发出适应于公交和公路市场，包括城市公交客车、公路客车、旅游客车、团体客车、专用客车 5 大类，车长从 6～18 米，从普通到高档的不同档次共 90 余个品种的客车产品。主要产品有 18 米 BRT 大容量铰接城市客车、纯电动城市客车、气－电混合动力城市客车、一级踏步城市客车、12 米系列大容量豪华城市客车及城市观光客车，以及适应于各类公路旅游市场需求的 10 米、8 米、7. 5 米、6 米公路客车及 5. 9 米村村通公路客车，以满足不同城市、不同人群的各类需求，最大限度为市民提供便捷的交通工具。

4. 销售情况

蜀都客车以“高技术、高质量、高性价比”赢得了广大客户的高度赞誉，产品远销西藏、湖南、湖北、贵州、内蒙古、陕西、河南等省市和省内各地。特别是12米豪华公交客车CDK6121CAR深受成都公交和成都市民的青睐，公司已先后向成都公交等公交部门提供3 000余辆该车型，成为国内公交市场保有量最高的单型公交客车之一。

优质的产品为蜀都客车大力开拓市场打下了坚实的基础，近3年来销售实现了持续、稳定的增长。2007年实现销售收入4亿元，2008年实现销售收入6.5亿元，2009年实现销售收入7亿元，预计2010年实现销售收入10亿元。

5. 发展规划

展望未来，蜀都客车将继续坚持科学发展观，坚持科技创新，勤勉奋进，不断超越，依靠核心技术和产业化齐头并进，持续深入品牌战略，加大市场推广和销售力度，提高企业综合竞争能力和经济效益，努力将公司建成国内一流、西部领先的客车生产供应商，公司将继续秉承“安全、绿色、舒适”的造车理念，以优质的产品回馈广大社会。

十一、湖南南车时代电动汽车股份有限公司

1. 概况

湖南南车时代电动汽车股份有限公司是一家专门从事电动汽车整车及关键零部件研发、试验、制造的高科技企业，公司成立于2007年7月，是南车株洲电力机车研究所有限公司联合清华大学、三一集团等国内优势资源而组建的股份制公司。

公司是国家首批核准的新能源汽车生产企业，同时还是国家高技术研究计划成果产业化基地、国家电动汽车重大专项多个项目的承担单位、国家火炬计划产业化基地、全国汽车标准化委员会电动车辆分委会的成员、湖南省“十一五”电动汽车重大专项的牵头承担单位、湖南省电动汽车电传动工程中心的依托单位。

2. 研发进展

公司拥有完善的试验检测手段。建成了国内一流的电动汽车试验检测中心，关键设备全部从国外引进，能完整进行电动汽车动力系统和零部件地面试验，公司还拥有国内一流的整车性能检测手段，确保出厂车辆满足国标和用户要求。公司与南车株洲所共享变流技术应用试验室、控制技术与计算机控制系统开发试验室、电磁兼容性试验室等一批拥有先进设备设施的国际领先、国内一流的产品检测试验中心。

3. 主要产品

作为国家863计划节能与新能源汽车重大专项的核心团队成员，公司长期致力于电动汽车共性技术和关键核心技术的科研攻关，形成了电动及传统整车设计技术、电气系统集成技术、串/并联混合动力系统技术、电传动系统技术、充电机设计技术、电池管理系统技术、网络控制技术、辅助电源设计技术等具有国际竞争力的八大核心技术，并拥有专利80余项，其中发明专利30项。科技领先为产品的优良表现提供了保障。经权威机构检测，公司自主研发的基于串联技术的新一代混合动力公交车和基于并联技术的混合动力公交车在中国典型城市公交路况下平均节油率超过30%，达到国际先进水平!

4. 销售情况

公司是北京奥运会最大的电动汽车系统和部件供应商，是纯电动客车动力系统和相关配套设备的独家供应商。奥运村中心区域的纯电动客车、纯电动豪华公务车以及燃料电池大客车等电气系统、电池管理系统，以及亚洲最大的地面充电站的充电机全部由公司提供。2009年，公司系统产品凭借在北京奥运会上的出色表现，成功打入上海世博会市场，相继获得纯电动客车电机驱动系统、巡游花车动力系统、超级电容车电机驱动系统、地面充电机的订单，在世博会纯电驱动客车领域的综合市场占有率超过75%。

公司是长株潭“两型”建设试验区节能与新能源汽车示范推广试点工程首批车辆的独家供应商。2009年，公司与长株潭三市公交公司签订了515台混合动力公交车采购合同，到一季度已经交付400多台。2010年又新增订单270台。预计2010年整车

生产销售将突破1 000辆。

公司是国家电网公司电动汽车推广应用行动计划的重要战略合作伙伴，所开发的纯电动流动服务车、电力工程维护车等纯电动轻型车市场占有率超过70%。

5. 发展规划

面对节能与新能源汽车难得的发展机遇，公司将坚持立足湖南、走向全国，2010年力争实现整车1 000台、系统等关键零部件1 000台（套）的销售。“十二五”期间，公司电动汽车产业发展将进入快速成长阶段。至2015年，整车销售将突破10 000台，其中电动整车5 000台，传统整车5 000台，系统及关键零部件销售突破20 000台套。

十二、天津清源电动车辆有限责任公司

1. 概况

天津清源电动车辆有限责任公司成立于2001年，是由中国汽车技术研究中心、天津力神电池股份有限公司、天津蓝天电源股份有限公司、天津汽车工业（集团）有限公司等四家单位共同投资组建的有限责任公司。是一家专门从事电动车辆整车及电控系统、电池管理系统等关键零部件的研究、开发，生产与经营的高新技术企业。2002年被天津市政府授权为天津市电动车辆研究中心，2003年被国家人事部授予博士后科研工作站，拥有国家工信部授权的“新能源汽车整车生产企业”资质。

2. 研发进展

经过“十一五”期间的科研攻关和技术积累，清源公司培养了一个专业分布合理、理论基础全面、技术经验丰富的电动汽车技术研发团队，建立了国际先进的电动汽车整车及其动力系统研发和评价的软硬件条件，具备了全新整车车型正向开发、电动汽车动力系统核心部件开发以及电动车辆工程技术开发等方面的研发能力。目前，清源公司已经成为世界上开发电动车辆车型种类最多、数量最多，并且工程化设计水平和产业化成绩突出的电动车辆研发企业。

(1)整车开发

具备概念设计、工程设计、CAE分析及样车试制的整车开发能力，可以提供包括造型效果设计、油泥模型制作、主模型制作、概念展车设计制作、A级曲面、总布置设计、白车身设计、内外饰设计、电子电气系统设计、整车及零部件设计与优化、样车试制等完成过程的全新整车车型的正向开发服务。

(2)电动车辆工程技术服务

清源公司建立了电动汽车技术支撑体系，具备完善的CAD/CAE设计体系、性能仿真平台和不同功率等级动力系统平台，可以提供高速纯电动轿车、纯电动客车、Plug-in混合动力轿车、混合动力客车、纯电动特种车辆等多种车型的纯电动工程技术服务，从车型技术方案、系统设计、部件设计、整车总体布置、部件测试、系统调试、整车匹配标定等方面提供快速、高效、完整的电动汽车整车解决方案。

①纯电动汽车技术支撑体系

通过对纯电动汽车动力系统共性关键技术的提炼，逐步建立了基于平台化思想的动力系统研究方法和开发流程以及覆盖完整的纯电动汽车开发过程：整车目标定义—性能仿真—动力系统定义—部件设计—样机开发—台架匹配标定—台架试验考核—整车优化匹配—整车性能评价—台架及整车可靠性考核—工程化优化设计及考核—小批量投放市场—产品定型。建立了《纯电动汽车整车开发流程》《动力总成参数确定流程》《电池包设计流程》等数十个电动汽车整车关键技术开发过程的技术流程和规范，形成纯电动汽车的技术支撑体系。

②CAD/CAE设计平台

建立基于Pro/E、UG、ANSYS、Fluent等工具的网络化设计环境，形成机械设计、有限元分析、流场分析、温度场分析的CAD/CAE设计支撑能力。

③整车性能仿真计算平台

建立以Cruise、PSAT、Adams软件为核心的整车性能仿真、车辆动力学仿真的仿真计算平台。

④动力系统平台

根据动力系统平台支撑系列化整车产品的要求，实现动力系统关键部件的标准化、模块化和系列化设计开发，形成覆盖高速纯电动轿车、纯电动客车、

Plug-in 混合动力轿车、混合动力客车、纯电动特种车辆等多种车型的动力系统平台。

(3)混合动力汽车动力系统开发

①控制器硬件在环仿真

建立以 dSPACE 为核心的、面向对象的动力系统平台主控制器、电机控制器、电池管理系统的控制、监控算法的硬件在环（HIL）仿真系统。

②电机控制器开发

建立以交流电力测功机、功率分析仪、波形记录仪为主要设备的电机及发电机的系统效率、稳态特性和动态特性的测试评价能力，覆盖串联式混合动力客车、Plug-in 混合动力轿车以及不同功率级别的纯电动汽车用电驱动总成匹配、调试和标定。

③电池管理系统及电池包开发测试系统

以动力电池模拟器、不同功率等级的电池充放电设备、高低温试验箱以及电参数测试系统为硬件基础，建立模拟电动汽车实际使用条件的电池管理系统的匹配、调试和标定环境，并且可以对电池包总成的功率特性、热管理以及电池一致性等指标性能参数进行系统的评价优化。

④动力系统匹配调试标定平台

建立以瞬态测功机、动力电池模拟器、排放分析仪、瞬态燃油消耗测量仪等为核心设备的混合动力电动汽车动力系统的动静态匹配调试标定环境。

(4)试验测试

电动汽车试验试制中心是在国家 863 计划“节能与新能源汽车”重大项目支持下的国家电动汽车、混合动力汽车、燃料电池汽车的评价试验中心，具备纯电动及混合动力汽车研究开发所需要的试制研发调试，样车测试评价、整车定型试验及核心零部件的检验测试能力。

中心拥有诸如超高响应瞬态测功机、高智能化动力电池模拟系统等国际先进的动力总成、动力电池及电池组、燃料电池电堆测试系统等国际一流的测试设备。可以完成各种功率的电动汽车动力总成的开发、标定和优化匹配以及燃料电池安全性能等方面的评价。拥有电动汽车各种电子控制系统的高温、低温、湿热、振动、盐雾、电磁兼容等进行全面测试、评价及环境适应性的强化试验考核的能力。

3. 主要产品

清源公司开发生产的电动汽车主要包括道路用车、环卫专用车辆、道路工程车辆、场地用车等。

道路用车：B6 纯电动轿车、S60 纯电动轿车、纯电动厢式运输车、纯电动服务车、纯电动邮政车、纯电动警用车等。

环卫专用车辆：纯电动垃圾车、纯电动车厢可卸式垃圾车等。

道路工程车辆：纯电动高空作业车。

场地用车：观光游览车、高尔夫球车等。

4. 销售情况

从2006 年开始，公司向美国、俄罗斯、荷兰、日本、韩国等欧美及亚洲发达国家出口电动汽车整车产品，累计超过 3 000 辆。

5. 发展规划

整车方面完善高、中、低速纯电动乘用车、货车和变型车的产品线，满足军队、警察、邮电、电力、医疗、银行等特种行业的需要；实现技术平台战略，所有车型的系列化、标准化和通用化。

电驱动系统方面完善 1.5 ~ 20 千瓦交流感应电机及控制器，5 ~ 20 千瓦永磁同步电机及控制器的系列化、标准化和通用化；具备电动汽车用各类型电机和控制器的开发能力。

最终实现电动汽车及关键部件处于国际领先地位。

6. 国际交流与合作

清源公司具有良好的国际合作环境和基础。与美国能源基金会合作对“支持国家发改委为混合动力汽车进入市场建立技术标准和相关政策”项目进行了研究；与法国雪铁龙公司合作进行电动汽车的示范运行研究；与日本丰田公司合作进行电动汽车、混合动力汽车标准和评价方面的研究；与美国阿岗试验室合作进行整车仿真等方面的研究；与美国 UC Davis 大学合作进行电动汽车的仿真技术研究；与美国哈佛大学合作进行清洁能源汽车政策方面的研究。

十三、力帆实业(集团)股份有限公司

1. 概况

力帆实业（集团）成立于1992年，在历经了18年的艰苦奋斗之后，现已迅速发展成为融科研开发、汽车、摩托车整车和发动机生产、销售（包括出口）为主业，并集足球产业、金融投资于一体的大型民营企业。2008年7月，力帆牵手美国AIG国际集团，正式由民营企业转型为合资企业。2009年6月，力帆获得中国“国家名片”这一至高荣誉，成为能代表新中国成立60年以来国家经济发展形象的100家著名企业之一。

2009年，力帆集团销售收入达133亿人民币，出口创汇突破3.8亿美元，占重庆市出口总量的8%。已获得国内、外专利4 856项，其中力帆汽车获得专利644项，各项指标均居全国同行领先地位。

目前，力帆在国内外已有近万家销售网点，力帆汽车已在全国建立起近570家力帆汽车销售网络。并将销售网点铺往了希腊、俄罗斯、哥伦比亚、阿尔及利亚、阿联酋、新加坡等57个国家和地区。并在越南、伊朗、俄罗斯、阿塞拜疆、埃塞俄比亚建立了CKD组装厂。

2. 研发进展

位于重庆市北部新区汽车园的力帆汽车占地1 000余亩，先后投入24亿人民币，拥有了先进的冲压、焊接、涂装、总装、汽车发动机生产线，以及整车动态性能检测线，具有年产汽车整车15万辆、汽车发动机20万台的生产能力。

以国家级技术中心和博士后工作站为基础，成立了力帆汽车研究院。拥有完备的研发体系以及国际一流水平的专家团队和汽车制造研发精英。

力帆汽车经常对员工进行各种专业技术培训，确保每个员工及时掌握最新技术和不断提高专业技能，为造好车创造优异的条件。

3. 主要产品

2006年1月，全新自主品牌力帆520全球同步上市。2008年9月，力帆汽车推出一款宜商宜家的经典轿车620。2009年，力帆汽车推出了外形时尚复古的320轿车。在2010年，力帆推出微面、SUV等多款车型。

4. 销售情况

截至2010年，力帆汽车产品线已拥有力帆520、力帆520i、力帆320、力帆620、微面、微卡、520\620（CVT）自动挡及620、320电动车。2009年，国内轿车销售增长150%，成为增幅最大的自主品牌。

2010年4月，力帆620纯电动车已顺利在天津中国汽车研究中心通过行驶认证，各项性能及指标符合国家法规和技术标准。

5. 发展规划

产品规划：

2010年，SUV以及620、320电动车批量上市，满足顾客多样化的需求，未来两年内还将完成720、MPV、4.2米微车、新一代520的开发等多款车型。

汽车工业园规划：

(1)汽车发动机项目：位于北部新区经开园，设计产能为年产20万台汽车发动机，总投资额为1.5亿元。

(2)微面项目：位于重庆市璧山工业园（A区）青杠，设计能力为年产微车10万辆。计划投资额6.2亿元。

6. 国际交流与合作

2010年3月16日，力帆汽车正式携手中国科学院，成立了上海中科力帆电动汽车有限公司。同月，首批30辆力帆620电动车发往上海世博会作为警务用车服务上海世博会。

目前，中科力帆已拥有力帆620电动车、力帆320电动车两款产品，正在谋求引入中科院材料研究所的碳素纤维技术，实现纯电动车的轻量化，并积极在重庆、上海启动出租车市场，实现示范运行目标。预计2011年，中科力帆实现5 000～10 000台的产销目标；2012年，实现20 000台的产销目标。

十四、东风南充汽车有限公司

1. 概况

东风南充汽车有限公司是东风汽车公司的控股子公司，位于川东北交通枢纽城市四川南充市，是东风公司在西南地区最大的汽车、发动机生产制造基地，早在“九五”期间就被确立为国家清洁汽车产业化试点企业，公司一贯坚持自主创新、自主研发的产品开发原则，目前已经在整车和天然气发动机技术方面拥有了多项国家专利发明技术，并于2005年通过了ISO 9001：2000质量体系认证，2009年通过了汽车行业国际通用的TS 16949质量体系认证。公司具有年产“东风嘉龙”载货车整车及底盘3万辆、“南内”牌天然气发动机2万台的综合生产能力，并配套生产汽车车桥、车厢、车身等重要的汽车零部件，现已成为当地的机械制造行业重点龙头企业。

公司前身为东风南充内燃机厂，具有40年的生产车用柴油发动机的专业经验。早在20世纪90年代初，公司就利用当地丰富的天然气资源优势和人才优势，开始进行天然气发动机的技术研发。通过与国内外的科研机构和燃气技术公司的合作，在充分吸收国内外先进技术的基础之上，结合国内市场实际状况及公司自有柴油发动机的特性，于2003年年初成功推出了“南内”牌NQ系列天然气发动机，产品包括NQ100N、NQ140N、NQ160N、NQ175N四大系列，50余个品种，功率覆盖100～175马力。由于该系列产品的成功推出，为国内用户提供了性价比高的天然气发动机选择，为国家的清洁汽车发展作出了巨大的贡献，于2006年11月被国家科技部、商务部、质监总局、环保总局联合授予国家重点新产品。

2006年年底，公司在嘉陵新区建设了国内最大的天然气发动机装配调试中心，拥有国内一流的天然气发动机试验台架30余个，并且建成了国内先进的天然气发动机专用实验室，拥有完整成套的天然气发动机开发、检测、实验设备。在此基础上，公司于2006年年底成功地承接了国家高技术研究发展计划（即863计划）中的“中型客车用天然气发动机研制与开发”课题，开发NQ180N国Ⅳ排放天然气发动机，目前已经成功通过了国家验收，推向了市场；2008年，公司又成功承接了863计划中的“东风低排放天然气专用发动机开发”课题，开发NQ280N（280马力/206千瓦）国Ⅳ排放天然气发动机，成为了国家科技开发项目的重点依托企业。

2. 产品及研发情况

“南内”牌NQ系列天然气发动机采用美国技术，使用原装进口天然气供气装置，匹配3.5万伏高能电脑控制点火系统，同时针对天然气的燃烧性能全面改进发动机的进排气系统和燃烧系统，从而使NQ系列天然气发动机具有了动力性强（低速扭矩与同功率的柴油机相当）、经济性好（运营燃料费用较同功率柴油机节约约40%左右）、可靠性优（维修养护费用较双燃料发动机节约约30%左右）、环保性佳（排放完全满足GB 14762—2002标准）、安全性高（进口燃气供应装置通过了欧洲最严格的安全检测）等特点。该系列产品在设计时尽可能地保留了原柴油机的通用零部件，50%以上零部件与原柴油发动机通用，方便了用户在使用中的日常维护维修配件的供应。产品一经投放市场就以其优异的经济、节能、环保等性能赢得了广大用户的青睐，被用户朋友们亲切地誉为“蓝色动力”。

公司在NQ100N、NQ140N、NQ160N、NQ175N的基础上相继开发出了NQ120N、NQ150N、NQ170N、NQ190N、NQ210N、NQ230N六大系列满足国Ⅲ排放的天然气发动机，产品功率覆盖已经从100马力提高到了230马力，在国Ⅳ排放产品上，公司将进一步扩充产品线，发动机功率覆盖将从100马力提高到310马力，包含自然吸气产品和增压中冷产品两种技术解决方案，为不同的客户和市场提供了更多的产品选择。

3. 销售情况

“南内”牌NQ系列天然气发动机因其动力性好、质量可靠、性价比高，经济及社会效益显著，已被国内众多汽车生产厂家及用户认同、接受。现已上国家公告的整车、底盘生产企业有：厦门金龙、厦门金旅、苏州金龙、郑州宇通、重庆恒通客车有限公司、东风南充汽车有限公司、东风襄樊旅行车有限公司、东风

（十堰）客车底盘公司、一汽客车有限公司等厂家共计190余个型号的整车和底盘，整车及底盘产品覆盖5～12米城市公交车、公路用客车、1 000～15 000千克载货汽车和城市环卫、建筑垃圾等专用车辆。

公司天然气发动机自推向市场以来，随着用户的使用验证，各方面的优异性能和卓越的表现已经逐渐得到用户的信任和青睐。2004年开始投放市场，当年仅实现销售500余台发动机，2005年快速增长到市场销售2 000余台。2009年NQ系列天然气发动机的市场销量持续快速增长，全年实现各型天然气发动机销售达6 800余台，销售收入达2亿元。产品的市场范围覆盖了国内80%能使用天然气为汽车燃料的城市和地区。南至云南、海南，北到辽宁，东到福建、安徽，西至新疆都有NQ系列天然气发动机在运行。

现在公司生产的NQ系列天然气发动机遍布四川省、重庆市除甘孜、阿坝外的所有地区，包括公路运输车辆和城市公交车辆，同时还为海口、三亚、湖南长沙、安徽芜湖、山东济南、湖北荆州、陕西西安、甘肃兰州、新疆乌鲁木齐等地的公交企业批量提供车辆动力，使用状况良好。同时NQ系列天然气产品已经走出国门，批量出口东南亚的泰国、缅甸，南亚的南孟加拉、巴基斯坦，以及西亚的伊朗等国家和地区，市场前景十分看好。

目前，东风南充汽车有限公司已经成为了国内最大的天然气单燃料发动机供应商，公司已经确立了打造国内最大的环保动力生产基地、成为国内一流的天然气发动机供应商的目标，愿意竭诚为广大的客户提供品质卓越的产品和全面满意的服务。

十五、湖南科霸汽车动力电池有限责任公司

1. 概况

湖南科霸汽车动力电池有限责任公司于2008年5月由湖南科力远新能源股份有限公司与超霸科技（香港）有限公司合资成立。公司致力于汽车动力电池及能量包的研发、生产和销售，在汽车动力电池及能量包方面拥有关键技术和自主知识产权，是我国汽车动力电池能源领域产业化水平最高、技术水平最先进、产品应用程度最成熟、配套供货能力最厚实的国际专业汽车动力电池及能量包制造厂商。科霸公司总部位于中国湖南长沙高新技术开发区，在香港和长沙同时拥有生产基地。科霸公司香港基地在研发、生产、销售汽车动力电池及能量包方面已有16年的历史，在全球享有极高声誉。

公司总资产5亿元人民币，现有员工500余人，其中博士26人，具有高级职称的技术、管理人才187人。

2. 研发进展

2009年1月—2010年12月，公司重点对“车用镍氢动力电池及其电池管理系统技术研究”这一课题进行攻关，目前研发按项目进度有序进行，现研发的产品其模块标称容量、额定电压、最大放（充）电倍率等技术指标均已达标。项目被国家科技部列入863计划。

国内最先进的镍氢电池产业化自动化生产线于2009年4月完成安装调试，5月进行生产现场的产能评审。由公司自主研发并有自主知识产权的新能源混合动力汽车能量包于2009年8月正式下线。

对用于乘用车和客车的电池及电池能量包进行了成果验收，已送多家车厂试用，从反馈的信息得知，客户对产品的性能十分满意，特别是电性能及散热方面在国内领先。

公司开发的分布式电池管理系统获得客户好评，并在多家车厂得到应用；

科霸检测中心具备了完整的电池能量包测试平台（包括各类测试设备、仪器仪表）和完整的动力电池能量包测试评价体系；

公司现已获得ISO 9001：2008质量管理体系认证、TS 16949：2009质量管理体系认证、ISO 14001：2004环境管理体系认证、OHSAS 18001：1999职业健康安全管理体系认证。

3. 主要产品

公司主导产品为汽车动力镍氢电池及能量包，电池系列产品包括纯电动汽车及混合动力汽车两大类，容量从6～200安时，能为纯电动和混合动力轿车、

客车提供完整的电池动力解决方案。公司长沙生产基地年生产能力达18 000台套镍氢汽车动力电池能量包以上，为目前中国设备自动化程度最高、检测能力最强、规模最大的纯电动汽车和混合动力汽车用动力电池及能量包供应商之一。

4. 销售情况

科霸公司于2008年10月成立，一直致力于汽车动力电池的研发与试生产，公司产品已送多个车厂装车试用，市场反馈良好。

5. 发展规划

建设总目标：

(1)建设具有国际先进水平的新能源材料研究中心，开发技术领先的镍氢、锂离子动力电池，燃料电池和与之配套的电池管理系统；

(2)建设国内领先，国际先进水平的国家级动力电池生产基地，到2012年，实现年产48 000台（套）电动汽车用动力电池能量包；

(3)建设国内新能源材料技术信息和鉴定权威发布中心。

建设规模：

在现有200万安时镍氢动力电池生产线的基础上建设年产5 000万安时镍氢动力电池生产基地，匹配电动汽车制造产业40 000台混合动力轿车、4 000台混合动力公交大巴、4 000台纯电动公交大巴。

6. 国际交流与合作

湖南科霸汽车动力电池有限责任公司与日本松下能源株式会社（PEVE）、法国SAFT、德国VARTA等建立了密切的合作关系，达成了联合在先进储能材料的技术研究、工艺技术开发、人才培养、国际交流（组织国际会议）等方面进行长期合作的协议；与美国Power Genix公司合作，共同建成了世界最大的镍锌动力电池的研发和产业化基地；与日本三洋能源株式会社建立了每年不少于两次以上的定期技术交流机制。

十六、江苏春兰清洁能源研究院有限公司

1. 概况

江苏春兰清洁能源研究院有限公司是由国有大型企业春兰（集团）公司投资的全资子公司，位于江苏泰州春兰工业园区，占地2万平方米，现有员工300余人，其中大专以上学历占80%，硕士以上学历20名。公司通过了GB/T 19001：2000质量体系认证，ISO 14000环境管理体系认证，主营业务为车用动力镍氢电源系统、动力锂离子电源系统、燃料电池系统及嵌入式软件的开发、生产与销售。

2. 研发及产品情况

从1995年至2009年，春兰已累计投资近10亿多元用于高能动力电池及产业化应用技术的研究和研发测试平台建设。公司拥有国家级企业博士后科研工作站、国家级实验室、省级电器检测中心、省级工程技术研究中心——能源存储与转换应用工程技术中心和氢能综合利用工程技术中心等资源；建有国内领先、国际先进水平的动力电池及其管理系统研发平台。公司引进先进的自动化生产线及检测设备，形成了年产60万千瓦时的生产能力，产品广泛应用于混合动力客车、纯电动客车、混合动力轿车、特种车辆及高速机车用动力电源以及智能电网用后备电源。

春兰承担国家“十五”863计划电动汽车重大专项及“十一五”863计划节能与新能源汽车专项“混合动力客车用镍氢电池组及其管理系统”；2007—2010年间先后获得了国家科技进步二等奖、国家标准创新贡献奖、国家机械工业科学技术奖等奖项；列入国家自主创新产品、国家重点新产品和火炬计划。

经过多年的发展，公司现已形成系列动力电池和车用动力电源系统产品。

(1)系列动力电池

功率型电池：QNFG8、QNFG16、QNFG27、QNFG30、QNFG40、QNFG45、QNFG60、QNFG80、QNFG90、QNFG100、QNFG200。

(2)系列动力电源系统

混合动力客车用电源系统：DY336－27、DY336－30、DY432－30、DY336－40、DY336－60、DY360－60、DY336－80等。

混合动力轿车用电源系统：DY144－8、DY288－8、DY36－16等。

磁悬浮列车用动力电源系统：DY440－45、

DY440－38等。

AGV自动导引车用动力电源系统：DY24－90、DY48－40、DY48－90等。

电力、军用后备电源系统：DY24－16、DY24－27、DY24－40、DY380－100等。

3. 产品应用及发展规划

春兰电源系统产品具有比功率高、比能量高、耐过充过放、可快速充电、寿命长、无污染免维护、环保绿色、安全可靠等优点。目前在混合动力客车、混合动力轿车、磁悬浮车辆、AGV自动引导车、电力储能系统等领域有着广泛的应用。

春兰已将新能源产业作为一个重大的产业发展方向，计划依托已建成的国家863计划镍氢电池生产基地，扩大生产规模，形成年产60万千瓦时电源系统生产能力。

春兰将秉承“执行、合作、创新”企业精神，力求为用户提供优质、优先、优惠的全方位的电源系统解决方案，与国内外企业共谋发展。

十七、苏州星恒电源有限公司

1. 概况

苏州星恒电源有限公司，位于苏州高新技术开发区，股东由联想和中科院物理所等多家单位组成。公司于2003年12月18日注册成立，注册资本为2.38亿元。员工总数520人，年产能达3 600万安时。2004年8月锂离子动力电池生产线投产，是一家专业的动力锂离子电池制造商。产品主要用于电动自行车、电动工具、电动摩托车、新能源汽车等领域。

2. 管理创新

目前动力锂电池制造工艺的创新和巨额的生产成本已经成了各企业单位甚至政府部门关注的难点和焦点，为了提高批量化生产的锂离子电池品质，降低生产成本，抢占市场先机，公司自主研发电池制造设备，采用FMEA、SPC等质量管理手法，提高了质量改进的有效性。采取了一系列措施以后，星恒的综合客诉率目前仅3%左右，其中涉及电池质量问题的客诉率不足1%。

3. 科技成果

苏州星恒电源有限公司自成立以来始终坚持自主研发、开拓创新，现已拥有发明专利40项（物理所专利23项、星恒专利17项）、实用新型专利26项（其中授权19项）、外观专利4项。公司研发的功率型7.5安·时锰酸锂离子电池于2004年11月19日通过了美国UL认证，并被应用在了2008年奥运会的20辆燃料电池轿车（电电混合）上。

2009年7月29日，能量型40安时磷酸铁锂离子电池顺利通过了美国UL认证，同时还通过了18所和201所的测试，在法国电力公司电池研发中心组织的测试中心也得到了很高的评价，目前已经在法国进入试商用阶段。

2009年公司累计获得了三项专利：

2009－11－16专利号：200910234773.5。名称：锂电池正极材料及其制备方法。发明人：吴晓东。

2009－12－24专利号：200910264749.6。名称：以钛酸锂为负极的锂离子二次电池化成方法。发明人：吴晓东。

2009－12－24专利号：200910264750.9。名称：锂电池负极极片。发明人：吴晓东。

4. 运营情况

苏州星恒在电动自行车动力锂离子电池（10安时级）方面已全面实现量产，销售的电动自行车动力锂离子电池累计达到40万组，是目前国内出货量最大的动力锂离子电池生产企业，同时也是欧洲电动自行车领域除松下以外的第二大动力电池供应商，经受了国内外市场对动力锂电池在产品设计、安全、性能、服务等方面的考验。

经过6年的动力锂电池产业化探索，在基础研究、工程开发、批量生产、市场应用等方面都收获了相当的经验，对汽车用动力锂电池的生产和应用方面的理解也逐步深入，目前已经初步具备了汽车用动力锂电池的产业化条件。

2009年，在公司集体的努力拼搏下，公司年产值突破了1.4亿元人民币，创下了开业以来的历史新高，被《中国企业家》杂志评为2009年21家企业“未来之星”之一。

5. 2009 年大事

公司为上海世博会提供了173辆新能源汽车的电池，并将在上海进行为期7个月的示范运行。

十八、上海大郡动力控制技术有限公司

1. 概况

上海大郡动力控制技术有限公司成立于2005年，是专业从事混合动力及纯电动汽车用电机及其控制技术的研发和生产的高科技企业。公司开发出的一系列具有自主知识产权的混合动力汽车、电动汽车以及燃料电池汽车用电机系统产品具有技术含量高、节能环保的特点，被纳入“十一五”国家863计划节能与新能源汽车重大项目，是目前国内领先的产品，并已同一汽、长安、上汽和东风汽车等国内主要汽车生产企业建立了合作关系。

公司秉承“客户第一、品质至上、以人为本、持续创新”的经营方针，凭借先进的核心技术和与国际接轨的管理理念，竭诚为汽车制造厂商提供一流的产品应用方案及全方位的服务。努力打造成为行业领先的供应商，并致力于推动中国新能源汽车事业的发展，开创节能环保型社会新纪元。

2. 研发能力

电动汽车电机控制系统典型结构由电机、电力电子逆变器、数字控制器和传感器几部分集成组成。大郡控制在这些关键领域都掌握了具有自主知识产权的核心技术。

由大郡团队自主开发的永磁磁阻同步电机技术具有永磁电机和磁阻电机的组合优势：能量密度高、封装尺寸小巧、用材料省；同常用的感应电机相比，它具有效率高、节电的特性（系统效率可达95%）；与传统的永磁电机相比，它具有调速范围宽，对逆变器功率要求较低等优势。此外，永磁磁阻电机采用中国特产的高性能稀土永磁材料，加上较低的制造成本，因此，在国际竞争中占有明显的成本优势。

除了上述的核心技术之外，产品的集成优化设计和设计认证能力是大郡控制的另一个主要核心竞争能力。通过多年从事汽车产品开发的经验积累，大郡控制团队已掌握了一套与美国汽车工业接轨的产品设计及认证方法与流程，并初步建成了汽车电力电子与电机系统的研发设计试验能力以及产品可靠性测试能力。

经过承担863项目，公司已具备了电力电子测试认证能力，组建了初具规模的电力电子测试认证（包括可靠性、寿命等）实验室，拥有电力电子产品开发所需的各类测试仪器，如：各种功率电路与控制电路开发测试的仪器，即高性能示波器/频谱分析仪/热成像仪等；供电机驱动系统开发测试用的多台不同功率的四象限测功机系统；与测功机集成的震动台测试系统，可用于考核控制器在负载情况下的抗震能力；与测功机集成的温度环境舱用于考核控制器在不同环境温度、湿度下的工作能力。除了测试硬件条件外，团队还借鉴其在海外长期工作所积累的经验，形成了一套针对汽车产品的严谨的产品设计认证测试方法与流程，不仅可以满足产品开发过程中的功能、性能认证测试，还可以满足环境适应可靠性及寿命测试认证的要求。

3. 主要产品

大郡控制面对主要的混合动力、纯电动汽车产品开发应用发展方向，根据其对电机及控制系统的需求，搭建了ISG电机系统、纯电动牵引电机系统、双电机系统及大功率电机驱动系统等四大电机控制系统产品平台的开发，并在此基础上衍生出多种应用产品，以满足不同类型的新能源汽车开发的需要。

4. 销售情况

通过863项目的实施，大郡控制与一汽、东风、上汽、长安等整车单位建立了良好的合作伙伴关系，成为这些整车单位首选国产供应商。

由大郡控制提供配套电机系统的长安杰勋混合动力轿车、一汽奔腾混合动力轿车和上海大众领驭燃料电池轿车成功地服务2008年北京奥运，完成了示范运营任务。除了众多的前期项目开发合作，2010年已有多个项目进入配套量产供货阶段。

十九、北京中纺锐力机电有限公司

1. 概况

北京中纺锐力机电有限公司（含其前身中纺机电研究所）从事开关磁阻电机系统的研究开发已有20年的历史，在产品开发和推广应用方面处于国内绝对领先地位。现有科研生产基地4 000平方米，拥有为各种电动车辆不同车型配套的电机系统的成熟产品，已经建立了年产5 000套产品的生产能力。公司具有完备的技术开发体系、生产制造体系、质量保证体系、市场开发体系、售后服务体系等。公司于2002年通过了ISO 9001质量体系认证，2008年又在国内电动汽车电机系统制造单位中率先通过了TS 16949质量体系认证，成为电动汽车零部件合格供应商。

2. 研发进展

公司自2002年承担国家863项目电动汽车重大专项的课题，研制出了混合动力公交车、纯电动公交车等多个规格车用电机系统，充分发挥开关磁阻电机的技术特长，成功克服了噪声与震动这两项世界性难题，产品具有完全自主知识产权。2008年，公司为主要完成单位的项目获得中国汽车工业科技进步一等奖，车用开关磁阻电机系统被列入国家级火炬计划。2009年公司承担的《混合动力城市客车节能减排关键技术》项目荣获国家科技进步二等奖。与整车单位合作承担的两项国家863重大项目“机电耦合装置”课题已完成样机研制和性能测试，即将投入批量生产和应用。

3. 主要产品

车用开关磁阻调速电机系统由控制器和电机组成，具有电机简单、结实、廉价，特别适合于高速；功率电路可靠性高，功率开关元件与绕组相串联；转速范围大，高效区宽；克服了震动噪声和转矩脉动等特点。公司拥有为各种电动车辆不同车型配套的电机系统的成熟产品，目前已批量生产或开发完成了混合动力大巴车、纯电动大巴车、纯电动中巴车、微型纯电动轿车等多种规格的电机系统，电压24～750VDC，功率2.2～180kW。

4. 销售情况

车用开关磁阻电机系统配套东风公司50辆混合动力公交车在武汉市公交系统完成了历时5年2 000万公里的示范运行，整车节油率达到25%。2008年配套15辆混合动力公交车成功完成北京奥运会和残奥会运行任务，节油率达到21%。至2009年车用电机系统产品已经批量配套整车企业，提供了400余套车用电机系统合格产品，并以产品的高可靠性、耐久性和较低的价格在业内享有良好声誉。

5. 发展规划

在国家政策的大力支持下，电动汽车的产业化和示范运行工作正在快速发展。车用电机系统作为各种电动汽车中不可缺少的关键零部件也得到整车企业和国家有关部门的高度关注。车用开关磁阻电机系统有着国内外成功应用的实例，具有很多优点和尚待发挥的适用电动汽车的特殊优势，包括具有最简单结构的单相电机、简单经济的电力电子电路、启动转矩大脉动小的六相电机等，有待整车单位和电机系统单位共同开发。

2010年公司车用开关磁阻电机系统与电动客车配套目标为1 000套，与纯电动微型车配套目标为1 500套。2012年成为中国主要的车用电机系统研发生产企业之一。北京中纺锐力机电有限公司将以车用电机系统的产业化生产为使命，致力于为整车单位提供更加先进、实用、可靠，更高性能价格比，更完善售后服务的车用开关磁阻电机产品。

二十、广西玉柴集团

1. 概况

玉柴集团创建于1951年，坐落在具有“千年古州，岭南都会”美称的广西玉林市，是全球最大的独立柴油发动机生产基地、中国最大的中小型工程机械生产出口基地，被誉为“中国绿色动力之都”，现拥有31家全资、控股、参股子公司，员工17 000人，总资产172亿元，净资产38.74亿元。玉柴位列中国企业500强排行榜第265位，中国机械500强第21位，中国500强最具价值品牌第111位，品牌价值71.19亿元。经过五十多年的经营发展和积淀，玉柴集团形成了“绿色发展，和谐共赢”的核心理念，“打造玉柴世界知名品牌，成就大型跨国企业集团”的企业愿景，“卓越品质、国际玉柴”的玉柴经营思想，以及“建设高素质的干部队伍，打造创造性的劳动群体”的人才观等一系列人文建设理念，引领企业追求卓越，享有优良的社会美誉度和公众诚信度。

玉柴集团的核心企业是玉柴机器股份有限公司，是一家国有控股中外合资股份制企业，是目前中国最大的内燃机生产基地，2009年在中国企业500强中排名265位，2008年获得国家级高新技术企业资质。现有总资产119亿元，净资产46亿元，员工8 000多人。主要产品为YC6J、YC6A、YC4B、YC4A、YC6G、YC4E、YC4D、YC4G、YC6L、YC6M、YC4F、YC4W、YC6T、YC6K、YC6C等轻、中、重型系列柴油发动机，2000多个品种，功率覆盖12～10 000千瓦，产品全部通过ISO 9001、QS 9000质量认证，年生产能力60万台，是商用车、乘用车、工程机械、农业机械、船舶及发电机组、国防装备等的首选配套动力，产品畅销30多个国家和地区，以卓越的品质赢得国内外用户的认可，柴油发动机社会保有量超过300万台。2001—2009年，玉柴发动机产销规模连续9年保持国内同行业产销量第一。2009年玉柴无惧国际金融危机，再次创造了独树一帜的“玉柴现象”，销售发动机46.78万台，同比增长25.68%，实现销售收入147亿元，产销量再稳居同行业首位。

玉柴享有良好的社会美誉度和公众诚信度，先后获得“全国用户满意产品”“中国名牌产品”“中国十大诚信企业”“全国质量管理奖”“全国文明单位”“中国驰名商标”“国家级高新技术企业”“国家认定企业技术中心成就奖”等荣誉。同时，玉柴以其绿色动力和绿色制造对中国节能减排事业作出的突出贡献，获得了“2008中国节能减排功勋企业”“中国内燃机工业诞辰100周年成就奖”殊荣，是行业内唯一荣获“中国汽车行业自主创新奖”的发动机企业，树立了行业典范。

公司在国内率先向市场推出排放达国Ⅱ、国Ⅲ、国Ⅳ发动机。2005年国内首先批量向市场投放国Ⅲ发动机。2006年研发成功国内首台国Ⅳ发动机YC6L柴油机。2007年玉柴国Ⅳ发动机在北京奥运用车投标中标，批量投放北京公交市场，一举打破国外发动机一统天下的局面。2003年12月推出国内首台YC4W轿车柴油机。2007年推出国内首辆ISG混合动力公交车，并在中国东盟博览会上亮相。

2. 2009年研发、经营情况

玉柴拥有国家级企业技术中心和省级工程技术研究中心，拥有“企业博士后科研工作站”“国家认可实验室”“广西柴油动力人才小高地”等产品研发和人才培养平台，同时玉柴延伸合作，加强与国内外高等学校、科研院所的技术交流和技术合作，逐步建立了“玉柴—德国亚琛FEV研发中心”“玉柴—英国Brunel大学研发中心”“天津大学—玉柴联合实验室”“上海交通大学—玉柴联合研发中心”等技术创新平台和产学研联盟，并与清华大学、上海交通大学、吉林大学、同济大学、武汉理工大学、华中科技大学、中国汽车工程研究院等20多家国内外著名高校、科研机构开展合作，形成以自主研发技术为核心、以欧美技术为支持的优秀研发平台，在柴油动力领域始终保持领先地位。

公司拥有国家级企业技术中心、博士后科研工作站、国家认可实验室、广西内燃机工程研究中心。2009年，国家发改委对全国575家国家认定企业技术中心进行的统一评估排名中，玉柴技术中心名列第27位。现有人员420人，其中博士18位、硕士76位，享受政府特殊津贴专家3人、高级工程师48人，组成了一支具有跨国技术背景的优秀研发队伍，公司技术基础和自主创新能力处于同行领先地位。

玉柴核心业务包括发动机、工程机械、物流汽贸、零部件、能源化工、专用汽车等六大板块，年产销各型发动机70万台。玉柴主导产品发动机，有车用、船用、工程机械、农业机械、发电设备柴油动力等5大类15大系列1 300多个品种的轻、中、重型多缸柴油机，功率覆盖12～880千瓦，全系列产品排放达到国Ⅲ标准，国内首家开发成功国Ⅳ、国Ⅴ产品。发动机产品以大马力、大扭矩、高可靠、低油耗、低排放、低噪声、适配性强的特点和完善便捷的服务，成为国内主要汽车、工程机械、农业机械等的首选配套动力。

3. 公司发展战略

未来3~5年，玉柴集团销售收入目标为350亿~550亿元，2015年销售收入目标为800亿元；人才发展目标是团队化、立体化、职业化、国际化；研发创新目标是形成自主创新能力，创建世界一流工程研究院；文化提升目标是包容性、开放性、先进性；品牌建设目标是打造世界知名品牌。

玉柴集团未来10年发展目标是：全面开展国内、国际间的合资合作，加速高新技术引进、应用，围绕经营主业，拓展产业链，重点发展发动机、工程机械、物流汽贸、零部件、能源化工、专用汽车等相关产业产品，整合技术优势，打造玉柴航母，进一步提升国际市场竞争力，使玉柴机器成为世界知名品牌，把玉柴建设成为大型跨国企业集团。

4. 2009年公司主要经济指标及产品产量

2009年，玉柴集团实现销售收入271.97亿元，同比增长29.58%，发动机产销突破67万台，连续9年保持高速增长，发动机产销量继续稳居全国同行首位。其中，广西玉柴机器股份有限公司销售发动机467 899台，同比增长25.68%，实现销售收入134.8亿元，同比增长29.6%。

二十一、潍柴动力集团

1. 概况

潍柴集团创建于1946年，具有63年的发展历史，是中国规模最大、具有较强国际竞争力的汽车零部件及总成系统产业集团。在2008年“中国企业500强”中，潍柴动力排名第106位，名列“中国制造业500强”第46位，列“中国机械工业企业500强”第10位。2008年，集团实现营业收入491亿元，同比增长19.5%；其中出口到海外市场约75亿元，同比增长66.5%。潍柴动力拥有高速大功率发动机、重型变速箱、车桥等重型商用车核心配套资源，占有绝对市场优势，动力总成系统一体化设计、生产。目前潍柴动力具备40万台高速大功率发动机、50万台变速箱、40万根车桥以及10万辆重型卡车生产能力。“潍柴动力发动机”“法士特变速箱”“汉德车桥”“陕汽重卡”等先后荣获“中国名牌产品”“中国驰名商标”等荣誉称号。

潍柴动力在海外30多个国家和地区建立了营销服务网络，为客户提供技术支持、产品营销、售后服务、配件销售等服务。

潍柴集团的未来发展目标是：在未来5~10年内，销售收入突破1 000亿元，力争进入世界企业500强。

2. 发动机产品

潍柴动力成立60多年来，一直致力于探索发动机前沿技术的应用和发展，不断研发制造更高水平的发动机产品。潍柴集团发动机功率覆盖30~10 000马力，产品广泛应用于卡车、客车、工程机械、农用机械、船舶动力、发电机组等各个领域。在商用车市场，潍柴动力主要提供WP4、WP5、WP6、WP7、WP10、WP12等系列发动机产品，功率140~480马力，排放满足欧Ⅱ、欧Ⅲ、欧Ⅳ、欧Ⅴ标准。发动机产品具有动力强劲、可靠性高、油耗低、噪声小和排放低等优良特性。

潍柴动力发动机是中国商用车应用最广泛的产品，卡车配套厂家主要包括陕汽重卡、福田欧曼、北方奔驰、上汽依维柯红岩、解放卡车、东风汽车、江淮重卡、华菱重卡、上海汇众等；客车配套厂家主要包括郑州宇通、厦门金龙、厦门金旅、苏州金龙、中通客车、舒驰客车、黄海客车等。海外配套厂家有伊朗AMICO卡车厂和SHAHAB客车厂、白俄罗斯明斯克轮式牵引车厂等。

此外，2008年由潍柴动力、加拿大西港、香港培新合资组建的潍柴动力西港新能源发动机有限公司将充分利用中国最强大的发动机制造优势与国际最先进燃气技术优势，倾力打造中国最大、国际一流的主要以CNG/LPG为燃料的车用新能源发动机生产基地。

3. 变速箱产品

变速箱由潍柴动力控股企业——陕西法士特齿轮有限责任公司生产。陕西法士特齿轮有限责任公司是中国最大的专业生产重型汽车变速器、取力器、分动器及相关产品的企业。现已形成年产各型系列重型汽车变速器50万台、齿轮2 000万只和汽车锻件8万吨的综合生产能力。产品为国内外50多个厂家的上千种车型配套，并出口美国、德国、日本、澳大利亚、白俄罗斯、南美、东南亚等十几个国家和地区，2008年，产销重型变速箱46.4万台，8吨以上重型车市场占有率达80%。

法士特双中间轴变速器是一种具有世界先进水平的大功率、多挡位、宽速比的机械式变速器，法士特先后研制开发出了7、8、9、10、12、16挡，扭矩覆盖900~2 400牛米的多种系列变速器。这些系列变速器均采用双中间轴传动，扭矩功率分流；主箱主轴和主轴齿轮浮动，取消了传统的滚针轴承；同步器摩擦锥面采用高性能摩擦材料，可靠性高，使用寿命长；轴向尺寸短、重量轻、操纵轻便；扭矩储备系数大、整车重载爬坡能力强、燃油经济性好；性能先进，能使整车在各种恶劣环境下行驶自如，深受用户喜爱，是重型汽车理想的变速器。

此外，法士特还生产5、6挡、扭矩覆盖550~950Nm的单中间轴系列变速器。这些产品均采用斜齿轮传动，承载能力强，噪声低，可靠性高，全同步器结构，换挡轻便，质优价廉，为广大用户所青睐。

法士特还生产与其各系列相配套的系列取力器及相关产品等，这些产品可满足各种专用车辆及特种车辆的要求。法士特也可根据用户的特殊要求进行变型设计、改装配套等，以满足用户的个性化需求。

4. 车桥产品

陕西汉德车桥有限公司，是由潍柴动力作为控股方于2003年3月投资组建。公司拥有西安、宝鸡两个工厂，是目前国内重要的重型车桥生产基地，各系列车桥总成已批量装备中国主要汽车企业的商用车。公司连续四年被评为“中国机械500强”和“中国百佳汽车零部件”企业，“汉德”牌车桥总成荣膺“中国名牌”产品称号。

陕西汉德车桥有限公司具有完整的产品开发、生产制造、检验检测和市场营销体系，先后通过ISO 9001:1994/2000、GJB 9001A－2001、ISO/TS 16949质量体系认证以及环境/职业健康安全管理体系认证。

2004年与德国MAN公司开展技术合作，引进具有世界领先水平的重卡车桥制造技术，使汉德车桥的技术水平始终处于国内领先地位。

汉德车桥主导产品有：双级减速驱动桥、单级减速驱动桥、转向前轴、客车桥、重型军用越野车驱动桥、挂车承载轴等六大类100多个品种。

近年来，公司建成了具有国内一流、国际先进的系列桥壳、差速器壳、轮边减速器、主减速器壳、轮毂、过桥箱、前梁、转向节等三十余条专业生产线和与其配套的热处理、电镀生产线及桥总成装配线、油漆线。

短期内，汉德车桥将建设成为一个装备精良、工艺先进、技术水平领先、管理一流的年产各类桥总成40万根的现代化大型车桥制造基地。

二十二、德国大陆集团

大陆集团2009年销售额约200亿欧元，是全球领先的汽车零部件供应商之一。集团业务涵盖制动系统、动力总成及底盘系统和零部件、仪表、信息娱乐系统、汽车电子、轮胎及工业橡胶制品，致力于提升驾乘安全和环境保护。大陆集团也是汽车网络通信领域的卓越合作伙伴。目前，集团在全球约有134 500名员工，遍及46个国家。

德国大陆汽车集团2009年销售额约为120亿欧元，下设底盘与安全系统（2009年销售额44亿欧元，员工27 000人）、动力总成系统（2009年销售额34亿欧元，员工24 000人）和车身电子系统（2009年销售额44亿欧元，员工27 000人）三个事业部。目前，汽车集团在全球设有130多个分支机构。作为乘用车和商用车行业的合作伙伴，汽车集团为进一步实现汽车现代化，开发生产各种创新产品和系统，致力于安全、环保、经济、舒适的全新驾乘体验。

底盘与安全系统部开发和生产电子与液压制动系统、底盘控制系统、传感器、驾驶员辅助系统、安全气囊控制系统、洗涤系统和电子空气悬架系统。其核心优势是集主被动安全系统于一体的Conti-Guard® 系统。动力总成系统部专注创新高效的汽车动力传动系统，其丰富的产品系列涵盖汽油机和柴油机喷油系统、发动机管理系统、变速箱控制、传感器和执行器、供油系统、混合动力车及电动车组件及系统。信息管理是车身电子系统部的核心业务。车身电子系统部的产品包括组合仪表和多功能显示屏、控制单元、电子汽车进入系统、轮胎监控系统、收音机、多媒体和导航系统、温度控制系统、车载信息服务解决方案以及驾驶舱模块和系统。

二十三、亚新科工业技术有限公司

亚新科工业技术有限公司（以下称“亚新科集团”）成立于1994年，是中国最大的、独立的外资零部件制造集团之一，年销售额达5亿多美元，为中国乃至全球的汽车市场提供具有竞争性价格和高品质的零部件产品。

总部设在北京的亚新科集团生产种类繁多的零部件产品，其中包括燃油喷射系统、各类动力传动系统、底盘系统零部件、汽车电机以及降噪减震技术类产品。随着中国政府在燃油经济性、排放标准和安全方面提出越来越严格的要求，结合中国市场的特点与需求，亚新科集团高度关注新品的自主研发，并提升产品结构组合，加大了在以下产品领域的开发与投入，即：满足欧III以上排放标准的包括共轨系统在内的燃油喷射系统、模块化的汽缸及部件（活塞与活塞环等）、应用于混合动力的启停电机、灰铁缸体加工能力、包括双缸空压机在内的空气管理系统、发动机排气装置后处理系统和发动机制动系统等。

亚新科集团是第一家植根于中国的全球性零部件集团。由于在中国和全球汽车领域所拥有的独特定位使其成为业内领先企业极具吸引力的战略合作伙伴，合作企业包括例如康明斯、标致雪铁龙、大众、卡特彼勒和瀚德等公司。亚新科集团由一支高素质的专业经理队伍管理，在中国拥有13家制造企业和52家销售办公室，在美国、欧洲和日本分别设有一家销售分公司。亚新科集团约有85%的销售面向中国客户，其余15%销往美国、欧洲和日本的客户。

通过提高产品的质量、技术和服务水平为客户增值，亚新科集团正逐步成为其所有产品领域内的世界的领导者。

二十四、博格华纳（中国）投资有限公司

1. 概况

博格华纳是世界公认的动力与传动系统技术领袖，总部位于美国密歇根州奥本山市，美国财富500强企业。博格华纳在18个国家有59个制造和技术基地。客户包括大众、福特、通用、丰田、宝马、标致和卡特彼勒等。博格华纳分发动机和动力传动两大业务集团。发动机集团拥有行业领先技术，致力于提高燃油经济性，降低排放和改善发动机性能。动力传动集团继承了公司100多年的优良传统，是变速器和四轮驱动技术领域的创新者和领先者。博格华纳，愿与中国汽车工业一起成长。

2. 主要产品

2.1　发动机集团

涡轮增压和排放系统

公司是涡轮增压器、废气再循环（EGR）系统、二次空气系统（SAS）一记先进执行器的一流设计者和制造商，产品广泛应用于乘用车、轻型卡车和商用车。公司的产品可提高燃油经济性、降低废气排放、增强动力性能。

Morse Tec

公司是设计和制造可变凸轮正式相位器、发动机正时系统及HY－VO®链条的全球领先企业。公司的发动机正时系统包括链条、链轮、张紧器、控制臂和导轨等，可有效提高燃油经济性，降低废气排放，增强动力性能。HY－VO®链条既适用于自动变速箱又适用于分动箱，是业内公认的翘楚产品。

热能管理系统

热能管理系统旨在改善发动机冷却性能，减少废气排放并降低油耗。我们创新地推出了具有世界级水平的产品，包括visctronic®系统、风扇及风扇驱动

产品。

BERU 系统

BERU 公司是柴油冷启动技术、瞬时启动系统、压力传感电热塞及高温传感器的世界领先供应商。BERU 电子产品和传感器技术广泛应用于各种发动机和车辆系统中，可有效改善汽车的舒适性和安全性。

2.2 动力传动集团

动力传动集团拥有超过百年的历史，在变速器和全轮驱动技术领域久负盛名。该集团充分利用其在动力系统离合技术方面的丰富经验，致力于为各类扭矩管理系统开发交互控制策略与技术解决方案。

变速器离合系统

博格华纳在自动变速器离合技术领域享有全球盛誉，其主要产品包括湿式双离合器模块、摩擦片、变速带、扭振减震器、锁定离合器及单向离合器等。我们的 Dual Tronic ®双离合器模块在技术应用及市场方面一直引领全球潮流，傲视同侪。

变速器控制系统

作为变速器集成式控制系统的领先供应商，博格华纳动力传动系统可为北美洲、亚洲和欧洲生产的最顶尖的双离合器、自动变速器以及手自一体变速器提供全套电液控制模块。我们还提供技术领先的变速器电磁阀产品，包括高流量和低流量直接作用电磁阀、低泄露可变排放电磁阀以及高压比例阀装置。

扭矩管理系统

作为业内领先的设计者和生产者，博格华纳可提供全系列扭矩分配和扭矩管理产品，包括分动器、主动控制 AWD（全轮驱动）连接器以及适用于方兴未艾的电动汽车市场的电子驱动变速桥。

二十五、成都威特电喷有限责任公司

1. 概况

成都威特电喷有限责任公司（以下简称“威特公司”）成立于2003 年6 月，地处成都市高新区，注册资本4.1 亿元，实际收到投资接近3 个亿元，占地面积132 亩。公司是以研发、生产和销售新型柴油机电控燃油喷射系统为主，从事机械、电子、数控产品，计算机集成技术开发与应用的国家高新技术企业。

从2003 年公司成立以来，经过6 年的发展，成都威特电喷公司柴油发动机电喷系统产业化项目在产品研发、市场开发方面都取得了突破性进展。建立了国内一流的柴油电喷新产品研发能力，取得以多项专利和实用关键技术为核心的自主知识产权，完成了从产品开发到批量生产、从研发性企业到生产经营性企业的转化，公司确立了在国内柴油电喷行业内的领导地位，是国内第一家达到国Ⅲ排放认证的电喷公司，也是目前唯一具备成套提供电喷产品能力的供应商。目前公司已经完成产品开发阶段工作，根据国家发改委网站公布的数据，配有威特电喷产品的国Ⅲ发动机公告数达到200 个，排名行业第一。单车运行最大里程超过40 万公里，运行时间已达5 年，产品性能完全满足用户要求。

公司开发的产品包括插入式单体泵系列、电控单体集成泵系列、威泵 1000 和威泵 2000 系列、故障诊断仪、单体泵系统试验和测试台等几大系列产品。其他电控单元（ECU）及控制软件，泵箱集成系统，线束、各类传感器（温度、压力、转速、油门等），系统匹配标定工具等也可单独作为产品向用户提供。产品可广泛应用于城市公交车，中型和轻型客车，重型、中型和轻型卡车，工程机械，军用车辆的柴油发动机，可匹配单缸功率范围在 15 ~ 120kW 的机型，适合 4、6、8、12 等多种缸数的发动机。

目前公司已经完成产品开发阶段工作，产品商品化、产业化工作基本完成，广西玉柴机器股份有限公司、道依茨（一汽）大连柴油机有限公司、潍柴动力扬州柴油机有限责任公司、东风康明斯发动机有限公司、一拖（洛阳）柴油机有限公司、一汽解放汽车有限公司无锡柴油机厂、天津雷沃动力股份有限责任公司、江苏四达动力机械集团有限公司等发动机厂家都已经开始批量订货。公司产销数量、装机数量、销售收入等每年都达到成倍增长。

2006 年销售收入 300 万元，2007 年增长到 600 万元，2008 年达到 4 550 万元，2009 年达到 5 535 万元。目前公司产品已广泛地批量交付客户使用，遍及广东、山东、辽宁、四川、北京、内蒙古等地。

公司已经具备3万套柴油电喷产品的年生产能力，第二期5万套产能的生产线正在进行试生产验证，2009年达成8万套的产能。

威特公司与成都飞机工业集团、清华大学、中国（天津）汽车研究所等国内重点科研单位建立了长期的战略合作关系，得到国家部委和地方各级政府在政策、资金等各方面的大力支持，被列入国家汽车电子重点技术项目、国家技术创新项目、国家火炬计划项目、国防工业军转民重大科研工程项目等多项计划。

2. 股本结构

成都威特电喷有限责任公司成立于2003年6月18日，由成都飞机工业（集团）有限责任公司、成都市科技事业风险投资中心、成都航空仪表公司、成飞集团电子科技有限公司（原成飞集团成都三航有限责任公司）共同投资组建。公司注册资本3 000万元。

2004年以来，成飞集团公司和其他新增股东又陆续注入资本，目前，公司注册资本为41 061.6万元，实收资本26 134.54万元。

威特公司股本结构

序号	股东名称	认交出资额（万元）	出资比例（%）	实际出资（万元）	实际出资比例（%）
1	成都飞机工业（集团）有限责任公司	40 011.71	97.420	27 438.17	95.96
2	成都飞机工业集团电子科技有限责任公司	167.34	0.407	167.34	0.64
3	成都凯天电子股份有限公司	167.34	0.407	167.34	0.64
4	成都市科技风险开发事业中心	75.90	0.184	75.90	0.29
5	欧阳明高	73.22	0.180	73.22	0.28
6	杨福源	69.12	0.168	69.12	0.26
7	周明	69.12	0.168	69.12	0.26
8	李建秋	69.12	0.168	69.12	0.26
9	李希浩	65.00	0.158	65.00	0.25
10	清华控股	303.73	0.74	303.73	1.16
合计		41 071.60	100.00	28 498.06	100.00

3. 发展历程

2001年，缘于对中国汽车高技术迫切需求及与国民经济持续协调发展的共同认识，清华大学和成飞集团公司就柴油电控系统的研发开始了实质性的合作。清华大学提供原理性技术，成飞公司负责工程化设计、工艺、制造、检测、调试等工作。

2001年6月，电喷单体泵关键零件在成飞试加工成功；

2003年6月，为加快项目产业化进程，成飞公司与三家公司共同出资3 000万元，于2003年6月18日成立了成都威特电喷有限责任公司。

2004年2月，实现电控单体泵产品首批交付。

2004年4月，配装公司单体泵系统的玉柴YC6G 240－30发动机获权威机构国家汽车质量监督中心（襄樊）的欧Ⅲ标准认证，成为国内第一家达到欧Ⅲ排放认证的电喷公司。

2004年5月，装有公司产品的发动机，开始在深圳、广州等城市公交系统投入试运行。

到2006年，配装公司产品的大柴6DF－26、玉柴6112、70所DK4G01.51、扬柴4105等多款发动机先后在济南、天津等通过汽车质量监督检验的国家级权威机构验证，并且开始实现产品的小批量生产交付。

2007年，公司新开发的具有完全自主知识产权的威泵系列电控组合泵产品趋于成熟，并开始批量投放市场，威泵系列产品成为公司的主打产品。

2008年，公司开始全面实施5万套产能的二期技改建设，原试制生产线能力超过1 000套/月的产能，全年销售收入增长7倍，超过4 500万元。

2009年，二期技改项目5万套产品生产线建成投产，公司总产能达到8万套/年。开始全面启动国Ⅳ阶段产品的开发。

目前公司已经完成国Ⅲ产品的开发阶段工作，开始进行批量生产交付，完成基础市场的开发和布局，进入发展快车道。

4. 专利情况

目前公司共申请的专权共有16项，其中获得授权证书的有12项，还在受理的有4项。发明专利共有3项获得授权，另外3项还在受理审查中。

5. 供应商情况

公司供应商共有40多家，大部分分布在成渝周边地区和江浙一带，其中江浙一带的供应商有无锡正大轴承机械制造有限公司、温州市亚星标准件有限公司、无锡锡州机械有限公司等15家。

二十六、江苏宏微科技有限公司

1. 概况

江苏宏微科技有限公司是由一批长期在国内外从事电力电子产品研发和生产，具有多种专项技术的科技专家组建的高科技企业，企业的宗旨是自主创新，设计、研发、生产国际一流的FRED、VDMOS、IGBT分立器件及其模块，打造民族品牌；成为提供绿色高效节能电子产品和电力电子系统解决方案的专家。

公司被认定为江苏省高新技术企业、江苏省“企业院士”工作站、国家IGBT标准起草单位之一，承担5项国家级项目、2项省级项目，已获得7项国家发明专利、5项实用新型专利、3个省高新技术产品、2项软件著作权。

2. 研发进展

公司拥有一条先进的新型电力电子模块的超净抗静电生产线，具年产60多万块的生产能力。拥有功率器件及模块计算机仿真室，新型大功率电力半导体器件特性分析及失效分析实验室及高可靠性实验室。

3. 主要产品

主要产品包括：FRED芯片（200～1 200V/1～200A）、FRED单管（200～600V/8～60A）、FRED模块（100～1 700V/60～600A）、IGBT模块（600～1 200V/50～600A）、可控硅模块（1 200～1 600V/90～160A）、整流二极管模块（1 200～1 800V/70～250A）、客户定制模块（150V/300～700A电动微车用IPMM等）、动态节能照明电源（220V、380V/10～400A单相和三相电源）、电力半导体器件测试装置等。

4. 销售情况

宏微产品已销往亚洲和欧洲5个国家，与国内外300多个用户建立合作；2009全年销售额较2008年增长约3.5倍，2010年第一季度较2009年同期增长6.8倍。

5. 发展规划

2010—2012年三年内成为国内新型电力半导体器件与模块生产厂家中知识产权最多、品种最齐全、产量最高、销售额最大的国际化的民族企业。

6. 国际交流与合作

公司在美国加州Santa Fe Springs（洛杉矶区）设有研发中心，与南京大学常州高新技术研究院合作成立电子节能工程技术研究中心，与成都电子科技大学合作建立江苏省“企业院士”工作站。

二十七、北京公共交通控股(集团)有限公司

1. 概况

北京公共交通控股（集团）有限公司（简称“北京公交集团”）是2004年7月经北京市国资委批准改制的国有独资公司。截止到2009年年末，有在册职工11.6万人，运营车辆28 179辆，其中公共电汽车20 924辆，运营线路669条，年行驶18.62亿公里，年客运总量为50.4亿人次，日均客运量1 380万人次。总资产244.2亿元，净资产58.7亿元，是以客运主业为依托，多元化经营，多种经济类型并存的大型企业集团。

2. 北京公交集团应用新能源公交车的基本情况

长期以来，北京公交集团作为北京节能与新能源汽车的研发应用主体，一直坚持安全、可靠、节能、环保的原则，积极、科学、稳妥地组织开发生产新能源公交车，并开展了一定规模、多种形式的新能源公交车示范运行。

为践行“绿色奥运”的庄重承诺，在我国新能源汽车长期攻关的基础上，北京京华客车公司与相关单位合作研发生产了50辆奥运纯电动大客车，为奥运会提供交通服务。这是国内外首次进行纯电动大客车的批量生产和运行，奥运会后纯电动大客车一直在公交线路运营。

2008年，在北京市环境保护局的支持下，北京公交集团将10辆不同类型的混合动力公交车投入线

路进行运行试验。北京奥运会期间，在国家科技部和北京市交通委员会的统一组织下，一汽集团和东风公司的27辆混合动力公交车在奥运专线上进行了示范运行。在上述工作的基础上，2009年北京作为国家“十城千辆”节能与新能源汽车推广试点城市之一，由北京公交集团率先大批量应用新能源公交车，其中混合动力公交车达到860辆，其数量之多、分布公交线路之广、运营里程之长均是全国没有先例的。

3. 北京公交集团大批量应用混合动力公交车的主要做法

3.1 混合动力公交车技术路线的确定

北京公交集团始终坚持把公交运营车辆的安全性、可靠性放在首位。经过广泛深入的调研分析和示范应用获取的经验教训，按照引进、消化、吸收，应用成熟技术，少走弯路的原则，北京公交集团最终确定了混合动力系统关键技术采用进口和国内成熟产品相结合的技术路线，即采用北京公交集团从2007年开始成功应用的国Ⅳ柴油机，配以美国伊顿并联式混合动力系统和国产优质动力电池，组成北汽福田新型混合动力公交车的动力系统。

3.2 混合动力公交车的研发生产

2009年，北京公交集团总计投入混合动力公交车860辆。经过招投标，北汽福田欧Ⅴ客车公司负责生产800辆，其余60辆混合动力车由金华青年公司和厦门金龙公司分别生产40辆和20辆。

从2009年1月开始，北汽福田混合动力样车经过北京公交集团组织的多轮评审，不断改进完善，并进行了相关试验，最终确定了总体方案。北汽福田首批50辆混合动力车于4月完成生产，5月中旬北汽福田混合动力车取得工信部第189批汽车产品公告，并取得了工信部第5批节能与新能源汽车示范推广应用工程推荐车型目录。金华青年公司和厦门金龙公司也按同样的方案设计生产混合动力车，并取得工信部汽车产品公告和推荐车型目录。

3.3 混合动力公交车大批量应用

首批50辆混合动力车于2009年6月上旬完成交车、验车、上牌照、培训等工作，6月25日投入121路、414路等公交线路运营。随着混合动力车按计划陆续完成生产交付使用，到2009年年底，860辆混合动力车全部投入公交线路运营。截止到2009年年末，860辆混合动力公交车分别在34条公交线路运营，累计运营里程540.3万公里。其总体使用情况良好，故障率小于1次/万公里（车辆故障多为国产配件质量和装配质量因素故障，混合动力系统基本没有发生故障）。自投入公交运营以来，车辆运行稳定，安全可靠，基本没有发生中途坏车抛锚故障。

3.4 混合动力公交车使用管理措施

在新车投入运营前，北汽福田公司编制了《混合动力车辆操作培训手册》，对驾驶员、维修工和技术管理人员进行全方位、多层次的技术培训。电车客运分公司制定了《福田欧Ⅴ客车新能源混合动力客车驾驶员操作规程》和《混合动力客车使用管理规范》，用于指导车辆使用和管理。同时，保修系统建立车辆技术保障体系，按照车辆保养制度对车辆进行维护，确保新能源车能够安全可靠运营，充分发挥其社会经济效益。在新能源车资产使用的调配上体现专业特色，采用相对集中使用和管理的方式，以方便运营生产和车辆维修。

3.5 混合动力公交车节油效果

经过实际运营验证，这批混合动力车的节油效果显著，按混合动力车最集中的运营单位电车客运分公司实际运营统计，福田12米低地板混合动力车平均油耗为30.77升/百公里，电车客运分公司同等级国Ⅳ柴油车四种车型（京华、青年、金龙、黄海）同期平均油耗为39.89升/百公里，节油率为22.9%。

二十八、武汉电动汽车示范运营有限公司

1. 概况

武汉电动汽车示范运营公司（以下简称“示范运营公司”）于2003年7月28日正式注册成立，企业注册资本2 240万元，由武汉市公交集团有限公司、东风电动车辆股份有限公司、武汉高科国有控股集团有限公司、武汉经开投资有限公司四家股东共同出资构成。是我国第一家电动汽车示范运营商业化模式运作的专业公司。

作为国家863计划电动汽车重大项目的承担者，以模拟客户的身份应用、推广电动汽车，为整车厂车辆技术升级提供服务，已经成为电动汽车示范推广组织者、电动汽车使用者、电动汽车整车研发生产者、以国家电网为代表的电动汽车合作者的示范平台。有效地推动了电动汽车产业化，并创造性提出微循环交通理论，使电动汽车纳入城市绿色交通体系。

示范运营公司初步具备充电站设计、建设、管理、技术保障及使用的能力。

示范运营公司是德国交通部和日产公司示范运营的合作者，借鉴德国合作项目、日产电动汽车推广项目把国外先进的技术、示范经验和模式引入武汉，为武汉新能源发展提供参考。

示范运营公司秉承“致力于电动汽车示范运营并宣传、展示、推广其他新型清洁燃料汽车，改善城市交通污染问题，提高交通能源利用效率，推动电动汽车产业化及武汉市节能减排”的宗旨，“分享示范运营经验、提供全套电动汽车运营管理经营模式、提供整体服务方案”的企业经营理念以及“奋斗、和谐、成长、分享”的企业文化。

2. 研发进展

示范运营公司初步建立了以研究各种电动汽车整车城市道路运行工况为主要方向的试验中心，通过多种检测手段，实际测量武汉城市公交线路运行工况，为车辆控制策略的改进及公交示范线路的选择、为建立混合动力公交车和电动小巴相结合的城市绿色交通体系提供依据。形成了电池、电机及电动汽车整车在线测试能力和电动汽车充电站等基础设施建设、运营维护能力。

3. 主要产品

在对武汉市城市公交线路进行全面普查以及对公交线路特征进行深入研究的基础上，已陆续为多个电动汽车和主要零部件生产企业的电动汽车及主要零部件产品进行了各种不同类型城市道路工况下的汽车动力特征、能量消耗、可靠性等方面的试验。

4. 销售情况

示范运营公司作为国家科技部电动汽车“十城千辆”工程承担单位之一，通过公交客车城市道路示范运营，为武汉市混合动力城市公交客车线路投放提供了理论和依据。在全国率先提出纯电动小巴在城市绿色交通应用的“微循环理论”，形成了一整套可对外输出的电动汽车线路规划、场站建设和运营维护、调度管理、技术管理、客户服务、人员培训、安全管理以及与生产厂家密切沟通合作的电动汽车整体解决方案，并在国家电网公司及2008年北京奥运会上得到应用，均获得高度评价。

5. 发展规划

以电动汽车实验技术和运营管理为基础，在现有电动汽车示范运营的基础上，经过努力成为国内电汽车示范运营规模最大、产品最全、地域最广、网络最泛、服务最好、管理最优、赢利最强的电动汽车示范运营企业。建成一个国内领先的电动汽车示范运营基地、一个一流的电动汽车示范运营交流平台、一个健康有序发展的电动汽车示范运营网络格局。示范运营公司将继续致力于各类节能与新能源汽车的推广应用，为中国节能与新能源汽车的推广及产业化、两型社会建设作出贡献。

6. 国际交流与合作

与德国北威州能源事务署签订“就电动汽车市场准备和市场引入的示范项目开展经验交流”意向书，内容涵盖了电动汽车示范运营、充电基础设施、供电和储电以及交通运输系统解决方案等多个方面。

参加武汉市与日产公司的日产纯电动车在武汉示范推广合作项目，作为工作组成员，配合与日产公司的商务谈判，承担车辆的示范运营及基础设施建设工作。

参加由国家863计划项目办公室主办的“国际混合动力汽车技术发展与规划应用研讨会”。

参加由工信部主办的“中国电动汽车产业发展国际论坛”，主题为电动汽车推广——商业化障碍与对策对话单元。

参加在京举行的由中美共同主办的电动汽车发展论坛。

参加法国企业代表团新能源汽车巡回研讨会。

二十九、清华大学汽车安全与节能国家重点实验室

1. 概况

汽车安全与节能国家重点实验室依托于清华大学，涵盖车辆工程、动力机械及工程两个国家重点学科。 1989 年经国家计委批准立项建设，1995 年通过国家验收正式开放运行。 “电动汽车与新型动力”是实验室主要研究方向之一。 早在 20 世纪 70 年代起实验室开始电动汽车研发，先后承担国家“八五”“九五”电动汽车攻关任务。 自 2001 年起，在国家和北京市重点项目支持下，成立了跨学科的节能与新能源汽车研发团队，在城市客车多能源一体化混合动力系统及其系列化车型应用方面作出重要贡献。

2. 科研设施及能力

实验室拥有车载发电系统研发平台、混合动力研发平台、电动底盘研发平台、电机/电池研发平台、控制系统研发平台等，其中车载发电系统研发平台中的燃料电池发动机动态测试平台能够对客车用大功率燃料电池发动机进行动态性能测试，是燃料电池发动机测试基地的主要测试设备。 本实验室已形成从关键零部件到成套系统、具有国际先进水平的测试与开发体系，为高水平完成新能源汽车整车设计任务和相关工作的可持续发展提供了强有力的保证。

3. 研发成果

在国内外率先提出并研制成功城市客车多能源一体化混合动力系统，发明了与气压制动防抱死系统 ABS 协调工作的制动能量回收技术、蓄电池系统热-电综合管理技术、高效率电动制动空压机和电动转向泵技术，发明了以强实时、多变量、网络化、高容错为特征的多能源混合动力能量管理与综合控制技术，发明了以新型氢气和电气系统集成技术为基础、以氢-电耦合安全性为核心的车载安全系统，研发成果已应用于多种大客车。 并申请发明专利 40 项，已授权发明专利 21 项，授权软件著作权 20 项；制定和修订规范 42 项，包括 1 项国家标准。 出版著作 3 部（包括 1 部学术专著）；在国际权威期刊发表收录论文 113 篇，其中 SCI 38 篇、EI 75 篇。

4. 成果转化情况

研发成果已推广应用于欧 V、北方、京华、中通、申沃、金龙等国内主要大客车车型，共完成氢-电、气-电、油-电 3 大系列共计 9 个品种的全球代表性、系列化新能源客车开发生产。 尤其是开发出的系列化车型中的高端产品——氢燃料电池混合动力城市客车，整车进入汽车产品目录，并完成了北京奥运和北京公交为期 1 年的商业化示范运行，总计行驶 75 460 公里，运送乘客近 4 万人次，车辆完好率 99%，并在 2008 北京奥运会期间，作为赛会官方用车服务马拉松比赛。

5. 发展规划

继续深入研究多能源一体化混合动力系统各项关键技术，在电动化底盘技术、混合动力系统技术、动力系统控制技术、动力系统安全性技术、动力系统可靠性和耐久性技术、高效节能动力系统技术等方面争取有新的突破。 在掌握多能源一体化混合动力系统技术平台集成和控制核心技术的基础上，进一步提高该系统技术平台的安全性、可靠性、耐久性、环境适应性和舒适性，使系统综合技术指标达到国际先进水平。

6. 国际交流与合作

与美国、日本、欧盟、新加坡等国家和地区开展了广泛的技术交流，今后将继续扩大国际合作的范围与深度。

三十、同济大学——国家燃料电池汽车及动力系统工程技术研究中心

1. 概况

国家燃料电池汽车及动力系统工程技术研究中心依托同济大学汽车学院于 2007 年开始组建。

中心现有人员 125 人（固定人员 109 人），其中博士学位 66 人，高级职称 62 人。 拥有教育部长江学者与创新团队 1 个，国家 863 重大专项总体组责任专家 1

名，教育部长江学者特聘教授1名，“千人计划”2人，被国家科技部授予“科技奥运”先进集体。

同济大学汽车学院设有机械工程一级学科博士后流动站、管理工程一级学科博士后流动站、车辆工程博士点、动力机械及工程博士点、车辆工程硕士点、动力机械及工程硕士点和车辆工程本科专业，设立了汽车设计、汽车发动机设计、车身与空气动力学、汽车电子、汽车试验学、汽车营销学和汽车物流与信息技术7个研究方向。同济大学车辆工程学科是上海市重点学科和国家重点（培育）学科。

2. 科研设施及能力

中心拥有投资3亿元的具有世界先进水平的汽车整车、发动机试验设备、燃料电池动力系统及关键零部件测试试验装备，是科技部指定的燃料电池发动机检测基地。拥有美国“教育推进伙伴计划（PACE）”捐赠的全套汽车设计与分析软硬件、投资5亿元的国内首座汽车整车声学空气动力学风洞和整车热力学环境风洞。

中心在上海燃料电池汽车动力系统有限公司建立生产基地，作为中心的产业化依托单位，建立了电动汽车整车控制器、动力蓄电池管理系统、动力蓄电池成组生产线。

3. 研发成果

中心成功研制了拥有完全自主知识产权的、电电混合“超越”燃料电池轿车动力平台，填补了我国燃料电池轿车研制的空白。并与上汽集团、上海大众、奇瑞等汽车整车企业紧密合作，研制了基于上海大众桑塔纳3000、上汽MPV和奇瑞东方之子等“超越”系列燃料电池轿车示范样车。为2008年奥运会研制的20辆燃料电池轿车，成为我国首款进入汽车产品公告的燃料电池汽车，圆满完成马拉松赛引导等奥运任务。与沈阳华晨联合研制的中华牌SY7181CSEBBB混合动力轿车进入国家汽车产品公告，10辆中华新尊驰作为2009年大连达沃斯专用车；与奇瑞汽车联合研制S18纯电动微型车进入国家汽车产品公告；为长安汽车HEV－62JHJ混合动力轿车车内总声压级降低1～2dB。世博期间，中心联合上汽、一汽、大众、长安、奇瑞等企业为上海世博会提供燃料电池轿车70辆，燃料电池观光车100辆，3辆UNDP燃料电池城市公交客车。建设世博会固定加氢站1座和移动加氢站2座。

燃料电池轿车动力平台关键技术荣获2009年国家科技进步二等奖1项，同时研究成果还荣获省部级科技进步一等奖1项、二等奖2项、三等奖5项，获得专利89项。

4. 成果转化情况

实现了燃料电池汽车动力平台以及关键零部件的技术定型。

成功研制了电动汽车整车控制器、动力蓄电池管理系统，并在上海燃料电池汽车动力系统有限公司进行了技术成果转化，已经具备小批量生产的可行性。

5. 发展规划

依托单位同济大学与国家机动车产品质量监督检验中心（上海）正在联合申报国家新能源汽车创新技术服务平台。

6. 国际交流与合作

中心与国内外各大企业合作成立了大众—同济汽车研究院、标致雪铁龙—同济合作中心、飞思卡尔—同济汽车电子实验室、同济—O2Micro汽车电子应用技术联合实验室、Daimlei—同济汽车动力学研究室、Continental—同济汽车传动联合实验室等多个联合机构，开展全方位的科研合作。并与宝马、标致雪铁龙等国外著名汽车集团联合开发纯电动汽车。

举办了2008年国际生物制燃料研讨会议、第三届中国交通事故研讨会和低碳、零碳车用技术论坛；与国外多所知名高校签署联合培养合作协议；建立了节能与环保汽车创新引智基地。

2009年，由中心提供动力系统的16辆燃料电池轿车参加美国“加州燃料电池伙伴计划”（CaFCP）示范运行。

三十一、北京理工大学电动车辆国家工程实验室

1. 概况

电动车辆国家工程实验室是由国家发改委于2008年在北京理工大学电动车辆工程技术中心的基础上授权成立的。早在20世纪50年代末，它就在

国内最早开始了电动车辆研究。从1992年开始参加原国防科工委组织的电动车辆研究开发工作至今，长期以来得到了科技部、工信部、原国防科工委、总装备部和北京市的重点支持，在电动车辆科研、产业化和示范运行方面拥有丰富的研究成果和经验。并为奥运会纯电动公交车、北京市电动汽车产业化和示范运行作出了突出贡献。

2. 科研设施及能力

实验室拥有驱动电机测试平台、电动汽车车身设计平台、电动汽车动力电池成组应用技术研究平台、电动车辆整车动力系统集成开发和测试标定平台、电动汽车整车网络控制技术开发平台、电动汽车电机及其控制器测试平台等一系列先进的科研设施。

3. 研发成果

已成功研制了多种类型电动车辆整车产品，开发了续流增磁电机及其控制器、机械式自动变速系统（AMT）、支持快速更换的标准化电池箱等具有自主知识产权的电动汽车关键零部件产品。并在学术出版、论文发表、专利授权、科研获奖等方面取得了丰富的成果。

4. 成果转化情况

电动客车整车及底盘应用技术：已在北汽福田、上汽、苏州金龙等企业运用；电机驱动系统技术：在大洋电机、北京公交集团、福田等企业得到应用；混合动力汽车系统控制技术：在北汽福田、北京汽车研究总院等企业得到应用；另外，从2001年起，已有多种车型电动车辆进行了示范运行。

5. 发展规划

在3~5年里，在“电动车辆设计理论”“动力电池成组技术”等2~3个研究方向上达到国际一流水平，主持3~5项国家级重大重点科研项目；在未来的5~10年里，将实验室建设成为国际一流的电动车辆技术创新性研究及成果工程化转化基地、人才培养基地，以及具有多学科交叉融合、高层次创新人才会聚、管理高效开放、资源充分共享的电动车辆国家工程实验室。

6. 国际交流与合作

电动车辆国家工程实验室与波兰、美国等多所大学有着密切合作与联系。

三十二、北京交通大学机械与电子控制工程学院

1. 概况

北京交通大学是国家“211工程”重点建设的高水平大学，机械与电子控制工程学院最早的机械专业始建于1958年，50多年来，为国家培养了数以万计的机电类高级专门技术人才和管理人才。

学院现有教职工179人，其中中国工程院院士1名，教授31人，副教授53人，高级工程师14人，博士生导师38名，硕士生导师90名，具有博士学位的教师94人。设有机械工程系、检测与控制工程系、动力与控制工程系，机车车辆研究所、材料科学与工程研究所以及工程素质培训中心；拥有1个国家级重点学科——载运工具运用工程、1个国家级特色专业——机械工程及自动化特色专业、1个教育部工程研究中心和1个北京市实验教学示范中心——机械工程实验中心；拥有1个国家计量认证实验室——北京交通大学结构强度检测实验室；拥有1个教育部重点实验室。

2. 科研设施及能力

动力与控制工程系以能源动力为基础，直接服务于节能与新能源汽车发展。拥有动力机械与工程及工程热物理两个二级学科，目前已构建起一综合性的工业学科群，在长期的学科建设和科研工作中，着力于发动机电子控制，能源多元化与新型动力总成，污染排放控制，热、冷、流体和过程机械系统研究等关键的科学问题，特别在能源转换、清洁燃烧与洁净能源动力等研究方向上形成了自己的特色和国内领先优势。

3. 研发成果

动力与控制工程系教学与科研团队荣获省部级奖励5项，校级教学成果奖1项，校级教学基本功大赛二等奖2人次。仅2005—2009年五年期间先后承担科研项目100余项，其中各类国家级项目（包括国家863计划、国家自然科学基金）26项，省部级科研项目11项，国际合作项目1项，科研经费总计2 400余万元，其中纵向项目经费占54%，取得了丰硕的理

论成果和显著的经济效益。

4. 成果转化情况

电控CNG发动机关键技术研究及产业化。

柴油机排气微粒旋流净化。

柴油车微粒捕集器关键技术及产业化。

柴油机微粒金属袋式过滤体燃油再生温度的控制方法。

5. 发展规划

开展通用模块化商用车混合动力系统、混合动力商用车、工程机械产业化研究。

致力于低碳经济和低碳技术相关领域内的技术问题，构建低碳技术的学术平台，并为有关部门培养低碳技术领域的高层次、高水平人才，力争建成国内知名、有一定权威性的低碳技术研究机构、政策研究咨询机构、高级人才培养机构。

6. 国际交流与合作

学院广泛开展了国际学术交流与合作，目前已与美国、英国、德国、荷兰、日本、比利时等国家的多所大学及科研机构在科研、教学、人才培养等方面建立了广泛的联系与密切合作关系，每年互派师生进行交流，签订了“4+1”“2+2”等多种学生培养模式。

三十三、大连理工大学汽车工程学院新能源车辆研发中心

1. 概况

汽车工程学院新能源车辆研发中心成立于2008年4月，是根据国家制定的机动车面向绿色环保、节能减排以逐步取代燃油车辆的发展趋势，通过引进国内具有学科优势的多位专家教授、知名学者，并与校内原有车辆工程专业整合而成的。它的成立为振兴东北老工业基地和辽宁省、大连市的新能源汽车工业注入了新鲜血液。

中心聘请国内多位知名院士担任兼职教授，对中心工作进行指导。

目前，中心共设5个科研方向（车用电池、车用稀土永磁电机、车辆电控、整车轻量化、绿色车用材料），拥有多种CAD/CAE设计、分析软件平台，发动机和电机控制动力平台实验台架等。所有实验设备均为该领域的先进设备。

2. 科研设施及能力

汽车工程学院在大连理工大学的大力支持下，建设了占地面积1 800平方米、使用面积3 000平方米的综合性实验大楼。同时汽车工程学院依托大连理工大学运载工程与力学学部，具有一个国家级重点实验室——工业装备结构分析国家重点实验室和1个汽车实验技术中心，含车辆工程实验室、汽车车身实验室、汽车材料实验室、汽车电子实验室等4个实验室。已具备的主要仪器设备有：混合动力试验台、电机专用试验台、汽车总成高低温试验台、电场/磁场测试仪、汽车电子半实物仿真试验台、深腾1800机群系统和SGI图形工作站、300多台奔腾计算机组成的网络系统；MTS新810万能材料实验机、丹麦B&K 8330激光测振仪及PULSE结构模态分析系统、高强度钢板试验生产线；国内外最先进的CAE和CAD软件。现有名誉院士3人，教授4人，副教授8人，讲师17人，实验系列人员6人。形成了以院士、教授为第一梯队，副教授和讲师为后续梯队的完整的人才体系。这些人才分布在汽车学院的研究所和研发中心中，既有足够的独立自主权，又相互进行紧密合作，发展出有特色的新能源汽车技术。

3. 研发成果

汽车工程学院新能源车辆研发中心已经在科研水平、科研成果、实验条件、人才培养、社会服务以及管理制度等方面取得了显著的成果。在科研方面，成功研发了电动轿车一台，取得了新能源汽车电机控制系统、新能源汽车信息采集系统等多项科研成果。在实验条件上，新建了3300平方米实验大楼已投入使用，并自筹经费360余万元用于设备与硬件建设。在人才培养方面，对校内外培训新能源汽车开发人员35名，此外还为百余名本科生及研究生提供了良好的实验条件。在社会服务上，积极配合大连市新能源汽车示范项目的开展，承担了新能源汽车的技术咨询及维护工作，开发并投入使用新能源汽车信息采集系统百余套。在中心运行和管理上，逐步建

立了符合国际规范的现代化科研管理制度，并制定了完善的中心内部管理规章制度。

4. 发展规划

计划搭建可动式整车实验平台，重载电池车体底盘结构静力学和动力学实验和虚拟仿真平台，使轻量化整车优化设计制造和绿色车用涂装材料达到国际一流水平；完成新能源车辆物理样车开发。

5. 国际交流与合作

该中心已同下列单位建立合作关系：

美国密歇根大学汽车研究中心

法国里尔科技大学

美国 A&M 大学

中国第一汽车集团公司技术中心

中国一汽客车大连客车厂

国家稀土永磁电机研发中心

中国钢研科技集团公司

中国科学院大连化物所

奇瑞汽车股份有限公司

香港大学

三十四、吉林大学汽车工程学院

1. 概况

汽车工程学院现有教职工 207 人，教师 120 人，其中教授 46 人、副教授 44 人、讲师 30 人；其他专业技术职务系列人员 65 人。教师中具有博士学位的占 70%，硕士学位的占 85%。教师年龄、职称、学历和知识结构更趋合理和科学，有多位中青年教师成为优秀的学术带头人。

经“985”和“211”工程的建设，汽车工程学院车辆工程及其相关学科的整体实力得到大幅度提升，在汽车整车集成与底盘匹配技术、汽车先进传动系统及其控制技术、汽车轮胎力学特性实验、代用燃料发动机匹配技术形成了国内一流的软硬件条件平台与技术积累。

2009 年学院共招生 680 名，其中本科生 425 名、硕士研究生 210 名和博士研究生 45 名。

2. 科研项目及成果

2009 年承接的科研课题 157 项，经费为 5 302 万元人民币，其中横向 1 062 万元，纵向 4 240 万元。项目具体如下：

863 项目 20 项，国家攻关项目 1 项，国际合作项目 3 项，博士点基金 3 项，国家自然基金在研项目 10 项，基地建设 8 项，主管部门项目 15 项，省级 24 项；企事业单位委托项目 73 项。

2009 年科研获奖项目如下：

于秀敏教授获教育部“通用汽车中国高校汽车领域创新人才奖”一等奖。

王登峰教授的“农用车辆碟形弹簧离合器研发与产业化”科研项目获“中国机械工业科技进步奖”二等奖。

初亮教授的“商用车电子控制制动系统”科研项目获“吉林省科技进步奖”二等奖。

初亮教授的“汽车制动控制系统”科研项目获“教育部科技进步奖”二等奖。

3. 专业设置情况

学院有 2 个博士后流动站、3 个博士学位授予点、7 个硕士学位授予点、2 个工程硕士专业学位点和 4 个本科生专业。在车辆工程和动力机械及工程 2 个博士点学科设有“长江学者奖励计划”特聘教授岗。

目前在院博士后、博士生、硕士生和本科生有 2 336 名，已经向社会输送各类人才 2 万多名，他们为中国汽车工业的再度腾飞以及兄弟汽车院校的发展发挥了不可替代的作用。

4. 汽车方面科研设施、科研能力情况

学院现有的主要实验设施包括：

(1) 中国首台开发型汽车驾驶模拟器；

(2) 中国首台汽车专用风洞；

(3) 大型平板式轮胎特性试验台；

(4) 汽车多功能悬架和转向特性试验台；

(5) 四轮转鼓底盘测功机；

(6) T 型汽车动力传动试验台；

(7) 发动机瞬态性能与排放测试系统。

在以下三个方面具有国内领先、国际知名的研究和技术积累优势：

(1) 先进整车与底盘系统及其控制技术领域；

(2)先进动力与传动系统及其控制技术领域；

(3)车身现代设计与制造技术领域。

在以下方面具有独到的研究特色：

(1)复杂工况轮胎建模与新型汽车行走系统；

(2)整车性能匹配的虚拟样机技术；

(3)汽车底盘主动安全综合控制技术；

(4)特种（军备）汽车关键技术；

(5)混合动力汽车关键技术；

(6)低能耗低排放内燃机技术；

(7)自动变速理论与控制技术；

(8)汽车空气动力学关键理论与试验装备；

(9)汽车牵引力控制技术；

(10)车身设计与制造数字化关键技术；

(11)汽车结构的现代设计方法及技术。

2009 年学院和行业的其他情况：

(1)落实了与一汽集团全面合作协议的部分内容。2009 年，汽车工程学院和一汽集团、长安集团、奇瑞集团、重汽集团共同承担了国家“十一五”期间863 项目经费过千万元，是合作单位中得到资助经费最多的单位。

(2)与长安集团签署了战略合作协议。合作经费达500 万元。

5. 国内外学术交流情况

2009 年汽车工程学院共接待美国、俄罗斯、意大利、英国、日本、韩国、德国、澳大利亚、加拿大、中国香港、中国台湾等国家和地区的专家来访50人次，组织邀请国外专家来校讲学 30 次。如美国 Wayne 州立大学 king 教授、德国大陆汽车集团陈桢福博士、德国布伦瑞克工业大学 Kucu kay 教授等专家学者来院讲学。

选派出国进修访问学者 15 人，出国参加国际学术会议的交流人员 20 人次，交流论文 10 篇。

院校汽车专业基本情况

单位:人,平方米,万元

院校（系、专业）名称	教工人数					面积			固定资产原值
	教工总数	其中				占地面积	建筑面积		
		教授	副教授	讲师	助教		总数	其中实验室面积	
吉林大学汽车工程学院	207	46	44	30	0	7 000	25 560	20 000	17 500

院校汽车专业教育情况

单位:人

院校（系、专业）名称	博士研究生			硕士研究生			本科生			专科生		
	招生	毕业	在校	招生	毕业	在校	招生	毕业	在校	招生	毕业	在校
吉林大学汽车工程学院	45	30	160	210	156	374	425	510	1 802	0	0	0

第五篇 节能与新能源汽车企业合作与贸易

一、国内企业合作

1. 上海瑞华与江铃合作启动环保型电动客车项目

2009年1月5日，上海瑞华与江铃启动环保型电动客车项目在南昌举行的签约仪式。该项目是由上海瑞华(集团)有限公司独资与江铃集团合作，入驻南昌县小蓝经济技术开发区，共同生产科技含量高、市场前景广的节能环保电动汽车项目。该项目总投资10亿元，一期投资2亿元。

2. 亚星客车与一汽发动机共同开发双燃料客车

2009年3月30日，亚星与一汽发动机共同开发新产品就是来满足CNG资源丰富的国内中西部地区及东欧等市场的需要，合作的产品主要定位在8~11.5米的前置CNG客车上。

3. 大金龙与东风电动就新能源客车签订战略协议

2009年6月11日，大金龙与东风电动车股份有限公司在厦门就混合动力客车的深层次研制合作签订战略协议，从此，双方在新能源领域的合作将进入一个新的里程。大金龙与东风电动在新能源客车领域的合作始于2004年，先后研发了XMQ6115G、XMQ6125GB、XMQ6116G、XMQ6125G9等混合动力车型，在武汉、北京等地开展了多年的实际运行测试，得到国家相关部门的认可。2008年8月北京奥运期间，15辆由大金龙和东风电动联合研发的混合动力公交圆满完成奥运运输任务；2009年3月，北京公交集团60台混合动力公交招标中，大金龙与东风电动联合研发的XMQ6125G9系列车型成功中标20台。

4. 北理工与大洋电机签订电动汽车合作协议

2009年6月29日，大洋电机公司与北京理工大学签署了《纯电动及混合动力车辆整车控制系统研发及产业化》合作协议。合作项目中，北京理工大学负责技术研发及产品研制，大洋电机公司主要负责技术成果及产品的产业化，合作期限10年。项目目标为研发并生产符合国家产业政策要求、技术领先的纯电动及混合动力车辆整车控制系统。该合作项目与大洋电机公司在2009年3月18日同北京理工大学签订协议的“电动及混合动力车辆电机及驱动系统的研发及市场化”合作项目一起，组成更完整的技术体系和产业化链条，有利于技术研发衔接及产业化的配套。

5. 哈飞与清源签订新能源汽车合作协议

2009年9月14日，哈飞汽车在天津与中国汽车研究中心旗下的清源电动车辆有限公司签署了新能源汽车战略合作协议，双方将以哈飞现有车型和未来开发的新车型为基础，在电动汽车产品研发和技术交流、电动轿车产业化，以及电动专用车辆产业化领域等方面开展合作。哈飞汽车近日在天津与中国汽车研究中心旗下的清源电动车辆有限公司签署了新能源汽车战略合作协议。

根据协议，双方将以哈飞现有车型和未来开发的新车型为基础，在电动汽车产品研发和技术交流、电动轿车产业化，以及电动专用车辆产业化领域等方面开展合作。在签署战略合作协议后，双方将继续深化合作，未来目标将从目前的1 000多辆提升到2万辆。

6. 野马易威电动汽车及易威野马动力总成项目落户大连

2009年10月10日，由四川汽车工业集团有限公司与大连易威电动汽车有限责任公司合资建设的总投资3.5亿元的大连野马易威电动汽车及大连易威野马动力总成项目在开发区举行了签约仪式。两个项目选址在大连开发区城北工业区，占地面积20万平方米，新厂房将在年内开工建设，明年10月投入使用。新能源客车项目投资2.5亿元，动力总成项目投资1亿元。项目达产后，年产新能源客车5 000辆，动力总成5万台，其中一期产量分别为2 000辆、1万台。同时，四川汽车工业集团承诺待M72纯电动车通过检测认证后，M72的出口生产基地项目将注册在大连开发区。

7. 大洋电机与北汽福田等签订新能源汽车开发合同

2009年10月14日，大洋电机与北汽福田、北京理工大学、北京交通大学四方近日共同签署《技术开发（合作）合同》。为进一步推动新能源汽车创新研究和产业化开发，上述四方在已签署的合作协议基础上进行更高层次的合作，建立以平等互利为基础、卓有成效为目标的合作关系，整合电动汽车研发生产优势，共同研发推动新能源电动汽车创新研究和产业化开发。合同项目为“福田纯电动汽车研发及产业化”。合同项目中，大洋电机主要负责与其他三方共同制订产品方案和提供整车驱动系统研发中的关键技术、与其他三方合作研制样车并提供技术咨询服务、协助北汽福田完成关键零部件选型采购、样车试验、定型工作、按照北汽福田与北京理工大学的要求提供样车用驱动电机系统。

8. 清华大学与普天海油签署新能源汽车战略合作框架协议

2009 年 12 月 10 日，清华大学与普天海油新能源动力有限公司（普天海油）在新能源汽车领域的战略合作框架协议。根据该协议，双方将在新能源汽车发展策略、车辆技术研发、能源供给体系、商业化模式等方面开展全方位合作，推动以纯电动汽车为代表的新能源汽车的商业化。

二、国际合作

1. 川汽集团与喜特恩特合作生产小型纯电动轿车

2009 年 1 月 7 日，川汽集团(四川汽车工业集团有限公司)与韩国喜特恩特(CT&T)电动车有限公司(下称“喜特恩特公司”)签署了合作框架协议：共同投资 10 亿元人民币，在四川建一个年产 15 万辆电动轿车的公司，本次合作的电动轿车车型基本确定，所选用的是铅蓄电池和锂电池，总重 600 公斤，两人座，单次充电时间 8 小时，时速最高 50 公里，最大行程 110 公里，在韩国的售价为 7 万元人民币左右。喜特恩特公司以技术和资金入股新公司，占 49%的股权，川汽集团出资金额占 51%的股权。2008 年，该公司生产的“野马”客车、乘用车销量达 4 000 余辆，新能源汽车必定是未来主角，川汽集团为此在 2007 年年初就开始调研，2009 年 1 月初，川汽集团成立了新能源汽车项目筹备组，负责项目的推进工作。

2. 大众汽车与比亚迪结成电动汽车联盟

2009 年 5 月 25 日，德国大众汽车计划在混合动力和电动汽车领域与中国电池和汽车生产商比亚迪开展合作。投资人巴菲特旗下的 Berkshire Hathaway 公司 2008 年 9 月出资 2. 3 亿美元购买了比亚迪 10%的股份。这是大众汽车在电动车领域的第三个合作项目，该公司分别在 2008 年 5 月和 2009 年 2 月与三洋电机和东芝公司签署了意向书。

3. 东风汽车将与英国底特律电气合作开发新能源汽车

2009 年 6 月 22 日，东风集团正在与英国底特律电气控股有限公司开始新能源汽车的合作项目，该项目计划至少投资 3 000 万 ~4 000 万美元，未来将在中国和欧洲销售电动汽车。

4. 天津力神与美国迈尔斯合资生产锂离子电池

2009 年 6 月 29 日，力神电池股份有限公司与美国迈尔斯电动汽车有限公司日前举行签约仪式。双方将在滨海高新区合资组建力神迈尔斯动力电池系统有限公司，建设年产 2 万辆混合电动车用锂离子动力电池生产基地，并联手进军国际市场。项目预计将为力神公司年增加 20 亿元人民币的销售收入。

5. 临沂市与香港新美景汽车集团签订沂星电动汽车合作协议

2009 年 7 月 1 日，临沂市人民政府与香港新美景汽车集团沂星电动汽车合作项目签约合作协议。根据协议，香港新美景汽车集团将分两期在临沂进行电动汽车投资。一期工程主要投资电动大客车项目，计划投资 2. 1 亿元，形成年产 1 万台电动大客车生产能力。二期工程主要投资电动乘用车项目，计划投资 15 亿元，形成年产 5 万台电动乘用车生产能力。

6. 福田汽车与台湾成运签欧 V 混合动力客车合同

2009 年 8 月 13 日，福田汽车公司与台湾成运汽车制造股份有限公司签订了 75 辆福田欧 V 混合动力客车（底盘 KD 件）销售合同，福田汽车公司将以 FOB 方式在 2009 年 12 月 31 日前将货物分四批交与成运汽车公司。

7. 五洲龙与英国亚历山大·丹尼斯开展合作

2009年8月26日，英国最大的客车制造公司——亚历山大·丹尼斯公司将与深圳五洲龙公司合作开发新能源高端客车。根据国家有关部委在全国13个城市开展节能与新能源汽车示范推广试点工作要求，深圳制订了关于新能源汽车推广运用的方案，根据方案，未来3年，全市新能源汽车的推广总量将达到24 000辆，而五洲龙公司的环保大巴将是推广重点。

8. 广州与日本三大车企就新能源汽车项目合作达成共识

2009年9月6—9日，广州市与日本三大车企就新能源汽车项目合作达成共识，丰田、日产、本田表示愿意以广州为基地开展新能源汽车研发和生产合作。

9. 中信国安与日本丰田开展新能源合作

2009年9月18日，中信国安公司与日本丰田通商株式会社就碳酸锂及锂盐系列的下游产品，尤其是新能源应用方面的合作进行了深入的探讨，并签署了合作意向书，建立长期的合作关系。

10. 美国波士顿电池公司计划在渝投资电动汽车电池生产基地

2009年9月27日，重庆市涪陵区与重庆力帆集团、美国波士顿电池公司正式签订三方合作协议，计划在涪陵合资打造西南地区首个电动汽车电池生产基地。其中，波士顿电池公司投资额高达1.5亿美元。

11. 黄海客车与西门子公司签订新能源客车技术合作协议

2009年10月22日，黄海客车与西门子公司签订了新能源客车技术合作协议。合作的目的在于，解决新能源客车中电子控制系统中的难点问题。

12. 广州与日本汽车公司签53亿美元项目

2009年11月4—5日，广汽集团与丰田汽车公司签署强化项目合作备忘录、广汽集团与本田汽车公司签署发展备忘录、广东省发改委与日产自动车株式会社签署推进电动汽车示范项目谅解备忘录。此合作共签署53亿美元项目。

13. 中美加强电动汽车合作

2009年11月19日，中美发表联合声明：同意在未来五年对中美清洁能源联合研究中心投入至少1.5亿美元，两国各出资一半，在两国各设一总部。优先研究课题将包括建筑能效、清洁煤(包括碳捕集与封存)及清洁汽车。双方欢迎启动中美电动汽车倡议，使两国在未来数年有几百万辆电动汽车投入使用。基于中美两国在电动汽车领域的巨大投资，两国政府宣布在十几个城市开展联合示范项目，并努力开发共同的技术标准以推动此产业规模快速增长。双方一致认为两国对清洁汽车的快速利用拥有很大的共同利益。

14. 吉利与美国江森签订全球战略合作协议

2009年12月16日，全球500强企业美国江森自控有限公司在北京与吉利集团签订全球战略合作协议。根据双方协定，江森自控将在全球范围内为吉利汽车提供更多、更优质的汽车零部件，双方将在汽车配件、新能源等方面开展全面、深入的合作。

15. 上汽与美国A123系统公司合资建车用电池系统公司

2009年12月17日，上海汽车集团股份有限公司与美国A123系统公司联合成立上海捷新动力电池系统有限公司，共同开发、生产和销售车用动力电池系统，并提供技术服务和其他售后服务。此举将有助于上海汽车实现新能源汽车产业化发展战略，并在电池系统这一新能源汽车关键零部件产业化发展上形成突破，为低碳经济时代的到来做好准备。该合资公司注册地和工厂所在地拟设在上海市嘉定区新能源产业基地，注册资本950万美元。其中，上海汽车出资484.5万美元，持有51%股份；A123香港出资465.5万美元，持有49%股份。

三、新能源汽车贸易

1. 湖南株洲南方宇航电动汽车进入欧洲市场

2009年2月7日，由株洲南方宇航科技有限公司生产的电动汽车，首次出口西班牙。在德国、法国、葡萄牙等欧洲国家，他们也建立了销售代理渠道。目前，他们生产的纯电动汽车有5个系列多种型号产品，每月产能达300辆，具有零排放、无噪声等优点，耗能成本仅为同类燃油车的1/3，可广泛用于社区、景区、厂区、校园、步行街等区域的运营和巡逻。

2. 山东宝雅纯电动汽车进入欧洲市场

截至2009年2月23日，山东宝雅新能源汽车股份有限公司生产的电动汽车，2009年接到欧美订单4 800辆。2008年外销美国500辆。宝雅电动轿车重量完全符合欧美对低速轿车重量不高于400公斤的标准，最高时速可以达到80公里。宝雅电动轿车每次充电在5～8小时，每次充电费用大约30元人民币，可行驶150公里左右。这些出口电动轿车售价在3万～3.5万元人民币。

3. 张家港沙洲产双燃料汽车首次出口意大利

2009年5月21日，张家港市沙洲车辆有限公司生产的2辆双燃料汽车经张家港出入境检验检疫局检验合格后顺利发往意大利。该批车辆为意大利某公司订购的厢式货车和轻型卡车，货值2万美元。据统计，仅一季度，张家港市就已出口汽车771辆，货值867万美元，同比分别增长229%和189%。

4. 山东哲人电动汽车出口葡萄牙

2009年7月10日，山东哲人新能源科技发展有限公司生产的2辆、货值9 900美元的电动汽车启运青岛口岸，出口至葡萄牙，实现了滨州市电动汽车首次出口。目前，公司所研发生产的电动轿车共有9个车型。其中，公司自行开模、零排放并达到欧盟环保法规和技术要求的二人座小轿车十分畅销，已出口美国、法国、以色列、澳大利亚等17个国家和地区。今年，该公司出口订单已达3 000余辆（台）。

5. 哈飞赛豹电动汽车出口美国

2009年9月21日，在通过工信部的新能源汽车生产审批后，哈飞汽车的首款纯电动轿车赛豹纯电动车于年内下线，2010年下半年小批量出口美国。赛豹纯电动轿车是哈飞汽车与美国迈尔斯汽车集团、天津清源公司三方合作开发的，从研发环节就针对美国高速公路使用来设计，并达到美国安全法规要求。目前，赛豹纯电动轿车已完成可靠性试验及各项性能测试。按计划，赛豹电动汽车将在2010年下半年投产并实现小批量出口美国，2013年年底有望达到3万辆产量。

6. 贵航集团云马飞机制造厂天然气客车出口巴基斯坦

2009年11月17日，贵航集团云马飞机制造厂近日与巴基斯坦政府签订2 000辆“云马”牌天然气客车出口订单。2006年，根据巴基斯坦客商要求，贵航云马厂新研制2台双燃料大客车出口巴基斯坦。

第六篇
科技论文选编

一、混合动力车用双凸极永磁电机研究①

董秀辉[1]　周亚夫[2]　赵子亮[1]　文彦东[1]
(1. 中国第一汽车集团公司技术中心·长春·130011
2. 大连理工大学汽车工程学院·大连·116024)

摘要: 随着全球环境恶化和石油资源的枯竭,混合动力汽车(HEV)的研究已成为目前世界汽车工业发展的主要方向,而混合动力车用电机的设计与开发则是其发展中的一项关键技术,它直接决定着整车的动力性、燃油经济性和排放。本文采用双凸极永磁电机作为小排量ISG轻度混合动力汽车的车用电机。提出用"分割叠加"的方法来分析双凸极永磁电机磁场的静态特性,采用类比法设计电机的结构参数;通过对样机的试验分析,从客观上验证了所设计电机的性能基本满足混合动力汽车的使用要求,最终达到对混合动力汽车用双凸极永磁电机的研究与设计。

关键词: 混合动力;双凸极永磁电机;有限元分析;磁场

中图分类号: U270.38

The Study of Doubly Salient Permanent Magnet Motor for Hybrid Electric Vehicle

Dong Xiuhui[1], Zhou Yafu[2],
Zhao Ziliang[1], Wen Yandong[1]
(1. China Faw Group Coporation R&D Center, Changchun 130011; 2. School of Automotive Engineering, Dalian University of Technology, Dalian 116024)

Abstract: With the global environment degradation and depletion of oil resources, hybrid electric vehicle (HEV) has become the main direction of the world's automobile industry development. The design and development of hybrid motor is a key technology, which directly determines the vehicle's power, fuel economy and emissions. In this paper, doubly salient permanent magnet motor is selected as vehicle motor of small displacement ISG mild hybrid. Magnet field superposition method is proposed to analyze the static characteristics of doubly salient permanent magnet motor, and motor structural parameters are designed through analogy. Through the analysis of physical prototype test, proved the performance of designed motor can satisfy the requirements of HEV basically. Finally, achieve the research and design of hybrid doubly salient permanent magnet motor for hybrid electric vehicle.

Keywords: Hybrid electric vehicle; Doubly Salient Permanent Magnet Motor; Finite Element Analysis; Magnetic Field

1. 引言

混合动力车用电机的性能直接关系到混合动力汽车本身性能和燃油经济性的好坏[1]。HEV在不同的历史时期采用了不同的电机,随着电子技术、机械制造技术和自动控制技术的发展,双凸极永磁电机(DSPM)在HEV上表现出了良好的性能和巨大的潜力[2],本文选用DSPM(额定功率10kW,结构为12/8极3相),作为小排量ISG轻度混合动力汽车的车载电机。首先提出用磁场叠加的方法来分析双凸极永磁电机磁场的静态特性,即用"分割法"来分析励磁绕组单独作用的磁场静态特性;其次用二维有限元法来分析永磁体单独作用的磁场静态特性,通过叠加得到双凸极永磁电机静态特性后,采用类比法设计电机的结构参数;最后通过对实物样机的试验,从客观上检验所设计样机的性能,从而达到对混合动力车用双凸极永磁电机的研究与设计。

2. 静态特性的分析方法

由于电机的双凸极结构及永磁体的存在,整个系统为强非线性系统,在准确分析电机静态特性时,必须考虑电机的非线性和电枢反应的影响[3]。DSPM电机的磁场由永磁体和励磁绕组两部分磁场组成,根据DSPM电机电磁转矩的表达式:

$$T_e = i\frac{\partial \Psi_m}{\partial \theta} + \frac{1}{2}i^2\frac{\partial L}{\partial \theta} = T_m + T_L \qquad (1)$$

① *基金项目:国家863高科技计划资助项目(2008AA11A140)。

其中：Ψ_m 为永久体产生的磁链；T_m 为永久体磁场与励磁绕组电流相互作用产生的电磁转矩；T_L 为励磁磁场产生的磁阻转矩；i 为励磁电流；θ 为转子位置角。由于电机的电磁转矩主要由磁场反应转矩 T_m 提供，所以可以把 DSPM 电机的静态磁场分为两部分来计算分析，一部分是磁场受电流变化和定转子相对位置不同影响较大且所产生的电磁矩不起主要作用的绕组励磁磁场；另一部分则是永磁体产生的磁场，它是 DSPM 电机电磁转矩的主要提供者，且受外界影响较小，磁通保持不变，最后把两部分静态电磁特性分析的结果叠加起来就是 DSPM 电机的静态电磁特性。

3. 励磁绕组磁场单独作用的分析方法

磁化曲线族（磁链 - 电流）是计算 DSPM 电机各种性能的基础。而对 DSPM 电机，要求有由不同转子位置下磁化曲线组成的磁化曲线族，本节要计算绕组线圈单独作用时的磁链，采用类似分析步进电机静态电磁特性的分割法来进行分析 [4]，即通过对定转子几个典型相对位置下磁化曲线的分析计算，从而可以快速地拟合出其他位置下的磁化曲线。概括起来说就是：用与磁力线相同或相近的简单曲线（如直线、圆弧等），把气隙磁场分割为若干规则形状区域（即磁通管），磁力线均由同心圆弧段和直线段组成，且与铁心表面垂直或近似垂直。有了这些假设之后，分别求出这些磁通管的磁导，即可求得整个气隙区域的总磁导。下面以电机转子位置角 θ_u 位置下磁化曲线的计算为例，θ_u 位置表示定子凸极正对转子凹槽的情况，具体位置如图 1 所示：

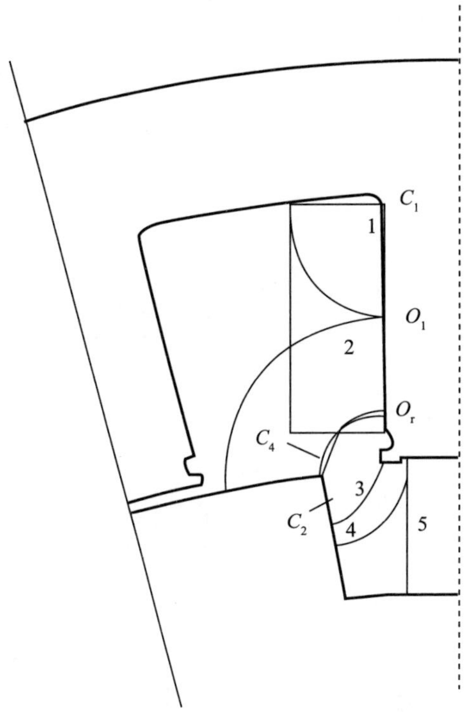

图 1　θ_u 位置下磁化曲线

不考虑铁心端部磁场，每极绕组的磁链为：

$$\Psi = 2(\Psi_1 + \Psi_2 + \Psi_3 + \Psi_4 + \Psi_5) \tag{2}$$

其中：$\Psi_1 \sim \Psi_5$ 分别为区域 1 ~ 5 的磁链。

一相绕组电感为：

$$\begin{aligned} L &= 2\frac{\Psi}{i} = \frac{4}{i}(\Psi_1 + \Psi_2 + \Psi_3 + \Psi_4 + \Psi_5) \\ &= 4(L_1 + L_2 + L_3 + L_4 + L_5) \\ &= N_{ph}^2 \mu_0 l_{Fe}(P_1 + P_2 + P_3 + P_4 + P_5) \\ &= N_{ph}^2 \mu_0 l_{Fe} \sum_{j=1}^{5} P_j \end{aligned} \tag{3}$$

其中：N_{ph} 为每相绕组的匝数，μ_0 为空气磁导率，l_{Fe} 为铁心有效叠长，P_j 为各路径的磁导分量。注：$P_j = L_j / \left[\mu_0 l_{Fe}\left(\frac{N_{ph}}{2}\right)^2\right]$。

3.1　磁导分量的计算

（1）磁导分量 P_1，参看图 2 路径 1 磁路详图。

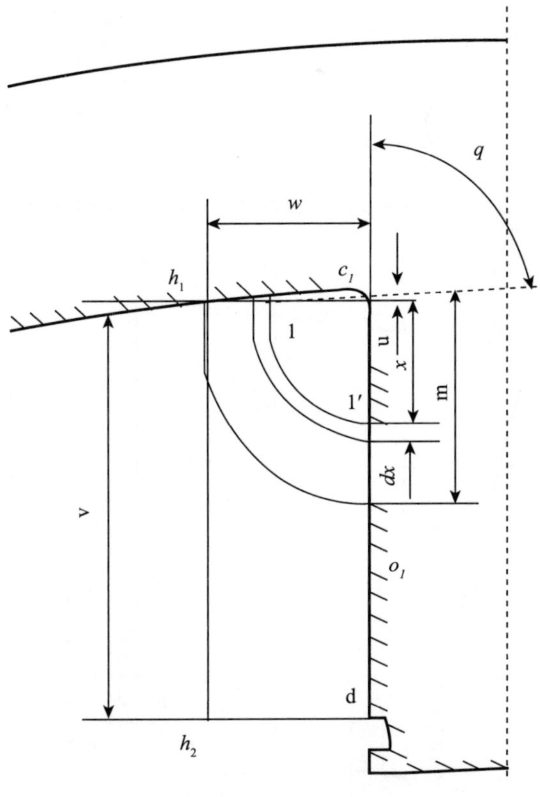

图 2　磁导分量 P_1 的磁力线路径

为简化分析，以直线 $\overline{C_1H_2}$ 代替铁心轭圆弧段 $\overset{\frown}{C_1H_2}$，并假设区域 $C_1H_2H_1DC_1$ 均匀充满励磁导体。设 l_x 为磁通管 1 在 x 处的磁路长度，N_xi 为 x 处单元磁路所匝链的安匝数，则：

$$l_x = \alpha x \quad x \in [0, m] \tag{4}$$

$$N_x i = \frac{\frac{1}{2}\alpha x^2}{wv + \frac{1}{2}wu}\left(\frac{N_{ph}}{2}\right)i \tag{5}$$

单元场强：

$$H_x = \frac{1}{\alpha x}\frac{\frac{1}{2}\alpha x^2}{wv + \frac{1}{2}wu}\left(\frac{N_{ph}}{2}\right)i \tag{6}$$

单元磁链：

$$d\Psi_x = \left[\frac{\frac{1}{2}\alpha x^2}{wv + \frac{1}{2}wu}\left(\frac{N_{ph}}{2}\right)\right]\mu_0 H_x l_{Fe} dx \tag{7}$$

则电感 L_1 为：

$$L_1 = \frac{\int_0^m d\Psi_x}{i} = \mu_0 l_{Fe}\left(\frac{N_{ph}}{2}\right)^2\frac{\alpha m^2}{4w^2(2v+u)^2} \tag{8}$$

磁导分量 P_1 为：

$$P_1 = \frac{L_1}{\mu_0 l_{Fe}\left(\frac{N_{ph}}{2}\right)^2} = \frac{\alpha m^2}{4w^2(2v+u)^2} \tag{9}$$

(2)磁导分量 P_2，参看图 3 路径 2 磁路详图。

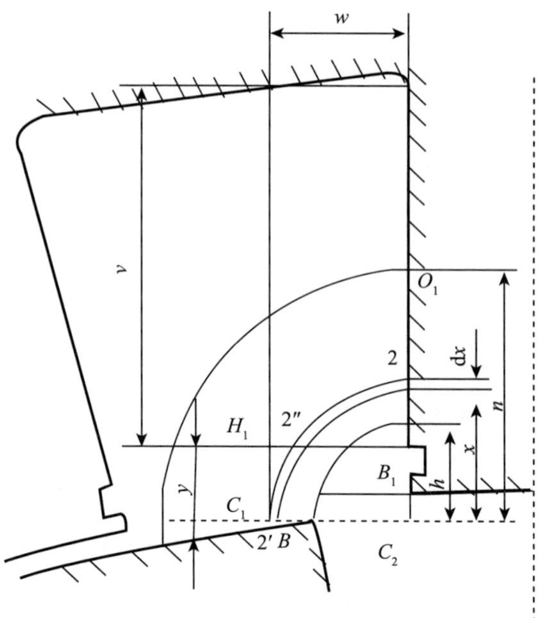

图 3　磁导分量 P_2 的磁力线路径

磁力线为以 C_2 为圆心的同心圆弧族，x 处磁路长度为：

$$l_x \approx \frac{\pi}{2}x \quad x \in [h, n] \tag{10}$$

单元路径匝链的安匝数：

$$N_x i = \frac{wv + xy - \frac{\pi}{4}x^2}{wv}\left(\frac{N_{ph}}{2}\right)i \tag{11}$$

单元磁链：

$$d\Psi_x = \mu_0 l_{Fe}\left(\frac{N_{ph}}{2}\right)^2 i\frac{1}{\frac{\pi}{2}x}\left[\frac{wv + xy - \frac{\pi}{4}x^2}{wv}\right]^2 dx \tag{12}$$

同理利用(8)式求出 L_2，根据 L_2 求得：

$$P_2 = \frac{2}{\pi}\left[\ln\frac{n}{h} + \frac{2(n-h)y}{wv} - \frac{(n^2-h^2)}{4(wv)^2}(\pi wv - 2y^2) - \frac{(n^3-h^3)y\pi}{6(wv)^2} + \frac{(n^4-h^4)\pi^2}{64(wv)^2}\right] \tag{13}$$

(3)磁导分量 P_3，参看图 4 路径 3 磁路详图。

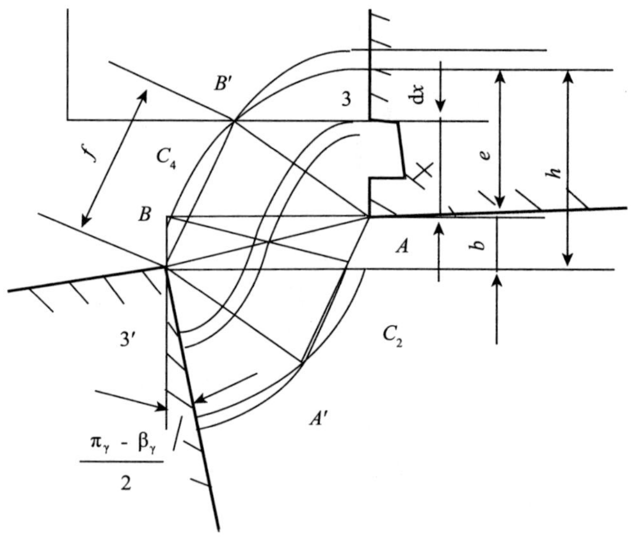

图 4　磁导分量 P_3 的磁力线路径

由于路径 3 中磁力线并非是以 C_2、C_4 为圆心的圆弧族，为了便于推导，需对路径 3 进一步近似处理，用以 A、B 为圆心的同心圆弧段及垂直于对角线 $\overline{C_4C_2}$ 的线段来替代原来磁力线。图中：

$$\angle ABC_2 \approx \frac{\tau_r - \beta_r}{2} \tag{14}$$

其中：β_r 为转子极弧，τ_r 为转子极距角，$\tau_r = \frac{2\pi}{N_r}$。

圆弧段半径：

$$e = \overline{AB'} = \overline{A'B} = \frac{f}{tg(\angle B'AB)} = \frac{f}{tg(\tau_r - \beta_r)} \tag{15}$$

由于面积 DD_1B_1D 远小于 DEH_2H_1D，故这里可认为路径3磁力线匝链全部绕组。在计算 x 处磁路长度时，需要说明一点我们所采用的电机为平行转子极形式(注：平行转子极与梯形转子极的磁路长度有所不同)，即：

$$l_x = f + \left[\frac{\pi}{2} - (\tau_r - \beta_r) - \frac{\beta_r}{2}\right]e + \frac{\tau_r}{2}x \tag{16}$$

单元磁链：

$$d\Psi_x = \mu_0 l_{Fe}\left(\frac{N_{ph}}{2}\right)^2 i \frac{dx}{f + \left[\frac{\pi}{2} - (\tau_r - \beta_r) - \frac{\beta_r}{2}\right]e + \frac{\tau_r}{2}x} \tag{17}$$

于是，磁导分量：

$$P_3 = \frac{2}{\tau_r}\ln\frac{2tg(\tau_r - \beta_r) + \pi - (\tau_r - \beta_r)}{2tg(\tau_r - \beta_r) + \pi - 2(\tau_r - \beta_r) - \beta_r} \tag{18}$$

(4)磁导分量 P_4、P_5，参看图5路径4、5磁路详图。

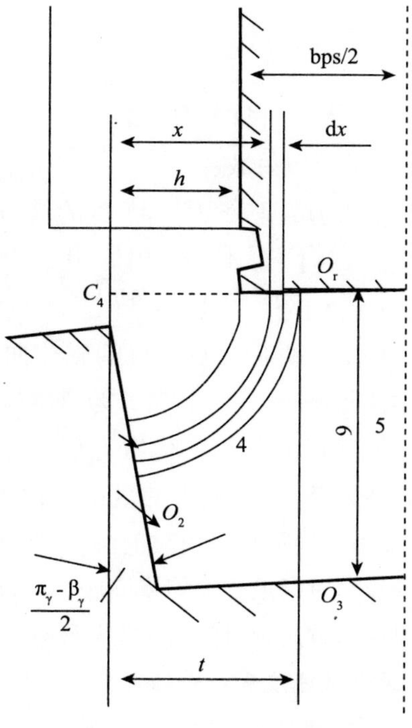

图5 磁导分量 P_4、P_5 的磁力线路径

路径4由以点 C_4 为圆心的磁力线组成，路径5的磁力线为一组平行直线段，分界点 O_r 由条件 $\overline{O_yO_3} = \widehat{O_yO_2}$ 决定。组成路径4同心圆弧族的点 C_4 的扇面角近似取为 $\frac{\pi}{2} - \frac{\tau_r - \beta_r}{2}$。路径4、5均全部匝链励磁线圈。

需要说明的是在计算路径4、5的磁导时同样必须考虑转子极的形式，同理为平行转子极，于是图5中的 t 得。

$$t = \frac{2g_i}{\pi - \tau_r} \tag{19}$$

磁导分量：

$$P_4 = \frac{2}{\pi - \tau_r}\ln\frac{2g_i}{h(\pi - \tau_r)} \tag{20}$$

$$P_5 = \frac{p + h}{g_i} - \frac{2}{\pi - \tau_r} \tag{21}$$

3.2 θ_u 位置下绕组电感 L_u 的计算

通过上述被近似分割成5个区域磁导的计算，利用公式(3)可以求出 θ_u 位置下绕组电感 L，但是由于铁心端部磁场非常严重，必须对计算结果予以修正，采用估算端部磁场的方法[5]：用等效气隙 g_F 和考虑端部磁场的铁心有效长度 l_F 来计算，等效气隙 g_F 为磁力线1～5长度的平均值。

$$g_F = \frac{1}{5}\left[\frac{\pi}{2}n + \frac{\pi}{2}h + \left(\frac{\pi}{2} - \frac{\tau_r - \beta_r}{2}\right)h + g_i + g_i\right] \tag{22}$$

考虑端部磁场时铁心的有效长度：

$$l_F = l_a + 2n(1 - \sigma) \tag{23}$$

其中：l_a 为铁心长度，σ 为卡特系数。

$$\sigma = \frac{2}{\pi}\left\{arctg\left(\frac{2n}{g_F}\right) - \frac{g_F}{4n}\ln\left[1 + \left(\frac{2n}{g_F}\right)^2\right]\right\} \tag{24}$$

故 θ_u 位置下绕组电感 L_u 通过经验公式修正：

$$L_u = L\left(2\frac{l_F}{l_a} - 1\right) \tag{25}$$

同理，通过上面改进的"分割法"可以计算出转子其他几个典型位置下的磁化曲线，由于篇幅所限这里不再赘述。

由于DSPM电机永磁体单独作用时，在定转子极不对齐和对齐两种位置下，永磁体的磁通均无改变[6]，这也是DSPM电机的一个重要特点，它为简化性能分析带来了便利。因此，下面采用二维有限元来计算永磁体在对齐与不对齐位置下的磁链。

4. 双凸极永磁电机的有限元分析

有限元法是目前工程技术领域中实用性最强，应用最为广泛的数值模拟方法，二维有限元分析目前已广泛应用于各种电机的磁场计算中[7]。

4.1 DSPM二维物理模型假定与建立

由于所分析电机为12/8极结构，采用有限元分析软件ANSYS进行创建物理模型。电动机电磁场分析一般采用位函数表示，它比场量本身更容易建立边界条件。采用全场域的分析方法，为了建立DSPM内部磁场的微分方程，确定求解区域和有限元法求解的边界条件，提出以下假设：

(1)二维磁场分析中忽略端部效应，磁场沿轴向均匀分布，即源电流密度矢量J和磁矢位A只有轴向分量。

(2)电机外部磁场所占分量甚小，可以忽略。定子外表面圆周和转子内表面圆周为零矢量位面。

(3)不计交变磁场在导电材料如定子绕组及机座中的涡流反应，因此DSPM的磁场可作为非线性似稳磁场来处理。

(4)铁芯的B－H特性是单值的，即不考虑磁滞影响。

根据以上假设，针对DSPM的全场域二维平面（xy平面）磁场，用磁矢位A表述的边值问题为：

$$\begin{cases} W(A) = \iint_{\Omega}\left(\int_0^B \upsilon B dB - J_z A\right)dxdy - \int_{\Gamma_2}(-H_t)A dl = \min \\ \Gamma_1: A = 0 \\ \Omega: DSPM\text{全场域} \end{cases} \tag{26}$$

其中：$B=\sqrt{\left(\frac{\partial A}{\partial x}\right)^2+\left(\frac{\partial A}{\partial y}\right)^2}$，υ为磁阻率，υ＝1/μ，μ为磁导率，$A$为磁矢位（因为$A$只有z轴分量），故可写成标量形式，为源电流密度，$\Gamma_1$为第一边界（定子外圆周，转子内圆周）。

二维有限元法就是从(26)式出发，将求解区域剖分离散，即将计算区域剖分为有限多个小单元，以一阶线性三角形单元最为普遍。在离散单元内构造磁矢位的插值函数，然后利用插值法将(26)式离散化为多元函数的极值问题，即化为一组关于各个节点磁矢位的代数方程组，求解之得到磁矢位的数值解。

在单元e内采用线性插值方法，可得磁矢位的线性插值函数：

$$A = N_iA_i + N_jA_j + N_mA_m \tag{27}$$

对于三角形单元的三个节点i、j、m通常按逆时针方向编号。已知整个求解区域的三角形单元的总数为E，那么能量泛函可以表示为求解区域内所有单元泛函之和。

$$\begin{aligned} W(A) &= \sum_{e=1}^{NE} W_e(A) \\ &= \sum_{e=1}^{NE}\iint_{\Omega}\left\{\frac{\upsilon}{2}\left[\left(\frac{\partial A}{\partial x}\right)^2+\left(\frac{\partial A}{\partial y}\right)^2\right]-AJ_z\right\}dxdy \end{aligned} \tag{28}$$

则单元e的能量泛函可表示为。

$$W_e(A) = \frac{\upsilon}{8\Delta}\left[(b_iA_i+b_jA_j+b_mA_m)^2+(c_iA_i+c_jA_j+c_mA_m)^2\right] - \frac{J_z\Delta}{3}(A_i+A_j+A_m) \tag{29}$$

求上式三个节点的一阶偏导数，然后将整个求解域上E个单元的能量函数对同一节点磁位的一阶偏导数进行合成得有：

$$\begin{pmatrix} \frac{\partial W}{\partial A_1} \\ \frac{\partial W}{\partial A_2} \\ \vdots \\ \frac{\partial W}{\partial A_N} \end{pmatrix} = \begin{pmatrix} K_{11} & K_{12} & \cdots & K_{1N} \\ K_{21} & K_{22} & \cdots & K_{2N} \\ \cdots & \cdots & \cdots & \cdots \\ K_{N1} & K_{N2} & \cdots & K_{NN} \end{pmatrix}\begin{pmatrix} A_1 \\ A_2 \\ \vdots \\ A_N \end{pmatrix} - \begin{pmatrix} P_1 \\ P_2 \\ \vdots \\ P_N \end{pmatrix}$$

$$= [K]\cdot[A]-[P] \tag{30}$$

其中：N为节点总数。

根据泛函极值原理令（2－5）式的值为零，有：

$$[K]\cdot\{A\}-\{P\}=0$$

即：

$$[K]\cdot\{A\}=\{P\} \tag{31}$$

在DSPM中，铁芯导磁材料的磁化曲线呈非线性，即式中磁阻率υ不是常数，为磁感应强度的非线性函数，则(31)式所示的代数方程组为一非线性方程组，系数矩阵[K]是未知量磁矢位$\{A\}$的非线性函数。根据工程特点采用波前法。这种方法占用计算机内存小，可以求解大规模问题，在求解电机内部电磁场时，具有求解时间短、收敛性好的特点。

4.2 源电流密度和材料的定义

由于永久磁钢磁场的存在，则源电流密度$J_z=J_s+J_{pm}$，其中：J_s为载流线圈电流面密度，在载流线圈横截面S上（图6）；J_{pm}为永磁体等效面电流密度，DSPM电机中的矩形永磁体可用与永磁体相同截面的线圈等效，其磁导率等于磁铁的退磁磁导率，等效电流密度为$J_{pm}=\upsilon B_r=H_c$。式中，B_r和H_c分别为永磁体的剩磁密度和矫顽力。

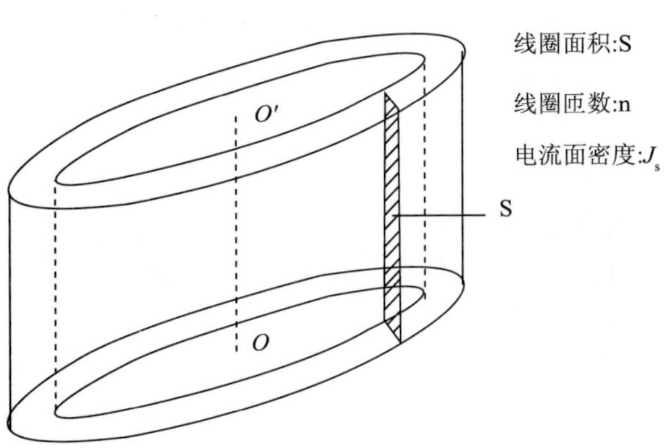

图6　载流线圈模型

ANSYS在建立模型时，要求每种材料区都要输入相应的材料特性，材料特性可以是线性的，也可以是非线性的。ANSYS材料库中，已经有一些已定义好材料特性的材料，一般可以直接从材料库中读入，但是也可以由用户自己定义材料库中没有的材料。

4.3　用ANSYS计算DSPM磁场计算程序流程及磁场分布结果

用ANSYS分析双凸极永磁电机磁场的程序流程如下：开始→创建物理环境→建立物理模型→加载边界条件和载荷→求解→后处理→结束。

用二维有限元来计算永磁体的磁链，并将励磁绕组产生的磁链和永磁体产生的磁链叠加得到双凸极永磁电机的总磁链。电机磁场分布如图7所示：(a)励磁绕组单独作用磁场分布；(b)为永磁体单独作用磁场分布；(c)为励磁绕组与永磁体合成磁场分布。

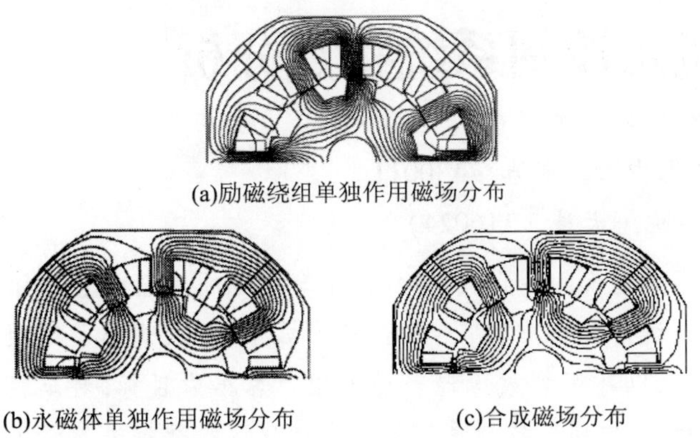

图7　电机磁场分布图

5.DSPM的参数设计

根据混合动力车用电机对DSPM的设计要求：10KW双凸极永磁电机，电源电压144V，额定转速2 000r/n，额定效率0.90。通过与开关磁阻电机参数设计的类比[4]，以及双凸极永磁电机静态特性，设计DSPM电机的主要结构参数如表1。

表1　DSPM电机结构参数

参　数	尺　寸	参　数	尺　寸
定子外径	336mm	转子极弧	18°
转子外径	208.8mm	定子轭高	33mm
铁心叠长	70mm	转子轭高	20mm
气隙	0.6mm	轴颈	120mm
第二气隙	25mm	定子槽深	30mm
定子极弧	15°		

6.试验

图8为搭建在实验台架上的样机，通过将其与测功机相连，测出不同转速下的扭矩值，然后对其结果进行分析修正，测试样机是否满足实际要求。

图8　实验台架上的样机

样机实验结果：样机扭矩-转速-功率图如图9所示，发动机和电机的扭矩合成图如图10所示。

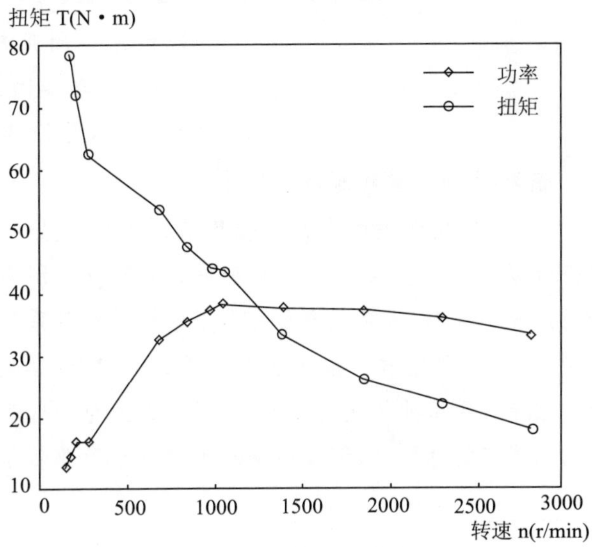

图9　扭矩-转速-功率图

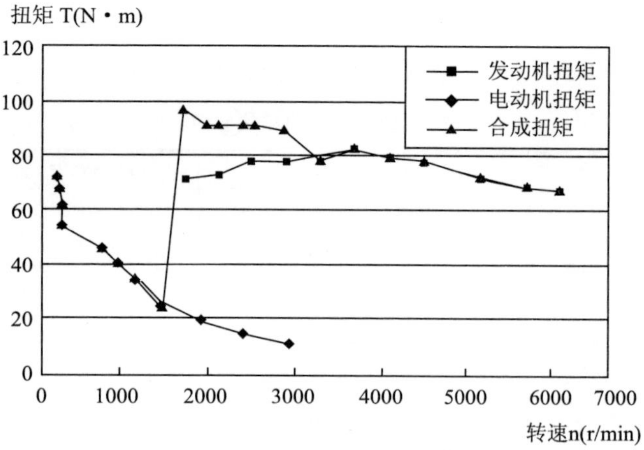

图 10 发动机、电机扭矩合成图

测功机的测试范围为 160kW，电机的最大功率为 10kW，测功机的摩擦损耗大约为 2kW；电机的轴承不同配合不理想，空转条件下，运行 20 分钟后，轴承温度为 80℃左右，其消耗的功率大约为 1kW。电机的铁损偏大，主要原因是电磁频率高。

7. 结论

通过对 DSPM 磁场的静态特性分析，结构参数的设计以及最后的样机实验，样机的设计参数如表 2。

表 2 样机参数

电磁转矩	55N/m	相电流有效值	124A
相电流最大值	314A	铜耗	508W
铁耗	1 164W	机械损耗	139W
杂散损耗	58W	输入功率	12 132W
输出功率	10 260W	效率	0. 845 725
转子转动惯量	0. 025kg/m^2	母线电流平均值	84A

从实验结果和设计参数可知 DSPM 样机可以满足小排量 ISG 轻度混合电动汽车的需求。但还存在噪声较大、功耗较高等不尽如人意的地方，对此将在以后的研究和实验中加以改进。

参考文献

[1]唐任远．特种电机[M]．北京:机械工业出版社,1998.

[2]孟小利,严仰光．双凸极永磁电机的发展及现状[J]．南京航空航天大学学报,1999,31(3):330 -337.

[3]程明．双凸极永磁电机的运行原理及其静态特性的线性分析[J]．科技通报,1997,13(1):16 -20.

[4]吴建华．开关磁阻电机设计与应用[M]．北京:机械工业出版社,2000.

[5]LIAO Y. Design and performance evaluation of a new class of permanent magnet machine with doubly salient structure [D]. UW - Madison, 1992.

[6]LIAO Y, LIPO T A. A new doubly salient permanent magnet motor for adjust double speed drives [J]. Electric Machines and Power Systems, 1994, 22(2): 259 -270.

[7]胡骅．混合动力源电动车和电动车的电动机[J]．世界汽车,2001,(3):37 -51.

二、混合动力汽车驱动电机及控制系统特点分析①

赵子亮[1] 周亚夫[2] 董秀辉[1] 文彦东[1]

(1. 中国第一汽车集团公司技术中心·长春·130011

2. 大连理工大学汽车工程学院·大连·116024)

摘要:电机及其控制技术是混合动力汽车的关键技术之一,其很大程度上影响着整车的动力性、燃油经济性以及排放指标。一般工业中的电机及控制系统已经相当成熟,研究混合动力车用电机及控制系统的特殊性,找到它和一般工业用电机的区别,对于更好地继承传统工业的先进技术,使汽车工业与一般工业的技术更好地融合,迎接即将到来的汽车产业转型意义重大。为此,我们建立了车用电机试验平台和示范运行数据采集平台,结合“十城千辆”大规模示范项目,以一汽解放牌混合动力城市客车为目标,对车辆数据、电机及控制系统数据和台驾试验数据进行深入研究,找出混合动力汽车驱动电机及控制系统的特点,为进一步完善技术奠定基础。

关键词:混合动力汽车,电机,控制系统

① ＊基金项目:国家 863 高科技计划资助项目(2008AA11A140)。

Analysis of Characteristics of Hybrid Electric Vehicle Drive Motor and Control System

Zhao Ziliang[1], Zhou Yafu[2],
Dong Xiuhui[1], Wen Yandong[1]
(1. China Faw Group Coporation R&D Center, Changchun 130011; 2. School of Automotive Engineering, Dalian University of Technology, Dalian 116024)

Abstract: Motor and its control technology is one of main components of Hybrid Electric Vehicle, and largely affect vehicle's power, fuel economy and emission. In general industry, motor and its control system are already quite mature, so the particularity of research of Hybrid Electric Vehicle motor and control system is to find the difference between it and general industrial motor, which is of great significance of inheriting general industry's advanced technology, better integrating the technology concept of automotive and general industry, and welcoming the forthcoming transition of automotive industry. To this end, we have established vehicle motor experiment platform and model run data - acquisition platform, and combined 10 city 1000 large - scale demonstration project, with FAW Jiefang hybrid city bus as the goal, carried on in - depth research of vehicle data, motor and control system data and bench experiment data, found out the characteristics of hybrid electric vehicle traction motor and control system to lay the foundation for further improve the technology.

Keywords: Hybrid Electric Vehicle, motor, control system

1. 引言

相对于传统的燃油汽车来说，混合动力电动汽车(Hybrid Electric Vehicle，HEV)继承了先进内燃机技术，结合高效洁净的电力驱动方式，既能充分利用现有燃料基础设施，又能包容各种新型燃料，现已成为新能源汽车产业化的里程碑。开展 HEV 的研究是当前解决排污和能源问题最具现实意义的途径之一[1]。

电机及控制系统是 HEV 的核心部件之一，一般认为电机及控制系统需具有小型、高效、轻量、结构简单、价格低廉、易维护、恒功率范围宽和控制容易实现等特点[2, 3]，这些特点在一定程度上体现了车用电机及控制系统的特殊性，但在具体问题方面有待进一步细化。众所周知，在相同边界条件限定的情况下，电机的功率与其体积成正比，按传统的方法，车辆功率需求一旦确定，特定类型电机的体积重量就确定了；车用电机的速度变化范围宽，其工作效率变化相应也会很大，在电机效率过小的区域内，进行发电或驱动就失去了意义，针对于此，必须在控制方法上进行特殊设计，拓宽电机的高效工作区；一般工业用电机的工作环境温度变化不大，车用电机则不同，必须考虑温度变化带来的电机参数变化，减小由此产生的控制误差；一般工业用电机的控制目标（扭矩或速度）变化幅度不如车用电机的剧烈，可按静态系统考虑其控制问题，车用电机则必须按随动系统加以处理。在对解放牌 HEV 城市客车电机驱动系统进行分析的基础上，本文选择了对电机过载系数、效率、温度修正和动态控制等技术问题进行深入研究，综合分析车用电机的特殊性。目前，解放牌混合动力城市客车采用交流异步感应电机作为驱动电机，控制方法为矢量控制；我们的示范运行数据采集平台利用车载数据采集器采集车辆、电机及控制系统的数据，以 GPRS 为信道，实现实时远程采集各种参数。

2. 车用电机试验平台和示范运行数据采集平台

电机试验平台可以对电机的转速、转矩进行静态标定和检测，也可以利用采集到的数据在台架上模拟实际工况，进行动态测试，搭建的车用电机试验平台如图 1 所示，它为车载数据采集器采到的数据的准确性提供了验证保障。

图 1　车用电机试验平台

为了对节能与新能源汽车进行实时监测，以随时掌握车辆的运行状况，我们设计开发了一款车载信息采集器，它能够对车辆的运行状态、电池工作状态和电机运行状态进行监测。车载信息采集器由下位机车载终端和上位PC机监测终端两部分组成，采用GPRS无线通信技术将下位机采集的数据传给上位机，因此可以在上位PC机的监测终端还原当前汽车的运行状态，实时存储车辆信息并实现远程监控。

监测终端主要实现对车辆运行状态进行监测的功能。据此，在上位PC机上使用Visual Basic 6.0开发后台程序，通过Internet网络实现和多台无线猫的数据通信，特有的数据校验算法能确保数据传输的准确性，同时可以监测无线猫的工作状态。用工控软件组态王6.5开发前台程序，对车辆运行状态进行现场还原和直观显示。利用Windows NT的DDE (Dynamic Data Exchange) 技术，可以将后台实时数据信息共享到由工控软件组态王6.5开发的前台监控中心软件，以图形、表格等形式直观地实时显示各种数据，监控各辆汽车的运行状态。同时实现自动绘制实时曲线、形成数据报表等功能，整个系统的工作过程如图2所示。

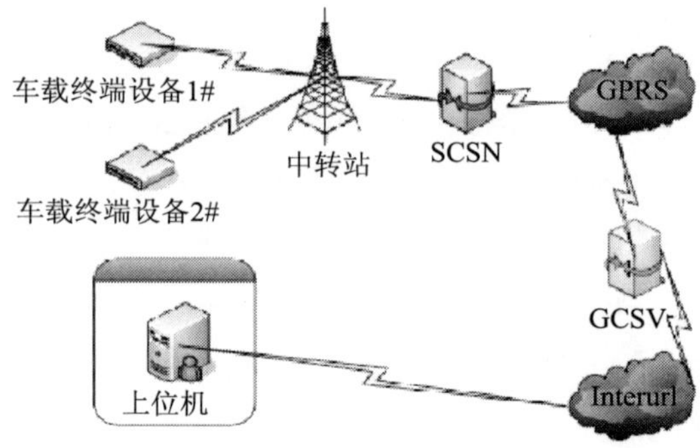

图2　示范运行系统工作过程示意图

3. HEV驱动电机及控制系统特点分析

根据示范运行数据采集平台获取的车辆状态数据、电机及控制系统数据，对HEV的电机及驱动控制系统进行分析，认为应该在以下相关领域开展更深入的研究。

3.1　车用电机过载倍数分析

由于交流异步电机具有构造简单、坚固、适用于高速运转等优点，一汽解放牌混合动力城市客车采用了该型电机作为其驱动电机。

电机的主要尺寸可以由所需的最大转矩和动态响应性能指标确定[4]。当最大电磁转矩指标为$T_{emmax}(N \cdot m)$时，最大转矩与电磁负荷和电动机主要尺寸有如下关系：

$$T_{emmax} = \frac{\sqrt{2}\pi}{4} B_{\delta 1} L_{ef} D_{i1}^2 A \times 10^{-4} \tag{1}$$

其中，$B_{\delta 1}$——气隙磁密基波幅值，A——定子电负荷有效值。

$$T_{emax} = 9549 \frac{P}{n_b}$$

$$V = \frac{\pi}{4} D_{i1}^2 L_{ef} \tag{2}$$

其中，D_{i1}——定子内径，L_{ef}——定子铁芯长度。

将式(2)代入式(1)得：

$$P = \frac{\sqrt{2}}{9549} n_b B_{\delta 1} A \times 10^{-4} V$$

其中，n_b为最大转矩处角速度，P为电机功率，V为体积。从上式中可以看出，电机的功率与体积成正比关系，功率确定，体积很难做小。

图3为实车示范运行过程中动态采集的时间-电机功率图。以平均功率为额定功率，以峰值功率为过载功率，图3所示峰值功率为32.69kW，平均功率为4.56kW，峰值功率为平均功率的7.2倍，而按传统设计的电机峰值功率与平均功率之比仅为2.5~3倍，这一区别，使小体积大功率的车用电机的方案成为可能。

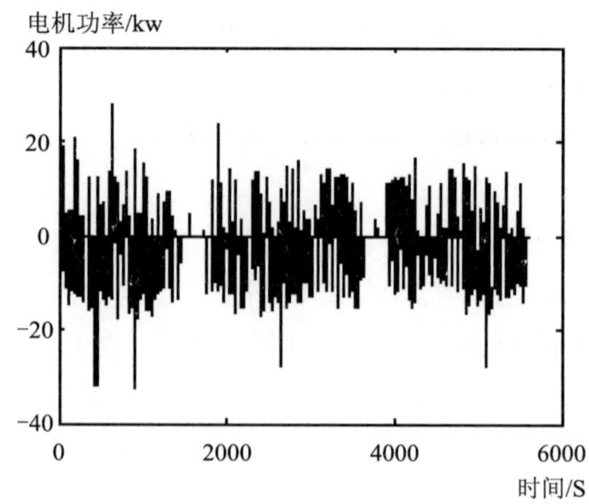

图3　时间-电机功率图

3.2　如何拓宽电机的高效工作区

对HEV用驱动电机而言，电机的调速范围很宽

（如图4所示，为实车示范运行过程中动态采集的电机转速－转矩图），这将导致其工作效率变化很大。当电机的效率小到一定程度时，使用电机做发电或驱动就无法再实现有效节能，所以必须在控制方法上进行特殊设计，拓宽电机的高效工作区。

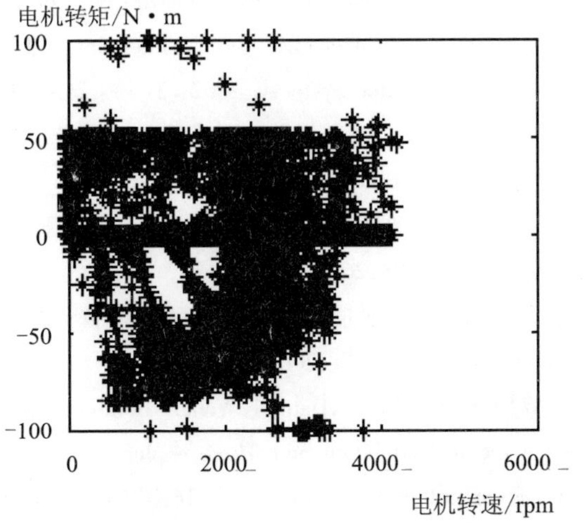

图4 电机转速－转矩图

一般的矢量控制算法采用坐标变换的方法进行计算，解耦出电机当前运行时的直轴和交轴电流，然后通过PI调节器调节直轴电压和交轴电压，使直轴和交轴电流达到目标值，这种计算对于普通工业电机没有任何问题，但对于车用电机而言，由于其工作点不再是一条线而是一个面，如何控制电机在整个工作面上的每个点都达到效率最高成为难题。

在整个工作面，电机的控制参数发生变化，所以需要采用不同的控制算法和标定方法，通过台架试验找到最佳的参数匹配，以适应整车对电机的动力需求。

3.3 温度变化对电机控制的影响

车用电机区别于工业用电机的一个显著特点是工作环境的温度变化较大，如图5所示为实车示范运行过程中动态采集的时间－电机温度变化曲线。可以看出，电机温度在较短的时间内能够产生30℃的变化，再加上外界环境温度变化的影响，电机的工作温度变化范围可能会远远超过图5中所示的变化范围。温度变化首先带来的是电机定子电阻、转子电阻的变化，由于矢量控制算法依赖于电机参数，这就会造成对电机的控制产生较大偏差。而目前的温度传感器大多存在较大的时间延迟，更不能实时反映电机温度场的不均匀变化，也不能反应转子温度状态。

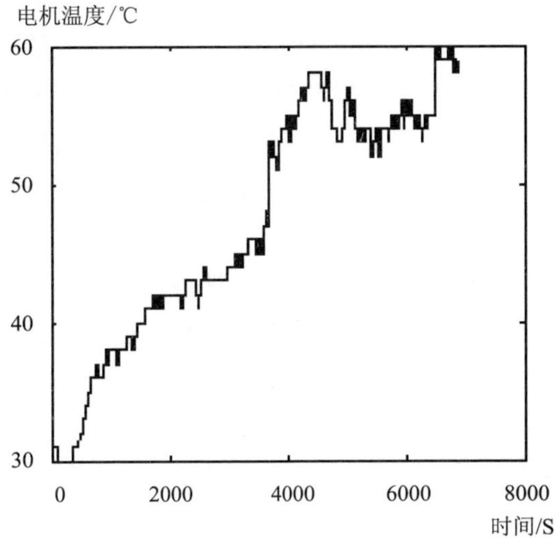

图5 时间－电机温度图

所以，在进一步的HEV电机控制系统研究中，一方面要解决转子温度的实时精确预估问题，另一方面需要研究转子参数在线辨识算法，将其直接用于控制过程，从而减小参数变化对控制性能的影响。

3.4 车用电机要有较好的随动能力

一般工业用拖动电机的控制目标变化不如汽车频繁和剧烈[5]，可按静态系统考虑其控制问题；作为HEV的驱动电机，运行工况较复杂，随时按照驾驶员的意图在不断变化，电机的工作模式需要经常进行切换，图6给出了实车示范运行过程中动态采集时间－需求转矩图，可以看出，在较短的时间内，需求转矩变化频繁，并且具有较大的变化幅度，这就对电机的动态跟踪能力提出了更高的要求，采用基于电机静态数学模型的控制方法已无法满足其动态性能的要求，必须按随动系统加以处理。

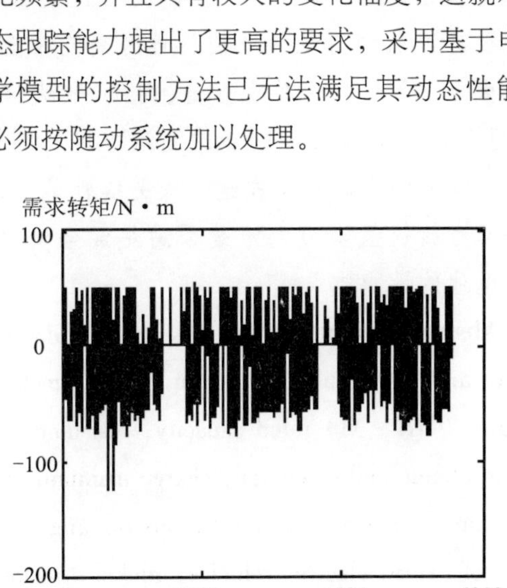

图6 时间－需求转矩图

随动系统是用来控制被控对象的某种状态，使其输出能够自动地、连续地、精确地复现输入信号的变化规律，其衡量指标有超调量、延迟等。随动系统中的驱动电机要求具有响应速度快、转动惯量小等特点。一般高精度随动系统控制单元包括电流、速度和位置闭环。

就HEV现有的电机控制算法而言，还不能同时满足高效率和高随动性的要求[6]。而对于较新的圆形磁链控制、滑模变结构控制、模型参考自适应控制，以及模糊控制、神经网络控制等智能控制方式而言，尚缺乏在HEV上的实车试验，有着进一步的研究空间。

4. 结论

本文在搭建的车用电机试验平台和示范运行数据采集平台基础上，以一汽解放牌混合动力城市客车为目标，对车辆数据、电机及控制系统数据和台驾试验数据进行深入研究，找出混合动力汽车驱动电机及控制系统的特点，为进一步完善车用电机产品开发技术奠定了基础。

参考文献

[1]CHAN C C. The state of the art of electric vehicle [J]. Journal of Asian Electric Vehicle, 2004, (2): 579 - 600.

[2] SAEKS R, COX C J, NEIDHOEFER J, et al. Adaptive control of a hybrid electric vehicle intelligent [J]. IEEE Trans on Transportation Systems, 2002, 3(4): 213 - 234.

[3]刘伟，程广伟，邓楚南．电动汽车驱动电机浅析[J]．电机技术，2006,(1):26 - 28.

[4]唐任远．现代永磁电机理论与设计[M]．北京:机械工业出版社,2008,267 - 269.

[5]张千帆,寇宝泉,程树康．电动车用新型驱动电机发展综述[J]．微特电机,2004(6).

[6] Keliang Zhou, Danwei Wang. Relationship between Space - vector Modulation and Three - phase Carrier - based PWM: a comprehensive analysis [J]. IEEE Trans. on Industry Electronics, 2002, 49(1): 186 - 195.

三、镍氢动力电池总成关键性能测试研究

张后亮[1]　苏岭[1]　袁昌荣[1]　朴昌浩[1,2]

(1. 重庆长安新能源汽车有限公司·重庆·401120

2. 重庆邮电大学能源电子研究室·重庆·400065)

摘要:为了满足混合动力汽车整车各种运行工况的性能要求,镍氢动力电池性能必须达到整车要求,故需要对镍氢动力电池总成性能作特定测试。按照测试要求,给出总成额定容量、内阻、最大充放电功率、荷电保持能力关键性能的测试方案及测试结果。通过对镍氢动力电池总成这几项关键性能的测试,可以全面考核镍氢动力电池是否满足混合动力汽车对动力电池的性能要求。

Abstract: this thesis provides an overview of the test project and test result graphics of nickel - metal hydride batteries (MH - NI) rated capacity, resistance, constant current charge and discharge, charge maintain ability key performance. For meeting the various running performance desire of hybrid electric vehicles, nickel - metal hydride batteries must meet Special requirements, so we must strictly test the various performance of nickel - metal hydride batteries (MH - NI). By the way of testing the various nickel - metal hydride batteries key performance targets, we can generally assess whether the nickel - metal hydride batteries of each factory satisfy the performance desire of hybrid electric vehicles.

关键词:镍氢动力电池　容量　内阻　充放电　自放电

1. 引言

随着汽车的迅速发展和大量普及，人类面临着它所带来的两大问题：环境的污染和能源的消耗。新能源汽车能够实现汽车尾气的低排放或零排放、能源利用的高效率而备受关注，成为了未来汽车产业的发展趋势。混合动力汽车是新能源汽车的重要组成部分，通过动力电池及驱动电机提供辅助动力，可以显著提高整车油耗。由多个二次电池单体串联组成的动力电池总成是混合动力汽车的关键零部件，其性能

将影响整车的整体特性。混合动力汽车用动力电池总成的主要性能是比能量、比功率、循环寿命、安全性。目前世界各国已研究开发的电池有铅酸电池、镍铬电池、镍氢电池、钠-硫电池、锂离子电池等十几种。从各种电池的性能指标及优缺点来看，镍氢电池以其比能量高、比功率大、循环寿命长、安全性好成为较理想的混合动力汽车用动力电池。此外随着国家工信部新能源汽车准入规则的颁布，标志着以镍氢电池为动力电池的混合动力汽车已经进入了成熟产业化阶段[1]。

为了判断镍氢动力电池性能是否满足混合动力汽车整车各种运行工况（怠速、爬坡、加速、减速制动等）的使用要求，需要对镍氢电池的各种性能进行测试。对于整车而言，最主要考察以下几个电池性能指标：额定容量、内阻、最大充放电功率、自放电、循环寿命。

2. 镍氢动力电池总成性能指标

2.1 额定容量性能指标

电池总成的额定容量是指在一定的放电条件下，电池总成放电至截止电压时总共释放出的电量（一般通过放电时间与放电电流之积进行反映）。在相同放电电流的条件下，如果电池总成容量越大，则该电池总成的放电电流时间就越长，整车的电动续航里程就更远。

2.2 内阻性能指标

电池总成的内阻是指电池在工作时，电流流过电池总成内部所受到的阻力，一般分为交流内阻和直流内阻。电池总成中，其发热主要来自于直流内阻上的电能消耗，所以整车重点考察直流内阻值。内阻是衡量电池总成性能的一个重要技术指标。电池总成的内阻越小，电池总成工作输出电流时，造成电池总成内部的压降就越小，电池总成将输出较高的工作电压和较大的电流，输出能量和容量就越多。正常情况下，内阻小的电池总成的大电流放电能力强，内阻大的电池放电能力弱。镍氢电池总成的内阻很小，一般只有几十毫欧。

2.3 最大充放电性能指标

电池总成的最大充放电特性是指用不同大小的功率给电池总成进行充放电，电池总成所表现出来的特性。尤其是大电流充放电特性对整车性能影响较大，因为在整车行驶过程中，经常有大电流充放电。充电电流的大小对整车而言标志着汽车的充电快慢性能和能量回收能力；放电电流的大小，对整车而言标志着汽车的加速性能和最高车速。大电流充电时间不宜过短也不宜过长，如果过短电池总成会很快达到充电截止电压，会严重影响充电效率，不利于动力电池总成容量的恢复；如果过长会影响电池总成快速充电能力，整车能量回收慢。大电流放电时间不宜过短，如果过短电池总成会很快达到放电截止电压，会严重影响放电效率，整车加速助力效果不佳。

2.4 自放电性能指标

电池总成虽不与外界电路连接，但由于内部自发进行化学反应而会引起容量损失，这种行为称为电池的“自放电”。电池的自放电是由电池的内在因素引起的，从理论上荷电状态电池的电极都处于热力学不稳定状态，导致电池不可避免地要发生自放电。如果电池荷电保持能力不好，当整车停驾一段时间后，电池由于自放电而损失大量荷电电量，这会严重影响整车的行驶旅程、充放电等性能。

3. 镍氢动力电池总成性能测试系统

3.1 测试系统结构

镍氢动力电池总成性能测试系统共由两大部分组成：PC 机和充放电设备。PC 机作为系统的上位机，充放电设备构成系统的下位机。整个系统的结构示意如图所示：

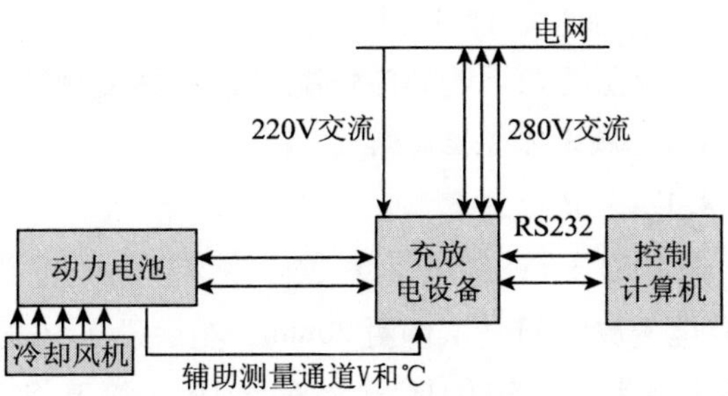

图 1 镍氢动力电池总成性能测试系统

PC 机与充放电设备之间通过串口通信标准构成主从式通信网络，PC 机作为主站，系统的所有工作进程均由 PC 机发起。

3.2 PC 机工作原理

PC 机的主要功能包括：

(1)对充放电设备的工作参数进行设置，控制充放电设备的充放电过程；

(2)存储被检测镍氢动力电池的充放电容量、充放电电压、电流、温度等数据；

(3)对采集并存储的试验数据进行波形绘制与查看为实现上述功能，在PC机系统中应该安装有充放电设备的测试软件。PC机的主窗口用来实现基本控制、参数设置及数据显示功能。基本控制功能包括充放电参数设定、启动/停止系统工作以及定时采样被检测镍氢动力电池的电压、电流、温度、容量等数据，采样得到的数据在经过处理后可以转换成标准形式显示在主窗口中；参数设置功能允许操作者灵活地对充放电设备各测试通道的工作模式和工作参数分别进行设定；数据显示功能能够将采集到的电池电压、电流、温度、容量等数据绘制为实时曲线，并显示在PC机主界面的图形观察窗口中，以实现对整个试验过程的有效实时监测，并有助于进一步的研究。

3.3 充放电设备工作原理

充放电设备是可以进行电池充放电等测试的设备，此外还有电池模拟的功能。充放电设备除有总电压、总电流采集通道外，并自带有多路辅助电压采集通道、温度采集通道；通过在镍氢动力电池总成表面布置模块电压采集线及温度传感器采集线，能够采集到一定数量的镍氢动力电池总成模块电压及电池表面温度点数据。充放电设备通过串口通信接收PC机上测试软件设置的工作参数，能够对镍氢动力电池进行各种模式的充放电，并实时采集并存储电池的电压、电流、温度、容量等数据。

4. 镍氢动力电池总成性能测试方案及测试结果

4.1 额定容量性能测试

4.1.1 试验方案

在20℃ ±5℃通风环境条件下，动力电池先用0.5C电流放电114V，静置20min，然后以0.5C电流恒流充电2h，再转0.1C电流充电1h。接着将充过电的电池再静置20min，最后按照表1放电。额定容量测试结果如图2所示。

表1 额定容量试验放电参数表

恒流放电电流/A	终止电压/V	最少放电时间/h
1	114	1

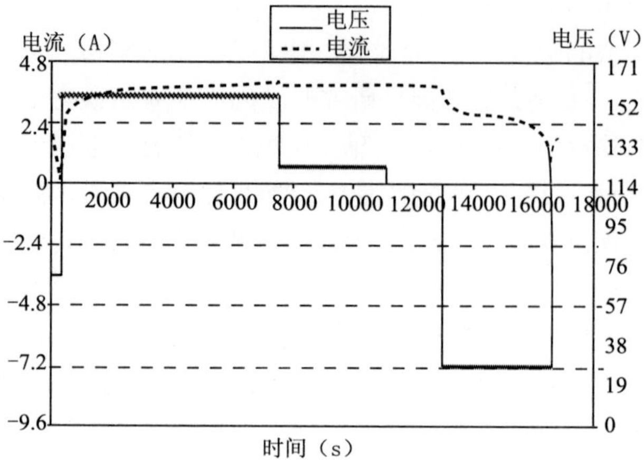

图2 额定容量性能测试

4.2 内阻性能测试

4.2.1 试验方案

直流内阻（IR）的原理：根据软件中Amp和ms的设定值发射脉冲，连续地发射10次，每次脉冲的P－P值就是Amp的设定值，脉冲的周期为ms的设置值。根据测量得到的电压差和电流差相除，然后再平均得到IR值，这是测量IR的基本原理。根据电池的性质来看只有在比较饱满的状态下得到的IR值才是比较准确的。在20℃ ±5℃通风环境条件下，进入测试软件程序编译，第一步：Rest 5s；第二步：令Current值为0A，执行5s；第三步：选择Internal Resistance（内阻测试），在内阻测试中设置两个参数Amp和ms；第四步：设置本试验循环次数为10次。内阻性能测试结果如图3所示。

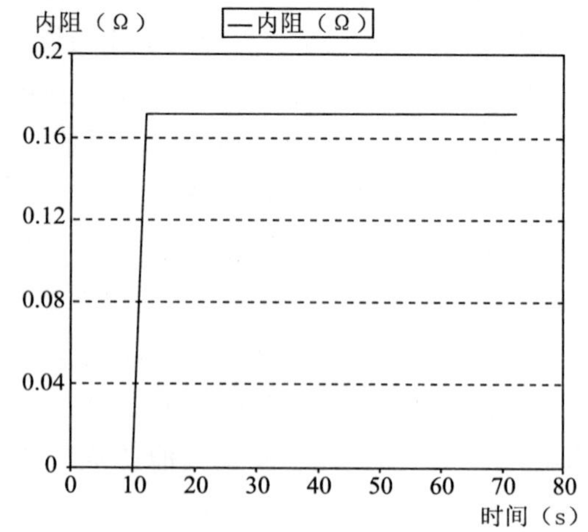

图3 内阻性能测试

4.3 最大充电功率测试

4.3.1 试验方案

在20℃ ±5℃通风环境条件下，以1C恒流放电至电池组电压为114V，搁置20min，分别以24A、48A、72A、96A恒流充电至电池组电压为171V，记录电压、电流、充电时间、充电容量。

4.3.2 试验结果数据曲线

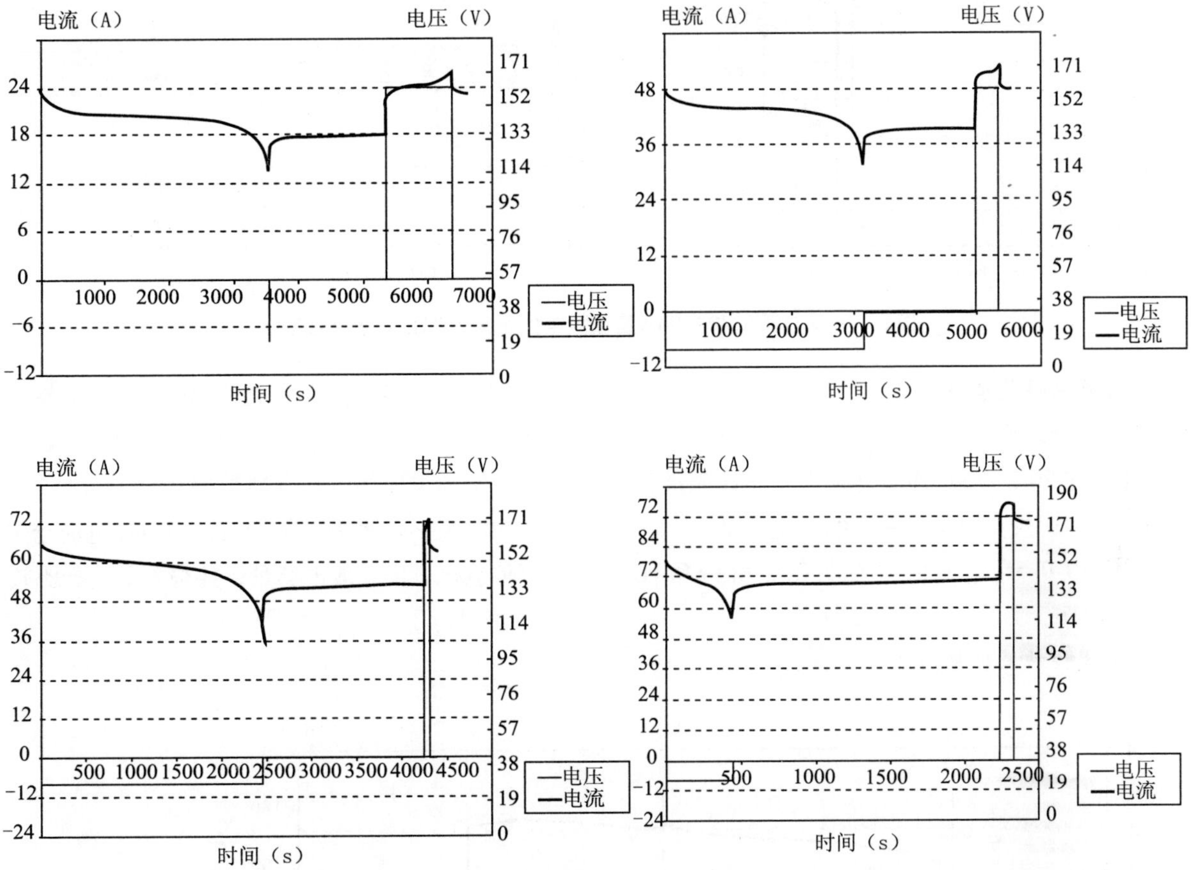

图4 24A、48A、72A、96A恒流充电性能测试电压、电流曲线图

4.4 最大放电功率测试

4.4.1 试验方案

在20℃ ±5℃通风环境条件下，以1C恒流放电至电池组电压为114V，搁置20min，以10A恒流充电至电池组电压为171V，搁置20min，然后分别以168A、120A、72A、24A电流进行恒电流放电到电池组电压为114V，记录电压、电流、放电时间、放电容量。

4.4.2 试验结果数据曲线

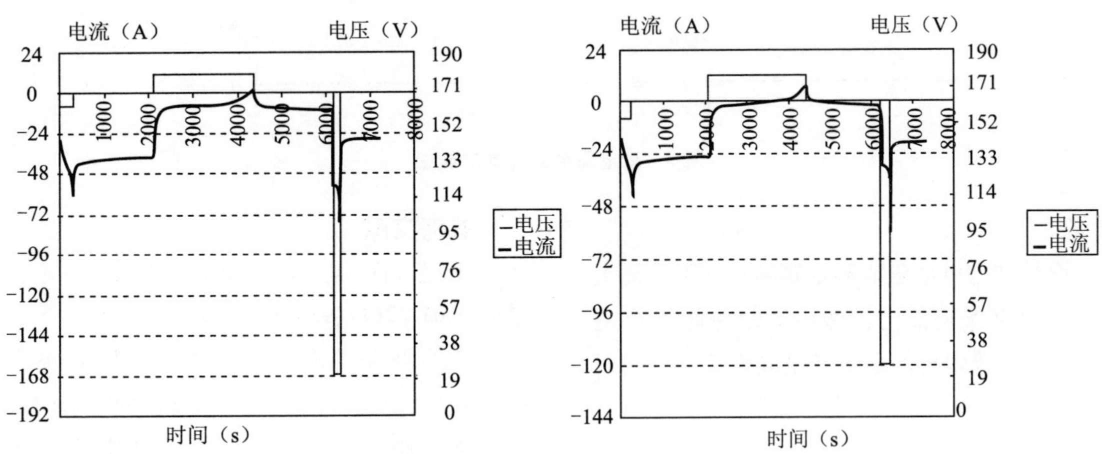

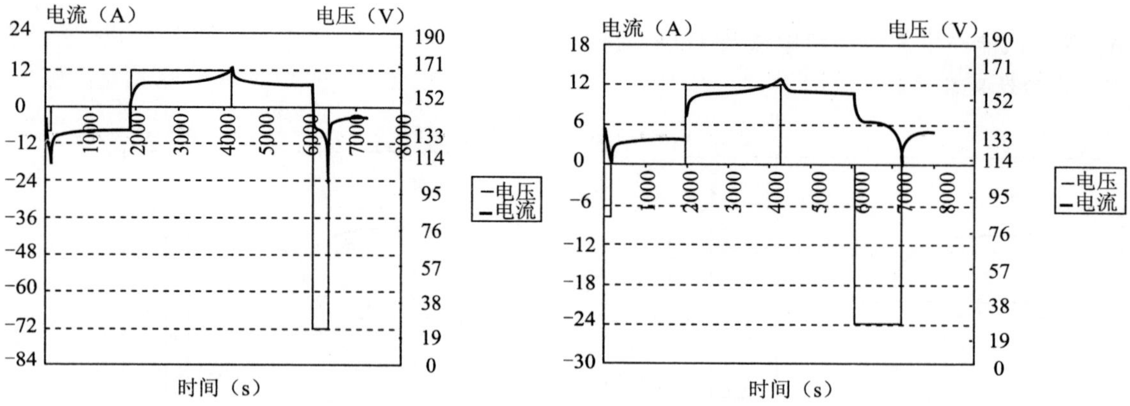

图 5　168A、120A、72A、24A 恒流放电性能测试电压、电流曲线图

4.5　自放电性能测试

4.5.1　试验方案

第一步：在 20℃ ±5℃通风环境条件下，先进行额定容量试验，记录此时电池总成的额定容量。

第二步：以 0.5C 电流恒流充电 2h，再转 0.1C 电流恒流充电 1h。

第三步：将电池在室温为 20℃ ±5℃的室内环境下搁置 30 天，每天记录电池组的总电压，最大、最小模块电池电压等电池参数数据。

第四步：电池搁置 30 天后，用 1C 电流给电池总成恒流放电，记录放电容量，并与表 1 进行比较。

4.5.2　试验结果数据曲线

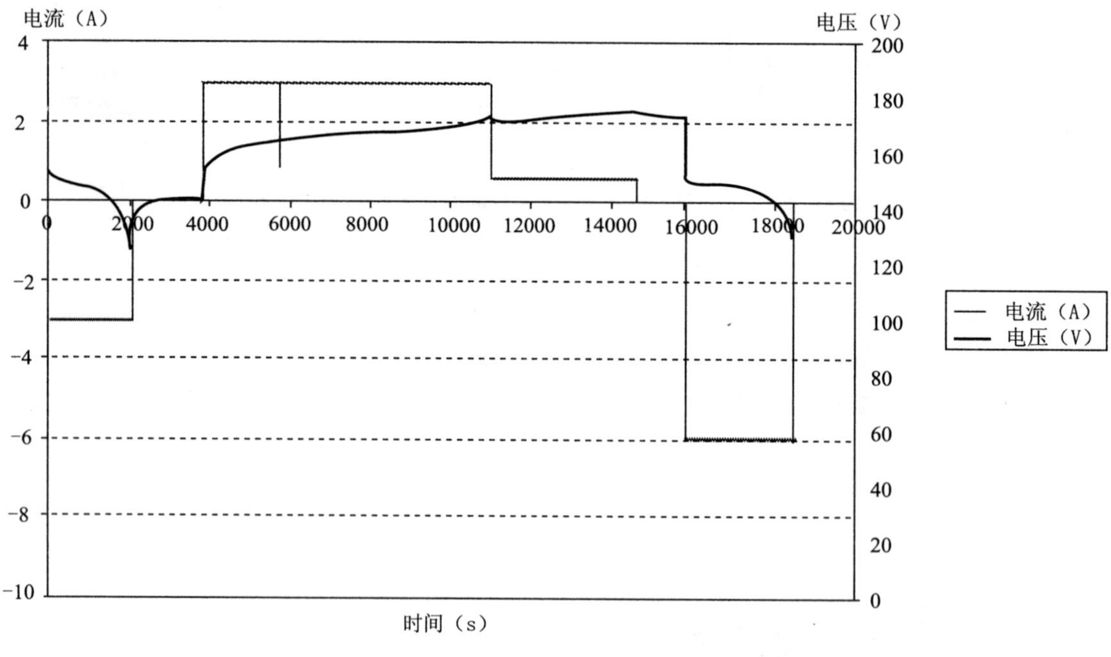

图 6　荷电保持能力性能测试

5. 结论

通过对镍氢动力电池总成额定容量、内阻、最大充放电功率、荷电保持能力、循环寿命性能进行测试，能够全面考核镍氢电池是否满足混合动力汽车对动力电池的要求。

参考文献

[1]蓝文祥．电动车电池研究进展[J]．重庆工商大学学报，2005，22(1)：92－96.

[2]邱纲，陈勇，李东．电动汽车用动力电池的研究应用及发展趋势[J]．辽宁工学院学报，2004，24(2)：41－44.

[3]马丽萍．混合动力车用动力 MH－Ni 电池的研究现

状与发展[J]. 电源技术,2003,27:245 - 249.

[4]ROBERT F N. Power requirements for batteries in hybrid electric vehicles. Journal of Power sources, 2000, 91: 22 - 26.

[5]何洪文. 镍氢电池充放电特性研究[J]. 汽车技术, 2001,21(6):6 - 8.

[6]邵桂欣,张承宁,李红林,等. 电动车用镍氢电池特性和工况实验分析[J]. 电池工业,2006,11(1):28 - 32.

[7]B. Kennedy, D. Patterson, S. Camilleri. Use of lithium ion batteries in electric vehicles. Journal of Power Sources, 2000,90:156 - 162.

四、数字温度传感器DS18B20在混合动力汽车电池管理系统中的应用

杨辉前[1]　任勇[1]　周安健[1]　朴昌浩[1,2]

(1. 重庆长安新能源汽车有限公司・重庆・401120

2. 重庆邮电大学 能源电子研究室・重庆・400065)

摘要:本文介绍数字温度传感器DS18B20在混合动力汽车电池管理系统温度网络中的应用,对DS18B20硬件结构和软件设计作了详细的分析,实现了多点温度采集,并通过CAN总线向整车控制器提供实时温度,最后给出了实际应用的建议。

Abstract: This paper describes the application of digital temperature sensor DS18B20 in Hbrid Electric Vehicle Battery Management System. And gives detailed analysis for DS18B20 hardware structure and software design, realizes multi - temperature collection, and provides the real time temperature of battery to HCU through CAN bus, At last summarizes the advice in actual application.

Keywords: Digital Temperature Sensor; DS18B20; HEV; Battery Management System;

关键词:数字温度传感器;DS18B20;混合动力汽车;电池管理系统

1. 引言

节能环保汽车是世界汽车技术研究的主要方向之一,混合动力汽车(HEV)在传统汽车上加装一套电机和电池系统,通过整车控制,使发动机工作在最佳性能区间,以降低油耗和排放。混合动力技术作为连接电动汽车时代和内燃机汽车时代的过渡产品,成为目前可以选择的最佳技术解决方案,最具产业化前景。混合动力汽车成为世界各大汽车公司竞相研发的热门产品,以缓减能源紧张和环境污染的双重压力,我国也将混合动力汽车开发列为国家863重大专项的优先开发项目。镍氢动力电池相对于镍镉等其他二次电池具有高比容量、高比功率、放电深度大、耐过充和过放电、充电时间短、宽温度使用范围、长使用寿命、高可靠性、高安全性、无污染、无记忆效应、技术相对成熟等优点,成为世界各大汽车厂商HEV广泛采用的动力电池首选。由于电化学反应的特殊性、动力电池的使用受到各项参数的限制,电池管理技术应运而生,成为混合动力技术中的关键技术之一,它是充分使用电池功能和延长使用寿命的重要保证。电池温度是影响镍氢动力电池充放电性能的重要因素。电池内部的电化学反应较为复杂,存在可逆和不可逆的反应而产生热量,使电池发热。温度过高时将导致电池的极板损坏,使用寿命缩短,自放电量加大,循环寿命衰退迅速,易发生过充现象;低温时内阻增大,发热消耗多,容量显著降低。电池热管理是电池管理系统功能的重要组成部分,将电池运行温度控制在一定的范围内。热管理的功能是

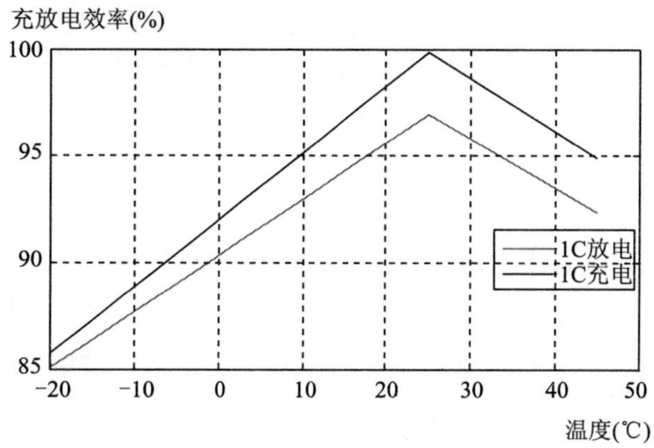

图1　镍氢动力电池在不同温度下的充放电效率

通过温度控制系统使电池温度处于正常工作温度范围内，温度控制系统主要是由加热或散热系统组成。热管理系统包括温度测量、转换、读取、显示以及控制和调节等几部分，面临主要问题：①温度过高时能及时散热；②温度过低时能对电池预热；③各单体电池温度温差必须控制在一定范围内。设计热管理系统需要考虑电池散热结构设计、温度传感器选型、温度传感器布点、散热控制系统设计和加热控制系统设计等。由此可以看出，电池管理系统热管理涉及众多方面，而温度采集是整个系统控制的基础。本文介绍数字温度传感器 DS18B20 在镍氢电池管理系统中的应用，重点介绍 DS18B20 组网应用。

2. 系统工作原理

系统工作原理图如图 2 所示，系统由 MCU，数字温度传感器 DS18B20、电源电路、时钟电路、散热风机（FAN）和 CAN 总线通信电路等组成。这里测量的温度点主要有电池箱体进风口温度、出风口温度、电池温度 1 ~ 10 和电池管理系统（BMS）温度。进风口温度和出风口温度用于测量电池进风口和出风口的温差，10 个电池温度测量温度点可以实时得到电池单体的最高温度和最低温度，散热风机用于电池箱体内通风散热。

当系统上电时，系统开始初始化，初始化完成后，周期性启动温度转换，读取温度，对温度进行处理，判断是否要开启风机，并将处理结果通过 CAN 总线发给整车控制器 HCU，显示系统 DCU 可以切换到相应画面接收显示温度，也可以通过自行开发工具 USB - CAN 在电脑 PC 上读取温度。

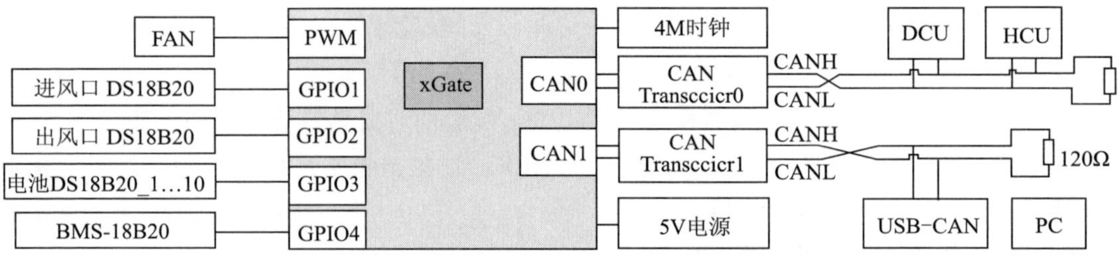

图 2　温度采集系统工作原理图

3. 硬件电路设计

3.1　单片机特点

本文中单片机采用了 16 位 MCU 作为主控制器。总线速度 50M，具有丰富的板上资源 FLASH 达 1M，RAM 64K，片上 EEPROM 4K，相对于其他单片机，该单片机最大优势在于其自带协处理器 XGATE。XGATE 是一个协处理器，高达 80MIPS 精简指令的性能，专为处理中断事件设计的，而无须 CPU 的介入。XGATE 从随机存取存储器(RAM)运行，可将 CPU 从执行耗时的中断处理程序的工作中解放出来，而专注于执行与应用相关的任务，几乎可以直接进入所有存储空间，像主 CPU 一样进入并且控制外围设备。通过分担中断源，从而减少 CPU 的负载，使得中断服务程序能够在 XGATE 中处理的同时 CPU 能够并行处理其他应用程序。它只在运行时消耗电源，当中断源到来时，它开始运行，在完成中断的任务以后，它会停下其所有时钟等候下次事件，以此减少电源消耗。XGATE 的一个重要特点就是设置虽然非常简单，但却允许开发复杂程序，本文将应用其复杂可编程的高性能 I/O 处理能力的功能。图 3 是 XGATE 模块原理图（左）和使用 CPU 或 XGATE 的中断路径（右）。

3.2　数字温度传感器 DS18B20 特点

温度传感器采用美国 DALLAS（达拉斯）公司生产的 DS18B20 数字温度传感器，它具有超小的体积、超低的硬件开销、抗干扰能力强、精度高、附加功能强等优势。DS18B20 的主要特点：单总线数据通信，单个或一个网络只需要一个 I/O 口，电路简单，布线方便，不需要信号调理电路；内含 64 位光刻只读存储器 ROM，内置产品序列号，方便组建温度网络；内置 EEPROM，有限温报警功能；全数字温度转换及输出，直接读取，无须模数转换；最高 12 位分辨率，最大工作周期为 750 毫秒；测量分辨率为 0.0625℃；检测温度范围为 - 55℃ ~ 125℃；无须标定。

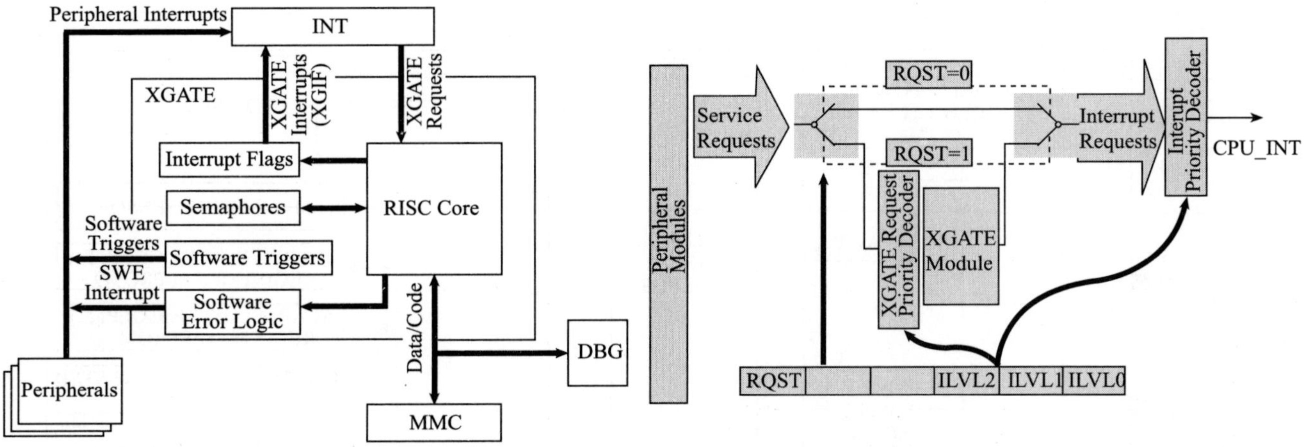

图 3 XGATE 模块原理图(左)和使用 CPU 或 XGATE 的中断路径(右)

3.3 硬件电路设计

3.3.1 温度传感器电路设计

本文针对进风口、出风口、电池和电池管理系统都分别采用了单独的 I/O 口进行温度采集，采用单独供电方式连接，每一路的电路的设计如图 4，5VC 接 DS18B20 引脚 3 V_{DD} 电源，DQ－BAT 直接与单片机 I/O 口连接，GND 对应 5VC。本设计中采用了一个电阻 R7、两个电容 C7 和 C8；R7 用于强上拉，C7 和 C8 用于抗扰滤波，布置 PCB 板时 C7 要尽量靠近 CPU 引脚，C8 要尽量靠近电路板接插件，是 EMC 滤波电容。

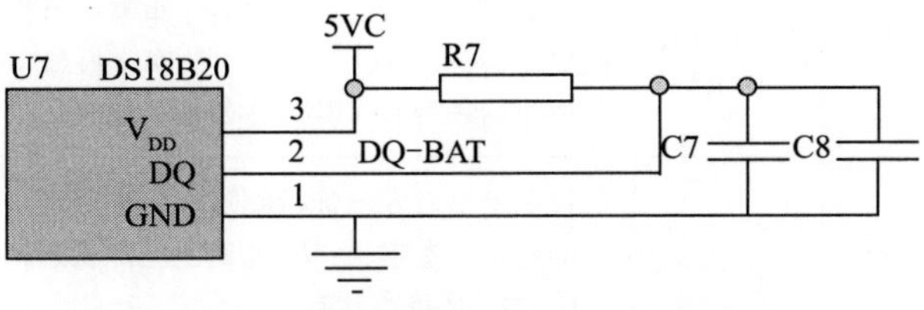

图 4 数字温度传感器 DS18B20 硬件电路设计

3.3.2 风机控制电路

风机控制电路相对简单，我们选用了集成 PWM 控制器的风机，只需与 CPU PWM 引脚连接即可，由于风机功率较大，其电源直接由汽车 12V 蓄电池提供。

3.3.3 CAN 通信接口电路

该单片机集成了 CAN 控制器，只需外扩 CAN 收发器即可，这里选用的是 PCA82C250 收发器，经典的通用电路，如图 5。注意网络中该电路需接 120 欧终端电阻。

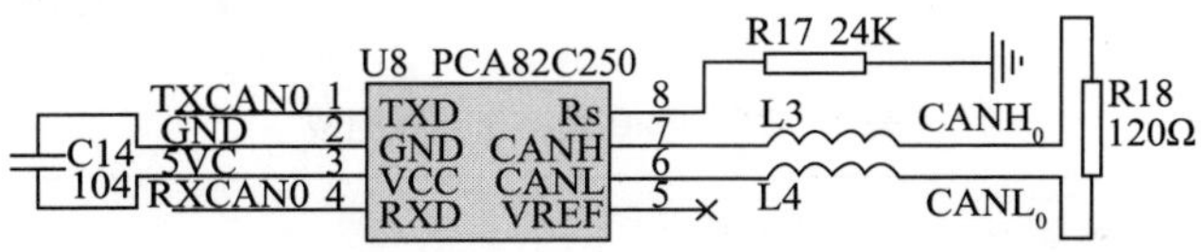

图 5 CAN 通信接口电路设计

4. 软件程序设计

为了使温度网络应用起来更加方便，需要准确进行位置定位，因此文中涉及温度网络的编号、搜号以及对温度进行控制。要读取温度，需要首先了解 DS18B20 应用原理。

4.1 DS18B20 应用原理

单总线通信是采用单根信号线既传输时钟，又传输数据，而且数据传输是双向的。单总线是一种取反逻辑的线或配置，这意味着许多事件都把总线拉到低电平。因此，在未成功读取温度时，可以用示波器查看总线信号状态。如图 6 为 DS18B20 模块功能原理图，包括供电方式检测、64 位光刻 ROM 和单总线端口、存储器和控制逻辑、暂存寄存器、温度传感器、警告触发、配置寄存器等模块。

在实际应用中，需要详细了解 64 位 ROM 和暂存寄存器的操作。每个 DS 器件都有唯一一个 64 位 ROM 代码，其中前 8 位是一个 1－Wire 家族码，中间 48 位是唯一的序列号，最后 8 位是前 56 位的 CRC（循环冗余校验）码，即 64 位 ID 组成为 8 位家族码 +48 位序列号 +8 位 CRC 码。暂存寄存器 RAM 由 9 个字节寄存器组成，每个字节代表含义如表 1。

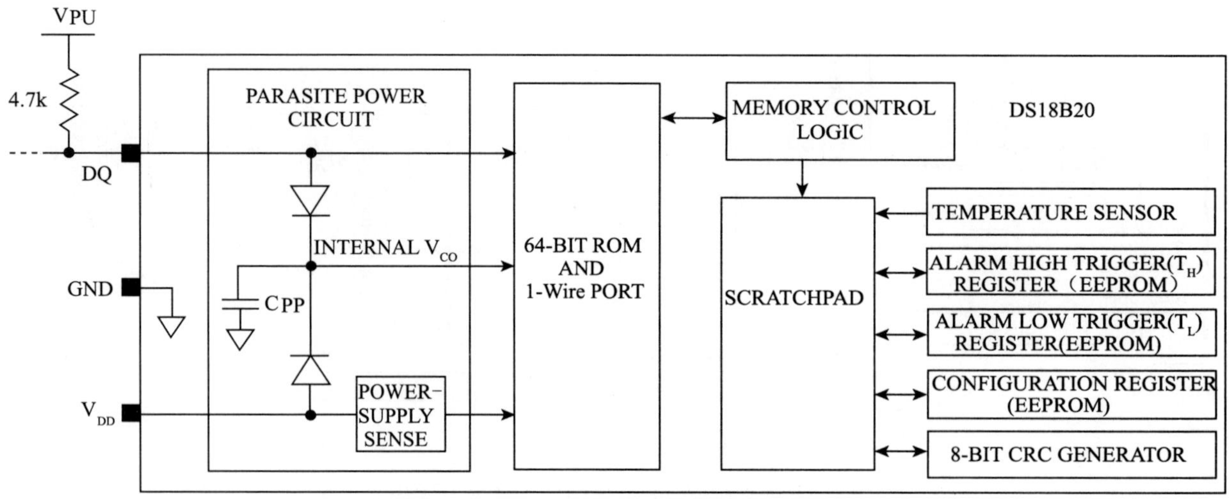

图6 DS18B20 模块功能框图

表1 DS18B20 暂存寄存器组成

字节地址	寄存器内容	
0	温度低字节数据	EEPROM
1	温度高字节数据	
2	高温温度限值 TH	TH 寄存器或用户字节 1
3	低温温度限值 TL	TL 寄存器或用户字节 2
4	保留	配置寄存器
5	保留	
6	计数剩余值	
7	每度计数值	
8	CRC 校验和	

对 ROM、RAM、EEPROM 的操作使用相应的指令代码来完成，具体指令及功能如表2 中常用指令代码及功能描述。

表2 常用指令代码及功能描述

指令	用途	功能描述
33H	读 ROM	允许读单个 DS18B20 的 64 位 ROM，多个时将数据冲突。
55H	指定匹配芯片	这个指令后紧跟着 64 位序列号，当总线上有多只 DS18B20 时，只有与控制发出的序列号相同的芯片才可以作出反应。
CCH	跳跃 ROM 指令	这条指令使芯片不对 ROM 编码作出反应，在单总线的情况之下，为了节省时间则可以选用此指令。 多芯片时将数据冲突。

续表2

指令	用途	功能描述
FOH	搜索芯片	在芯片初始化后，搜索指令允许总线上挂接多芯片时用排除法识别所有器件的 64 位 ROM。
ECH	报警搜索	在多芯片挂接的情况下，报警芯片搜索指令只对符合温度高于 TH 或小于 TL 报警条件的芯片作出反应。
44H	温度转换	芯片收到此指令后进行一次温度转换，将转换的温度值放入 RAM 的第 0、1 地址。
B8H	复制 EEPROM 报警值到 RAM	指令将 EEPROM 中报警值复制到 RAM 中的第 2、3 个字节里，在芯片上电复位时将被自动执行。 这样 RAM 中的两个报警字节位将始终为 EEPROM 中数据的镜像。
B4H	工作方式切换	此指令发出后发出读时间隙，芯片会返回它的电源状态字，“0”为寄生电源状态，“1”为外部电源状态。
4EH	向 RAM 中写数据	这是向 RAM 中写入数据的指令，随后写入的两个字节的数据将会被存到地址 2 和地址 3。
BEH	从 RAM 中读数据	此指令将从 RAM 中读数据，读地址从地址 0 开始，一直可以读到地址 8，完成整个 RAM 数据的读出。 芯片允许在读过程中用复位信号中止读取，即可以不读后面不需要的字节以减少读取时间。
48H	复制 RAM 数据到 EEPROM 中	此指令将 RAM 中的数据存入 EEPROM 中，以使数据掉电不丢失。

4.2 单个独温度传感器读取

进风口温度、出风口温度、BMS 温度是单个温度传感器 DS18B20，应用时只需启动转换（44H）并直接读取（BEH），并进行适当处理即可。

4.3　电池温度网络温度读取

根据实际 CAE 仿真及实车温度场试验，在电池上布置了 10 个温度传感器。为了在监控过程中能直观地读取温度，并得到各温度所在位置，需要对温度传感器进行编号。在大规模应用中，每个编号在电池上的位置是固定的，所以在监控中可以直观地知道电池各点的温度。

4.3.1　温度编号过程及原理

本文利用 VC++开发了软件进行温度编号和搜号，如图 7 为软件界面。利用软件编号功能，对单个（组）温度传感器编号，写值 1～10 到每一个温度传感器的告警（EEPROM）THTL，1～10 为温度传感器在电池包上布点位置，本文中在 TH 中写入的 1～10，在 TL 中写入的固定值 7f；在编号完成后可以直接用软件读出写入到 RAM 中的内容，如图 8，可见 TH（3 字节）中已经编号成功。

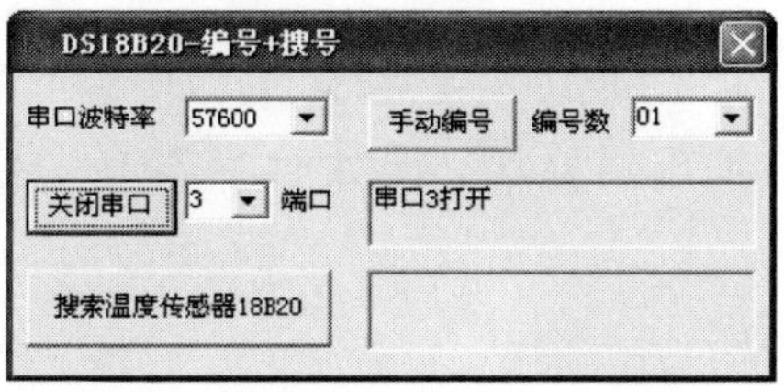

图 7　数字温度传感器编号和搜号集成软件界面

```
THTL 0:  0->a0  1-> 1  2-> 9  3-> 9  4->7f  5->ff  6->10  7->10  8->63
THTL 1:  0->a0  1-> 1  2-> 5  3-> 5  4->7f  5->ff  6->10  7->10  8->3f
THTL 2:  0->98  1-> 1  2-> 7  3-> 7  4->7f  5->ff  6-> 8  7->10  8->9e
THTL 3:  0->98  1-> 1  2-> 2  3-> 2  4->7f  5->ff  6-> 8  7->10  8->a7
THTL 4:  0->98  1-> 1  2-> a  3-> a  4->7f  5->ff  6-> 8  7->10  8->38
THTL 5:  0->a0  1-> 1  2-> 1  3-> 1  4->7f  5->ff  6->10  7->10  8->fc
THTL 6:  0->98  1-> 1  2-> 8  3-> 8  4->7f  5->ff  6-> 8  7->10  8->d5
THTL 7:  0->98  1-> 1  2-> 4  3-> 4  4->7f  5->ff  6-> 8  7->10  8->89
THTL 8:  0->a0  1-> 1  2-> 6  3-> 6  4->7f  5->ff  6->10  7->10  8->28
THTL 9:  0->98  1-> 1  2-> 3  3-> 3  4->7f  5->ff  6-> 8  7->10  8->5d
```

图 8　直接读取 RAM 中的内容

4.3.2　温度搜号

当单个（组）编号完成后，将 10 个具有不同编号的温度传感器形成单总线，再利用软件搜号功能，分别读出相应的序列号和 THTL 的值，对应 THTL 的值，将序列号写到对应变量脚标的变量中，比如 ID［0～9］对应 temp［0～9］，其中 ID［0～9］对应温度编号 THTL 的 1～10。搜号功能主要是实现：（1）能够实现温度布点与实际监控的温度相对应。（2）在手动搜号时将 DS18B20 的 64 位序列号保存在 CPU EEPROM 中，在以后使用时不再搜号，节约初始化时间，在上电时快速读到温度，给整车策略作合理判断。这里的 THTL 的值为概念值，实际设置时要在实际可测量温度范围之外，否则温度会报警（可以不理会）。软件具有较强容错功能，能够识别在 THTL 中有相同的值或未编号的值，并作相应提示或处理。

```
ID 0: 28  e0  18  67  1  0  0  c8
ID 1: 28  98   3  67  1  0  0  fd
ID 2: 28  44  d7  66  1  0  0  8a
ID 3: 28  8c  e3  66  1  0  0  2f
ID 4: 28  bd  ee  66  1  0  0  19
ID 5: 28  d3  21  67  1  0  0   b
ID 6: 28  2b  f5  66  1  0  0  16
ID 7: 28  87  d2  66  1  0  0  9e
ID 8: 28  b7  12  67  1  0  0  de
ID 9: 28  ff  ea  66  1  0  0  1d
```

图 9　利用搜号功能读出对应 THTL 的 64 位序列号

4.3.3　温度处理

在从 RAM 中读出数据后，需对数据进行处理，包括 CRC 验证、温度转换成实际值、合理值判断。下面给出相应温度计算源程序。

```
t = B20_RAM [1] ;                      //t 为要计算的温度，先读出 RAM 字节“1”数据
t< < =8;                               //左移 8 位
t = t|B20RAM [0] ;                     //加上 RAM 字节“0”数据
if (B20_RAM [0] &0x80) =0) ;           //判断最高位是否为“0”，“0”时温度为正，“1”为负
  {t = t ×0.0625} ;                    //温度为正时直接乘以 0.0625 得到实际温度
else
{t= ~t; t+ =1; t= -t ×0.0625} ;        //温度为负时需取反，加 1，再乘以 -0.0625 得到实际温度
```

4.4　在混合动力电池管理系统中的应用

电池管理系统实时性要求较强，但是 DS18B20 转换需要时间，我们利用协处理器的 I/O 处理功能进行温度转换和读取。在主程序中，设置定时器 1 周期为 10ms，每 10ms 启动协处理器进行温度转换或读取。软件编程时，只需简单配置协处理器即可启用 XGATE 功能，在协处理器模块的定时器中断中加入温度转换和读取程序即可。

5. 试验测试

通过调试，实现了文中所述编号和搜号功能，在试验过程中，得到了正常的结果。图 10 为监控软件监控到的电池温度。

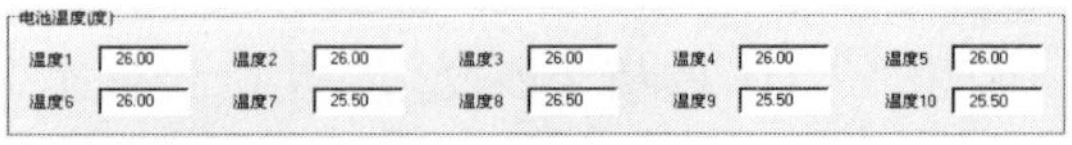

图 10　监控软件监控到的电池温度

6. 实际应用总结

温度传感器在实际应用中需要注意的问题总结如下:

(1)温度传感器的测量范围是 - 55℃ ~ 125℃，如果测量温度过高，将永久性损坏；如果温度超过 125℃，单总线将被钳位拉低，温度网络瘫痪，如图 11 所示，温度超过 125℃时总线钳位无法读取其他温度传感器温度。

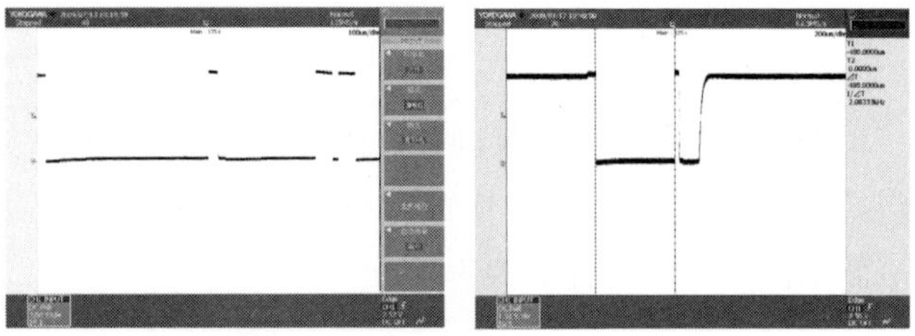

图 11　温度超过 125℃时总线钳位无法读取温度(左)和存在脉冲 480us(右)

(2)在焊接时，温度不能过高，DS18B20 内部也是有多部分组成，各部分通过焊接而成。 温度过高，时间过长会导致 DS18B20 芯片内部脱焊，无法使用。

(3)当 DS18B20 芯片个引脚未正常连接时或电源地接反时，芯片会发热但不会损坏。

(4)编号时可以一次对多个芯片进行编号，使用时如果已经组成单总线网络，搜号时千万要小心，否则如果再对其编号，将把所有的芯片编成同一个号，将使实际查看时无法对应。

(5)由于温度不能自动定位，才需要手动编号来进行定位。 在编号完成后组成单总线网络时要细心，按照一定的操作流程进行制作，并经过严格测试，满足要求才能出厂。

(6)在温度损坏或更换后，需要手动搜号，为了满足绝大多数广泛应用，需要制定相应策略来应对芯片损坏、线束松动、芯片更换等例外情况，保证电池管理系统最大程度上的容错和功能正常，出现问题时要能够用设备和软件进行诊断。

(7)程序设计中，特别注意要满足单总线时序要求，特别是在 XGATE 中始终频率并不完全对应时 CPU 总线频率的两倍，建议用汇编程序，可准确定时，如图 11 (右) 存在脉冲设定为 480us。

(8)为保证系统健康运行，在程序中尽量不使用 while 等死循环，在单总线断线或接触不好时，将没有返回信号，可能程序进入死循环。

(9)多个芯片组成网络时，需要总线驱动，一方面可以保证读写可靠，另一方面不需要读温度和启动温度转换时软件延时，对时间要求较高场合有用。在总线驱动时可直接电阻上拉，简单实用。 三极管驱动有失败经历，已经放弃。

(10)CRC 错误校验通过后并不能保证读取的温度就是正常的，通常读取 RAM0 ~ 8 都能通过 CRC 校验，必须保证硬件网络阻容匹配适当，在不适当的时候可能读出的温度为任意值。 特别是在远距离传输时，要注意抗干扰处理和信号衰减处理，建议使用带屏蔽双绞线，在温度不正常时，可以使用示波器查看波形来分析出错原因，比如时序不对，还是总线钳位。

7. 结论

文中针对数字温度传感器 DS18B20 组成的测温网络，给出了可定位温度位置的具体应用方案，包括编号和搜号，以及在协处理器 XGATE 中的成功应用。

参考文献

[1] http://www. 863. org. cn.

[2]杨新民,陈名才,刘宏兵等 . 氧化锆对镍氢电池性能影响的研究[N]. 稀有金属快报,2007,26(1):125.

[3]付正阳,林成涛,陈全世 . 电动汽车电池组热管理系统的关键技术[J]. 公路交通科技,2005,22(3):119 - 123.

[4] DS18B20 Programmable Resolution 1 - Wire Digital Thermometer. http://www. maxim - ic. com.

[5] AN159 绝对可靠的 1 - Wire 通信 . http://www. maxim - ic. com.

五、基于人工神经网络的镍氢动力电池荷电状态预估

朴昌浩[1,2] 黄智宇[2] 付文利[2] 王进[2]

(1. 重庆长安新能源汽车有限公司 · 重庆 · 401120

2. 重庆邮电大学能源电子研究室 · 重庆 · 400065)

摘要: 设计了一种用于预测混合动力汽车镍氢动力电池荷电状态(*SOC*)的人工神经网络。人工神经网络的输入为当前电流、电压以及前一时刻的 *SOC*,输出为当前 *SOC*。仿真结果表明,设计出的人工神经网络能够准确预测镍氢动力电池的 *SOC*,平均误差在10%以内;对初始 *SOC* 值的依存度低,只需90秒即能自适应到目标值。

Abstract: To track the state of charge (*SOC*) of the hybrid electric vehicle's NI – MH battery, an artificial neural network (ANN) is designed in this paper. Current, voltage and the previous *SOC* are used to ANN inputs, and output is *SOC*. The result show that, this artificial neural network can track the state of charge (*SOC*) of the batteries accurately, in the average tracking error less than 10%; the ANN is in low dependence on the initial *SOC*, and the output can be achieved target value only in 90 seconds.

关键词: 混合动力汽车 镍氢动力电池 荷电状态 人工神经网络

在混合动力汽车上,荷电状态(State of Charge, *SOC*)是镍氢动力电池使用过程中的重要参数之一,如何准确地跟踪电池的 *SOC*,一直是镍氢动力电池研究人员关注并投入大量精力研究的课题。当前国内外的混合动力汽车普遍采用安时法来预测镍氢电池的 *SOC* [1]。安时法,是通过累积电池在充电或放电时的电量来估计电池的 *SOC*,此方法比较简单,但存在估计电池 *SOC* 时不能估计其初值 SOC_0,且充放电效率的不稳定会造成长时间的误差累积等缺陷 [2]。此外,还有开路电压法、电阻测量法、放电实验法、负载电压法等方法,但目前都还不能满足混合动力汽车的控制要求 [3-5]。

本文设计了一种用于预测混合动力汽车镍氢动力电池 *SOC* 的人工神经网络(artificial neural network, ANN),该方法预测带有较强的智能性,并具有很强的学习功能,在处理大量的不能用规则或公式描述的原始数据时表现出极大的灵活性和自适应性 [6-7]。在大多数已经发表的利用人工神经网络预测镍氢动力电池 *SOC* 的文献中,选择输入变量时没有考虑镍氢动力电池前一时刻的荷电状态 SOC_{t-1} 对预测下一时刻荷电状态 SOC_t 的影响。因此,本文将镍氢动力电池的 SOC_{t-1} 值引入到输入变量中,即选择当前电流、电压、前一时刻 *SOC* 作为输入变量,并采用比例共轭梯度算法来训练网络。通过大量样本的反复训练,神经网络能够更好地学习和适应未知系统的动态特性,并将此特性隐含存储在网络内部的连接权中。仿真结果证明,本文提出的 ANN 算法能够准确地预测混合动力汽车镍氢动力电池的 *SOC*,并在短时间内使输出结果的平均误差达到5%左右。

1. ANN 的结构与样本的提取

1.1 ANN 的结构

本文研究的重点是在当前时刻 t 下确定混合动力汽车镍氢动力电池 SOC_t 与当前电流 It、电压 Ut 以及前一时刻 SOC_{t-1} 之间的关系,这是对函数曲线的预测 [8-9]。同时也可以将 SOC_t 理解为 It、Ut 与 SOC_{t-1} 的三元函数 f。目前,在 ANN 的实际应用中,绝大部分的神经网络模型都是采用 BP 神经网络(Back – Propagation Neural Network, BPNN)。研究表明,使用三层的 BPNN 可以任意逼近实际函数 f [10],因此本文也采用了最常用的三层 BP 神经网络。

神经网络的输入变量是否合适,变量数量是否恰当,都将直接影响神经网络预测的准确性和计算量。本文在设计网络的时候充分考虑了镍氢动力电池 SOC_{t-1} 对 SOC_t 的影响,在网络的输入层加入了 SOC_{t-1},即使用当前电流 It、电压 Ut 和 SOC_{t-1} 作为输入,输出为 SOC_t,其中 SOC_{t-1} 是根据 It 用安时法计算得到的。

神经元的传递函数都采用线性函数。在神经网

络的设计中，增加隐含层的神经元个数可以改善网络与训练组匹配的精确度，但是隐含层的神经元个数并不是越多越好。神经元个数太多会让网络记住包括噪声在内的所有训练数据，这会降低网络的泛化能力。通过试凑法对比仿真结果后发现，神经网络的隐含层采用10个神经元就可以比较准确地描述输入变量与输出变量的曲线关系。

本次实验所采用的神经网络结构如图1所示。

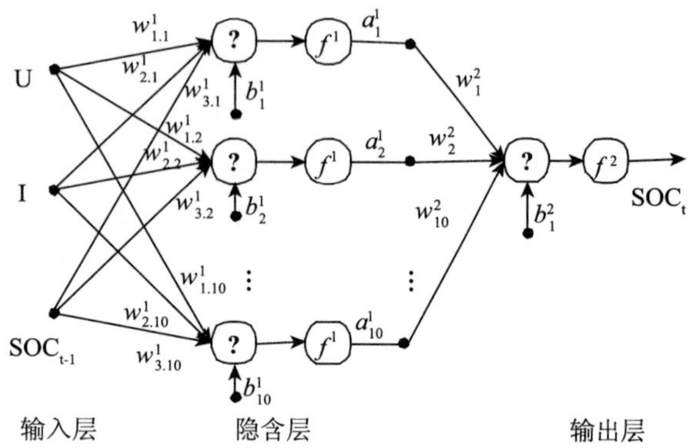

图1　两层神经网络结构图

图1中，w 表示两层间的连接权值，b 表示每个神经元的阙值，f 表示网络的传递函数。$w^1_{1.1}$ 的上标表示此值是输入层与隐含层的连接权值，而隐含层与输出层的权值用数字2表示；下标中的前一位数字1是表示输入量为 U_t，而输入量 I_t、SOC_{t-1} 则分别用数字2、3表示；下标中的后一位数字1表示前一位所确定的输入量与隐含层第1个神经元的连接权值。b^1_1 的上标数字1表示是隐含层神经元，而输出层神经元用数字2表示；下标数字1表示所在层中的第1个神经元。a^1_1 中上标表示隐含层的输出，下标表示隐含层的第1个神经元的输出。

ANN 输出层的输出 SOC 为：

$$SOC = f\ [w^2 \times f(w^1 \times x + b^1)] + b^2$$

其中 x 为网络的输入向量，线性传递函数 $f(x)=x$。

1.2　样本的提取

神经网络的性能与样本的选取密切相关。本文首先在多个行驶工况中设置不同的初始条件(如充放电电流)，每隔10ms采集一次数据，最后得到混合动力汽车电池的实时电流、电压等基本参数，并用安时法计算出电池的实时SOC。

由于采集的数据之间存在一定的相似性，如直接提取训练样本则会包含很多冗余数据，所以先进行了初步整理：舍弃各种造成SOC剧烈突变的不合理点，周期性或变化趋势一致的数据也只选取一组。所有的样本数据应该尽可能的相互独立并且具有代表性，否则，随着网络输入空间维数的增加，所需的网络训练样本数将迅速增加，从而容易使网络出现过拟合现象。系统的输入输出特性包含在数据样本中，网络的训练时间也明显与训练数据量有关，因此数据量的选择也需要注意。实验在选择样本时，先用数据量多的样本训练网络，后用数据量较少的样本再训练样本，最后选取结果较好的一组样本。

按照上述方法，本文总共选取了12组样本数据。其中6组作为训练样本训练网络，4组作为验证样本用于验证所得到网络的泛化能力，还有2组采集的是汽车电流为零时的静置电压数据，作为检验所得网络在训练样本电压范围之外的推断能力。表1给出了部分样本的顺序和大小，基本体现了训练样本从大到小的趋势。

2. 训练算法

在实验中为了避免网络的过度训练，采用训练和仿真交替进行的方式。即训练样本每训练完一次网络后，保持网络的权值和阙值不变，再用验证样本数据作为网络的输入，正向运行网络，检验输出的平均误差。在仿真时，实验使用前一刻的仿真输出作为下一时刻仿真的输入，即 $SOC(i)=SOC'(i-1)$，$i>1$ 且为整数。当继续训练不能减小网络的输出平均误差时，我们就认为本轮网络训练结束。

常用的BP算法存在训练时间长、收敛速度慢等缺点，因此本文训练时采用比例共轭梯度算法。共轭梯度算法需要在每个训练周期中线性地搜索网络调整方向，这种线性的搜索方式在每次的搜索中都要多次对所有样本进行计算，这样就消耗了大量的时间。而比例共轭梯度算法将模值信赖域算法与共轭梯度算法结合起来，有效地减少了上述搜索时间，提高了网络的训练速度[11-12]。

当给一个训练结束的BP网络提供新的记忆模式时，已有的连接权将被打乱，这导致已记忆的学习模式的信息消失，在重新训练新网络时需要加入原来的学习模式[12]。因此，在增加训练样本时，原来的样本也要保留。如果在加入新的训练数据后，不能训练得到比上一个网络平均误差还要小的网络，就说明这个神经网络已经接近稳定，是实验想要通过训练得到的神经网络。本文所用的 BP 神经网络训练流程如图 2 所示。

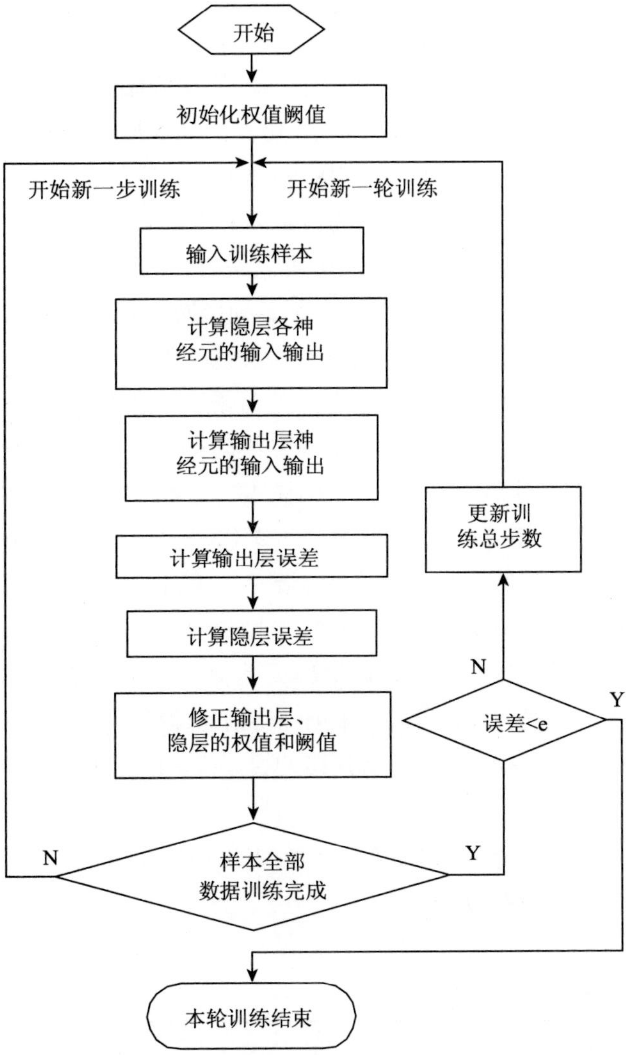

图 2 BP 神经网络的训练流程图

图 2 中的输入训练样本 U、I 都是 t 时刻的数据，而 SOC 是 $t-1$ ($t>1$) 时刻的数据。ε 代表预先设置的训练结束目标，此目标并不是越小越好，因为网络存在过度训练的问题。更新训练总步数是指网络在没有收敛的时候进行下一轮训练。实验在本轮训练结束后，还将判断神经网络预测的平均误差是否比上一轮小，如果是就需要用相同的方法继续训练，直至不再减小为止，否则就增加样本进行新的训练。

3. 实验结果与分析

3.1 实验与结果

3.1.1 训练

根据文中方法训练得到了 5 个神经网络，依次记为网络 1、网络 2、网络 3、网络 4、网络 5。各个网络在不同时间的平均误差如表 1 所示：

表 1 训练所得网络输出的平均误差（%）

		网络 1	网络 2	网络 3	网络 4	网络 5
起始时刻误差	训练样本	29.9	13.9	8.9	7.3	8.1
	验证样本	17.3	9.7	7.5	9.5	8.4
3 分 20 秒后误差	训练样本	29.8	13.3	8.2	6.7	7.5
	验证样本	23.7	7.1	4.7	4.2	4.3

3.1.2 测试及结果

实验使用了验证样本和一组训练样本作为测试网络性能的样本，样本的采样时间都是 10ms。由于仿真得到的波形含有一些因电流、电压值突变造成的波动，实验使用了加权滤波对结果进行处理。SOC 的初值分别为用安时法计算得到 SOC 的真实值和任意设置的 SOC（分别是 0、30、50、70、100）。表 2 总结了在 SOC 设不同初值情况下部分样本对于人工神经网络 4 预测结果的误差平均值，表中的“相同预测值时刻”是指样本在仿真初始值 SOC_0 不同的情况下预测的 SOC 值第一次在这一时刻达到相同。

表 2 神经网络输出的平均误差

	相同预测值时刻 t/s	平均预测误差（%）		相同预测值时刻 t/s	平均预测误差（%）
验证样本	87	6.9	训练样本	64	7.2
	150	4.8		150	6.9
	200	4.2		200	6.7

3.2 结果分析

3.2.1 训练结果分析

从表 1 中可以看出，对于训练样本，网络 4 在起始时刻和经过 3 分 20 秒后预测的平均误差分别是 7.3%、4.2%，比另外 4 个网络相应的平均误差都要小；对于验证样本，在开始后网络 4 的平均误差为 9.5%，大于网络 3 和网络 5 的平均误差，但是经过 3 分 20 秒后网络 4 的平均误差为 4.2%，小于另外 4 个网络相应的平均误差。这些结果说明在实验训练得到的 5 个网络中，网络 4 的自适应能力最好，且预测结果较为准确。

通过上述训练结果的分析，选用了网络 4 作为预测汽车电池 *SOC* 的神经网络。网络 4 的网络结构如图 3 所示，其中隐含层到输出层的权值如图 3 中直线中部的数据，输入层到隐含层之间的权值如表 3。

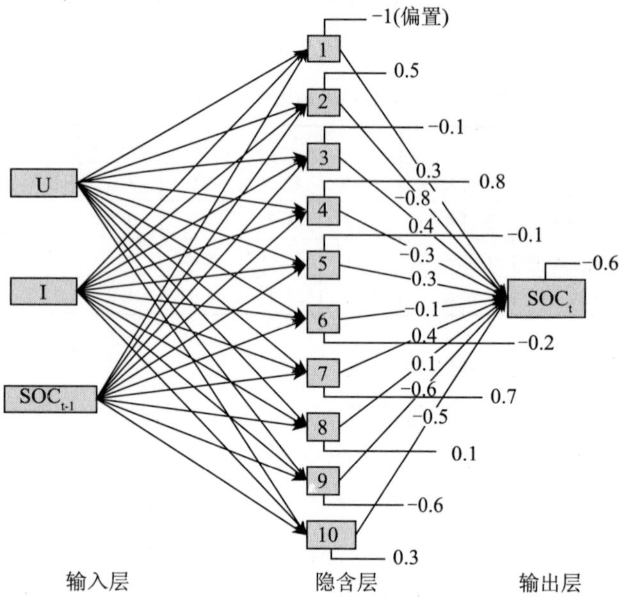

图 3　神经网络的实际结构图

表 3　输入层与隐含层权值表

隐含层	1	2	3	4	5
U/V	0.7	-0.3	0.1	0.02	0.6
I/A	0.3	0.5	0.9	0.7	-0.6
SOC/%	-0.8	-0.4	0.6	-1	-0.7

续表

隐含层	6	7	8	9	10
U/V	0.5	-0.2	-0.9	0.7	0.03
I/A	-0.2	0.9	0.8	-0.2	0.7
SOC/%	-0.6	-0.5	0.2	-0.5	-0.6

3.2.2　测试结果分析

本文以训练样本和验证样本的实验结果来说明本文建立的神经网络性能。仿真时的 *SOC* 初值分别设为为 0、30、50、70、100 和样本的真实值，网络 4 对训练样本和验证样本的仿真结果如图 4 所示。

从表 2、表 3 和图 4 中可以看出，训练样本经过 64 秒、验证样本经过 87 秒后，神经网络就基本能克服样本 SOC 初值随意设置对预测的影响。对于验证样本，当初值随意设为“0”的时候，经过 87 秒误差达到 6.9%，比初值设为真实值时的实验平均误差 9.5%要小的多；对于训练样本，当初值随意设为“0”时经过 64 秒误差达到 7.2%，与初值设为真实值时的实验平均误差 7.3%要小。随着时间的往后推移，无论实验初值为多少，神经网络预测值的平均误差都是越来越小，且平均误差值都在 10%以内。通过上述分析，可以看出训练得到的神经网络在很短的时间内就能接近训练网络的目标值，具有很强的自适应能力。

样本输入量 *U*、*I* 的波形如图 5 所示，图中的采样时间间隔为 10s。

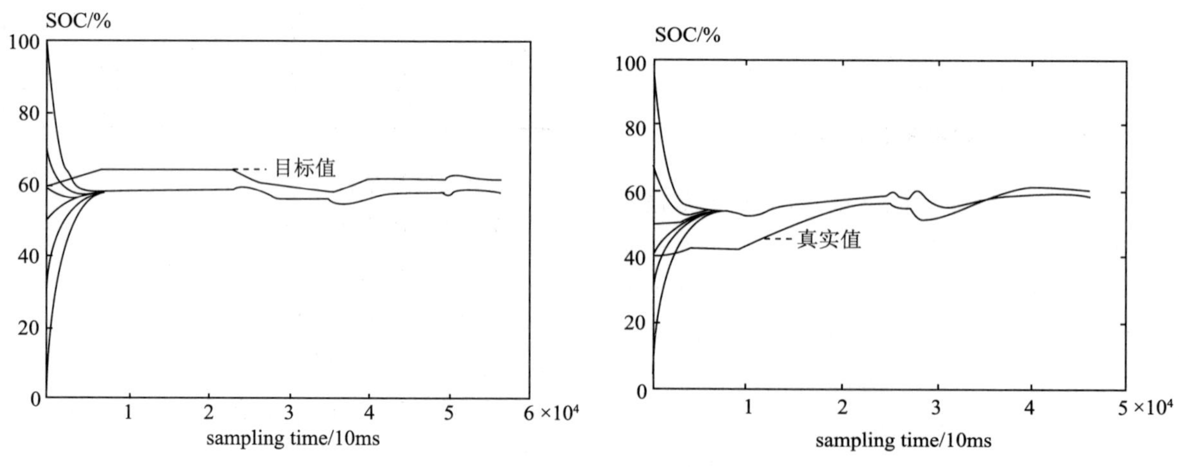

图 4　设置不同 SOC 初始值时神经网络的预测结果

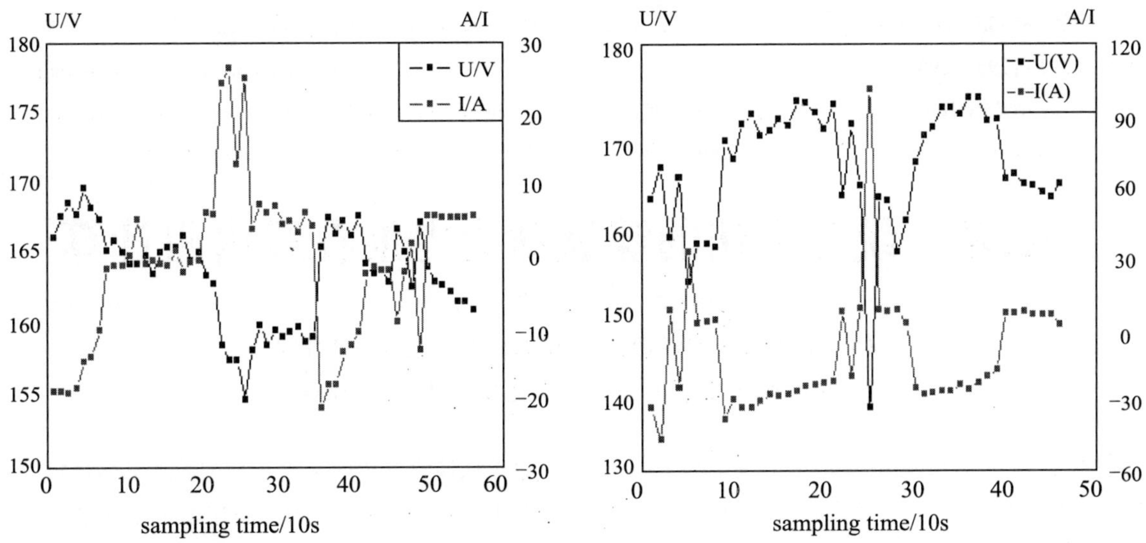

(a)训练样本　　(b)验证样本

图5　实验数据的电流、电压变化趋势

样本输入量 U、I 的波形如图5所示，其中图5中的采样时间间隔为10s。从图4的预测波形与图5样本的电流、电压变化趋势比较中还可以看出，BP神经网络算法的预测能够比较好地反映电池电流、电压图形变动的趋势，即电流为负值时，预测 SOC 增加且电流负值的绝对值越大，预测 SOC 结果的增加幅度也越大；电压减少时，预测结果 SOC 表现出相应的减少趋势。10%以内的输出平均误差和与输入向量 U、I 的对应关系都说明：用BP神经网络算法预测汽车动力电池 SOC 的结果是非常准确的。

4. 结束语

为了在汽车运行过程中实时预测镍氢动力电池 SOC，同时保证预测的准确性和良好的自适应能力，本文设计了一种可用于预测镍氢动力电池 SOC 的3个输入10个神经元1个输出的人工神经网络。该神经网络把电池前一时刻的荷电状态即 SOC_{t-1} 引入到神经网络的预测中，从而考虑了 SOC_{t-1} 对预测 SOC_t 的影响，提高了神经网络的自适应能力。在神经网络的训练过程中采用了比例共轭梯度算法，通过交替训练仿真，不断地修改网络中各种连接的权重，最终形成固定的记忆模式用于对 SOC 的预测。同时根据不同的神经网络仿真误差的比较避免网络的过度训练。对样本的仿真表明，本实验建立的人工神经网络能准确地预测混合汽车镍氢动力电池 SOC，且自适应能力好。这些性能使得该算法具有很高的应用价值。

参考文献

[1] PILLER S, PERRIN M, JOSSEN A. Methods for state of charge determination and their application[J]. Journal of Power Sources, 2001,96(5):113 – 120.

[2]Zhang Hongmei, Deng Zhenglong. UKF – based attitude determination method for gyro less satellite[J]. Journal of System Engineering and Electronics, 2004, 15(2): 105 – 109.

[3] Lin Chengtao, WANG Junping, Chen Quanshi, Methods for state of charge estimation of EV batteries and their application[J], 2004, 34(5):772 – 774.

[4] SIMMONDS N, Device for indicating the residual capacity of secondary cells: U. S. Patent 5 518 835[P], 1996 – 5 – 21.

[5] SALAMEH M, CASACCA A. A mathematical model for lead-acid batteries [J]. IEEE Trans Energy Conversion, 1992,7 (1): 93 – 97.

[6] A. Salkind, C. Fennie, P. Singh, T. Atwater, D. Reisner, Determination of state – of – charge and state – of – health of batteries by fuzzy logic methodology[J], Journal of Power Sources, 1999, 80(2): 293 – 300.

[7] SHEN Wenxue, State of available capacity estimation for lead – acid batteries in electric vehicles using neural network [J], Energy Conversion and Management, 2007, 48 (2): 433 – 442.

[8] QIN Guogang, LIU Jianming, A new battery state of charge indicator for electric vehicles [J]. Electric Vehicle Symp, 1996, 13(2):631 – 633.

[9] KITAGAWA M, Development of battery state of

charge indicator for electric vehicles [J], Electric Vehicle Symp. 1994,12(1):293 - 295.

[10] CAUMONT P, ROMBAUT C, Energy gauge for lead - acid batteries in electric vehicles[J], IEEE Trans. Energy Convers. 2000, 15(3):354 - 360.

[11] LIN C, Reinforcement structure/parameter learning for neural network based fuzzy logic control systems [J], IEEE Trans. Fuzzy Syst, 1994, 2(1): 46 - 63.

六、基于统计方法的镍氢动力电池在线内阻计算

朴昌浩[1 2] 雷改惠[2] 王进[2]

(1. 重庆长安新能源汽车有限公司·重庆·401120

2. 重庆邮电大学能源电子研究室·重庆·400065)

摘要:根据动力电池成组应用的需要,本文利用统计方法计算镍氢动力电池组的在线内阻。通过对比不同荷电状态(SOC)下镍氢动力电池组的统计内阻和脉冲内阻,分析了镍氢动力电池在线内阻统计计算方法的有效性。实验结果表明,该内阻计算方法能够有效地计算出不同荷电状态下镍氢动力电池的在线内阻,其平均相对误差小于15%。且相对误差受充放电电流的离散度和对称性影响:充放电电流的离散度越大,对称性越好,统计内阻的相对误差越小。

Abstract: Based on the application of the dynamic batteries, the on - line resistance of nickel metal hydride power batteries is calculated by using a statistical method in the article. By the comparision of statistics resistance and pulse resistance at different points of SOC (state of charge), the validity of the statistical method for the resistance of nickel metal hydride power battery is demonstrated. The experiment results show that the statical method can calculate the on - line resistance of nickel metal hydride power batteries at the different points of SOC effectively, the average error of the statistical resistant is less than 15%. And the relative error is affected by the discretization and symmetry of the current. the bigger the discretization and symmetry of charging &discharging electric current are, the lesser the relative error of the statistical resistant is.

关键词:统计 内阻 镍氢动力电池组 离散度 对称性

基于保护环境和节约能源的要求,汽车产业和能源部门已经致力于发展电动和混合动力汽车[1]。在这个发展过程中,动力电池技术得到了高速发展。电池正从传统的铅酸电池过渡到高性能动力电池。在高性能电池中,镍氢动力电池在技术和价格方面具有更多优势[2, 3]。在世界范围内,动力电池的需求在增长。

镍氢电池在适当的价格下提供优良的储能性能,使得它在电动设备,特别是电动汽车行业中具有突出的表现。然而镍氢等新型动力电池在成组应用中也存在一些亟待解决的问题[1, 4]:如单体一致性差、成组寿命短等。动力电池内阻作为一项可以用来衡量动力电池的性能和健康程度重要技术指标[5, 6, 9],可为上述问题的解决提供有用信息。

本文以5节1.2V/6Ah的圆柱形镍氢动力电池串联而成的电池模块为研究对象,采用高精度电池测试设备为该电池模块提供仿真工况。在不同荷电状态下,作了统计内阻和脉冲内阻的对比实验;并分析了该统计方法的有效性。

1. 电池内阻的统计计算方法

1.1 电池模型描述

本文采用Rint电池等效模型[7, 8]:认为电池就是一个理想电压源V_{oc}与电阻R的串联组合;如图1所示。

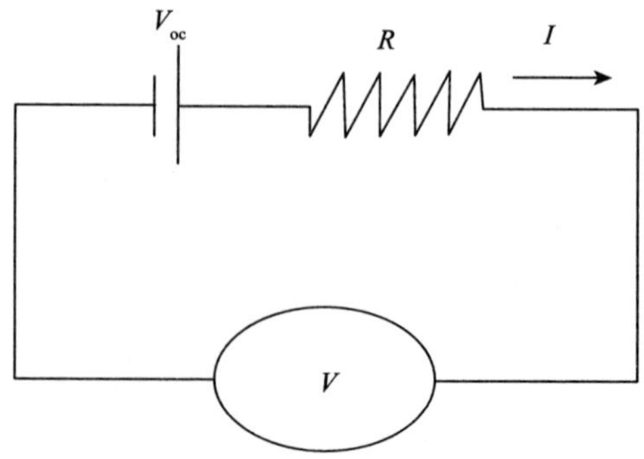

图1 Rint电池等效模型

此等效模型的数学关系式如式(1)所示:

$$V = V_{oc} - I \cdot R \tag{1}$$

式中 V 和 I 分别为电池的路端电压和路端电流。

1.2　统计内阻计算方法

目前，比较常用的内阻测试方法有以下三种[9]：直流法、交流法和脉冲法。直流法是将蓄电池处于静态或脱机状态，通过外部施加一个放电电流，用蓄电池电压降与放电电流的比值来提供蓄电池的内阻。其优点是简单易行，其缺点是误差大、无法实时监控且对电池有伤害。交流整流法是通过给蓄电池施加一个交流低频小电流信号，然后对其电压进行采样，经过整流、滤波等一系列处理后通过运放电路计算出该电池的交流阻抗以及内阻值。其优点是对单体电池测试比较准确，其缺点是抗干扰能力差并且不适用于动力电池监控系统在线监控。脉冲法是将蓄电池处于搁置状态，再给蓄电池施加一系列窄带脉冲充放电电流，通过脉冲的偏转电压与电流比值计算电池内阻，具体计算公式如下：

$$R = |V_{\mathrm{d}} - V_{\mathrm{before}}|/I \tag{2}$$

式(2)中，I 为脉冲电流的大小，V_{before} 为脉冲前电池的搁置电压。当 V_{d} 取充电脉冲峰值电压的平均值时，R 为脉冲充电内阻；当 V_{d} 取放电脉冲峰值电压的平均值时，R 为脉冲放电内阻。脉冲法的优点是对毫欧级的电池内阻测试具有较高的精确度。

然而动力电池在实际工作中，电流复杂多变，电压又存在滞后[10]：如图2所示混合动力车中镍氢动力电池组的实际电流数据，其采样频率为1HZ；这就导致上述内阻计算方法均不能在线使用。而理论上，基于统计的电池内阻计算方法恰好可以充分利用动力电池的这一工作特性，从而有效地计算出动力电池的在线内阻。

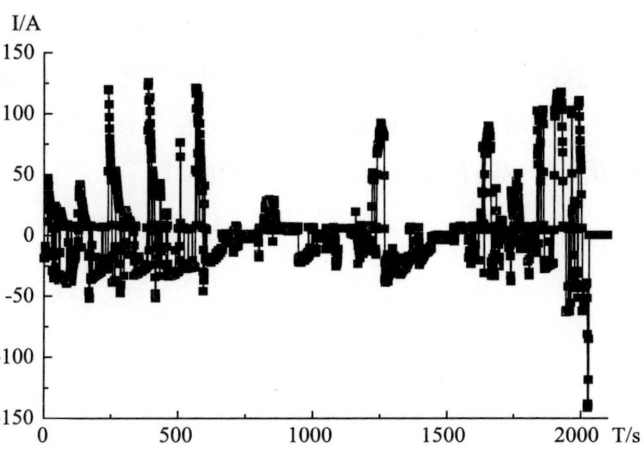

图2　混合动力车中镍氢电池组电流分布

基于统计方法测量动力电池在线内阻的原理是[10]：短期内，电池开路电压以及内阻值变化很小，可以认为其近似不变；故可以在这段时间内使用图1中的Rint电池模型。根据这段时间内的采样端电压和端电流值，使用(1)式进行线性拟合；从而可以计算出这段时间内的在线内阻值和开路电压值。

该统计方法使用 n 个等时间间隔采样点的端电流和端电压来计算电池在线内阻，具体内阻计算公式如(3)~(6)式[10, 11]：

$$S1 = \frac{1}{n}\sum_{j=1}^{n} I_j \tag{3}$$

$$S2 = \frac{1}{n}\sum_{j=1}^{n} I_j^2 \tag{4}$$

$$S3 = \frac{1}{n}\sum_{j=1}^{n} V_j \tag{5}$$

$$S4 = \frac{1}{n}\sum_{j=1}^{n} I_j V_j \tag{6}$$

$$R = -(S4 - S1 \cdot S3)/(S2 - S1 \cdot S1) \tag{7}$$

式中 I_j 和 V_j 分别为第 j 个采样点的端电压和端电流。

在 $S2 - S1 \cdot S1$ 为零或接近于零时，统计内阻计算模型将会失效[11]。另外，当采样点的电流过于集中时，等式(7)将提供一个不合理的内阻值[12]。

该统计方法具有以下的优点：它无须额外的测试工况，就能实现在线内阻检测；无须昂贵的测试设备，而能方便快捷地进行内阻测试。

2. 实验数据

2.1　实验准备

本文采用了高精度电池性能测试系统进行如下实验：在不同荷电状态下，测量并记录仿真工况和脉冲工况下镍氢电池组的端电压和端电流变化情况；并利用这些数据来计算电池组的统计内阻和脉冲内阻。

实验器材有：一套量程为20V/30A的高精度电池性能测试设备、一台PC机、5节1.2V/6Ah的圆柱形镍氢电池串联而成的电池模块一个；其连接如图3所示。

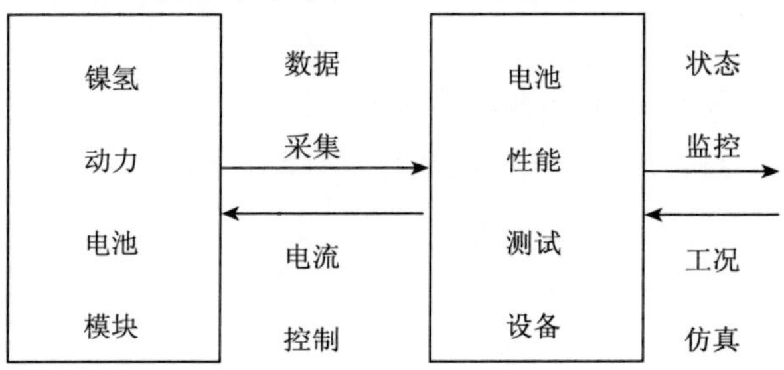

图3　实验系统结构图

图3中，通过PC机上的控制软件设置工步来模仿测试工况如图4中(a)~(f)。通过数据处理软件记录端电压、端电流并将其储存在PC机上。

2.2 测试条件

在不同荷电状态下，进行电池内阻测试实验：在20℃ ±5℃通风环境条件下，按照CQ/T 744－2006标准[13]中6.3.4和6.3.5，将电池充满电；然后放电至指定的荷电状态[10]：100%，87.5%，75%，62.5%，50%，37.5%，25%，12.5%。接着测试并记录镍氢电池组在如图4所示的五种仿真工况(a)~(e)下端电压数据。再搁置30min，然后用如图4所示的脉冲工况(f)测试30s，分别测出并记录搁置电压和各充放电脉冲峰值电压。

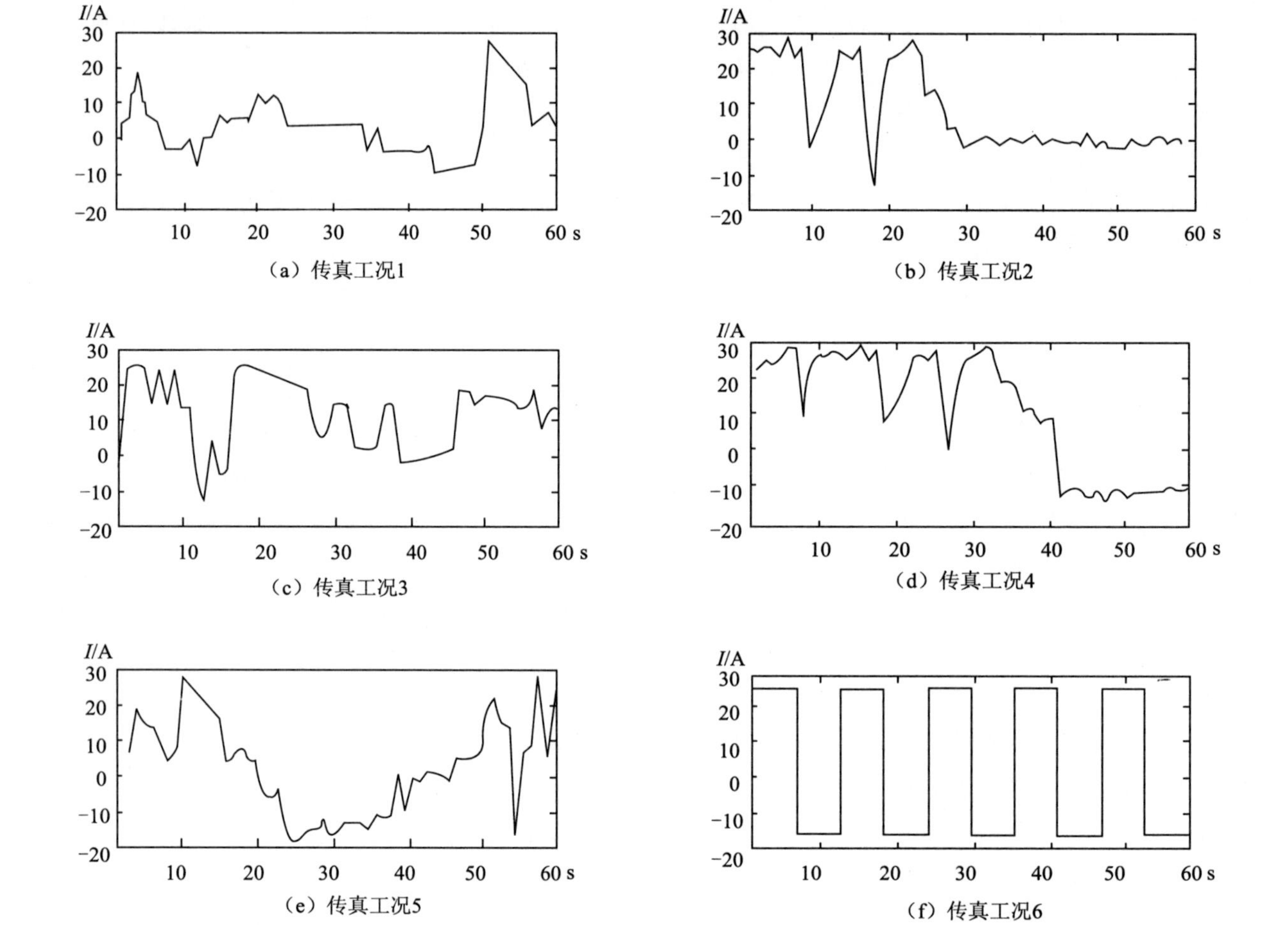

(a) 传真工况1

(b) 传真工况2

(c) 传真工况3

(d) 传真工况4

(e) 传真工况5

(f) 传真工况6

图4 动力电池内阻测试工况

图4中，横坐标表示时间，单位：s；纵坐标为电流，数据为正表示充电，为负表示放电，单位：A。仿真工况(a)~(e)均是从混合动力汽车镍氢动力电池组实际运行状态下抽取的电流数据。脉冲工况(f)源于文献[9]。

2.3 统计内阻计算程序

统计内阻计算算法流程如图5所示：

当 S2 - S1 · S1 过小，表明采样点分布过于集中，这时统计内阻模型将会失效，从而不能计算出动力电池内阻。作为实际工程中的补偿手段，用前次计算出的内阻替代当前计算失效的内阻。

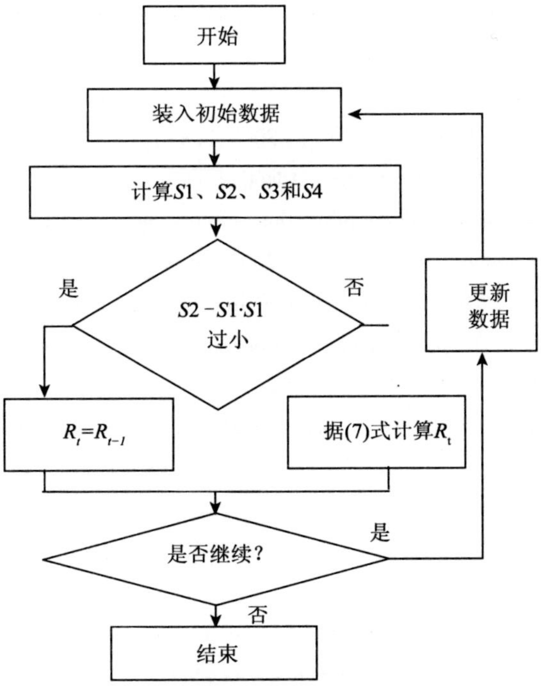

图 5　统计内阻计算流程图

3. 实验结果与讨论

统计内阻计算模型中的采样个数 n 选取 60，采样点频率 1Hz；然后在不同的荷电状态和各仿真工况下计算统计内阻；再在不同荷电状态下计算相应的脉冲充电内阻和脉冲放电内阻，两者的均值定为相应荷电状态下的脉冲内阻，如表 1 所示。五种仿真工况(a)~(e)下的统计内阻和脉冲工况(f)下的脉冲内阻如图 6 所示：统计内阻与荷电状态呈无规律变化，这与公认的结果是一致的。除(b)外的四个仿真工况在各个荷电状态的统计内阻都较为接近，尤其是较大或较小的荷电状态：12.5%、87.5%和100%；这表明该统计方法具有较好稳定性。此外，统计内阻均偏小于脉冲内阻，这是充放电电流大小不同所造成的 [15]。

表 1　脉冲充放电内阻表

SOC (%)	充电内阻 (mΩ)	放电内阻 (mΩ)	平均内阻 (mΩ)
12.5	23.52	22.14	22.83
25	20.58	21.56	21.07
37.5	23.19	22.00	22.60
50	23.81	22.10	22.96
62.5	24.76	22.62	23.69
75	26.08	22.70	24.39
87.5	26.37	23.15	24.76
100	24.8	26.03	25.42

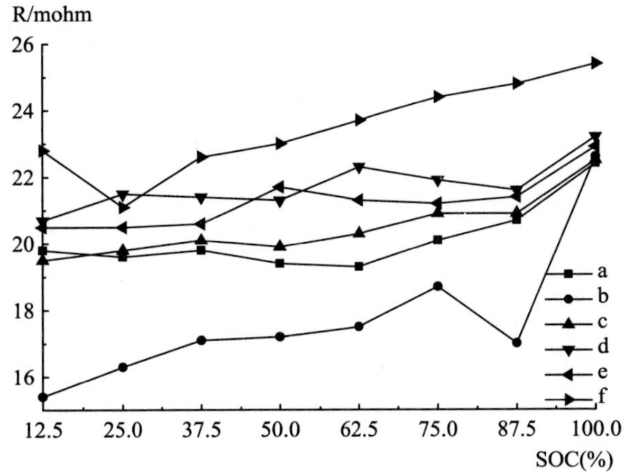

图 6　内阻对比图

统计内阻与脉冲内阻之间的相对误差按下式计算：

$$\delta = |R_{pulse} - R_{stat}| / R_{pulse} \quad (8)$$

R_{stat}、R_{pulse} 分别为图 6 中各仿真工况的统计内阻和脉冲工况的脉冲内阻。各仿真工况下的统计内阻与脉冲内阻之间的相对误差如图 7 所示：五种仿真工况统计内阻的相对误差的均值依次为：14.14%，24.60%，12.5%，7.59%，9.22%。按相对误差从小到大的顺序排列：工况(d)、工况(e)、工况(c)、工况(a)、工况(b)。实际上，工况(b)使得统计内阻模型失效；将会按照图 5 被前一次计算内阻所替代。

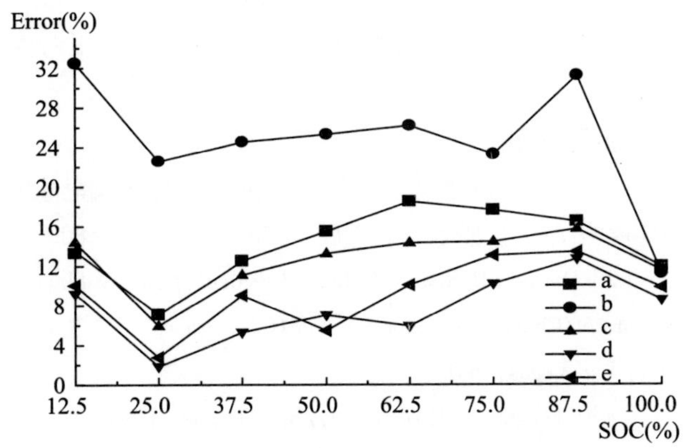

图 7　统计内阻误差图

为了分析影响统计内阻相对误差的因素，对五种仿真工况的电流分布进行了离散度和对称性的统计分析 [16]，如表 2 所示。充电和放电均值下面小括号中的正整数表示 60 个采样点中充电或放电的次数。

表2　不同仿真工况下电流分布表

仿真工况序号	充电均值(A)	放电均值(A)	电流离散度
(a)	8.6 (37)	-5.7 (19)	1.2
(b)	12.6 (59)	-5.1 (1)	1.5
(c)	15.8 (38)	-20.7 (22)	6.4
(d)	19.4 (41)	-18.4 (19)	6.1
(e)	10.9 (37)	-11.0 (23)	2.8

根据线性拟合的原理知：采样点分布越分散即离散度越大，拟合效果越好。在表1中，从整体上看，基本符合线性拟合原理。但局部却出现了离散度高的工况的误差反而大的现象：例如工况(a)和(b)以及工况(c)、(d)和(e)。从统计数据上，可以看出充放电电流的对称性对相对误差也是有影响的：充放电电流的对称性越好，相对误差就越小。

4. 结论

镍氢动力电池作为动力或辅助动力时，其充放电电流具有离散度大的特点。正是基于这个特性，使用统计方法可以有效地计算出不同荷电状态下镍氢动力电池的在线内阻，其平均相对误差小于15%。并且其相对误差受充放电电流的离散度和对称性影响：充放电电流的离散度越大，对称性越好，相对误差越小。

参考文献

[1]侯宪鲁,薛建军,南俊民,等．高功率型镍氢电池的循环性能[J]．重视大学(自然版),2005,44(2):77-80.

[2] Osvaldo Barbarisi, Roberto Canaletti, Luigi Glielmo et al. State of Charge estimator for NiMH batteries[R]. Nevada USA: Las Vegas, 2002.

[3] Chenghui Cai, Dong Du, Zhiyu Liu, et al. State-of-charge estimation of high power Ni-MH rechargeable battery with artificial neural network[R]. singapore: Orchid Country Club, November, 2002.

[4]王振坡,孟祥峰．电动汽车动力电池成组应用现状及研究趋势[J],新材料产业,2007,1(8):37-40.

[5] Mark Verbrugge. Adaptive multi-parameter battery state estimator with optimized time-weighting factors[J]. Journal of applied electrochemistry, 2007, 37:605-616.

[6] DUFOUR A, SHEN Y. Innovative Electric & hybrid Vehicles: Demo experiences and operation duty[M]. Genova, Italy: ANSALDO publication, 1996.

[7] Johnson V H. Battery performance models in advisor [J]. Journal of Power Sources, 2002, 110(8):321-329.

[8]林成涛,仇斌,陈全世．电动汽车电池功率输入等效电路模型的比较研究[J]．汽车工程,2006,28(3):229-234.

[9] Isidor Buchmann. Batteries in a portable world[M]. 2nd ed. canada: Cadex Electronics inc, 2001:81-84.

[10] Mark Verbrugge, Edward Tate. Adaptive state of charge algorithm for nickel metal hydride batteries including hysteresis phenomena[J]. Journal of Power Source, 2004, 126: 236-249.

[11] R. M. Felder, R. W. Rousseau. Elementary principles of chemical processes[M]. New York: John Wiley, 1978:501-503.

[12] W. H. Beyer (Ed). Standard mathematical tables [M]. 24th ed. Cleveland, OH: CRC press, 1976:476-477.

[13] QC/T 744-2006,电动道路车辆用金属镍氢蓄电池[S]. QC/T 744-2006, Nickel metal hydride power battery of EV[S].

[14]吴红杰,齐铂金,郑敏信,等．混合动力电动车电池荷电状态描述方法[J]．北京航空航天大学学报,2005,31(2):223-226.

[15]胡建军,税江,国琛,等．混合动力电动汽车MH/Ni电池放电性能实验分析[J]．重庆大学学报(自然版),2007,30(10):1-6.

[16]边肇祺,张学工等．模式识别[M]．北京:清华大学出版社,2002:88-89.

七、某混合动力客车CAN总线仪表的设计与实现

范志容 李凯 张志勇 杨诚 杨长松

（东风汽车公司技术中心·武汉·430056）

摘要:CAN总线已在汽车上广泛应用,其技术在混合动力汽车设计中尤为关键。本文阐述了某混合动力客车的网络拓扑结构,研究了和仪表相关的通信协议,并介绍了CAN总线仪表的硬件设计和软件设计。实际应用结果表明:使用了CAN总线的混合动力客车仪表,其状态显示、行车数据显示以及故障显示的内容更加丰富,功能更强大。

Abstract: CAN bus is applied abroad, its technology is particularly critical during the design of hybrid vehicle. The network topology of hybrid vehicle and the communication protocol is designed in this paper. Further more, the hardware and software of the instrument are detailed. At last, the practice indicated: Used the CAN bus, the state, travelling data and fault are more abundancely displayed and its function is more mightiness.

关键词:混合动力,CAN总线,仪表

1. 前言

混合动力车是中国《汽车产业发展政策》倡导的重点发展方向，符合中国能源、环保战略的发展方向。而汽车仪表是汽车信息的中心，集中、直观、迅速地反映了汽车在行驶过程中的各种动态指标，如行驶速度、里程、制动、压力、油量、发动机转速、冷却液温度及各种危险报警[1]。对混合动力客车的仪表，还需完成混合动力相关信息的显示。

本文所述的CAN总线仪表一方面具有传统仪表的数据采集功能，另一方面，由于使用了CAN总线，仪表可作为车载网络中的一个节点，集中处理来自其他控制器的数据。

2. 混合动力客车CAN通信网络设计

2.1 网络拓扑结构

混合动力客车CAN总线网络共有六个节点：整车多能源控制器、电机控制单元、电池管理单元、发动机管理系统、变速箱控制单元、组合仪表。其网络拓扑结构如图1所示。整车多能源控制器是整个控制系统的控制中心，它通过总线收集电机、动力电池、AMT以及发动机相关信息，完成对电机和发动机的油门控制；电池管理单元、电机控制单元、变速箱控制单元、发动机管理系统负责部件实体的具体动作控制和状态采集，组合仪表负责采集车速，并完成混合动力信息指示、报警指示以及常规仪表显示等功能。

2.2 通信协议

混合动力客车的CAN通信协议基于SAE J1939，在图1中的三个网段的通信速率均为250 kbit/s。SAE J1939是一个车辆控制与通信网络的推荐实施规则。SAE J1939中数据的交换都是通过数据帧的形式来进行的，数据帧的数据场则由不同信息的组合构成。同一个节点发送的同类信号封装在同一个报文的数据场中进行传送，其中也包含了各部件和控制器的故障信息。SAE J1939的仲裁场由29位构成，如表1所示。这29位标识符是在CAN2.0B的基础上重新划分的不同的段，各段在应用层进行了重新定义。在实际通信过程中，应用层仲裁场是通过底层CAN控制器来实现ID仲裁的。

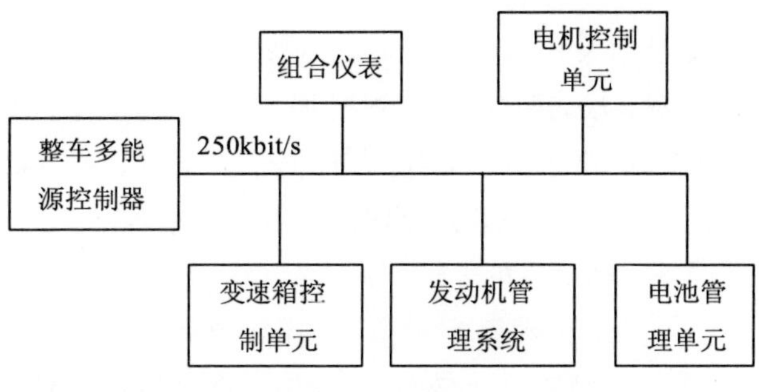

图1 混合动力客车网络拓扑结构

仪表接收的部分报文定义如表2所示。

表1 SAE J1939仲裁场的29位组成

优先级	保留位	数据页	PDU格式	特定PDU	源地址
3位	1位	1位	8位	8位	8位

表2　仪表接收的部分报文

信号名称	数据位	单位	Factor	Offest	Size
电池信息报文：ID 为 0x0CFF0628，发送周期为 500ms					
SOC	1.1～1.8	%	1	0	8
电池电流	2.1～3.8	A	0.5	0	16
电池电压	4.1～5.8	V	0.5	0	16
电流方向	6.1～6.8	—	1	0	8
电池温度	7.1～7.7	℃	1	-40	8
电池故障码	8.1～8.8	—	1	0	8
电机信息报文：ID 为 0x0CFF0527，发送周期为 50ms					
电机油门	1.1～1.8	%	0.4	0	8
制动踏板	2.1～2.8	—	1	0	8
电机温度	3.1～3.8	℃	1	-40	8
电机转速	4.1～5.8	rpm	0.125	0	16
电机故障码	6.1～6.8	—	1	0	8

3. 混合动力客车 CAN 总线仪表的功能

混合动力客车总线仪表可以完成的功能有：

3.1　常规仪表显示功能

可以完成常规仪表显示功能，主要有电压、电流（常规低压电气部分）、机油压力、发动机水温、油量、制动气压、车速、里程等信息的显示。

3.2　行车状态显示

能显示发动机、耦合器、电动机、电池组之间的能量传递方向及关系和挡位状态。

3.3　行车数据显示

能接收 CAN 总线信息，显示动力电池电压、动力电池电流、动力电池温度、SOC 值、驱动电机温度、电机转速、发动机进气压力、AMT 控制器温度、离合器油压、电机故障、动力电池故障、AMT 故障等。

3.4　报警指示功能

采用灯光（报警指示窗）形式和声音（蜂鸣器）形式进行报警指示。本仪表总共有 26 个报警信号，每一个报警信号都有相应的报警指示灯；当仪表检测到下客指示、气压 1 低、气压 2 低、发动机故障、机油压力低、水温高、水位低或者后舱门开的有效报警电平信号输入时，会发生声音报警。

3.5　车速信息采集

本仪表可以采集车速传感器信号，计算车速以及里程信号，并通过硬线形式和总线形式输出车速信号。

3.6　视屏监控功能

本仪表支持两路 AV 信号输入。一路接倒车摄像头构成倒车影像系统；另一路则接中门摄像头构成中门监视系统。倒车影像系统帮助司机进行倒车操作，而中门监视系统则帮助司机监视是否有乘客从中门下车。

4. CAN 总线仪表的设计

混合动力客车总线仪表系统为全数字式多功能液晶仪表，应用 Freescale 公司高性能 16 位单片机 MC9S12C32 为核心控制单元，以 320 ×240 点阵液晶模块 LM2068R 为文本、图形输出外设，通过 CAN 总线接收显示信息，用于电机转速、电压、电流、SOC、离合器油压、发动机进气压力等行车数据的数字化显示，并可对整车能量作图形化动态指示。界面采用图形与中文信息指示相结合的显示模式，通过仪表面板上的非接触式按键控制显示界面切换，液晶仪表中集成外部亮度感应系统，可自动对液晶模块 LM2068R 的背光进行调节。其硬件结构如图 2 所示。总线仪表的视屏监控功能采用独立的模块实现图像处理。

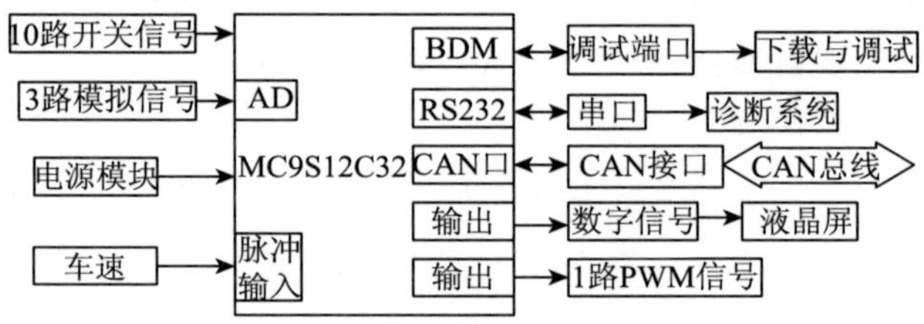

图2　LCD 仪表硬件结构图

4.1　BDM 模块和 RS232 模块

系统具有开发调试功能，利用 BDM 接口可以将上位机与目标板连接，进行程序跟踪、断点调试、程序下载等。RS232 串口主要用来作下载程序和系统标定。

4.2　液晶屏的驱动

如图 3 所示，单片机与液晶屏接口的数据线为 PA 口，输出/输入数字信号，作为访问 LM2068R 的数据、地址和控制信号；PB 口作为控制口，控制液晶屏的读写和背光信号。电位器调节液晶屏的对比度。

4.3　电源模块

LCD 仪表部分工作电流大，选择输出电流比较大的降压开关调整单块集成电路 L4973；宽范围输入，

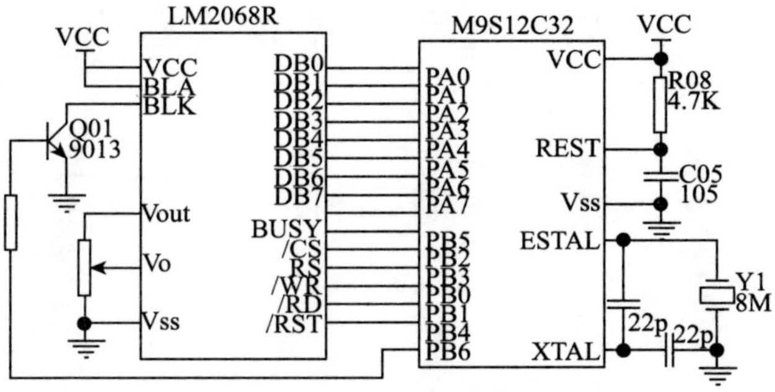

图 3 液晶屏驱动图

8～32V，大电流输出，最大电流输出 3.5A；具有输出短路保护、电压前馈、软启动、输入/输出同步、反馈回路断开保护、禁止零电流消耗和过热关闭等功能。

4.4 车速检测

由总线仪表提供 +12V 电压给车速传感器，车速脉冲信号送到仪表；车速信号经过滤波、限流、分压等处理编程 TTL 脉冲信号；单片机利用中断输入功能进行计数，形成实时车速，如图 4 所示。

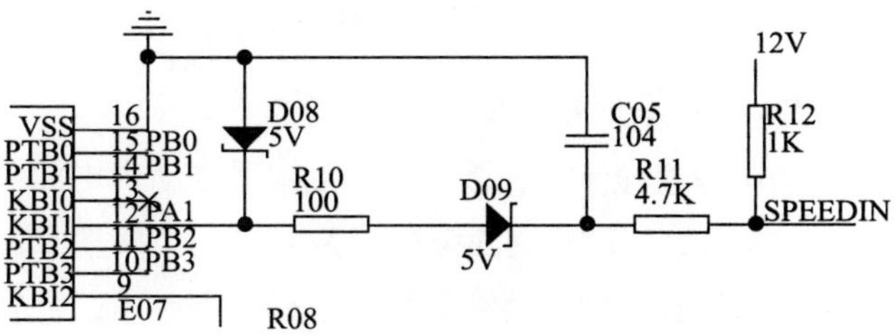

图 4 车速检测电路

4.5 车速输出

由于其他 ECU 还可能使用车速信号，单片机产生相应频率的脉冲信号输出，如图 5 所示；车速输出采取集电极开路，以适应外部 ECU 的电平要求。同时总线仪表以 CAN 总线形式输出车速信号，发动机管理系统、整车多能源控制器、变速箱控制单元可以直接从总线上获取车速信号。

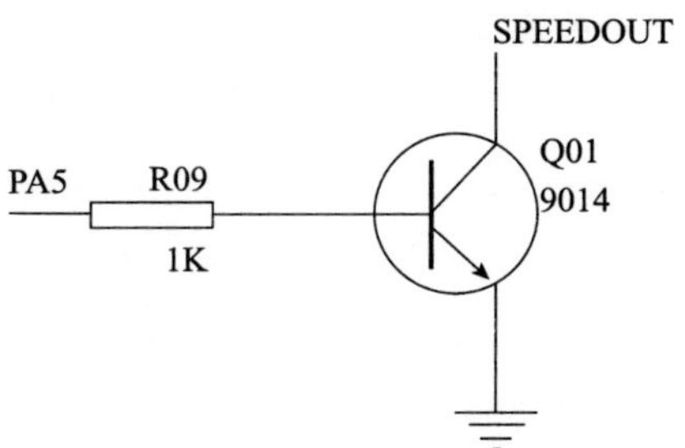

图 5 车速输出电路

4.6 CAN 接口电路设计

CAN 总线通信模块，传输速率 250kbit/s，电平转换采用 MC82C250，它是仪表与其他控制器交换信息的数据通道，获得各工况实时参数和各总成实时参数。其接口电路如图 6 所示。

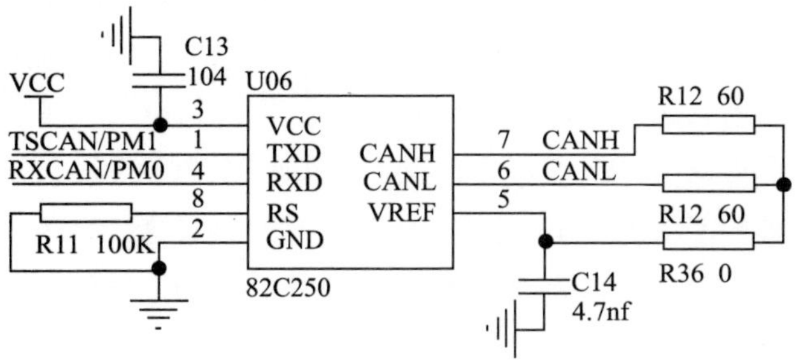

图 6 CAN 接口电路

4.7 程序设计

软件采用结构化程序设计方案，使其具有较好的模块性和可移植性。系统总程序包括初始化程序和主循环程序，其流程如图 7 所示[2]。

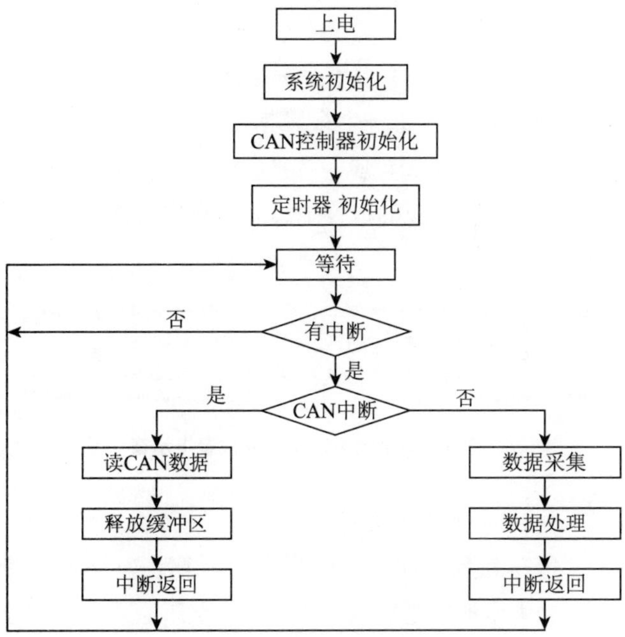

图 7 系统程序流程图

系统首先上电，接着对 CAN 和定时器进行初始化，系统等待中断，判断中断类型；如果是 CAN 中断，就读 CAN 总线数据，并且释放缓冲区，操作完后中断返回；如果是定时器中断，采集 I/O 口数据，完成数据处理，操作完后返回主函数 main ()。

5. CAN 总线仪表的实现

混合动力 CAN 总线仪表的所有信息都是通过 CAN 总线接收的，车速、发动机转速以及发动机水温和油量采用常规仪表显示，其余信息采用 LCD 屏显示，其显示界面有 4 个：行车参数界面、信息查询界面、故障显示界面和帮助界面。其显示界面切换控制通过仪表面板右侧的非接触式按键控制，系统采用单键循环切换模式，按键有效后，自动切换至下一功能界面。行车参数界面是仪表启动后的默认界面，其他界面需要通过按键操作才能进入。通过这些界面显示车辆相关信息，给司机和车辆维护人员以清晰、直观的提示信息。图 8 为 LCD 屏各界面的关系。

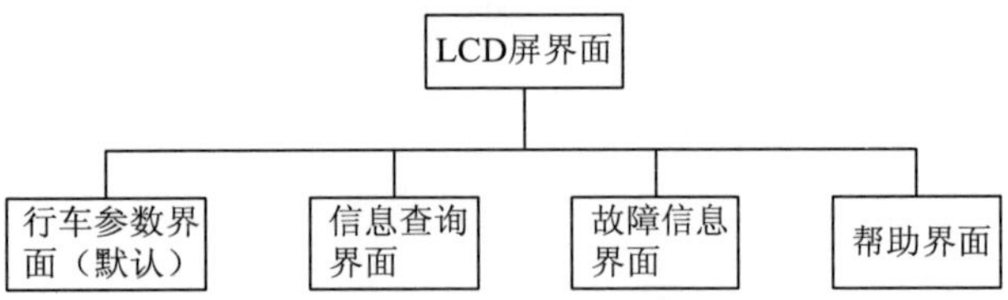

图 8　LCD 屏各界面的关系

5.1　报警指示

混合动力客车总线仪表的报警指示窗由 26 个报警指示灯组成。每一个报警指示灯都有唯一的报警信号和报警图符相对应。当仪表检测到有效的报警信号输入时，相应的报警指示灯点亮报警图符，如图 9 所示。

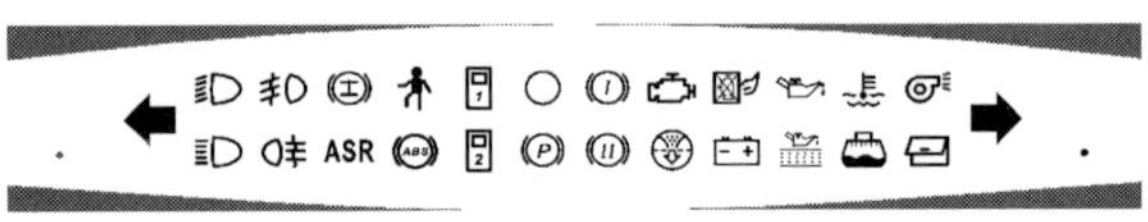

图 9　混合动力汽车仪表报警指示窗

5.2　行车参数界面

行车参数界面由车辆报警显示窗、能量状态显示、动力电池电量显示、动力电池电压显示、动力电池电流显示、气压显示、机油压力显示、车辆总计里程指示、车辆小计里程指示组成。图 10 为行车参数界面。

5.3　信息查询界面

信息查询界面集中显示常规低压电气部分电压值、电流值、动力电池温度、电机温度、AMT 温度、发动机冷却水温、挡位、电机转速、发动机进气压力、离合器油压等信息。图 11 为信息查询界面。

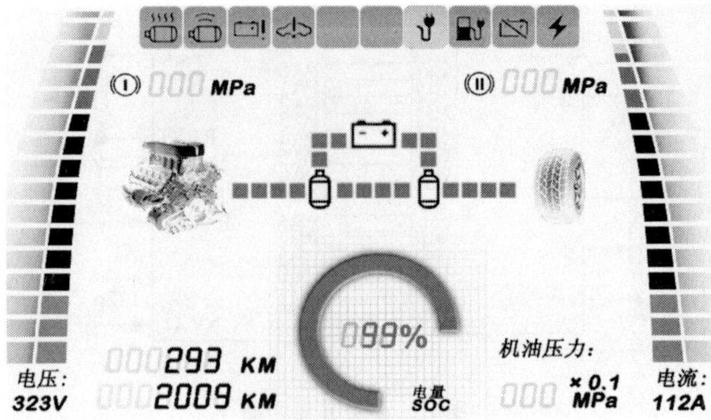

图 10　行车参数界面

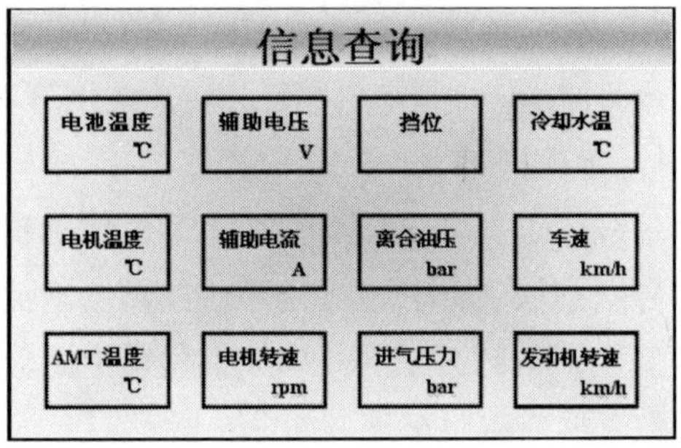

图 11　信息查询界面

5.4　故障信息界面

故障信息显示界面以文字的形式显示动力电池、电机、AMT、发动机的故障码以及对应的故障信息。当没有故障信息时，故障信息显示界面则显示“无故障”。图 12 为故障信息显示界面。

图 12　故障信息界面

5.5　视屏监控

混合动力总线仪表只有两路 AV 信号输入，一路接倒车摄像头构成倒车影像系统；另一路则接中门摄像头构成中门监视系统。倒车影像系统帮助司机进行倒车操作，而中门监视系统则帮助司机监视是否有乘客从中门下车。

当车辆中门关闭、未挂入倒车挡时，LCD 屏显示 LCD 屏界面；当车辆中门关闭、挂入倒车挡时，LCD

屏显示倒车视频画面；当车辆中门打开、挂入倒车挡时，LCD 屏显示倒车视频画面；当车辆中门打开、未挂入倒车挡时，LCD 屏显示中门视频画面。

对 LCD 屏的操作按键进行“长按”操作，则 LCD 屏强行退出视屏监控画面并返回先前的 LCD 屏界面。强行退出视屏监控画面后，此视频监控画面只有在相对应的视屏切换信号再次出发才能进入。

6. 结论

本设计中的 CAN 总线仪表界面简洁，功能强大，可实现车速、里程、电压、电流、气压、油量等行车数据信息显示、能量状态显示、各种故障指示以及视频监控等功能；该仪表系统具有很强的通信实时性、可靠性和抗干扰能力。

参考文献

[1]仇秋飞,吴跃成,雷良育,朱伟. 基于实例研究混合动力城市客车 CAN 总线设计[J]. 机械设计与制造,2009,6:120－122.

[2]刘倩,熊丽荣. 基于 CAN 总线的混合动力汽车的镍氢电池管理系统[J]. 农业装备与车辆工程,2008,5:13－14.

八、电动汽车用电机控制器设计方法

徐性怡

（上海大郡动力控制技术有限公司 · 上海 · 201114）

摘要：针对电动汽车用电机控制器设计方法，本文分析了电动汽车对电机控制系统的要求，电机系统设计难点与选择，电力电子控制器构成及其发展趋势，设计认证测试，以及电动汽车/混合动力汽车成功的关键所在，从而对车用电机控制器的设计进行了全面的思考，为电动汽车电机控制器设计人员提供了更为广泛的研发思路。

1. 电动汽车对电机控制系统的要求

混合动力系统功能是机电能量转换。动力电池作为电源或负载（储电装置）；发动机作为机械负载或机械能源；电机作为双向机电能量转换装置；逆变器作为交流、直流电能转换装置，控制器作为上述能量转换的控制装置。其工作模式中电机可兼作电动和发电运行。电机驱动系统特征为：电机的大小取决于输出力矩（而不是功率）及散热能力；就一个给定电机而言，在不考虑散热限制前提下，电机的低速下最大力矩输出取决于逆变器的电流能力，电机高速下输出力矩的能力受制于逆变器的电压，最大电机输出功率由逆变器 KVA 决定。

因此，电动汽车对电机系统要求为，结构紧凑、尺寸小，重量轻，可靠性高、失效模式可控，效率高，成本低，低噪声和低震动，恒功率调速范围宽。

2. 电机系统设计难点与选择

电机系统设计难点及其选择方法可总结如以下几个方面：

（1）封装设计（机械安装结构、散热安排）

提高电机与减速器的集成和控制器的集成。选择散热（风冷、水冷、油冷＋水冷）的形式。

（2）电机类型的选择与比较

常用交流无刷电机有感应电机、开关磁阻电机和永磁电机。而永磁电机由于尺寸小、效率高是电动车尤其是乘用车的主流技术。

表面式永磁同步电机的特点是力矩密度高、效率高，但弱磁困难，恒功率调速范围窄。要拓展恒功率调速区域，可以通过降低磁场强度达到调速要求，即最高转速下设计的反电势不高。这样，失效模式比较安全，但要求较大容量的逆变器和较高系统成本。拓展恒功率调速区域另一个方法是增加电机电感，也可以达到调速要求，但降低了电机功率因素，增加了逆变器 KVA，提高了系统成本；此外，这种设计在最高转速下反电势很高，故障失效模式不安全。

永磁－磁阻同步电机是一种将永磁电机和磁阻电机结合在一起的新型电机复合结构，其特点是弱磁容易，调速范围宽，效率较高，力矩密度较高，但由于饱和非线性、控制复杂、结构复杂，优化设计较难。日本本田汽车公司表面式永磁电机曾用于 EV Plus 纯电动车和 Insight 混合动力车，但在第二代电动车和 Insight 混合动力车上采用永磁－磁阻电机（内置式）。与第一代相比，力矩密度提高 15%；功率密度提高 64%，效率提高 3%，最高转速提高 25%。

(3)电机与减速器/变速器的集成

采用减速器可以在不改变功率的前提下大大降低峰值扭矩从而降低电机的体积和成本，(电机尺寸取决于峰值力矩)，且要根据实际应用需要，优化配置电机与减速器/变速器组合。

(4)直流母绕电压的影响

在电流不变的前提下，提高母绕电压可增加逆变器的功率能力。因此，只要电机散热允许，电机系统的输出功率与母绕电压成正比，但提高电压意味着需要动力电池模块更多单体电池串联，因而动力电池可靠性下降。为解决此矛盾，可以引入高压 DC/DC 转换器，在不改变动力电池电压前提下提高电机的控制电压，从而提高电机输出功率。利用大功率 DC/DC 转换器实现直流母绕电压动态调节，从而提高系统效率和可靠性。大功率 DC/DC 转换器的另一用途是可用于匹配控制两种不同的电源(动力电池 + 燃料电池、动力电池 + 超级电容器等)，实现电 + 电混合。

(5)成本的挑战

电动车和混合动力车动力系统成本由动力电池或燃料电池、电力电子、电机、减速器/变速器等组成，必须采用系统方法削减成本。削减成本的途径有：①系统优化设计，避免过设计，提高集成度；②在制造方面可借用汽车制造能力，提高电机及电力电子系统的制造效率；③增加产量，可与整车制造商之间分享共同的供应商资源；与工业部门共同分享零部件资源；④ 政府应在市场起步时提供资助，帮助推动技术的发展，进入良性循环。

3. 电力电子控制器构成及其发展趋势

车用电机的电力电子控制器主要由以下几部分组成：

(1)DSP 电机控制器。它接受整车控制器的指令并反馈信息，检测电机系统内传感器信息，根据指令和传感器信息产生逆变器开关信号。

(2)功率模块(IGBT)驱动电路。用于接受 DSP 的开关信息并反馈相关信息，放大开关信号并驱动 IGBT，提供电压隔离和保护功能(欠电压、过电压、过电流、过温、短路)，具备绝缘功能(采用耐高压驱动芯片)，防电磁干扰。

(3)控制电源电路。为 DSP 提供电源，为驱动电路和控制电路提供多路相互防离的电源，具备绝缘功能，宽范围输入电压(6～18V)，防电磁干扰。

(4)结构与散热系统。为电力电子模块散热，为控制器组件安装提供抗震的支撑，为控制器提供环境保护，为保证可靠性，需保证功率模块(IGBT)芯片工作温度不超过 150℃，并根据实际要求选择冷却方式(水冷或风冷)。

电力电子控制器发展趋势可总结如下：

(1)新控制器拓扑结构，例如丰田采用的可调直流母线电压的 DC/DC 与逆变器集成的拓扑。

(2)高度系统集成，如：将启动/发电机控制器、牵引电机控制器和 DC/DC 转换器一体集成为电力电子控制器总成、电力电子控制器与动力电池管理模块集成、热管理集成等。

(3)研制适合于电动汽车/混合动力汽车应用的高集成度、智能型汽车等级功率模块、薄膜电容新器件。

4. 设计认证测试

认证测试是检验设计是否达到设计要求的客观验证手段。目前尚缺乏完整电动汽车/混合动力车用电机系统测试标准。常有的论证测试试验包括：①功能及性能试验。包括电机系统外特征、系统效率分布图、力矩控制精度、温升试验、保护功能试验、电气安全试验。②环境适应性试验。包括高温、高湿运行试验，低温运行试验，温度循环运行试验，高、低温存储试验，防水、防尘试验，抗振动试验。③电磁兼容试验。包括传导及辐射干扰、传导及辐射防护、防静电能力 ESD。④可靠性(寿命)试验。包括最恶劣工况下加速寿命试验和高、低温冲击试验。

5. 整车制造商与电机系统供应商全力合作是电动汽车/混合动力汽车成功的关键

(1)需整车制造商对电机系统提出设计要求，尤其是整车最恶劣工况。

(2)与整车制造商同步设计，系统集成。

①发动机、变速器、电机总成设计；

②机电一体化封装设计；

③一体化热管理设计；

④功能优化设计。

(3)恰当地设计认证测试方法。

①以整车最恶劣工况为基础设计可靠性耐久

测试；

②软件可靠性测试；

③不同层次(部件、总成、整车)电磁兼容测试。

在与整车制造商合作过程中系统设计是关键：包括将电机与发动机一体化集成为混合动力发动机总成、电机与减速器/变速器一体化集成为混合动力变速器总成、电机与电力电子和动力电池的优化组合。

6. 结论

(1)电力电子和电机驱动系统是纯电动车和混合动力车的关键零部件；

(2)汽车应用对电机和控制器苛刻要求，将推动新型电机及电力电子控制器技术的发展；

(3)永磁－磁阻同步电机在新能源汽车应用领域具有良好前景；

(4)我国电机系统供应商面临巨大挑战，尤其是可靠性、电磁兼容、轻量化和成本方面；

(5)系统设计方法及汽车制造商与供应商之间密切合作是破解挑战的良策。

九、车用开关磁阻电机系统的应用研究

高 超

(北京中纺锐力机电有限公司·北京·101102)

摘要：介绍了车用电机系统的技术要求和主要技术方案，开关磁阻电机系统的特点和国内外成功的应用实例，提出开关磁阻电机系统的几个尚待发挥的适用电动汽车的特殊优势，并对企业的产业化情况作了介绍。

关键词：车用电机系统　开关磁阻电机

Abstract: While used as EV drive system, the electric motors should meet some special demands. Several successful experiences of using SRD systems as EV drives are introduced in the paper. It is pointed out that SRD have some strongpoint that has been brought into play yet.

1. 引言

在国家政策的大力支持下，电动汽车的产业化和示范运行工作正在快速发展。车用电机系统作为各种电动汽车中不可缺少的关键零部件也得到整车企业和国家有关部门的高度关注。由于电动汽车在我国总体处于产业化初期，车用电机系统更是属于一个新兴的细分产品，学术界和产业界对其还缺乏深入的了解。

本文首先介绍对车用电机系统的技术要求和目前采用的主要技术方案，然后介绍开关磁阻电机系统的特点，给出国内外成功的应用实例，在此基础上提出开关磁阻电机系统的几个尚待发挥的适用电动汽车的特殊优势，最后对作者所在企业的产业化情况作了介绍，供电动汽车整车单位参考。

2. 车用电机系统介绍

车用电机系统一般由电动机和控制器组成，其中电动机中包括角位移传感器，控制器中包括电力电子电路和控制电路，见图1。电机系统涉及的主要学科有电磁理论、电力电子学、控制硬件软件、传感器、控制理论等。与工业用途的电机系统相比，车用电机系统的特点主要有调速范围宽、系统效率高、动态响应较快、四象限工作、功率密度高、可靠性高、成本较低、与车辆的其他部件一体化等[1]。

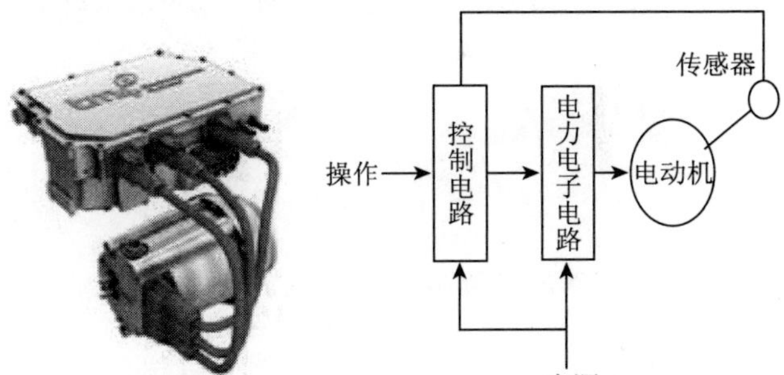

图1　电机系统结构与框图

目前国内外采用的车用电机系统主要有以下四种技术方案：

电动机	控制器
直流（有刷）电机	DC－DC 变换器
感应电机	正弦波逆变器
永磁电机	正弦波逆变器/方波逆变器
开关磁阻电机	单极性变换器

以上每种方案都有自己的优缺点，其优劣的理论

比较已有很多。除第一种方案技术较陈旧外，其他三种的综合得分差异并不大。对电动汽车整车单位而言，对电机系统的技术方案作全面比较和选择是比较困难的。我们的观点是，在目前电动汽车产业化初期阶段，应该鼓励支持技术方案的多元化。实际上对应于不同的车型、不同的应用场合和不同的技术要求，一定有不同的最佳技术方案。而最佳方案的确定只有通过长时间大批量使用后才会有结论。

因此我们建议，整车单位与其在没有结论的方案比较选择上下工夫，不如更多地关注电机系统生产企业的产业化能力，这将使选择的产品更成熟可靠，有更好的性能价格比，有更好的售后服务。

3. 开关磁阻电机系统的特点

开关磁阻电机系统与其他车用电机驱动系统相比有以下主要优点[2]：

(1)电动机结构简单、结实、廉价，特别适合于高速

图2所示电机转子为硅钢片叠成，其上没有任何形式的绕组；电机定子也是由硅钢片叠成，其上嵌有若干集中绕组，其端部不重叠，基本没有相间短路危险。图3给出开关磁阻、感应电机和永磁电机转子结构比较，可见开关磁阻电机是最简单、结实、廉价的电机。

图2　开关磁阻电机结构示意图

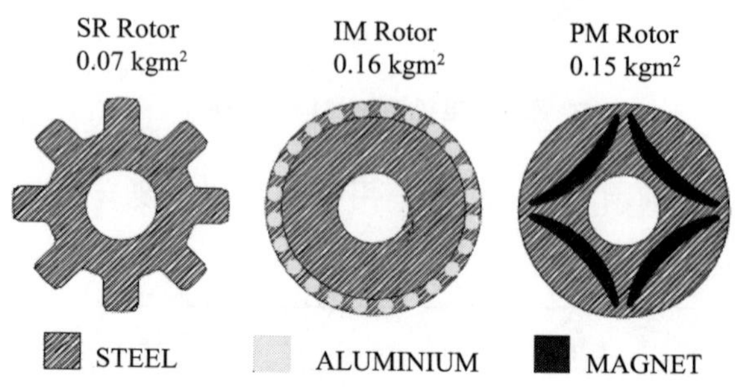

图3　开关磁阻、感应电机和永磁电机转子结构比较

(2)电力电子电路可靠性高

由图4所示开关磁阻电机系统的电力电子电路可见，其功率开关元件(IGBT)与绕组相串联，没有直通短路的危险。而在感应电机和永磁电机方案中采用的电力电子电路均是上下臂串联的全桥式电路，当同属一个桥臂的功率开关元件同时导通便造成短路，因此开关磁阻电机系统的工作可靠性比其他技术方案高得多。

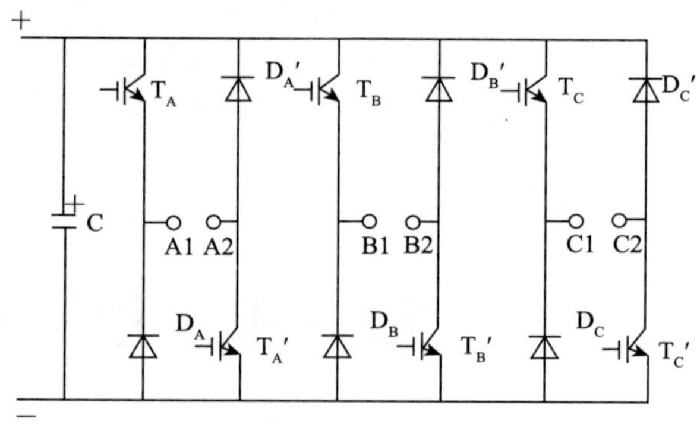

图4　开关磁阻电机系统电力电子电路示意图

(3)动态响应好，转速转矩调节快

开关磁阻电机系统工作时各相绕组单独通电，电流为独立的单方向脉冲电流。因此可在一个通电周期内完成电流调节，可从最小电流调整到最大电流，也可由电动运行调节到制动运行，这将能实现快速的转矩调节。又由于该电机转子转动惯量较小，因此能完成快速的转速转矩调节。图5给出一个电流和转矩调节实测曲线，可以看到其调节时间基本在毫秒内完成。

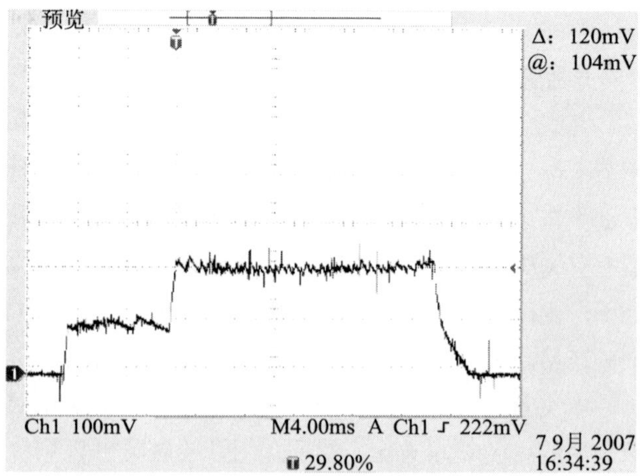

图5　开关磁阻电机系统电流和转矩调节实测曲线

(4)转速范围大，高效区宽

开关磁阻电机系统的控制方式多样，传统理论中至少包括电流斩波(CCC)、脉宽调制(PWM)和单脉冲(APC)三种，通过其适当调整和组合使用便有更多

的变化。在电动汽车应用中，可根据需要采取灵活多样的控制方式的组合扩大转速范围，并分别对不同转速、不同负载和不同运行方式进行系统的整体效率优化。图6给出一个典型系统的功率（转矩）－转速曲线和效率－转速曲线。

开关磁阻电机系统的缺点：

由于基本工作原理属于切换通电绕组的工作，因此通常认为开关磁阻电机系统具有电机噪声和低速转矩脉动较大的缺点。

但是这些缺点可以通过技术改进克服，完全可以满足各种电动汽车的要求。如我公司利用世界领先的专利技术，使混合动力公交车用60kW系统的电机噪声降到在74dB以下，车内听不见噪声，转速10rpm时转矩脉动小于20%。

虽然开关磁阻电机系统具有诸多明显适合电动汽车的优点，但至今推广相对较少。其原因主要是其理论比较特殊，即非基于传统的圆旋转磁场的理论；且其发展比其他方案晚20～30年。这两点使能对其有深入了解掌握的人很少。这种情况也就阻碍了开关磁阻电机系统的普及和推广。我们相信，随着对开关磁阻电机系统研发推广人员的增加和认识的不断深入，该系统一定能在电动车方面更好地普及和发展。

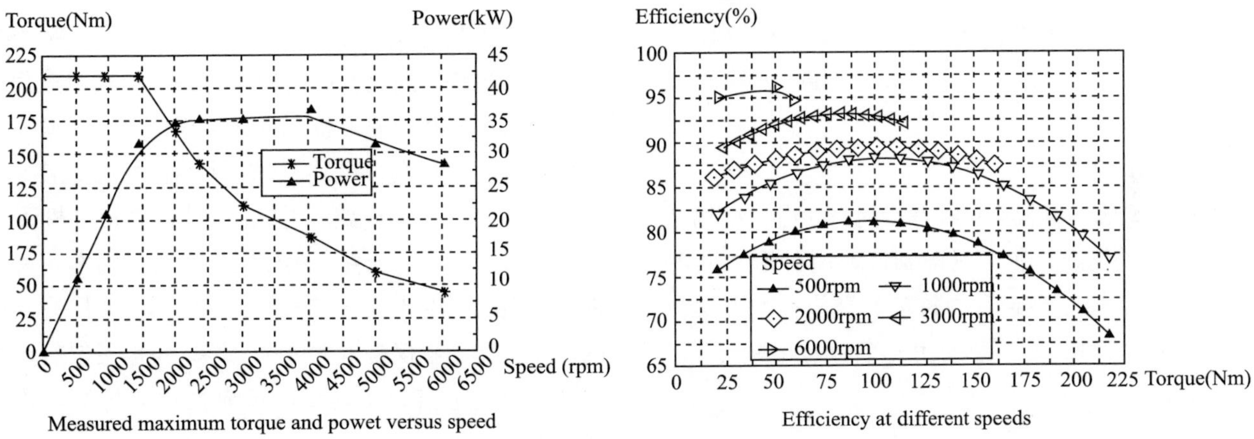

图6 开关磁阻电机系统工作特性曲线

4. 车用开关磁阻电机系统应用举例

开关磁阻电机系统已应用于国内外各种电动汽车。北京中纺锐力机电有限公司生产的开关磁阻电机系统应用于东风公司的混合动力客车，曾有50套产品在武汉公交系统成功运营5年，累计行驶里程达2 000万公里，是国内最早最大规模的示范运行车队，整车节油率达到25%。另有15套产品全天24小时服务于北京奥运会和残奥会，节油率达到21%。

作为美国通用旗下品牌和澳大利亚著名产品，霍顿（Holden）混合动力轿车采用了开关磁阻电机系统，电机功率50kW，电机转矩105 N·m（0～4 000rpm），见图7 [3]。

美国的艾默生公司是国际领先的开关磁阻电机系统研究开发单位，近年积极投入电动汽车领域的工作，已经成功将开关磁阻电机系统应用于混合动力轿车（图8）和混合动力客车（图9）。

图7 霍顿(Holden)混合动力轿车及采用的开关磁阻电机系统

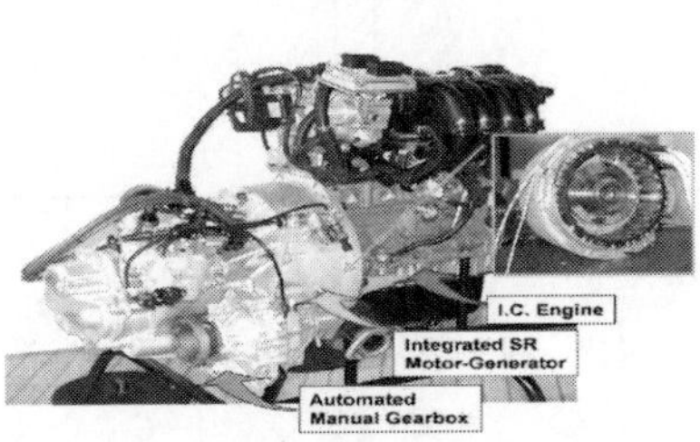

图8 用于混合动力轿车的开关磁阻电机系统

其他研究和应用开关磁阻电机系统的汽车公司主要有德国奔驰公司、意大利菲亚特公司、沃尔沃公司、美国伟世通公司等。

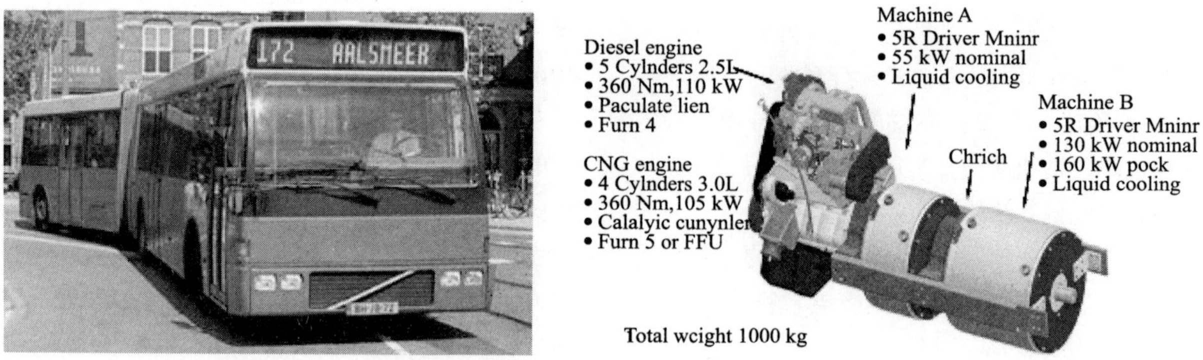

图 9　混合动力客车及使用的开关磁阻电机系统

5. 几个尚待发挥的适用电动汽车的特殊优势

开关磁阻电机系统的电机和控制器结构极其灵活多样，可开发出极具性价比优势的产品，能够同汽车结构完美结合。

(1)单相电机

单相开关磁阻电机系统具有最简单的电机结构，仅有一个环形绕组，非常适合制作薄饼外形，见图 10 [4]，是适合轻度混合动力轿车的极佳技术方案。其生产工艺也简单，而且仅使用一个功率开关元件，经济性好。

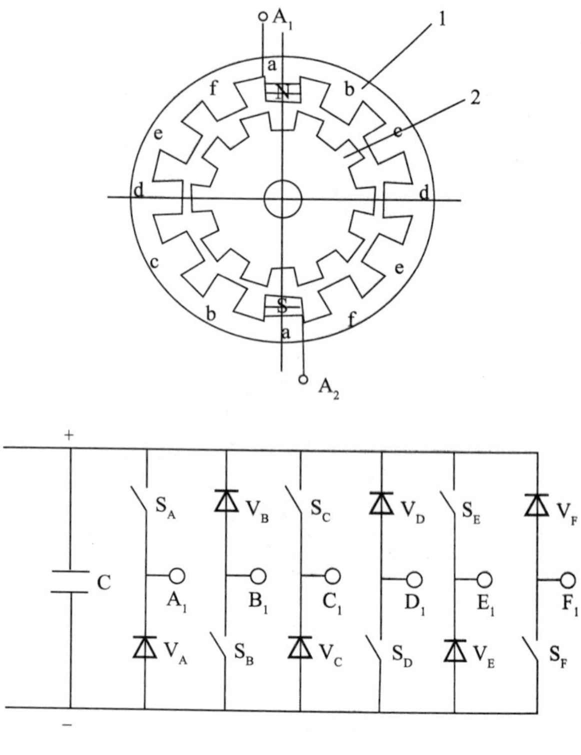

图 10　一种六相开关磁阻电机系统

(2)简单经济的电力电子电路

由于开关磁阻电机系统可采用每相完全独立的电力电子电路，因此电路结构也有许多形式可选用，不像感应电机和永磁电机那样必须采用 6 只功率开关元件构成的三相全桥电路。图 11 给出每相只使用 1 只功率开关元件的电路。按此设计，单相电机可仅使用 1 只功率开关元件，两相电机用两只功率开关元件，三相电机用 3 只功率开关元件。功率开关元件的减少简化的不仅是电力电子电路，而且还包括开关元件的驱动电路，使其工作可靠性大大提高，成本降低 [5]。

此外，图 11 电路还是一种特别适用低压供电的、低开关元件损耗的经济型电力电子电路。

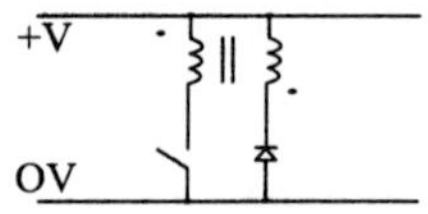

图 11　单相开关磁阻电机结构示意图

(3)启动转矩大脉动小的六相电机

一般地说，开关磁阻电机的相数越多，启动转矩越大转矩脉动越小，因此可以设计制造用于纯电动电动汽车驱动用的、启动性能良好的高档开关磁阻电机系统。但是随着相数增多，电机和控制器的结构变得复杂，成本也相对提高。

图 12 所示六相 12/10 极电机系统，同三相 12/8 极电机一样，电机中同为 12 个线圈，电力电子电路中同样在仅用 6 只功率开关元件。该系统转矩非常平滑（每转 60 次脉动），大大降低噪声和转矩脉动。该技术已获授权专利 [6]。

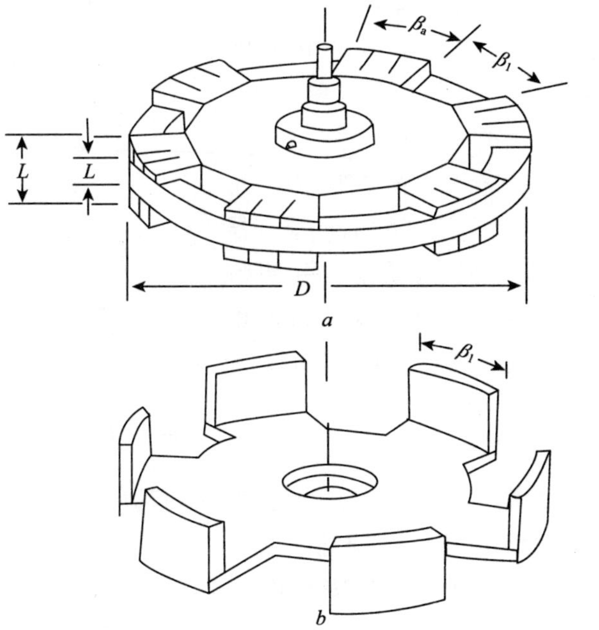

图 12 每相采用一只功率开关元件的电力电子电路

6. 结论

(1)车用电机系统由电动机和控制器组成，与工业用途的电机系统相比较，其主要特点有调速范围宽、系统效率高、动态响应较快、四象限工作、功率密度高、可靠性高、成本较低、（与车辆的其他部件）一体化等。

(2)目前电动汽车中采用的高性能电机系统主要有感应电机系统、永磁电机系统和开关磁阻电机系统。每种方案都有自己的优缺点，都有其最适合的车型和应用场合。在目前我国电动汽车产业化的初期阶段，鼓励支持技术方案的多元化是正确的选择。

(3)开关磁阻电机系统用于电动汽车的主要优点有电动机结构简单、结实、廉价，特别适合于高速、电力电子电路可靠性高、动态响应好、转速转矩调节快、转速范围大、高效区宽等；其通常具有噪声和低速转矩脉动较大的缺点，但是可以通过技术改进克服，完全能满足电动汽车需要。

(4) 提出了开关磁阻电机系统的几个尚待发挥的适用电动汽车的特殊优势，包括具有最简单结构的单相电机、简单经济的电力电子电路、启动转矩大脉动小的六相电机等，有待整车单位和电机系统单位共同开发。

参考文献

[1](日)电气学会．电动汽车最新技术[M]．康龙云，译．北京:机械工业出版社,2008.

[2]胡崇岳,等．现代交流调速技术[M]．北京:机械工业出版社,2005.

[3]B. A. Kalan, H. C. Lovatt and G. Prout, Voltage control of switched reluctance machines for Hybrid Electric Vehicles.

[4] C. C. Chen, Single – phase Switched Reluctance Mortors, IEE Proc. , Vol. 134, Pt. B, No. 1, Jan, 1987.

[5] R. M. Dadis, W. F. Ray, R. J. Blake, Inverter Drive for Switched Reluctance Motor, Circuits and Component Ratings, IEE Proc. , Vol. 128, Pt. B, No. 2, March, 1981.

[6]高超,等．一种六相开关磁阻电动机的功率逆变电路,专利号:2006 2 0119437. 8.

十、电力半导体器件在新能源汽车中的应用

杨海龙　杨小春　赵善麒

(江苏宏微科技有限公司・常州・213022)

摘要:随着新能源汽车的发展,电力半导体器件在新能源汽车中应用越来越广泛。本文重点介绍了新型电力半导体器件 MOSFET 和 IGBT 的应用,叙述了 MOSFET 和 IGBT 功率模块产品的制造工艺、材料选择、产品的特性和可靠性,并针对电力半导体器件在新能源汽车中的发展趋势进行了预测。

关键词:MOSFET；IGBT；电力半导体器件；新能源汽车

Application of Power Semiconductor Devices in New Energy Vehicle

Yang Hailong Yang Xiaochun and Zhao Shanqi

(MacMic Science & Technology Co. , ltd.)

With the development of new energy vehicles, the power semiconductor devices are widely used. This paper introduces the application of new type of power semiconductor devices in the vehicles, such as MOSFET and IGBT, which are key devices used in the new energy vehicles. The module assembly technology, choice of raw materials, module features and reliability are described. The paper also illustrates the development trend of power semiconductor devices in the new energy vehicles.

Key words: MOSFET, IGBT, Power semiconductor device, New energy vehicles.

1. 引言

随着石油能源的不断减少和环境污染的日益加剧，新能源汽车逐渐成为汽车领域的研究重点。新能源汽车替代传统能源将会在节能与环保方面作出巨大贡献。

电力半导体器件是新能源汽车中非常重要的部件，它广泛应用于纯电动汽车、混合动力和其他燃料电池汽车中。在新能源汽车中，使用电池或者电池和其他燃料的混合来驱动车辆，如何把电池的能量转换为动力，这就需要来实现功率转换的电力半导体器件。在新能源汽车中，电力半导体器件可以实现电池能量转换为动力的作用，并且还可以实现动能能量的回收。另外，电力半导体器件还可以实现电池电压转换为汽车电器所需要的12V/24V电压。

2. MOSFET功率器件在新能源汽车中的应用

MOSFET功率器件作为新一代功率器件，在汽车电子中应用非常广泛，在现代汽车中，几乎所有汽车电器上都有可能用到MOSFET,基本有电机的地方都会用到MOSFET功率器件；电动雨刷、电动车窗、电动水泵、HVAC空调供暖系统、变速箱驱动等地方都会用到功率MOSFET器件。下面介绍了一种基于功率MOSFET的功率转换方案，该方案可以应用于现在的微型电动汽车中。

电力半导体器件的典型应用就是用在电动汽车的电机驱动系统中，目的是实现电池电压转换为电机需要的电压。其电路的主要作用就是实现电力的DC/AC的转换。图1是全桥功率转换主电路方案：

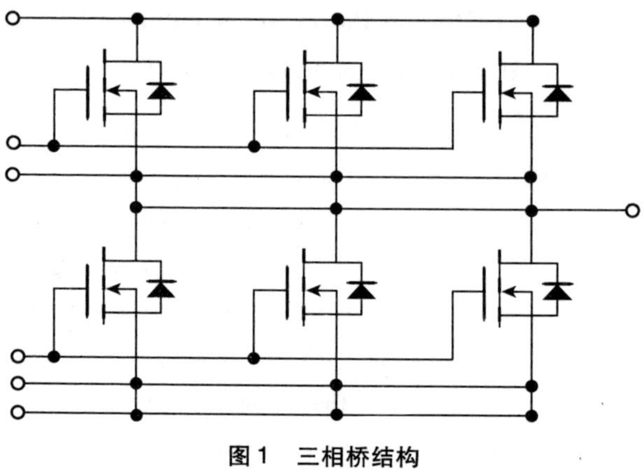

图1 三相桥结构

目前,用于微型电动汽车的功率转换器件主要采用MOSFET,其优点是技术成熟、成本低、电路设计简单，该方案的主电路直接是三相桥逆变结构，用于微型电动汽车的电机控制器中，该主电路主要是利用MOSFET器件并联多少来实现其电流大小的控制。除了图1所述的电路结构外，还有另外一种方案就是采用三个半桥结构的电路，如图2所示，在具体的应用中，可以利用三个半桥结构来组成一个三相桥电路。

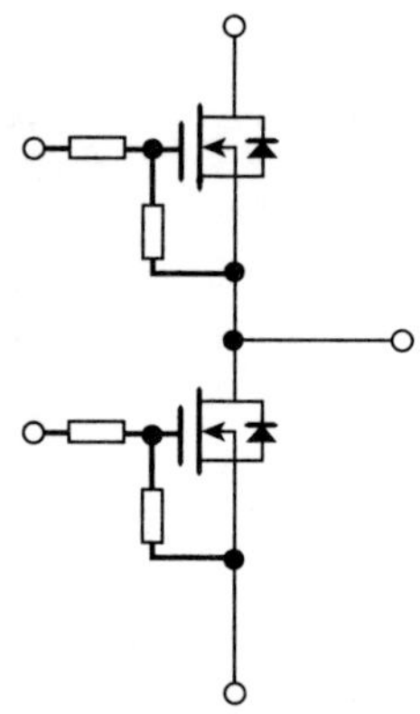

图2 半桥结构

目前，采用功率MOSFET设计开发的IPMM (Intelligent Power Mosfet Module)，智能化程度更高，可靠性更高；目前，这种方案在微型电动汽车的应用中越来越广泛。图3是宏微科技研发的MOSFET－IPMM智能功率模块。该款产品是使用MOSFET实现的IPMM模块，可以实现最大支持80V的电池电压，最大支持电流可达700A，完全可以满足市场大多数微型电动汽车的需要。

图3 IPMM智能功率模块

该方案的特点：

(1)采用铝基板实现二次封装；

(2)直流与交流两端出线，易于模块及控制器的集成；

(3)控制信号以插针形式引出；

(4)结构紧凑，内部杂散参数小；

(5)开关速度快、功耗低、抗干扰能力强。

该模块的最大优点是把主电路和驱动电路集成在一个模块中，一方面保证了电路的可靠性和稳定性，另一方面，大大缩短了客户项目开发周期；此外采用该方案实现了驱动电路的欠压、短路、过热、过流保护，并可将故障检测信号输出到控制单元。

3.IGBT 在新能源汽车中的应用

IGBT(绝缘栅双极型晶体管)是由 BJT(双极型三极管)和 MOS(绝缘栅型场效应管)组成的复合全控型电压驱动式功率半导体器件，兼有 MOSFET 的高输入阻抗和 GTR 的低导通压降两方面的优点，驱动功率小而饱和压降低。因此，IGBT 被广泛应用于汽车与机车驱动系统中。在轿车中，IGBT 主要使用电压 600V，电流 300～800A 的模块；在客车和卡车中，IGBT 主要采用电压是 600V 和 1 200V，电流 300～1200A 的模块，在未来的纯电动卡车中，其功率要求可能会更高，这也为 IGBT 的发展提出更高的挑战。

下面是两种应用于电动汽车的电机驱动系统中的逆变方案介绍。这两种方案都是采用 6 个 IGBT 芯片和 6 个 FRD 芯片组成 1 个 IGBT 模块，所不同的是封装形式。在实际应用中，根据具体需要，电机工程师可以灵活选择适当的方案。见图 4、图 5。

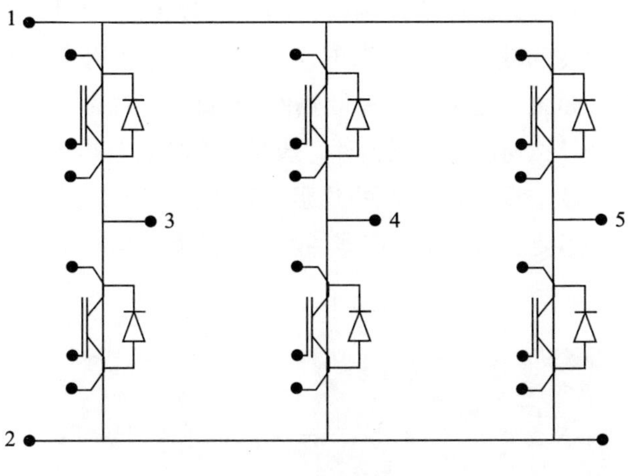

图 4 三相桥结构

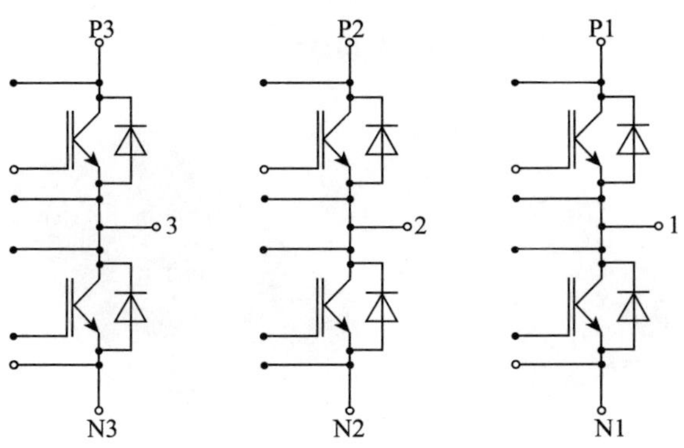

图 5 半桥结构

另外，IGBT 还会用在电机驱动系统的 DC/DC 变换中。图 6 是 DC－DC 升降压变换器单元中的系统框图。在电动汽车的电机驱动系统中，DC－DC 升降压变换器可以实现电池系统的充电和放电要求。在实现双向工作时，其正向放电工作于升压模式，用于实现电池的电能转化为驱动电机的动能；反向充电工作于降压模式，用于实现汽车在刹车或者下坡时的能量回收。

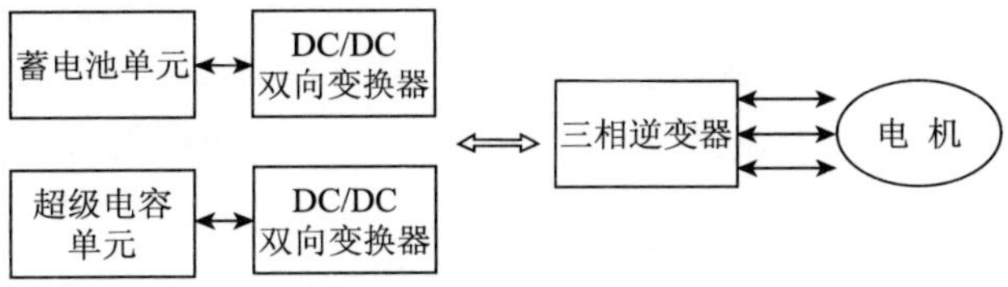

图 6 DC/DC 升降压变换系统框图

4. 车用功率 IGBT 模块的设计难点

对于汽车级的功率转换单元，要提供足够高的功率，必须要用高电压、高电流的芯片进行封装；并且要求紧凑的封装形式来满足汽车内部紧凑的空间要求；由于汽车工作环境的要求，还要求芯片必须具备较好的热传导率；为了避免电流在传输过程中产生的过冲现象，工程师必须尽量减少由于不合理的布线带来的寄生电感。有经验的工程师最后总结出来：直接把芯片封装成模块的形式，这样，不仅利于控制成本，并方便模块的安装与使用。

目前，电动汽车上采用的功率模块，除了芯片和模块一定要选择较为经济科学的封装材料，并考虑芯片和模块的设计工艺、制造工艺外，还要充分考虑温度、振动等外界环境的影响。这些都是目前开发车用功率转换模块的难点。下面分别针对芯片和模块的材料、工艺两方面作了分析介绍。

4.1 车用 IGBT 模块的关键材料的选择

目前应用于电动汽车的 IGBT 功率模块。主要是基于 IGBT 裸片的封装，现在用于 IGBT 模块的 DIODE 芯片，工业上主要用 Si 材料。目前，有经验的工程师提出，半导体芯片材料用 SiC 代替现在常用的 Si 材料，不仅可以提高产品的性能，而且可以满足散热的需要。使用 SiC 材料不但击穿电场强度高、热稳定性好，还具有载流子饱和漂移速度高、热导率高等特点。其导热性能是 Si 材料的 3 倍以上；在相同反压下，SiC 材料的击穿电场强度比 Si 高 10 倍，而内阻仅是 Si 片的 1%。现在用于 IGBT 的芯片主要还是 Si 材料，相信未来几年 IGBT 芯片也会使用 SiC 材料。

在模块封装材料上，目前电动汽车的模块主要采用 DBC 基板，DBC 基板主要是采用 AlN 导热绝缘陶瓷基片，结合 CuW 或者 AlSiC 等底板散热的形式。DBC 板的焊接式模块，与普通焊接式模块相比，不仅体积小、重量轻、节省部件，并且具有更好的热疲劳稳定性和更高的集成度。DBC 基板在功率模块中所起的作用如下：

(1)作为硅芯片的承载体，并且二者之间无其他任何材料和连接线。电路布线基板，功能近似于 PCB 板。

(2)绝缘性能好，把导电部件和散热部件隔离开。

(3)散热性能好，把硅芯片产生的热量通过导热机油传输到散热装置。

在工业中，底板主要采用铜材料，而 DBC 板主要是采用三氧化二铝。在汽车应用中，金属连线主要采用铝丝或者铝带键合技术，底板主要采用具有更好热传导特性的 AlSiC 或者 CuW 材料，而 DBC 基板主要是采用 AlN。图 7 是目前广泛应用于汽车级 IGBT 模块封装结构示意图，表 1 是几种封装材料的热传导系数对比。通过实验证明，底板采用 CuW，DBC 板采用 AlN 材料是目前用于汽车级 IGBT 模块比较理想的选择。

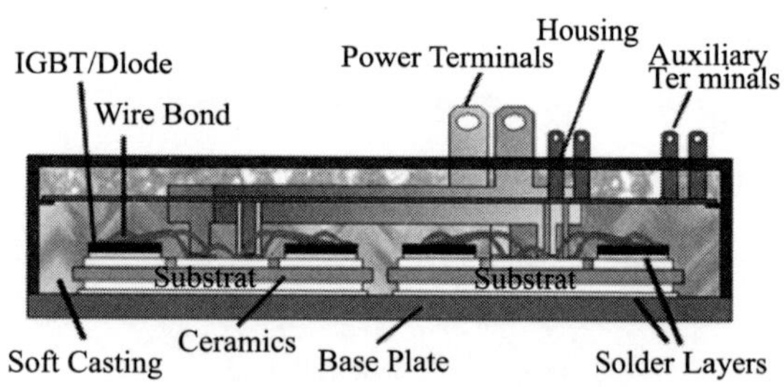

图 7 IGBT 模块封装结构示意图

表 1 几种封装材料的热传导系数对比

	Material	CTE*	Thermal conductivity	Density	Cost ratio
		(ppm/℃)	(W/m.k)	(g/cc)	
Base	CuW	6.5	190	17	6
	AlSiC	6.6	175	2.9	5
	Cu	17	393	8.9	1
Substrate	Al_2O_3(96%)	6.4	25	—	1
	AlN	3.5	170	—	4
	IMS	24.0	—	2.7	0.3
Die	Silicon	4.1	136	1	
	SiC	2.6	270	—	

* Coor. Thermal Expantion.

在散热材料的选择上，要综合考虑器件的耗散功率、器件结壳温度、接触热阻和冷却介质温度来考虑。在汽车的应用中，由于车仓内的环境温度较高，并且车用功率模块功率较高，在功率转换过程中，会产生很大的热量，要快速恢复模块上的热量，如何选择合适的模块散热材料非常关键。目前，散热器通常采用铜或铝，并且铜的热导率比铝高两倍，铜表面积越大，其散热效果越好。因此一般都会设法增强散热器的散热效果，主要的方法有增加散热器的表面积、设计合理的散热风道、增加散热器表面的风速等。但是在材料的选择上，铜的价格要比铝高些。图 8 是汽车级模块中铜散热板，采用这种散热板，适当调整散热器中间叉指间距，可以保证热空气流动通畅，让模块达到较好的散热效果。另外，除了风冷的散热外，在汽车模块中还广泛应用水冷散热，如图 9 是采用水冷散热的仿真图。总之，具体选择什么材料的散热器件，选择什么样的散热形式，其主要依据是散热器的热阻，另外还要考虑工作环境，还要充分考虑功率器件的器件功耗、结点温度等因素。

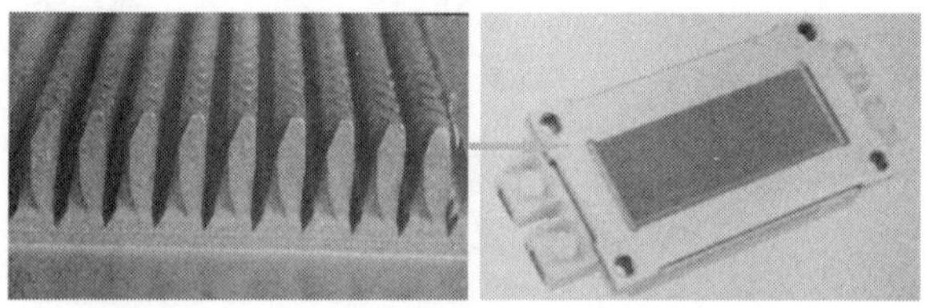

图 8 模块散热形式

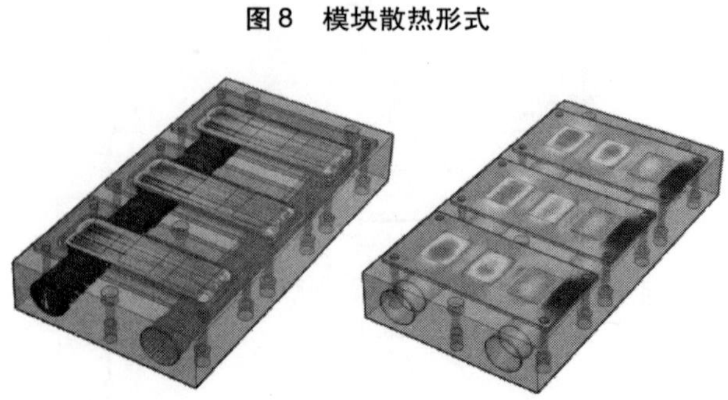

图 9 水冷散热仿真图

4.2　车用 IGBT 模块的新工艺

在芯片的焊接上，目前业界提出了纳米银焊接技术，图 10 是采用纳米银焊接技术的焊接效果图。通过结合芯片纳米焊接技术，由于其结温更低，芯片可达到更高的功率循环；由于其熔接点是一个很薄的镀银层，与焊接接头相比，其拥有超低热变电阻，芯片本身还不会有连接疲劳导致附加服务周期，图 11 是采用芯片纳米焊接技术和普通焊接技术的芯片结温的对比。很明显，采用纳米焊接技术，芯片结点温度要比普通焊接技术的结点温度低。

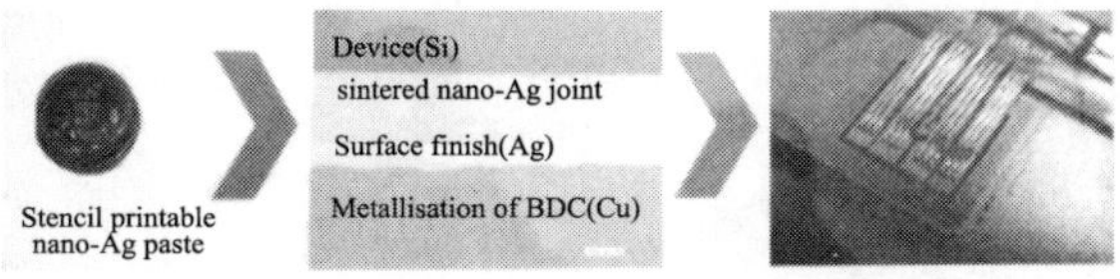

图 10　纳米银焊接技术效果

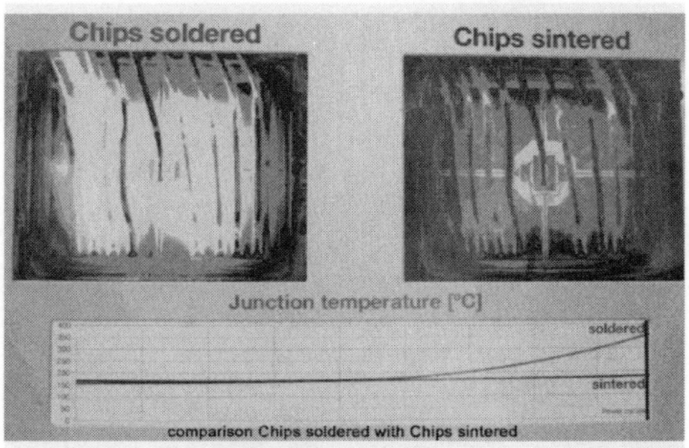

图 11　纳米焊接技术与普通焊接技术对比

目前，在 IGBT 模块产品的设计过程中，不断引进了许多新的工艺，从最早引进用于汽车焊接技术的铝丝键合和铝带键合，到逐渐被使用的焊球技术等。使用铝丝技术的焊接，焊接灵活，并且成本较低；使用铝带技术后，减少了导通电阻，耐电流冲击能力增加，并且降低了寄生电感；使用焊球技术后可以更大限度地减小封装尺寸，寄生电感比铝带技术更小，热阻也会更低。图 12 是几种焊接工艺的比较：

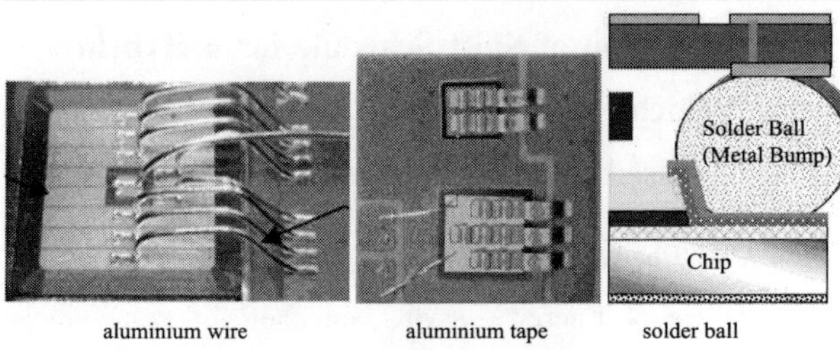

图 12　几种焊接技术的对比

除了上述芯片的工艺外，在模块的封装设计工艺上，国外的公司有采用无缝压力接触技术，如图 13 所示，采用这种技术后，产品的散热性能会更好，这种技术比普通模块的散热要提高 3～5 倍。无缝焊接压力系统和内部层状母线可促成均一的电流分布。每一个 IGBT 和二极管片都有其自己与主端子的连接器。这样可产生一个低电阻模块 RCC' + EE' ≤ 0.3mΩ，而焊接模块的电阻约为 1.1mΩ。到驱动板的连接器也是一个无缝的，具有高温循环和牢固的无缝安装装置。此外，这种结构由于没有底座，连到 DCB 到吸热设备的连接器可以不受温度循环限制而移动。并且能够抵挡来自汽车的紧迫的振动和冲击压力，是汽车用模块的很好选择之一。

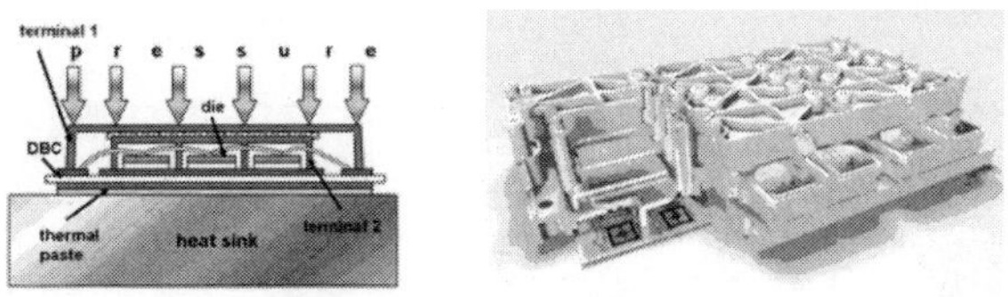

图 13　无缝压力接触技术

5. 电力半导体器件在新能源汽车中的发展趋势

近年来，电力半导体技术逐渐朝高频化、模块化、紧凑化及智能化的方向发展，以提高装置的功率密度，降低噪声，减小能耗和原材料消耗。电力半导体在促进能效提升方面起着非常重要的作用。

对于 IGBT 芯片的材料方面，采用 SiC 材料代替 Si 材料是未来发展的趋势。并且 SiC 材料已经成功应用于 DIODE 芯片中。这也为 IGBT 应用 SiC 材料提供了一定的技术基础。

由于汽车电机驱动系统工作环境非常恶劣，未来用于电动汽车的芯片必须满足高工作温度的要求。为了满足未来电动客车和电动卡车的高功率电机驱动系统的要求与发展，未来用于电动汽车的电力半导体器件必须具备很大的驱动电流。所以耐高温、高电流密度也将是电动汽车用 IGBT 的发展趋势之一。

在散热技术方面，为了提高 IGBT 芯片的热循环能力，目前有些公司已经提出使用双面散热工艺，如图 14 所示，采用双面散热技术后，散热效率能比普通模块提高 30% 左右。相信这也是未来发展的趋势。

图 14　双面散热技术的应用

随着电力半导体的发展，用于电动汽车的电力半导体器件的体积将越来越小，并且单个芯片上集成更多的电路，集成度也将会越来越高。目前业界已经广泛使用基于 IGBT 集成的智能功率模块。在未来新能源汽车成为业界主流后，智能功率模块也必将成为电机驱动系统中的关键部件。图 15 是近几年 IGBT

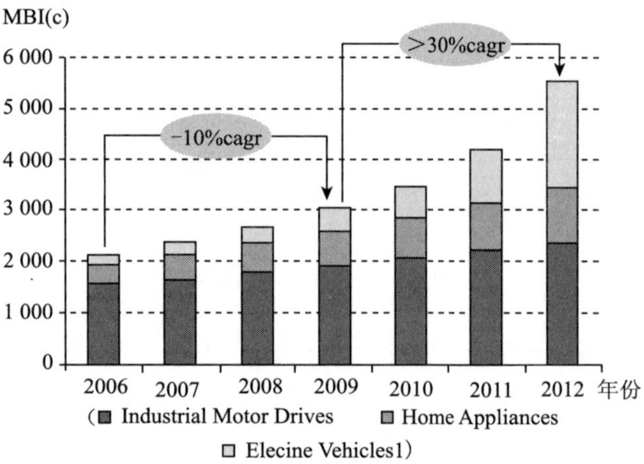

图 15　IGBT 在几个行业的发展对比

在电动汽车和工业电机驱动、家电行业的市场增长情况的对比，很明显，IGBT 在汽车行业的增长率明显；并且随着电动汽车逐渐普及，其增长速度将会更快。

我国新能源汽车在过去两年发展迅速，因此也加快了新能源汽车关键零部件的发展；电力半导体器件作为新能源汽车的关键部件，对整车驱动系统有很大影响，因此加快研究电力半导体器件在新能源汽车中的应用非常必要。

6. 结论

基于新型电力半导体器件在新能源汽车中的应用，本文重点研究了 MOSFET 和 IGBT 功率模块产品的制造工艺、材料选择、产品的特性和可靠性，并针对电力半导体器件在新能源汽车中的发展趋势进行了预测。

参考文献

[1]康云龙．新能源汽车与电力电子技术[M].1. 北京:机械工业出版社,2009.

[2]王绍光,夏群生,李建秋,等．汽车电子学[M].1. 北京:清华大学出版社,2005.

[3]江苏宏微科技有限公司．www. macmict. com

[4]陈清泉．陈清泉院士论文选集．现代电动汽车、电机驱动及电力电子技术[J]. 2005.

[5]陈全世．先进电动汽车技术[M]. 北京:化工工业出版社,2007.

[6]文辉清．车用高性能电机驱动系统设计及暂态分析[R]. 中科院电工所,2009.

十一、基于动态规划算法的混合动力汽车 AMT 经济性换挡规律优化

王成[1,2]　王同辉[2]　张博[2]

(1. 国家 863 计划节能与新能源汽车重大项目办公室・北京・100070
2. 中国汽车技术研究中心北京工作部・北京・100070)

摘要:本文针对一款自主研发的并联式混合动力汽车,进行了车辆纵向动力学分析,依据动力总成部件以及整车参数建立了混合动力整车模型。应用动态规划算法对车辆在典型工况下的 AMT 换挡规律进行了全局优化研究,获取了车辆的最佳经济性换挡规律,使整车经济性能相对于原换挡策略提高了近 12%。

关键词:混合动力汽车;机械自动变速传动;换挡规律;动态规划

中图分类号:U469. 79

Optimization of Shift Schedule for a Hybrid Electric Vehicle with Automated Manual Transmission Based on Dynamic Programming

(WANG Cheng1,2, WANG Tonghui1, ZHANG Bo1)

(1. Office of Energy - saving and New Energy Vehicles Project of 863 Program

2. Beijing Operation of China Automotive Technology & Research Center, Beijing 100070, China)

Abstract: According to the powertrain and vehicle parameters of a self – developed parallel hybrid electric vehicle, the longitudinal dynamics analysis was carried out, and the simulation model was built. Using the dynamic programming global optimization algorithm, the shift schedule for a HEV automated manual transmission was studied. The vehicle optimal economy shift schedule was obtained, and the fuel consumption was nearly 12% lower than the HEV with the original shift strategy.

Key words: hybrid electric vehicle; automated manual transmission; shift schedule; dynamic programming

1. 前言

混合动力电动汽车(Hybrid Electric Vehicle, HEV)是由传统内燃机和电力驱动系统所组成的混合驱动系统,它可以通过先进的车辆控制系统实现整车经济性能提高、排气污染降低的目的[1]。由于混合动力汽车投资少、选择余地大、易于满足未来排放标准和节能目标,因此其正受到国内外汽车制造商的广泛重视,并被世界公认为是未来20~30年内最具有竞争优势的汽车[2]。

混合动力汽车变速装置采用机械自动变速器(Automated Manual Transmission, AMT),可通过自动换挡优化发动机和电动机的工作区域,使车辆发挥出更好的性能。本文针对一款自主研发的并联式混合动力汽车,应用动态规划(Dynamic Programming, DP)全局优化算法对该车辆在典型工况下的AMT换挡规律进行了全局优化研究,以期能够获取车辆的AMT最优经济性换挡规律。

2. 整车模型建立

如图1所示,该混合动力汽车为单轴并联式布置结构,其整车及动力总成主要参数如表1所示。

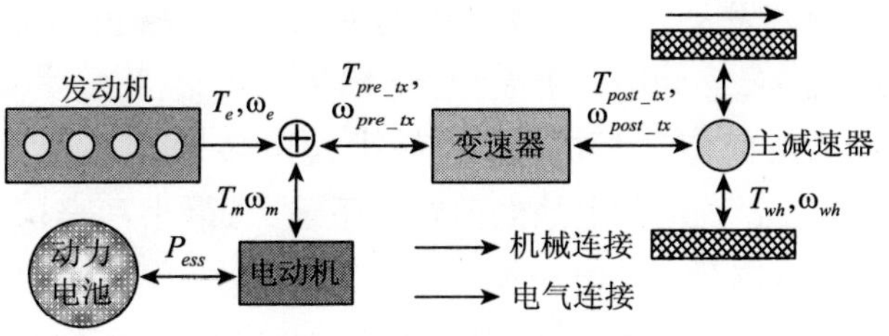

图1 动力系统布置方式及模型建立

表1 混合动力整车及动力总成主要参数

部件	参数	数值
整车	车辆迎风面积 A/m^2	1.937
	风阻系数 f	0.35
	一阶滚动阻力系数 C_{D1}	0.007
	二阶滚动阻力系数 $C_{D2}/(s/m)$	0.000 12
	轮胎半径 R/m	0.293
	主减速比 R_f	4.308
	变速器1~5挡传动比 R_g	[3.182, 1.895, 1.25, 0.909, 0.703]
发动机	排量 V/L	1.0
	最大功率@转速/kW@rpm	52@6000
	最大转矩@转速/N·m@rpm	79.6@4400
电机	类型	永磁交流同步式
	最大功率@转速/kW@rpm	18@1 500~10 000
	最大转矩@转速/N·m@rpm	110@0~1 500
电池	类型	NiHM
	容量 C_{ESS}/Ah	8
	额定电压 U/V	144

由图1,可以得到动力总成部件之间的动力学关系:

$$J_{ptc}\dot{\omega} = T_e + T_m + T_b - \frac{T_{wh}}{R(i)R_{fd}} \tag{1}$$

$$v = \frac{\omega}{R(i)R_{fd}} \cdot r_w = \frac{\omega_e}{R(i)R_{fd}} \cdot r_w = \frac{\omega_m}{R(i)R_{fd}} \cdot r_w \tag{2}$$

式中,J_{ptc}为动力系统在i挡位下,折算至变速器前端处的等效转动惯量;ω为动力总成转速;T_e为发动机输出转矩;T_m为电动机输出转矩;T_b为车辆机械制动转矩;T_{wh}为作用在轮胎上的牵引力转矩;$R(i)$为变速器第i挡传动比;R_{fd}动力总成主减速比;v为车速;r_w为轮胎半径;ω_e为发动机转速;ω_m为电动机转速。

在给定行驶循环的前提下,车辆每一时刻的车速v是已知量。这样,利用车辆动力学方程就可求解出作用在车轮上的需求转矩T_{wh}及动力总成转速ω。在车辆加速时,车辆机械制动转矩T_b为零,则动力总成的独立变量只能有两个,如当前发动机输出转矩T_e和挡位i已知,则电机输出转矩T_m可由动力总成转矩平衡式(1)确定;反之,如T_m和i已知,则T_e可由(1)确定。车辆减速或制动情况下,T_e为零,动力总成独立变量同样是两个,即T_m和i,T_e的大小根据式(1)唯一确定。

综合以上分析，可以确定动力总成系统状态变量为：

$$x(t)=[SOC(t),R(i(t))] \tag{3}$$

式中，$SOC(t)$为t时刻电池荷电状态，SOC是连续状态变量，其随时间变化率(即状态变量SOC的状态转移函数)及相应的约束条件如式(4)、式(5)所示；$R(i(t))$为t时刻变速器传动比，该变量为离散控制变量，针对于本文中的AMT有$R(i)\in[3.182, 1.895, 1.25, 0.909, 0.703]$。

$$\dot{SOC}=\frac{dSOC}{dt}=\frac{-I_{ess}}{C_{ess}}=\frac{\sqrt{U_{OCV}^2-4P_{ess}R_{ess}}-U_{OCV}}{2R_{ess}C_{ess}} \tag{4}$$

$$SOC_{min}\leqslant SOC\leqslant SOC_{max} \tag{5}$$

式中，P_{ess}为动力电池功率；I_{ess}为动力电池电流；C_{ess}为动力电池额定容量；R_{ess}为动力电池内阻；U_{OCV}为动力电池开路电压；SOC_{min}为动力电池荷电状态最小值；SOC_{max}为动力电池荷电状态最大值。

动力总成系统控制变量为：

$$u(t)=[T_m(t),i(t)] \tag{6}$$

式中，$T_m(t)$为t时刻电机转矩；$i(t)$为t时刻变速器挡位。

这样，动力总成的最优控制问题可描述为：寻找一最优控制$u(t)$，使动力系统能够从初始状态$x(0)$转移到终了状态$x(t_f)$，并使系统性能成本函数J最小：

$$\begin{aligned}J&=\int_0^{t_f}L(x(t),u(t),t)dt\\&=\int_0^{t_f}(T_e(t)\cdot\omega_e(t)/\eta_e(t)+P_{ess}(t)\cdot\\&\quad\eta_{ess}(t)/\eta_{e\_a}(t)+\beta|i(t)-i(t-1)|)dt\end{aligned} \tag{7}$$

式中，$L(x(t),u(t),t)$为t时刻动力总成系统能量成本；$\eta_e(t)$为t时刻发动机效率；$\eta_{ess}(t)$为t时刻动力电池效率，其具体含义如式(8)所示；$\eta_{e_a}(t)$为t时刻发动机输出的平均效率，用以建立发动机和电机输出的能量的等效关系；β是为防止过于频繁设定的挡位变换惩罚函数系数。

$$\eta_{ess}=\begin{cases}1/\eta_{dis} & P_{ess}>0\\ \eta_{chg} & P_{ess}\end{cases} \tag{8}$$

式中，η_{dis}为动力电池放电效率；η_{chg}为动力电池充电效率。

3. 动态规划算法的应用

动态规划算法，是一种将复杂的决策问题分段转化为一系列不同阶段子问题的全局优化方法[3-5]。它对系统状态方程和性能指标函数无过多限制，系统模型可以基于实验数据的数值模型，而且动态规划的迭代算法适合采用计算机求解，所以动态规划方法比较适合用于解决混合动力汽车的最优控制问题。

根据以上分析，通过离散化将驾驶循环分为N个阶段，其每个阶段的时间步长为Δt(本文中选取为1s)，这样动力系统的成本函数可以转化为：

$$\begin{aligned}J&=\sum_{k=1}^{N}L(x(k),u(k),k)\cdot\Delta t\\&=\sum_{k=1}^{N}(T_e(k)\cdot\omega_e(k)/\eta_e(k)+\\&\quad P_{ess}(k)\cdot\eta_{ess}(t)/\eta_{e\_a}(k)+\\&\quad\beta|i(k)-i(k-1)|)\cdot\Delta t\end{aligned} \tag{9}$$

式中有，$x(k+1)=g(x(k),u(k))$，g为状态转移函数，在本系统中可细化为：

$$\begin{cases}SOC(k+1)=SOC(k)+g_1(SOC(k),\\ Temp_{ess}(k),T_m(k),\omega_m(k))\\ R(i(k+1))=g_2(i(k))\end{cases} \tag{10}$$

式中，$Temp_{ess}$为动力电池温度。

这样，最优控制轨迹$u(t)(0\leqslant t\leqslant t_f)$转变为相应的最优控制序列$u(k)(k=1,2,\cdots,N)$，其状态变量和控制变量的约束条件为：

$$\begin{cases}SOC_{min}\leqslant SOC(k)\leqslant SOC_{max}\\ \omega_{emin}\leqslant\omega_e(k)\leqslant\omega_{emax}\\ T_{emin}\leqslant T_e(k)\leqslant T_{emax}\\ \omega_{mmin}\leqslant\omega_m(k)\leqslant\omega_{mmax}\\ T_{mmin}\leqslant T_m(k)\leqslant T_{mmax}\\ P_{ess\_max\_chg}\leqslant P_{ess}(k)\leqslant P_{ess\_max\_dis}\\ i(k)\in\{1,2,\cdots,i_{max}\}\end{cases} \tag{11}$$

式中，ω_{emin}、ω_{emax}为发动机最大、最小转速；T_{emin}、T_{emax}为发动机当前转速下的最大、最小输出转矩；ω_{mmin}、ω_{mmax}为电动机最大、最小转速；T_{mmin}、T_{mmax}为电动机当前转速下的最大、最小输出转矩；$P_{ess\_max\_chg}$、$P_{ess_max_dis}$为动力电池当前状态下最大、最小功率；i_{max}为变速器最高挡位。

在k阶段，约束范围内所有的状态称为可达状态集(Reachable Set)，记为$X(k)$，所有控制称为容许控制集(Admissible Set),记为$U(k)$。在利用动态规划方法求解问题的过程中,为了避免变量网格点和变量维数所引起的运算量过大,就必须对可达状态集和容许控制集进行合理的离散化。所得到的离散点与时间轴上的节点构成了有限计算网格,计算便针对这些网格点进行开展。但是在求解的过程当中,利用状态转移方程(9)所求得的下个状态$x(k+1)$并不一定就正好“落”在$X(k+1)$的量化网格点上,这样相应的成本函数值J和控制变量$u(k)$就需要通过插值求得,如图2所示。另一方面,在进行插值计算以后,$X(k+1)$中同一状态点$x(1,k+1)$可能对应多个$X(k)$中的状态点(如图2中的$x(2,k)$、$x(3,k)$和$x(4,k)$),此时就应该比较$X(k)$中这些状态点所对应的成本函数值大小(即$J(g(x(2,k),u(4,k),k),k+1)$、$J(g(x(3,k),u(5,k),k),k+1)$和$J(g(x(4,k),u(5,k),k),k+1)$),选择其中最小值所对应控制(即$u(4,k)$或$u(5,k)$或$u(6,k)$)作为该阶段(第$k$阶段到第$k+1$阶段)及状态变量(即$x(1,k+1)$)下的最优决策(即$u^*(1,k+1)$)。

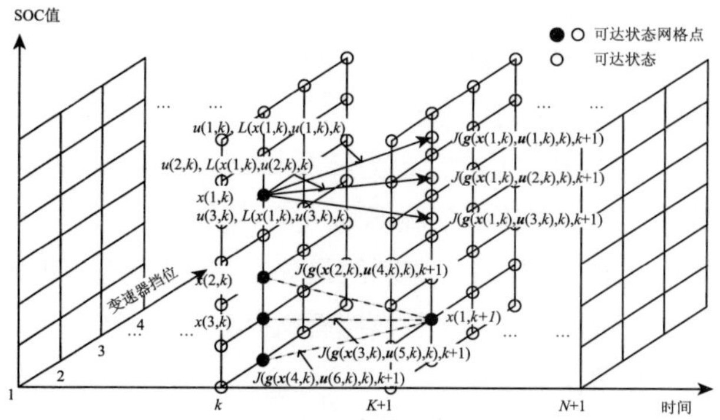

图2　动态规划数值解法示意图

4. 优化结果及分析

本文在研究过程当中选取NEDC(New European Driving Cycle)作为循环工况。在该循环工况下应用动态规划算法,比较驾驶循环最后阶段(第N阶段)可达状态集$X(N)$中各可达状态所对应的成本函数值,相应的最小成本函数值即为车辆的最优经济性能J^*,而由此获得的挡位变换规律即为车辆的最佳经济换挡规律$i^*(k)(k=1,2,\cdots,N)$,相应的计算结果如图3所示。

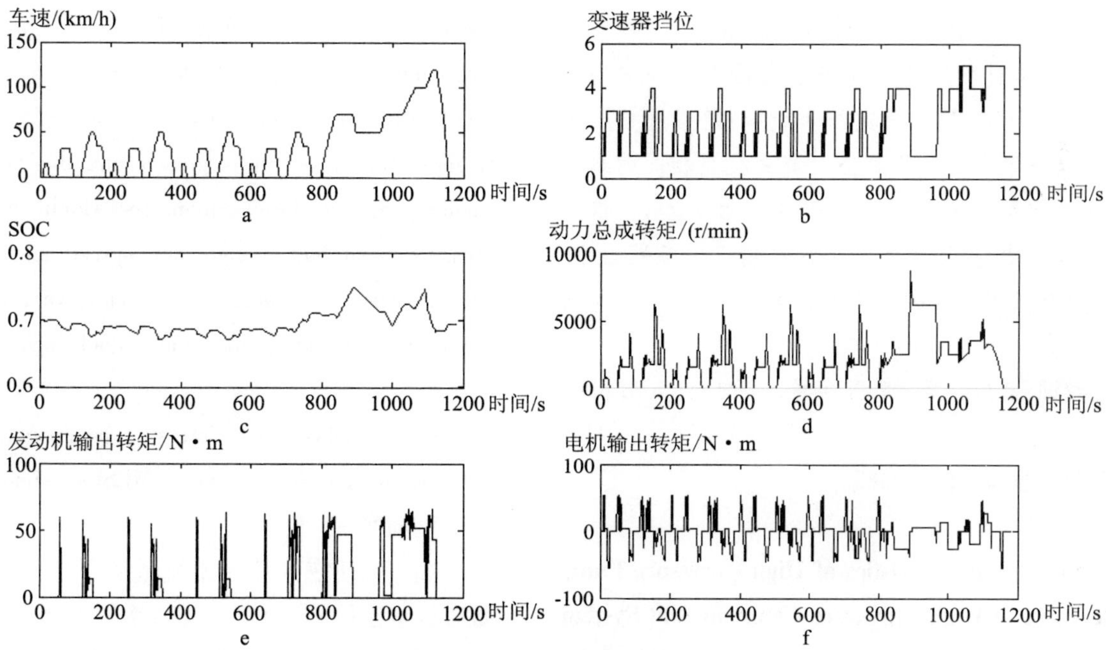

图3　DP全局优化计算结果

由图3可知,采用动态规划优化出的换挡规律使发动机和电机的输出转矩较大,负荷率相对较高,从而提高了动力总成的综合效率。循环结束时动力电池SOC为0.693 4,整车等效油耗为4.7L/100m,这相对于原换挡规律下的整车经济性提高了近12%,经济性的提高不只是由于动力总成的综合输出效率提高,还由于DP算法下考虑了整个循环的动态特性,而由此获得的发动机和电机输出分配规律同样是动力总成在该循环下的最佳能量流分配策略。

5. 结论

本文针对一款自主研发的并联式混合动力汽车，进行了车辆纵向动力学分析，依据动力总成部件以及整车参数建立了混合动力整车模型。应用动态规划算法对车辆在典型工况下的 AMT 换挡规律进行了全局优化研究，获取了车辆的最佳经济性换挡规律，使整车经济性能相对于原换挡策略提高了近 12%。

参考文献

[1]Masakazu Sasaki. Hybrid Vehicle Technology - Current Status and Future Challenges - Effect of Hybrid System Factors on Vehicle Efficiency[J]. Review of Automotive Engineering, Vol. 26, No. 2, 2005.

[2]张博，李君，杨世春，高莹. 混合动力汽车发动机起停控制策略[J]. 吉林大学学报(工学版)，2009，39(3)：561-565.

[3]O'Keefe M. P, Markel T. Dynamic Programming Applied to Investigate Energy Management Strategies for a Plug-In HEV[C]. 22nd International Battery, Hybrid and Fuel Cell Electric Vehicle Symposium and Exhibition (EVS-22). NREL/CP-540-40376, Yokohama, Japan, October 23-28, 2006.

[4]Bellman R E. Dynamic programming [M]. Princeton, USA: Princeton University Press, 1957.

[5]Pagerit S, Rousseau A, Sharer P. Global Optimization to Real Time Control of HEV Power Flow: Example of a Fuel Cell Hybrid Vehicle[C]. Hybrid and Fuel Cell Electric Vehicle Symposium and Exhibition (EVS-21), April 2005.

十二、高压共轨系统高压油泵单向阀特性仿真

张博　刘頔　钟春艳　傅栩晗
(中国汽车技术研究中心工作部・北京・100070)

摘要：本文应用 AMESIM 系统仿真软件，针对一款自主研发设计的高压共轨系统高压泵出油单向阀进行了特性仿真研究，研究结果表明：随着进口压力的升高，高压泵最大升程和出口流量按照相同的趋势增大；单向阀座面半角越小，球阀升程越大、出口流量越小；进口压力、座面半角及扩散锥角三个参数当中，进口压力对球阀升程和出口流量影响最大，扩散锥角影响最小。

关键词：高压共轨；高压油泵；单向阀；AMESIM；仿真

中图分类号：TK423183

Simulation of Characteristics of High-pressure Pump Check Valve in High-pressure Common Rail System

ZHANG Bo, LIU Di, ZHONG Chunyan, FU Xuhan
(Beijing Operation of China Automotive Technology & Research Center, Beijing 100070, China)

Abstract: Using the system simulation software AMESIM, the Characteristics of high-pressure check valve in a self-developed high-pressure common rail system were studied. The simulation results show that: as the inlet pressure increases, the high-pressure pump maximum lift and export flows increases in the same trend; with the check valve lift seat half-angle being smaller, the valve lift is greater and the export flow is smaller; among these parameters which includes inlet pressure, seat half-angle and spread angle, the inlet pressure has the greatest impact on valve lift and export flows, and the impact from the spread angle is the minimal.

Key words: high-pressure common rail; high-pressure pump; check valve; AMESIM; simulation

1. 前言

高压共轨燃油喷射系统是实现传统柴油机节能减排的重要措施，而作为共轨系统的重要组成部分，高压泵单向阀的特性直接影响高压共轨系统的性能[1-3]。本文应用 AMESIM 系统仿真软件[4,5]，针对一款自主研发设计的高压共轨系统高压泵出油单向阀进行了特性仿真研究，以期研究不同设计参数下单向阀的各种特性，从而实现该单向阀与高压共轨系统的优化匹配。

2. 仿真模型建立

本文所研究的单向阀的设计草图如图 1 所示,依此在 AMESIM 仿真环境下建立的仿真模型如图 2 所示。为分析不同进口压力、座面锥角及扩散锥角下的单向阀的不同特性,使用批处理计算(12 个 case)。根据研究目标可进一步确定仿真内容如下:

(1)不同进口压力下,球阀升程和出口流量特性;

(2)不同座面锥角对出口流量和球阀升程特性的影响;

(3)不同扩散锥角对出口流量和球阀升程特性的影响。

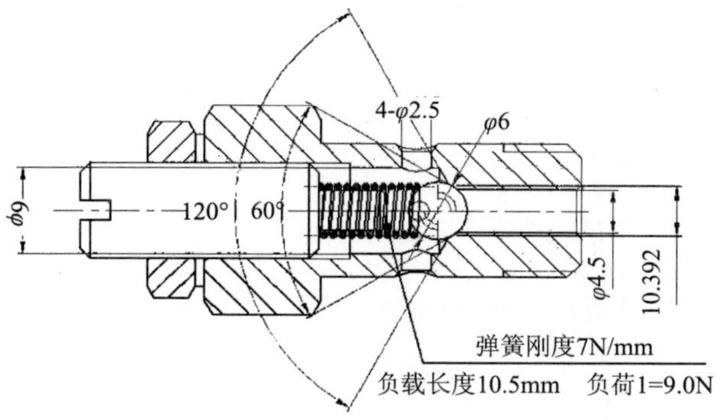

图 1 原始单向阀图纸

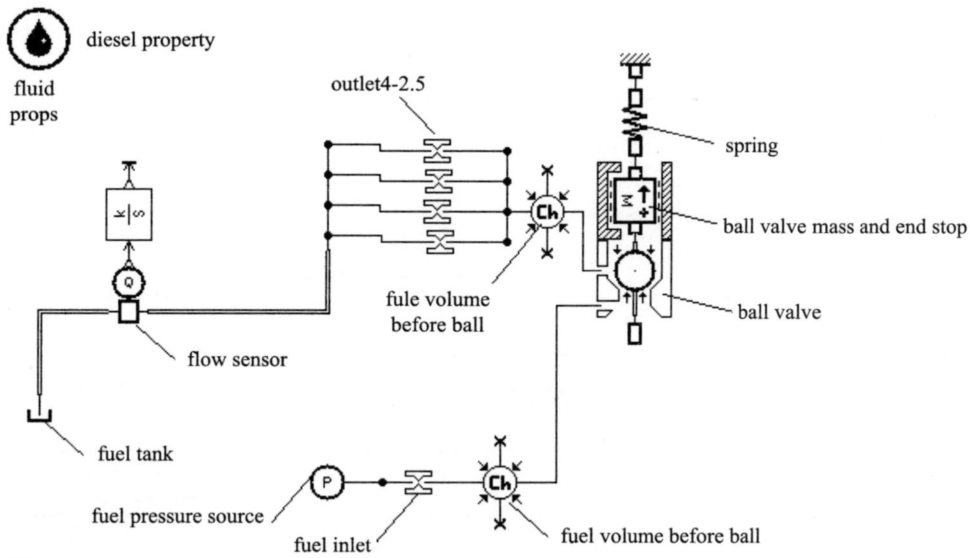

图 2 AMESIM 单向阀模型

3. 系统仿真结果及分析

3.1 不同进口压力下的单向阀特性

高压泵进口压力批处理选取压力范围如表 1 所示。

表 1 高压泵进口压力批处理选取压力范围

Case	1	2	3	4	5	6	7	8	9	10	11	12
Pressure(bar)	1	1.5	2	2.5	3	4	5	6	7	8	9	10

(1) 不同压力下球阀升程的时变特性

仿真结果如图 3 所示:在复位弹簧情况不变的情况下,随着进口压力的升高,球阀由于向上受力增大,导致钢球加速度增大,达到的最大升程增大,且钢球上升速率增大,球阀响应较快,但后坐力必定也较大,对弹簧和座面的冲击也较大。其中 8、9、10、11、12 五个压力下,钢球升程由于受到限制而被截止在 2mm。

(2)不同压力下出口流量的时变特性

计算结果如图 4 所示:在复位弹簧情况不变时,随着进口压力的升高,由于球阀最大升程增大,出口流量按照相同的趋势进行增大,而且虽然由于升程相同,但压力差增大,导致流量最大值也随着压力的增大而增大;而且由于钢球上升速率增大,球阀响应较快,出流速率随着进口压力增大而增大。

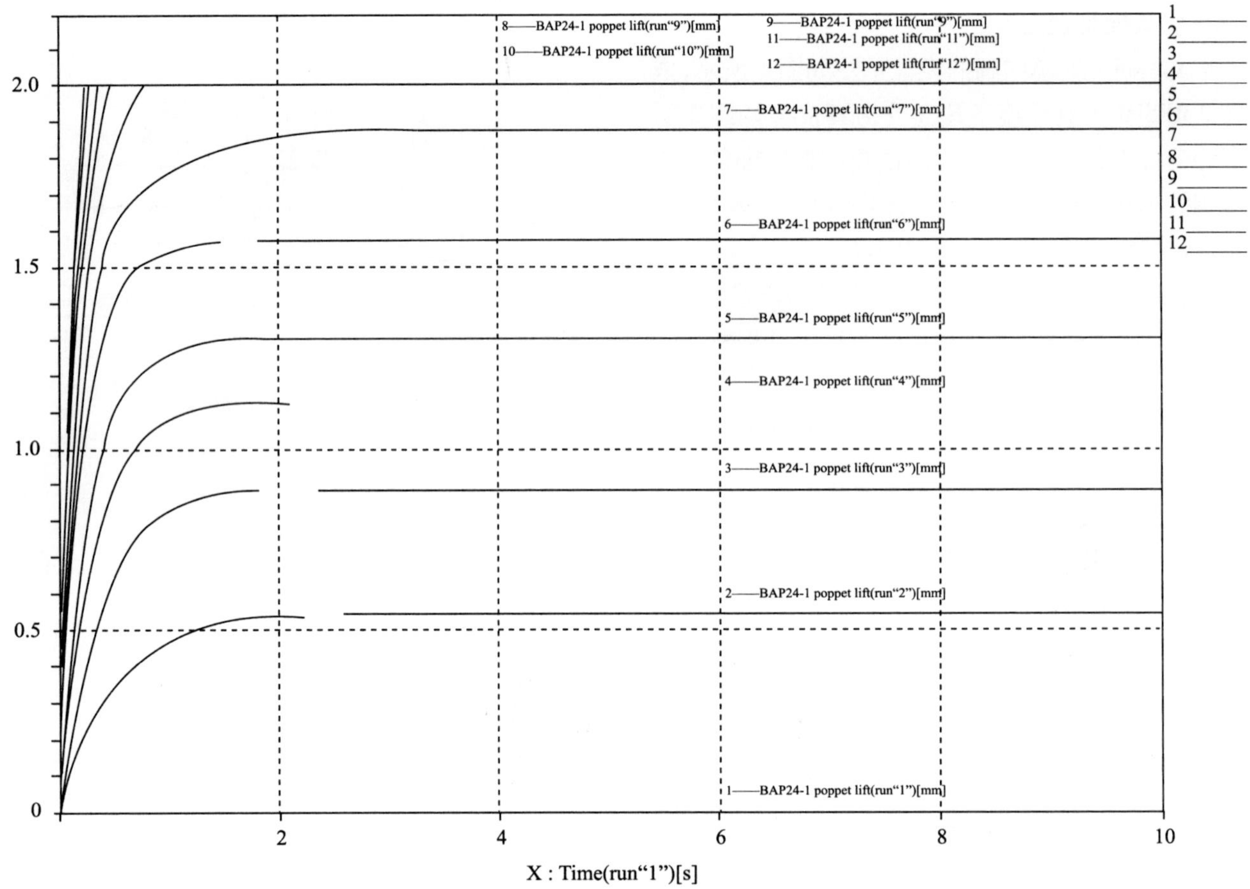

图3　不同压力下球阀升程时变曲线

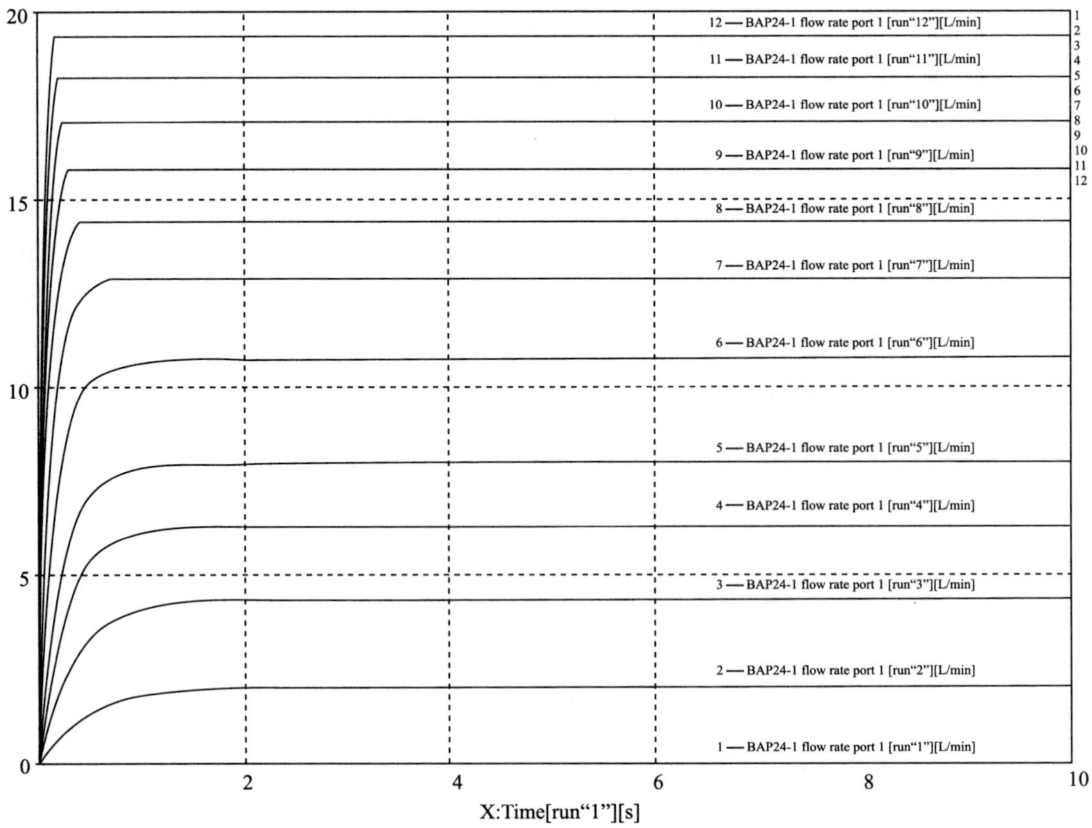

图4　不同压力下出口流量时变曲线

3.2　不同座面半角下的单向阀特性

高压泵座面半角批处理选取如表 2 所示。

表 2　高压泵座面半角批处理选取范围(进口压力 2bar)

Case	1	2	3	4	5	6	7	8	9	10	11	12
Half Angle	20	22.5	25	27.5	30	32.5	35	37.5	40	45	50	60

(1)不同座面半角下球阀升程的时变特性

座面半角为 45°、50°和 60°的三种情况,根据球阀直径和座面直径的计算,钢球已经脱离座面,不符合实际情况,舍去结果。

如图 5 所示的计算结果可以看出:座面半角越小,球阀升程越大,但是升程之间的差距并不明显,这是由于带着压力的柴油在出口随着座面半角减小,钢球下表面所受压力因为积聚效果明显而下降较慢,从而导致相比其他情况(压力下降较快)时升程有所增大。

(2)不同座面半角下出口流量时变特性

同样舍去座面半角为 45°、50°和 60°的三种情况下的计算结果。从图 6 可以看出,各个 case 下的流量相差很小,出口流量的大小与出口有效面积和球阀的升程有关,由 AMESIM 内部公式可查,出口有效面积比球阀的升程对流量的影响大,所以虽然 case1 的升程大,但是由于其座面半角小的缘故其流量偏小。

综上易知,座面半角对球阀升程和出口流量的影响要小于进口压力对球阀升程和出口流量的影响。

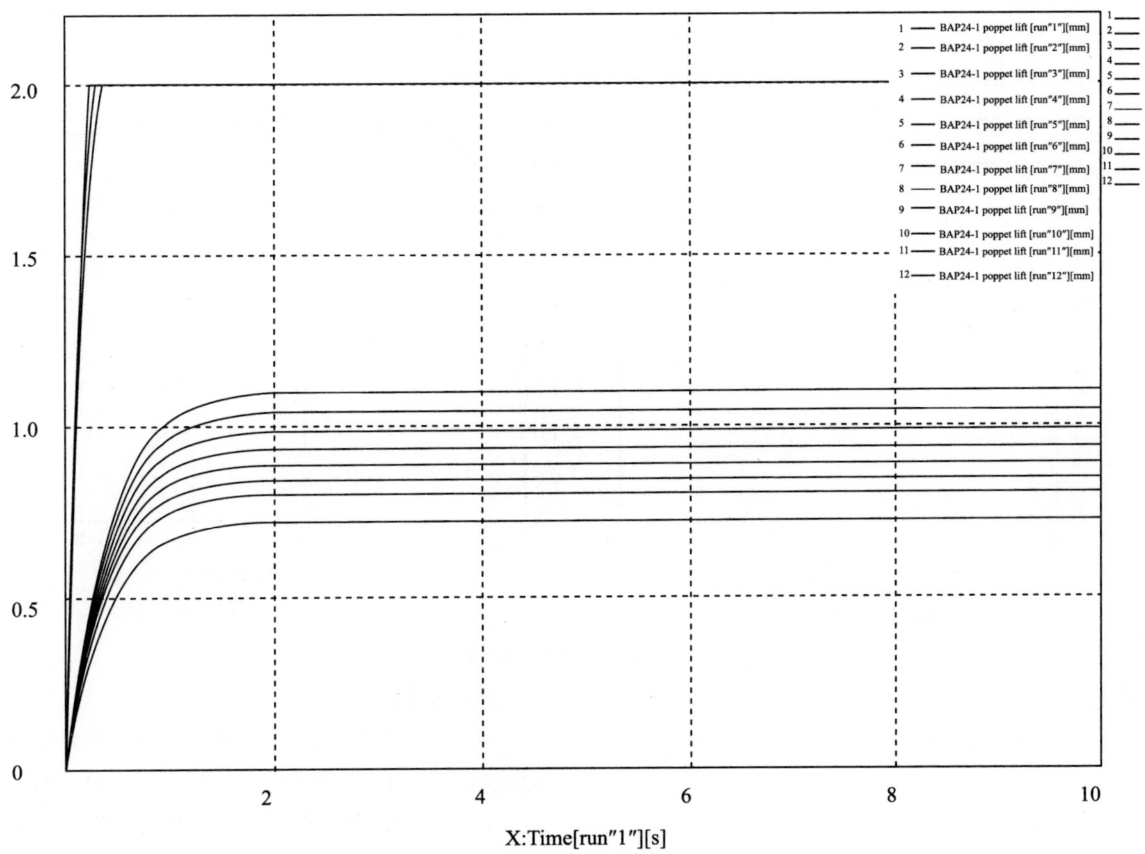

图 5　不同座面半角下球阀升程时变曲线

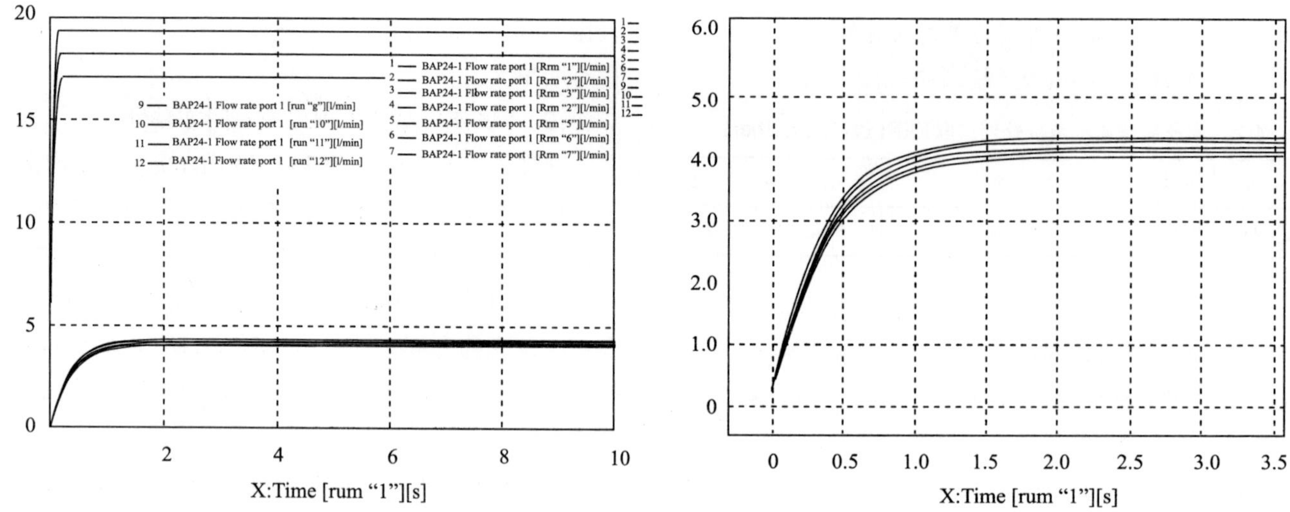

图6 不同座面半角下单向阀出口流量特性及其局部放大图

3.3 不同扩散锥角下的单向阀特性

在AMESIM模型中,没有关于扩散锥角的相关设定,但是锥角的不同,会影响出口与钢球之间的容积,故选取了一个可变压容积腔进行锥角变化的影响分析,计算结果如图7(a)、(b)所示。从图中可得出,120°的扩散锥角在目前的仿真模型中对球阀升程和流量均无影响。

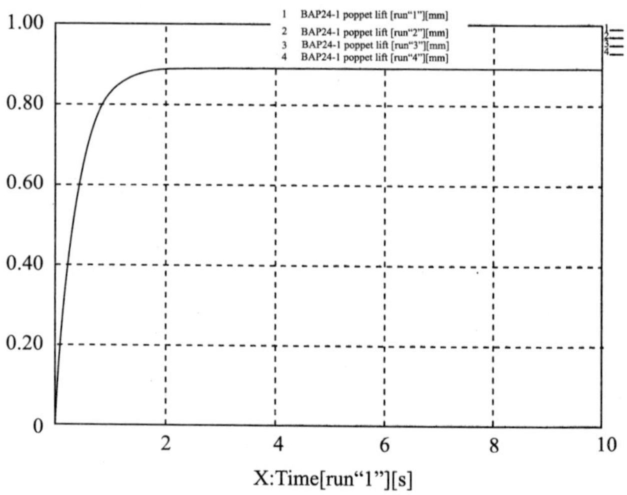

(a) 球阀升程特性

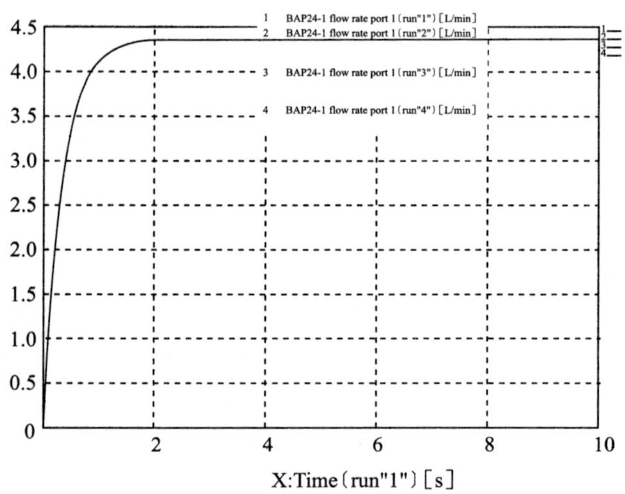

(b) 出口流量特性

图7 不同扩散锥角下单向阀特性

4. 结论

根据以上建模和计算结果分析过程,可以得出以下结论:

(1)在复位弹簧情况不变时,随着进口压力的升高,球阀向上受力增大,钢球加速度增大,最大升程增大,出口流量按照相同的趋势增大;

(2)单向阀座面半角越小,球阀升程越大、出口流量越小;

(3)进口压力、座面半角及扩散锥角三个参数当中,进口压力对球阀升程和出口流量影响最大,扩散锥角影响最小。

参考文献

[1] 平涛,方祖华,金江善,等. 高压共轨系统共轨压力控制技术研究[J]. 内燃机工程, 2005(3): 49-51.

[2] 李正帅, 陆耀祖. 高压共轨式电控燃油喷射系统的计算机仿真[J]. 长安大学学报,2002;22(1): 66-68.

[3] 郝守刚, 周明, 夏胜枝,等. 电控单体泵电磁阀动态响应特性数值仿真[J]. 内燃机工程, 2003(2): 14-17.

[4] 黄铁雄, 高世伦, 蒋方毅,等. 一种柴油机高压共轨系统的实时仿真模型[J]. 小型内燃机与摩托车, 2009(1): 46-50.

[5] AMESIM4.0 参考手册[K]. IMAGINE 公司,2003.

十三、美国、日本和欧盟新能源汽车经济激励政策体系研究

王成[1,2] 李君[1] 管宇[1] 冯锦山[1]

(1. 中国汽车技术研究中心北京工作部·北京·100070

2. 国家863计划节能与新能源汽车重大项目办公室·北京·100070)

摘要:经济激励政策构成了美国、日本和欧盟新能源汽车政策的主体。经济激励政策的主要形式有:设立研发和示范运行专项资金,为消费者购买和使用新能源汽车提供财政补贴、税收优惠,为生产者提供贷款或者CAFé激励等。其中,鼓励消费者购买新能源汽车的财税激励政策手段是其最重要的手段,本文重点对美国、日本和欧盟鼓励购买新能源汽车的经济激励政策进行了深入研究。

关键词:新能源汽车,经济激励政策,财政补贴,税收优惠

1. 前言

面临20世纪70年代以来趋紧的能源与环境形势,美国、日本、德国、英国和法国等国家目前已制定出台了覆盖新能源汽车各个环节的体系完整的经济激励政策。美国通过《1992年能源政策法案》《2005年能源政策法案》《2007年能源独立与安全法案》和《2009年振兴与再投资法案》等立法,目前已形成了覆盖新能源汽车基础研究、技术研发、生产制造、示范运行、购买使用、关键零部件、基础设施等各个环节的经济激励政策体系。日本也相继实施了"下一代车辆和燃料行动计划"、"低碳革命计划"、"绿色税制和补助金"等。德国发布《国家电动汽车发展计划》、英国发布《道路交通未来5年减排计划》、法国发布《国家电动汽车"14点"计划》均从基础研究、技术研发、生产制造、示范运行、购买使用、关键零部件、基础设施等各环节构建了相对完善的新能源汽车经济政策体系。

2. 经济激励政策的类型

经济激励政策主要是指综合运用市场经济手段,通过税收、财政、金融、价格等经济手段对某一产业或产品实行扶持的政策。经济激励政策的主要类型有:

税收优惠。税收优惠政策的形式一般有税收减免、调整税率、延期纳税和退税等。按照政府介入市场的角度,政府可实行对产品生产和产品消费的优惠。在生产方面的优惠主要通过以下三种途径:提高折旧率,投资抵免,降低税率。在消费方面的优惠主要是调整税率和退税。

财政补贴。财政补贴即政府为实现某种特定的发展目标,向企业或个人提供的援助。该项转移性支出由于对人们的实际购买能力产生影响,可通过改变产品的相对价格结构,从而改变资源配置结构、供给结构和需求结构。按照政府介入市场的角度不同,财政补贴可分为供给方补贴和需求方补贴。

金融扶持。主要扶持形式为贷款差别利率和贷款差别期限,政府财政委托贷款,以及政府特别担保。其他形式有进出口政府信贷和汇率制度等。

政府采购。政府向有关企业订货,由于订购的长期性和订购数量之大,从而能有效刺激相关企业和产业的发展。此外,政府采购还具有很强的示范和导向作用。

3. 美国新能源汽车经济激励政策

3.1 设立重大项目/计划专项资金

美国对新能源汽车的研发和示范运行提供了持续支持。早在1976年7月,美国国会通过《电动汽车和混合动力汽车的研究开发和样车试用法令》,以立法、政府资助和财政补贴等手段加速发展电动汽车。此后,美国相继实施了"下一代汽车合作伙伴计划""清洁城市联盟""自由汽车计划""氢燃料计划""先进能源计划""20/10计划"等计划,大力促进新能源汽车发展。

2009年3月,根据《2009年美国振兴与再投资法案》,美国设立24亿美元资金资助在美国生产下一代插电式电动汽车及其先进电池零部件,而产业界相配套的投入也将达到24亿美元。其资金安排如

下：①能源部为在美国生产高效电池及其部件的制造商提供15亿美元资助；②能源部为在美国生产其他零部件如电机的制造商提供5亿美元资助；③能源部将提供4亿美元，用于插电式电动汽车及其他电气设施方案的示范运行和评估，比如停车场充电站、培训电动汽车装配与维修技师。

美国的新能源汽车发展计划是：至2015年，插电式电动汽车的保有量达到100万辆；2010年在美国11个城市建立11 000个充电网点。

3.2 对制造商量产新能源汽车提供CAFé优惠和贷款

基于CAFé的生产环节的激励政策。1988年10月，美国颁布《汽车代用燃料法案》，该法案规定：如果制造商生产符合条件的代用燃料汽车，则其CAFé 可以得到相应提高，最高可提高1.2英里/加仑。对于CAFé 尚未达标的企业，可通过生产特定的代用燃料汽车获得CAFé 的提高，以避免缴纳罚金。该项CAFé 激励对美国新能源汽车生产的促进效果比较明显，汽车制造商认为该项政策是量产代用燃料汽车的主要因素。近期，美国已将这一政策的年限延长至2019年，并对汽车制造商生产插电式电动汽车，在CAFé 考核中也给予相应激励。

为制造商量产新能源汽车提供贷款。《2007年能源独立与安全法案》中安排250亿美元启动了“先进技术汽车和相关零部件制造项目”，为在美国制造清洁节能汽车的制造商提供资助或贷款。其中规定贷款额度最高不超过其改造或新建成本的30%，且所生产的新能源汽车需满足排放和燃油经济性标准的轻型车，所生产的零部件需是新能源汽车专用。第一批已由福特、日产北美公司和特斯拉汽车公司获得，为80亿美元贷款。

3.3 对消费者购买新能源汽车提供所得税税收抵免

在美国新能源汽车税收优惠类型中，主要有联邦所得税税额抵免、州所得税税额抵免、州消费税退税等，其中，联邦所得税税额抵免最为重要。由于美国在车辆购置方面的税收较小，因此美国在个人所得税方面实现了新能源汽车抵免，相应优惠在每年上缴的个人所得税中抵扣。

《1992年美国能源政策法案》对纯电动汽车实行税收抵免，抵免额度不高于车价的10%，对代用燃料汽车实现的是税前扣除。2002年美国将混合动力汽车纳入清洁燃料汽车税前扣除。《2005年美国能源政策法案》根据车辆的燃料经济性和车总重，分别对混合动力汽车、燃料电池汽车、代用燃料汽车实施了所得税抵免，而鉴于纯电动汽车在成本及基础设施方面的障碍，未延续对纯电动汽车的所得税税额抵免。

《2009年美国振兴与再投资法案》则实施了插电式电动汽车所得税税额抵免。此处所指插电式电动汽车包括纯电动汽车、增程式电动汽车、插电式混合动力汽车和插电式燃料电池汽车（上述新能源汽车统称为插电式电动汽车），而未延续对混合动力汽车和代用燃料汽车的税收抵免。由此，美国形成了对插电式电动汽车的经济激励新框架。在新框架中，对插电式电动汽车的税收抵免办法是：①如果电池组容量达到4千瓦时，则优惠2 500美元，在此基础上，每增加1千瓦时优惠增加417美元，最高补贴到7 500美元；②若厂商已累计销售20万辆，则随后的两个季度优惠幅度变为50%，在随后的第三、四个季度，优惠幅度将为25%，在第四季度之后优惠取消。由上述优惠的具体办法可以看出，美国政策目标是借直接拉动和激励动力电池在美国的生产和制造，最终推动插电式电动汽车产业化。

4. 日本新能源汽车政策体系

4.1 设立重大项目/计划专项资金

早在1965年，日本通产省把电动汽车列入国家项目，开始电动汽车研制。随后，日本相继实施了“电动汽车开发计划”“第三届电动汽车普及计划”“下一代汽车与燃料行动计划”“低碳革命计划”等计划，大力支持电动汽车及其关键零部件。

2007年8月，日本经济、贸易和产业部发布了“下一代车辆与燃料行动计划”。计划2007—2012年投入2090亿日元（17.2亿美元）支持下一代车辆和燃料的发展，以削减石油消耗和二氧化碳排放。该项计划聚焦于五大重点领域：电动汽车用动力电池；氢燃料电池汽车；清洁柴油汽车；生物燃料，包括第二代生物燃料；基础设施和智能交通。

日本新能源汽车发展计划是：至2020年推广330万辆纯电动汽车和插电式混合动力汽车，至2030年推广1 090万辆纯电动汽车和插电式混合动力汽车；至2020年建立200万个充电桩、5 000个快速充电站。

4.2 对消费者购买新能源汽车实施绿色税制

绿色税制于2001年开始实施，2004年之后，对新能源汽车的优惠幅度有所减弱，该时期涉及绿色税制的税种有机动车税和购置税。2009年，在金融危机背景下，日本政府又重新加大了对新能源汽车的减免税幅度，又称2009年绿色税改，从而形成了对新能源汽车强力支持，该时期绿色税制包含吨位税、购置税、机动车税减免。消费者购买新能源汽车可根据《机动车吨位税及机动车购置税减免措施对象车辆目录》选择车型。其主要内容包括免除吨位税和购置税，机动车税减税。

免除吨位税和购置税。优惠对象有：电动汽车（含燃料电池汽车）；天然气汽车；插电式混合动力汽车；柴油汽车；混合动力汽车；低油耗低排放认证汽车。其中，天然气汽车、柴油汽车、混合动力汽车、低油耗低排放汽车需要满足一定的节能标准和排放标准才能享受吨位税和购置税免除。

机动车税减税。减税对象和减税幅度为排放性能及油耗性能满足下列条件的新能源汽车：根据低排放车认证制度(2005年标准值)比低排放车认证降低75%且达到油耗标准25%以上水平的汽车减税50%。根据低排放车认证制度比低排放车认证降低75%且达到油耗标准20%以上水平的汽车减税25%。根据低排放车认证制度比低排放车认证降低75%且达到油耗标准15%以上水平的汽车减税25%。电动汽车减税50%；天然气汽车减税50%。

4.3 对消费者购买新能源汽车提供财政补贴

日本有向新能源汽车购买者发放财政补贴的制度。纯电动汽车和混合动力汽车分别在1996年10月和1998年4月成为补助对象。初期的发放对象主要为地方政府、法人、私营业主，2003年4月以后，扩大到普通私人车购买者。补助金政策相对于税收优惠政策，其特点是时间短、见效快，如2009年4月日本发布的新能源汽车补助金制度预算为3 700亿日元，预算用完后，则该段时期的补助金政策失效，其发放补贴的原则是：依据油耗和排放的达标情况，对于达标程度较好的车辆给予适当的优惠鼓励政策。

5. 欧盟诸国对新能源汽车的经济激励政策

在欧盟层面，早在20世纪90年代就开始了对新能源汽车研发与示范运行的支持。2008年金融危机以来，欧盟重新以较大力度支持新能源汽车示范运行、生产制造和示范运行，并发布了欧盟电动汽车战略。欧洲投资银行也为制造商研发和生产清洁节能汽车提供了约70亿欧元贷款。在国家层面，欧盟各国也以很大的力度支持电动汽车的发展，其中，刺激电动汽车的消费成为其共同选择。截至2010年年初，在27个欧盟成员国中，15个为电动汽车提供了减免税或补贴激励。

表1 欧盟各国对新能源汽车的税收优惠和补贴办法

国家	电动汽车经济激励措施
奥地利	奥地利对乘用车征收2%的燃料消费税，在奖惩机制下，对于CO_2排放低于120克/公里的乘用车，最高奖励300欧元，包括混合动力汽车在内的代用燃料汽车还可以最高享受500欧元的额外奖励。纯电动汽车免燃料消费税和月度汽车税。2008年7月1日—2012年8月31日有效。
比利时	购买电动汽车，可以获得个人所得税减税，减税额度为车辆购置价的30%，但不超过9 000欧元。
塞浦路斯	购买电动汽车可获得700欧元的补助金，每人/企业最多可有7辆补助。
捷克	购买包括纯电动汽车和混合动力汽车在内的代用燃料汽车，可有享受道路税免税。
丹麦	购买总重不超过2 000千克的电动汽车可获得车辆注册税免税，混合动力汽车不享受此项优惠政策。
德国	购买电动汽车，自注册起5年之内免年度流通税，5年之后，电动汽车适用税额为11.25欧元/200千克（≤2 000千克）、12.02欧元/200千克（≤3 000千克）、12.78欧元/200千克（≤3 500千克）。
西班牙	多数地方政府出台了针对纯电动汽车和混合动力汽车的税收优惠措施：混合动力汽车优惠2 000欧元，纯电动汽车优惠6 000欧元。
法国	在惩罚机制下，购买CO_2排放不超过125克/公里的新车可获得补助金，其中购买CO_2排放不超过60克/公里的电动汽车最高可获得5 000欧元的补助金。购买CO_2排放不超过135克/公里的混合动力汽车可获得2 000欧元补助。
希腊	购买纯电动汽车和混合动力汽车免除车辆注册税。
冰岛	购买纯电动汽车和混合动力汽车可获得最高2 500欧元的车辆注册税减税。

续表

国家	电动汽车经济激励措施
荷兰	购买粘贴 A 标签的混合动力汽车最高可享受 6 400 欧元的车辆注册税减税，购买粘贴 B 标签的混合动力汽车最高可享受 3 200 欧元的车辆注册税减税。
葡萄牙	购买纯电动汽车可享受车辆注册税免税，购买混合动力汽车可享受 50%的车辆注册税减税。
罗马尼亚	购买纯电动汽车和混合动力汽车可以享受特别污染税（注册税）免税。
瑞典	购买 CO_2 排放不超过 120 克/公里的混合动力汽车和百公里电耗不超过 37 千瓦时的纯电动汽车，免除前 5 年的年度流通税。
英国	购买纯电动汽车免除年度流通税； 2010 年 4 月 1 日起，针对纯电动轿车，免除前 5 年的企业车辆税，针对纯电动货车，免除前 5 年的货车收益费； 2011 年起，购买纯电动汽车和插电式混合动力汽车可以获得车辆价格 25%最高 5 000 英镑的补贴。

欧盟的电动汽车发展计划是：至 2016 年推广应用 100 万辆纯电动汽车和插电式混合动力汽车，至 2020 年推广应用 500 万辆纯电动汽车和插电式混合动力汽车。

5.1　德国新能源汽车经济激励政策

德国政府于 2009 年 8 月发布国家电动汽车发展计划，提出 2020 年、2030 年分别普及 100 万辆和 500 万辆纯电动汽车和插电式混合动力汽车，2050 年道路交通车辆基本上不利用化石燃料。德国近期计划 2009—2012 年投入 5 亿欧元用于纯电动汽车、插电式混合动力汽车的研发与产业化。

5.2　英国新能源汽车经济激励政策

英国交通与商业部于 2009 年公布了未来 5 年削减道路交通二氧化碳计划。该项计划安排资金 2.5 亿英镑支持电动汽车研发与产业化：购买纯电动汽车和插电式混合动力汽车的消费者可获 2 000 ~ 5 000 英镑的奖励。该项战略也包括为充电站及相关基础设施提供2 000万英镑的资助，以促进“电动汽车城市网络”的形成。

2010 年 2 月，英国交通部发布私人购买纯电动汽车、插电式混合动力汽车和燃料电池汽车补贴细则。该项补贴于 2011 年 1 月起至 2014 年，期间总共安排 2.3 亿英镑，单车补贴额度大约为车辆推荐售价的 25%，但不超过 5 000 英镑。英国政府还启动了总额 3 000万英镑的充电站补助项目，又叫“插电区域”。首批城市包括伦敦、米尔顿、东北城，未来 3 年三座城市间将建 11 000 个充电桩。

5.3　法国新能源汽车经济激励政策

2009 年 10 月，法国经济、能源、可持续发展和海洋部发布国家电动汽车“14 点”计划，以支持纯电动汽车和插电式混合动力汽车的开发和商业化，法国政府计划至 2020 年普及 200 万辆纯电动汽车和插电式混合动力汽车。

“14 点”计划的主要内容有：大公司群体和公共部门正在申请购买续驶里程至少达到 150 公里的纯电动汽车。公共部门和私人购买市场在 2015 年将达到 100 万辆。前 5 万辆纯电动汽车和插电式混合动力汽车已经得到确认。购买者包括法国航空、法国电信、EDF 等。至 2012 年，购买二氧化碳排放低于或等于 60 克/百公里的汽车可获得 5 000 欧元补助，购买二氧化碳排放低于或等于 135 克/百公里的混合动力汽车、液化石油气汽车和天然气汽车可获得 2 000 欧元补助。

拨付 15 亿欧元支持公共充电基础设施。至 2012 年办公楼和小区建设必须与充电系统相结合。支持在公寓建造充电系统。2015 年在办公楼的停车场强制性安装充电桩。政府部门建立公共充电基础设施将得到支持。此外，法国出台了基于二氧化碳排放的购买汽车奖惩体系，对购买新能源汽车等低碳汽车的消费者进行最高 5 000 欧元的奖励，对购买二氧化碳超过 160 克/百公里的高碳汽车进行最高 2 600 欧元的惩罚。

6. 结论与建议

利用经济政策组合，推出一揽子扶持政策是美国、日本和欧盟推动新能源汽车过程中的最重要的政策工具。从技术生命周期的角度看，各类新能源汽车技术将经历研发、示范运行、产业化初期、产业化等阶段，这就必然需要利用经济政策组合，对处于不同发展阶段的新能源汽车采取相应的经济激励政策手段。

在新能源汽车的购买环节对消费者形成激励是最直接最有效的政策手段。美国、日本、欧盟等国家的新能源汽车经济激励政策的经验表明，经济激励政策越直接，激励的效果就越明显，同等数额的经济激励用在销售环节比在其他环节更有吸引力。

纵观世界各国的新能源汽车发展计划和激励政策，纯电动汽车和插电式混合动力汽车已成为世界各国发展新能源汽车共同的政策取向，我国新能源汽车激励政策也应该紧紧围绕纯电动汽车和插电式混合动力汽车。但是，同时，混合动力汽车也应该得到足够重视，如果未来动力电池技术进步没有达到世界各国的预期，那么放弃混合动力技术有可能使我国面临失去混合动力汽车市场的风险。

参考文献

[1]中美新能源汽车经济激励政策比较及设计方法研究[R]. 2008.

[2]2008 节能与新能源汽车发展报告[R]. 2008.

[3]David B Diamond, Public Policies for Hybrid – Electric Vehicles: The Impact of Government Incentives on Consumer Adoption.

[4] Brent D. Yacobucci, Alternative Fuel Vehicles Tax Incentives and the CLEAR ACT.

十四、新能源汽车成本效果分析

樊春艳[1] 冯锦山[1] 黄莉[1] 管宇[1] 杨宝路[2]

(1. 中国汽车技术研究中心北京工作部·北京·100070

2. 中国人民大学环境学院·北京·100872)

摘要：本文在对我国新能源汽车发展现状进行分析的基础上，注重分析了新能源汽车新增直接成本、间接成本及其节能减排效果。所指成本是指新能源汽车相对于基础车型的直接成本，即主要的新能源汽车用关键零部件成本所带来的成本。节能减排效果主要是指新能源汽车在全生命周期内相对于基准传统汽车的节能效果和二氧化碳减排效果。

关键词：新能源汽车，直接成本，间接成本，节能减排

1. 我国新能源汽车发展现状

我国政府长期以来积极推动电动汽车的发展，从“九五”开始将电动汽车技术研发持续列入国家科技计划，积极组织开展了产学研联合攻关。目前，自主研制的各类电动汽车整车产品开始投入示范运行，电动汽车的产业化和市场化开始启动。

整车方面。混合动力汽车技术不断提高，轻度混合动力汽车实现小批量生产。新一代锂离子电池纯电动汽车相继推出，形成系列产品并小规模投放市场。燃料电池汽车技术研发逐步深入，开展了小范围示范考核。主要整车企业逐步重视电动汽车的发展，并不断加快电动汽车研制开发和上市步伐。

关键零部件方面。我国自主研发出镍氢和锂离子多个系列车用动力电池，功率密度和能量密度等关键指标具有明显进步。我国自主开发的永磁无刷电机、交流异步电机和开关磁阻电机实现了整车小批量配套能力。燃料电池可靠性、寿命等方面取得较大进展，经受住奥运示范等一系列国际示范应用活动的考验。

政策法规方面。国家和地方政策联合推动，为电动汽车发展创造了良好环境。标准法规与产品管理体系初步建立，为产业化奠定了基础。公众对电动汽车的认知度明显提高，舆论环境有利于电动汽车的发展。

总体而言，我国电动汽车研发体系已初步形成，混合动力汽车开始小批量生产，纯电动汽车整车还处在研发与产业化准备阶段，燃料电池汽车技术取得重要突破，处于研发和试验考核阶段，动力电池取得重要进展，逐步开始规模化生产。

2. 新能源汽车成本分析

2.1 直接成本分析

新能源汽车相对于传统汽车，由于引入了相关零部件，如电池、电机、电控等，而直接带来成本上的增加。

伴随新能源汽车产业化的临近，及新能源汽车相关支持政策的相继出台，评估新能源汽车成本成为一项重要课题。新能源汽车区别于传统汽车，主要应用技术有：车用动力电池及其管理系统，车用电机及其控制器，相关电控单元，电转向等附件。根据访谈，新能源汽车相关零部件的成本大致如表 1 所示：

表 1　新能源汽车关键零部件发展情况

应用技术		目前成本（元）	产业化状态	应用车型
车用动力电池（元/千瓦时）	铅酸电池（元/千瓦时）	2 000	技术成熟	小型纯电动汽车
	镍氢电池（元/千瓦时）	8 000 ~ 10 000	小批量试制、样品验证	混合动力汽车
	锂离子电池（元/千瓦时）	3 000 ~ 5 000	小批量试制、样品验证	纯电动汽车、混合动力汽车、插电式混合动力汽车、燃料电池汽车
HEV 用动力电机（元/千瓦）		1 000	小批量试制，样品验证	混合动力汽车
BEV 用动力电机（元/千瓦）		1 600	小批量试制，样品验证	纯动力汽车

2.2　间接成本分析

间接成本包括与生产相关的成本，如研究和开发；人员相关的成本，如工资和奖金；以及营销相关成本，如经销商支持和广告等。在得出新能源汽车技术直接成本的基础之后，可以在直接成本和间接成本之间设定一个经验值，以通过直接成本估计间接成本。如美国环保局在评价新能源汽车相关技术成本时，在相关经验的基础上，设定间接成本大约为直接成本的50%。按照这种比例关系，则新能源汽车新增成本构成中，电池、电机、电控等关键零部件带来的直接成本大约占 67%，研发、工资、营销等间接成本大约占33%。

2.3　新增成本

直接成本和间接成本构成新能源汽车的新增成本。通常情况下认为新增成本即新能源汽车与基础车型的差价。美国相关研究机构在对新能源汽车成本进行相关研究的基础上制订了对新能源汽车的税收优惠标准。根据其测算，对于小型 ISG 乘用车，其新增成本为 2 477 美元，小型 FULL 混合动力乘用车新增成本约 3 754 美元，小型 PHEV 乘用车新增成本约 4 500 美元，小型 BEV 新增成本约 12 000美元。

2.4　成本降低潜力分析

在新能源汽车市场导入期，成本较高。新能源汽车产量达到一定量之后，比如 10 000 辆，学习效应将能够显著降低成本。学习曲线描述的是随着产量的倍增，单位成本的降低情况。不同的企业和产业具有不同的学习率，通常在 10% ~ 30%之间，一般水平为 20%。表 2 为美国相关机构研究新能源汽车成本与产量关系时所采用的学习率。

表 2　学习效应对新能源汽车成本的影响

新能源汽车技术	产量倍增情况下的成本降低率（学习率）（%）
Stop - Start	20
IMA/ISG/BSG	20
2 - Mode HEV	20
Power - split HEV	20
PHEV	20

IEA 在利用学习曲线研究产量倍增下的新能源汽车成本降低潜力时，选用的是学习率为 20% ~ 22%：混合动力汽车目前的"ICE + 电池"成本为2 500美元，按照 20% 的学习率，则当混合动力汽车产量达到百万级时，其成本可降至 1 000 美元；插电式混合动力汽车电池组目前成本为 10 000 美元，按照 20% 的学习率，则产量达到百万级时，其成本可降至3 000美元。

3. 新能源汽车成本效果分析

3.1　纯电动乘用车成本效果分析

关于纯电动汽车，车用动力电池是导致纯电动汽车价格高昂的主要因素。根据对相关专家的访谈，假定电机电控等系统所带来的成本增加与发动机及其冷却系统所带来的成本减少相抵，由此，可以认为车用动力电池的成本构成了纯电动汽车与基础车型的直接成本。

表 3 纯电动乘用车成本效果分析

典型车型	成本				效果			
	基础车价格（元）	基础车油耗（升/百公里）	所需电池容量（千瓦时）	直接成本（元）	年行驶里程（公里）	使用年限（年）	使用寿命内替代汽油（升）	使用寿命内 CO_2 减排（吨）
2 人超微型（60 公里），0.5 升	20 000	3.5	4.66	18 640	10 000	10	3 500	3.413
4 人微型（80 公里），1.0 升	40 000	6.9	14.61	58 440	15 000	10	10 350	10.094
5 人小型（100 公里），1.3 升	90 000	8.6	22.66	90 640	20 000	10	17 200	16.774

注：CO_2 排放系数参照美国环保局参数 2 322 克 CO_2/升汽油；基础车油耗参照二阶段限值，设定同车型百公里电耗/油耗为 2.4；动力电池组 SOC 为 10%；电动汽车 WTW 的 CO_2 排放相对于汽油车的 58%。在计算减排成本时考虑到燃料节约收益，设定油价 6.5 元/升，电价 0.5 元/千瓦时，不考虑折现。

由表 3 可以看出，对于 2 人超微型纯电动汽车，新增成本为 18 640 元，使用寿命内替代汽油 3 500 升，减排二氧化碳 3.413 吨；4 人微型纯电动汽车新增成本 58 440 元，使用寿命内替代汽油 10 350 升，减排二氧化碳 10.094 吨；5 人小型纯电动汽车新增成本 90 640 元，使用寿命内替代汽油 17 200 升，减排二氧化碳 16.774 吨。

3.2 混合动力乘用车成本效果分析

按照混合方式的不同，混合动力汽车可以分为 BSG 轻混合动力汽车、ISG 中混合动力汽车、FULL 重混合动力汽车。混合动力汽车通常有两套动力系统，主要应用技术有镍氢动力电池组系统、驱动电机系统、多能源动力总成控制器等。上述混合动力乘用车的成本效果分析如表 4 所示：

表 4 混合动力乘用车成本效果分析

典型车型	成本				效果			
	动力电池系统（元）	驱动电机系统（元）	其他（元）	直接成本（元）	年行驶里程（公里）	使用年限（年）	使用寿命内节约汽油（升）	使用寿命内 CO_2 减排（吨）
BSG HEV	—	—	—	4 000	20 000	10	1 120	2.600
ISG HEV	10 000 × 1.0	1 000 × 15	6 000	31 000	20 000	10	3 200	7.430
FULL HEV	10 000 × 1.5	1 000 × 40	6 000	61 000	20 000	10	5 600	13.003

注：设定基础车型油耗为 8 升/百公里，BSG 油耗改善率为 7%，ISG 油耗改善率为 20%，FULL 改善率为 35%；CO_2 排放系数参照美国环保局参数 2 322 克 CO_2/升汽油。在计算减排成本时考虑到燃料节约收益，设定油价 6.5 元/升，电价 0.5 元/千瓦时，不考虑折现。

由表 4 可以看出，BSG 混合动力乘用车直接成本约 4 000 元，使用寿命内节油 1 120 升，减排二氧化碳 2.6 吨；ISG 混合动力乘用车直接成本 31 000 元，节油 3200 升，减排二氧化碳 7.43 吨；FULL 混合动力乘用车直接成本 61 000 元，节油 5 600 升，减排二氧化碳 13.003 吨。

3.3 插电式混合动力乘用车成本效果分析

插电式混合动力乘用车主要应用技术有动力电池系统、驱动电机系统和电控相关零部件，参照 VOLT 的相关参数，设定纯电动续驶里程分别达到 30 公里和 60 公里两种车型。其成本效果分析见表 5。

表 5 插电式混合动力乘用车成本效果分析

典型车型	成本				效果			
	动力电池系统	驱动电机系统	其他	直接成本（元）	年行驶里程（公里）	使用年限（年）	使用寿命内替代汽油（升）	使用寿命内 CO_2 减排（吨）
PHEV（30 公里）	4 000 × 7	1 000 × 25	6 000	59 000	20 000	10	—	—
PHEV（60 公里）	4 000 × 15	1 000 × 25	6 000	91 000	20 000	10	—	—

3.4 新能源乘用车技术成本曲线

依据上述测算,可以得出各类新能源乘用车相对于基础车型的直接成本增加。相对而言,混合动力汽车乘用车直接成本较小,纯电动汽车次之,插电式混合动力汽车直接成本增加较多。其中,BSG 混合动力乘用车成本增加 0.4 万元,ISG 混合动力乘用车成本增加 3.1 万元,FULL 混合动力乘用车成本增加 6.1 万元;2 人超微型纯电动乘用车成本增加 1.9 万,4 人微型纯电动乘用车成本增加 5.8 万元,5 人小型纯电动乘用车成本增加 9.1 万元;纯电动续驶里程 30 公里插电式混合动力乘用车成本增加 5.9 万元,纯电动续驶里程 60 公里插电式混合动力乘用车成本增加 9.1 万元。新能源乘用车成本曲线如图 1 所示。

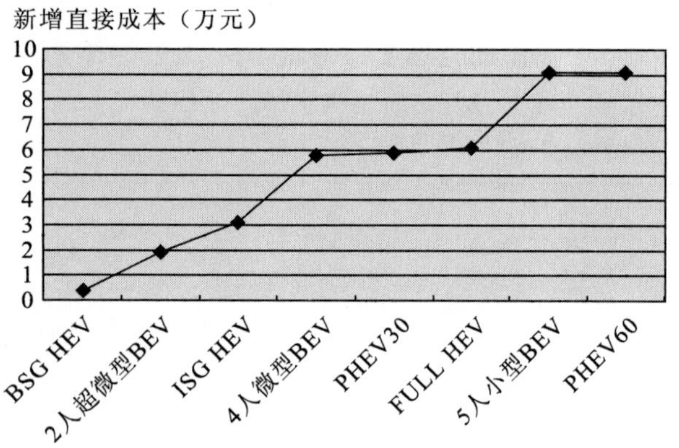

图 1 新能源乘用车新增直接成本曲线

4. 结论与建议

通过上述分析,可以看出 BSG 混合动力汽车和 2 人和 4 人小型纯电动汽车新增成本适中,具有较好的节能减排效果,而中型纯电动汽车和 PHEV60 虽然节能减排效果更佳,然而成本增加很大,市场化面临较大的成本障碍。由此建议:我国新能源汽车财税激励政策的重点应放在轻度混合动力乘用车、小型纯电动乘用车以及纯电动续驶里程在 60 公里以内的插电式混合动力汽车。

参考文献

[1] 电动汽车及代用燃料汽车减税和补贴政策研究, 2004.

[2] 节能与新能源汽车技术政策研究,2009.

[3] The costs and benefits of electric vehicles, Fredrik Carlsson, 2000.

[4] EPA staff technical report: cost and effectiveness estimates of technologies used to reduce light – duty vehicle carbon dioxide emissions, US EPA, 2008.

[5] Prospects for plug – in hybrid electric vehicles in the United States and Japan: a general equilibrium analysis, Valerie J. Karplus, 2009.

[6] Trevor O. Jones, Chair, EPA Staff Technical Report: Cost and Effectiveness Estimates of Technologies Used to Reduce Light – duty Vehicle Carbon Dioxide Emissions.

第七篇
统计数据

一、2005 年新能源汽车产销情况

2005 年新能源汽车产销情况表　　单位：辆

车型			1 月	2 月	3 月	4 月	5 月	6 月	7 月	8 月	9 月	10 月	11 月	12 月	合计
生产	乘用车	基本型	0	0	0	154	0	0	0	0	0	0	0	125	279
		MPV	0	0	0	0	0	0	0	0	0	0	0	0	0
		SUV	0	0	0	0	0	0	0	0	0	0	0	0	0
		交叉型	0	0	0	0	0	0	0	0	0	0	0	0	0
		小计	0	0	0	154	0	0	0	0	0	0	0	125	279
	商用车	载货车	0	0	0	0	0	0	0	0	0	0	0	0	0
		货非	0	0	0	0	0	0	0	0	0	0	0	0	0
		半挂牵引车	0	0	0	0	0	0	0	0	0	0	0	0	0
		客车	85	28	210	156	82	107	11	181	205	117	108	114	
		客非	0	0	0	0	0	0	0	0	0	0	0	0	
		小计	85	28	210	156	82	107	11	181	205	117	108	114	
合计			85	28	210	310	82	107	11	181	205	117	108	239	
销售	乘用车	基本型	0	0	0	126	33	0	0	0	0	0	0	1	0
		MPV	0	0	0	0	0	0	0	0	0	0	0	0	0
		SUV	0	0	0	0	0	0	0	0	0	0	0	0	0
		交叉型	0	0	0	0	0	0	0	0	0	0	0	0	0
		小计	0	0	0	126	33	0	0	0	0	0	0	1	0
	商用车	载货车	0	0	0	0	0	0	0	0	0	0	0	0	0
		货非	0	0	0	0	0	0	0	0	0	0	0	0	0
		半挂牵引车	0	0	0	0	0	0	0	0	0	0	0	0	0
		客车	82	2	197	193	81	107	10	176	207	117	105	116	
		客非	0	0	0	0	0	0	0	0	0	0	0	0	
		小计	82	2	197	193	81	107	10	176	207	117	105	116	
	合计		82	2	197	319	114	107	10	176	207	117	105	117	

注：表中数据包括纯电动汽车、燃料电池汽车、混合动力汽车、CNG 汽车、LPG 汽车、LNG 汽车等。

2005 年新能源汽车生产量为 1 683 辆，其中乘用车占 18%，商用车占 82%。在乘用车产量中，全部产量为基本型乘用车，MPV、SUV 和交叉型乘用车产量为零。在 2005 年全年，只有 4 月和 12 月有一定的新能源汽车产量，分别为 154 辆和 125 辆，可见新能源汽车的生产具有不连续的特征，也即生产是不稳定的。而在新能源商用车中，无论是从产量还是从生产连续性来看，新能源商用车都要好于新能源乘用车。

2005 年新能源汽车销售量为 1 553 辆，其中乘用车占 11%，商用车占 89%。乘用车销量中，仍然是只有基本型乘用车具有销量。在 2005 年全年中，只有 4 月、5 月和 12 月有销量，分别达到 126 辆、33 辆和 1 辆。可见新能源乘用车需求也具有不连续特征，新能源乘用车需求不稳定。而在新能源商用车中，无论从销量还是从销售连续性来看，都要明显好于新能源乘用车。

2005 年新能源汽车具体情况：月度产量、保有量、分车型市场占有率等基本情况详见下图：

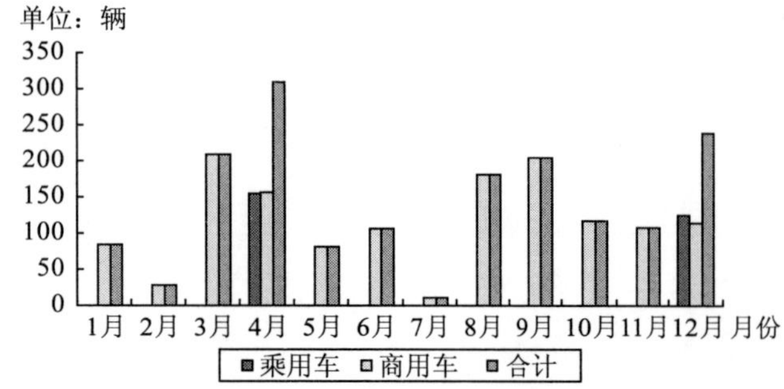

2005 年新能源汽车生产情况统计

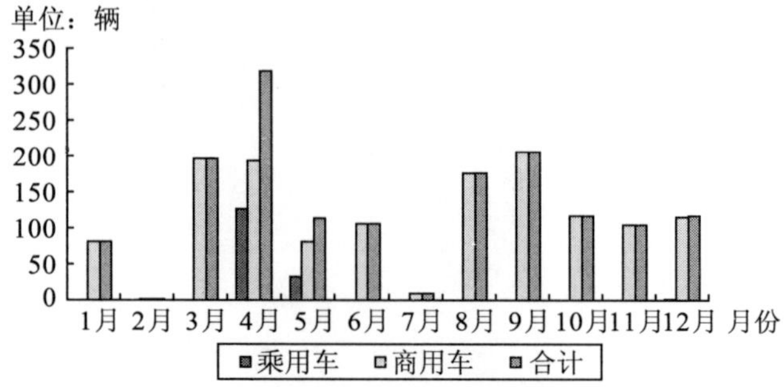

2005 年新能源汽车销售情况统计

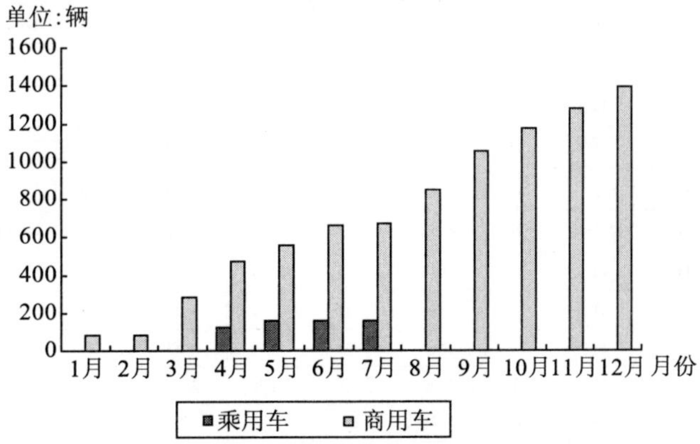

2005 年新能源汽车保有量分车型统计

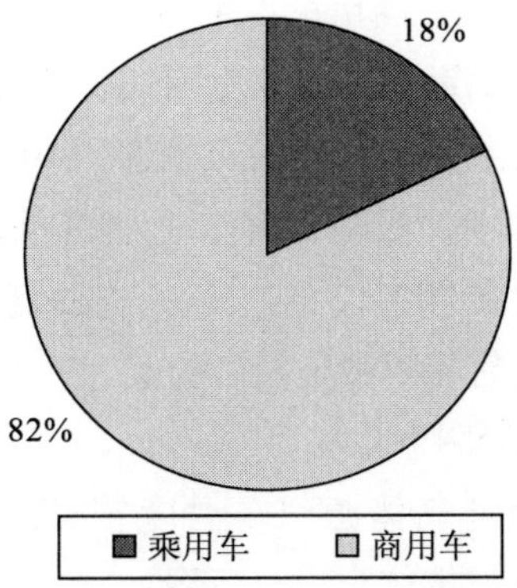

2005 年新能源汽车生产分车型市场占有率

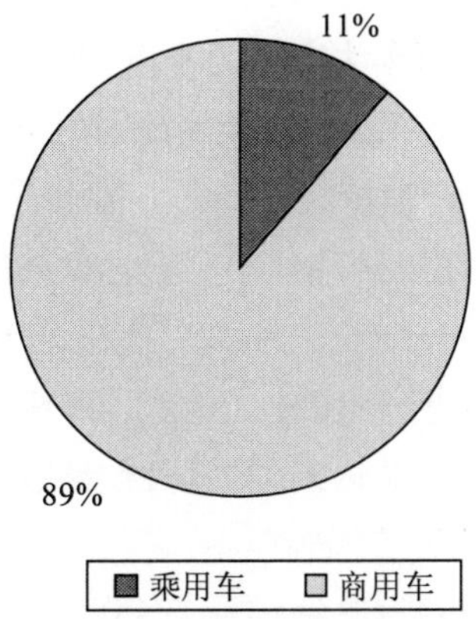

2005 年新能源汽车销售分车型市场占有率

二、2006 年新能源汽车产销情况

2006 年新能源汽车产销情况表　　单位:辆

车型			1月	2月	3月	4月	5月	6月	7月	8月	9月	10月	11月	12月	合计
生产	乘用车	基本型	160	250	230	259	201	287	191	270	100	100	100	100	
		MPV	0	0	0	0	0	0	0	0	0	0	0	0	
		SUV	0	0	0	0	0	0	0	0	0	0	0	0	
		交叉型	0	0	0	0	0	0	0	0	0	0	0	0	
		小计	160	250	230	259	201	287	191	270	100	100	100	100	
	商用车	载货车	0	0	0	0	0	0	0	0	0	0	0	0	
		货非	0	0	0	0	0	0	0	0	0	0	0	0	
		半挂牵引车	0	0	0	0	0	0	0	0	0	0	0	0	
		客车	10	1	142	222	352	69	244	101	150	249	254	70	
		客非	21	9	10	0	25	0	20	0	0	0	0	0	
		小计	31	10	152	222	377	69	264	101	150	249	254	70	
合计			191	260	382	481	578	356	455	371	250	349	354	170	

续表

车型			1月	2月	3月	4月	5月	6月	7月	8月	9月	10月	11月	12月	合计
销售	乘用车	基本型	170	317	256	248	187	291	224	238	104	81	26	10	
		MPV	0	0	0	0	0	0	0	0	0	0	0	0	
		SUV	0	0	0	0	0	0	0	0	0	0	0	0	
		交叉型	0	0	0	0	0	0	0	0	0	0	0	0	
		小计	170	317	256	248	187	291	224	238	104	81	26	10	
	商用车	载货车	0	0	0	0	0	0	0	0	0	0	0	0	
		货非	0	0	0	0	0	0	0	0	0	0	0	0	
		半挂牵引车	0	0	0	0	0	0	0	0	0	0	0	0	
		客车	8	0	131	228	352	66	242	80	170	189	255	123	
		客非	20	10	10	0	15	10	20	0	0	0	0	0	
		小计	28	10	141	228	367	76	262	80	170	189	255	123	
	合计		198	327	397	476	554	367	486	318	274	270	281	133	

注:表中数据包括纯电动汽车、燃料电池汽车、混合动力汽车、CNG汽车、LPG汽车、LNG汽车等。

2006年新能源汽车生产量为4 197辆，其中乘用车占54%。与2005年相比，新能源乘用车和商用车均有大幅度提高，产销量增长都在1倍以上，乘用车产销量超过了商用车的产销量。新能源乘用车产量规模扩大，逐月都有增长，月度产量在100～300之间，表现出生产具有一定的连续性。产量最大的月份是6月，乘用车产量达到287辆。商用车产量占总产量的46%，降到了50%以下。

2006年，新能源汽车销售量为4 081辆，其中乘用车占53%、商用车占47%。在新能源乘用车销量中，月度销量有较大幅度增长，最高的2月份销售了317辆，最低的12月份只销售了10辆。在新能源商用车销售中，新能源客车仍然占据商用车销售的主体，占比在90%以上。从新能源商用车月度销量来看，其销售相对稳定，销量最大的月份出现在5月，销量达到554辆。

2006年新能源汽车月度销量、保有量、分车型市场占有率等信息详见下图：

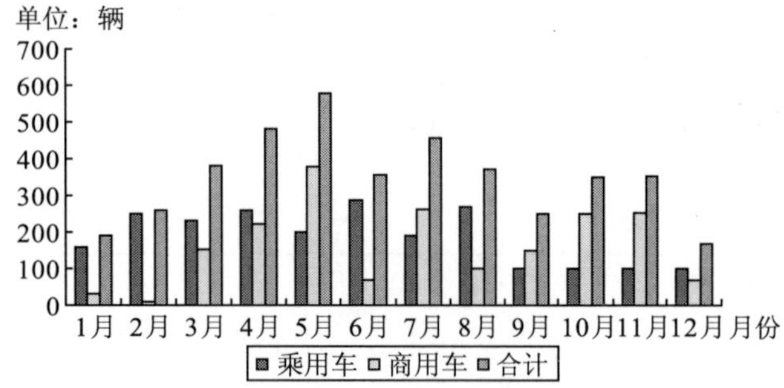

2006年新能源汽车生产情况统计

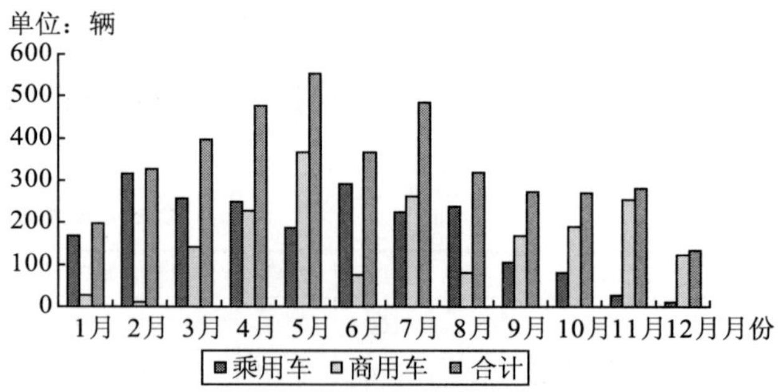

2006年新能源汽车销售情况统计

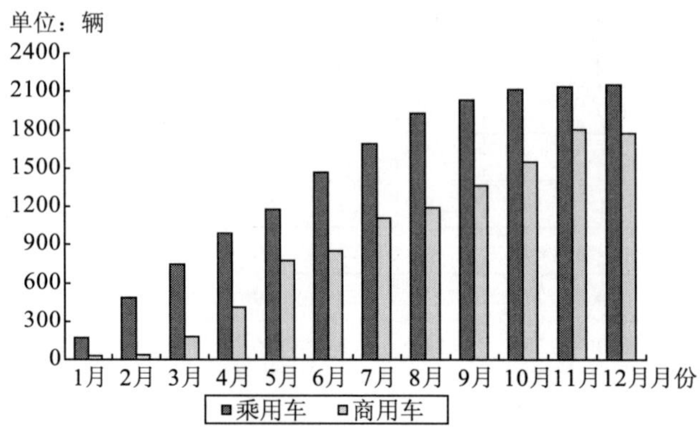

2006年新能源汽车保有量分车型统计

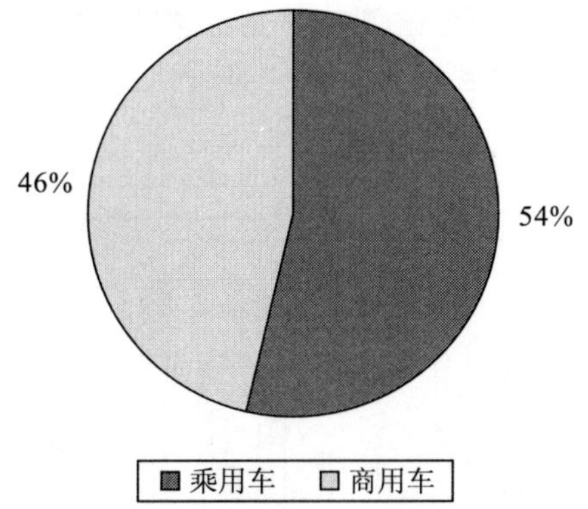

2006 年新能源汽车生产分车型市场占有率

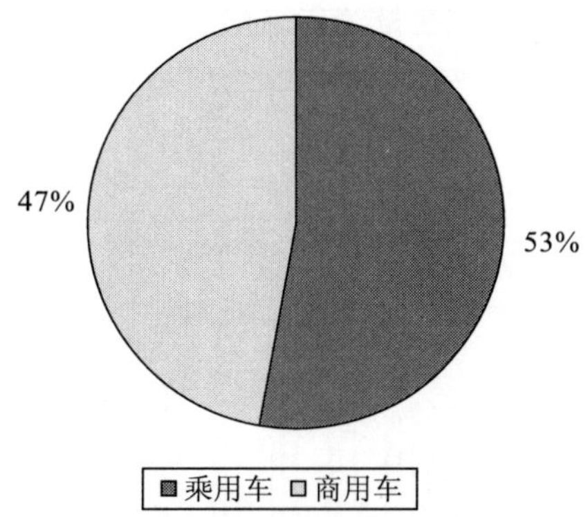

2006 年新能源汽车销售分车型市场占有率

三、2007 年新能源汽车产销情况

2007 年新能源汽车产销情况表

单位:辆

车型			1 月	2 月	3 月	4 月	5 月	6 月	7 月	8 月	9 月	10 月	11 月	12 月	合计
生产	乘用车	基本型	25	25	19	21	25	10	25	20	20	36	44	42	
		MPV	0	0	0	0	0	0	0	0	0	0	0	0	
		SUV	0	0	0	0	0	0	0	0	0	0	0	0	
		交叉型	0	0	0	0	0	0	0	0	0	0	0	0	
		小计	25	25	19	21	25	10	25	20	20	36	44	42	
	商用车	载货车	0	0	0	0	0	0	0	0	0	0	0	0	
		货非	0	0	0	0	0	0	0	0	0	0	0	0	
		半挂牵引车	0	0	0	0	0	0	0	0	0	0	0	0	
		客车	84	54	212	90	82	27	81	81	269	65	107	239	
		客非	58	7	25	56	31	20	45	49	68	18	48	25	
		小计	142	61	237	146	113	47	126	130	337	83	155	264	
合计			167	86	256	167	138	57	151	150	357	119	199	306	
销售	乘用车	基本型	24	36	32	58	14	12	23	50	34	16	106	9	
		MPV	0	0	0	0	0	0	0	0	0	0	0	0	
		SUV	0	0	0	0	0	0	0	0	0	0	0	0	
		交叉型	0	0	0	0	0	0	0	0	0	0	0	0	
		小计	24	36	32	58	14	12	23	50	34	16	106	9	
	商用车	载货车	0	0	0	0	0	0	0	0	0	0	0	0	
		货非	0	0	0	0	0	0	0	0	0	0	0	0	
		半挂牵引车	0	0	0	0	0	0	0	0	0	0	0	0	
		客车	84	54	189	118	66	30	84	82	254	73	68	231	
		客非	49	28	37	34	25	28	38	63	66	42	46	30	
		小计	133	82	226	152	91	58	122	145	320	115	114	261	
	合计		157	118	258	210	105	70	145	195	354	131	220	270	

注:表中数据包括纯电动汽车、燃料电池汽车、混合动力汽车、CNG 汽车、LPG 汽车、LNG 汽车等。

由上表可以看出，无论是新能源汽车产量还是销量，2007 年均比 2006 年有一定幅度的降低。2007 年新能源汽车生产量为 2 153 辆，其中乘用车占 14%、商用车占 86%。与 2006 年相比，新能源乘用车产量占总产量的比例大幅降低，由 2006 年的 54% 降为 14%，月度产量也降到几十辆的级别。月销量虽然只有 20 ~ 45 辆，但没有停产，可见其生产仍然是连续的。而商用车的产量仍然保持着一定的连续性和稳定性，月度产量均在 100 辆以上，最高的月份为 9 月份，产量达到 357 辆。

2007年新能源汽车销售量为2 233辆，其中乘用车占23%、商用车占77%，商用车构成了新能源汽车市场需求的主体。

2007年新能源汽车月度产销量、保有量、分车型市场占有率等信息详见下图：

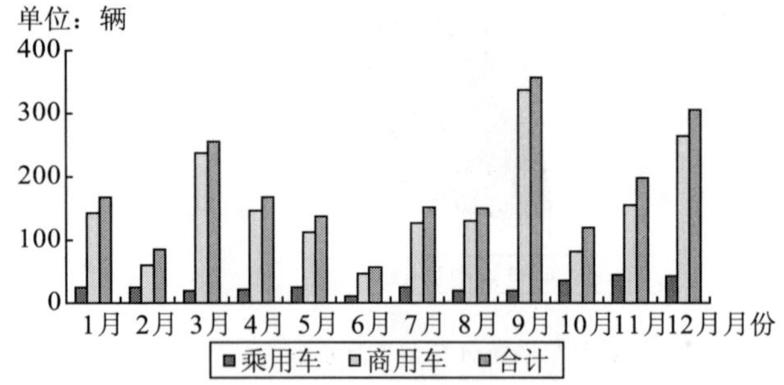

2007年新能源汽车生产情况统计

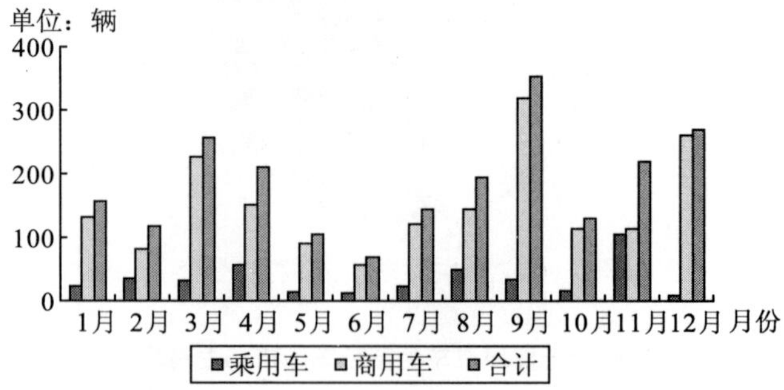

2007年新能源汽车销售情况统计

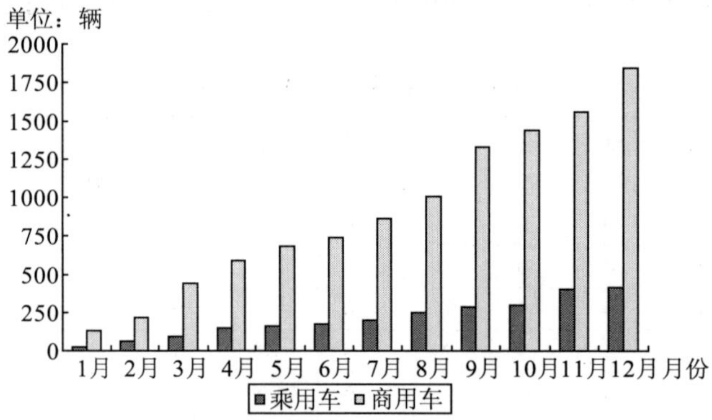

2007年新能源汽车保有量分车型统计

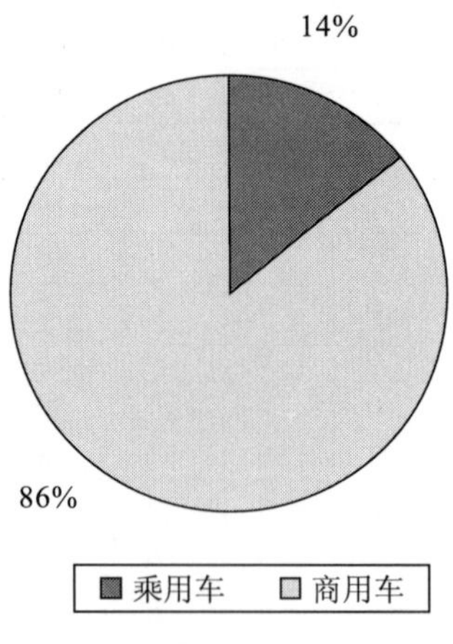

2007年新能源汽车生产分车型市场占有率

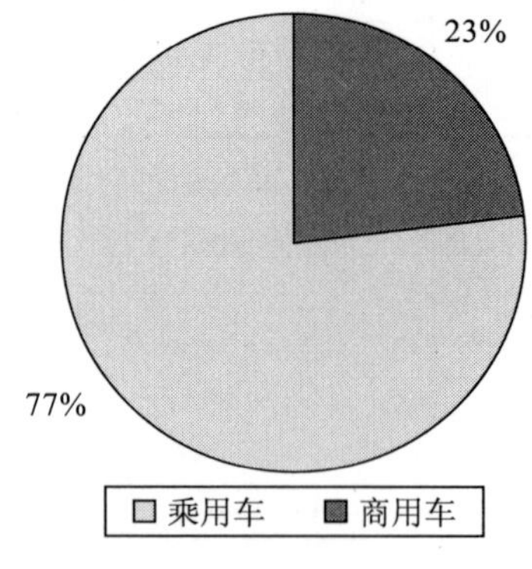

2007年新能源汽车销售分车型市场占有率

四、2008 年新能源汽车产销情况

2008 年新能源汽车产销情况表　　　　单位：辆

车型			1月	2月	3月	4月	5月	6月	7月	8月	9月	10月	11月	12月	合计
生产	乘用车	基本型	60	50	58	62	53	75	82	85	79	82	80	90	
		MPV	0	0	0	0	0	0	0	0	0	0	0	0	
		SUV	0	0	0	0	0	0	0	0	0	0	0	0	
		交叉型	0	0	0	0	0	0	0	0	0	0	0	0	
		小计	60	50	58	62	53	75	82	85	79	82	80	90	
	商用车	载货车	0	0	0	0	0	0	0	0	0	0	0	0	
		货非	0	0	0	0	0	0	0	0	0	0	0	0	
		半挂牵引车	0	0	0	0	0	0	0	0	0	0	0	0	
		客车	194	8	41	74	65	92	56	48	372	51	24	60	
		客非	77	2	46	34	47	55	3	44	79	22	24	19	
		小计	271	10	87	108	112	147	59	92	451	73	48	79	
合计			331	60	145	170	165	222	141	177	530	155	128	169	
销售	乘用车	基本型	9	28	43	145	41	100	32	152	66	132	67	84	
		MPV	0	0	0	0	0	0	0	0	0	0	0	0	
		SUV	0	0	0	0	0	0	0	0	0	0	0	0	
		交叉型	0	0	0	0	0	0	0	0	0	0	0	0	
		小计	9	28	43	145	41	100	32	152	66	132	67	84	
	商用车	载货车	0	0	0	0	0	0	0	0	0	0	0	0	
		货非	0	0	0	0	0	0	0	0	0	0	0	0	
		半挂牵引车	0	0	0	0	0	0	0	0	0	0	0	0	
		客车	236	8	49	73	64	99	56	49	372	45	19	66	
		客非	75	5	13	41	45	99	0	12	42	20	24	24	
		小计	311	13	62	114	109	198	56	61	414	65	43	90	
	合计		320	41	105	259	150	298	88	213	480	197	110	174	

注：表中数据包括纯电动汽车、燃料电池汽车、混合动力汽车、CNG 汽车、LPG 汽车、LNG 汽车等。

2008 年新能源汽车产销量与 2007 年基本持平，在产销量的构成中，新能源乘用车的产销量比重与 2007 年相比有所回升，大约回升了 20 个百分点。2008 年新能源汽车生产量为 2 393 辆，其中乘用车占 36%，商用车占 64%；乘用车月度产销量在 50 ~ 100 辆之间，产量最大的月份为 12 月份的 90 辆，产量最少的月份 2 月份也有 50 辆的产量，在乘用车产量中，仍然只有基本型新能源乘用车。

2008 年新能源汽车销售量为 2 435 辆，其中乘用车占 37%，商用车占 63%。销量略大于产量，说明消耗了一部分 2007 年的库存。在商用车中，新能源客车仍然占据市场主导地位，但非客车也已有一定规模的销量。

2008 年新能源汽车月度产销量、保有量、分车型市场占有率详见下图所示：

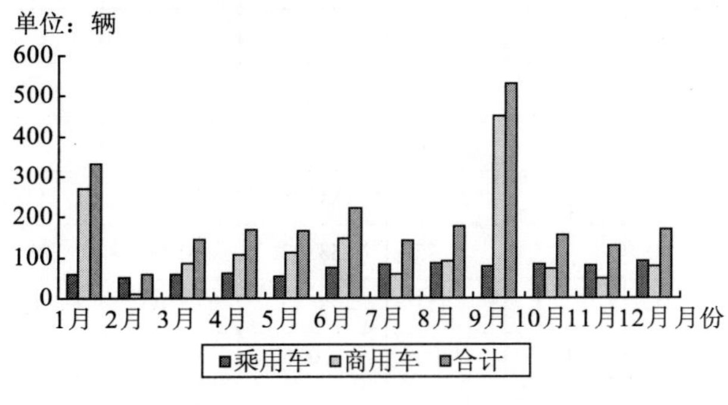

2008 年新能源汽车生产情况统计

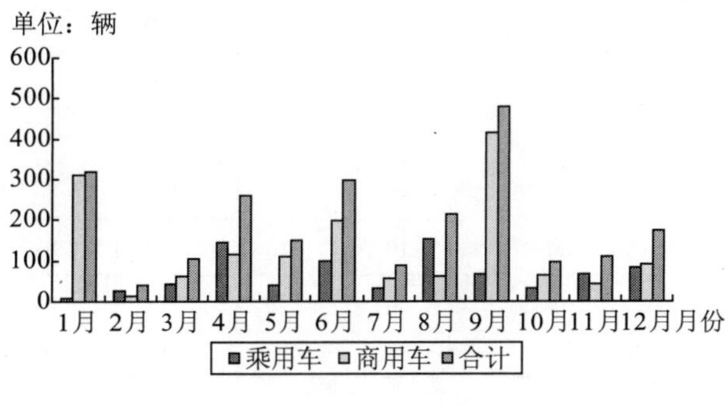

2008 年新能源汽车销售情况统计

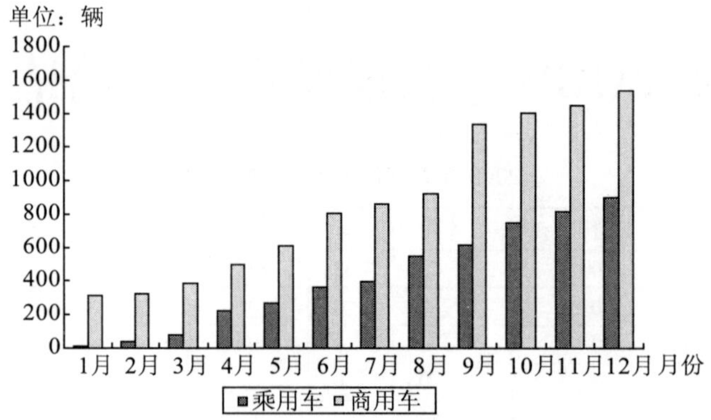

2008 年新能源汽车保有量分车型统计

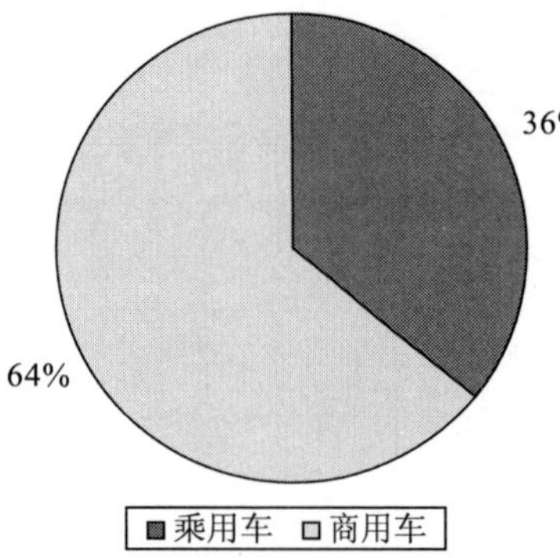

2008 年新能源汽车生产分车型市场占有率

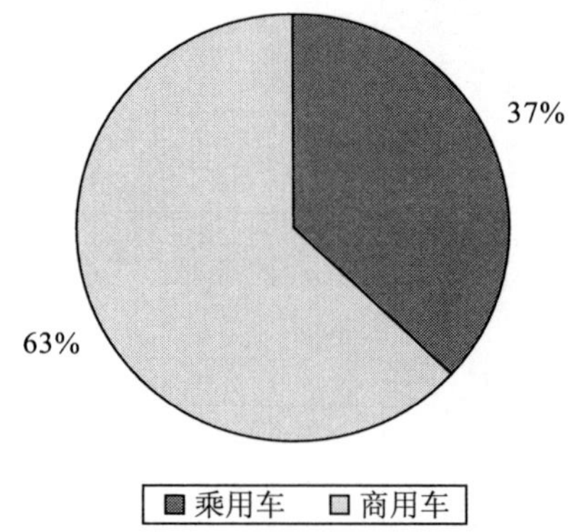

2008 年新能源汽车销售分车型市场占有率

五、2009 年新能源汽车产销情况

2009 年 1 月份新能源汽车产销情况表

单位:辆

车型		生产				销售				本月产销率 (%)	本期产销率 (%)
		本月完成	本期止累计	同期止累计	比同期累计增长 (%)	本月完成	本期止累计	同期止累计	比同期累计增长 (%)		
乘用车	基本型	47	47	60	-21.67	23	23	9	155.56	48.94	48.94
	MPV	0	0	0	—	0	0	0	—	—	—
	SUV	0	0	0	—	0	0	0	—	—	—
	交叉型	0	0	0	—	0	0	0	—	—	—
	小计	47	47	60	-21.67	23	23	9	155.56	48.94	48.94
商用车	载货车	0	0	0	—	0	0	0	—	—	—
	货非	0	0	0	—	0	0	0	—	—	—
	半挂牵引车	0	0	0	—	0	0	0	—	—	—
	客车	40	40	194	-79.38	36	36	236	-84.75	90.00	90.00
	客非	10	10	77	-87.01	35	35	75	-53.33	350.00	350.00
	小计	50	50	271	-81.55	71	71	311	-77.17	142.00	142.00
合计		97	97	331	-70.69	94	94	320	-70.62	96.91	96.91

注:表中数据包括纯电动汽车、燃料电池汽车、混合动力汽车、CNG 汽车、LPG 汽车、LNG 汽车等。

2009 年 2 月份新能源汽车产销情况表

单位:辆

车型		生产				销售				本月产销率（%）	本期产销率（%）
		本月完成	本期止累计	同期止累计	比同期累计增长（%）	本月完成	本期止累计	同期止累计	比同期累计增长（%）		
乘用车	基本型	52	99	110	-10.00	125	148	37	300.00	240.38	149.49
	MPV	0	0	0	—	0	0	0	—	—	—
	SUV	0	0	0	—	0	0	0	—	—	—
	交叉型	0	0	0	—	0	0	0	—	—	—
	小计	52	99	110	-10.00	125	148	37	300.00	240.38	149.49
商用车	载货车	10	10	0	—	10	10	0	—	100.00	100.00
	货非	0	0	0	—	0	0	0	—	—	—
	半挂牵引车	0	0	0	—	0	0	0	—	—	—
	客车	183	271	202	34.16	180	264	244	8.20	98.36	97.42
	客非	10	21	79	-73.42	24	59	80	-26.25	240.00	280.95
	小计	203	302	281	7.47	214	333	324	2.78	105.42	110.26
合计		255	401	391	2.56	339	481	361	33.24	132.94	119.95

注:表中数据包括纯电动汽车、燃料电池汽车、混合动力汽车、CNG 汽车、LPG 汽车、LNG 汽车等。

2009 年 3 月份新能源汽车产销情况表

单位:辆

车型		生产				销售				本月产销率(%)	本期产销率(%)
		本月完成	本期止累计	同期止累计	比同期累计增长(%)	本月完成	本期止累计	同期止累计	比同期累计增长(%)		
乘用车	基本型	50	149	168	-11.31	18	166	80	107.50	36.00	111.41
	MPV	0	0	0	—	0	0	0	—	—	—
	SUV	0	0	0	—	0	0	0	—	—	—
	交叉型	0	0	0	—	0	0	0	—	—	—
	小计	50	149	168	-11.31	18	166	80	107.50	36.00	111.41
商用车	载货车	10	20	0	—	10	20	0	—	100.00	100.00
	货非	0	0	0	—	0	0	0	—	—	—
	半挂牵引车	0	0	0	—	0	0	0	—	—	—
	客车	70	341	243	40.33	69	333	293	13.65	98.57	97.65
	客非	81	102	125	-18.40	57	116	93	24.73	70.37	113.73
	小计	161	463	368	25.82	136	469	386	21.50	84.47	101.30
合计		211	612	536	14.18	154	635	466	36.27	72.99	103.76

注:表中数据包括纯电动汽车、燃料电池汽车、混合动力汽车、CNG 汽车、LPG 汽车、LNG 汽车等。

2009年4月份新能源汽车产销情况表

单位:辆

车型		生产				销售				本月产销率(%)	本期产销率(%)
		本月完成	本期止累计	同期止累计	比同期累计增长(%)	本月完成	本期止累计	同期止累计	比同期累计增长(%)		
乘用车	基本型	48	197	230	-14.35	98	264	225	17.33	204.17	134.01
	MPV	0	0	0	—	0	0	0	—	—	—
	SUV	0	0	0	—	0	0	0	—	—	—
	交叉型	0	0	0	—	0	0	0	—	—	—
	小计	48	197	230	-14.35	98	264	225	17.33	204.17	134.01
商用车	载货车	0	20	0	—	0	20	0	—	—	100.00
	货非	0	0	0	—	0	0	0	—	—	—
	半挂牵引车	0	0	0	—	0	0	0	—	—	—
	客车	51	392	317	23.66	45	378	366	3.28	88.24	96.43
	客非	32	134	159	-15.72	55	171	134	27.61	171.88	127.61
	小计	83	546	476	14.71	100	569	500	13.80	120.48	104.21
合计		131	743	706	5.24	198	833	725	14.90	151.15	112.11

注:表中数据包括纯电动汽车、燃料电池汽车、混合动力汽车、CNG汽车、LPG汽车、LNG汽车等。

2009年5月份新能源汽车产销情况表

单位:辆

车型		生产				销售				本月产销率(%)	本期产销率(%)
		本月完成	本期止累计	同期止累计	比同期累计增长(%)	本月完成	本期止累计	同期止累计	比同期累计增长(%)		
乘用车	基本型	0	197	283	-30.39	2	266	266	0.00	—	135.03
	MPV	0	0	0	—	0	0	0	—	—	—
	SUV	0	0	0	—	0	0	0	—	—	—
	交叉型	0	0	0	—	0	0	0	—	—	—
	小计	0	197	283	-30.39	2	266	266	0.00	—	135.03
商用车	载货车	0	20	0	—	0	20	0	—	—	100.00
	货非	0	0	0	—	0	0	0	—	—	—
	半挂牵引车	0	0	0	—	0	0	0	—	—	—
	客车	175	567	382	48.43	167	545	430	26.74	95.43	96.12
	客非	49	183	206	-11.17	30	202	179	12.85	61.22	110.38
	小计	224	770	588	30.95	197	767	609	25.94	87.95	99.61
合计		224	967	871	11.02	199	1033	875	18.06	88.84	106.83

注:表中数据包括纯电动汽车、燃料电池汽车、混合动力汽车、CNG汽车、LPG汽车、LNG汽车等。

2009年6月份新能源汽车产销情况表

单位：辆

车型		生产				销售				本月产销率(%)	本期产销率(%)
		本月完成	本期止累计	同期止累计	比同期累计增长(%)	本月完成	本期止累计	同期止累计	比同期累计增长(%)		
乘用车	基本型	19	216	358	-39.66	24	290	366	-20.77	126.32	134.26
	MPV	0	0	0	—	0	0	0	—	—	—
	SUV	0	0	0	—	0	0	0	—	—	—
	交叉型	0	0	0	—	0	0	0	—	—	—
	小计	19	216	358	-39.66	24	290	366	-20.77	126.32	134.26
商用车	载货车	0	20	0	—	0	20	0	—	—	100.00
	货非	7	7	0	—	2	2	0	—	28.57	28.57
	半挂牵引车	42	42	0	—	41	41	0	—	97.62	97.62
	客车	90	657	474	38.61	104	649	529	22.68	115.56	98.78
	客非	84	267	261	2.30	79	281	278	1.08	94.05	105.24
	小计	223	993	735	35.10	226	993	807	23.05	101.35	100.00
合计		242	1209	1093	10.61	250	1283	1173	9.38	103.31	106.12

注：表中数据包括纯电动汽车、燃料电池汽车、混合动力汽车、CNG汽车、LPG汽车、LNG汽车等。

2009年7月份新能源汽车产销情况表

单位：辆

车型		生产				销售				本月产销率(%)	本期产销率(%)
		本月完成	本期止累计	同期止累计	比同期累计增长(%)	本月完成	本期止累计	同期止累计	比同期累计增长(%)		
乘用车	基本型	12	228	440	-48.18	12	302	398	-24.12	100.00	132.46
	MPV	0	0	0	—	0	0	0	—	—	—
	SUV	0	0	0	—	0	0	0	—	—	—
	交叉型	0	0	0	—	0	0	0	—	—	—
	小计	12	228	440	-48.18	12	302	398	-24.12	100.00	132.46
商用车	载货车	0	20	0	—	0	20	0	—	—	100.00
	货非	1	8	0	—	1	3	0	—	100.00	37.50
	半挂牵引车	1	43	0	—	0	41	0	—	0.00	95.35
	客车	104	761	530	43.58	100	749	585	28.03	96.15	98.42
	客非	56	323	264	22.35	50	331	278	19.06	89.29	102.48
	小计	162	1155	794	45.47	151	1144	863	32.56	93.21	99.05
合计		174	1383	1234	12.07	163	1446	1261	14.67	93.68	104.56

注：表中数据包括纯电动汽车、燃料电池汽车、混合动力汽车、CNG汽车、LPG汽车、LNG汽车等。

2009年8月份新能源汽车产销情况表

单位:辆

车型		生产 本月完成	生产 本期止累计	生产 同期止累计	生产 比同期累计增长(%)	销售 本月完成	销售 本期止累计	销售 同期止累计	销售 比同期累计增长(%)	本月产销率(%)	本期产销率(%)
乘用车	基本型	15	243	525	-53.71	0	302	550	-45.09	0.00	124.28
	MPV	0	0	0	—	0	0	0	—	—	—
	SUV	0	0	0	—	0	0	0	—	—	—
	交叉型	0	0	0	—	0	0	0	—	—	—
	小计	15	243	525	-53.71	0	302	550	-45.09	0.00	124.28
商用车	载货车	0	20	0	—	0	20	0	—	—	100.00
	货非	0	8	0	—	0	3	0	—	—	37.50
	半挂牵引车	10	53	0	—	4	45	0	—	40.00	84.91
	客车	625	1386	578	139.79	625	1374	634	116.72	100.00	99.13
	客非	129	453	308	47.08	133	465	290	60.34	103.10	102.65
	小计	764	1920	886	116.70	762	1907	924	106.39	99.74	99.32
合计		779	2163	1411	53.30	762	2209	1474	49.86	97.82	102.13

注:表中数据包括纯电动汽车、燃料电池汽车、混合动力汽车、CNG汽车、LPG汽车、LNG汽车等。

2009年9月份新能源汽车产销情况表

单位:辆

车型		生产 本月完成	生产 本期止累计	生产 同期止累计	生产 比同期累计增长(%)	销售 本月完成	销售 本期止累计	销售 同期止累计	销售 比同期累计增长(%)	本月产销率(%)	本期产销率(%)
乘用车	基本型	0	243	604	-59.77	0	302	616	-50.97	—	124.28
	MPV	0	0	0	—	0	0	0	—	—	—
	SUV	0	0	0	—	0	0	0	—	—	—
	交叉型	0	0	0	—	0	0	0	—	—	—
	小计	0	243	604	-59.77	0	302	616	-50.97	—	124.28
商用车	载货车	0	20	0	—	0	20	0	—	—	100.00
	货非	11	19	0	—	3	6	0	—	27.27	31.58
	半挂牵引车	4	57	0	—	9	54	0	—	225.00	94.74
	客车	638	2024	950	113.05	628	2002	1006	99.01	98.43	98.91
	客非	212	665	387	71.83	218	683	332	105.72	102.83	102.71
	小计	865	2785	1337	108.30	858	2765	1338	106.65	99.19	99.28
合计		865	3028	1941	56.00	858	3067	1954	56.96	99.19	101.29

注:表中数据包括纯电动汽车、燃料电池汽车、混合动力汽车、CNG汽车、LPG汽车、LNG汽车等。

2009 年 10 月份新能源汽车产销情况表

单位:辆

车型		生产				销售				本月产销率(%)	本期产销率(%)
		本月完成	本期止累计	同期止累计	比同期累计增长(%)	本月完成	本期止累计	同期止累计	比同期累计增长(%)		
乘用车	基本型	0	243	686	-64.58	1	303	748	-59.49	—	124.69
	MPV	0	0	0	—	0	0	0	—	—	—
	SUV	0	0	0	—	0	0	0	—	—	—
	交叉型	0	0	0	—	0	0	0	—	—	—
	小计	0	243	686	-64.58	1	303	748	-59.49	—	124.69
商用车	载货车	0	20	0	—	0	20	0	—	—	100.00
	货非	1	20	0	—	0	6	0	—	0.00	30.00
	半挂牵引车	1	58	0	—	2	56	0	—	200.00	96.55
	客车	405	2429	1001	142.66	424	2426	1051	130.83	104.69	99.88
	客非	172	837	409	104.65	148	832	352	136.36	86.05	99.40
	小计	579	3364	1410	138.58	574	3340	1403	138.06	99.14	99.29
合计		579	3607	2096	72.09	575	3643	2151	69.36	99.31	101.00

注:表中数据包括纯电动汽车、燃料电池汽车、混合动力汽车、CNG 汽车、LPG 汽车、LNG 汽车等。

2009 年 11 月份新能源汽车产销情况表

单位:辆

车型		生产				销售				本月产销率(%)	本期产销率(%)
		本月完成	本期止累计	同期止累计	比同期累计增长(%)	本月完成	本期止累计	同期止累计	比同期累计增长(%)		
乘用车	基本型	8	251	766	-67.23	7	310	815	-61.96	87.50	123.51
	MPV	0	0	0	—	0	0	0	—	—	—
	SUV	0	0	0	—	0	0	0	—	—	—
	交叉型	0	0	0	—	0	0	0	—	—	—
	小计	8	251	766	-67.23	7	310	815	-61.96	87.50	123.51
商用车	载货车	0	20	0	—	0	0	0	—	—	0.00
	货非	1	21	0	—	9	15	0	—	900.00	71.43
	半挂牵引车	1	59	0	—	0	56	0	—	0.00	94.92
	客车	697	3126	1025	204.98	517	2943	1070	175.05	74.18	94.15
	客非	124	961	433	121.94	168	1000	376	165.96	135.48	104.06
	小计	823	4187	1458	187.17	694	4014	1446	177.59	84.33	95.87
合计		831	4438	2224	99.55	701	4324	2261	91.24	84.36	97.43

注:表中数据包括纯电动汽车、燃料电池汽车、混合动力汽车、CNG 汽车、LPG 汽车、LNG 汽车等。

2009年12月份新能源汽车产销情况表

单位:辆

车型		生产				销售				本月产销率(%)	本期产销率(%)
		本月完成	本期止累计	同期止累计	比同期累计增长(%)	本月完成	本期止累计	同期止累计	比同期累计增长(%)		
乘用车	基本型	8	259	856	-69.74	9	319	899	-64.52	112.50	123.17
	MPV	0	0	0	—	0	0	0	—	—	—
	SUV	0	0	0	—	0	0	0	—	—	—
	交叉型	0	0	0	—	0	0	0	—	—	—
	小计	8	259	856	-69.74	9	319	899	-64.52	112.50	123.17
商用车	载货车	0	20	0	—	0	20	0	—	—	100.00
	货非	0	21	0	—	0	15	0	—	—	71.43
	半挂牵引车	54	113	0	—	28	84	0	—	51.85	74.34
	客车	691	3817	1085	251.80	739	3682	1136	224.12	106.95	96.46
	客非	103	1064	452	135.40	89	1089	400	172.25	86.41	102.35
	小计	848	5035	1537	227.59	856	4890	1536	218.36	100.94	97.12
合计		856	5294	2393	121.23	865	5209	2435	113.92	101.05	98.39

注:表中数据包括纯电动汽车、燃料电池汽车、混合动力汽车、CNG汽车、LPG汽车、LNG汽车等。

2009年新能源汽车生产量为5 244辆,其中乘用车占5%,商用车占95%;销售量为5 158辆,其中乘用车占6%,商用车占94%。与2005—2008年新能源汽车产销量相比,2009年新能源汽车产销量有较大幅度的增长。受2009年2月份发布的“十城千辆”利好政策影响,新能源汽车产销量在2009年下半年迎来快速增长,2009年8—12月,月度新能源汽车产销量均接近600辆,为历年月度销量最高。

与2009年之前相比,新能源乘用车在新能源汽车产销量中的比例降至10%以下,为历年最低。在新能源汽车中,占市场主体地位的仍是新能源客车和货车。说明在“十城千辆”政策的激励之下,新能源客车率先进入市场,而新能源乘用车仍需一定准备时间方可大批量进入新能源汽车市场。

2009年新能源汽车月度产销量、分年度产销量、保有量、分车型市场占有率等信息详见下图:

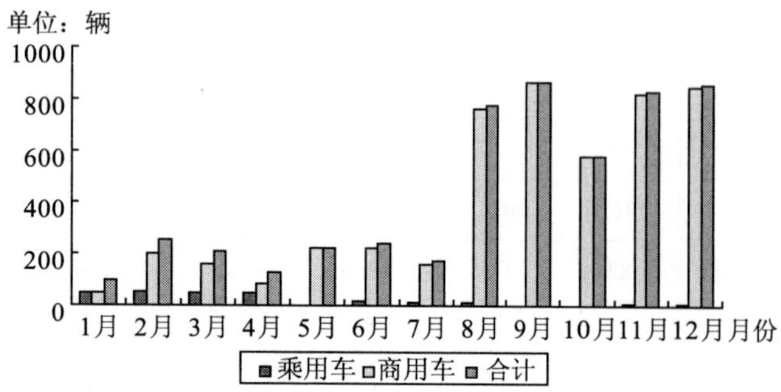

2009年新能源汽车生产情况统计

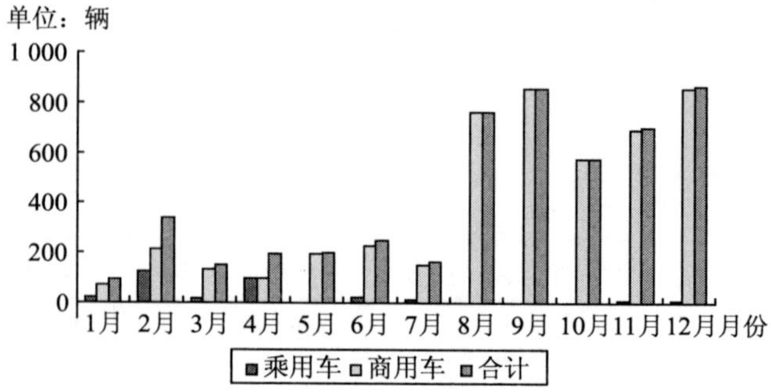

2009年新能源汽车销售情况统计

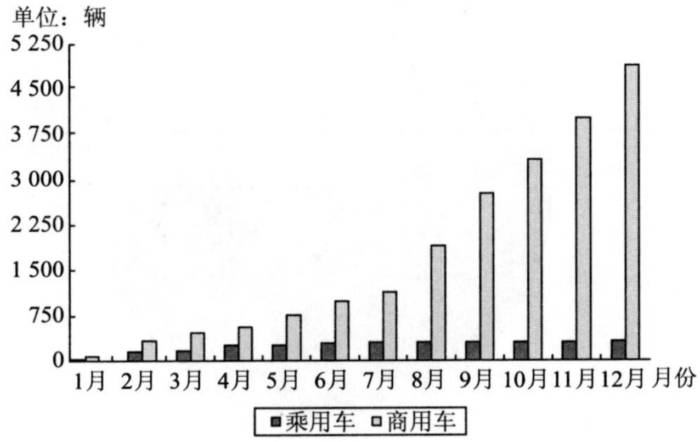

2009 年新能源汽车保有量分车型统计

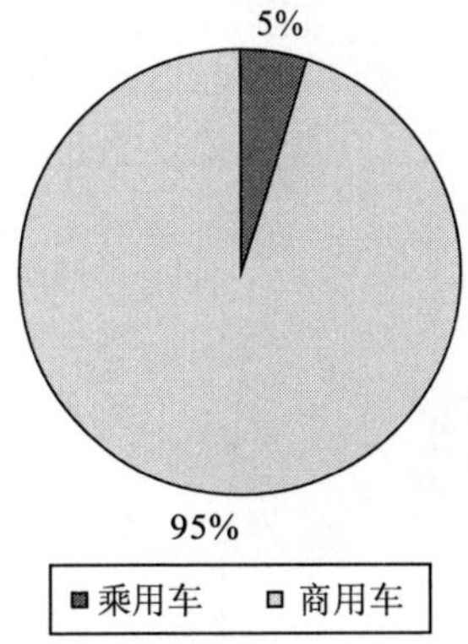

2009 年新能源汽车生产分车型市场占有率

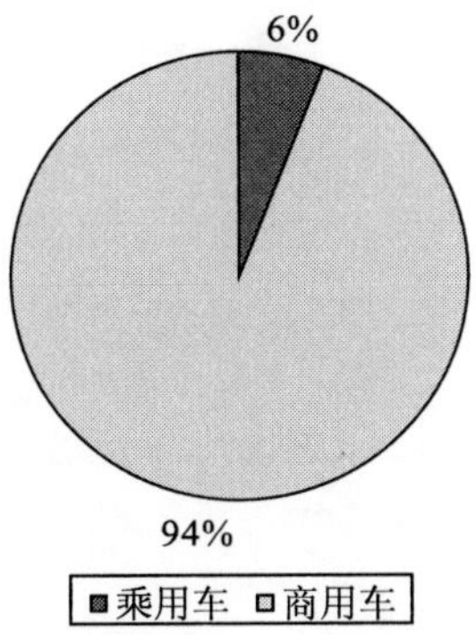

2009 年新能源汽车销售分车型市场占有率

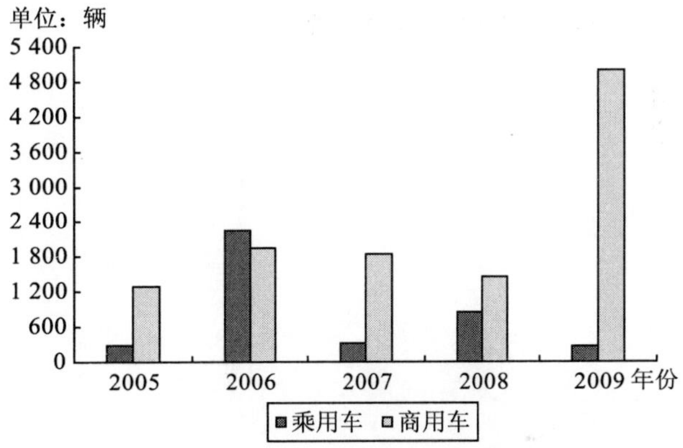

2005—2009 年新能源汽车生产情况统计

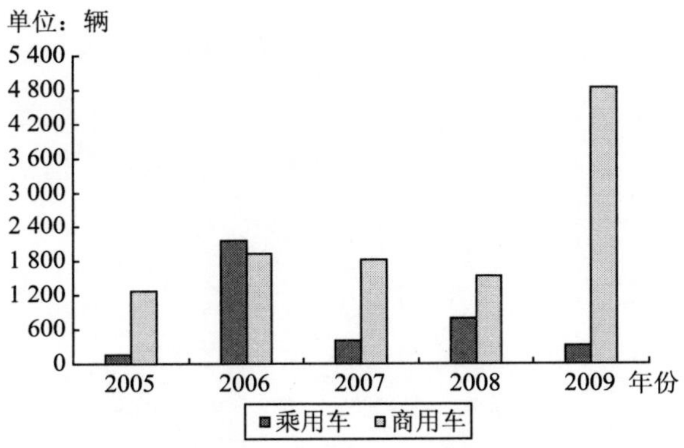

2005—2009 年新能源汽车销售情况统计

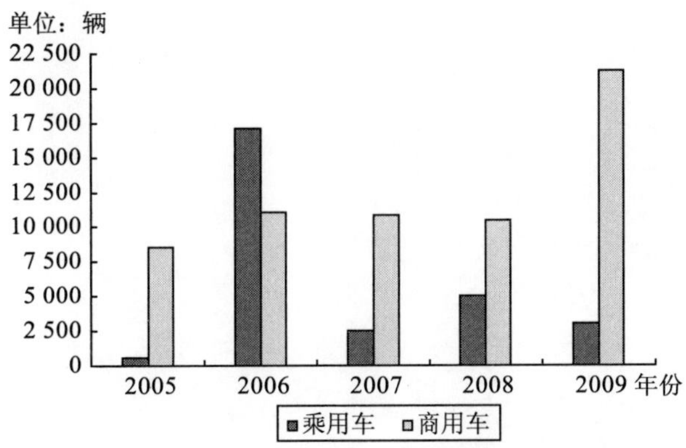

2005—2009 年新能源汽车保有量统计

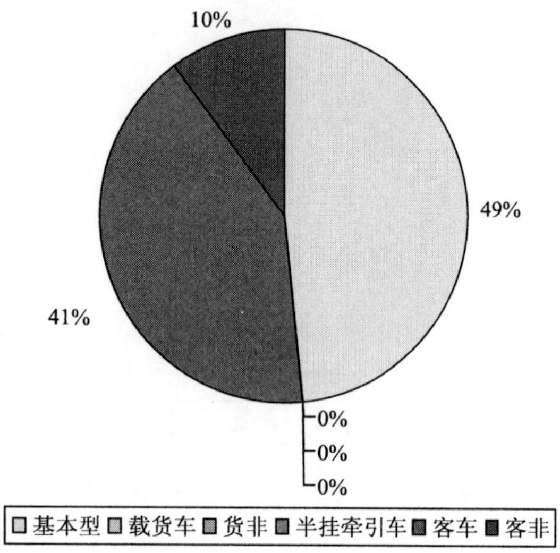

2009 年新能源汽车生产情况

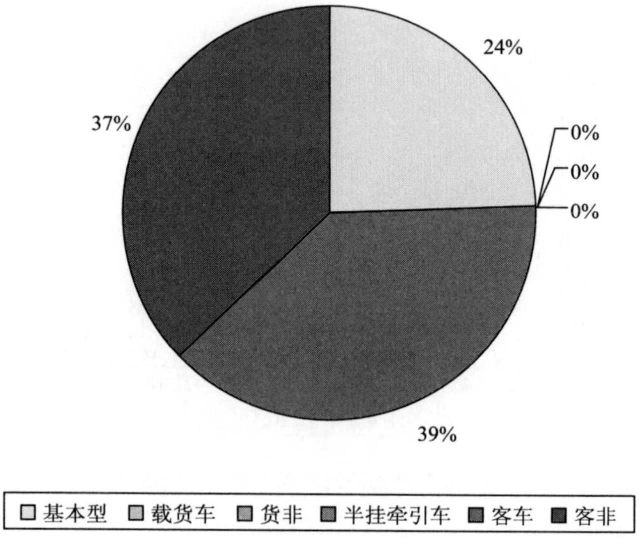

2009 年新能源汽车销售情况表

第八篇
附　录

一、电动汽车整车产品公告车型(2005—2009年)

2009年以前上公告的电动汽车整车产品共57款（含底盘95款），2009年全年上公告的整车产品共48款（含底盘74款）。

序号	单位名称	《目录》序号	中文品牌	车辆型号	车辆名称	产品类别	燃料种类
1	中国第一汽车集团公司	1	解放牌	CA6110D2N1	混合动力客车底盘		柴油
2	中国第一汽车集团公司	1	解放牌	CA6113D116-1N	液压混合动力客车底盘		柴油
3	中国第一汽车集团公司	1	解放牌	CA6123D172H	混合动力客车底盘		柴油
4	中国第一汽车集团公司	1	解放牌	CA6124D172HN	混合动力客车底盘		柴油混合动力
5	中国第一汽车集团公司	1	红旗牌	CA7130N	混合动力轿车		汽油混合动力
6	东风汽车公司	3	东风牌	EQ6110HEV	混合动力电动城市客车		柴油
7	东风汽车公司	3	东风牌	EQ6110HEV1	混合动力电动城市客车		混合动力
8	东风汽车公司	3	东风牌	EQ6110KRF1	混合动力客车底盘		柴油
9	东风汽车公司	3	东风牌	EQ6112KRF	混合动力客车底盘		柴油混合动力
10	东风汽车公司	3	东风牌	EQ6112KRF1	混合动力客车底盘		柴油混合动力
11	东风汽车公司	3	东风牌	EQ6122HEV	混合动力电动城市客车		混合动力
12	东风汽车公司	3	东风牌	EQ6122HEV1	混合动力电动城市客车		混合动力
13	东风汽车有限公司	3	东风牌	EQ6113RC1E	电动客车底盘		纯电动
14	东风汽车有限公司	3	东风牌	EQ6113RCDE	纯电动客车底盘		纯电动
15	东风汽车有限公司	3	东风牌	EQ6113RCE	客车底盘		纯电动
16	上海大众汽车有限公司	5	帕萨特牌	SVW7553FCV	燃料电池轿车		氢气
17	上海通用汽车有限公司	6	别克(BUICK)牌	SGM7240HAT	混合动力轿车		汽油
18	北京北方华德尼奥普兰客车股份有限公司	7	北方牌	BFC6110EV-1	纯电动大客车		纯电动
19	北京北方华德尼奥普兰客车股份有限公司	7	北方牌	BFC6110EV-2	纯电动大客车		纯电动
20	北汽福田汽车股份有限公司	9	福田牌	BJ6113C7M4D	混合动力城市客车		混合动力
21	北汽福田汽车股份有限公司	9	福田牌	BJ6113C7M4D	混合动力城市客车底盘		柴油混合动力
22	北汽福田汽车股份有限公司	9	福田牌	BJ6123C6N4D	燃料电池混合动力城市客车		镍氢动力电池
23	北汽福田汽车股份有限公司	9	福田牌	BJ6123C7B4D	混合动力城市客车		混合动力
24	北汽福田汽车股份有限公司	9	福田牌	BJ6123C7B4D	混合动力城市客车底盘		柴油
25	一汽客车大连客车厂	28	解放牌	CA6124SH8	混合动力城市客车		混合动力
26	沈阳华晨金杯汽车有限公司	33	中华牌	SY7181CSEBBB	混合动力轿车		汽油混合动力
27	上海电车厂	42	浦江牌	SHC6113CHA	混合动力客车底盘		柴油
28	上海申沃客车有限公司	42	申沃牌	SWB6116HE	城市客车		混合动力
29	上海申沃客车有限公司	42	申沃牌	SWB6116HE	客车底盘		柴油
30	南京汽车集团有限公司	44	依维柯牌	NJ5056XFWD	依维柯纯电动服务车		纯电动
31	南京汽车集团有限公司	44	依维柯牌	NJ6576NY	依维柯电动客车底盘		纯电动
32	东风杭州汽车有限公司	50	东风牌	DHZ6110HED	混合动力客车底盘		柴油，电
33	安徽安凯汽车股份有限公司	55	安凯牌	HFF5120XFW	服务车		纯电动
34	安徽安凯汽车股份有限公司	55	安凯牌	HFF6110DZ-3	混合动力客车底盘		柴油
35	安徽安凯汽车股份有限公司	55	安凯牌	HFF6110G03EV	电动城市客车		纯电动
36	安徽安凯汽车股份有限公司	55	安凯牌	HFF6110GZ-3	混合动力城市客车		混合动力

续表

序号	单位名称	《目录》序号	中文品牌	车辆型号	车辆名称	产品类别	燃料种类
37	安徽安凯汽车股份有限公司	55	安凯牌	HFF6112GK50	电动城市客车		纯电动
38	安徽安凯汽车股份有限公司	55	安凯牌	HFF6113D08	电动客车底盘		纯电动
39	安徽安凯汽车股份有限公司	55	安凯牌	HFF6115D08	客车底盘		纯电动
40	安徽安凯汽车股份有限公司	55	安凯牌	HFF6127K46EV	电动客车		纯电动
41	安徽安凯汽车股份有限公司	55	安凯牌	HFF6830D38	客车底盘		纯电动
42	安徽安凯汽车股份有限公司	55	安凯牌	HFF6850GK60	电动城市客车		纯电动
43	安徽江淮汽车股份有限公司	56	江淮牌	HFC5040XGCEVR	纯电动电力工程车		纯电动
44	郑州宇通客车股份有限公司	71	宇通牌	ZK6108GCRD	客车底盘		汽油混合动力
45	郑州宇通客车股份有限公司	71	宇通牌	ZK6110HGZ	混合动力电动城市客车		混合动力
46	郑州宇通客车股份有限公司	71	宇通牌	ZK6126HGZ	混合动力电动城市客车		柴油
47	郑州宇通客车股份有限公司	71	宇通牌	ZK6126HGZ1	混合动力电动城市客车		柴油
48	湖南江南汽车制造有限公司	84	众泰牌	JNJ6400EVL	电动轻型客车		纯电动
49	桂林客车工业集团有限公司	90	桂林牌	GL6120DRC2	纯电动客车底盘		纯电动
50	重庆长安汽车股份有限公司	96	长安牌	SC6442H	混合动力客车		汽油
51	重庆长安汽车股份有限公司	96	长安牌	SC7152	混合动力轿车		汽油
52	四川一汽丰田汽车有限公司	100	丰田(TOYOTA)牌	CA7150HVA	混合动力轿车		汽油
53	四川一汽丰田汽车有限公司	100	丰田(TOYOTA)牌	CA7150HVAE3	混合动力轿车		汽油
54	四川一汽丰田汽车有限公司	100	丰田(TOYOTA)牌	CA7150HVB	混合动力轿车		汽油
55	四川一汽丰田汽车有限公司	100	丰田(TOYOTA)牌	CA7150HVBE3	混合动力轿车		汽油
56	比亚迪汽车有限公司	108	比亚迪牌	QCJ7100ADM	混合动力轿车		汽油,动力蓄电池
57	陕西汽车集团有限责任公司	110	陕汽牌	SX6107	混合动力客车底盘		柴油
58	陕西汽车集团有限责任公司	110	陕汽牌	SX6112KD	混合动力客车底盘		柴油
59	陕西汽车集团有限责任公司	110	陕汽牌	SX6112KD－01	混合动力客车底盘		柴油
60	陕西汽车集团有限责任公司	110	陕汽牌	SX6122E	纯电动客车底盘		纯电动
61	奇瑞汽车股份有限公司	119	奇瑞牌	SQR7130A217/A	混合动力轿车		汽油混合动力
62	厦门金龙旅行车有限公司	124	金旅牌	XML6125DHEV13C	客车底盘		柴油
63	厦门金龙旅行车有限公司	124	金旅牌	XML6125DHEV93C	客车底盘		柴油
64	厦门金龙旅行车有限公司	124	金旅牌	XML6125JHEV13C	混合动力电动城市客车		混合动力
65	厦门金龙旅行车有限公司	124	金旅牌	XML6125JHEV93C	混合动力电动城市客车		混合动力
66	中通客车控股股份有限公司	125	中通牌	LCK6110GHEV	混合动力城市客车		柴油混合动力
67	中通客车控股股份有限公司	125	中通牌	LCK6112GHEV	混合动力城市客车		柴油混合动力
68	中通客车控股股份有限公司	125	中通牌	LCK6112RGHEV	混合动力客车底盘		柴油混合动力
69	中通客车控股股份有限公司	125	中通牌	LCK6120GHEV	混合动力城市客车		柴油混合动力
70	中通客车控股股份有限公司	125	中通牌	LCK6120RGHEV	混合动力客车底盘		柴油
71	中通客车控股股份有限公司	125	中通博发牌	LCK6128EV	纯电动客车		纯电动
72	北京市京华客车有限责任公司	(一)07	京华牌	BK6113K1	液压混合动力城市客车		混合动力
73	北京市京华客车有限责任公司	(一)07	京华牌	BK6120EV	电动客车		纯电动
74	北京市京华客车有限责任公司	(一)07	京华牌	BK6122EV	纯电动城市客车		纯电动
75	北京市京华客车有限责任公司	(一)07	京华牌	BK6122EV2	纯电动城市客车		纯电动
76	北京市京华客车有限责任公司	(一)07	京华牌	BK6122EV3	纯电动城市客车		纯电动
77	北京市京华客车有限责任公司	(一)07	京华牌	BK6129HV	混合动力城市客车		混合动力

续表

序号	单位名称	《目录》序号	中文品牌	车辆型号	车辆名称	产品类别	燃料种类
78	上海万象汽车制造有限公司	(九) 26	象牌	SXC6120GD	纯电动城市客车		纯电动
79	一汽客车(无锡)有限公司	(十) 10	解放牌	CA6113SH8	混合动力城市客车		混合动力
80	江苏常隆客车有限公司	(十) 17	马可牌	YS6120DG	纯电动城市客车		纯电动
81	宁波吉江汽车制造有限责任公司	(十一) 17	吉江牌	NE6111SHEV1	混合动力电动城市客车		混合动力
82	安源客车制造有限公司	(十四) 05	安源牌	PK6112AGH	混合动力城市客车		混合动力
83	江西江铃汽车集团改装车有限公司	(十四)15	江铃全顺牌	JX5041XEV - LI	纯电动服务车		纯电动
84	湖南南车时代电动汽车股份有限公司	(十八) 23	南车时代牌	TEG6128SHEV	混合动力城市客车		柴油
85	深圳市五洲龙汽车有限公司	(十九) 47	五洲龙牌	FDG6111HEVG	混合动力城市客车		混合动力
86	深圳市五洲龙汽车有限公司	(十九) 47	五洲龙牌	FDG6122HEVG	混合动力城市客车		混合动力
87	北汽福田汽车股份有限公司	9	福田牌	BJ6123BL0XN	混合动力城市客车底盘		混合动力
88	北汽福田汽车股份有限公司	9	福田牌	BJ6123C7C4D	混合动力城市客车		混合动力
89	安徽安凯汽车股份有限公司	55	安凯牌	HFF6120D03EV	电动客车底盘		纯电动
90	安徽安凯汽车股份有限公司	55	安凯牌	HFF6120G03EV	电动城市客车		纯电动
91	郑州宇通客车股份有限公司	71	宇通牌	ZK6118HGZ	混合动力电动城市客车		混合动力
92	郑州宇通客车股份有限公司	71	宇通牌	ZK6110GCRZ	混合动力电动客车底盘		LPG
93	湖南南车时代电动汽车股份有限公司	(十八) 23	南车时代牌	TEG6101PHEV	混合动力城市客车		混合动力
94	湖南南车时代电动汽车股份有限公司	(十八) 23	南车时代牌	TEG6128PHEV	混合动力城市客车		混合动力
95	丹东黄海汽车有限责任公司	29	黄海牌	DD6129HES11	混合动力客车底盘	底盘	混合动力
96	丹东黄海汽车有限责任公司	29	黄海牌	DD6129HES11	混合动力城市客车	整车	混合动力
97	中通客车控股股份有限公司	125	中通牌	LCK6121HEV	混合动力城市客车	整车	混合动力
98	北汽福田汽车股份有限公司	9	福田牌	BJ1071VDE0A	纯电动载货汽车底盘	底盘	纯电动
99	北汽福田汽车股份有限公司	9	福田牌	BJ1071VDE0A - 1	纯电动载货汽车底盘	底盘	纯电动
100	北京华林特装车有限公司	(一) 31	华林牌	HLT5074ZYSEV	纯电动压缩式垃圾车	整车	纯电动
101	北京天路通科技有限责任公司	(一) 44	天路牌	BTL5071TSLEV	纯电动吸尘车	整车	纯电动
102	天津清源电动车辆有限责任公司	(二) 22	清源牌	QY5020GKC - 08BEVA	纯电动高空作业车	整车	纯电动
103	天津清源电动车辆有限责任公司	(二) 22	清源牌	QY5020HBEVA	纯电动专用车底盘	底盘	纯电动
104	丹东黄海汽车有限责任公司	29	黄海牌	DD6129HES11	混合动力城市客车	整车	混合动力
105	丹东黄海汽车有限责任公司	29	黄海牌	DD6129HES11	混合动力客车底盘	底盘	混合动力
106	长沙中联重工科技发展股份有限公司	(十八) 20	中联牌	ZLJ5071TSL	纯电动扫路车	整车	纯电动
107	广州汽车集团客车有限公司	89	广汽牌	GZ6122DHEV	混合动力城市客车底盘	底盘	混合动力
108	广州汽车集团客车有限公司	89	广汽牌	GZ6122HEV	混合动力城市客车	整车	混合动力
109	郑州日产汽车有限公司	72	东风牌	ZN6461W1C	纯电动乘用车	整车	纯电动
110	郑州日产汽车有限公司	72	东风牌	ZN6493H2C	纯电动乘用车	整车	纯电动
111	一汽客车大连客车厂	28	解放牌	CA6126SH8	混合动力城市客车	整车	混合动力
112	中国第一汽车集团公司	1	解放牌	CA6120CRH1	混合动力客车底盘	底盘	混合动力
113	东风汽车公司	3	东风牌	EQ6120HEV	混合动力电动城市客车	整车	混合动力
114	奇瑞汽车股份有限公司	119	瑞麒牌	SQR7000ELS18	纯电动轿车	整车	纯电动

续表

序号	单位名称	《目录》序号	中文品牌	车辆型号	车辆名称	产品类别	燃料种类
115	奇瑞汽车股份有限公司	119	奇瑞牌	SQR7000EAS11	纯电动轿车	整车	纯电动
116	奇瑞汽车股份有限公司	119	奇瑞牌	SQR7160A217/B	混合动力轿车	整车	BSG 系统
117	安徽安凯汽车股份有限公司	55	安凯牌	HFF6700BEV	电动客车	整车	纯电动
118	北京华林特装车有限公司	(一) 31	华林牌	HLT5162GSSEV	纯电动洒水车	整车	纯电动
119	一汽解放青岛汽车厂	64	解放牌	CA1163P1L2A80	平头纯电动载货汽车底盘	底盘	纯电动
120	郑州宇通客车股份有限公司	71	宇通牌	ZK6126HGZ3	混合动力电动城市客车	整车	混合动力
121	厦门金龙联合汽车工业有限公司	123	金龙牌	XMQ6125GH	混合动力城市客车	整车	混合动力
122	厦门金龙联合汽车工业有限公司	123	金龙牌	XMQ6125GH1	混合动力城市客车	整车	混合动力
123	中国第一汽车集团公司	1	解放牌	CA6120URH1	混合动力城市客车	整车	混合动力
124	中国第一汽车集团公司	1	解放牌	CA6120URH2	混合动力城市客车	整车	混合动力
125	深圳市五洲龙汽车有限公司	(十九) 47	五洲龙牌	FDG6112HEVG	混合动力城市客车	整车	混合动力
126	深圳市五洲龙汽车有限公司	(十九) 47	五洲龙牌	FDG6110D	混合动力客车底盘	底盘	混合动力
127	中国第一汽车集团公司	1	解放牌	CA6120CRH2	混合动力客车底盘	底盘	混合动力
128	厦门金龙联合汽车工业有限公司	123	金龙牌	XMQ6110GRH	混合动力客车底盘	底盘	混合动力
129	厦门金龙联合汽车工业有限公司	123	金龙牌	XMQ6110GRH1	混合动力客车底盘	底盘	混合动力
130	郑州宇通客车股份有限公司	71	宇通牌	ZK6118GCMA9	混合动力电动客车底盘	底盘	混合动力
131	郑州宇通客车股份有限公司	71	宇通牌	ZK6126MGA9	混合动力电动城市客车	整车	混合动力
132	郑州宇通客车股份有限公司	71	宇通牌	ZK6126MGQA9	混合动力电动城市客车	整车	混合动力
133	郑州宇通客车股份有限公司	71	宇通牌	ZK6140MGQA9	混合动力电动城市客车	整车	混合动力
134	东风汽车公司	3	东风牌	EQ6100HEAC	纯电动客车底盘	底盘	混合动力
135	东风汽车公司	3	东风牌	EQ6102HBEVA	纯电动城市客车	整车	混合动力
136	安徽安凯汽车股份有限公司	55	安凯牌	HFF6110D03PHEV	混合动力客车底盘	底盘	混合动力
137	安徽安凯汽车股份有限公司	55	安凯牌	HFF6110G03PHEV	混合动力城市客车	整车	混合动力
138	安徽安凯汽车股份有限公司	55	安凯牌	HFF6120D03PHEV	混合动力电动客车底盘	底盘	混合动力
139	安徽安凯汽车股份有限公司	55	安凯牌	HFF6120G03PHEV	混合动力电动城市客车	整车	混合动力
140	上海申沃客车有限公司	42	申沃牌	SWB6121EV	纯电动客车底盘	底盘	纯电动
141	上海申沃客车有限公司	42	申沃牌	SWB6121EV	纯电动城市客车	整车	纯电动
142	上海申沃客车有限公司	42	申沃牌	SWB6121EV1	纯电动客车底盘	底盘	纯电动
143	上海申沃客车有限公司	42	申沃牌	SWB6121EV1	纯电动城市客车	整车	纯电动
144	上海申沃客车有限公司	42	申沃牌	SWB6121EV2	纯电动客车底盘	底盘	纯电动
145	上海申沃客车有限公司	42	申沃牌	SWB6121EV2	纯电动城市客车	整车	纯电动
146	哈飞汽车股份有限公司	39	哈飞牌	HFJ7001EV	纯电动轿车	整车	纯电动
147	金华青年汽车制造有限公司	7	青年牌	JNP6120GHP	混合动力城市客车	整车	混合动力
148	金华青年汽车制造有限公司	7	青年牌	JNP6120GHS	混合动力城市客车	整车	混合动力
149	郑州宇通客车股份有限公司	71	宇通牌	ZK6118GCMB9	混合动力电动客车底盘	底盘	混合动力
150	郑州宇通客车股份有限公司	71	宇通牌	ZK6118MGA9	混合动力电动城市客车	整车	混合动力
151	丹东黄海汽车有限责任公司	29	黄海牌	DD6118HES21	混合动力城市客车	整车	混合动力
152	丹东黄海汽车有限责任公司	29	黄海牌	DD6118HES21	混合动力客车底盘	底盘	混合动力
153	重庆长安汽车股份有限公司	96	长安牌	SC7163H1	轿车	整车	BSG
154	上海申沃客车有限公司	42	申沃牌	SWB6127HE2	混合动力客车底盘	底盘	混合动力
155	上海申沃客车有限公司	42	申沃牌	SWB6127HE2	混合动力城市客车	整车	混合动力

续表

序号	单位名称	《目录》序号	中文品牌	车辆型号	车辆名称	产品类别	燃料种类
156	扬州亚星客车股份有限公司	49	亚星牌	JS6126GHDV	混合动力客车底盘	底盘	混合动力
157	扬州亚星客车股份有限公司	49	亚星牌	JS6126GHV	混合动力城市客车	整车	混合动力
158	湖南南车时代电动汽车股份有限公司	(十八) 23	南车时代牌	TEG6127PHEV	混合动力城市客车	整车	混合动力
159	深圳市五洲龙汽车有限公司	(十九) 47	五洲龙牌	FDG6110D1	混合动力客车底盘	底盘	混合动力
160	深圳市五洲龙汽车有限公司	(十九) 47	五洲龙牌	FDG6110D2	混合动力客车底盘	底盘	混合动力
161	深圳市五洲龙汽车有限公司	(十九) 47	五洲龙牌	FDG6111HEVG1	混合动力城市客车	整车	混合动力
162	深圳市五洲龙汽车有限公司	(十九) 47	五洲龙牌	FDG6111HEVG2	混合动力城市客车	整车	混合动力
163	柳州五菱专用汽车制造有限公司	(二十) 09	五菱牌	LQG5020CSAC06	纯电动仓栅式运输车	整车	纯电动
164	上海申沃客车有限公司	42	申沃牌	SWB6121SC	纯电动城市客车	整车	纯电动
165	上海申沃客车有限公司	42	申沃牌	SWB6121SC	纯电动客车底盘	底盘	纯电动
166	广汽丰田汽车有限公司	89	丰田(TOYOTA)牌	GTM7240HQ	混合动力轿车	整车	混合动力
167	广汽丰田汽车有限公司	89	丰田(TOYOTA)牌	GTM7240HV	混合动力轿车	整车	混合动力
168	湖南南车时代电动汽车股份有限公司	(十八) 23	南车时代牌	TEG6102PHEV	混合动力城市客车	整车	混合动力

二、节能与新能源汽车示范推广应用工程推荐车型目录

1. 节能与新能源汽车示范推广应用工程推荐车型目录(第一批)

2009 年 8 月 11 日，工业和信息化部发布《节能与新能源汽车示范推广应用工程推荐车型目录》(以下简称“《目录》”)(第一批)，详见下表：

序号	企业名称	《目录》序号	商标	产品名称	产品型号
1	南京汽车集团有限公司	44	依维柯牌	依维柯纯电动服务车	NJ5056XFWD
2	安徽江淮汽车股份有限公司	56	江淮牌	纯电动电力工程车	HFC5040XGCEVR
3	湖南江南汽车制造有限公司	84	众泰牌	电动轻型客车	JNJ6400EVL
4	比亚迪汽车有限公司	108	比亚迪牌	混合动力轿车	QCJ7100ADM
5	江西江铃汽车集团改装车有限公司	(十四) 15	江铃全顺牌	纯电动服务车	JX5041XEV - LI

2. 节能与新能源汽车示范推广应用工程推荐车型目录(第二批)

2009 年 9 月 1 日，工业和信息化部发布《节能与新能源汽车示范推广应用工程推荐车型目录》(第二批)，详见下表：

序号	企业名称	《目录》序号	商标	产品名称	产品型号
1	安徽安凯汽车股份有限公司	55	安凯牌	电动城市客车	HFF6110G03EV
2	安徽安凯汽车股份有限公司	55	安凯牌	电动城市客车	HFF6112GK50
3	安徽安凯汽车股份有限公司	55	安凯牌	电动城市客车	HFF6120G03EV
4	安徽安凯汽车股份有限公司	55	安凯牌	纯电动客车	HFF6700BEV
5	安徽安凯汽车股份有限公司	55	安凯牌	电动客车	HFF6127K46EV
6	安徽安凯汽车股份有限公司	55	安凯牌	服务车	HFF5120XFW
7	郑州日产汽车有限公司	72	东风牌	纯电动乘用车	ZN6461W1C

续表

序号	企业名称	《目录》序号	商标	产品名称	产品型号
8	郑州日产汽车有限公司	72	东风牌	纯电动乘用车	ZN6493H2C
9	奇瑞汽车股份有限公司	119	瑞麒牌	纯电动轿车	SQR7000ELS18
10	奇瑞汽车股份有限公司	119	奇瑞牌	纯电动轿车	SQR7000EAS11
11	奇瑞汽车股份有限公司	119	奇瑞牌	混合动力轿车	SQR7160A217/B
12	奇瑞汽车股份有限公司	119	奇瑞牌	混合动力轿车	SQR7130A217/A
13	中通客车控股股份有限公司	125	中通牌	混合动力城市客车	LCK6121HEV
14	中通客车控股股份有限公司	125	中通博发牌	纯电动客车	LCK6128EV
15	北京华林特装车有限公司	(一) 31	华林牌	纯电动压缩式垃圾车	HLT5074ZYSEV
16	北京华林特装车有限公司	(一) 31	华林牌	纯电动洒水车	HLT5162GSSEV
17	北京天路通科技有限责任公司	(一) 44	天路牌	纯电动吸尘车	BTL5071TSLEV
18	天津清源电动车辆有限责任公司	(二) 22	清源牌	纯电动高空作业车	QY5020GKC－08BEVA
19	长沙中联重工科技发展股份有限公司	(十八) 20	中联牌	纯电动扫路车	ZLJ5071TSL

3. 节能与新能源汽车示范推广应用工程推荐车型目录(第三批)

2009年9月23日，工业和信息化部发布《节能与新能源汽车示范推广应用工程推荐车型目录》（第三批）（公告第197批），详见下表：

序号	企业名称	《目录》序号	商标	产品名称	产品型号
1	东风汽车公司	3	东风牌	混合动力电动城市客车	EQ6110HEV
2	安徽安凯汽车股份有限公司	55	安凯牌	电动城市客车	HFF6850GK60
3	重庆长安汽车股份有限公司	96	长安牌	混合动力客车	SC6442H
4	重庆长安汽车股份有限公司	96	长安牌	混合动力轿车	SC7152
5	厦门金龙旅行车有限公司	124	金旅牌	混合动力电动城市客车	XML6125JHEV93C
6	湖南南车时代电动汽车股份有限公司	(十八) 23	南车时代牌	混合动力城市客车	TEG6101PHEV
7	深圳市五洲龙汽车有限公司	(十九) 47	五洲龙牌	混合动力城市客车	FDG6112HEVG

4. 节能与新能源汽车示范推广应用工程推荐车型目录(第四批)

2009年11月11日，工业和信息化部发布《节能与新能源汽车示范推广应用工程推荐车型目录》（第四批）（公告第199批），详见下表：

序号	企业名称	《目录》序号	商标	产品名称	产品型号
1	东风汽车公司	3	东风牌	纯电动城市客车	EQ6102HBEVA
2	丹东黄海汽车有限责任公司	29	黄海牌	混合动力城市客车	DD6129HES11
3	哈飞汽车股份有限公司	39	哈飞牌	纯电动轿车	HFJ7001EV
4	上海申沃客车有限公司	42	申沃牌	纯电动城市客车	SWB6121EV
5	上海申沃客车有限公司	42	申沃牌	纯电动城市客车	SWB6121EV1
6	上海申沃客车有限公司	42	申沃牌	纯电动城市客车	SWB6121EV2

5. 节能与新能源汽车示范推广应用工程推荐车型目录(第五批)

2009年12月12日，工业和信息化部发布《节能与新能源汽车示范推广应用工程推荐车型目录》（第五批）（公告第197批），详见下表：

序号	企业名称	《目录》序号	商标	产品名称	产品型号
1	北汽福田汽车股份有限公司	9	福田牌	混合动力城市客车	BJ6123C7C4D
2	丹东黄海汽车有限责任公司	29	黄海牌	混合动力城市客车	DD6118HES21
3	上海申沃客车有限公司	42	申沃牌	纯电动城市客车	SWB6121SC
4	江苏常隆客车有限公司	(十) 17	马可牌	纯电动城市客车	YS6120DG

续表

序号	企业名称	《目录》序号	商标	产品名称	产品型号
5	湖南南车时代电动汽车股份有限公司	(十八) 23	南车时代牌	混合动力城市客车	TEG6128SHEV
6	湖南南车时代电动汽车股份有限公司	(十八) 23	南车时代牌	混合动力城市客车	TEG6127PHEV
7	湖南南车时代电动汽车股份有限公司	(十八) 23	南车时代牌	混合动力城市客车	TEG6102PHEV
8	深圳市五洲龙汽车有限公司	(十九) 47	五洲龙牌	混合动力城市客车	FDG6111HEVG2
9	深圳市五洲龙汽车有限公司	(十九) 47	五洲龙牌	混合动力城市客车	FDG6111HEVG1
10	柳州五菱专用汽车制造有限公司	(二十) 09	五菱牌	纯电动仓栅式运输车	LQG5020CSAC06

三、目录车型(部分)性能参数

1. 奔腾 B50EV 纯电动轿车

奔腾 B50EV 纯电动轿车			
车辆名称	纯电动轿车		
车辆型号	CA7000N		
中文品牌	奔腾牌		
公告批次	—		
目录序号	—		
生产厂家	一汽		
外形尺寸 (长/宽/高) (mm)	4 600 / 1 785 / 1 435	货厢 (长/宽/高) (mm)	—
轴距 (mm)	2 675	轴荷 (kg)	—
总质量 (kg)	1 779	整备质量 (kg)	1 429
最高车速 (km/h)	140	0 ~ 100 km/h 加速时间 (S) (或 0 ~ 50)	12. 8
最大爬坡度 (%)	30	排放 (L)	0
续驶里程 (km)	126	百公里能耗 (kWh)	13. 5
电池种类	锂离子	电池额定电压 (V)	334
电池额定容量 (Ah)	60	电机类型	永磁
电机连续功率 (kW)	42	电机峰值功率 (kW)	90
电机峰值扭矩 (N · m)	210	电机连续扭矩 (N · m)	100
传动型式	前置前驱	燃料种类	—
底盘型号	—	载客人数 (人)	5
识别代号	—	依据标准	—

2. 瑞麒瑞牌 SQR7000ELS18 纯电动轿车

瑞麒瑞牌 SQR7000ELS18 纯电动轿车			
车辆名称	纯电动轿车		
车辆型号	SQR7000ELS18		
中文品牌	奇瑞牌		
公告批次	195 批		
目录序号	119		
生产厂家	奇瑞汽车股份有限公司		
外形尺寸 (长/宽/高) (mm)	3 601 / 1 587 / 1 527	货厢 (长/宽/高) (mm)	—
轴距 (mm)	2 330	轴荷 (kg)	690 / 710
总质量 (kg)	1 400	整备质量 (kg)	1 100
最高车速 (km/h)	120	0 ~ 50 km/h 加速时间 (S)	8
最大爬坡度 (%)	20	排放 (L)	—
最大续驶里程 (km)	150	百公里能耗 (kWh)	15
电池种类	锂离子电池	电池额定电压 (V)	336

续表

瑞麒瑞牌 SQR7000ELS18 纯电动轿车			
电池额定容量（Ah）	60	电机类型	永磁同步
电机连续功率（kW）	29	电机峰值功率（kW）	40
电机峰值扭矩（N·m）	145	电机连续扭矩（N·m）	92
传动型式	前置前驱	燃料种类	纯电动
底盘型号	—	载客人数（人）	4
识别代号	—	依据标准	国家标准

3. 奇瑞牌 SQR7000EAS11 纯电动轿车

奇瑞牌 SQR7000EAS11 纯电动轿车			
车辆名称	纯电动轿车		
车辆型号	SQR7000EAS11		
中文品牌	奇瑞牌		
公告批次	195 批		
目录序号	119		
生产厂家	奇瑞汽车股份有限公司		
外形尺寸（长/宽/高）（mm）	3 550 / 1 495 / 1 485	货厢（长/宽/高）（mm）	—
轴距（mm）	2 340	轴荷（kg）	672 / 678
总质量（kg）	1 350	整备质量（kg）	1 050
最高车速（km/h）	80	0～50 km/h 加速时间（S）	20
最大爬坡度（%）	15	排放（L）	—
最大续驶里程（km）	≥110	百公里能耗（kWh）	≤15
电池种类	铅酸	电池额定电压（V）	60
电池额定容量（Ah）	150	电机类型	永磁同步
电机连续功率（kW）	6	电机峰值功率（kW）	12
电机峰值扭矩（N·m）	72	电机连续扭矩（N·m）	44
传动型式	前置前驱	燃料种类	纯电动
底盘型号	—	载客人数（人）	4
识别代号	—	依据标准	国家标准

4. 哈飞牌 HFJ7001EV 赛豹纯电动汽车

哈飞牌 HFJ7001EV 赛豹纯电动汽车			
车辆名称	纯电动轿车		
车辆型号	HFJ7001EV		
中文品牌	哈飞牌		
公告批次	199		
目录序号	39		
生产厂家	哈飞汽车股份有限公司		
外形尺寸（长/宽/高）（mm）	4 434	货厢（长/宽/高）（mm）	—
轴距（mm）	2 600	轴荷（kg）	855 / 895
总质量（kg）	1 850	整备质量（kg）	1475
最高车速（km/h）	120	0～100 km/h 加速时间（S）（或 0～50）	7（0～50 km/h）
最大爬坡度（%）	25	排放（L）	—
续驶里程（km）	180	百公里能耗（kWh）	13.5
电池种类	磷酸铁锂	电池额定电压（V）	320
电池额定容量（Ah）	73.5	电机类型	交流感应

续表

哈飞牌 HFJ7001EV 赛豹纯电动汽车			
电机连续功率（kW）	20	电机峰值功率（kW）	65
电机峰值扭矩（N·m）	53	电机连续扭矩（N·m）	172
传动型式	机械式	燃料种类	纯电动
底盘型号	—	载客人数（人）	5
识别代号	LKHAJ585	依据标准	—

5. 比亚迪牌 e6 纯电动轿车

比亚迪牌 e6 纯电动轿车			
车辆名称	e6 纯电动轿车		
车辆型号	QCJ7006BEVF		
中文品牌	比亚迪牌		
公告批次	203		
目录序号	108		
生产厂家	深圳市比亚迪汽车有限公司		
发动机型号	—	发动机生产商	比亚迪
发动机排量（L）	—	发动机功率（kW）	—
外形尺寸（长/宽/高）(mm)	4 560 / 1 822 / 1 630	货厢（长/宽/高）(mm)	—
轴距（mm）	2 830	轴荷（kg）	1 345 / 1 325
总质量（kg）	2 670	整备质量（kg）	2 295
最高车速（km/h）	≥140	0～100 km/h 加速时间（S）	≤10
最大爬坡度（%）	≥30	排放（L）	0
电机类型	永磁同步电机	电机连续功率（kW）	75kW
电机峰值功率（kW）	120	电机峰值扭矩	450N·m
电机连续扭矩（N·m）	—	电池种类	磷酸铁钴锂电池
电池额定电压（V）	316.8	电池额定容量（Ah）	200
传动型式	前置驱动	燃料种类	纯电动
底盘型号	—	载客人数（人）	5
识别代号	—	依据标准	—

6. 比亚迪牌 F3DM 双模电动轿车(低碳版)

比亚迪牌 F3DM 双模电动轿车（低碳版）			
车辆名称	F3DM 双模电动轿车（低碳版）		
车辆型号	QCJ100ADM		
中文品牌	比亚迪牌		
公告批次	179		
目录序号	108		
生产厂家	深圳市比亚迪汽车有限公司		
发动机型号	BYD371QA	发动机生产商	比亚迪
发动机排量（L）	1.0	发动机功率（kW）	50
外形尺寸（长/宽/高）(mm)	4 533 / 1 705 / 1 520	货厢（长/宽/高）	—
轴距（mm）	2 600	轴荷（kg）	1 080 / 855（满载）
总质量（kg）	1 935	整备质量（kg）	1 560
最高车速（km/h）	≥150	0～100 km/h 加速时间（S）	＜10.5
最大爬坡度（%）	≥30	排放（L）	国Ⅳ

续表

比亚迪牌 F3DM 双模电动轿车（低碳版）			
电机类型	永磁同步电机	电机额定功率（kW）	37
电机峰值功率（kW）	50/25	电机峰值扭矩（N·m）	350/150
电机连续扭矩（N·m）	—	电池种类	比亚迪铁电池
电池总电压（V）	330（电池组标称电压）	电池容量（Ah）	50
传动型式	前置驱动	燃料种类	—
底盘型号	—	载客人数（人）	5
识别代号	—	依据标准	—

7. 力帆 620 纯电动汽车

力帆 620 纯电动汽车			
车辆名称	力帆 620 纯电动汽车		
车辆型号	LF7002EV		
中文品牌	力帆牌		
公告批次			
目录序号			
生产厂家	重庆力帆乘用车有限公司		
外形尺寸（长/宽/高）	4 550 / 1 705 / 1 495	货厢（长/宽/高）	—
轴距（mm）	2 605	轴荷（kg）	—
总质量（kg）	1 895	整备质量（kg）	1 490
最高车速（km/h）	≥100	0～100 km/h 加速时间（S）（或 0～50）	7（0～50）
最大爬坡度（%）	20	排放（L）	0
续驶里程（km）	≥200	百公里能耗（kWh）	—
电池种类	磷酸铁锂动力电池	电池额定电压（V）	307
电池额定容量（Ah）	100	电机类型	永磁无刷感应式水冷主电机
电机连续功率（kW）	20	电机峰值功率（kW）	47
电机峰值扭矩（N·m）	150	电机连续扭矩（N·m）	76
传动型式	4×2（前置前驱）	燃料种类	纯电动
底盘型号	—	载客人数（人）	5
识别代号	—	依据标准	—

8. 安凯牌 HFF6120G03EV 纯电动公交客车

安凯牌 HFF6120G03EV 纯电动公交客车			
车辆名称	纯电动公交客车		
车辆型号	HFF6120G03EV		
中文品牌	安凯牌		
公告批次	2001I3		
目录序号	55		
生产厂家	安凯汽车股份有限公司		
外形尺寸（长/宽/高）（mm）	12 000 / 2 500 / 3 100	货厢（长/宽/高）（mm）	—
轴距（mm）	6 100	前轴荷/后轴荷（kg）	4 700 / 8 800
总质量（kg）	18 000	整备质量（kg）	13 500，13 800
最高车速（km/h）	80	0～100 km/h 加速时间（S）（或 0～50）	24.8
最大爬坡度（%）	20	排放（L）	0
续驶里程（km）	200	百公里能耗（kWh）	110
电池种类	磷酸铁锂电池	电池额定电压（V）	600
电池额定容量（Ah）	500	电机类型	交流变频三相异步电机

续表

安凯牌 HFF6120G03EV 纯电动公交客车			
电机连续功率（kW）	125	电机峰值功率（kW）	150
电机峰值扭矩（N·m）	2 040	电机连续扭矩（N·m）	2 300
传动型式	后驱	燃料种类	电能
底盘型号	HFF6120D03EV	载客人数（人）	67
识别代号	—	依据标准	—

9. 安凯牌 HFF6127K46EV(K40 外形)纯电动客车

安凯牌 HFF6127K46EV（K40 外形）纯电动客车			
车辆名称	纯电动客车		
车辆型号	HFF6127K46EV		
中文品牌	安凯牌		
公告批次	2001J2		
目录序号	55		
生产厂家	安凯汽车股份有限公司		
外形尺寸（长/宽/高）(mm)	12 000 / 2 500 / 3 550（含空调高度）	货厢（长/宽/高）(mm)	—
轴距（mm）	6 080	前轴荷/后轴荷（kg）	7 500 / 13 000
总质量（kg）	17 800	整备质量（kg）	14 100
最高车速（km/h）	≥80	0～100 km/h 加速时间（S）(或 0～50)	24.8
最大爬坡度（%）	20	排放（L）	0
续驶里程（km）	≥150（带空调）	百公里能耗（kWh）	116
电池种类	磷酸铁锂电池	电池额定电压（V）	600
电池额定容量（Ah）	500	电机类型	交流变频三相异步电机
电机连续功率（kW）	147	电机峰值功率（kW）	200
电机峰值扭矩（N·m）	1 100	电机连续扭矩（N·m）	2 300
传动型式	后驱	燃料种类	电能
底盘型号	HFF6127K46EV	载客人数（人）	80
识别代号	—	依据标准	—

10. 安凯牌 HFF6127K46EV 纯电动客车

安凯牌 HFF6127K46EV 纯电动客车			
车辆名称	纯电动客车		
车辆型号	HFF6127K46EV		
中文品牌	安凯牌		
公告批次	2001J2		
目录序号	55		
生产厂家	安凯汽车股份有限公司		
外形尺寸（长/宽/高）(mm)	12 000 / 2 550 / 3 780（含空调高度）	货厢（长/宽/高）(mm)	—
轴距（mm）	6 080	前轴荷/后轴荷（kg）	7 500 / 13 000
总质量（kg）	17 800	整备质量（kg）	14 100
最高车速（km/h）	≥80	0～100 km/h 加速时间（S）(或 0～50)	24.8
最大爬坡度（%）	20	排放（L）	0
续驶里程（km）	≥150（带空调）	百公里能耗（kWh）	116
电池种类	磷酸铁锂电池	电池额定电压（V）	600
电池额定容量（Ah）	500	电机类型	交流变频异步电机
电机连续功率（kW）	147	电机峰值功率（kW）	200
电机峰值扭矩（N·m）	1 100	电机连续扭矩（N·m）	2 300

续表

安凯牌 HFF6127K46EV 纯电动客车			
传动型式	后驱	燃料种类	电能
底盘型号	HFF6127K46EV	载客人数（人）	47
识别代号	—	依据标准	—

11. 安凯牌 HFF6700BEV 纯电动客车

安凯牌 HFF6700BEV 纯电动客车			
车辆名称	纯电动客车		
车辆型号	HFF6700BEV		
中文品牌	安凯牌		
公告批次	2001J5		
目录序号	55		
生产厂家	安凯汽车股份有限公司		
外形尺寸（长/宽/高）（mm）	7 030 / 2 050 / 2 650	货厢（长/宽/高）（mm）	—
轴距（mm）	3 935	前轴荷/后轴荷（kg）	—
总质量（kg）	7 200	整备质量（kg）	5 870
最高车速（km/h）	110	0～100 km/h 加速时间（S）（或 0～50）	24. 8
最大爬坡度（%）	20	排放（L）	0
续驶里程（km）	≥150	百公里能耗（kWh）	70
电池种类	锂电子蓄电池	电池额定电压（V）	384
电池额定容量（Ah）	250	电机类型	变频调速三相异步电动机
电机连续功率（kW）	80	电机峰值功率（kW）	211
电机峰值扭矩（N · m）	770	电机连续扭矩（N · m）	289
传动型式	后驱	燃料种类	电能
底盘型号	HFC6685KY1D3	载客人数（人）	17
识别代号	—	依据标准	—

12. 中通牌 LCK6120GEV 型纯电动客车

中通牌 LCK6120GEV 型纯电动客车			
车辆名称	纯电动城市客车		
车辆型号	LCK6120GEV		
中文品牌	中通牌		
公告批次			
目录序号			
生产厂家	中通客车控股股份有限公司		
外形尺寸（长/宽/高）（mm）	11 990 / 2 540 / 3 210	货厢（长/宽/高）（mm）	—
轴距（mm）	6 150	轴荷（kg）	6 500/13 000
总质量（kg）	18 000	整备质量（kg）	14 710
最高车速（km/h）	70	0～50km/h 加速时间（S）	25
最大爬坡度（%）	20	排放（L）	0
续驶里程（km）	250	百公里能耗（kWh）	110
电池种类	磷酸铁锂动力电池	电池额定电压（V）	550
电池额定容量（Ah）	400	电机类型	三相交流电机
电机连续功率（kW）	125	电机峰值功率（kW）	338
电机峰值扭矩（N · m）	2 320	电机连续扭矩（N · m）	854
传动型式	后置后驱	燃料种类	纯电动
底盘型号	LCK6123RGEV	载客人数（人/座）	50/33
识别代号	—	依据标准	—

13. 中通牌 LCK6850GEV 型纯电动客车

中通牌 LCK6850GEV 型纯电动客车			
车辆名称	纯电动客车		
车辆型号	LCK6850GEV		
中文品牌	中通牌		
公告批次	—		
目录序号	—		
生产厂家	中通客车控股股份有限公司		
外形尺寸（长/宽/高）(mm)	8 430 / 2 480 / 3 200	货厢（长/宽/高）(mm)	—
轴距（mm）	3 900	轴荷（kg）	4. 2 / 8
总质量（kg）	11 500	整备质量（kg）	—
最高车速（km/h）	70	0～50km/h 加速时间（S）	25
最大爬坡度（%）	20	排放（L）	0
续驶里程（km）	250	百公里能耗（kWh）	50
电池种类	锰酸锂锂离子电池	电池额定电压（V）	380
电池额定容量（Ah）	270	电机类型	永磁同步电机
电机连续功率（kW）	60	电机峰值功率（kW）	120
电机峰值扭矩（N · m）	900	电机连续扭矩（N · m）	580
传动型式	后置后驱	燃料种类	纯电动
底盘型号	—	载客人数（人/座）	35/26
识别代号	—	依据标准	—

14. 中通牌 LCK6128EV 型纯电动客车

中通牌 LCK6128EV 型纯电动客车			
车辆名称	纯电动客车		
车辆型号	LCK6128EV		
中文品牌	中通牌		
公告批次	172		
目录序号	125		
生产厂家	中通客车控股股份有限公司		
外形尺寸（长/宽/高）(mm)	11 900 / 2 540 / 3 690	货厢（长/宽/高）(mm)	—
轴距（mm）	6 150	轴荷（kg）	6. 98/11. 02
总质量（kg）	18 000	整备质量（kg）	11 600
最高车速（km/h）	85	0～50 km/h 加速时间（S）	25
最大爬坡度（%）	20	排放（L）	0
续驶里程（km）	250	百公里能耗（kWh）	≤90
电池种类	锰酸锂离子电池	电池额定电压（V）	380
电池额定容量（Ah）	540	电机类型	异步交流电机
电机连续功率（kW）	100	电机峰值功率（kW）	150
电机峰值扭矩（N · m）	1 000	电机连续扭矩（N · m）	447
传动型式	后置后驱	燃料种类	纯电动
底盘型号	全承载	载客人数（人）	24～38
识别代号	—	依据标准	—

15. 南车时代牌 TEG6120EV 型纯电动城市客车

南车时代牌 TEG6120EV 型纯电动城市客车			
车辆名称	纯电动城市客车		
车辆型号	TEG6120EV		
中文品牌	南车时代牌		
公告批次	暂未申报		
目录序号	(十八) 23		
生产厂家	湖南南车时代电动汽车股份有限公司		
外形尺寸（长/宽/高）(mm)	11 980 / 2 500 / 3 300	货厢（长/宽/高）(mm)	—
轴距 (mm)	6 000	轴荷 (kg)	4 320 / 9 220
总质量 (kg)	18 000	整备质量 (kg)	13 540
最高车速 (km/h)	75	0～50km/h 加速时间 (S)（或 0～50）	≤20
最大爬坡度 (%)	15	排放 (L)	—
续驶里程 (km)	≥220	百公里能耗 (kWh)	≤7
电池种类	磷酸铁锂	电池额定电压 (V)	384
电池额定容量 (Ah)	360	电机类型	异步
电机连续功率 (kW)	100	电机峰值功率 (kW)	150
电机峰值扭矩 (N·m)	810	电机连续扭矩 (N·m)	2 500
传动型式	4 ×2	燃料种类	—
底盘型号	—	载客人数（人/座）	68/24～43
识别代号	LHWCK95D ×××××××××	依据标准	—

16. 清源牌 QY5020GKC－08BEVA 型纯电动汽车

清源牌 QY5020GKC－08BEVA 型纯电动汽车			
车辆名称	纯电动高空作业车		
车辆型号	QY5020GKC－08BEVA		
中文品牌	清源牌		
公告批次	193		
目录序号	(二)22		
生产厂家	天津清源电动车辆有限责任公司		
外形尺寸（长/宽/高）(mm)	4 320 / 1 528 / 2 480	货厢（长/宽/高）(mm)	2 265 / 1 415 / 319
轴距 (mm)	2 600	轴荷 (kg)	620 / 1150
总质量 (kg)	1 770	整备质量 (kg)	1 630
最高车速 (km/h)	80	0～100 km/h 加速时间 (S)（或 0～50）	27.9
最大爬坡度 (%)	20	排放 (L)	0
续驶里程 (km)	100	百公里能耗 (kWh)	10.7
电池种类	铅酸密封电池	电池额定电压 (V)	72
电池额定容量 (Ah)	150	电机类型	三相交流感应电机
电机连续功率 (kW)	7.5	电机峰值功率 (kW)	26
电机峰值扭矩 (N·m)	160	电机连续扭矩 (N·m)	46
传动型式	机械式变速器	燃料种类	纯电动
底盘型号	QY5020HBEVA	载客人数（人）	—
识别代号	LECYC22H98T000001	依据标准	QY5020GKC—08BEVA 企业标准

17. 清源牌 QY5020XYZBEVEC 型纯电动汽车

清源牌 QY5020XYZBEVEC 型纯电动汽车			
车辆名称	纯电动邮政车		
车辆型号	QY5020XYZBEVEC		
中文品牌	清源牌		
公告批次	203		
目录序号	(二)22		
生产厂家	天津清源电动车辆有限责任公司		
外形尺寸（长/宽/高）(mm)	3 930 / 1 505 / 1 875	货厢（长/宽/高）(mm)	—
轴距（mm）	2 470	轴荷（kg）	662 / 948
总质量（kg）	1 610	整备质量（kg）	1 180
最高车速（km/h）	80	0～100 km/h 加速时间（S）（或 0～50）	17. 4
最大爬坡度（%）	20	排放（L）	0
续驶里程（km）	100	百公里能耗（kWh）	22. 5
电池种类	铅酸密封电池	电池额定电压（V）	72
电池额定容量（Ah）	150	电机类型	三相交流感应电机
电机连续功率（kW）	7. 5	电机峰值功率（kW）	26
电机峰值扭矩（N · m）	160	电机连续扭矩（N · m）	46
传动型式	机械式变速器	燃料种类	纯电动
底盘型号	—	载客人数（人）	—
识别代号	LECEC25H99T000001	依据标准	QY5020XYZBEVEC 企业标准

18. 清源牌 QY5020XFWBEVEC 型纯电动汽车

清源牌 QY5020XFWBEVEC 型纯电动汽车			
车辆名称	纯电动服务车		
车辆型号	QY5020XFWBEVEC		
中文品牌	清源牌		
公告批次	203		
目录序号	(二)22		
生产厂家	天津清源电动车辆有限责任公司		
外形尺寸（长/宽/高）(mm)	3 930 / 1 505 / 1 875	货厢（长/宽/高）(mm)	—
轴距（mm）	2 470	轴荷（kg）	662 / 948
总质量（kg）	1 610	整备质量（kg）	1 180
最高车速（km/h）	80	0～100 km/h 加速时间（S）（或 0～50）	17. 4
最大爬坡度（%）	20	排放（L）	0
续驶里程（km）	100	百公里能耗（kWh）	22. 5
电池种类	铅酸密封电池	电池额定电压（V）	72
电池额定容量（Ah）	150	电机类型	三相交流感应电机
电机连续功率（kW）	7. 5	电机峰值功率（kW）	26
电机峰值扭矩（N · m）	160	电机连续扭矩（N · m）	46
传动型式	机械式变速器	燃料种类	纯电动
底盘型号	—	载客人数（人）	—
识别代号	LECEC25H09T000002	依据标准	QY5020XFWBEVEC 企业标准

19. 清源牌 QY5020XXYBEVYC 型纯电动汽车

清源牌 QY5020XXYBEVYC 型纯电动汽车			
车辆名称	纯电动厢式运输车		
车辆型号	QY5020XXYBEVYC		
中文品牌	清源牌		
公告批次	205		
目录序号	(二)22		
生产厂家	天津清源电动车辆有限责任公司		
外形尺寸（长/宽/高）(mm)	4 320 / 1 528 / 1 975	货厢（长/宽/高）(mm)	2 185 / 1 494 / 1 240
轴距（mm）	2 600	轴荷（kg）	620 / 1 150
总质量（kg）	1 770	整备质量（kg）	1 218
最高车速（km/h）	80	0～100 km/h 加速时间（S）(或 0～50)	27. 8
最大爬坡度（%）	20	排放（L）	0
续驶里程（km）	100	百公里能耗（kWh）	10. 7
电池种类	铅酸密封电池	电池额定电压（V）	72
电池额定容量（Ah）	150	电机类型	三相交流感应电机
电机连续功率（kW）	7. 5	电机峰值功率（kW）	26
电机峰值扭矩（N · m）	160	电机连续扭矩（N · m）	46
传动型式	机械式变速器	燃料种类	纯电动
底盘型号	QY5020HBEVA	载客人数（人）	—
识别代号	LECYC22H79T000001	依据标准	QY5020XXYBEVYC 企业标准

20. 清源牌 QY5020ZLJBEVYC 型纯电动汽车

清源牌 QY5020ZLJBEVYC 型纯电动汽车			
车辆名称	纯电动垃圾车		
车辆型号	QY5020ZLJBEVYC		
中文品牌	清源牌		
公告批次	214		
目录序号	(二)22		
生产厂家	天津清源电动车辆有限责任公司		
外形尺寸（长/宽/高）(mm)	4 320 / 1 528 / 2 030	货厢（长/宽/高）(mm)	2 310 / 1 500 / 1 200
轴距（mm）	2 600	轴荷（kg）	670 / 1 100
总质量（kg）	1 770	整备质量（kg）	1 329
最高车速（km/h）	40	0～100 km/h 加速时间（S）(或 0～50)	11. 4
最大爬坡度（%）	20	排放（L）	0
续驶里程（km）	100	百公里能耗（kWh）	10. 8
电池种类	铅酸密封电池	电池额定电压（V）	72
电池额定容量（Ah）	150	电机类型	三相交流感应电机
电机连续功率（kW）	7. 5	电机峰值功率（kW）	26
电机峰值扭矩（N · m）	160	电机连续扭矩（N · m）	46
传动型式	机械式变速器	燃料种类	纯电动
底盘型号	QY5020HBEVA	载客人数（人）	—
识别代号	LECYC22H1AT000001	依据标准	QY5020ZLJBEVYC 企业标准

21. 江铃全顺牌 JX5041XEV－LI 型纯电动服务车

江铃全顺牌 JX5041XEV－LI 型纯电动服务车			
车辆名称	纯电动服务车		
车辆型号	JX5041XEV－LI		
中文品牌	江铃全顺牌		
公告批次	173 批，推荐目录 193 批，第一批		
目录序号	（十四）15		
生产厂家	江西江铃汽车集团改装车有限公司		
外形尺寸（长/宽/高）(mm)	5 418 / 1 974 / 2 620,2 740,2 820	货厢（长/宽/高）(mm)	——
轴距（mm）	3 570	轴荷（kg）	1 660 / 1 850
总质量（kg）	3 510	整备质量（kg）	3 290
最高车速（km/h）	85	0～100 km/h 加速时间（S）（或 0～50）	0～30：7.1 30－50：7.4
最大爬坡度（%）	25	排放（L）	0
续驶里程（km）	40 km /h 等速续驶里程：165	百公里能耗（kWh）	24.06
电池种类	聚合物锂离子动力电池	电池额定电压（V）	单体：3.7 总电压：310
电池额定容量（Ah）	100	电机类型	变频调速三相交流电机
电机连续功率（kW）	32	电机峰值功率（kW）	70
电机峰值扭矩（N·m）	304	电机连续扭矩（N·m）	152
传动型式	4＊2 后轮驱动	燃料种类	电
底盘型号	JX6546DB－H	载客人数（人）	3
识别代号	LJXBHCHC×××××××××	依据标准	—

22. 五菱牌 LQG5010CSAC06 型纯电动仓栅式运输车

五菱牌 LQG5010CSAC06 型纯电动仓栅式运输车			
车辆名称	纯电动仓栅式运输车		
车辆型号	LQG5010CSAC06		
中文品牌	五菱牌		
公告批次	203		
目录序号	（二十）09		
生产厂家	柳州五菱专用汽车制造有限公司		
外形尺寸（长/宽/高）(mm)	3 520 / 1 395 / 2 000	货厢（长/宽/高）(mm)	2 170 / 1 330 / 300
轴距（mm）	2 010	轴荷（kg）	660/790
总质量（kg）	1 450	整备质量（kg）	970
最高车速（km/h）	65	0～50 km/h 加速时间（S）	20
最大爬坡度（%）	15	排放（L）	N/A
续驶里程（km）	70	百公里能耗（kWh）	N/A
电池种类	铅酸动力电池	电池额定电压（V）	84
电池额定容量（Ah）	90	电机类型	三相交流异步电机
电机连续功率（kW）	5.3	电机峰值功率（kW）	13
电机峰值扭矩（N·m）	83	电机连续扭矩（N·m）	29
传动型式	单根双接头普通十字轴 万向节式传动轴	燃料种类	N/A
底盘型号	LZW1010PLNE3	载客人数（人）	N/A
识别代号	LZWCAAGA×××××××××	依据标准	N/A

23. 五菱牌 LQG5020CSAC06 型纯电动仓栅式运输车

五菱牌 LQG5020CSAC06 型纯电动仓栅式运输车			
车辆名称	纯电动仓栅式运输车		
车辆型号	LQG5020CSAC06		
中文品牌	五菱牌		
公告批次	201		
目录序号	（二十）09		
生产厂家	柳州五菱专用汽车制造有限公司		
外形尺寸（长/宽/高）(mm)	4 115 / 1 560 / 2 460	货厢（长/宽/高）(mm)	2 470 / 1 490 / 300
轴距（mm）	2 080	轴荷（kg）	790 / 1 190
总质量（kg）	1 980	整备质量（kg）	1 190
最高车速（km/h）	65	0 ~ 50 km/h 加速时间（S）	20
最大爬坡度（%）	15	排放（L）	N/A
续驶里程（km）	70	百公里能耗（kWh）	N/A
电池种类	铅酸动力电池	电池额定电压（V）	96
电池额定容量（Ah）	90；100	电机类型	三相交流异步电机
电机连续功率（kW）	6	电机峰值功率（kW）	15
电机峰值扭矩（N · m）	29	电机连续扭矩（N · m）	83
传动型式	单根双接头普通十字轴万向节式传动轴	燃料种类	N/A
底盘型号	LZW1025LB3	载客人数（人）	N/A
识别代号	LZWCAAGA × × × × × × × × ×	依据标准	N/A

24. 申沃牌 SWB6121EV 纯电动城市客车

申沃牌 SWB6121EV 纯电动城市客车			
车辆名称	纯电动城市客车		
车辆型号	SWB6121EV		
中文品牌	申沃牌		
公告批次	199		
目录序号	42		
生产厂家	上海申沃客车有限公司		
外形尺寸（长/宽/高）(mm)	11 980 / 2 550 / 3 160	货厢（长/宽/高 Vmm）	—
轴距（mm）	5 940	前轴荷/后轴荷（kg）	7 000 / 11 000
总质量（kg）	18 000	整备质量（kg）	13 900
最高车速（km/h）	≥70	0 ~ 50 km/h 加速时间（S）	≤25
最大爬坡度（%）	≥20	排放（L）	0
续驶里程（km）	≥150	百公里能耗（kWh）	≤103. 2
电池种类	锰酸锂离子电池	电池额定电压（V）	395
电池额定容量（Ah）	360	电机类型	交流异步
电机连续功率（kW）	100	电机峰值功率（kW）	150
电机峰值扭矩（N · m）	850	电机连续扭矩（N · m）	478
传动型式	电机—变速器—后桥	燃料种类	电
底盘型号	SWB6121EV	载客人数（人）	63
识别代号	LSFD1320	依据标准	Q/JQBY 33—2009

25. 申沃牌 SWB6121EV1 纯电动城市客车

申沃牌 SWB6121EV1 纯电动城市客车			
车辆名称	纯电动城市客车		
车辆型号	SWB6121EV1		
中文品牌	申沃牌		
公告批次	199		
目录序号	42		
生产厂家	上海申沃客车有限公司		
外形尺寸（长/宽/高）(mm)	11 980 / 2 550 / 3 160	货厢（长/宽/高）(mm)	—
轴距（mm）	5 940	前轴荷/后轴荷（kg）	7 000 / 11 000
总质量（kg）	18 000	整备质量（kg）	13 600
最高车速（km/h）	≥70	0～50 km/h 加速时间（S）	≤25
最大爬坡度（%）	≥15	排放（L）	0
续驶里程（km）	≥150	百公里能耗（kWh）	≤103.2
电池种类	磷酸亚铁锂离子电池	电池额定电压（V）	512
电池额定容量（Ah）	300	电机类型	交流异步
电机连续功率（kW）	100	电机峰值功率（kW）	150
电机峰值扭矩（N·m）	850	电机连续扭矩（N·m）	478
传动型式	电机—变速器—后桥	燃料种类	电
底盘型号	SWB6121EV1	载客人数(人)	67
识别代号	LSFD1320	依据标准	Q/JQBY 33—2009

26. 申沃牌 SWB6121EV2 纯电动城市客车

申沃牌 SWB6121EV2 纯电动城市客车			
车辆名称	纯电动城市客车		
车辆型号	SWB6121EV2		
中文品牌	申沃牌		
公告批次	199		
目录序号	42		
生产厂家	上海申沃客车有限公司		
外形尺寸（长/宽/高）(mm)	11 980 / 2 550 / 3 160	货厢（长/宽/高）(mm)	—
轴距（mm）	5 940	前轴荷/后轴荷（kg）	7 000 / 11 000
总质量（kg）	18 000	整备质量（kg）	13 900
最高车速（km/h）	≥70	0～50 km/h 加速时间（S）	≤25
最大爬坡度（%）	≥20	排放（L）	0
续驶里程（km）	≥150	百公里能耗（kWh）	≤103.2
电池种类	磷酸铁锂离子电池	电池额定电压（V）	544
电池额定容量（Ah）	255	电机类型	交流异步
电机连续功率（kW）	100	电机峰值功率（kW）	200
电机峰值扭矩（N·m）	1 300	电机连续扭矩（N·m）	636
传动型式	电机—变速器—后桥	燃料种类	电
底盘型号	SWB6121EV2	载客人数（人）	63
识别代号	LSFD1320	依据标准	Q/JQBY 33—2009

27. 申沃牌 SWB6121SC 超级电容城市客车

申沃牌 SWB6121SC 超级电容城市客车			
车辆名称	超级电容城市客车		
车辆型号	SWB6121SC		
中文品牌	申沃牌		
公告批次	201		
目录序号	42		
生产厂家	上海申沃客车有限公司		
外形尺寸（长/宽/高）(mm)	11 980 / 2 550 / 3 470	货厢（长/宽/高）(mm)	—
轴距（mm）	5 940	前轴荷/后轴荷（kg）	7 000 / 11 000
总质量（kg）	18 000	整备质量（kg）	13 800
最高车速（km/h）	≥50	0～40 km/h 加速时间（S）	≤18
最大爬坡度（%）	≥12	排放（L）	0
续驶里程（km）	4～6	百公里能耗（kWh）	≤100
储能器种类	超级电容器	工作电压（V）	DC320～600
超级电容器系统	400 只 80 000F 超级电容器单体串联	电机类型	交流异步
电机连续功率（kW）	100	电机峰值功率（kW）	150
电机峰值扭矩（N·m）	850	电机连续扭矩（N·m）	478
传动型式	电机—变速器—后桥	燃料种类	电
底盘型号	SWB6121SC	载客人数（人）	64
识别代号	LSFD1320	依据标准	Q/JQBY 38—2009

28. 中联牌 ZLJ5071TSL 型纯电动扫路车

中联牌 ZLJ5071TSL 型纯电动扫路车			
车辆名称	纯电动扫路车		
车辆型号	ZLJ5071TSL		
中文品牌	中联牌		
公告批次	第 195 批公告		
目录序号	（十八）20		
生产厂家	中联重工科技发展股份有限公司		
外形尺寸（长/宽/高）(mm)	5 940 / 2 090 / 2 420	货厢（长/宽/高）(mm)	—
轴距（mm）	3 360	轴荷（kg）	3 000 / 4 495
总质量（kg）	7 495	整备质量（kg）	5 850
最高车速（km/h）	80	0～100 km/h 加速时间（S）（或 0～50）	（0～50）25.4
最大爬坡度（%）	30	排放（L）	—
续驶里程（km）	150.7	百公里能耗 kWh	580
电池种类	磷酸铁锂电池	电池额定电压（V）	384
电池额定容量（Ah）	50	电机类型	永磁同步电机
电机连续功率（kW）	60	电机峰值功率（kW）	110
电机峰值扭矩（N·m）	300/0～3 500	电机连续扭矩（N·m）	165
传动型式	4×2	燃料种类	—
底盘型号	BJ1071VDE0A	载客人数（人）	—
识别代号	LVBV4J0B99J000526	依据标准	—

29. 依维柯牌 NJ5056XFWD 型纯电动服务车

依维柯牌 NJ5056XFWD 型纯电动服务车			
车辆名称	依维柯纯电动服务车		
车辆型号	NJ5056XFWD		
中文品牌	依维柯		
公告批次	182		
目录序号	44		
生产厂家	南京汽车集团有限公司		
外形尺寸（长/宽/高）(mm)	5 990 / 2 000 / 3 050	货厢（长/宽/高）(mm)	—
轴距（mm）	3 310	轴荷（kg）	1 740/3 260
总质量（kg）	5 000	整备质量（kg）	3 900
最高车速（km/h）	100	0～100 km/h 加速时间（S）(或 0～50)	20
最大爬坡度（%）	25	排放（L）	0
续驶里程（km）	220	百公里能耗（kWh）	40
电池种类	锰酸锂离子电池	电池额定电压（V）	380
电池额定容量（Ah）	180	电机类型	永磁同步
电机连续功率（kW）	40	电机峰值功率（kW）	90
电机峰值扭矩（N·m）	220	电机连续扭矩（N·m）	100
传动型式	变速箱	燃料种类	电
底盘型号	NJ6576NY	载客人数（人）	3～7
识别代号	LNYRBK61	依据标准	—

30. 奔腾 B70HEV 混合动力轿车

奔腾 B70HEV 混合动力轿车			
车辆名称	混合动力轿车		
车辆型号	CA7150N		
中文品牌	奔腾牌		
公告批次	—		
目录序号	—		
生产厂家	中国第一汽车集团公司		
发动机型号	CA4GA5H	发动机生产商	中国第一汽车集团公司
发动机排量（L）	1.5	发动机功率（kW）	74
外形尺寸（长/宽/高）(mm)	4 705 / 1 782 / 1 465	货厢（长/宽/高）(mm)	—
轴距（mm）	2 675	轴荷（kg）	820 / 700
总质量（kg）	1 895	整备质量（kg）	1 520
最高车速（km/h）	>170	0～100 km/h 加速时间（S）	13.2
最大爬坡度（%）	>25	排放（L）	国Ⅳ
电机类型	永磁同步电机	电机连续功率（kW）	20
电机峰值功率（kW）	40	电机峰值扭矩（N·m）	300
电机连续扭矩（N·m）	150	电池种类	锂离子
电池额定电压（V）	300	电池额定容量（Ah）	5.3
传动型式	前置前驱	燃料种类	汽油
底盘型号	—	载客人数（人）	5
识别代号	—	依据标准	—

31. 解放 CA6126SH8 混合动力客车

解放 CA6126SH8 混合动力客车			
车辆名称	混合动力客车		
车辆型号	CA6126SH8		
中文品牌	解放牌		
公告批次	—		
目录序号	—		
生产厂家	中国第一汽车集团公司		
发动机型号	BF6M2012－22E3	发动机生产商	中国第一汽车集团公司
发动机排量（L）	6.06	发动机功率（kW）	162
外形尺寸（长/宽/高）（mm）	11 995 / 2 500 / 3 200	货厢（长/宽/高）（mm）	—
轴距（mm）	6 100	轴荷（kg）	6 000 / 12 000
总质量（kg）	18 000	整备质量（kg）	12 000
最高车速（km/h）	>80	0～50km/h 加速时间（S）	25
最大爬坡度（%）	>25	排放（L）	国 III
电机类型	三相交流电机	电机连续功率（kW）	30
电机峰值功率（kW）	90	电机峰值扭矩（N·m）	220
电机连续扭矩（N·m）	80	电池种类	镍氢
电池额定电压（V）	336	电池额定容量（Ah）	40
传动型式	后置后驱	燃料种类	柴油
底盘型号	CA6120CRH1	载客人数（人）	90
识别代号	—	依据标准	—

32. 解放 CA6120URH2 混合动力客车

解放 CA6120URH2 混合动力客车			
车辆名称	混合动力客车		
车辆型号	CA6120URH2		
中文品牌	解放牌		
公告批次	—		
目录序号	—		
生产厂家	中国第一汽车集团公司		
发动机型号	BF6M2012－22E3	发动机生产商	中国第一汽车集团公司
发动机排量（L）	6.618	发动机功率（kW）	155
外形尺寸（长/宽/高）（mm）	11 995 / 2 500 / 3 200	货厢（长/宽/高）（mm）	—
轴距（mm）	6 100	轴荷（kg）	6 000 / 12 000
总质量（kg）	18 000	整备质量（kg）	12 000
最高车速（km/h）	>80	0～50 km/h 加速时间（S）	30
最大爬坡度（%）	>25	排放（L）	国 III
电机类型	三相交流电机	电机连续功率（kW）	30
电机峰值功率（kW）	90	电机峰值扭矩（N·m）	220
电机连续扭矩（N·m）	80	电池种类	镍氢
电池额定电压（V）	336	电池额定容量（Ah）	40
传动型式	后置后驱	燃料种类	天然气
底盘型号	CA6120CRH2	载客人数（人）	90
识别代号	—	依据标准	—

33. 风神牌 DFM7161B1 系列混合动力轿车

风神牌 DFM7161B1 系列混合动力轿车			
车辆名称	混合动力轿车		
车辆型号	DFM7161B1A/DFM7161B1B		
中文品牌	风神牌		
公告批次	第 203 批		
目录序号	3		
生产厂家	东风汽车公司		
发动机型号	N6A 10FX3A PSA	发动机生产商	神龙汽车有限公司
发动机排量 (L)	1. 587	发动机功率 (kW)	78
外形尺寸 (长/宽/高) (mm)	4 502 / 1 740 / 1 465	货厢 (长/宽/高) (mm)	—
轴距(mm)	2 610	轴荷 (kg)	860 / 725
总质量 (kg)	1 585	整备质量 (kg)	1210
最高车速 (km/h)	187	0 ~ 100 km/h 加速时间 (S)	13
最大爬坡度 (%)	30	排放 (L)	国Ⅲ/ 国Ⅳ
电机类型	皮带驱动起动发电机	电机连续功率 (kW)	—
电机峰值功率 (kW)	—	电机峰值扭矩 (N · m)	—
电机连续扭矩(N · m)	—	电池种类	铅酸电池
电池额定电压(V)	12	电池额定容量(Ah)	75
传动型式	前置前驱	燃料种类	汽油
底盘型号	—	载客人数 (人)	5
识别代号	LGJE12E2 × × × × × × × × ×	依据标准	GB18352. 3—2005

34. 东风牌 EQ6110HEV 型混合动力电动城市客车

东风牌 EQ6110HEV 型混合动力电动城市客车			
车辆名称	混合动力电动城市客车		
车辆型号	EQ6110HEV		
中文品牌	东风牌		
公告批次	200		
目录序号	3		
生产厂家	东风汽车公司		
发动机型号	ISDe160	发动机生产商	东风康明斯
发动机排量 (L)	4. 500	发动机功率 (kW)	118
外形尺寸 (长/宽/高) (mm)	11 000 / 2 490 / 3 260	货厢 (长/宽/高) (mm)	—
总质量 (kg)	15 500	整备质量 (kg)	11 000
最高车速 (km/h)	80	0 ~ 50 km/h 加速时间 (S)	30
最大爬坡度 (%)	25	排放 (L)	—
续驶里程 (km)	500	百公里能耗 (kWh)	—
电池种类	镍氢	电池额定电压 (V)	336
电池额定容量 (Ah)	40	电机类型	开关磁阻
电机连续功率 (kW)	35	电机峰值功率 (kW)	60
电机峰值扭矩 (N · m)	286	电机连续扭矩 (N · m)	167
传动型式	—	燃料种类	轻柴油, 动力电池
底盘型号	EQ6110KRF	载客人数 (人)	69
识别代号	LGK4JWGS × × × × × × × × ×	依据标准	GB3847—2005 ,GB17691—2005 国Ⅲ

35. 长安杰勋油电型混合动力轿车

长安杰勋油电型混合动力轿车			
车辆名称	混合动力轿车		
车辆型号	SC7152		
中文品牌	长安牌		
公告批次	—		
目录序号	96		
生产厂家	重庆长安汽车股份有限公司		
发动机型号	JL475Q3	发动机生产商	重庆长安汽车股份有限公司
发动机排量(L)	1.497	发动机功率(kW)	72
外形尺寸（长/宽/高）（mm）	4 445 / 1 768 / 1 640	货厢（长/宽/高）（mm）	—
轴距（mm）	2 710	轴荷(kg)	—
总质量（kg）	1 950	整备质量（kg）	1 501
最高车速（km/h）	160	0～100 km/h 加速时间（S）	—
最大爬坡度（%）	—	排放(L)	GB 18352.3—2005 国Ⅳ
电机类型	永磁同步内转子电机	电机连续功率(kW)	—
电机峰值功率（kW）	—	电机峰值扭矩(N·m)	—
电机连续扭矩（N·m）	—	电池种类	金属氢化物镍蓄电池
电池额定电压（V）	144	电池额定容量（Ah）	—
传动型式	方向盘	燃料种类	汽油
底盘型号	承载式车身	载客人数(人)	5
识别代号	—	依据标准	—

36. 长安志翔混合动力轿车

长安志翔混合动力轿车			
车辆名称	混合动力轿车		
车辆型号	SC7155A4		
中文品牌	长安牌		
公告批次	—		
目录序号	96		
生产厂家	重庆长安汽车股份有限公司		
发动机型号	JL475Q3	发动机生产商	重庆长安汽车股份有限公司
发动机排量(L)	1.497	发动机功率(kW)	72
外形尺寸（长/宽/高）（mm）	4 600 / 1 800 / 1 475	货厢（长/宽/高）（mm）	—
轴距（mm）	2 650	轴荷(kg)	—
总质量（kg）	1 765	整备质量（kg）	1 390
最高车速（km/h）	—	0～100 km/h 加速时间（S）	—
最大爬坡度（%）	—	排放(L)	GB18352.3—2005 国Ⅲ
电机类型	永磁同步内转子电机	电机连续功率(kW)	19.5
电机峰值功率（kW）	13	电机峰值扭矩(N·m)	—
电机连续扭矩（N·m）	—	电池种类	金属氢化物镍蓄电池
电池额定电压（V）	114	电池额定容量（Ah）	6
传动型式	方向盘	燃料种类	汽油
底盘型号	承载式车身	载客人数(人)	5
识别代号	—	依据标准	—

37. 奇瑞牌 SQR7160A217/B 轻度混合动力轿车

奇瑞牌 SQR7160A217/B 轻度混合动力轿车			
车辆名称	混合动力轿车		
车辆型号	SQR7160A217/B		
中文品牌	奇瑞牌		
公告批次	195 批		
目录序号	119		
生产厂家	奇瑞汽车股份有限公司		
发动机型号	SQR481F	发动机生产商	奇瑞汽车股份有限公司
发动机排量(L)	1.597	发动机功率(kW)	87.5
外形尺寸（长/宽/高）(mm)	4 552 / 1 750 / 1 483	货厢（长/宽/高）(mm)	—
轴距 (mm)	2 600	轴荷(kg)	945 / 780
总质量 (kg)	1 725	整备质量 (kg)	1 350
最高车速 (km/h)	175	0～100 km/h 加速时间 (S)	16
最大爬坡度 (%)	35	排放(L)	国Ⅳ
电机类型	交流同步	电机连续功率(kW)	3
电机峰值功率 (kW)	—	电机峰值扭矩(N·m)	27
电机连续扭矩 (N·m)	—	电池种类	铅酸
电池额定电压 (V)	14	电池额定容量 (Ah)	75
传动型式	前置前驱	燃料种类	汽油
底盘型号	—	载客人数(人)	5
识别代号	—	依据标准	国家标准

38. 奇瑞牌 SQR7130A217/A 中度混合动力轿车

奇瑞牌 SQR7130A217/A 中度混合动力轿车			
车辆名称	混合动力轿车		
车辆型号	SQR7130A217/A		
中文品牌	奇瑞牌		
公告批次	195 批		
目录序号	119		
生产厂家	奇瑞汽车股份有限公司		
发动机型号	SQR473F	发动机生产商	奇瑞汽车股份有限公司
发动机排量(L)	1.297	发动机功率(kW)	61
外形尺寸（长/宽/高）(mm)	4 552 / 750 / 1 483	货厢（长/宽/高）(mm)	—
轴距 (mm)	2 600	轴荷(kg)	922 / 803
总质量 (kg)	1 725	整备质量 (kg)	1 350
最高车速 (km/h)	160	0～100 km/h 加速时间 (S)	16
最大爬坡度 (%)	30	排放(L)	国Ⅳ
电机类型	永磁同步	电机连续功率(kW)	11
电机峰值功率 (kW)	16.5	电机峰值扭矩(N·m)	98
电机连续扭矩 (N·m)	66	电池种类	镍氢
电池额定电压 (V)	144	电池额定容量 (Ah)	6
传动型式	前置前驱	燃料种类	汽油
底盘型号	—	载客人数(人)	5
识别代号	—	依据标准	国家标准

39. 中华牌 SY7181CSPHEVBBB 型混合动力轿车

中华牌 SY7181CSPHEVBBB 型混合动力轿车			
车辆名称	混合动力轿车		
车辆型号	SY7181CSPHEVBBB		
中文品牌	中华牌		
公告批次	214		
目录序号	ZJAPW34U01C		
生产厂家	沈阳华晨金杯汽车有限公司		
发动机型号	BL18T	发动机生产商	沈阳华晨金杯汽车有限公司
发动机排量(L)	1.793	发动机功率(kW)	125
外形尺寸（长/宽/高）（mm）	4 880 / 1 800 / 1 450	货厢（长/宽/高）（mm）	—
轴距（mm）	2 790	轴荷（kg）	1 055 / 925
总质量（kg）	1 980	整备质量（kg）	1 590
最高车速（km/h）	200	0～100 km/h 加速时间（S）	≤13
最大爬坡度（%）	≥30	排放(L)	国Ⅳ
电机类型	永磁同步电机	电机连续功率(kW)	10
电机峰值功率（kW）	15	电机峰值扭矩(N·m)	72
电机连续扭矩（N·m）	48	电池种类	镍氢电池
电池额定电压（V）	144	电池额定容量（Ah）	6
传动型式	前置前驱	燃料种类	混合动力轿车
底盘型号	承载式车身	载客人数(人)	5
识别代号	LSYXBAFJ×××××××××	依据标准	GB18352.3—2005

40. 黄海牌 DD6118HES21 型混合动力客车

黄海牌 DD6118HES21 型混合动力客车			
车辆名称	混合动力客车		
车辆型号	DD6118HES21		
中文品牌	黄海客车		
公告批次	199		
目录序号	29		
生产厂家	丹东黄海汽车有限责任公司		
发动机型号	YC6J220－30	发动机生产商	广西玉柴机器股份有限公司
发动机排量(L)	6.5	发动机功率(kW)	162
外形尺寸（长/宽/高）（mm）	11 310 / 2 532 / 3 300	货厢（长/宽/高）（mm）	—
轴距（mm）	5 600	轴荷（kg）	5 500 / 10 500
总质量（kg）	1 6000	整备质量（kg）	11 870
最高车速（km/h）	80	0～100 km/h 加速时间（S）	—
最大爬坡度（%）	20	排放(L)	欧Ⅲ
电机类型	永磁同步电机	电机连续功率（kW）	45
电机峰值功率（kW）	60	电机峰值扭矩（N·m）	250
电机连续扭矩（N·m）	187	电池种类	超级电容

续表

黄海牌 DD6118HES21 型混合动力客车			
车辆名称	混合动力客车		—
电池额定电压 (V)	480	电池额定容量 (Ah)	16.5F (超级电容)
传动型式	机械，并联	燃料种类	柴油
底盘型号	DD6118HES21	载客人数(人)	70
识别代号	LDD04D01	依据标准	—

41. 黄海牌 DD6129HES11 型混合动力客车

黄海牌 DD6129HES11 型混合动力客车			
车辆名称	混合动力客车		
车辆型号	DD6129HES11		
中文品牌	黄海客车		
公告批次	193		
目录序号	29		
生产厂家	丹东黄海汽车有限责任公司		
发动机型号	ISDe180 30	发动机生产商	东风康明斯发动机有限公司
发动机排量(L)	4.5	发动机功率 (kW)	132
外形尺寸 (长/宽/高) (mm)	11 980 / 2 532 / 3 250	货厢 (长/宽/高) (mm)	—
轴距 (mm)	5 800	轴荷 (kg)	6 500 / 11 500
总质量 (kg)	18 000	整备质量 (kg)	12 800
最高车速 (km/h)	70	0～100 km/h 加速时间 (S)	—
最大爬坡度 (%)	12	排放(L)	欧Ⅲ
电机类型	交流感应电机	电机连续功率 (kW)	63
电机峰值功率 (kW)	115	电机峰值扭矩 (N · m)	1464
电机连续扭矩 (N · m)	802	电池种类	镍氢
电池额定电压 (V)	320	电池额定容量 (Ah)	60
传动型式	机械，混联	燃料种类	柴油
底盘型号	DD6129HES11	载客人数(人)	80
识别代号	LDD04C01	依据标准	—

42. 安凯牌 HFF6121G03PHEV 混合动力公交客车

安凯牌 HFF6121G03PHEV 混合动力公交客车			
车辆名称	混合动力公交客车		
车辆型号	HFF6121G03PHEV		
中文品牌	安凯牌		
公告批次	—		
目录序号	—		
生产厂家	安凯汽车股份有限公司		
发动机型号	SC8DK215Q3	发动机生产商	上海柴油机股份有限公司
发动机排量(L)	8.270	发动机功率(kW)	158
外形尺寸 (长/宽/高) (mm)	12 000 / 2 550 / 3 100	货厢 (长/宽/高) (mm)	—

续表

安凯牌 HFF6121G03PHEV 混合动力公交客车			
轴距（mm）	6 100	前轴荷/后轴荷（kg）	3 500 / 8 000
总质量（kg）	16 700	整备质量（kg）	11 500
最高车速（km/h）	80	0～100 km/h 加速时间（S）	24. 8
最大爬坡度（%）	20	排放(L)	国Ⅲ
电机类型	交流异步	电机连续功率(kW)	65
电机峰值功率（kW）	120	电机峰值扭矩(N·m)	2 200
电机连续扭矩（N·m）	776	电容种类	超级电容
电容额定电压（V）	384	电容额定容量（F）	41. 25
传动型式	后驱	燃料种类	油电混合
底盘型号	HFF6121G03PHEV	载客人数(人)	80
识别代号	—	依据标准	—

43. 金旅牌 XML6125JHEV93C 型混合动力电动城市客车

金旅牌 XML6125JHEV93C 型混合动力电动城市客车			
车辆名称	混合动力电动城市客车		
车辆型号	XML6125JHEV93C		
中文品牌	金旅牌		
公告批次	192		
目录序号	124		
生产厂家	厦门金龙旅行车有限公司		
发动机型号	ISBE185 32 ISBE4 205B YC6J200－40	发动机生产商	美国康明斯公司 美国康明斯公司 广西玉柴机器股份有限公司
发动机排量(L)	5. 883 6. 700 6. 500	发动机功率(kW)	136 151 147
外形尺寸（长/宽/高）（mm）	11 980 / 2 540 / 3 100	货厢（长/宽/高）（mm）	—
轴距（mm）	5 980	轴荷(kg)	6 500 / 11 500
总质量（kg）	17 800	整备质量（kg）	12 000
最高车速（km/h）	75	0～50 km/h 加速时间（S）	24. 6
最大爬坡度（%）	15	排放（L）	GB17691—2005 国Ⅲ GB3847—2005
电机类型	三相交流异步电机	电机连续功率（kW）	65
电机峰值功率（kW）	120	电机峰值扭矩（N·m）	2 200
电机连续扭矩（N·m）	776	电池种类	超级电容器
电池额定电压（V）	48	电池额定容量（Ah）	—
传动型式	混联式	燃料种类	柴油
底盘型号	XML6125DHEV93C	载客人数(人/座)	89/10～40
识别代号	1227604	依据标准	GB/T 19754—2005

44. 南车时代牌串联式 TEG6119SHEV 混合动力城市客车

南车时代牌串联式 TEG6119SHEV 混合动力城市客车			
车辆名称	串联式混合动力城市客车		
车辆型号	TEG6119SHEV		
中文品牌	南车时代牌		
公告批次	已列入 216 批审查		
目录序号	(十八) 23		
生产厂家	湖南南车时代电动汽车股份有限公司		
发动机型号	SC8DK215Q3	发动机生产商	上海柴油机股份有限公司
发动机排量 (L)	8.270	发动机功率 (kW)	158
外形尺寸 (长/宽/高) (mm)	11 490 / 2 490 / 3 300	货厢 (长/宽/高) (mm)	—
轴距 (mm)	5 600	前轴荷/后轴荷 (kg)	6 000 /11 500
总质量 (kg)	17 500	整备质量 (kg)	12 900
最高车速 (km/h)	70	0 ~ 50 km/h 加速时间 (S)	≤ 23
最大爬坡度 (%)	≥ 20	排放(L)	国Ⅲ
电机类型	异步电机	电机连续功率 (kW)	100
电机峰值功率 (kW)	150	电机峰值扭矩 (N · m)	2 500
电机连续扭矩 (N · m)	810	电池种类	超级电容
电池额定电压 (V)	480	电池额定容量 (F)	16.5
传动型式	4 ×2	燃料种类	柴油混合动力
底盘型号	TEG6112SHEV	载客人数(人/座)	70/24 ~ 41
识别代号	LHWMK94B × × × × × × × × ×	依据标准	GB17691—2005 (国Ⅲ)、GB3847—2005

45. 南车时代牌 TEG6102PHEV 混合动力城市客车

南车时代牌 TEG6102PHEV 混合动力城市客车			
车辆名称	混合动力城市客车		
车辆型号	TEG6102PHEV		
中文品牌	南车时代牌		
公告批次	211		
目录序号	(十八) 23		
生产厂家	湖南南车时代电动汽车股份有限公司		
发动机型号	YC6J200 - 30 YC6J220 - 30 SC8DK215Q3	发动机生产商	广西玉柴机器股份有限公司; 广西玉柴机器股份有限公司; 上海柴油机股份有限公司
发动机排量 (L)	6.500, 6.500, 8.270	发动机功率 (kW)	147, 162, 158
外形尺寸 (长/宽/高) (mm)	10 490 / 2 490 / 3 180, 3 000	货厢 (长/宽/高) (mm)	—
轴距 (mm)	5 000	前轴荷/后轴荷(kg)	5 000 /10 500
总质量 (kg)	15 500	整备质量 (kg)	11 090
最高车速 (km/h)	85	0 ~ 50 km/h 加速时间 (S)	≤ 22

续表

南车时代牌 TEG6102PHEV 混合动力城市客车			
最大爬坡度（%）	≥ 20	排放(L)	国Ⅲ
电机类型	永磁电机	电机连续功率(kW)	45
电机峰值功率（kW）	60	电机峰值扭矩(N·m)	250
电机连续扭矩（N·m）	159	电池种类	超级电容
电池额定电压（V）	480	电池额定容量（F）	16.5
传动型式	4×2	燃料种类	柴油混合动力
底盘型号	TEG6103PHEV	载客人数(人/座)	67/24～34
识别代号	LHWMJ73B××××××××× LHWMJ74B×××××××××	依据标准	GB17691—2005（国Ⅲ）、 GB3847—2005

46. 南车时代牌 TEG6101PHEV 型混合动力城市客车

南车时代牌 TEG6101PHEV 型混合动力城市客车			
车辆名称	混合动力城市客车		
车辆型号	TEG6101PHEV		
中文品牌	南车时代牌		
公告批次	211		
目录序号	（十八）23		
生产厂家	湖南南车时代电动汽车股份有限公司		
发动机型号	YC4E160-30	发动机生产商	广西玉柴机器股份有限公司
发动机排量（L）	4.260	发动机功率(kW)	118
外形尺寸（长/宽/高）（mm）	10 490 / 2 490 / 3 180	货厢（长/宽/高）（mm）	—
轴距（mm）	5 000	前轴荷/后轴荷（kg）	5 000 / 10 500
总质量（kg）	15 500	整备质量（kg）	10 770
最高车速（km/h）	70	0～50 km/h 加速时间（S）	≤25
最大爬坡度（%）	20	排放(L)	国Ⅲ
电机类型	永磁电机	电机连续功率（kW）	45
电机峰值功率（kW）	60	电机峰值扭矩（N·m）	250
电机连续扭矩（N·m）	159	电池种类	超级电容
电池额定电压（V）	480	电池额定容量（F）	16.5
传动型式	4×2	燃料种类	柴油混合动力
底盘型号	TEG6100PHEV	载客人数(人/座)	72/24～38
识别代号	LHWMJ73B×××××××××	依据标准	GB17691—2005（国 III）， GB3847—2005

47. 申沃牌 SWB6127HE2 混合动力城市客车

申沃牌 SWB6127HE2 混合动力城市客车		
车辆名称	混合动力城市客车	
车辆型号	SWB6127HE2	
中文品牌	申沃牌	
公告批次	201 批	
目录序号	42	
生产厂家	上海申沃客车有限公司	

续表

申沃牌 SWB6127HE2 混合动力城市客车			
发动机型号	F4AE3682F * P	发动机生产商	上汽菲亚特红岩动力总成有限公司
发动机排量 (L)	5.88	发动机功率(kW)	185
外形尺寸 (长/宽/高) (mm)	11 840 / 2 500 / 3 460	货厢 (长/宽/高) (mm)	—
轴距 (mm)	6 000	前轴荷/后轴荷 (kg)	6 500 / 11 000
总质量 (kg)	17 500	整备质量 (kg)	12 600
最高车速 (km/h)	≥80	0 ~ 50 km/h 加速时间 (S)	≤25
最大爬坡度 (%)	≥18	排放(L)	中国第 IV 阶段
电机类型	三相交流感应电机	电机连续功率 (kW)	110 / 70
电机峰值功率 (kW)	220 / 140	电机峰值扭矩 (N. m)	1 556 / 786
电机连续扭矩 (N · m)	787 / 398	电池种类	磷酸铁锂离子电池
电池额定电压 (V)	576	电池额定容量 (Ah)	60
传动型式	混联	燃料种类	柴油
底盘型号	SWB6127HE2	载客人数(人)	75
识别代号	LSFD132X	依据标准	JQBY 32—2009

48. 中通牌 LCK6101HEV 型混合动力客车

中通牌 LCK6101HEV 型混合动力客车			
车辆名称	混合动力城市客车		
车辆型号	LCK6101HEV		
中文品牌	中通牌		
公告批次	—		
目录序号	—		
生产厂家	中通客车控股股份有限公司		
发动机型号	YC6J180 - 30	发动机生产商	广西玉柴机器股份有限公司
发动机排量(L)	6.5	发动机功率 (kW)	132
外形尺寸 (长/宽/高) (mm)	10 500 / 2 500 / 3 200	货箱 (长/宽/高) (mm)	—
轴距 (mm)	5 000	前轴荷/后轴荷 (kg)	5 500 / 11 000
总质量 (kg)	16 500	整备质量 (kg)	10 800
最高车速 (km/h)	90	0 ~ 50 km/h 加速时间 (S)	25
最大爬坡度 (%)	20	排放 (L)	4.26
电机类型	永磁同步电机	电机连续功率 (kW)	42
电机峰值功率 (kW)	65	电机峰值扭矩 (N · m)	500
电机连续扭矩 (N · m)	320	电池种类	锂离子动力电池
电池额定电压 (V)	336	电池额定容量 (Ah)	16
传动型式	后置后驱	燃料种类	柴油混合动力
底盘型号	全承载	载客人数 (人/座)	88 / 32
识别代号	—	依据标准	—

49. 中通牌 LCK6112GHEV 型混合动力客车

中通牌 LCK6112GHEV 型混合动力客车			
车辆名称	混合动力城市客车		
车辆型号	LCK6112GHEV		
中文品牌	中通牌		
公告批次	178		
目录序号	125		
生产厂家	中通客车控股股份有限公司		
发动机型号	YC6J200－30	发动机生产商	广西玉柴机器股份有限公司
发动机排量（L）	6.5	发动机功率（kW）	147
外形尺寸（长/宽/高）（mm）	11 350 / 2 500 / 3 260	货厢（长/宽/高）（mm）	—
轴距（mm）	5 400	前轴荷/后轴荷（kg）	6 600 / 11 500
总质量（kg）	18 000	整备质量（kg）	12 600
最高车速（km/h）	80	0～50 km/h 加速时间（S）	25
最大爬坡度（%）	20	排放（L）	6.5
电机类型	永磁同步电机	电机连续功率（kW）	30
电机峰值功率（kW）	60	电机峰值扭矩（N·m）	400
电机连续扭矩（N·m）	—	电池种类	锂离子动力电池
电池额定电压（V）	346	电池额定容量（Ah）	16
传动型式	后置后驱	燃料种类	柴油混合动力
底盘型号	LCK6112RGHEV	载客人数(人/座)	83 / 10～41
识别代号	—	依据标准	—

50. 中通牌 LCK6121HEV 混合动力城市客车

中通牌 LCK6121HEV 混合动力城市客车			
车辆名称	混合动力城市客车		
车辆型号	LCK6121HEV		
中文品牌	中通牌		
公告批次	193		
目录序号	125		
生产厂家	中通客车控股股份有限公司		
发动机型号	康明斯 ISBE4＋225B	发动机生产商	康明斯
发动机排量(L)	6.7	发动机功率（kW）	165
外形尺寸（长/宽/高）（mm）	10 500 / 2 500 / 3 200	货厢（长/宽/高）（mm）	—
轴距（mm）	6 000	前轴荷/后轴荷（kg）	7 500 / 13 000
总质量（kg）	18 000	整备质量（kg）	11 600
最高车速（km/h）	≥80	0～50 km/h 加速时间（S）	25
最大爬坡度（%）	20	排放（L）	4.26
电机类型	永磁同步电机	电机连续功率（kW）	42
电机峰值功率（kW）	65	电机峰值扭矩（N·m）	500
电机连续扭矩（N·m）	320	电池种类	锂离子动力电池

续表

中通牌 LCK6121HEV 混合动力城市客车			
电池额定电压（V）	336	电池额定容量（Ah）	16
传动型式	后置后驱	燃料种类	柴油混合动力
底盘型号	全承载	载客人数（人/座）	88 / 32
识别代号	—	依据标准	—

四、重点城市新能源汽车产业规划

城市名称	北　京
发展目标	计划在2009—2012年实现共计5 000辆新能源汽车的应用规模。2009年，在公交和环卫行业进行1 000辆的示范运行。具体为，纯电动汽车在现有50辆的基础上新增50辆，达到100辆；混合动力公交车在现有10辆的基础上新增860辆，达到870辆；环卫电动车实现从无到有，达到30辆。 以纯电动、燃料电池及混合动力的轿车、客货车为主。
配套措施	2008年12月28日，北京新能源汽车设计制造产业工程基地以福田汽车为依托成立，占地1 000亩，总投资50亿元，具有年产各类替代能源和新能源客车5 000辆、高效节能发动机40万台的生产能力。 2009年3月13日，北京新能源汽车产业联盟成立。联盟整合了国内新能源汽车领域的优势资源，包括整车企业、零部件企业、科研院所以及终端商户等，力求在技术合作、信息共享、科研攻关、政策争取等多个方面为联盟企业创造机会。 今后4年，北京市财政用于支持自主创新和产业的资金投入不低于500亿元人民币，力争做强做大一批企业，新增产值超过5 000亿元，重点涉及新能源、生物医药、信息化等相关领域。
企业发展	福田汽车从2003年开始研发新能源汽车，迷迪纯电动汽车2009年投放市场，福田重卡正在研发混合动力汽车，而欧V混合动力客车已经接到来自中国的北京、深圳、台湾，以及英国等国内外源源不断的订单。 福田汽车未来3年的新能源产品研发重点是迷迪纯电动车、蒙派克ISG混合动力汽车、双轴电驱动4WD混合动力车、微型纯电动车和863项目插电式混合动力汽车。 福田汽车于2010年形成年产混合动力客车800辆的能力，配套国产电机、电池等关键总成的不同类型混合动力汽车整车销量500辆以上；2012年形成年产混合动力客车1 500辆的能力。

城市名称	上　海
发展目标	到2012年，上海新能源汽车规模将要达到900亿元人民币的目标，其中整车产值达到200亿元左右、新能源汽车零部件产值达到100亿元。同年，混合动力汽车弱混、中混、强混全系列将实现产业化，充电式混合动力轿车、纯电动轿车批量上市；纯电动商用车形成公交客车、中型客车、环卫车、工程车等产品细分序列等。 以油电混合动力汽车和高性能纯电动汽车为主。（其中油电混合动力汽车实现弱混、中混、强混全系列发展；纯电动汽车则实现纯电动轿车以及纯电动商用车双向发展）
配套措施	建立并完善集研发、制造、检测、试验、示范运行为一体的嘉定新能源汽车及关键零部件产业基地；金桥、临港基地，以及金山区域重点发展成为新能源乘用车产业基地；闵行、松江、浦东新区等区域则重点发展成为新能源商用车产业基地。 政府逐年提高采购比例，争取2012年政府和公共机构新能源汽车来购比例占30%以上，新能源公交客车新购比例占30%以上；鼓励和支持出租、电力、环卫、邮政等公共服务行业应用新能源汽车，争取2012年形成3 000辆左右新能源汽车的应用规模。 对购买新能源车用户给予不超过车价20%的一次性补贴，并免征贷款道路通行费及牌照拍卖费。
企业发展	上汽集团是国内较早推出新能源汽车发展战略的厂家，其超级电容大客车已经在上海公交线路上示范运营了两年左右的时间。 5月4日，上汽集团召开新能源汽车建设誓师大会，明确新能源汽车产业化目标，向世博会提供跨越四大系统（纯电动、超级电容、燃料电池、混合动力）近千辆新能源车。 上汽投资20亿元成立新能源动力系统公司，并且还将在混合动力整车与关键零部件上各投入20亿元，共计在新能源汽车上的投资总额约60亿元。

城市名称	重　庆
发展目标	到2011年，重庆将推广1 100辆长安新能源汽车，其中包括700辆长安志翔气电弱混出租车，300辆长安杰勋和长安志翔油电中度混合动力公务用车，100辆油电混合动力私家车。示范推广用车将享受补贴、免保等政府扶持政策。 以混合动力车为主。

续表

城市名称	重 庆
配套措施	2009年6月2日，由长安汽车领衔的重庆市节能与新能源汽车产业联盟正式成立，该联盟整合了30多家汽车整车、零部件企业及科研院所，致力于打造中西部最大的新能源汽车研发、制造、示范运行基地。 重庆市政府将拨付10亿元财政资金，为进入基地的企业提供资金补助，并在土地、税收、物流配送、新能源汽车示范运行方面给予一系列政策支持。 对个人用户进行购车补贴：购买弱混享受国家4 000元的补贴，油电中混享受国家3.6万元的补贴，每车免除三年路桥费共计6 900元。
企业发展	未来3年内，长安新能源汽车研发及产业化将预计投资10亿元，形成不同档次、不同用途、搭载不同系统的中混平台化、弱混规模化、强混产业化研发能力，覆盖商用车、A级、B级、C级乘用车产品。 2014年长安汽车将实现产销新能源汽车15万辆，2020年产销50万辆以上，成为新能源汽车行业的领先者。 长安杰勋混合动力轿车今年（2009年）6月11日上市，该车是长安打造的国内第一款拥有完全自主研发技术的混合动力轿车。 恒通已研发出12米气/电、油/电混合动力客车，12米油/气掺烧豪华公路客车，7米发动机后横置燃气客车。

城市名称	武 汉
发展目标	到2011年，新能源公汽线路增至20条，新能源公共汽车增至1 000辆；到2020年，天然气加气站由10座增加到131座，液化石油气加气站由15座增加到20座。 在乘用车、商用车以及城市客车等领域实现纯电动及混合动力的全系发展。
配套措施	对武汉产新能源汽车免征车辆路桥通行费。 对于一次性购买新能源轿车超过3辆的企业和单位给予节能减排奖励。 政府采购乘用车，按不低于10%比例选用新能源汽车。
企业发展	东风计划投入330亿元，用10年的时间来发展一系列环保车辆。 东风电动汽车产业园试点基地于2009年6月2日正式揭牌。 东风电动车公司2 009年将下线东风自主品牌首款混合动力汽车，全年目标销量为5 000辆。 东风旅行车公司自主研发的纯电动客车“东风天翼”已发展到第三代，一次充电连续行驶230公里，拥有17项专利技术。 东风日产与工信部签订了新能源汽车电动车项目的备忘录，将在2011年从日产导入电动车项目。 6月，总投资4亿元的中大青山电动汽车项目建设如火如荼。 2009年预计生产3 000台（套）的纯电动汽车动力总成，达产后年产值可逾20亿元。

城市名称	长 春
发展目标	计划到2012年，将依托一汽集团等企业，形成5万辆纯电动、充电式混合动力和普通型混合动力等新能源汽车产能，并基本具备电动汽车的研发能力，形成电动汽车配套体系。 以混合动力、纯电动汽车以及燃料电池三种新能源汽车为主。
配套措施	积极推动纯电动汽车、充电式混合动力汽车的产业化。 开展专用发动机和动力模块的研究工作，加快加大长春、辽源两市车用高性能单体动力电池的研发与投入，尽快形成生产能力。 同时，加快推进一汽混合动力客车、轿车和省内纯电动客车项目，尽快形成产业化。 此外，还将组建新能源汽车产业联盟，形成分工明确、相互关联的新能源汽车协调发展格局，并建立新能源汽车发展专项资金，用于新能源汽车关键技术的研发和产业化。
企业发展	2008年下半年，总投资33亿元人民币的吉林辽源新能源锂离子动力电池项目开建，达产后可安装动力汽车3 500万辆。 2009年2月24日，该公司又投产了磷酸亚铁锂材料及电动汽车组装生产线产业化项目，并计划到2012年达到年产1亿安时动力电池和2 000吨磷酸亚铁锂材料的规模，实现总产值10亿元。 2009年2月20日，总投资8.5亿元的华奥汽车工业园正式投产，具备5 000辆新能源动力客车生产能力。 从2001年起，一汽集团结合国家863计划新能源客车开发项目，研发以具有自主知识产权的客车混合动力总成、电控发动机系统、AMT系统为核心的自主新科技。 一汽集团计划到2012年建成一个年生产能力为混合动力轿车1.1万辆、混合动力客车1 000辆的生产基地。

城市名称	深 圳
发展目标	到2010年，深圳将完成863计划课题任务，投放各类电动汽车1 000辆，力争完成2 000辆。 建设能量加注站22个(充电站、LNG站等)，并开发电动汽车示范运行管理信息化平台。 以混合动力客车以及纯电动小汽车为主。

续表

城市名称	深圳
配套措施	◆ 政府投入超过5 000万元，规划3条公交线路，每条线投放10辆混合动力客车，并在特区内投放20辆电动小汽车，建立相应的充电与测试设施，制定管理规范和评价方法，完成其商业运营的政策环境评估等。 政府每年从市财政安排2.5亿元，连续5年共12.5亿元支持新能源汽车的研发，并从2008年开始连续5年市财政对公交公司采购新能源汽车给予每辆15万元的财政补贴。同时，以深圳市政府名义向科技部申报“十城千辆”电动汽车大规模示范运行的国家计划，深圳市财政拿出2亿元资金配套支持，并责成发改、交通、财政、环保、科技等十多个政府部门参与推动此项工作。 计划出台针对私人购买新能源汽车的补贴政策。
企业发展	比亚迪汽车第一款双模电动车F3DM于2008年12月15日正式上市，并从2009年6月开始逐渐面向普通消费者。 五洲龙公司目前正加速新能源汽车的研发，公司的发展目标是至2015年各类环保客车产量达到1.5万辆，产值90亿元，税收6.5亿元。 深圳比克电池有限公司表示已经开始重点研发锂电池在汽车等领域的使用；深圳市海太阳实业有限公司也表示将致力于高能锰酸锂汽车电池的研发，准备与国外汽车厂商合作推出混合动力汽车。

城市名称	广州
发展目标	大力发展汽车、机械装备等低能耗、高附加值的先进制造业。 以混合动力轿车及客车为主。
配套措施	广州市发改委已经起草了《广州市新能源汽车发展行动方案》，向各部门征求意见。方案暂定在2010—2015年期间，对购买符合规定的新能源汽车给予补贴，单辆补贴金额按节能率和减排量具体确定，补助总量预设上限。方案还建议减免有关税费，包括免征城市桥梁车辆通行年票，在车辆购置税减免的基础上，减半征收车辆使用税等。还鼓励机关事业单位和国有企业购买新能源汽车，并在资金方面予以优先安排。2010年以前，在示范性公交站场建设必要的充电设施，为混合动力汽车充电提供便利，自2010年起新建的居民小区和公共停车场要配备一定数量的充电设施。
企业发展	广汽集团新能源VIP - Lounge概念车于2010年进行量产；广汽丰田混合动力版凯美瑞目前已处于前期准备阶段。 广汽集团与广西玉柴签署战略合作框架协议。双方将在客车用动力、混合动力和燃气等新能源动力上进行自主技术创新合作。

城市名称	合肥
发展目标	计划从2009年至2012年年底，在公交、公务、出租、电力和环卫等领域推广使用各类节能与新能源汽车1 400辆，并完成相关配套基础设施建设。
配套措施	对符合机动车运行安全技术条件的新能源汽车实行登记管理，减免新能源汽车的各种税费。对电动汽车充电站建设用地和配套资金给予支持。
企业发展	安凯开发研制的6111GK50、6850GK60两款电动公交客车，被列入国家983项目。其与上海雷博新能源汽车技术有限公司签署合作协议，出资4 400万元建新能源汽车公司。目前其纯电动客车已采用第三代纯电动技术，动力采用磷酸铁锂电池+超级电容。

城市名称	济南
发展目标	2009—2012年，济南市拟在公共服务领域推广各类电动汽车约1 610辆，其中电动公交车370辆，出租车400辆，公务、环卫、邮政、旅游观光车约840辆(其中公务通勤车300辆，高等院校通勤车90辆，环卫邮政电力服务车辆210辆，景区旅游观光车辆240辆)；2013—2015年，将推广各类电动汽车10 000辆以上。
配套措施	建设电动汽车综合充电站1处，简易充电站2个，在2009年8月底前完成建设并投入使用。2010年上半年，还将建设2座综合充电站(电池交换站)。 成立济南市电动汽车运营有限公司，具体负责运营模式的研究与新能源汽车的推广，向公交、环卫、邮政、旅游、高等院校等各经营、使用主体提供商业运营的解决方案、人员培训、电池维护保养、能源提供等服务。在政府的资助下，电动汽车公司还将负责充电站、加氢站和维护站的建设、管理与运营，负责运行车辆信息平台建设、示范运营有关课题的研究等。 对开发利用新能源的企业和单位给予一定的补贴和税收优惠，鼓励更多社会资金投资新能源产业。
企业发展	中通客车公司的混合动力客车开发了4代，纯电动客车开发了2代。最新一代的混合动力客车，节油能力达35%，减排超过40%，超过欧Ⅳ标准。同时，中通还拥有了自主创新技术，混合动力客车获13项国家专利，电动客车获5项国家专利。

续表

城市名称	大 连
发展目标	计划从2009年到2010年，示范运行1 200辆节能与新能源汽车；至2012年年底，推广使用各类节能与新能源汽车超过2 400辆。 建成两家市级以上重点实验室，培育两家国家级研发机构，建设两家整车改装厂，形成百家相关企业集聚、两万辆新能源汽车整车及零部件产业规模。
配套措施	6月12日，大连交通运输集团注册成立的大连新能源汽车应用中心正式启用。 示范推广分为两个阶段，第一阶段从2008年至2010年，打造“33511工程”，即在3条公交线路、3个旅游景点投放节能与新能源汽车客车进行示范，投放500辆自主品牌的混合动力出租汽车，至2010年，政府采购的公务车辆中混合动力汽车不少于100辆，提供100辆插电型轿车为来大连游客提供租赁服务；第二阶段从2011年至2012年，扩充公交车、出租车、政府公务车的数量，同时鼓励和促进公安、邮政、环卫等部门优先购买使用节能与新能源汽车，保证2 400辆节能与新能源汽车示范运行。 以企业、大学等单位为载体成立产学研结合、专业化的节能与新能源汽车示范运营队伍，并已形成有效的技术支撑服务机制。 大连市经委将从工业发展基金中每年列支3 000万元支持研发平台、产业项目发展，在财政补贴、政府采购、支持技术创新、售后服务保障、基础设施建设等方面，都为节能与新能源汽车的推广应用提出了明确的政策配套方案。
企业发展	一汽集团新能源客车基地落户大连，大连公交客运集团与一汽客车大连客车厂签署了1.6亿元的采购合同，包括150辆混合动力客车。

城市名称	杭 州
发展目标	至2012年年底，杭州市各类节能与新能源汽车将发展到3 000辆，完成大型标准模块化充（换）电站4座，中型整车快速补给站11座，充电柱100台（套）。 同时，各类节能与新能源汽车将发展到3 000辆，而目前杭州运营的各类节能和新能源汽车还只有177辆。 设立3 000万元专项奖励基金，主要用于扶持杭州汽车产业园项目和国家节能与新能源汽车示范推广项目，单个项目最高可获得1 000万元资助；鼓励企业自主研发，给予20%的研发费用资助，最高500万元；获得生产资质的杭州车企，将一次性最高奖励300万元。
配套措施	2010年起，由市本级和区、县(市)财政每年统筹安排1亿元的资金，重点用于节能与新能源汽车配套基础设施建设、维护保养、关键技术研发等方面的补助。 “2009—2012年购置的节能与新能源汽车，市财政将按车辆购置价格，纯电动汽车给予一次性2%的维护保养补贴，混合动力汽车给予一次性1%的维护保养补贴。” 今后还将对市内新能源汽车的生产企业给予税收优惠政策；为电动汽车示范运营企业提供线路及特定区域的专营权，设立电动汽车专用停车位并享受免费的优惠，对示范运营电动汽车电价执行优惠用电价格。 2012年后，杭州市将按照每年市区机动车保有量的1%～2%的比例继续推广新能源汽车。
企业发展	2009年1月21日，众泰汽车旗下的众泰纯电动出租车首先投入的这100辆在杭州市试运行后，将向全国20余个城市陆续推广。

城市名称	南 昌
发展目标	至2012年，达到节能与新能源汽车年产1万辆的能力，实现销售收入35亿元。 到2015年形成节能与新能源汽车年产3万辆的能力，产销量占到全国市场的6%。 其中出口纯电动微型轿车5 000辆。 到2015年形成年产动力模块3万台(套)能力，锂离子单体动力电池产能达5 000万安时（Ah），节能与新能源汽车动力传动系统产能达4万台(套)。 到2015年全市节能与新能源汽车及关键零部件销售收入达100亿元（其中出口创汇5亿元）。 工业增加值达25亿元，利税总额15亿元。
配套措施	2009—2015年，全市节能与新能源汽车重点建设项目14个，总投资7亿元，年销售收入近78亿元。
企业发展	江铃汽车集团改装车有限公司将形成年产1 000台全顺纯电动商务车的能力、年产1 000台纯电动皮卡工程车的能力。 江铃新动力汽车制造有限公司形成年产2 000台纯电动轻卡（环卫用车及电力工程车）的能力。 江铃控股形成年产5 000辆风华纯电动轿车、年产5 000辆风尚混合动力车的能力。 凯马百路佳形成年产1 500辆纯电动与混合动力的城市（公交）客车的能力。 江铃汽车集团将形成年产4万台节能与新能源汽车动力传动系统的能力。

五、新能源汽车及其关键零部件产业基地建设情况

城市名称	北　京
项目名称	北京新能源汽车设计制造产业基地
落户地点	北京北汽福田汽车总部
启动时间	2008 年 12 月 28 日
重点产品	新能源汽车及发动机，并建成混合动力、纯电动、氢燃料和高效节能发动机四大核心设计制造工程中心
投资规模	投资额达 50 亿元，总占地 1 000 亩，建筑面积 30 万平方米
规划目标	建设成为中国规模最大、品种最全的新能源汽车设计制造工程基地，新能源技术广泛应用于福田生产的大中型客车、MPV、中重卡及轻卡等全系列商用车
企业名称	北汽福田
建设情况	该基地已建成混合动力、纯电动、氢燃料和高效节能发动机四大核心设计制造工程中心，拥有节能减排重点试验室、绿色能源试制试验所等，能够满足绿色能源汽车在研发、设计、试制、制造的需要

城市名称	上　海
	项目一
项目名称	新能源汽车及关键零部件产业基地
落户地点	上海市嘉定区
启动时间	2009 年 7 月 18 日
重点产品	新能源汽车及其关键零部件
投资规模	今后 3 年内，上海市将陆续投资 30 亿元；基地规划面积为 9.5 平方公里
规划目标	按照上海新能源汽车的发展设想，2010 年，上海将形成 1 万辆的新能源汽车产能，2012 年产能达到 10 万辆，2015 年升至 30 万辆，整体实力达到国际先进水平；到 2012 年，实现产值 900 亿元，重点是加快推进混合动力汽车和纯电动客车产业化
企业名称	上汽集团
建设情况	
地区与企业合作内容	上汽集团与嘉定区签署了新能源汽车发展战略合作协议。 根据协议，上汽集团与嘉定区将进一步加大投入，推动新能源汽车及关键零部件产业集聚，带动上海汽车产业升级
	项目二
项目名称	中国普天上海新能源基地
落户地点	上海市
启动时间	2009 年 5 月 25 日
重点产品	动力电池及磷酸铁锂材料
投资规模	今后 3 年内，上海市将陆续投资 30 亿元；基地规划面积为 9.5 平方公里
规划目标	在上海普天建立“中国普天新能源基地”，重点投资新能源汽车关键零部件——动力电池的生产及磷酸铁锂材料产业的发展
企业名称	中国普天集团
建设情况	
地区与企业合作内容	上海市人民政府与中国普天信息产业集团公司签署战略合作框架协议，双方将在新能源（动力系统配套产品）、新能源基础设施、信息产业和产业投资等领域展开合作，重点投资新能源汽车动力电池的生产及磷酸铁锂材料产业的发展。 此外，中国普天还将积极参与和服务上海世博会，与上海企业合作，重点发展动力汽车电池成组技术

城市名称	天　津
项目名称	新能源汽车关键零部件项目
落户地点	天津市西青区中北工业园
启动时间	2009 年 3 月 31 日
重点产品	电动汽车电池、电动汽车驱电机、电动汽车动力总成
投资规模	项目固定资产总投资 15 亿元，总占地约 400 亩

续表

城市名称	天 津
规划目标	项目分为两期建设： 一期为锂离子动力电池项目，占地约200亩，总投资7.28亿元，预计2009年形成年产1 000万安时轻型电动车辆电池和年产500万安时PHEV和BEV电池能力；2011年形成年产6 000万安时PHEV和BEV电池生产能力；2011年，企业销售收入将达到8.85亿元，提供就业岗位5 000余个 二期项目占地约200亩，将投资8亿元建设电动汽车用驱动电机和动力总成系统及研究设计院、培训中心
企业名称	北京建龙重工集团，（一家集资源开采、钢铁冶炼、船舶制造、装备制造于一体的大型企业集团）
建设情况	
地区与企业合作内容	天津市委、市政府对北京建龙重工集团与中北工业园的签约高度重视，建龙重工集团将认真落实协议要求，充分发挥自身优势，推动项目加快建设，早日投产，全面加强与天津在新能源等领域的合作

城市名称	重 庆
项目名称	长安汽车节能与新能源汽车基地
落户地点	重庆市
启动时间	2009年6月2日
重点产品	新能源汽车及其关键零部件
投资规模	投资总额近50亿元，占地约130万平方米
规划目标	由长安汽车与中国汽车工程研究院有限公司、重庆恒通客车、重庆能投公司等30多家企业、科研院所组成节能与新能源汽车产业联盟，以新能源汽车在重庆示范运行为契机，通过技术合作、信息共享、产业优势互补，打造中西部地区功能齐全、产业链完整的最大新能源汽车研发、制造、应用基地
企业名称	长安汽车
地区与企业合作内容	长安汽车将以产业联盟为依托，通过5年左右的时间形成年产销5万辆新能源汽车的目标，并培育起100亿元收入规模的整车、关键零部件产业，带动国内新能源汽车产业的兴起 为支持以长安汽车为旗舰的新能源汽车产业发展，重庆市将拨付10亿元财政资金，为进入基地的企业提供资本金补助，并在土地、税收、物流配送、新能源汽车示范运行方面给予一系列政策支持

城市名称	广 东
项目名称	比亚迪电动汽车电池生产基地
落户地点	广东省惠州市
启动时间	2009年8月19日
重点产品	电动汽车用铁电池，经营范围涵盖手机零部件、充电电池、汽车零部件
投资规模	投资总额近50亿元，占地约130万平方米
规划目标	
企业名称	比亚迪
建设情况	基地基本建设完成，可以进行磷酸铁锂电池的大规模生产，比亚迪已初步完成了电动车产业链的构建

城市名称	大 连
项目一	
项目名称	中国汽车技术研究中心新能源汽车项目
落户地点	大连市
启动时间	2009年8月
重点产品	电动汽车的改装、组装
投资规模	预计总投资额1亿元
规划目标	年产将达到2万辆电动汽车的改装、组装生产能力
企业名称	大连创新零部件制造公司、中国汽车技术研究中心旗下的天津清源电动车辆有限责任公司、大连乾豪投资有限公司
建设情况	
地区与企业合作内容	该项目将推动大连市汽车产业的转型与发展，成为节能与新能源汽车核心零部件、整车产业与相应自主创新能力的集聚地

续表

城市名称	大 连
	项目二
项目名称	大连市节能与新能源汽车示范工程
落户地点	大连市
启动时间	2008 年 12 月 18 日
重点产品	新能源汽车整车和核心零部件
投资规模	
规划目标	2010 年前，大连市将有 1 000 多辆电动汽车示范运行；到 2012 年，形成城市轻轨、有轨、无轨电车，纯电动汽车，混合动力和燃料电池汽车的城市公交示范体系，逐步形成具备 1 万辆代用燃料汽车、电动汽车的整车和核心零部件配套能力
企业名称	一汽集团
地区与企业合作内容	一汽集团与大连市签订了打造节能与新能源客车生产基地的战略合作协议。根据协议，一汽客车大连客车厂将作为一汽集团节能与新能源客车唯一生产基地，实施整体搬迁改造，加快实现批量生产节能与新能源客车。到 2013 年，年生产客车 3 000 辆，并为企业与外资合作打下基础

城市名称	杭 州
项目名称	万向纯电动汽车 · 锂电池生产基地
落户地点	杭州萧山
启动时间	2009 年 4 月 25 日
重点产品	纯电动商用车、瓦时锂离子动力电池
投资规模	新增投资 13.65 亿元
规划目标	2010 年将具有年产 1 000 辆纯电动商用车（客车）、10 亿瓦时锂离子动力电池的产业规模
企业名称	万向集团
建设情况	
地区与企业合作内容	基地项目分两大块： 1. 年产 1 000 辆纯电动改装客车产业化项目，该项目投资 1.65 亿元，建设年产 6 ~ 12 米纯电动城市客车生产线，客车一次充电续驶里程达 200 公里 2. 10 亿瓦时电动汽车用锂离子动力电池系统（10 亿瓦时）项目，项目投资 12.06 亿元 同时，依托万向电动汽车研发与量产的资源优势，杭州市节能与新能源汽车示范推广试点项目也同时启动

城市名称	济 南
项目名称	新能源汽车产业基地
落户地点	济南市
启动时间	2009 年
重点产品	车用磷酸铁锂动力电池成组、电池管理系统
投资规模	总投资约 50 亿元，一期工程投资约 20 亿元，二期工程投资约 30 亿元
规划目标	投产后将形成年产各类新能源汽车 5 000 ~ 10 000 辆的生产能力，整个工程将分两期进行： 一期工程建设周期为 18 个月，主要建设新能源、新材料研发中心及动力电池材料生产基地，达产后可年产车用磷酸铁锂动力电池成组及电池管理系统 2 万 ~ 3 万套，实现销售收入 30 亿 ~ 40 亿元。二期工程拟打造邮政、环卫等纯电动改装汽车产业基地，并形成年产各类新能源汽车 5 000 ~ 10 000 辆的能力

六、电动汽车充电站建设情况

城市名称	北 京
	已经建成
时间	2008 年
地点	奥体中心
规模	面积达 5 000m^2，是目前国际上规模最大、充电机数量最多的电动汽车充电站

续表

城市名称	北 京
服务对象	这座充电站的服务对象，包括50辆纯电动奥运示范车
设备	该充电站240台地面充电机及所有纯电动奥运示范车的电传动系统全部由南车株洲电力机车股份有限公司提供
规划中	
时间	2012年前
建设方	国家电网
地点	北京四环附近，实现东、南、西、北4个城区均匀分布
规模	纯电动汽车的充电站4座

城市名称	上 海
时间	2009年10月27日
建设方	国家电网上海公司投资建设
地点	上海市徐汇区
规模	设有包括4个临街路边充电车位在内的9个充电车位 国内第一座具有商业运营功能的电动汽车充电站，总投508万元，作为项目关键设备的充电装置研究耗资200万元，占地400平方米 可为公众提供充电服务的公共示范充电站
设备	☆由国家电网上海久隆电力科技有限公司研制的JL－EVC系列电动汽车充电机有7台，有源滤波器1台应用其中。 充电机有交流充电机和直流充电机两大类型，其中交流充电机有单相5kW和三相30kW两种规格。 直流分为400V/30kW、625V/30kW、625V/60kW三种功率等级
适用	充电站能够满足可插电混合动力电动汽车和纯电动汽车等各类电动车辆充电需求 ☆充电站首先为上海市政府班车、社会电动公交车、上海电力公司移动式营业厅、电力工程车等电动汽车提供充电服务，暂不对社会车辆开放

城市名称	天 津
时间	2010年内建成
建设方	国家电网天津市电力公司
地点	汽车充电站和交流充电桩主要分布在中心生态城、华明镇等示范小城镇，以配合以后开通新能源环保公共交通
规模	5座电动汽车充电站，同时完成100个交流充电桩建设
服务对象	充电站分交、直流混合充电站和公交专用充电站，可满足中型客车、专用车、小型轿车及公交汽车需求

城市名称	深 圳
时间	2009年
建设方	南方电网
地点	2个充电站：深圳龙岗大运会场馆西面(大运中心站)和龙岗中心城和谐路西面(和谐站)，其中大运中心站设置6台快速充电机，可向出租车、小轿车、公交车提供充电服务，站内可同时容纳12辆电动汽车驶入。 该站占地面积1 092平方米，投资金额1 051.5万元，是目前国内占地面积和投资规模最大的充电站。 和谐站设置3台快速充电机，可同时容纳6辆电动小汽车驶入 134个充电桩：主要分布在全市各区的公共停车场和小区停车场，充电桩以慢充模式为主
规模	2个充电站、134个充电桩；按照远期规划目标，2座充电站可进一步扩容到2720千伏安
容量	充电容量总计达2 480千伏安
适用	为出租车、小轿车、公交车提供充电服务
价格	统一按照深圳市电价价目表的单一制普通用电中的“商业及其他”用电价格执行。 其中，在23:00点至次日7:00点的谷期时段用电，执行深圳市蓄冷空调用电谷期电价。 电动汽车在社区、单位、公共停车场、私家车库等非专业充电场所进行充电的，按所在充电场所的现行分类电价及计量方式计收电费 市民可通过供电部门提供的IC卡进行汽车充电缴费。 目前，电动汽车充电电价已获广东省物价局批复，按普通商业用电其他类别收取。 白天一度电单价1.0 064元，谷期 (23:00—07:00) 充电单价仅0.2 459元

续表

城市名称	深圳
规划	深圳市将建设各类新能源汽车充电站（桩）12 750 个，其中，公交快、慢速充电站各 25 个，公务车充电桩 2 500 个，社会公共慢速充电桩 10 000 个，社会公共快速充电站 200 个，建立新能源汽车示范运行管理信息化平台 2009—2015 年要兴建 250 个充电站、12 500 个充电桩，共需采购设备 5 亿元，其中充电设备价值约 3. 39 亿元（扣除变配电设备）
参与企业	目前深圳市有比亚迪和奥特迅两家充电柜（桩）制造厂商。比亚迪充电桩主要为电动小轿车服务，奥特迅充电柜主要为电动公交车服务 奥特迅与深圳供电局、比亚迪、华侨城、华强钢结构等在 2008 年年底完成了大运中心、和谐两个电动汽车充电站以及 134 个充电桩的施工建设等多项艰巨任务
其他	位于福田交通综合枢纽换乘中心南出入口的电动汽车充电站也在紧锣密鼓地规划当中

城市名称	临沂
时间（预计）	不详
建设方	山东电力集团公司的临沂供电公司负责建设
地点	陶然路东段
规模	设计安装 2 500 千伏安变压器 2 台，充电机 20 台，充电桩 10 个，从金雀山变电站 10 千伏配电线路供电，可满足 20 辆电动汽车实时不间断、安全可靠充电 ☆首座电动汽车充电站计划建设 3 层综合楼 1 座，占地 6 000 多平方米，建成后将是国内占地面积和投资规模最大充电站
进度	目前已基本完成陶然路东段充电站方案设计
规划	临沂市规划了电动公交车线路，供电部门计划拨付 3 000 万元，用于建设陶然路东段和北城新区两座充电站
地方产品	“临沂造”纯电动汽车已于 2009 年 12 月在山东沂星电动汽车有限公司实现批量生产。该纯电动汽车一次充电仅需 3 小时，续驶里程可达 360 公里以上，是目前国内续驶里程最长的纯电动客车

城市名称	郑州
时间（预计）	2010 年 6 月底
建设方	国家电网
地点	初步位置是 85 路公交车终点站或其附近
服务对象	主要是为纯电动公交服务。（电动汽车充电站建成后，郑州将开通一条纯电动的公交示范线路。初步确定的是 85 路公交车，准备投入 20 台公交车，但方案还没有最终敲定） 郑州建成的首座电动汽车充电站，将不对外开放，只对公交车或者电力部门用的电动工程车辆和公务车辆、特种车辆。特种车辆，包括公安部门巡逻的纯电动车、今后邮政部门使用的送货车或者其他车辆
项目补贴	补助标准为，项目建设资金的 5%，其中省财政补助 1/3，项目所在省辖市财政补助 2/3
地方车企	河南省有 5 家生产电动汽车的厂家，分别是宇通客车、少林客车、郑州日产、海马汽车、中航电动汽车（郑州）有限公司。其中，前 2 个厂家，生产的是客车和公交车，后面 3 个厂家，主要生产的是小轿车。郑州建汽车充电站就面临电动汽车标准不统一的难题

城市名称	西安
时间	2010 年 2 月开始建设，预计年底投入使用
建设方	国家电网陕西省电力公司
地点	4 个电动汽车充电站将建在西安城区内东南西北各一个；分别是高新区、曲江新区以及朱宏路、枣园区域范围内 200 个充电桩主要设置在西安的各小区、超市及公用停车场内
规模	4 座电动车充电站，每个充电站投资在 200 万 ~300 万元，设有 4 个充电装置，同时可为 4 辆电动汽车充电 电力部门还将在小区、超市、停车场建立 200 个充电桩
进度	已完成了技术攻关，已进入站、桩的设计、布点阶段
服务对象	主要服务对象是比亚迪生产的双模电动汽车
地方企业	比亚迪

续表

其他	国家电网
目标	国家电网2010年的目标是完成电网建设投资2274亿元，大力推进智能电网和电动汽车和充电站建设 2009年9月，国家电网公司明确了电动汽车充电设施的建设目标、选址原则、供电方式、计量计费方式。同时编制完成电动汽车充放电装置通用技术要求等4项标准，编制完成10个省市公司建设方案并开展了电动汽车充电设施典型设计，比如以电动公交车为例，最快15分钟就可充满电 国家电网公司已经明确支持在上海、北京、天津等大城市加快电动汽车充电站建设。在几大城市的首批充电站建成后，将成为“示范运行”的纯电动汽车补充电力的基站
充电站设备	配电设备、直接充电设备以及管理辅助设备。其中，直接充电设备属技术壁垒较高、难度较大的一种 充电设备年均14亿元市场容量，未来5年市场规模68亿元。充电设备包括快充机、慢充机和交流充电桩，通常一个充电站至少包含4个快充机和16个慢充机
投资情况	每个充电站的投资约300万元
行业前景	预计行业未来5年市场容量在68亿元左右，年均市场容量约14亿元

七、国外新能源汽车发展情况简析

随着美国、日本、德国等主要新能源汽车生产国纷纷针对新能源汽车发展制定产业激励政策，加大研发生产投入，新一轮新能源汽车竞技开始在全球范围内展开。各国纷纷加快发展新能源汽车的步伐，上至政府，下至企业，都在开足马力发展这种车型及其配套设施。在金融危机形势下，它更成为拉动汽车产业、刺激经济复苏的重要一环。

（一）各国政府发展新能源汽车情况对比

1. 美国

发展目标	奥巴马的新能源政策计划是每年将汽车燃料经济标准提高4%。到2015年，将有100万辆插电式混合动力车投入使用，且2012年前实现美国联邦政府购买的车辆中一半是插电式混合动力车或电动汽车。另外，创建一个全国低碳燃料标LCFS，加速引进低碳非耗油汽车。
政策措施	为鼓励节能消费导向，在美国购买充电式混合动力车的车主，可以享受7 500美元的税收抵扣。
配套设施	美国能源部将设立20亿美元的政府资助项目，支持研发新一代电动汽车所需的电池组及其部件。美国能源部下属的国家实验室以及电池制造业联盟在肯塔基州设立了研发和制造中心，目标是为充电式混合动力车提供高性能的锂电池组。
资金投入	美国政府拨出数十亿美元支持电动汽车开发：美国政府将向福特汽车公司提供59亿美元贷款，用于伊利诺伊、肯塔基、密歇根、密苏里和俄亥俄州工厂的设备更新换代，以生产13款节能型汽车，包括从2011年开始年产5 000 ~ 10 000辆电动汽车；总部设在日本东京的日产汽车公司也将得到16亿美元的美国政府贷款，用于在美国的分厂发展电动汽车和先进的电池组生产；总部在美国加州的特斯拉汽车公司（Tesla Motors）获得的贷款额为4.65亿美元，用于发展电动火车和电动汽车。

2. 日本

发展目标	日本政府以2020年为目标，拟在7年期间投入210亿日元，组织力量研发可用于混合动力车和电动汽车的新型大容量电池。此外，日本政府决定加大力度，将生物汽油引用于汽车燃料。具体目标是，到2010年，实现将50万升（按原油换算）的生物燃料用于汽车用燃料，其中要求石油行业采用21万升的生物燃料。
政策措施	为推进新能源汽车以及环保汽车，日本从2009年4月1日起实施“绿色税制”，它的适用对象包括纯电动汽车、混合动力车、清洁柴油车、天然气车以及获得认定的低排放且燃油消耗量低的车辆。前3类车被日本政府定义为“下一代汽车”，购买这类车可享受免除多种税负优惠。 日本政府对节能环保汽车的鼓励措施：首先是制定了不同等级低公害车优惠标准。在低公害车的低油耗、低排放两个标准中，“低油耗”只是一个相对数，即根据车辆的重量，给出一个耗油值，低于这个值的就是低油耗车；如果是高级车，只要做好节油技术，达到标准要求也可以称做“低公害车”。其次是建立相关的认证制度。日本对低排放车实施认证制度。高、中档轿车和经济型轿车都可以向国土交通省申请接受低排放车认定。消费者可根据所购车辆的排放水平享受不同的减税待遇，购置以天然气为燃料或混合动力车等低公害车辆的地方公共团体，还可得到政府的补助金。再次是财政补贴。在刚刚出台不久的日本政府新的大规模刺激经济政策中，政府将投入约3700亿日元的财政支持，进一步加大对购买环保汽车的补贴力度。最后是政府机关起带头作用。政府机关用车以中、高级车居多，但必须全部使用低公害车。这条是激励汽车厂家改进和开发新技术的措施之一。

续表

配套设施	日本全国目前共建有1 900个LPG添加站、289个天然气添加站、11个加氢站和1座液氢生产设备，可供丰田、尼桑、本田等9家汽车公司研发的6款燃料电池车（FCV）和2款氢发动机汽车使用。还建有1 000个生物汽油加油站。日本最大的石油企业——新日本石油公司，已开始在首都圈7个都县的861家汽车加油站销售生物汽油。截至2009年6月，日本销售生物汽油的加油站已达900个。DME添加站目前也已结束了试验性运行。 丰田、日产汽车及松下电器等相关企业签署协议，合力开发统一规格的新一代汽车锂电池，并计划在2年内实现量产；东芝公司决定，斥资500亿日元开发电动汽车用的锂离子电池，这种高效动力将于2年内进入半商品化生产；东京电力宣布，将带头参与有关的基础建设，在首都圈先建200多个充电站，3年后增加到1 000个以上。 日本经济产业省所属新能源与产业技术综合开发机构（NEDO）宣布，将以京都大学为中心设立产学研合作研究开发联盟，共同实施2009年度新项目“革新型蓄电池尖端科学基础研究专项”。该研究开发联盟囊括了丰田、日产、本田、三菱等汽车巨头，三洋电机、松下、新神户电机、日立和三菱重工等机电与电池企业，以及京都大学、东北大学、东京工业大学和产业技术综合研究所等高校和研究机构共22家单位，形成了名副其实的“全日本”体制。项目的实施将以京都大学为依托，由各参加单位派遣50人以上的研究人员专门从事合作研究，开发各企业所需要的共性基础技术。
资金投入	日本政府计划7年内对该项目投入210亿日元，在2020年前将现行电动汽车一次充电续航距离提高3倍。

3. 德国

发展目标	德国的目标是，让电动汽车的市场价格下降到目前普通柴油和汽油汽车价格的水平，一次行车里程至少达到200～300公里。到2020年，可再生能源要占全部能源消耗的47%，因此2020年德国境内的新能源汽车要超过100万辆。
政策措施	德国规划在5年内免除电动汽车税及重量税；企业研制电动汽车可享受5年免税，大部分充电站(68%)完全免费，少部分收取充电费或停车费。
配套设施	在德国政府的经济刺激计划中，很大一部分用于电动汽车研发、“汽车充电站”网络建设和可再生能源开发。德国从今年起启动了一项3.6亿欧元的车用锂电池开发计划，几乎所有德国汽车和能源巨头均携资加入。与此同时，戴姆勒汽车公司和RWE能源公司宣称，将携手合作在国内兴建500个电动汽车充电站。德国汽车业联盟预计，2012年以前德国将完成电动汽车的系列化并拉开商品化生产序幕。
资金投入	在2009年年初出台的500亿欧元的德国第二个经济振兴规划中，德国政府拿出5亿欧元用于资助电动汽车的研发。其中资助锂离子电池的研发费用为5 900万欧元。在2007年制定的“高科技战略”中，德国政府已将电动汽车的关键技术——锂离子电池作为攻坚项目。为了完成这一项目，产业界五大巨头巴斯夫、博世、EVONIK、LiTec、大众和科学界与应用界的60家单位结合，组建了锂离子电池“创新联盟”：企业界出资3.6亿欧元，联邦科研部资助6000万欧元。

4. 韩国

发展目标	根据目前计划，韩国新型油电混合动力汽车将于2010年推向市场，当年生产规模为3万辆，到2018年将达到50万辆。通过混合动力汽车的开发与销售，将创造3.7万个就业岗位，由此产生的产值将超过7万亿韩元。
政策措施	韩国政府高度重视新能源汽车的开发，在法律保障、税收优惠等多方面进行扶持： 一是立法支援。韩国政府自2003年开始推动有关支持环保型汽车产业发展的法律进入立法程序，2004年10月《亲环境汽车开发与普及促进法》最终经国会审议通过。2009年4月，韩国国会对以上法律进行补充修订，将柴油汽车同电动汽车、太阳能汽车一起纳入法律支持项目，扩大了政策优惠的范围。二是确定混合动力汽车的能效标准。2009年4月10日，韩国知识经济部宣布了混合动力汽车的能效标准，只有符合标准的混合动力汽车才能享受政府推出的优惠政策。三是对混合动力车实行限时减税。为鼓励亲环境汽车的发展，财政部决定自2009年7月起至2012年年底对混合动力汽车实行减税优惠。该项措施实行之后，消费者在购买混合燃料车时，将享受个人消费税、登记税、取得税、教育税等方面的减税优惠，购买一辆汽车最多可节省330万韩元。
配套设施	现代起亚集团已经同生产变速器、马达、蓄电池等核心零部件的7家厂商建立了合作关系，目的是加快油电混合动力车的开发速度。作为未来战略，现代起亚集团还将继续推动氢燃料电池汽车的开发。在韩国，氢燃料电池车的生产研发以现代汽车公司为中心，韩国国内共有120多家企业联合参与。
资金投入	2009年6月25日，韩国政府在发布下半年经济运行计划时称，今后5年内，政府将直接投入1 500亿韩元，并动员民间资金5 500亿～7 200亿韩元用于提高汽车能效的技术研发，政府的目标是使韩国国产汽车的平均能效每年提高5%。

5. 法国

发展目标	政府希望将"节能环保"理念作为汽车业的新增长点，带动该行业尽快走出危机。
政策措施	法国政府在2008年年初推出"新车置换金"政策，根据这一政策，车主在更换新车时，购买小排量、更环保的新车可享受200~1 000欧元的补贴，而购买大排量、污染严重的新车则须缴纳高至2 600欧元的购置税。法国政府承诺说，对购买二氧化碳排放量在60克/公里以下的"超级环保车"，政府将给予5 000欧元的高额补贴，这项政策会一直持续到2012年，并将扩展到更多车型。
配套设施	法国准备采取配套措施，保证电动车等环保汽车的顺利运行，如在工作场所、超市和住宅区等大幅增加充电站的数量，从而使充电如同加油一样便捷。
资金投入	法国政府划拨了4亿欧元，用于研发清洁能源汽车。

(二)国外主要汽车厂商新能源汽车发展现状及目标

企业集团	发展现状及目标
本田	在本田去年的年中新闻发布会中，本田社长福井威夫宣布，本田将竭尽全力开发混合动力新车型，扩大混合动力车型的产品线，实现混合动力汽车的真正普及。在此项战略下，本田的混合动力计划从2009年年初开始，陆续推出新款混合动力车型。
丰田	丰田汽车公司把混合动力定位为核心技术，从1997年推出普锐斯混合动力汽车以来，目前已发展到第五代。在丰田2009—2010年的发展规划中，2009年丰田计划投放18款丰田及雷克萨斯品牌的新车型，其中有11款是混合动力车型，计划在2010年年初，实现混合动力车年销量突破100万辆的目标。到2020年时丰田所有销售车型都将提供混合动力版。
三菱	三菱汽车集团2020年的目标为生产总量的20%以上为EV汽车，新车使用时的二氧化碳排放量与2005年世界平均值相比减少50%。三菱还在生产、物流、采购、销售以及办公等各业务领域设立环保标准，努力提高环保水平。
现代	目前现代起亚汽车与LG化学、SK能源等企业达成共同开发插电式混合动力车型（PHEV）用电池的协议。现代起亚汽车具有优势的LPI混合动力车型，也在考虑推广到欧洲、东亚、中东等地区。作为未来战略，现代起亚集团还将继续推动氢燃料电池汽车的开发。该公司准备在2012年正式将氢燃料电池车投入市场，当年将生产1 000辆，到2018年将达到3万辆的生产规模。
克莱斯勒	已向美国能源部递交4.48亿美元电动车相关计划，其中3.65亿美元将用于提供试用车，8 300万美元将用于建立汽车电气化和制造中心。除电动车最终组装外，该中心还将负责研发、测试和电动元件制造等工作。中心定于2010年启用，其年产量在2万辆以上。
福特	福特汽车对混合动力、插电式混合动力、先进的清洁柴油、灵活燃料汽车、氢气内燃发动机和氢燃料电池等领域的研发投入不断增加，其车辆电气化战略包括，2012年前推出12款混合动力车、插电式混合动力车和4款纯电动车。总体上福特2009年款车型的平均燃油经济性将在2005年款车型的基础上提高14%，2012年款车型提高26%，2015年款车型提高36%。
通用	通用目前已建立全面的混合动力和电动汽车产品线，包括13个车型。通用增程型电动车雪佛兰Volt依靠电池电力可行驶64公里，将于2010年投产。除混合动力技术以外，通用把替代燃料也作为重点发展方向之一。
大众	大众集团已经规划好了一个完整的节能环保战略，具体规划分为近期、中期、长期3个部分。在短期内，进一步优化汽油机，普及、推广、采用先进的柴油机；从中期规划来讲，目前大众汽车在做电动汽车、混合动力汽车或其他一些替代能源，包括生物燃料等；从远期来看，着重氢能源的解决方案。
雷诺-日产	预计在2010—2011年间将第一批电动车投入市场，并从2012年开始批量生产。
标致	目前标致汽车在其擅长的微混合动力汽车产业化上加大投入，计划到2011年在100万辆车上装备停车启动系统。此外，标致集团还开发了四轮驱动混合动力技术，计划于2011年起在高档车型上应用并批量上市。

(三)国外主要新能源车型

为了有效达到节油和环保的目的，汽车的技术发展正朝车辆节能化、能源多元化、动力电气化、排放洁净化等方向积极推进，包括发展节能汽车、代用燃料汽车与电动汽车。其中电动汽车又包括燃料电池汽车(FCV)、混合动力汽车(HEV)和纯电动车(EV)三大类，它们是目前国际上最主流的新能源汽车技术。下面简要介绍一下国外的几款新能源车型及其技术亮点。

类型	车型	技术亮点
混合动力	丰田 FT－HS 混合动力概念车	FT－HS 就是丰田未来混合动力运动概念车的英文缩写，是丰田新一代混合动力概念车中的代表。该车采用后轮驱动方式，搭载 3.5 升 V6 汽油发动机和电动机的混合动力系统。轮毂采用碳素纤维，配合前轮 245/35R21、后轮 285/30R21 的专用轮胎，实现了低油耗、低排放和低噪声。
	本田混合动力 Insight	混合动力车 Insight 采用本田最新的低油耗驾驶辅助系统技术，这一技术能够更好地提高燃油经济性。Insight 能够在纯电动模式下，以时速 50 公里的速度行驶，在混合动力模式下，其百公里综合油耗为 4.34 升。
	凯迪拉克 ESCALADE Hybrid	ESCALADE Hybrid 创新搭载了“双模式”强混合动力技术，在城市道路行驶可节省多达 50%的燃油消耗，树立了其在全尺寸顶级豪华 SUV 领域的领先地位。
	福瑞迪 LPI 混动版	福瑞迪 LPI Hybrid 使用 LPG（液化石油气）1.6 升发动机，并匹配 CVT 无级变速箱，采用锂聚合物充电电池。该发动机的最高输出功率为 84kW（114 马力），最大扭矩为 148N·m。电动机输出 15kW（20 马力），最大扭矩为 105N·m，液化石油气燃效为 17.8km/L，CO_2 排放量为 99g/km。该车配备 ISG 无空转机构、Eco－Drive 系统，并将空气阻力降至 0.26。该车 2009 年 7 月 15 日，在韩国上市，售价为 2 054 万～2 335 万韩元，2009 年内的销量目标为 2 000 辆，2010 年为 5 000 辆。
	奔驰 S400 Hybrid	该车配备了一台 15kW 的电动马达和一台 3.5L 的汽油马达，每百公里油耗为 7.9 升，行驶每公里排放的 CO_2 只有 186～189g。
氢燃料电池车	本田 FCX Clarity 燃料电池车	FCX Clarity 搭载了 Honda 独创的新燃料电池系统“V FLOW FC Stack”，该系统采用氢气和空气竖直流动的构造。
	凯迪拉克 Provoq 氢燃料电池概念车	该车利用氢能源发电能行驶 320 公里，加速从 0～100km/h 需费时 12 秒，最高时速可达 160km/h，而其在运行中所产生的唯一排放物就是“水”。
	雪佛兰氢燃料电池车	该车可以通过电力来全时、全速驱动车辆，当行驶里程在 60km/h 以内时，可以完全只依靠一个车载 16kW·h 锂离子电池所储备的电力来驱动。而当电池组的电力耗尽时，它可以通过一个车载的汽油或乙醇燃料 1.4L 小排量高效发电机来为车辆电驱系统继续提供电能，从而拥有数百公里的续航能力。
纯电动车	雪佛兰 Volt	该车的极速可达 100km/h，匀速状态下可以连续行驶 90km，在家庭电源的状态下可以持续 8 小时即可充满，专业电源仅需 5 小时。该车售价为 472.5 万日元，折合人民币 33.4 万元。
	三菱 i－MiEV 电动汽车	i－MiEV 沿用了具有长轮距特长的三菱微型车 i 的“后中置布局”平台，驱动用大容量蓄电池被放置在车辆地板下方，而动力集成组件则被设计在后备厢的下方。由于只需用电力驱动，车辆行驶时完全不会排放如 CO_2 等尾气，1 次充电可行驶距离为 160km。
	日产 leaf 电动汽车	2009 年 8 月 2 日，日产全新电动汽车“leaf”正式在公众面前亮相。该车配备了先进的由锂离子电池驱动的车辆底盘，其巡航里程 160km 以上，计划于 2010 年下半年率先在日本、美国和欧洲市场推出。
	道奇 ZEO 概念跑车	ZEO 采用了电池作为动力单元，电池满电的情况下至少可持续行驶 402km 的距离，道奇 ZEO 电力发动机的最大马力可以达到 268，由于后轮驱动再加上电动机本身扭力大的特点，该款车从静止加速到 100km/h 只需 6 秒。

八、节能与新能源汽车基础知识

(一)总述

1. 定义与分类

按照《新能源汽车生产企业及产品准入管理规则》，广义新能源汽车是指采用非常规的车用燃料作为动力来源（或使用常规的车用燃料、采用新型车载动力装置），综合车辆的动力控制和驱动方面的先进技术，形成的技术原理先进，具有新技术、新结构的汽车。

广义新能源汽车包括：混合动力汽车（HEV）、纯电动汽车（BEV，包括太阳能汽车）、燃料电池汽车（FCEV）、氢发动机汽车、其他新能源(如超级电容器、飞轮等高效储能器)汽车等。非常规的车用燃料指除汽油、柴油、天然气（NG）、液化石油气（LPG）、乙醇汽油（EG）、甲醇、二甲醚之外的燃料。根据国家新能源汽车最新政策和规划，狭义新能源汽车主要指纯电动汽车、插电式混合动力汽车、燃料电池汽车。本年鉴所指新能源汽车是指广义新能源汽车。

2. 重点新能源汽车比较

混合动力汽车、纯电动汽车和燃料电池汽车共同构筑了汽车能源动力系统电气化转型的基础，构成了新能源汽车的主体，三者之间的比较如下表所示。

重点新能源汽车比较

	混合动力汽车	纯电动汽车	燃料电池汽车
驱动方式	内燃机＋电机驱动	电机驱动	电机驱动
能量系统	内燃机，蓄电池	蓄电池	燃料电池
能源和基础设施	加油站/电网充电设备	电网充电设备	加氢站
使用环节排放	低排量	零排放	零排放
主要特点	续航里程长、仍部分依赖汽（柴）油	续航里程短、初始成本高	能源效率高、续航里程长、成本高
商业化进程	已规模化产销	有销售，但未规模化	仍处于研发阶段
主要问题	蓄电池效率、电池管理系统	电池安全性及充电网点	成本高、制氢技术有待突破

3. 我国新能源汽车技术阶段划分

根据新能源汽车整车、系统及关键总成技术成熟程度，国家和行业标准完善程度，以及产业化程度的不同，将其分为起步期、发展期、成熟期三个不同的技术阶段。我国对处于不同技术阶段的产品采取不同的管理方式。根据规定，起步期产品是指技术原理的实现路径尚处于前期研究阶段，缺乏国家和行业的有关标准，尚未具备产业化条件的产品，只能进行小批量生产，且只在批准的区域、范围、期限和条件下进行示范运行，并对全部产品的运行状态进行实时监控；发展期产品是指技术原理的实现路径基本明确，国家和行业标准尚未完善，初步具备产业化条件的产品，允许进行批量生产，只能在批准的区域、范围、期限和条件下销售、使用，并至少对20%的销售产品的运行状态进行实时监控；成熟期产品是指技术原理的实现路径清晰，产品技术和生产技术成熟，国家和行业标准基本完备，可以进入产业化阶段的产品，与常规汽车产品的管理方式相同，在销售、使用上与常规汽车产品相同。

我国新能源汽车技术阶段划分表（2010年12月31日前适用）

序号	产品类别	储能装置种类	技术阶段
1	混合动力乘用车	锂离子动力蓄电池	发展期
2		金属氢化物镍动力蓄电池	成熟期
3		铅酸蓄电池	成熟期
4		锌空气蓄电池	起步期
5		超级电容器	发展期
6		液压/气压储能装置	发展期
7	混合动力商用车	锂离子动力蓄电池	发展期
8		金属氢化物镍动力蓄电池	发展期
9		铅酸蓄电池	发展期
10		锌空气蓄电池	起步期
11		超级电容器	发展期
12		液压/气压储能装置	发展期
13	纯电动乘用车	锂离子动力蓄电池	发展期
14		金属氢化物镍动力蓄电池	起步期
15		铅酸蓄电池	成熟期
16		锌空气蓄电池	起步期
17		超级电容器	起步期
18	纯电动商用车	锂离子动力蓄电池	起步期
19		金属氢化物镍动力蓄电池	起步期
20		铅酸蓄电池	成熟期
21		锌空气蓄电池	起步期
22	燃料电池乘用车/商用车	燃料电池	起步期
23	氢发动机汽车		起步期
24	二甲醚汽车		起步期

（二）混合动力汽车

1. 定义

混合动力汽车（Hybrid Electrical Vehicle，简称HEV）是指同时装备两种动力来源——热动力源（由传统的汽油机或者柴油机产生）与电动力源（电池与电动机）的汽车。通过在混合动力汽车上使用电机，使得动力系统可以按照整车的实际运行工况要求灵活调控，而发动机保持在综合性能最佳的区域内工作，从而降低油耗与排放。

2. 工作原理

混合动力汽车的动力系统主要由控制系统、驱动系统、辅助动力系统和电池组等构成。

下面以串联混合动力电动汽车为例，介绍一下混合动力电动汽车的工作原理。

在车辆行驶之初，蓄电池处于电量饱满状态，其能量输出可以满足车辆要求，辅助动力系统不需要工作。电池电量低于60%时，辅助动力系统起动：当车辆能量需求较大时，辅助动力系统与蓄电池组同时为驱动系统提供能量；当车辆能量需求较小时，辅助动力系统为驱动系统提供能量的同时，还给蓄电池组进行充电。由于蓄电池组的存在，使发动机工作在一个相对稳定的工况，使其排放得到改善。

混合动力汽车采用能够满足汽车巡航需要的小型发动机，依靠电动机或其他辅助装置提供加速与爬坡所需的附加动力，其结果是提高了总体效率，同时并未牺牲性能。混合动力车设计成可回收制动能量。在传统汽车中，当司机踩制动时，这种本可用来给汽车加速的能量作为热量被白白浪费掉了。而混合动力车却能回收大部分能量，并将其暂时贮存起来供加速时再用。当司机想要有最大的加速度时，汽油发动机和电动机并联工作，提供可与强大的汽油发动机相当的起步性能。在对加速性要求不太高的场合，混合动力车可以单靠电机行驶，或者单靠汽油发动机行驶，或者二者结合以取得最大的效率。比如：在公路上巡航时使用汽油发动机：而在低速行驶时，可以单靠电机拖动，不用汽油发动机辅助。即使在发动机关闭时电动转向助力系统仍可保持操纵功能，提供比传统液压系统更大的效率。

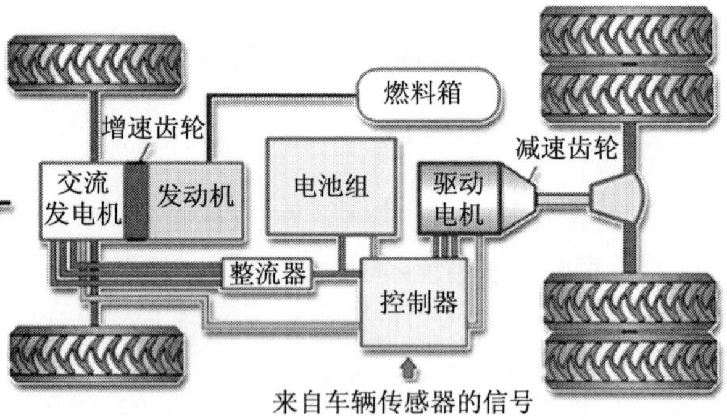

图1 串联混合动力电动汽车工作原理示意图

3. 分类

(1)根据混合动力驱动的联结方式，混合动力系统主要分为以下三类：

①串联式混合动力系统。串联式混合动力系统一般由内燃机直接带动发电机发电，产生的电能通过控制单元传到电池，再由电池传输给电机转化为动能，最后通过变速机构来驱动汽车。在这种联结方式下，电池就像一个水库，只是调节的对象不是水量，而是电能。电池对在发电机产生的能量和电动机需要的

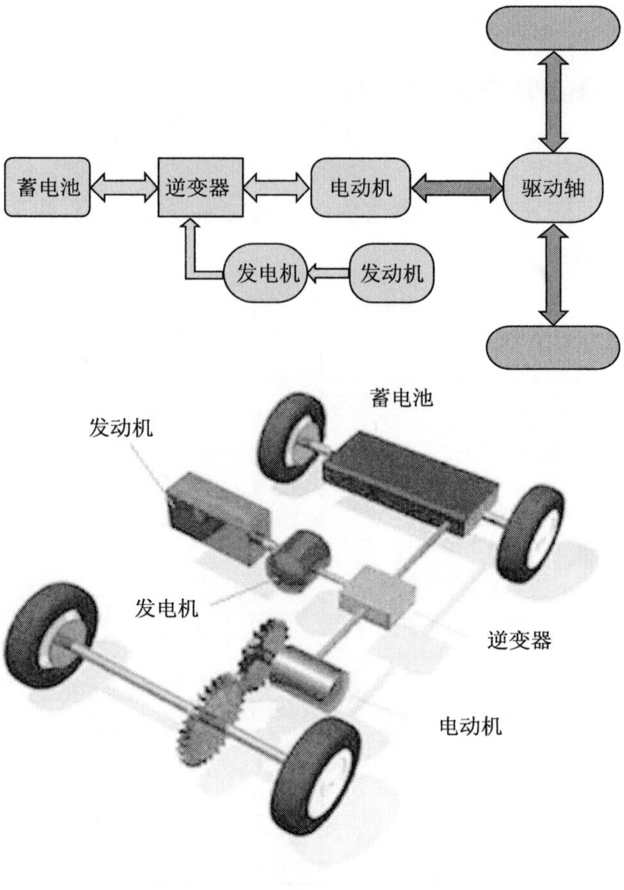

图2 串联式混合动力系统示意图

能量之间进行调节，从而保证车辆正常工作。这种动力系统在城市公交上应用的比较多，在轿车上很少使用。

②并联式混合动力系统。并联式混合动力系统有两套驱动系统：传统的内燃机系统和电机驱动系统。这两个系统既可以同时协调工作，也可以各自单独工作驱动汽车。这种系统适用于多种不同的行驶工况，尤其适用于复杂的路况。该联结方式结构简单，成本低。本田的Accord和Civic采用的是并联式联结方式。

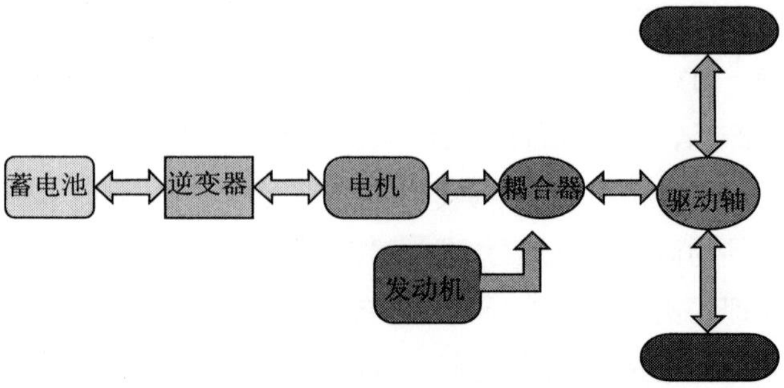

③混联式混合动力系统。混联式混合动力系统的特点在于：内燃机系统和电机驱动系统各有一套机

图 3 并联式混合动力系统示意图

械变速机构，两套机构或通过齿轮系，或采用行星齿轮式结构结合在一起，从而综合调节内燃机与电动机之间的转速关系。与并联式混合动力系统相比，混联式混合动力系统可以更加灵活地根据工况来调节内燃机的功率输出和电机的运转。此联结方式系统复杂，成本高。Prius 采用的是混联式联结方式。

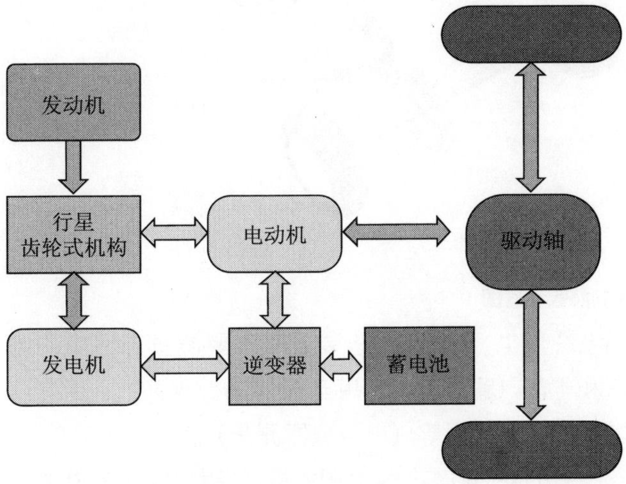

（2）根据在混合动力系统中，电机的输出功率在整个系统输出功率中占的比重，也就是常说的混合度的不同，混合动力系统还可以分为以下四类：

①微混合。微混合动力系统是指在传统内燃机的启动电机（一般为 12V）上加装了皮带驱动启动电机（也就是常说的 Belt-alternator Starter Generator，简称 BSG 系统）。该电机为发电－启动（Stop-Start）一体式电动机，用来控制发动机的启动和停止，从而取消发动机的怠速，降低了油耗和排放。从严格意义上来讲，这种微混合动力系统的汽车不属于真正的混合动力汽车，因

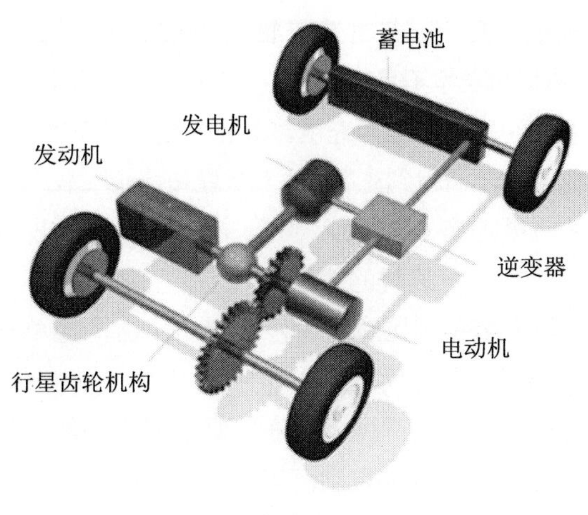

图 4 混联式混合动力系统示意图

为它的电机并没有为汽车行驶提供持续的动力。

②轻混合。该混合动力系统采用了集成启动电机（也就是常说的 Integrated Starter Generator，简称 ISG 系统），车辆还是以发动机为主要动力来源，助动电机被安装于发动机和变速器之间，作为辅助动力的来源与主要动力相连。当行驶中需要更大驱动力时，它被用作电动机；当需要重新启动熄火的发动机时，它被用作为一个启动机。其能够实现：在减速和制动工况下，对部分能量进行吸收；在行驶过程中，发动机等速运转，发动机产生的能量可以在车轮的驱动需求和发电机的充电需求之间进行调节；在汽车处于加速或者大负荷工况时，电动机能够辅助驱动车轮，从而补充发动机本身动力输出的不足，从而更好地提高整车的性能。

③全混合。完全混合动力系统是指既可以使用汽油引擎或电动机单独驱动，也可以同时使用两种动力驱动的汽车。它们普遍采用大容量电池，以供给电动机作纯电动模式运行，同时还具有动力切换装置，用以发动机、电动机各自动力的耦合和分离。

④插电式混合。插电式混合动力系统通过接入家用电源(110 伏/220 伏) 为系统中配备的充电电池充电，充电后可仅凭充电电池作为电动汽车行驶。另外，在充电电池的剩余电量用完后，并不是切换至发动机行驶模式，而是通过发动机旋转发电机，利用由此产生的电力为充电电池充电，继续用马达行驶，从而形成了串联方式的插入式混合动力车。这种混合动力汽车比全混合电力汽车有较长纯电动行驶里程（依设计而异）。

4. 特点

优点：

（1）采用混合动力后可按平均需用的功率来确定内

燃机的最大功率，此时处于油耗低、污染少的最优工况。内燃机功率不足时，由电池来补充；负荷少时，富余的功率可发电给电池充电，由于内燃机可持续工作，电池又可以不断得到充电，故其行程和普通汽车一样。

（2）因为有了电池，可以十分方便地回收制动时、下坡时、怠速时的能量。

（3）在繁华市区，可关停内燃机，由电池单独驱动，实现“零”排放。

（4）有了内燃机可以十分方便地解决耗能大的空调、取暖、除霜等纯电动汽车遇到的难题。

（5）可以利用现有的加油站加油，不必再投资。

（6）可让电池保持在良好的工作状态，不发生过充、过放，延长其使用寿命，降低成本。

缺点：长距离高速行驶基本不能省油。

（三）纯电动汽车

1. 定义

纯电动汽车是完全由电能储能装置（如铅酸电池、镍镉电池、镍氢电池、锂离子电池或超级电容等）提供动力源的汽车。

2. 结构

电动汽车的组成包括：电力驱动及控制系统、驱动力传动等机械系统、完成既定任务的工作装置等。电力驱动及控制系统是电动汽车的核心，也是区别于内燃机汽车的最大不同点。电力驱动及控制系统由驱动电动机、电源和电动机的调速控制装置等组成。电动汽车的其他装置基本与内燃机汽车相同。

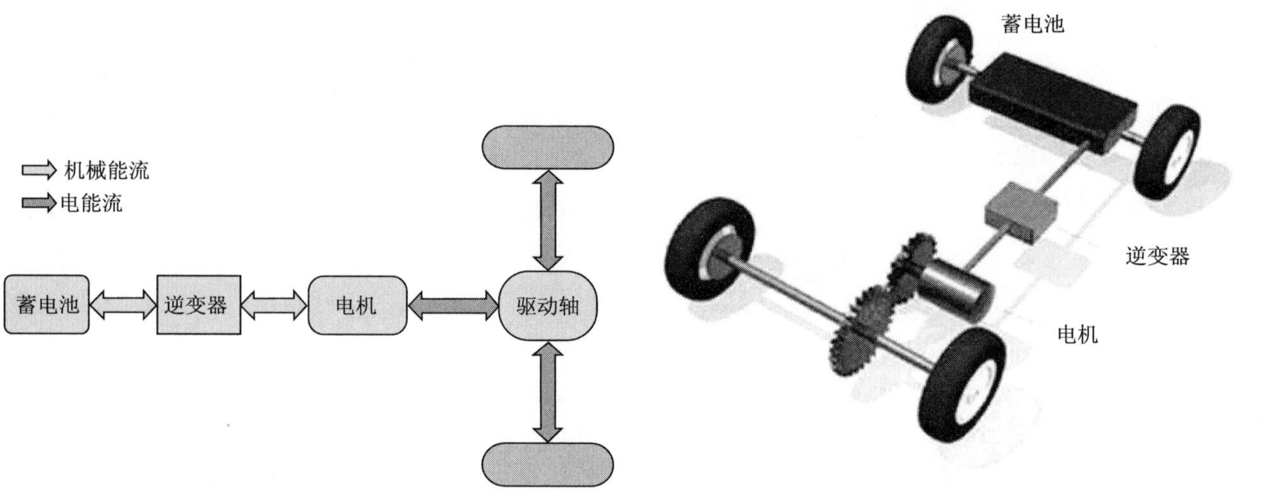

图5　纯电动汽车结构原理示意图

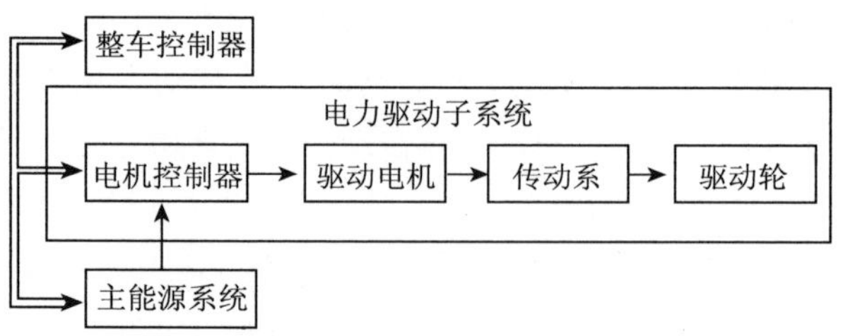

图6　电力驱动子系统示意图

3. 工作原理

电源—电流—电力调节器—电动机—动力传动系统—驱动汽车行驶蓄电池供电给照明系统、测量系统和驱动系统。

蓄电池通过整流和逆变器后通过变压器变压，变压器副边根据需要选择几个绕组，电压器吃来的高频交流电整流为直流，分别给照明系统、测量系统和驱动系统供电。测量电压装置中需要测量电路中的电压和电流（输入输出，用互感器进行观测），还有汽车速度、电池温等（用传感器测量）。

有的电动汽车加装太阳能板，将太阳能储存在蓄电池中，这应该是未来的发展方向，但是到目前为止这种汽车的速度和持续行驶距离都很低，有待进一步研究。

4. 特点

（1）纯电动汽车的优点

①无污染，噪声小；

②结构简单，使用维修方便；

③能量转换效率高，同时可回收制动、下坡时的能量，提高能量的利用效率；

④可在夜间利用电网的廉价“谷电”进行充电，起到平抑电网峰谷差的作用。

（2）纯电动汽车的缺点

目前，受制于电池能量密度低、成本高等因素制约，电动汽车与传统汽车相比，性价比仍有一定差距。此外，由于充电基础设施等相关配套体系尚未建立，因此造成纯电动汽车使用方面还不方便。

电动汽车是主要采用电力驱动的汽车，大部分车辆直接采用电机驱动，有一部分车辆把电动机装在发动机舱内，也有一部分直接以车轮作为四台电动机的转子，其难点在于电力储存技术。电力本身不排放污染大气的有害气体，即使按所耗电量换算为发电厂的排放，污染物及二氧化碳也显著减少。由于电厂大多建于远离人口密集的地方，对人类伤害较少，而且电厂是固定的，便于对污染物集中处理。由于电力可以从多种一次能源中获得，如煤、核能、水力、风力、光、热等，缓解了人们对石油资源日渐枯竭的担心。电动汽车还可以充分利用晚间用电低谷时富余的电力充电，大大提高了电力设备的利用效率。有关研究表明，同样的原油经过粗炼，送至电厂发电，经充入电池，再由电池驱动汽车，其能量利用效率比经过精炼变为汽油，再经汽油机驱动汽车高，因此有利于节约能源和减少二氧化碳的排量，正是这些优点，使电动汽车的研究和应用成为汽车工业的聚焦点。

（四）燃料电池汽车

1. 定义

燃料电池汽车（FCEV）是指以氢气等为燃料，通过化学反应产生电流，依靠电机驱动的汽车。燃料电池的能量是通过氢气和氧气的化学作用直接变成电能的，而不是经过燃烧。燃料电池的化学反应过程不会产生有害产物，因此燃料电池车辆是无污染汽车，燃料电池的能量转换效率比内燃机要高 2～3 倍，因此从能源的利用和环境保护方面，燃料电池汽车是一种理想的车辆。

单个的燃料电池必须结合成燃料电池组，以便获得必需的动力，满足车辆使用的要求。

在燃料电池汽车的开发中仍然存在着技术性挑战，如燃料电池组的一体化，提高商业化电动汽车燃料处理器和辅助部，汽车制造厂都在朝着集成部件和减少部件成本的方向努力，并已取得了显著的进步。

2. 特点

与传统汽车相比，燃料电池汽车具有以下优点：

（1）零排放或近似零排放；

（2）减少了机油泄漏带来的水污染；

（3）降低了温室气体排放；

（4）提高了燃油经济性；

（5）提高了发动机燃烧效率；

（6）运行平稳，无噪声。

燃料电池电动汽车的氢燃料能够通过几种途径得到。有些车辆直接携带着纯氢燃料，另外一些车辆有可能装有燃料重整器，能将烃类燃料（如甲醇、天然气或汽油）转化为富氢气体。

3. 工作原理

燃料电池车的动力系统与混合动力车大体相似，主要由控制系统、驱动系统、辅助动力系统和电池组等部分构成，其中辅助动力为燃料电池。在车辆行驶之初，蓄电池处于电量饱满状态，其能量输出可以满足车辆要求，燃料电池动力系统不需要工作。

电池电量低于60%时，燃料电池动力系统启动：

当车辆能量需求较大时，燃料电池动力系统与蓄电池组同时为驱动系统提供能量；

当车辆能量需求较小时，燃料电池动力系统为驱动系统提供能量的同时，还给蓄电池组进行充电。

4. 分类

燃料电池可大致分类如下：

按燃料电池的运行机理，分为酸性燃料电池和碱性燃料电池。

按电解质种类的不同，分为有酸性、碱性、熔融盐类或固体电解质。因此，燃料电池可分为碱性燃料电池（AFC）、磷酸燃料电池（PAFC）、熔融碳酸盐燃料电池（MCFC）、固体氧化物燃料电池（SOFC）、质子交换膜燃料电池（PEMFC）等。在燃料电池中，磷酸燃料电池（PAFC）、质子交换膜燃料电池（PEMFC）可以冷启动和快启动，可以用作移动电源，适应 FCEV 使用的要求，更加具有竞争力。

按燃料类型，分为氢气、甲醇、甲烷、乙烷、甲苯、丁烯、丁烷等有机燃料，汽油、柴油和天然气等气体燃料，有机燃料和气体燃料必须经过重整器“重整”为氢气后，才能成为燃料电池的燃料。

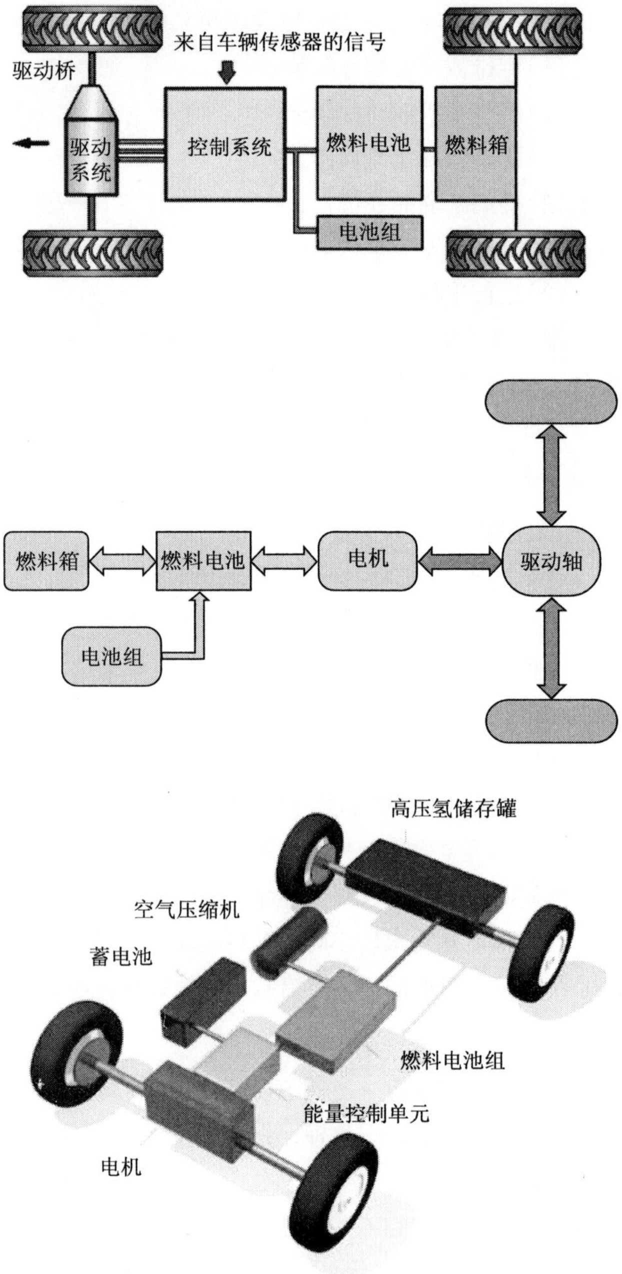

图7　燃料电池汽车结构原理示意图

(五)燃气汽车

1. 定义

燃气汽车是以天然气、液化石油气等为燃料的汽车。

天然气的甲烷含量一般在90%以上，是一种很好的汽车发动机燃料。目前，天然气被世界公认为是最为现实和技术上比较成熟的车用汽油、柴油的代用燃料，天然气汽车已在世界各国得到了广泛的推广应用。

2. 分类

按照所使用天然气燃料状态的不同，燃气汽车可以分为：

(1)压缩天然气(CNG)汽车

是将经多级加压到20.7～24.8 MPa的天然气，储存在车载高压气瓶中作为燃料的汽车。

(2)液化天然气(LNG)汽车

是指常压下、温度为－162℃的液体天然气，储存于车载绝热气瓶中作为燃料后的汽车。

(3)吸附天然气(ANG)汽车

将天然气吸附在存贮罐内的活性炭中，作为燃料的汽车。

(4)液化石油气(LPG)汽车

将烃类混合物稍加压（1.6 MPa左右），使之成为液态存贮在气瓶中作为燃料的汽车。

按燃料的控制方式可分为：

(1)机械控制燃气系统

利用减压调节器和混合器，根据发动机进气歧管的真空度和空气流速调节供气量，并使燃气与空气均匀混合后进入汽缸，满足发动机各工况的需要。

(2)电子控制燃气喷射系统

利用传感器收集发动机的各种信息，送给电子控制单元（计算机）。电子控制单元对这些信息进行计算、分析，产生控制信号，控制燃气的输出量，实现最佳的进入汽缸混合气的比例，满足发动机各工况的需要。

3. 特点

(1)燃气汽车是清洁燃料汽车

天然气汽车的排放污染大大低于以汽油为燃料的汽车，尾气中不含硫化物和铅，一氧化碳降低80%，碳氢化合物降低60%，氮氧化合物降低70%。

(2)燃气汽车有显著的经济效益

①可降低汽车的营运成本。目前天然气的价格比汽油和柴油低得多，燃料费用一般可节省60%左右，使营运成本大幅降低。由于油气差价的存在，改车费用家用汽车可在一年之内、运营汽车可在半年之内收回。

②可节省维修费用。发动机使用天然气做燃料，运行平稳，噪声低，不积炭，能延长发动机使用

寿命，不需经常更换机油和火花塞，可节约50%以上的维修费用。

(3)安全性好

首先与汽油相比，压缩天然气本身就是比较安全的燃料。这表现在：

①燃点高。天然气燃点在650℃以上，比汽油燃点（427℃）高出223℃，所以与汽油相比不易点燃。

②密度低。与空气的相对密度为0.68，泄漏气体很快在空气中散发，很难形成遇火燃烧的浓度。

③辛烷值高。可达130，比目前最好的98号汽油的辛烷值高得多，抗爆性能极好。

④爆炸极限窄。仅为5%~15%，在自然环境下，形成这一条件十分困难。

⑤释放过程是一个吸热过程。当压缩天然气从容器或管路中泄出时，泄孔周围会迅速形成一个低温区，使天然气燃烧困难。

其次，压缩天然气汽车所用的配件比汽油车要求更高。表现在：

①国家颁布有严格的天然气汽车技术标准。从加气站设计、储气瓶生产、改车部件制造到安装调试等，每个环节都形成了严格的技术标准。

②设计上考虑了严密的安全保障措施。对高压系统使用的零部件，安全系数均选用1.5~4以上。在减压调节器、储气瓶上安装有安全阀；在控制系统中，安装有紧急断气装置。

③储气瓶出厂前要进行特殊检验。气瓶经常规检验后，还需充气作火烧、爆炸、坠落、枪击等试验，合格后，方能出厂使用。

中外发展天然气60年来，从未出现过因天然气爆炸、燃烧而导致车毁人亡的事件，压缩天然气汽车是十分安全可靠的。

(4)压缩天然气汽车的动力性略有降低

燃用天然气时，动力性略下降5%~15%。

(5)改装一次性投资较大(略)

(六)醇醚类燃料汽车

与汽油相比，醇类和醚类燃料具有较高的输出效率。由于燃烧充分，有害气体排放较少，属于清洁能源。目前，获得应用的主要有甲醇、乙醇和二甲醚等。

1. 甲醇燃料汽车

甲醇汽车是新型的低公害节能汽车，它是以酒精类的甲醇作为燃料的汽车。甲醇汽车的最高时速、动力等性能和普通汽车差不多，但排出废气中的铅、氮的氧化物却减少一半，并且基本不冒黑烟。燃料用的甲醇来源很广，可以从天然气、劣质煤、油砂、木屑等凡是能产生一氧化碳和氢气的物质中提炼出来。而且，甲醇的生产有工艺简单、设备少、运输方便等特点。甲醇汽车的改装，动力性好，对车无损害，每升只需2.5元左右，比使用天然气还省钱，比使用汽油节省40%左右的燃油费，无须缴纳燃油税，经济安全，节能环保，技术成熟，安全稳定。

2. 乙醇燃料汽车

乙醇汽车是使用车用乙醇汽油作为主要的动力燃料的机动车。乙醇燃料已成为国际上普遍公认的可降低环境污染和取代化石燃料的主要资源。为此，世界上一些知名的汽车巨头纷纷把目光投向乙醇汽车的研发和推广上。

国际上应用的乙醇燃料，大多是将高纯度“无水酒精”和汽油按一定比例混合得到的，而东风公司的“含水乙醇重整富氢燃料汽车”所使用的燃料，则是将65%的含水乙醇，经过催化重整为以氢为主的可燃气体而成的。

3. 灵活燃料汽车

灵活燃料汽车（FFV：Flexible Fuel Vehicle）主要是指能使用纯汽油、纯醇燃料以及不同比例的汽油与醇燃料的混合燃料的汽车。

试验研究结果表明，含有85%甲醇或乙醇及15%汽油的混合燃料（M85或E85）的综合性能较好。汽车如果只使用甲醇M100做燃料，则冷启动、热启动及材料相容性等问题较为突出，尽管当前技术都可解决这些问题，但如果使用M85、E85，则这类问题便较为缓和，汽车所需的变动也少些。灵活燃料汽车也大都以M85、E85混合燃料作为研究对象。汽油及醇燃料的某些理化性质有较大的差异，如辛烷值不同，为了照顾两种燃料的特点，发动机压缩比的选择就要采取折中措施，或者侧重醇燃料。需要采用高压缩比时，就要研究防止使用汽油或低醇燃料含量的混合燃料时产生爆燃的措施。

4. 二甲醚汽车

二甲醚(Dimethylether)，简称DME，是一种无毒含氧燃料，常温常压下为气态，常温下可在5个大气压下液化，易于储存与运输。它可以从煤炭、天然气、生物质等多种资源中制取，二甲醚含氢量高，且容易液化，能实现高效清洁燃烧，燃烧过程中无残渣、无黑烟，一氧化碳、一氧化氮排量低，是柴油理想的替代燃料。二甲醚十六烷值高，蒸发潜热大，用它代替柴油作为汽车的燃料，可使发动机的功率提高10%～15%，热效率提高2%～3%，燃烧噪声可以降低5～10分贝。而且氮氧化物、一氧化碳等污染物的排放量也很低，可以满足欧洲Ⅲ号排放标准。

(七)其他

1. 太阳能汽车

(1)定义

太阳能汽车使用太阳能电池把光能转化成电能，电能会在蓄电池中存起来备用，用来推动汽车的电动机。由于太阳能汽车不用燃烧化石燃料，所以不会放出有害物质。

转化太阳能为电能的半导体材料通常分为硅电池、硫化镉电池、砷化镓电池等，其中最常用的是硅太阳能电池。硅太阳能电池有圆形的、半圆形的和长方形的等几种。在电池上有像纸一样薄的小硅片，在硅片的一面均匀地掺进一些硼，另一面掺入一些磷，并在硅片的两面装上电极，它就能将光能变成电能。

通常，硅太阳能电池能把10%～15%的太阳能转变成电能。硅太阳能电池既使用方便，经久耐用，又很干净，不污染环境，是比较理想的一种电源。只是光电转换的比率小了一些。近年来，美国已研制成光电转换率达35%的高性能太阳能电池。

(2)太阳能汽车的设计制造

设计太阳能汽车时，要使阻力达到最小值，太阳能板与阳光的接触比达到最大值，重量要尽量小，而安全系数尽量达到最高。

太阳能汽车底盘是设计的关键，底盘必须具有严格的强度和安全系数要求。通常，有三种类型的底盘使用在太阳能汽车上：空间框架结构；半单体横造或碳纤维；单体横造。

太阳能汽车中的复合材料得到广泛的应用。这种合成材料是由像三明治夹层一样结构的材料构成：碳纤维、KEVLAR和玻璃纤维。蜂窝状和泡沫塑料是常用的合成填充材料，这些材料用环氧基树脂保护起来，组合在具有KEVLAR和碳纤维的材料里，能够获得所需要的强度材料（相当于钢的强度），但又是非常轻质的材料。

2. 氢发动机汽车

氢发动机汽车的内燃机系统有点类似于传统汽车内燃机系统，其内燃机可直接燃烧氢，而不使用其他燃料，产生水蒸气排出。这类车存在几个技术难题：一是氢气的安全存放和储运。由于氢气在常温下呈气态，为能使汽车长距离运行，必须有充足的氢源，一般需要采用加压技术。二是氢气燃烧效率较低，氢内燃机的能量转化效率低于氢燃料电池，要使得汽车具有足够的马力，提高其能效是不能回避的问题。

氢发动机汽车涉及氢能的综合利用问题。我国十分重视氢能源的研究与开发工作，和国际进行了广泛合作和接轨：2003年11月，和欧盟共同签署了“氢经济国际合作伙伴计划（IPHE）”；2008年4月，上海社会科学院和BMW（宝马汽车公司）在上海联合举办了“中国发展氢燃料汽车战略国际研讨会”。目前我国已在一些氢能汽车研究开发及应用示范项目上取得了一定的进展。

九、我国新能源汽车发展大事纪

2001年9月30日 科技部组织召开“十五”国家863计划电动汽车重大专项可行性研究论证会，会议通过专项可行性研究报告，电动汽车重大专项正式启动。专项确立了“三纵三横”(燃料电池汽车、混合动力汽车、纯电动汽车三种整车技术为“三纵”，多能源动力总成系统、驱动电机、动力电池三种关键技术为“三横”)的研发布局，采用总体组负责制，由整车企业牵头，关键零部件配合，产学研相结合，政策、法规、技术标准同步研究，基础设施协调发展的研发体制。

2001 年 北京市政府启动“科技奥运电动汽车重大专项”工作。

2003 年 01 月 11 日 国内首台燃料电池汽车“超越一号”在上海问世。2001 年年底，燃料电池轿车项目落户上海后，由上海汽车集团、同济大学等 10 多家企业、高校、科研机构联合组成项目组，并成立燃料电池动力系统公司，进行项目攻关。

2003 年 8 月 11 日 “超越一号”通过科技部重大专项年度评审，各项性能指标均达到考核指标要求。

2004 年 12 月 17 日 科技部召开电动汽车重大科技专项座谈会。截至当时，电动汽车重大专项已在关键零部件技术、系统集成技术及整车技术等方面取得重要进展。

2005 年 6 月 21 日 电动汽车重大科技专项示范城市交流研讨会召开。截至 2005 年上半年，电动汽车重大专项工作进展迅速，修订 16 项纯电动标准，制定 6 项混合动力汽车相关标准，为电动汽车产业化配套奠定了基础。

2005 年 12 月 电动汽车重大科技专项位于北京和天津的动力蓄电池测试基地通过验收。

2005 年 12 月 15 日 首次在海外生产的丰田 PRIUS 普锐斯混合动力汽车在长春正式下线。

2005 年 12 月 30 日 “十五”国家科技攻关计划“清洁汽车关键技术研究开发及示范应用”项目顺利通过验收。该项目成功研制开发出 19 种排放满足国Ⅲ标准的燃油、燃气、醇类和二甲醚发动机及整车，并形成了批量生产能力，部分产品已经投放市场。该项目还组织开展了单一燃料压缩天然气、液化天然气、液化石油气汽车和醇类燃料汽车的示范工程。

2006 年 2 月 7 日 “十五”电动汽车重大科技专项通过验收。在整车技术开发方面，由上海汽车工业（集团）总公司、同济大学等投资组建的上海燃料电池动力系统公司已开发出三代“超越”系列燃料电池轿车动力系统平台和示范样车；北京清能华通公司已研发出燃料电池城市客车；中国第一汽车集团公司、东风汽车公司、重庆长安汽车股份有限公司、奇瑞汽车股份有限公司等汽车公司竞相开发出混合动力汽车性能样车，节油 30%以上，排放减少 30%。

2006 年 03 月 20 日 由中通客车控股股份有限公司研制的山东省首辆混合动力客车在聊城试车成功。

2006 年 6 月 7 日 由科技部组织的“十一五”国家 863 计划节能与新能源汽车重大项目论证会在北京友谊宾馆召开。全国政协副主席、中国工程院院长徐匡迪，科学技术部副部长马颂德，国务院发展研究中心副主任刘世锦，机械工业联合会副会长张小虞，科学技术部、国家发展和改革委员会、国家环保总局、国家开发银行的有关领导，以及来自国内主要汽车企业、科研机构、大学和地方科技部门的有关领导和代表 60 多人参加了论证会。科技部高新司司长冯记春主持会议。

2006 年 10 月 10 日 由国家 863 计划节能与新能源汽车重大项目办公室组织、国家清洁汽车生产力促进中心承办的“十一五”节能与新能源汽车重大项目课题申请指南咨询会在北京举行。会议由科技部高新司陈家昌处长主持。

2006 年 10 月 25 日 国家发展和改革委员会为燃料电池国家工程研究中心授牌，以大连化物所为依托，由新源动力股份有限公司承建的燃料电池工程中心被正式授予“国家工程研究中心”。副所长黄向阳代表工程中心接受牌匾。

2006 年 12 月 5 日 “十一五”国家 863 计划节能与新能源汽车重大项目总体专家组正式成立。专家组由 13 名成员组成。总体专家组主要负责落实节能与新能源汽车重大项目的总体集成和技术协调工作。

2007 年 7 月 北京市市委书记、北京奥组委主席刘淇等领导会见科学技术部部长万钢，内容涉及科技奥运和赛时新能源车辆应用，并形成共识。

2007 年 8 月 1 日 国家发展和改革委员会发布《乘用车燃料消耗量限值》。

2007 年 8 月 21 日 全国汽车标准化技术委员会在北京召开混合动力汽车技术标准研讨会。“九五”和“十五”期间，在国家 863 计划支持下，我国在开展电动汽车技术研发的同时，也安排相关标准的研究制定工作。截至会议召开时，已完成电动汽车标准 32 项。

2007 年 8 月 29 日 科学技术部部长万钢、副部长曹健林等有关领导（包括高新司、计划司等各司局领导）与北京市常务副市长吉林、副市长赵凤桐等有关领导（包括科学技术委员会、交通委员会等各相关部门领导）会面，讨论电动汽车奥运应用问题。北京市表示积极支持，并研究落实电动汽车北京 2008 年奥运会应用的具体任务、线路和运营机构等。

2007 年 9 月 25 日 “奥运科技（2008）行动计划领导小组”暨“第 29 届奥林匹克运动会科学技术委员会”全体会议在京召开。“行动计划”领导小组组长、科技部部长万钢，奥科委主席、北京市人大常委会副主任林文漪出席会议并讲话。国家发改委、体育总局、财政部、教育部、文化部、北京奥组委等单位领导与会。电动汽车奥运应用被列为下一阶段“科技奥运”重点工作之一；

2007 年 11 月 1 日 《新能源汽车生产准入管理规则》正式实施。科技部也将“新型洁净能源汽车”列入《国家科技发展中长期规划》，并将在“十一五”期间继续组织实施涉及各种清洁能源汽车的重大科技项目。

2008 年 8—9 月 科技部和北京市成功组织实施了奥运电动汽车示范运行，一汽、东风、长安、奇瑞等企业研发生产的混合动力、纯电动及燃料电池共计 595 辆电动汽车集中在奥运中心区及周边地区进行交通运输服务，累计运行 371 万公里，运送乘客 441.7 万人次，兑现了“科技奥运、绿色奥运”的承诺。在 2008 年北京奥运电动车辆示范运行现场，共直接减少汽、柴油用量 780 吨，减排二氧化碳 2510 吨。同时，将降低车辆尾气直接有害物质排放，减少一氧化碳（CO），排放 7 吨，减少碳氢化合物（HC）排放 1.26 吨，减少氮氧化物（NO_x）排放 8.2 吨，减少颗粒物（PM）排放量 176 公斤。

2008 年 9 月 29 日 北京奥运会、残奥会总结表彰大会在北京人民大会堂隆重举行，科技部新能源汽车奥运示范项目组获“北京奥运会残奥会先进集体”荣誉称号。

2009 年 1 月 14 日 国务院原则通过汽车产业振兴规划，首次提出新能源汽车战略，安排 100 亿元支持新能源汽车及关键零部件产业化。

2009 年 1 月 23 日 出台《新能源汽车示范推广通知》，计划用 3 年时间，每年发展 10 个城市，每个城市推出 1 000 辆新能源车；对 13 个城市公共服务领域购买新能源车给予定额补助，HEV 最高补贴 5 万～45 万元。

2009 年 2 月 6 日 财政部、科技部发出了《关于开展节能与新能源汽车示范推广试点工作的通知》（以下简称《通知》），决定在北京、上海、重庆、长春、大连、杭州、济南、武汉、深圳、合肥、长沙、昆明、南昌等 13 个城市开展节能与新能源汽车示范推广试点工作。鼓励试点城市率先在公交、出租、公务、环卫和邮政等公共服务领域推广使用节能与新能源汽车。

《通知》明确中央财政重点对试点城市购置混合动力汽车、纯电动汽车和燃料电池汽车等节能与新能源汽车给予一次性定额补助。补助标准主要依据节能与新能源汽车与同类传统汽车的基础差价，并适当考虑规模效应、技术进步等因素确定。《通知》同时要求地方财政安排一定资金，对节能与新能源汽车配套设施建设及维护保养等相关支出给予适当补助，保证试点工作顺利进行，同时出台了《节能与新能源汽车示范推广财政补助资金管理暂行办法》。

2009 年 2 月 17 日 财政部、科技部、国家发改委、工信部等四部委联合在北京召开节能与新能源汽车示范推广试点工作会议，启动节能与新能源汽车示范推广试点工作。四部委要求，国内汽车企业也要紧紧抓住当前大好机遇，及时为示范城市提供质量可靠、性能良好的节能与新能源汽车，并要与示范运营单位紧密配合，为运营车辆提供优质的售后服务。

2009 年 3 月 12 日 胡锦涛总书记听取政协委员

关于《抓住新能源汽车战略机遇促进我国交通能源转型与汽车产业振兴》的建议汇报后，明确指出：新能源汽车代表了汽车工业的发展方向。

2009 年 3 月 20 日 国务院办公厅公布的《汽车产业调整和振兴规划》（以下简称《规划》）中 11 项政策措施中有“推广使用节能和新能源汽车”的条款。《规划》提出，要启动国家节能和新能源汽车示范工程，由中央财政安排资金给予补贴，支持大中城市示范推广混合动力汽车、纯电动汽车、燃料电池汽车等节能和新能源汽车。《规划》中提出未来 3 年“形成 50 万辆纯电动、充电式混合动力和普通型混合动力等新能源汽车产能，新能源汽车销量占乘用车销售总量的 5%左右，主要乘用车生产企业应具有通过认证的新能源汽车产品”。按照这一要求到 2011 年，这个数字将比全球最大的新能源汽车市场美国 2008 年的销量多出近 20 万辆。

2009 年 5 月 6 日 国务院决定以贷款贴息的方式，安排 200 亿元资金支持技改，包括“发展新能源汽车，支持关键技术开发，发展填补国内空白的关键总成”。

2009 年 6 月 22 日 全国政协主席贾庆林、刘延东国务委员考察新能源汽车研发成果，指出新能源汽车是应对能源环境问题和应对金融危机、发展经济的结合点，也是催生新的技术革命、带动产业升级和建立新型战略性产业的重要切入点和突破口。

2009 年 8 月 李克强等中央领导专门考察并听取了关于我国纯电动汽车发展情况的汇报，作了具有针对性的重要指示。

2009 年 9 月 温家宝总理召开座谈会，将电动汽车确立为我国战略性新兴产业之一。并在 2010 年《政府工作报告》中明确提出积极推进新能源汽车取得实质性进展。

2009 年 12 月 9 日 国务院常务会议决定，将节能与新能源汽车示范推广试点城市由 13 个扩大到 20 个，选择 5 个城市进行对私人购买节能与新能源汽车给予补贴试点。

新源动力股份有限公司

新源动力股份有限公司成立于2001年，是中国第一家致力于燃料电池产业化的股份制企业，公司集燃料电池科研开发、成果转化、系统集成、标准制定、人才培养、产业化实践等于一体的专业化公司，主要股东有上海汽车工业(集团)总公司、中科院大连化学物理研究所等大型企业及科研院校，注册资本为1.17亿元人民币，员工总数200余人，占地面积40亩，建筑面积19007平方米。新源动力是国家燃料电池技术标准制定的主任委员单位，“燃料电池及氢源技术国家工程研究中心”承建单位，现已初步完成产业化布局和5500KW/年的产能建设。

新源动力自成立以来，先后五轮承担国家高技术研究发展计划（“863”计划）重大专项——车用燃料电池发动机研制课题。基于几年来所取得的成果，新源动力于2009年成为该课题指定承担单位。“十一五”期间，公司还同时承担了“863”计划专项课题3项，包括燃料电池关键材料质子交换膜应用技术研究、以重整气为燃料的质子交换膜燃料电池发电技术及国产质子交换膜燃料电池电堆及关键材料的研制开发等课题，各项课题成果显著，得到科技部的好评和同行业的认可。依托“863”重大专项成果，新源动力在燃料电池发动机技术领域取得了多项创新成果，拥有自主知识产权专利技术232项，其中发明专利达到180件，并拥有美国专利1件，发明专利已获授权88件。基于新源动力在“863”项目中积累的研发经验和创新成果，2008年新源动力圆满完成了科技奥运燃料电池车示范运行，成功服务于北京奥运，燃料电池发动机在奥运会和残奥会期间零故障，得到各界好评。新源动力还同时承担了“863”计划国产关键材料燃料电池电堆、增强型复合质子交换膜、重整气电站等课题，在燃料电池基础研究方面成绩显著，推进了燃料电池关键材料国产化进程。凭借雄厚的技术实力，2009年新源动力赢得了联合国开发计划署（UNDP）在上海示范项目的合同，并取得2010年上海世博会燃料电池示范汽车新增发动机超过75%的订单。

2008年年底以来，科技部推动了“十城千辆”新能源汽车示范工程，给予新能源汽车很大的补助力度，燃料电池发动机技术属于新能源汽车最前沿的技术，也得到了各部门的大力支持。新源动力依托利好政策的支持，制定了燃料电池发动机产业化的规划，努力在2015年初步实现小批量规模化生产，构建燃料电池汽车发动机完全自主知识产权，并最终实现中国未来汽车工业的完全自主知识产权和高附加值产业链。

新源动力股份有限公司

地址：大连市高新园区黄浦路907号

电话：0411-84753000

传真：0411-84617041

URL:www.fuelcell.com.cn

苏州星恒电源有限公司

苏州星恒电源有限公司位于苏州高新技术开发区，股东由联想和中科院物理所等多家单位组成。是一家专业的动力锂离子电池制造商。公司于2003年12月18日注册成立，注册资本为2.38亿元。员工总数520人，年产能达3600万安时。2004年8月锂离子动力电池生产线投产，产品主要用于电动自行车、电动工具、电动摩托车、新能源汽车等领域。

北京奥运会服务车辆

www.xingheng.com.cn

【管理创新】

目前，动力锂电池制造工艺的创新和巨额的生产成本已成为各企业单位甚至政府部门关注的难点和焦点，为了提高批量化生产的锂离子电池品质，降低生产成本，抢占市场先机，公司自主研发电池制造设备，采用FMEA、SPC等质量管理手法，提高了质量改进的有效性。采取了一系列措施以后，星恒的综合客诉率目前仅为3%左右，其中涉及电池质量问题的客诉率不足1%。

【科技成果】

苏州星恒电源有限公司自成立以来，始终坚持自主研发、开拓创新，现已拥有发明专利40项（物理所专利23项、星恒专利17项）、实用新型专利26项（其中授权19项）和外观专利4项。公司研发的功率型7.5Ah锰酸锂离子电池于2004年11月19日通过了美国UL认证，并被应用在了2008年奥运会的20辆燃料电池轿车（电电混合）上。

2009年7月29日，能量型40Ah磷酸铁锂离子电池顺利通过了美国UL认证，同时还通过了18所和201所的测试，在法国电力公司电池研发中心组织的测试中也得到了很高的评价，目前已在法国进入试商用阶段。

2009年公司累计获得了三项专利：

2009—11—16　专利号：200910234773.5　名称：锂电池正极材料及其制备方法　发明人：吴晓东

2009—12—24　专利号：200910264749.6　名称：以钛酸锂为负极的锂离子二次电池化成方法　发明人：吴晓东

2009—12—24　专利号：200910264750.9　名称：锂电池负极极片　发明人：吴晓东

【运营情况】

苏州星恒在电动自行车动力锂离子电池（10Ah级）方面已全面实现批量生产，销售的电动自行车动力锂离子电池累计达到40万组，是目前国内出货量最大的动力锂离子电池生产企业，同时也是欧洲电动自行车领域除松下之外的第二大动力电池供应商，经受了国内外市场对动力锂电池在产品设计、安全、性能、服务等方面的考验。

经过6年的产业化探索，动力锂电池在基础研究、工程开发、批量生产、市场应用等方面都积累了丰富的经验，对汽车用动力锂电池生产和应用方面的理解也逐步深入，目前已初步具备了汽车用动力锂电池的产业化条件。

2009年，在公司集体同人的努力拼搏下，公司年产值突破了1.4亿元人民币，创下了开业以来的历史新高，被《中国企业家》杂志评为2009年二十一家企业“未来之星”之一。

世博服务车

【2009年大事】

公司为上海世博会提供了173辆新能源汽车的电池，它们将在上海进行为期7个月的示范运行。

地址：江苏省苏州新区向阳路81号　邮编：215011
总机：0512-68094266　传真：0512-68418341

客车公司产品结构体系完善，现有6～12米47个中高档大中型CNG、柴油、汽油公路、公交车、旅游客车，并已通过国家发展和改革委员产品公告、国家环保公告，交通部对客车的中级、高级车评定，国家强制性产品认证（3C），并具备客车底盘生产资质，川汽集团ISO 90001：2000质量管理体系覆盖了客车公司生产与服务全过程。

乘用车公司引进英国罗孚的技术和设备，开发和生产SUV多功能车及乘用车。目前，主导产品SQJ6450轿厢车不但具有小型货车的载货功能，而且具有轿车的舒适性和安全性，是创业、经商的首选用车；同时，公司开发的SQJ6451CUV城市休闲多功能车，不但具有轿车的舒适性，而且具有SUV越野车的通过行和安全性，是居家、休闲旅游理想之车。

川汽动力总成厂主导产品为CQ系列多点顺序电子燃油喷射汽油发动机，该产品是在广泛参考和吸收国内外先进发动机技术的基础上，自主研发、生产的新一代轿车配套动力，产品排量从1.3升到1.8升共4个型号，可以满足从家庭经济型轿车到中高档商务轿车的动力配套。

四川汽车工业集团有限公司按照国家产业政策制定的“节能减排”原则和国家发展新能源汽车的战略部署，于2009年7月成功开发出11米野马易威牌SQJ6111B1CH纯电动城市公交客车，并通过国家检测机构的性能检测，各项参数均达到国内领先水平，预计在2010年4月将小批量投放成都市区公交示范线运营。公司研制的电动出租车和迷你型电动轿车于2009年年底问世。

电动汽车研发历程简介

近几年来，随着国家和社会对节能环保的高度重视，在进行节能燃气汽车研发的同时，公司也在电动汽车领域投入了相当的力量开展调研和技术攻关工作。

从2005年起，公司即先后与相关底盘、客车、发动机生产厂家如一汽客车公司、东风客车股份有限公司等开展电动汽车的前期研发合作工作。

2006年，公司正式启动了电动汽车项目，先后到上海、北京、青岛等地进行调研，并与上海奥威公司签订了合作研发超级电容公交车的相关协议。在项目实际开展过程中，由于超级电容公交车项目存在基础投资资金过大、与传统内燃机技术缺乏兼容性等问题而搁浅。随后，我们将研发的重点转向混合动力客车。

2007年8月，由我公司总设计师杨剑波和副总工程师王林博士（毕业于美国德克萨斯A&M大学电机控制专业）牵头，组建了电动汽车项目课题组，联合国内外相关企业开展纯电动汽车及混合动力客车的研究开发工作。

公司现已研制出气—电混合动力和纯电动城市客车，并通过了国家新能源客车的定型试验，已形成年产达1000辆电动汽车的产业规模，可实现电动汽车的批量生产和销售。

目前，在政府主管部门的协调下，公司正积极参与我省新能源汽车整个产业链的规划，从电池、电机、控制技术、整车匹配、试验、运营、维护等方面入手，全面把握电动汽车的各个要素，以确保我公司研发的电动汽车产品具备产品商业化运营的可行性；同时，积极开展燃料电池、插电式混合动力、新型电池、电机等电动汽车最新技术的调研和预研工作，为燃料电池电动汽车的研制打下坚实的基础。

车型简介

12米纯电动城市客车系列

12米混合动力城市客车系列

18米铰接式城市客车系列

10米城市观光客车系列

环保科技旗舰
CAMRY凯美瑞混合动力

有一种力量引领时代，驱动未来，让奔涌的动力与自然和谐共处。凯美瑞混合动力，一款集丰田新一代混合动力技术的新能源环保汽车，革命性地将汽油动力和电力完美融合，创新性地将能量回收系统运用于减速和制动系统，将灵敏而顺畅的加速性与超低的燃油经济性兼收并蓄，达到能源利用的最大化，实现了更静谧的行驶性和更环保的尾气排放，将豪华推向一个前所未有的崭新境界。

1	
2	3
4	5
6	

1. G-Book智能副驾
2. 2.4L VVT-i 高性能阿特金森循环发动机
3. 电子无级变速系统(ECVT)
4. 能源监视器
5. 淡蓝色调立体式自发光仪表盘（亮度可调）
6. 车辆动态综合管理系统(VDIM)

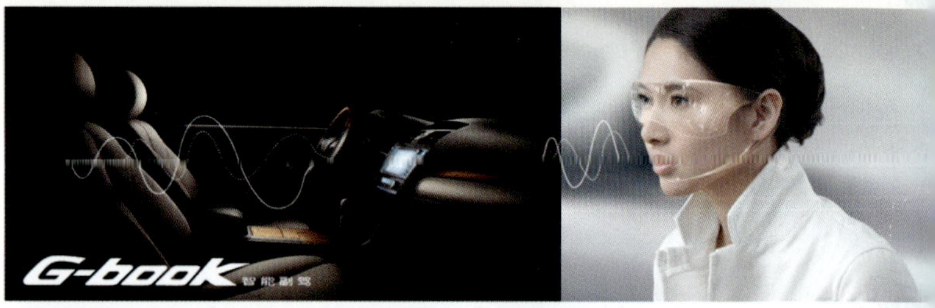

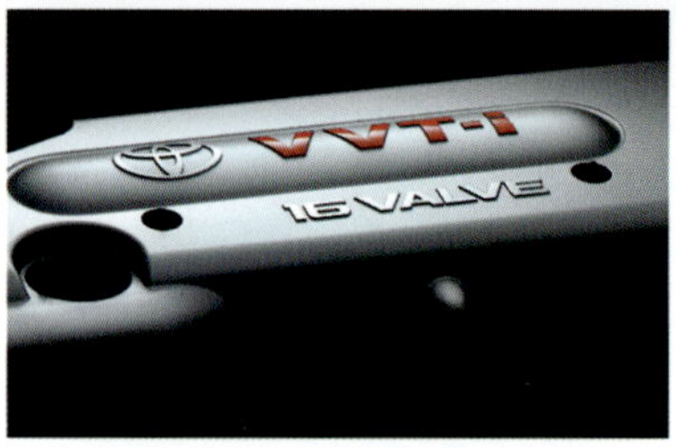

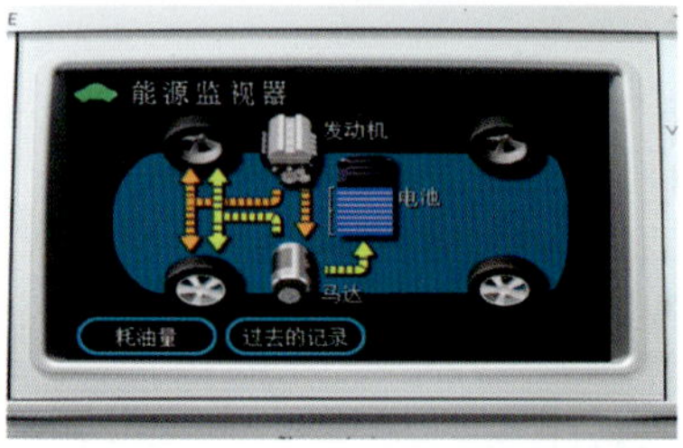

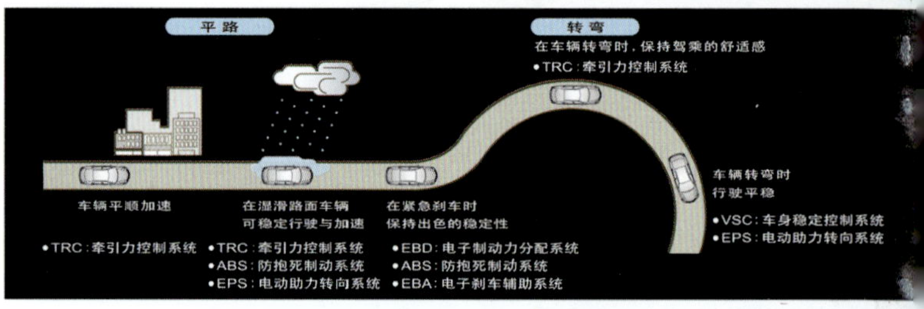

跨越发展中的威特电喷
源于成飞 创新求卓

成都威特电喷有限责任公司（简称威特公司）是成都飞机工业（集团）公司全资子公司，成立于2003年6月，地处成都市高新区，占地面积10万多平方米。

公司主要从事柴油机电控燃油喷射系统产品的开发、生产、销售、用户发动机性能开发及技术支持与服务。威特公司属成都市高新技术企业，集高、精、尖的技术、设备、人才为一体，有很强的产品研发与技术应用能力，能自主开发提供电控燃油喷射系统产品，为国产具有国际水平的绿色环保柴油发动机提供配套服务。

威特公司的产品已为玉柴、东风康明斯、大柴、扬柴等柴油机厂的多个机型实现配套，装机后排放指标已通过国Ⅲ达标认证。

产品取得了多项国家专利，进入了国家863商用重型柴油机项目计划，被列入国家汽车电子重点技术项目、国家技术创新项目、国家火炬计划项目、国防工业军转民重大科研工程项目等多项计划。

威特公司“汽车电控燃油喷射系统 — 威泵”产品，在2006年中国汽车自主创新成果大典评选中获得“原始创新奖”。

产品介绍

插入式泵

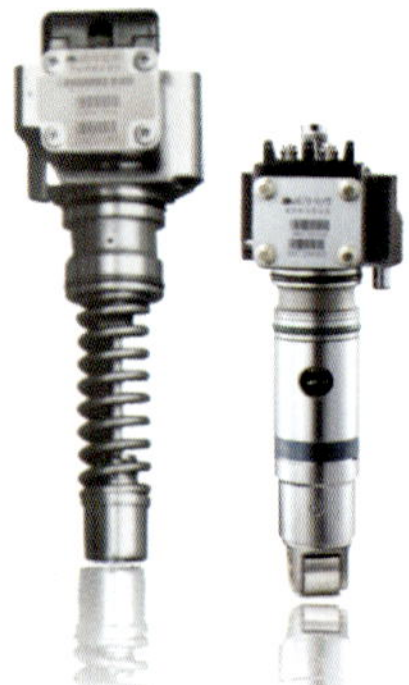

主要特点：
- 国外中、重型车用柴油机采用的主流电控燃油喷射技术
- 具有达到‘欧Ⅳ’重型车排放要求的技术指标
- 每缸一泵，高压油管很短，供油凸轮与进排气凸轮集成在一根轴上

主要技术参数：

参数	数值
最高喷射压力	180MPa
最大循环喷油量	250mm³
最大发动机额定转速	2800转/分
匹配发动机功率	30~90KW/缸
柱塞直径	Φ 9~Φ14

适用范围：
中、重型卡车，公交客车，工程机械，特种车辆等

优势产品

威泵WP2系列

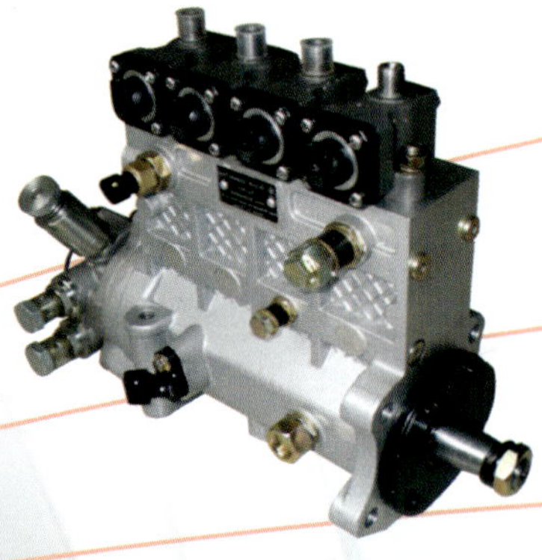

主要特点：
- 国际首创
- 高速电磁阀实现的喷油量和喷油定时准确控制
- 匹配中型车用柴油机
- 具有达到‘欧Ⅲ’重型车排放要求的技术指标 合理、紧凑的结构设计
- 与传统的机械式P型直列泵相近的安装尺寸和机械接口
- 便利的使用和维护要求
- 极具竞争力的成本

主要技术参数：

参数	数值
最高喷射压力	160MPa
最大循环喷油量	150mm³、220mm³
最大发动机额定转速	2800转/分
匹配发动机功率	40KW/缸
柱塞直径	Φ11~Φ12
缸数	4，6
输油泵	转子式、齿轮式

适用范围：
中型卡车，公交客车，工程机械等

丰富壮大的威特产品家族

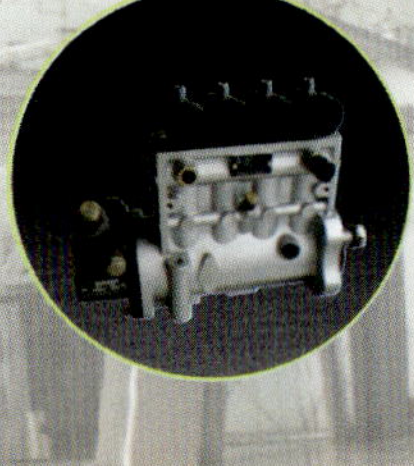

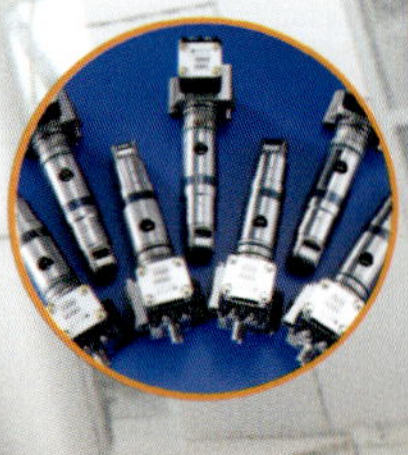

成飞集团 | 成都威特电喷有限责任公司
CAC GROUP | CHENGDU WIT ELECTRONIC FUEL INJECTION CO.,LTD.
公司地址：成都市高新区起步区新达路12号
服务热线：028-87838000 传真：028-87838001
Address: Hi-Tech Zone, Chengdu Xinda Road, starting on the 12th Dis
Tel: 028-87838000 Fax: 028-87838001 Website: Http://www.cdwit.

完善的CNG成套装备制造企业

——自贡大业高压容器有限责任公司

公司是原国有企业自贡市高压容器厂改制发展起来的民营股份制企业，有43年的企业发展历史，是目前国内CNG装备制造资质最高、最全，装备配套能力最强的企业。公司具有A1级（高压容器）和A2级（第三类低中压容器）压力容器设计和制造许可证；B3级（车用钢瓶和环向缠绕瓶）制造许可证；GB类、GC类压力管道设计和安装改造维修许可证。产品涉足CNG站用成套设备及交钥匙工程、汽车用钢瓶和钢制内胆环向缠绕气瓶、各领域压力容器等。

企业从20世纪70年代开始生产氮氢压缩机，1989年为自贡市公交公司及成都彭州提供国产第一套、第二套CNG压缩机及CNG成套设备，至今已有20年的建站经验。自行设计、制造的压缩机、脱硫、脱水、储气等设备质量可靠，用户反映良好。压缩机机型从L型机发展到现在的D型机（大型母站机和子站机），活塞式压缩机能满足目前建设的大、中、小型固定式建站需求（母站、标准站、子站）。移动式CNG加气站（长管拖车贮气、撬装式液压压缩机及售气装置等）在国内处于领先地位。

公司年生产车用气瓶18万只，产品质量好，深得用户信赖。主要市场有新疆、山东、四川、陕西、甘肃、重庆、河北、湖北、河南等省、自治区，并与陕汽重卡等整车厂配套，外销俄罗斯、马来西亚、乌孜别克斯坦等国。主要规格有：（1）缠绕气瓶，DN325系列（60L、65L、70L、80L、120L、140L）、DN356系列（70L、75L、80L、90L、100L、140L、160L）、DN406系列（80L、85L、120L、200L）；（2）钢瓶，DN232系列（30～65L）、DN279系列（50～100L）。

CNG加气站

D型天然气压缩机

缠绕气瓶

西博会参展

地址：四川自贡舒坪　　邮编：643036　　网址：www.chinadygr.com　　www.zgdygr.com

电话：0813-3600835（公司办公室）邮箱：gsb@zgdygr.com

0813-3600323（气瓶销售部）邮箱：qpc@zgdygr.com

0813-3600850（燃气设备销售部）邮箱：rqc@zgdygr.com

0813-3600707（容器销售部）　邮箱：xsb@zgdygr.com

节能与新能源汽车网
www.chinaev.org
主办单位：
清洁汽车生产力促进中心
科技部863计划节能与新能源汽车重大项目办公室
中国汽车技术研究中心
北京卡达克科技中心